吴中年鉴

2021

苏州市吴中区人民政府　主办
吴中区年鉴编纂委员会　编

古吴轩出版社

图书在版编目（CIP）数据

吴中年鉴. 2021 / 吴中区年鉴编纂委员会编. -- 苏州：古吴轩出版社，2021.11
ISBN 978-7-5546-1817-2

Ⅰ. ①吴… Ⅱ. ①吴… Ⅲ. ①区（城市）－苏州－2021－年鉴 Ⅳ. ①Z525.34

中国版本图书馆CIP数据核字(2021)第195115号

责任编辑：李爱华
见习编辑：任佳佳
责任校对：黄菲菲
责任照排：吴　静

书　　名：吴中年鉴（2021）
编　　者：吴中区年鉴编纂委员会
出版发行：古吴轩出版社
地址：苏州市八达街118号苏州新闻大厦30F　　邮编：215123
电话：0512-65233679　　传真：0512-65220750
出 版 人：尹剑峰
印　　刷：南京凯德印刷有限公司
开　　本：889×1194　1/16
印　　张：27.25　　插页：36
字　　数：715千
版　　次：2021年11月第1版　第1次印刷
书　　号：ISBN 978-7-5546-1817-2
定　　价：180.00元

封面故事

吴文化（吴中）博物馆正式开馆 大运河文化带再添“璀璨明珠”

2020年6月28日，苏州吴文化（吴中）博物馆正式开馆。吴文化博物馆位于宝带桥·澹台湖运河国家文化公园内、世界文化遗产大运河宝带桥遗产点西南侧，占地8500平方米，总建筑面积18600平方米，与潺潺流经的大运河及静卧运河之上的宝带桥交相辉映，在吴地之上绽放出历史文化遗产的交融之花。

开馆以来，举办“吴门吾景——明清吴中山水胜景”和“三国志”特展、“文哉”系列讲座22场，以及4场博物馆之夜等活动。其中，“博学笃行”吴文化博物馆教育之夜更为全国首创。不断推进品牌策划与宣传，对标成为承载大运河文化带及吴文化展示、文物研究、公共服务、社会教育、休闲旅游等多功能为一体的博物馆教育中心、智慧博物馆等平台，为大运河文化带建设注入新的文化力量，成为大运河畔的又一颗“璀璨明珠”。

吴中区年鉴编纂委员会

《吴中年鉴》编辑部

编辑部地址　苏州市吴中区东苑路1号公共文化中心D栋

电　　话　0512-65643180

邮　　编　215128

编辑说明

一、《吴中年鉴》是由苏州市吴中区人民政府主办，吴中区年鉴编纂委员会编纂，吴中区档案馆组织编辑的综合性地方资料工具书，旨在全面、系统、翔实地记载吴中区经济、政治、文化、社会、生态等方面的基本面貌及发展情况，为各机关、团体、企事业单位和社会各界及时提供信息资料。《吴中年鉴》于2002年创刊，每年编印一卷，本卷为第二十卷。

二、《吴中年鉴》编纂出版坚持以马克思列宁主义、毛泽东思想、邓小平理论、“三个代表”重要思想、科学发展观和习近平新时代中国特色社会主义思想为指导。《吴中年鉴（2021）》采用分类编辑法，分为类目、分目、条目3个层次，以条目为基本组成单位，标题用【】引出，以便查阅。全书设特载、专记、媒体聚焦、大事记、吴中概况、中共苏州市吴中区委、苏州市吴中区人民代表大会、吴中区人民政府、政协吴中区委员会、纪检监察、民主党派·群众团体、法治·军事、综合管理、财税·金融、农业、工业、商贸服务、生态环境、文化·体育·旅游、城乡建设与管理、教育·科技、卫生健康、社会民生、度假区·开发区·高新区、镇（区）·街道、附录、索引等类目27个，分目168个，条目1091个，附表53张，随文插图64幅。卷首图片专题选用图片50幅。

三、本年鉴选材围绕全区经济建设、政治建设、文化建设、社会建设和生态文明建设，以新情况、新事物、新经验为重点，兼顾地方特色与创新增益，努力推陈出新。《吴中年鉴（2021）》采用的稿件由全区各部门和镇（区、街道）提供，并经过各单位领导和年鉴编纂委员会的审核，以保证其准确性、可靠性。文中所列数据，原则上依据《吴中统计年鉴（2021）》，统计年鉴中没有的以主管部门统计为准。年鉴人事名单以上年底组织部门年报为准。

四、吴中年鉴编撰工作，得到了上级领导、部门和全区各部门、各镇（区、街道）的大力支持和帮助。由于编辑水平有限，不足之处恳请广大读者批评指正。

疫情防控阻击战

2020年2月10日，区委书记唐晓东，区委副书记、区长陈嵘率队到疫情防控交通管控分流点，走访慰问工作人员

王永康　摄

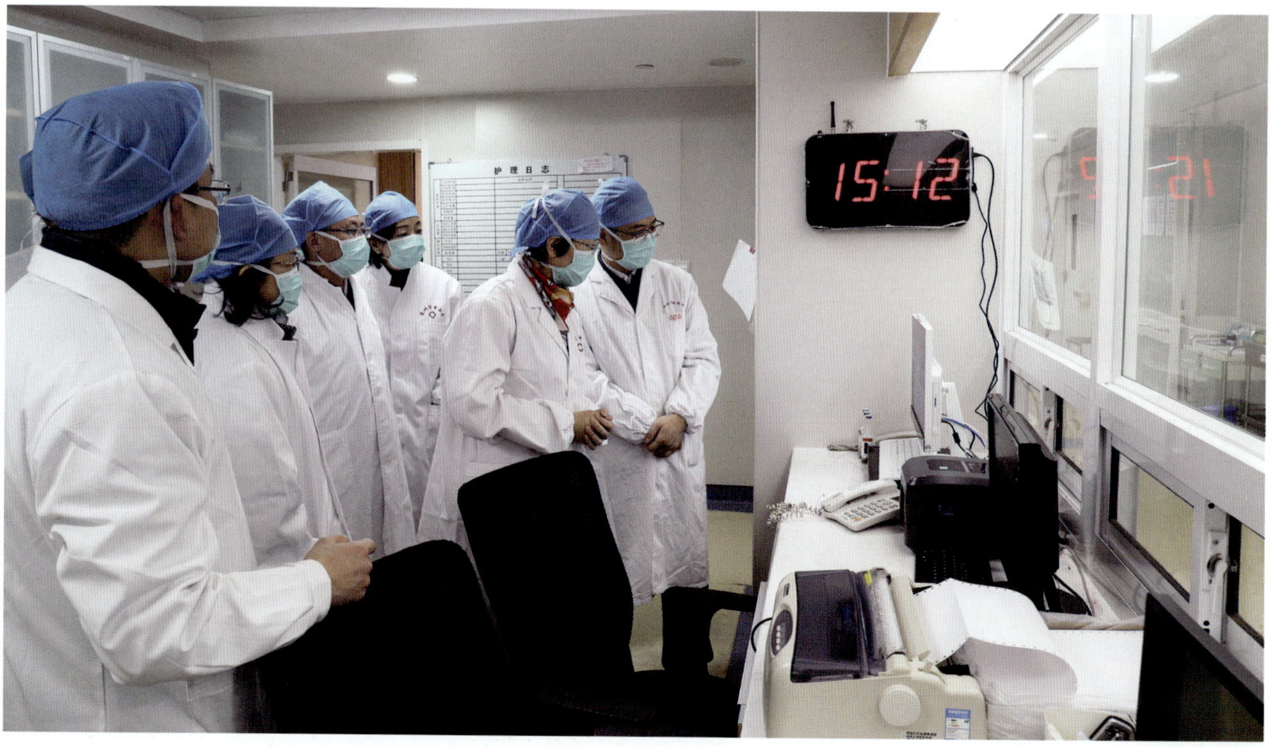

2020年1月25日，区委副书记、区长陈嵘，副区长周黎敏率队赴苏州市中西医结合医院检查吴中区新冠肺炎疫情防控工作落实情况

区卫健委　供稿

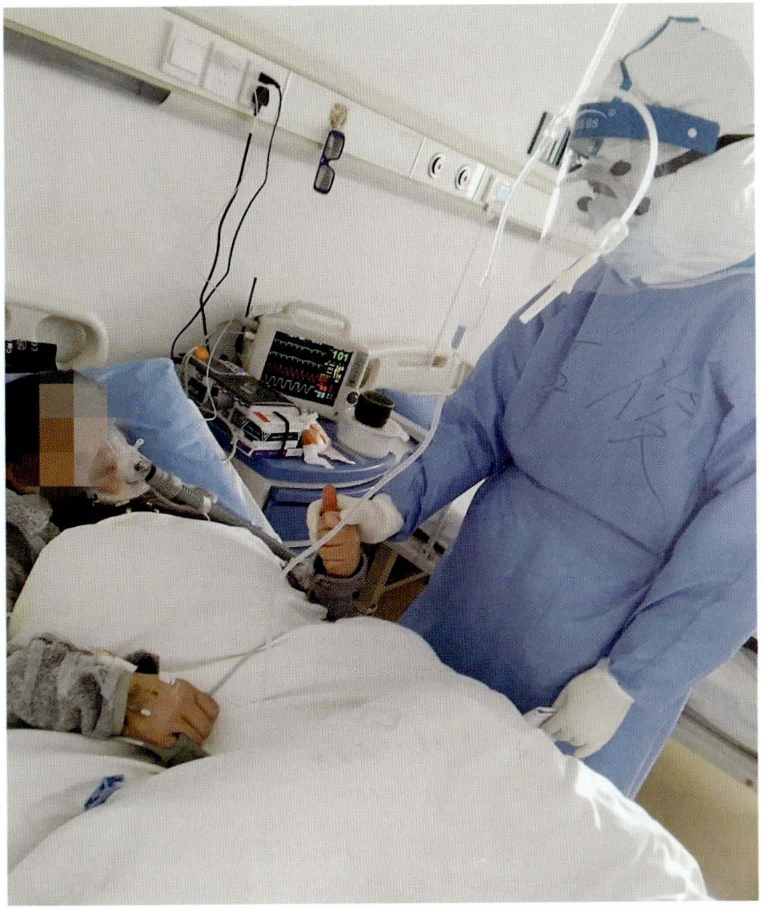

2020年1月27日，苏州市中西医结合医院感染科副主任医师石俊作为吴中区首位医疗志愿者奔赴武汉。图为石俊工作照

区委宣传部　供稿

2020年2月3日，吴中党员先锋队授旗出征，驻扎在吴中各个交通卡口、村（社区）等地方

区委宣传部　供稿

2020年2月10日，吴中企业复工第一天。图为汇川科技复工复产中

区委宣传部　供稿

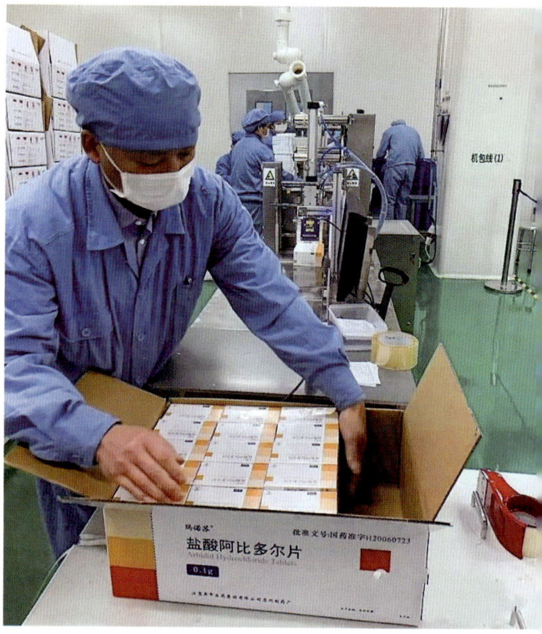

2020年2月，吴中医药集团加足马力生产抗疫药——阿比多尔，吴中医药集团是阿比多尔的主要产销商，占据全国一半以上的产量

区委宣传部　供稿

2020年3月31日，吴中区11位支援武汉的医护人员完成战疫任务，平安回家。从2月10日到3月30日，历时50天的拼搏，实现武汉同济医院光谷院区两个重症病区患者全部“清零”

区委宣传部　供稿

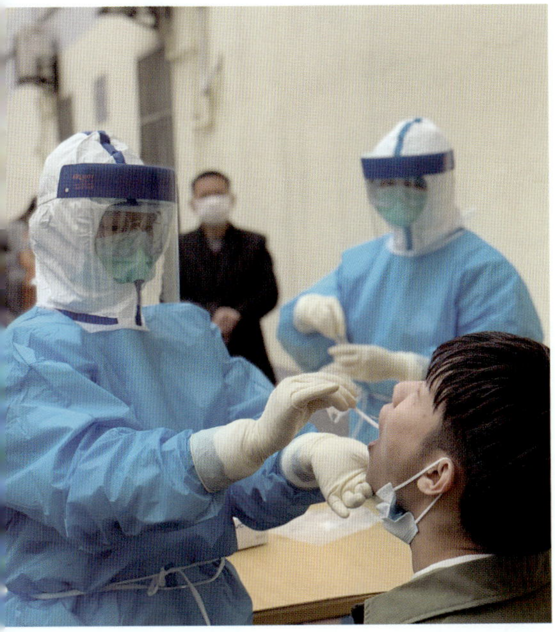

2020年2月17日，建立核酸检测社区网格采样点
区卫健委　供稿

2020年2月21日，吴中人民医院发热门诊及隔离病房改造项目交付使用。图为在发热门诊的工作人员
区委宣传部　供稿

2020年10月，吴中区“零点行动”志愿者服务队被共青团中央、中国青年志愿者协会授予“抗击新冠肺炎疫情青年志愿者服务先进集体”称号
区委宣传部　供稿

生态涵养发展实验区建设

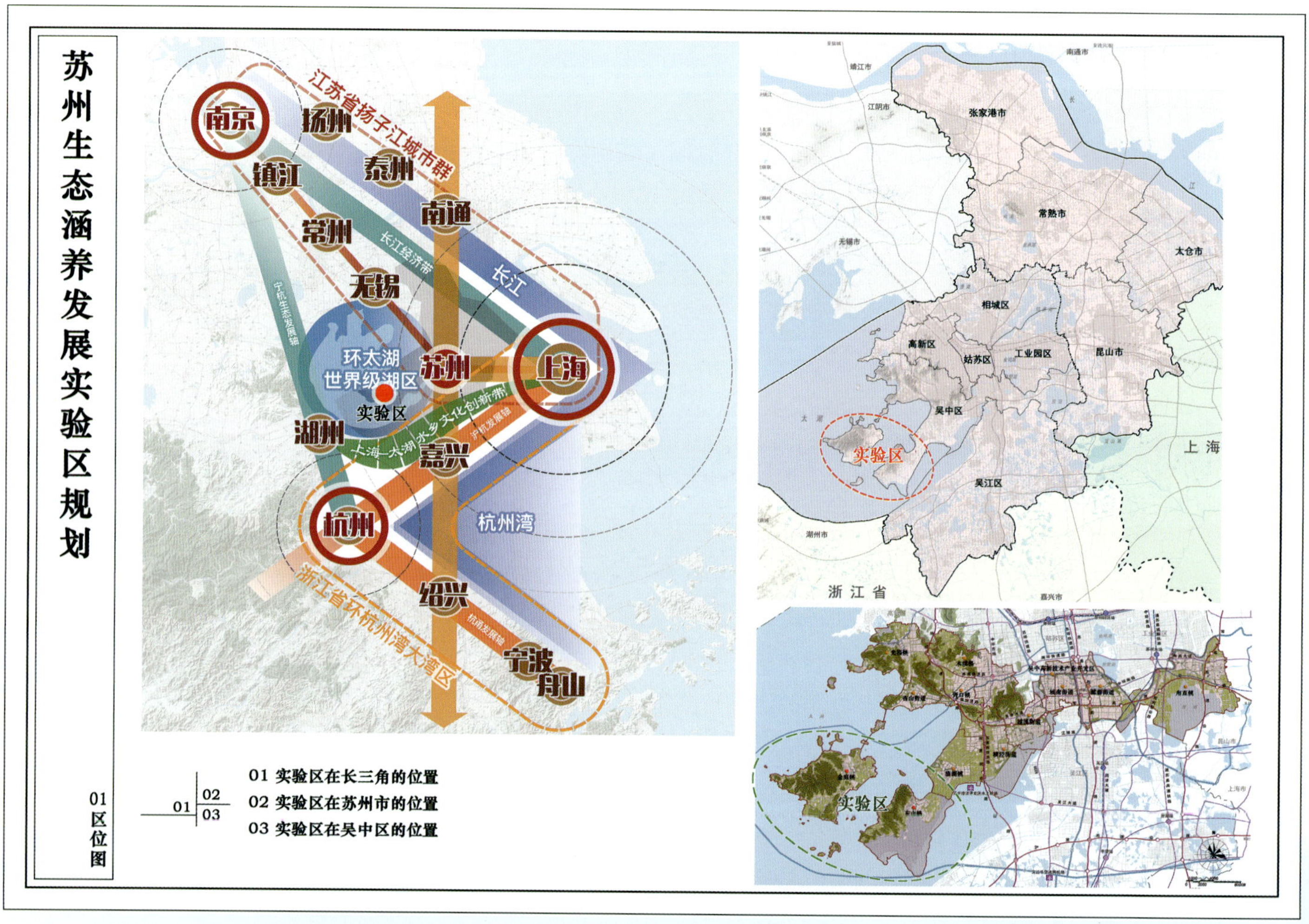

苏州生态涵养发展实验区规划区位图　　涵养区协调推进办　供稿

2020年8月24日，苏州生态涵养发展实验区专家委员会第一次全体会议暨绩效评估指标体系专家咨询会在北京举行。《苏州生态涵养发展实验区绩效评估指标体系》通过专家评审，成为全国首个生态涵养发展实验区绩效评估指标体系

区生态环境局　供稿

环岛秋色　沈惠峰　摄

左1：消夏湾湿地生态安全缓冲区项目（建设中），规划实施面积18平方千米　　区委宣传部　供稿

左2：2020年9月27日，吴中区正式启动太湖水域实质性退捕签约。图为禁捕后的渔港村　　金向东　摄

左3：2020年8月，环太湖有机废物处理利用示范中心（临湖示范点）启用运营，这是全国首个城乡有机废物处理利用示范基地　　临湖镇　供稿

2020年10月28日，2020年太湖西山稻香文化艺术节暨金秋开镰仪式在金庭镇举办　区委宣传部　供稿

2020年11月7日，首届长三角（太湖·吴中）民宿发展大会举行。现场发布江苏首个区域民宿产业品牌——太湖民宿，成立长三角太湖民宿联盟。图为望听民宿

区文体旅局 供稿

西山岛宕口修复整治　　区委宣传部　供稿

苏州太湖国家旅游度假区
湖光山色 洞天福地

2020年12月17日，吴中区入选第二批国家全域旅游示范区　白如云　摄

2020年12月31日，中共苏州市吴中区委四届十三次全体（扩大）会议召开　　王永康　摄

2021年1月12—14日，苏州市吴中区第四届人民代表大会第五次会议召开　　崔璐　摄

2021年1月11—13日，中国人民政治协商会议苏州市吴中区第四届委员会第五次会议召开　　崔璐　摄

2020年1月20日，吴中区"不忘初心、牢记使命"主题教育总结大会召开　　王永康　摄

太湖大桥　　何月华　摄

2020年6月1日，日本福冈县八女市市长三田村统之召开记者会感谢吴中区的捐赠

区政府办 供稿

2020年8月6日，“携手抗疫·江苏情”——在江苏外国人短视频大赛颁奖仪式暨视频发布会在南京举行，吴中区选送作品《疫时艰难，共同渡过》和《一封外国人的家书》获十佳作品奖

区政府办 供稿

2020年9月6日，“到中国，游苏州”系列活动启动仪式在吴文化博物馆举办　　市文广旅局　供稿

2020年9月25日，吴中区举办“感受吴中，共话发展”在吴外籍人士中秋联谊活动。图为参会嘉宾体验团扇绘制

区委宣传部　供稿

宝带桥　秦英武　摄

2020年8月28日，苏州绿的谐波传动科技股份有限公司在上海证券交易所上市，这是吴中区第一家科创板上市的企业　区经管局　供稿

2020年10月18日，2020苏州吴中·太湖经贸合作洽谈会主会场活动在太湖国际会议中心举行　谈晓华　摄

2020年11月9日，吴中经济技术开发区与微软（中国）有限公司签约，“微软创新赋能暨生态加速计划——苏州云芯智联产业协同创新中心”项目落户开发区

区委宣传部　供稿

2020年11月23日，2020苏州吴中（上海）检验检测服务业宣传对接会在上海举行，“浦东·吴中检验检测区域合作联盟”成立

王永康　摄

2020年3月12日，吴中区与方达医药举行签约仪式，生物医药龙头项目落户吴中

区委宣传部　供稿

2020年6月20日，“多彩夏日，精彩吴限”夜经济主题活动发布会暨姑苏二十四集开街仪式在歌林公园举办。图为本色美术馆东西桥夜市　区文体旅局　供稿

2020年8月26日，东环南延二期工程尹山湖立交及南湖路跨运河高架桥建成通车，标志着包含吴中区中心城市核的内环快速路全面贯通

区委宣传部　供稿

2020年9月2日，苏州太湖现代农业示范园入选第二批国家农村产业融合发展示范园　区委宣传部　供稿

2020年9月11日，吴中经济技术开发区入选国家级绿色工业园区，是苏州市唯一入选园区　　乐菊泉　摄

2020年10月20日，赛迪研究院苏州分院开园

开发区　供稿

2020年10月，吴中太湖新城地下空间项目通过住房和城乡建设部绿色施工科技示范工程验收，成为全国首个绿色三星级地下空间

太湖街道　供稿

2020年8月，临湖镇石舍村柳舍被命名为“江苏省特色田园乡村”　章晨　摄

2020年12月12日，2020苏作文创峰会在吴文化博物馆开幕　王永康　摄

2020年10月15日，第十一届中国曲艺牡丹奖颁奖仪式暨第二届中国苏州江南文化艺术·国际旅游节汇报演出在苏州文化艺术中心大剧院举行，吴中区评弹团国家一级演员张建珍（左二）获牡丹奖

区文联　供稿

2020年10月23日，全区首个综合为老服务中心在吴中高新区投入运营

区民政局　供稿

2020年11月27日，三山岛区域供水工程正式通水

秦伟根　摄

2020年12月6日，2020苏州湾马拉松赛在吴中太湖新城举行，4800余名选手参加比赛

太湖街道　供稿

2020年6月28日，吴文化（吴中）博物馆建成开馆

莫剑毅　摄

2020年12月28日，新苏附小教育集团溪秀实验小学投入使用

越溪街道　供稿

2020年12月28日，苏州现代农产品物流园、南环桥农产品批发市场启用　区委宣传部　供稿

要　目

目录

特载

专记

媒体聚焦

大事记

吴中概况

中共苏州市吴中区委

苏州市吴中区人民代表大会

吴中区人民政府

政协吴中区委员会

纪检监察

民主党派·群众团体

法治·军事

综合管理

财税·金融

农　业

工　业

商贸服务

生态环境

文化·体育·旅游

城乡建设与管理

教育·科技

卫生健康

社会民生

度假区 · 开发区 · 高新区

镇（区）· 街道

附　录

索　引

打造三大高地　建设美丽吴中
奋力开启“十四五”高质量发展新征程

——在中共吴中区委四届十三次全体（扩大）会议上的讲话

吴中区委书记　陈　嵘

2020年12月31日

同志们：

这次全会的主要任务是，全面贯彻党的十九大和十九届二中、三中、四中、五中全会以及中央经济工作会议精神，认真学习贯彻习近平总书记视察江苏重要讲话指示精神，落实省委十三届九次全会、市委十二届十一次全会部署，动员全区上下凝心聚力、锐意进取，聚力打造三大高地，全力建设美丽吴中，奋力开启“十四五”高质量发展新征程，确保全面建设社会主义现代化开好局、起好步。受区委常委会委托，现在我向全会作报告。

万众一心，团结拼搏
坚决打赢收官战，奋力夺取双胜利

今年是新中国历史上极不平凡的一年，面对突如其来的新冠肺炎疫情和严峻复杂的宏观形势，在上级党委、政府的正确领导下，全区上下坚持以习近平新时代中国特色社会主义思想为指导，坚决贯彻落实中央、省、市决策部署，聚力“六稳”“六保”，坚持稳中求进，切实守住保的底线、夯实稳的基础、拓展进的态势，使高质量发展迈上了新台阶。

一手抓疫情防控，一手抓经济发展，书写了双胜利满意答卷。全区上下同心、众志成城，坚决打好疫情防控阻击战。吴中成为全省首批低风险地区，取得了“患者零死亡，医护人员零感染”的重大防疫成果，11名援鄂医护人员为打赢武汉保卫战贡献了吴中力量。统筹“五

业并进”，出台“金九条”“援企十条”“东吴知识贷”等21项政策、35条举措，全力以赴保就业、保企业、保民生，累计为企业减税降费45.7亿元，减免各类租金超9500万元。全面推行信用承诺、容缺受理、查证查验三项机制，242个区级重点项目完成投资372亿元，增长5.5%。全年（预计，下同）实现地区生产总值1352.5亿元，增长4.5%。完成一般公共预算收入188亿元，增长7%；规上工业总产值1720亿元，增长6%；机器人与智能制造规上企业实现产值600亿元，增长14.9%；生物医药产业规模达140亿元；工业投资105亿元，增长40%。实现社会消费品零售总额751亿元；进出口总额77亿美元；实际到账外资及港澳台资4.1亿美元，增长7.1%。

一手抓项目招引，一手抓创新转型，夯实了高质量发展根基。成立区投资促进服务中心，发布投资热力图，招引投资额3000万元以上产业项目288个，投资总额380亿元。其中，10亿元（1亿美元）以上项目10个，微软中国、360安全、中交集团、中建公司等一批龙头项目先后签约。积极构建“1+4+N”工业互联网平台生态体系，发布12个智能制造解决方案平台，苏云工业互联网平台成为全市首个国家级综合型工业互联网标识解析二级节点，开发区获批省工业互联网示范工程“互联网+先进制造业”基地。围绕产业链部署创新链，提升企业创新主体地位，苏州信创产业园挂牌，赛迪研究院苏州分院开园，科技镇长团创新研究院成立，汇川、科沃斯、赛腾精密入围全省民营企业创新百强，新认定高新技术企业440家、省民营科技企业290家。瑞可达、精濑光电获国家专精特新“小巨人”企业认定，绿的谐波、欧康维视、伟创电气成功上市，味知香、迈信林过会。加快国有企业市场化转型，控股2家上市公司。新兴产业、高新技术产业产值占规上工业产值比重提升至59.1%、57.9%。深入推进国家检验检测公共服务平台示范区创建，检验检测产业规模全市第一，“浦东·吴中检验检测区域合作联盟”正式成立，中认英泰、电科院获评国家中小企业公共服务示范平台，吴中现代物流基地获评省重点物流基地。

一手抓生态治理，一手抓实验示范，提升了太湖美品质内涵。统筹推进生态文明建设十大工程，全面完成中央、省环保督察反馈问题整改销号，切实做好太湖蓝藻防控和安全度夏工作。打好蓝天、碧水、净土三大保卫战，PM2.5浓度、空气优良天数指标实现“双达标”，国、省考断面水质达标率保持100%。高标准推进苏州生态涵养发展实验区建设，绩效评估指标体系通过专家评审，4大类55个项目完成投资15.9亿元，三山岛区域供水工程等一批示范项目建成投用。环太湖城乡有机废弃物处理利用示范区建设纳入国家国民经济和社会发展计划，临湖示范点建成试运行，东山、金庭示范点建设有序推进。长江流域太湖水域禁捕退捕任务全面完成。牵头成立“长三角太湖民宿联盟”，发布省内首个区域民宿产业品牌——太湖民宿，入选首批全国美好环境与幸福生活共同缔造活动培训基地，农村产业融合发展示范园创成国家级，金庭镇入选自然资源部生态产品价值实现典型案例。

一手抓城乡建设，一手抓精细管理，优化了一体化区域格局。科学编制国土空间分区规划，加快城市更新和片区改造，完成征拆项目清零105个，腾退土地面积6878亩。落实全市产业用地更新“双百”计划，划定工业和生产性研发用地保障线7.42万亩，获评江苏省土地执法模范县（市、区）、江苏省国土资源节约集约利用模范县（市、区）。开发区入选国家级绿色工业园区、太湖新城获评全省首个国家级三星级绿色生态城区。苏锡常城际铁路太湖新城站点纳入线网规划，南湖快速路一期、尹山湖立交建成通车。启动率先基本实现农业农村现代化三年行动，高标准推进角直、临湖、光福三个市级示范镇试点建设。推行农村人居环境“红黑榜”考核机制，农村人居环境整治三年行动目标任务率先通过省级验收。角直镇江湾村获评全国乡村特色产业亿元村，新增东山镇西巷、临湖镇柳舍等8个省特色田园乡村。率先全面完成农村集体经济组织登记赋码发证，农民集体收益分配权退出改革国家级试点成果获专家组高度肯定，村级集体总资产196亿元，村均稳定收入1402万元。开展文明城市创建复评迎检十二大专项行动，居民区和农村生活垃圾分类覆盖率达99%。

一手抓民生实事，一手抓安全稳定，赢得了暖人心群众口碑。民生支出144.1亿元，增长18.5%，占一般公共预算支出比重为79.5%。新投用学校6所，苏苑高级中学异地新建、苏州外国语学校吴中校区等项目扎实推进，义务教育阶段集团化办学实现全覆盖，中高考成绩再创新高。太湖新城医院、吴中人民医院新院开工建设，苏大附属儿童医院吴中分院落户胥口。启用综合为老服务中心，获评“全省第二批智慧健康养老创新基地”。新增城镇就业2.14万人，超额完成全年任务。获评国家全域旅游示范区，吴文化博物馆开馆，360剧场开工，1人获中国曲艺牡丹奖表演奖，14人入选省非遗传承人。完成中超保障工作，苏州湾马拉松被中国田径协会评为金牌赛事。启用苏州现代农产品物流园，基本建成生猪稳产保供基地。统筹推进“1+24+1”安全生产专项整治行动，生产安全事故起数和死亡人数实现“双下降”。持续推进“天穹计划”，深化人民调解进网格，推进矛盾纠纷多元化解机制建设，创新非警务类警情分流处置，打造网格化联动机制“升级版”。完成P2P行业良性退出和非法集资存量风险清理，获评“全省‘七五’普法中期先进县(市、区)”，区检察院获评“全国先进基层检察院”，区司法局获评“全国公共法律服务工作先进集体”。

一手抓思想引领，一手抓队伍锻造，形成了勇担当实干氛围。深入学习贯彻党的十九届五中全会精神和习近平总书记视察江苏重要讲话指示精神，巩固拓展“不忘初心、牢记使命”主题教育成果，建立“夺取双胜利、争当优等生”常态化机制，推动各级党员干部对标找差、再攀新高。制定激励干部担当作为若干意见，深化“优苗精培”工程。建成启用党校新校区，大力推进“先锋枢纽”体系建设。严格落实意识形态工作责任制。出台政商交往正、负面清单，建立健全“一人一委一网”工作机制，镇、街道基本实现巡察全覆盖，全面从严治党三年行动取得显著成效。坚持让党旗在防控疫情斗争第一线高高飘扬，成立320个疫情防控行动支部，1200多名区级机关党员干部加入“党员先锋队”参与防疫志愿工作，“零点行动”志愿服务队获评团中央“抗击新冠肺炎疫情青年志愿服务先进集体”。

站在“十三五”收官的关键节点，高水平全面建成小康社会胜利在望。回顾五年的拼搏与奋斗，我们开展了一系列谋全局、打基础、利长远的工作，巩固了稳中求进大势，提升了生态绿色优势，激发了再攀新高态势，正一步一个脚印全面实践总书记擘画的“强富美高”美好蓝图。

五年来，发展步伐在砥砺奋进中不断加快。我们坚持发展第一要务，经济保持平稳较快增长。地区生产总值、一般公共预算收入年均分别增长6.2%、9.2%，较“十二五”末分别增长42.4%、55.2%。人均地区生产总值由“十二五”末的8.5万元提高到11.9万元。城乡居民人均可支配收入分别提升至7.3万元、3.7万元，年均分别增长7%、7.4%。全区拥有上市企业14家，新三板挂牌企业60家，上市后备企业80家。在《人民日报》发布的2019年全国中小城市高质量发展评价中，名列全国综合实力百强区第九位、绿色发展百强区第九位、科技创新百强区第十位。

五年来，争先态势在创新转型中加速形成。我们坚持实业兴区不动摇，深入推进创新驱动战略。机器人与智能制造产业基本形成覆盖关键零部件、本体制造、系统集成、终端产品的完整产业链；生物医药及大健康产业汇聚了葛兰素史克—辉瑞、复星医药、药明康德等一批行业领军企业。浙大苏州智能制造研究院、西交大苏州高端制造协同创新中心、中农大有机循环研究院等一批大院大所落地吴中。全区拥有高新技术企业933家、省民营科技企业1408家，分别为“十二五”末的3.5倍和2.4倍。万人计划、姑苏重大创新团队实现零的突破。第44届、45届世界技能大赛收获1金1银1铜。

五年来，山水人文在系统谋划中优化提升。我们坚持“山水苏州 · 人文吴中”发展定位，持续推进生态优先、绿色发展。获评“中国文学之乡”“中国民间文艺之乡”，宝带桥入选江苏最美运河地标，区公共文化中心等一批文化服务设施建成投用，建成基层文联“五个一”工作模式。“环太湖”国际竞走多日赛成为国家体育总局田管中心三大品牌赛事之一。深化太湖水环境“五位一体”长效管理机制，创新建立水环境质量考核区域补偿机制，全面完成4.5万亩太湖围网拆除，连续13年实现太湖安全度夏，水污染防治工作获全国人大常委会执法检查组充分肯定。PM2.5平均浓度、空气质量优良天数较“十二五”末分别下降41.9%、提升31.9%。苏州生态涵养发展实验区建设全面推进，成功举办全国“互联网+”现代农业工作会议暨新农民创业创新大会、第九届江苏省园艺博览会，获评首批江苏省生态文明建设示范区，实现国家级生态镇、省级生态文明建设示范镇全覆盖。

五年来，民生福祉在补短提质中持续增进。我们坚持以人民为中心，不断满足人民对美好生活的需要。民生支出占一般公共预算支出比重连续保持在73%以上。建成学校44所，新增学位3.9万个，在全省率先实施重大疾病救助政策，基层医疗机构诊疗量占比达70%，全区23.8万名被征地农民全部纳入城保体系，农村集体产权制度改革入选全国典型案例。轨道交通2号线延伸线、3号线、4号线及支线开通运营，“一环四射一联”快速路网基本形成。房地产市场平稳健康发展，居民住房条件持续改善。平安建设群众满意度逐年提高，社会综合治理网格化联动机制全省推广，人民陪审员选任制度改革经验全国推广。

五年来，党的建设在举旗铸魂中全面加强。我们坚持把抓好党建作为最大的政绩，认真履行全面从严治党两个责任。始终把学习贯彻习近平新时代中国特色社会主义思想放在首要位置，扎实开展“两学一做”学习教育和“不忘初心、牢记使命”主题教育，在思想上政治上行动上同以习近平同志为核心的党中央保持高度一致。持之以恒正风肃纪，大力整治“四风”，以零容忍态度严厉惩治腐败。高质量打好打赢七子山环境提升、太湖围网拆除、苏州现代农产品物流园建设、长江流域太湖水域禁捕退捕等一系列硬仗，干部队伍务实奋进的精气神进一步提升，风清气正的良好政治生态持续巩固。

这些成绩的取得，是以习近平同志为核心的党中央正确指引的结果，是省委、市委坚强领导的结果，是全区上下砥砺奋进的结果。借此机会，对大家给予区委常委会工作的支持表示衷心的感谢！在肯定成绩的同时，也要看到问题和不足，主要是：对照高质量发展要求，一些领域和指标仍然存在差距；传统产业转型升级步伐还不快，主导产业的规模不大、竞争力有待加强；投资、消费拉动作用发挥不充分，持续增收面临较大压力；社会治理精细化水平不高，城市规划、建设、管理水平有待提升；教育、医疗、养老等社会民生事业仍然存在短板，安全生产、环境保护任重道远；

少数干部的创新意识、争先意识还不强；等等。对此，我们必须正视并认真加以解决。

把握大势，系统谋划
在危机中育先机，于变局中开新局

“十四五”时期是乘势而上开启全面建设社会主义现代化国家新征程、向第二个百年奋斗目标进军的第一个五年。面对新形势新挑战，围绕新任务新要求，谁能清醒判断、超前谋划、积极应对，谁就能战胜困难、抢占先机、把握主动，在新征程中不断夺取新胜利。

我们育先机开新局，就是要科学研判“时”与“势”。一方面，当今世界正经历百年未有之大变局，新冠肺炎疫情全球大流行，全球产业链、供应链面临重大冲击，各类风险明显加大。另一方面，我国经济经受住疫情大考，展现出巨大韧劲潜力和制度优势，继续发展具有多方面优势和条件。中央提出构建以国内大循环为主体、国内国际“双循环”相互促进的新发展格局，将更大释放内需潜力，为高质量发展提供重要支撑。我们要紧扣全面建设社会主义现代化国家新征程，找准坐标定位，保持战略定力，增强发展信心，把握窗口期、下好先手棋、打好攻坚仗，一步一个脚印推动吴中高质量发展不断深入。

我们育先机开新局，就是要辩证把握“危”与“机”。我国发展仍然处于重要战略机遇期，但遇到的诸多问题是中长期的，机遇和挑战都有新的发展变化，不少问题以前未曾经历。同时，与先进地区相比，吴中在科技创新、产业结构、规模体量、社会民生等方面存在短板弱项。不进则退，慢进也是退。全区上下要增强机遇意识、风险意识，保持临危不惧的定力，提升危中寻机的眼力，锤炼转危为机的能力，把握长三角一体化、长江经济带、一带一路、自贸区等叠加机遇，进一步发挥好吴中产业链条完备、生态禀赋突出、发展基础坚实等优势，抢抓机遇、用好机遇、转化机遇，赢得高质量发展主动权。

我们育先机开新局，就是要全面看待“稳”与“进”。面对加速演进的世界变局和交织叠加的风险挑战，稳是大局，稳是主基调。我们要在坚持好稳的前提下积极进取，在把握好度的前提下奋发有为。“十四五”时期，要坚持稳中求进工作总基调不动摇，把握好节奏和力度，进一步贯通生产、分配、流通、消费各环节，形成需求牵引供给、供给创造需求的更高水平动态平衡，实现产业链条强韧和经济循环畅通。超前布局一批重大项目、重点工程、重要事项，在打造现代产业体系、推动治理体系和治理能力现代化、当好践行“两山”理念标杆典范等方面有所突破，实现经济行稳致远、社会安定和谐，为全面建设社会主义现代化打下坚实基础。

“强富美高”是总书记为江苏勾画的宏伟蓝图，是中国梦江苏篇章的生动描绘；“争当表率、争做示范、走在前列”是总书记为江苏确立的新坐标，为新征程上加快建设“强富美高”新江苏指明了航向，这也是吴中现代化建设的总纲领、总命题、总要求。新时代立足新目标开启新征程，要按照主体功能鲜明、空间布局合理、区域发展协调的原则，深化“核轴带”功能区布局，优化“东中西”协同发展，打造“三大高地”特色引领、“五个吴中”协同并进的美丽吴中总体发展格局。做好明年工作，必须以习近平新时代中国特色社会主义思想为指导，全面贯彻党的十九大和十九届二中、三中、四中、五中全会以及中央经济工作会议精神，落实省委十三届九次全会、市委十二届十一次全会部署要求，紧扣“强富美高”总目标，着眼“争当表率、争做示范、走在前列”，坚持稳中求进工作总基调，立足新发展阶段，贯彻新发展理念，服务构建新发展格局，以推动高质量发展为主题，以深化供给侧结构性改革为主线，以改革创新为根本动力，以满足人民群众日益增长的美好生活需要为根本目的，坚持系统观念，巩固拓展疫情防控和经济社会发展成果，更好统筹发展和安全，继续做好“六稳”工作、落实“六保”任务，努力保持经济运行在合理区间，以建设美丽吴中为引领，深化“核轴带”功能区布局，打造生态、文化、产业三大高地，建设生态吴中彰显更美山水、建设开放吴中锻造更强能级、建设创新吴中提升更高质效、建设人文吴中厚植更深底蕴、建设幸福吴中构筑更优品质，确保“十四五”开好局、全面建设社会主义现代化起好步，以优异成绩庆祝建党100周年。到2035年，吴中将基本实现社会主义现代化，建成美丽吴中，国家级创新湖区和世界级生态湖区建设取得实质性进展，区域经济总量、综合实力迈上新台阶；产业体系迭代升级，产业科技创新能力、全要素生产率和产品质量大幅提高；生态环境更优更美，公共服务优质均衡，文化软实力全面增强，城乡居民生活质量显著提高，社会治理体系和治理能力现代化基本实现。

蓝图已经绘就，奋进正当其时，推动“十四五”高质量发展，实现2035年远景目标，具体要抓好“一标杆、三高地”建设。

打造一标杆，就是在“双循环”新发展格局下，打造特色融入长三角一体化的标杆。随着长三角一体化深入推进和“沪苏同城化”加速发展，吴中生态、文化、产业优势将进一步凸显。但机遇不是必然的发展成果，优势也不会自动转为发展胜势。我们要坚决把融入长三角一体化建设作为吴中融入“双循环”的重要抓手，扬我所长、奋进作为。加速融入上海大都市圈，加强战略对接，推动规划衔接，提升产业链接，努力实现特色融入、优势互补、分工合作、错位发展。以重大项目为抓手，共建产业联盟，推动生物医药产业园与张江药谷、苏州（太湖）软件园与上海浦东软件园深度合作。加大教育、医疗、文化、旅游等领域合作，落实“一网通办”“一卡通行”等措施。努力将吴中打造成为上海资源要素溢出的承载地、生态文化产品的供给地、高端产业协同互补发展的目的地。

打造三高地，就是在美丽吴中引领下，打造生态、文化、产业三大高地。建设美丽中国，是建设社会主义现代化强国的重要目标，“为太湖增添更多美丽色彩”更是总书记对我们的殷切嘱托。要准确把握美丽吴中与高质量发展的内在关系，充分认识美丽展现的是环境风貌，彰显的是发展质效，蕴含的是城市价值，满足的是群众需求。要全面落实美丽江苏、美丽苏州建设的总体部署安排，以美丽吴中总体目标，统领建设生态、开放、创新、人文、幸福“五个吴中”，与时俱进丰富“美”的内涵、拓展“美”的路径，让美丽吴中成为“强富美高”最直接最可感的展现，成为吴中全面建设社会主义现代化的鲜明底色。

更加充分地彰显自然生态之美，打造生态高地。统筹山水林田湖草系统治理和空间协调优化，做好治山理水文章，让美丽吴中因山而秀、因水而灵。重点抓好生态强区“三件大事”。高水平推进苏州生态涵养发展实验区建设，力争成为长三角生态绿色一体化发展示范区的联动创新区。对标上海崇明世界级生态岛，高起点、高标准规划建设金庭“太湖生态岛”，重点处理好生态保护空间和开发建设空间、绿色生活和绿色产业、当下发展和永续发展“三对关系”，推动“生态+农文体旅”产业融合提升。推进环太湖有机废弃物处理利用示范区创新实践，努力为长三角地区生态环境共保联治提供借鉴，为全国有机废弃物处理利用作出示范。全力打造以国家级经济技术开发区为引领的苏州湾、以国家级旅游度假区为引领的太湖湾两大湾区，形成“双湾联动、产城交融”新格局，建好生态湖区、创新湖区，使太湖成为长三角地区“生态绿心”和“创新绿核”，唱响新时代“太湖美”。

更加充分地彰显人文特色之美，打造文化高地。做好“彰显文化底蕴厚重感、增强文化产业竞争力、提升文化品牌标识度”三篇文章，让美丽吴中延续文脉、彰显神韵。重点实施文化强区“三项计划”。推进太湖文明溯源计划，做好三山岛遗址、春秋古城考古研究，加强古镇、古村、古建系统保护，把“吴地文化一万年”更加清晰、更加全面地呈现出来；加快推动国家方志馆江南分馆、太湖水文化馆建设，提升吴文化博物馆辐射带动能力，打造“江南文化”“百馆之城”的吴中标识；抢抓大运河国家文化公园建设和苏州打造“运河十景”机遇，系统推进宝带桥—澹台湖片区、蠡墅历史文化街区规划建设。围绕文化产业倍增计划，推动文化与旅游、会奖、体育、农业等深度融合，以数字赋能文创产业，擦亮国家全域旅游示范区金字招牌，打造一批特色旅游线路和打卡胜地。实施公共文化服务提质增效计划，构建以区、镇、村三级服务网络为基础，博物馆、图书馆、文化馆、美术馆等各类专业载体为支撑的公共文化服务网络。用好新时代文明实践阵地，发挥公共文化中心、360剧场等载体平台作用，加强活动策划和产品开发，提供更多优质服务内容。

更加充分地彰显发展质效之美，打造产业高地。坚持做好项目建设的“加法”、存量更新的“减法”、创新驱动的“乘法”、简政放权的“除法”，推动产业迈向中高端，让美丽吴中的发展基石更加稳固、发展后劲更加充沛。重点打造“2+2”产业，培育壮大机器人与智能制造、生物医药及大健康两大主导产业和工业互联网、检验检测两大特色生产性服务业，全力推进产业基础高级化和产业链现代化。以新基建带动新产业、催生新业态、培育新模式，推动数字经济与实体经济、创新链与产业链、先进制造业与现代服务业“三个深度融合”，不断增强产业链供应链自主可控能力。“十四五”期间，全力打造两个千亿级产业集群、多个百亿级特色产业园区，培育一批百亿级企业，实现主导产业产值、上市企业数量、高新技术企业数量等多个翻番，形成具有综合影响力的产业地标。

聚焦重点，精准发力
奋力开启“十四五”，
全面迈向现代化

明年是建党100周年，又恰逢建区20周年。站在新起点，做好明年工作，既关系到我们以什么样的姿态迈入现代化新征程，也关系到我们以什么样的作为绘就吴中下一个20年辉煌。12月16日至18日，中央经济工作会议召开，提出要抓好强化国家战略科技力量、增强产业链供应链自主可控能力、坚持扩大内需这个战略基点等8项重点任务。12月22日至23日，省委十三届九次全会召开，重点强调了以科技创新驱动产业链供应链优化升级、实施扩大内需战略等8个方面工作。12月29日，市委十二届十一次全会召开，着重强调了更加积极主动落实长三角一体化发展国家战略、着力强化创新的核心地位和支撑作用等6个方面意见。中央和省、市委的一系列决策部署，既为我们做好各项工作指明了方向，也更加坚定了我们打造三大高地，建设美丽吴中，奋力开启吴中“十四五”高质量发展新征程的信心决心。

区委、区政府考虑，明年经济增长预期目标为6%以上，一般公共预算收入突破200亿元，增长6.5%以上，全社会固定资产投资增长10%以上，工业投资增长20%以上，居民人均可支配收入与地区生产总值增长同步，城镇登记失业率控制在3%以内，完成节能减排任务。做好明年工作，我们要统筹好发展和安全的关系，坚持把抓好常态化疫情防控作为做好各项工作的基本前提，统筹推进疫情防控和经济社会发展，重点抓好五个方面工作：

一要坚定不移向“高”攀升，打造链条完整、特色鲜明的产业集群。牢牢抓住实体经济这个根本，加快构建更具标识度和竞争力的现代产业体系，推动经济发展规模、质效全面跃升。要主攻重大项目，为发展培源。以大项目、大招商支撑实业兴区，聚焦功能型总部经济、融合型数字经济、前沿型创新经济、生态型湖区经济、特色型服务经济，强化产业招商，深化驻点招商，探索招商共享，确保全年招引产业项目总投资400亿元。完善以“办成”为导向，以“标准化”为路径，以“无否决权”为保障的审批服务机制，建立工业项目“拿地即开工”长效机制，确保苏驼云计算智慧云谷、方达医药等273个重点项目年度投资超410亿元，实现两位数增长，完成进出口总额81亿美元，增长5%，实际使用外资及港澳台资5亿美元。要壮大地标产业，为发展赋能。持续提升产业标识度和竞争力，制定出台《吴中区生物医药产业发展规划》《吴中区生物医药产业提升发展三年行动计划（2021—2023年）》《吴中区机器人与智能制造产业提升发展三年行动计划（2021—2023年）》，实现机器人与智能制造规上产值700亿元，生物医药及大健康产业规模突破200亿元。发挥好赛迪研究院、浪潮智能、360安全等龙头企业的引领作用，积极拓展应用场景，高标准推进苏州信创产业园、苏州（太湖）软件产业园建设，健全“1+4+N”工业互联网平台生态体系，不断提升平台的输出与服务能力。大力发展生产性服务业，检验检测营业收入增长20%。积极搭建区内供需对接平台，支持龙头企业提高产业垂直整合度，带动区内企业集群发展。要强化片区更新，为发展蓄势。进一步明晰产业定位，坚持规划先行，注重成片改造，实行统一招商，实现整体提升。深入开展产业用地更新“双百”计划，实施存量建设用地“焕新工程2.0”，加快编制开发区、木渎、角直、临湖等重点板块“存量更新专项规划”。深入实施资源节约集约利用综合评价，避免不成体系、个别零散的存量更新，提升土地利用效率和产业发展质效。

二要坚定不移向“新”转换，构建敢为人先、开放包容的创新生态。坚持把创新作为高质量发展第一动力，推动实现创新生态加快构建、创新人才加速集聚、创新经济蓬勃发展、创新活力全面迸发，加快新旧动能转化。融入区域协同的创新格局。积极参与长三角科技创新共同体建设，主动承接上海全球科创中心辐射带动。以“东中西”跨区域协同发展为牵引，对接苏州工业园区桑田岛、独墅湖科教创新区、太湖科学城，积极参与环中环科技创新走廊、沿太湖科技研发创新带建设，推动产业链优势互补、创新链深度融合。加强大院大所合作，组建校企联盟和创新联合体，加大对技术攻关和市场转化的支持力度，构建人才与企业深度合作、研发与应用无缝对接的创新生态体系。发挥微软创新赋能暨生态加速计划——苏州云芯智联产业协同创新中心、绿的谐波麻雀智能等平台作用，完成智能化改造、数字化转型项目400个。年内新建省级以上研发机构18家，全社会研发经费支出占地区生产总值比重达到3.35%。培育顶天立地的创新主体。加强知识产权保护，建成苏州智能制造产业知识产权运营中心，从制度环境层面激发企业创新源动力。抓住产业数字化、数字产业化机遇，持续提升企业创新能级。加快打造以上市企业为龙头、“专特精”“小巨人”“独角兽”等高成长性企业、高新技术企业和科技型中小企业梯次并进的创新矩阵，全年实现高新技术产业产值1000亿元以上，高新技术企业超1000家，新增上市企业4家以上。集聚高端一流的创新人才。建设人才友好型城市，强化人才创新创业金融支撑，研究制定更有黏性的人才新政。优化东吴高层次人才计划，办好东吴双创峰会、高校青年博士进企业等活动，完善“智汇吴中”人才项目路演机制，发挥科技镇长团桥梁作用，拓展东吴创新计划服务中心服务能力，深化创新服务特派员工作机制。落实人才工作事项“一站式受理、最多跑一次”，推进区级人才公寓建设。新引进市级以上人才项目25个，区级以上领军人才增长10%以上，新增高技能人才3800名。弘扬企业家精神，培育一批有视野、有情怀、有匠心的新时代科技企业家。

三要坚定不移向“美”迈进，展现山水清秀、文脉清远的独特魅力。着眼美丽吴中建设全局，统筹生态保护、文化繁荣和绿色发展，建设人与自然和谐共生的现代化。更大力度当好绿色典范。高质量推进苏州生态涵养发展实验区建设，加快环太湖湿地带、通湖河道水质提升工程等重点项目建设，实现涵养区垃圾分类收集处理率、通湖河道优Ⅲ比例、农村生活污水治理率、高效低毒低残留农药使用率、有机废弃物处理率“5个100%”。高起点推进金庭“太湖生态岛”规划建设。有序推进环太湖有机废弃物处理利用示范区创建。大力推进蓝天、碧水、净土三大保卫战，深入开展“263”“散乱污”专项整治，全力争创国家生态文明建设示范区、“两山”实践创新基地。更大力度推进文旅融合。出台文体旅产业高质量发展扶持政策，提升苏豪文化科技创意园、舟山核雕村、木渎金枫产业园等产业集聚区能级。持续推进全域旅游“一心、一带、六大旅游产业集聚区”建设，打造长三角休闲旅游度假首选地。办好太湖文化旅游节、苏作文创峰会，加强与携程、同程等平台深度合作，联合推广苏式生活、苏作技艺、非遗文化、太湖民宿、太湖体育等产品，做美形神兼备的“眼底江南·心上吴中”。更大力度促进消费繁荣。放大“双12苏州购物节”市场效应，办好吴中更有礼，乐购“吴”限系列活动，推动传统文化与时尚潮流互动融合，培育壮大数字经济、夜间经济等新业态新模式，打造多点支撑的消费增长新格局。持续推进电商产业做大做强，加强吴中综保区跨境电商产业园保税仓库、线下展示交易中心等项目建设，实现网络零售交易额260亿元，增长15%。保持房地产市场平稳健康发展，全社会消费品零售总额达789亿元，增长5%。

四要坚定不移向“优”布局，建设宜业宜居、城乡协调的精品城市。持之以恒打造精致宜居的城市环境，完善多元集成的功能业态，提供优质便捷的公共服务，真正做到城市让生活更美好、乡村让城市更向往。推进“东中西”协同发展。统筹编制区、镇两级国土空间规划，以高水平规划引领高质量建设。围绕“核轴带”功能区布局，深度融入市域协同发展战略，提升优化“东中西”整体形态。东部片区抓住工业园区跨区联动发展机遇，打造“产业高效协同发展增长极”；中部片区融入苏州主城，打造“产城深度融合发展新高地”；西部片区对接太湖科学城建设，打造“绿色生态创新实践示范区”。提升现代化城市品质。持续提升中心城市核发展能级，推动城市精明增长，做好豪仕登、吴中广场等重要地块以及轨道交通站点周边区域环境整治提升，推进大运河、胥江运河生态长廊建设。加快太湖新城核心商务区建设，建成投用太湖新城能源中心，擦亮“未来之城　活力湖区”品牌。配合做好通苏嘉甬高速铁路建设，积极争取轨道交通6号线向角直延伸，建成中山路二期、苏同黎公路快速化改造项目。持续开展“三整治五提升”专项行动，重点推进背街小巷、农贸市场周边等薄弱环节整治，强化长效管护，实现“三定一督”小区全覆盖。巩固文明城市创建成果，完善社会信用体系，引导广大市民崇德向善、见贤思齐，点亮城市文明之光。留住原生态乡愁记忆。全力推动特色田园乡村、美丽乡村建设，做好农村乱占耕地建房问题专项整治。实施农村人居环境整治提升行动，提升村民自治管理水平。高标准推进率先基本实现农业农村现代化市、区两级示范镇试点建设。深化国家农村产业融合发展示范园建设，扎实做好长江流域太湖水域禁捕退捕“后半篇”文章。全面做好农民合作社质量提升整区推进国家级改革试点验收，启动实施新一轮集体经济相对薄弱村帮扶，出台镇级集体资产管理办法，杜绝体外循环，力争村级集体总资产超200亿元、净资产达114亿元。

五要坚定不移向“质”提升，共建优质均等、和谐幸福的美好生活。践行以人民为中心的发展思想，用心用情补短板、解难题、办实事，让发展更有温度、幸福更具质感。以优质公共服务提升幸福感。全力抓好十大民生实事项目，完善公共服务设施及配套功能。加快推进工人文化宫项目，深化“书香吴中”建设，不断满足群众精神文化需求。落实教育“三强”计划，投用木渎金山实验小学等10所学校，推进香雪海幼儿园等15所学校建设。做好优质品牌学校引入，满足多元化社会需求。积极引入上海、南京等地优质医疗资源，深化医联体改革，推进尹山湖医院二期、区公共卫生中心等项目建设，持续提升公共卫生服务能力。以务实保障举措提升获得感。落实落细援企稳岗扩就业各项措施，紧盯高校毕业生、退捕渔民、就业困难人员等群体，推进促就业举措应出尽出、保岗位办法能用尽用，确保“零就业”家庭动态清零。持续推进社保扩面，及时调整各类社会保障待遇，启用阳光综合救助中心，创建区域性儿童福利指导中心省级试点。实施独居老人“安心居”工程，提升居家养老、社区养老服务水平。以现代治理体系提升安全感。抓紧抓实常态化疫情防控，紧盯重要时段、重点场所、重点人群，突出“人”“物”同防，加强进口冷链食品集中监管，全方位提升应急处置能力。持续优化矛盾排查化解、风险防范预警、平安法治建设等机制，常态化开展扫黑除恶，深化“两网一线”建设，升级诉调对接“吴中模式”，提升智慧城市、数字城市治理水平。深化“法治吴中”建设，广泛开展《民法典》学习宣传，启动“八五”普法。强化政社互动，争创省级现代社区治理创新实验区。持续开展安全生产专项整治三年“大灶”行动，纵深推进“331”专项整治行动，全面提升本质安全水平。深入开展“意识防”专项行动，建立完善非法金融排查处置长效机制。积极稳妥化解政府性债务，加强食品药品安全监管，积极创建省级食品安全示范城市，做好信访维稳、森林防火、消防救援、防汛防台等各项工作，确保社会大局平安稳定。

党要管党，从严治党

积极展现新担当，坚定护航新征程

党的十九届五中全会明确把坚持党的全面领导作为“十四五”时期经济社会发展必须遵循的首要原则。全区各级党组织要把握新时代党的建设总要求，全面加强党的建设，以高质量党建引领和推动经济社会高质量发展。

一要深化思想政治建设，以理论自信促进政治坚定。坚持用习近平新时代中国特色社会主义思想领航定向，做到“知其然、知其所以然、知其所以必然”，切实增强“四个意识”，坚定“四个自信”，做到“两个维护”。组织开展“四史”学习教育、“先锋党员”寻访等特色主题活动，强化理想信念教育，更加彻底地用新思想解放思想、统一思想，教育引导广大党员干部担当担责、知重负重。严格落实意识形态工作责任制，深入贯彻新修订的《党委（党组）意识形态工作责任制实施办法》，加强网上网下阵地管理，牢牢掌握意识形态工作领导权和话语权，巩固壮大主流思想文化。加强媒体对接融合和新闻队伍建设，提高外宣工作水平。围绕纪念建党100周年、吴中建区20周年等重大节点，系统抓好策划宣传，讲好吴中故事，展现吴中形象，为经济社会高质量发展营造良好环境。

二要深化战斗堡垒建设，以基层稳定确保执政稳固。持续增强基层党组织政治功能和组织力，推动基层组织全面进步、全面过硬。健全完善党委（党组）支部工作联系点制度，建立健全党支部考评定级、晋位升级机制，提升支部标准化规范化建设水平。有序推进村（社区）“两委”换届选举，落实村党组织书记“专职五级”管理要求，常态化举办能力素养提升培训班、书记工作论坛、创新案例评选等，全面提升各领域基层党组织带头人能力素质。创新党组织设置和活动方式，提升“两新”组织党的组织和工作覆盖质量。深化基层治理“先锋枢纽”体系建设，进一步完善“核轴带”党建格局。

三要深化干部队伍建设，以担当作为推动奋发有为。坚持新时期好干部标准，结合区镇换届工作，注重选拔一批在重点工作、重大项目和急难险重任务中敢于负责、表现突出的干部，选优配强党政正职，优化领导班子结构，着力提高领导班子专业化水平。加大干部交流力度，畅通党政机关、国有企事业单位间干部流动渠道。对照总书记提出的提高年轻干部“七种能力”要求，积极为年轻干部成长成才创造条件、优化路径、搭建平台。强化干部正向激励，用好激励干部担当作为相关机制，继续推进“担当作为好干部”选树工作，加大先进典型的宣传力度，形成全区广大党员干部比学赶超的浓厚氛围。

四要深化党风廉政建设，以严管厚爱确保风清气正。严格落实“两个责任”，巩固全面从严治党三年行动成果。严明党的政治纪律和政治规矩，巩固发展风清气正的良好政治生态。突出严管厚爱结合、激励约束并重，更好发挥容错纠错机制和政商交往正、负面清单作用，完善澄清正名机制，充分调动和激发干部队伍的积极性、主动性、创造性。科学运用监督执纪“四种形态”，完善发现问题、纠正偏差、精准问责有效机制。加快基层监督力量整合，优化派出监察员办公室运作机制，推动“一人一委一网”从有形覆盖到有效覆盖。做好省巡苏州、省巡吴中、市委对村（社区）提级巡察“回头看”以及落实“六保”任务专项巡察反馈意见整改工作的监督，推动问题整改与建章立制同向发力、深化改革与优化治理互促共进。持续强化不敢腐的震慑、扎牢不能腐的笼子、增强不想腐的自觉，不断巩固发展反腐败斗争压倒性胜利。

五要深化领导能力建设，以步调合拍凝聚发展合力。区委常委会将持续加强自身建设，不断提高领导水平和执政能力，更好发挥总揽全局、协调各方的领导核心作用。加强和改进对人大、政协工作的领导，配合做好太湖生态岛立法，建立开发区人大代表联席会议制度，推进民生实事项目代表票决制工作在街道全面展开，切实发挥人大聚民心、议大事、保落实、促善治的重要作用；支持政协开展“有事好商量”协商议事巩固提升年活动，拓展政协协商参与面，扩大界别群众覆盖面，切实将政协的制度优势转化为基层治理效能。一体推进党的建设与群团组织建设，以党建带群建，增强群团组织的政治性、先进性、群众性。加强党管武装，深化双拥共建和军地融合发展。全面落实党的知识分子、民族、宗教、侨务等政策，持续完善大统战工作格局，汇聚起吴中高质量发展的强大合力。

同志们，百舸争流，奋楫者先，千帆竞发，勇进者胜。推动吴中接续奋斗再创下一个20年辉煌的序幕已然开启，唯有日夜兼程，方能梦想成真。让我们更加紧密地团结在以习近平同志为核心的党中央周围，高举习近平新时代中国特色社会主义思想伟大旗帜，团结带领全区广大党员干部群众，以冲刺的姿态务实奋进，以争先的意识勇立潮头，奋力开启“十四五”高质量发展新征程，为谱写“强富美高”新江苏的吴中篇章作出新的更大贡献，以优异成绩庆祝建党100周年！

政府工作报告

——2021年1月12日在苏州市吴中区第四届人民代表大会第五次会议上

区人民政府代区长　李朝阳

各位代表：

现在，我代表区人民政府，向大会作工作报告，请予审议，并请区政协委员和其他列席人员提出意见。

“十三五”时期经济社会发展简要回顾

“十三五”时期，是我区克难奋进、加快发展的五年，面对错综复杂的宏观经济环境和艰巨繁重的改革发展稳定任务，区政府深入学习贯彻习近平新时代中国特色社会主义思想，认真贯彻落实党的十九大和十九届二中、三中、四中、五中全会精神，在上级党委、政府和区委的正确领导下，在区人大及其常委会和区政协的监督支持下，有效应对各种困难挑战，统筹推进经济社会发展，圆满地完成了“十三五”规划目标任务，为全面开启现代化新征程奠定了坚实基础。

过去的五年，是经济发展稳健有力、综合实力显著提高的五年。地区生产总值提升到1352.5亿元（预计，下同），年均增长6.2%，城乡居民人均可支配收入分别提升到7.3万元、3.7万元，年均分别增长7%、7.4%。一般公共预算收入、社会消费品零售总额年均分别增长9.2%、17.4%。新增10亿元（1亿美元）项目25个，进出口总额、实际到账外资及港澳台资累计达406.7亿美元、18.9亿美元。新增上市企业7家，新三板挂牌企业42家，累计分别达14家、60家。金融机构存贷款余额分别提升到2865亿元、3120亿元，年均分别增长8.4%、13.5%。在2019年《人民日报》全国中小城市高质量发展评价中，吴中区名列全国综合实力百强区第九位、绿色发展百强区第九位、科技创新百强区第十位。

过去的五年，是产业结构加快调整、转型升级持续提速的五年。全社会研发投入占地区生产总值比重由2.31%提升到3.33%，万人发明专利拥有量由25.6件提升到57.97件。全区规上工业总产值提升到1720亿元，年均增长9.4%，高新技术产业产值占规上工业产值比重由43.6%提升至57.7%，机器人与智能制造、生物医药及大健康两大主导产业产值年均分别增长16%、12.3%。高新技术企业由345家增加至933家，省民营科技企业由550家增加至1408家。国资改革全面深化，整合成立6家区属国资公司。获批国家高端装备制造业标准化试点、国家外贸转型升级基地、国家知识产权强县工程示范区。新增国家级人才5人、省双创人才22人、姑苏领军人才79人，万人计划、姑苏重大创新团队实现零突破。

过去的五年，是功能配套日益完善、城乡面貌稳步提质的五年。编制完成吴中区新一轮城乡协调规划、城市双修规划。建成投用6个城市综合体、6个城市公园，新增城市绿地4146亩。房地产市场平稳健康，人居环境明显改善。吴中开发区入选国家级绿色园区。太湖新城地下综合管廊国家试点全面完成。建成各类道路234.4千米，

180千米环太湖公路全线贯通，西环高架南延、东环南延二期等一批重点交通工程建成通车，“一环四射一联”快速路网基本形成。轨道交通2号线延伸线、3号线、4号线及支线开通运营，轨道交通总里程达37.3千米。建成各级各类美丽乡村855个，成立全省首个乡村振兴学堂。

过去的五年，是生态环境持续改善、文化形象日益提升的五年。中央、省环保督察反馈问题整改清零，整治提升“散乱污”企业4402家。PM2.5平均浓度、空气质量优良天数较“十二五”末分别下降41.9%、提升31.9%。全面做好七子山环境提升工程。太湖围网全面拆除，6.9万亩养殖池塘完成整治改造。城乡黑臭水体基本消除，饮用水源地、水域功能区水质达标率均保持100%，连续13年实现太湖安全度夏。水污染防治工作获全国人大常委会执法检查组充分肯定。建设苏州生态涵养发展实验区，省级生态文明建设示范镇实现全覆盖。成功举办第九届江苏省园艺博览会。吴文化博物馆、区公共文化中心等一批公共文化服务设施建成投用，宝带桥获评江苏最美运河地标。村（社区）综合性文化服务中心实现全覆盖。吴中获评“中国文学之乡”“中国民间文艺之乡”。

过去的五年，是社会事业快速发展、惠民举措不断提效的五年。民生支出占一般公共预算支出比重连续保持在73%以上。新增就业岗位10.6万个，23.8万名被征地农民全部纳入城保体系。在全省率先实施重大疾病救助政策。最低生活保障标准由810元/月提高至1045元/月。建成保障性住房41267套。新增学校44所、学位3.9万个。新增医疗机构71家、床位1300个。获评全国智慧健康养老示范基地、国家慢性病综合防控示范区。农村集体资产股份权能改革入选全国改革试点经验典型。集体经济相对薄弱村全面脱贫。安全生产形势持续向好。实施“天穹计划”，开展“扫黑除恶”专项斗争，违法犯罪警情较“十二五”末下降21.3%。社会综合治理网格化联动机制获全省推广。13人获评“中国好人”。省双拥模范实现八连冠。

过去的五年，是全面改革不断深化、服务效能持续提优的五年。扎实开展“两学一做”学习教育、“不忘初心、牢记使命”主题教育，深入开展“六个一”基层走访调研。严格落实中央八项规定精神，三公经费较“十二五”末压降71.2%。成立区政府法律顾问委员会，常态化开展政府常务会议学法。顺利完成政府机构改革。太湖街道获批设立。甪直镇通过省经济发达镇行政管理体制改革评估验收。深入推进“放管服”改革，下放各级各类行政权力121项，政务服务事项实现100%网上运行，省内率先推行工业项目“并行预审、基层代办、信用承诺”审批机制，企业开办、不动产登记、工业项目施工许可实现“1220”常态化。自觉接受人大常委会、政协监督，高质量办理区两会议案、建议、提案1847件，满意和基本满意率保持100%。

二〇二〇年工作情况

刚刚过去的2020年，是“十三五”规划胜利收官之年，也是极不平凡的一年。面对严峻复杂的宏观形势特别是新冠肺炎疫情的严重冲击，全区上下认真学习贯彻习近平新时代中国特色社会主义思想，坚持稳中求进总基调，自觉践行新发展理念，按照高质量发展要求，全力抓好“六稳”“六保”工作，较好地完成了区四届人大四次会议确定的主要目标任务。全年预计实现地区生产总值1352.5亿元，增长4.5%；一般公共预算收入188亿元，增长7%。在新华网公布的2020城市市辖区高质量发展百强榜单中位列第七。主要做了以下工作：

一是全力以赴决胜疫情防控战役。打赢疫情阻击战。坚持把人民生命安全和身体健康放在第一位，全面落实“四方责任”，坚持“四早”原则，运用“大数据+网格化+铁脚板”工作模式，扎牢织密疫情防控网。

累计排查重点地区返吴人员超32万人次、密切接触者460人，执行集中医学观察1734人、居家观察超3万人，完成核酸检测3.3万人份。11名援鄂医护人员为打赢武汉保卫战贡献了吴中力量，实现医护人员零感染，患者零死亡。成为全市第一个疫情低风险区。打好防控持久战。坚持“外防输入、内防扩散”，构建完善预防为主、防治结合、联防联控的常态化防控机制。严密做好社区防控，排查走访居民121万人次，转接入境到（返）吴人员1077人。完成11家医疗机构发热门诊规范化改造，4家医疗卫生机构获核酸检测资质，最大日检测能力达6720人次。开展防控应急演练，提升应急处置能力。落实“人物同防”，设立进口冷链食品集中监管仓，筑起疫情防控的钢铁防线。奋力夺取双胜利。坚持疫情防控和经济社会发展两手抓、两手硬，有序推进复工复产复市。统筹“五业并进”，千方百计保障企业资金链、用工链，帮助企业迅速恢复产业链协同生产，出台“金九条”“援企十条”“东吴知识贷”等21项政策、35条举措，为企业减负45.7亿元，发放稳岗补贴2.2亿元，减免租金近亿元，让企业减轻负担、轻装上阵。

二是迎难而上推动经济企稳回升。工业经济稳中有进。全年实现规上工业总产值1720亿元，增长6%；完成工业投资105亿元，增长40%。编制制造业智能化改造和数字化转型实施方案，机器人与智能制造规上企业实现产值600亿元，增长14.9%。拟定生物医药产业发展规划，加快建设吴中生物医药产业园，生物医药及大健康产业规模达140亿元。2家企业入选中国民营企业500强，1家企业入选中国制造业民营企业500强。新增上市企业3家。现代服务业提质增效。服务业增加值占地区生产总值比重达53%。检验检测营业收入增长20%，规模保持全市第一。1家企业获评首批国家骨干冷链物流基地。综保区获评省重点物流基地。围绕“今夜吴眠、精彩吴限”主题，创新推出“吴中更有礼，好车等着你”“好物中国　心上吴中”等系列促消费活动，实现社会消费品零售总额751亿元、网络零售交易额230亿元。文旅产业深度融合，文化产业增加值占地区生产总值比重达4.8%，实现旅游总收入244亿元。成功举办长三角民宿大会，发布“太湖民宿”品牌，旺山村、灵湖村获评省乡村旅游重点村，旺山文旅风情小镇、太湖体育运动休闲小镇入选省特色小镇创建名单，吴中获评全市首个国家全域旅游示范区。高效农业稳步提升。完成农业总产值40.1亿元，增长13%，新增高标准农田5600亩，建成投产生猪稳产保供基地。苏州太湖现代农业示范园创成苏南地区首个国家农村产业融合发展示范园。新增国家水产健康养殖示范场、国家虾蟹产业体系示范点各1个，省绿色优质农产品基地4个。2家企业获省农业科技型企业认定。3个农产品品牌获国家农产品地理标志登记，碧螺春茶果复合系统入选中国重要农业文化遗产名录，洞庭山碧螺春茶获省“陆羽杯”特等奖。

三是顺时应势提升发展质量效益。有效投入不断扩大。完成全社会固定资产投资588亿元，增长3%。242个区级重点项目完成投资372亿元，增长5.5%。浪潮智能、天脉导热等41个重点产业项目竣工投运。组织北京、上海、深圳等地招商活动，创新举办太湖经贸合作洽谈会，发布投资热力图，成立运行区投资促进服务中心，累计签约项目152个，投资总额达1095亿元，其中3000万元以上产业项目288个。微软、360安全、中交、中建等知名企业签约，欧康维视、方达医药等重大项目顺利落地。创新能力不断增强。吴中高新区入围省知识产权示范园区创建单位。新增高新技术企业440家、省民营科技企业290家，均创历史新高。加快发展工业互联网，构建“1+4+N”工业互联网平台生态体系，发布12个智能制造解决方案平台，开展智能化改造项目129

个。开发区获批省“互联网+先进制造业”基地，2家企业获评国家中小企业公共服务示范平台，国家核心竞争力项目、市级智能工厂实现零突破，17家企业获省两化融合试点，110家企业获评省级上云企业。赛迪研究院苏州分院开园运营，苏州信创产业园挂牌成立，协同创新中心中标国家级综合型标识解析二级节点项目。2家企业获国家专精特新“小巨人”企业认定，2家企业入选江苏省百强创新型企业。新增省、市工程技术研究中心56家，省工业设计中心5家，省众创空间4家。推出“520吴爱人才”政策集成，入选国家重大人才引进工程1人、省双创人才项目4个、姑苏领军人才项目18个。入选省乡土“三带”人才43人、省非遗代表性传承人14人，均位列全市第一。开放合作持续深化。全面融入“双循环”新发展格局，开发区、度假区挂牌苏州自贸片区联动创新区。新批千万美元以上外资及港澳台资项目11个，实际到账外资及港澳台资4.1亿美元，增长7.1%。全力以赴稳定外贸市场，出台支持外贸企业稳定发展政策意见，实现进出口总额77亿美元，跨境电商交易额4亿元。开展优化营商环境创新行动，名列全国营商环境百强区第十七位。国有企业加快市场化转型，2家区属国企获AA+评级，完成中晟环境资本化运作，成功控股2家上市企业。加快融入长三角一体化，“浦东·吴中检验检测区域合作联盟”正式成立，对接上海项目招引、智力合作等方面取得积极成效。南北挂钩、东西部扶贫协作取得新进展。

四是统筹协调加快城乡建设步伐。城乡布局不断优化。启动编制国土空间规划，落实全市产业用地更新“双百”计划，划定工业和生产性研发用地保障线7.42万亩，处置消化批而未供、供而未用土地4775亩，完成低效用地再开发3384亩。扎实推进环太湖“加减法”，腾出各类土地指标2307亩。获评省土地执法模范区、省国土资源节约集约利用模范区。完成征拆2699户181万平方米，清零项目105个，腾退土地6878亩。城市功能日益完善。宝带桥—澹台湖景区纳入大运河国家文化公园建设。太湖新城地下空间工程全面竣工，获评全省首个国家三星级绿色生态城区。城际铁路太湖新城站点纳入线网规划，南湖快速路一期、尹山湖立交建成通车，苏同黎高架主线贯通。苏州市现代农产品物流园、三山岛区域供水工程建成投用。完成各类水利设施项目45个，顺利实现安全度汛。新增公共停车泊位5662个，新辟、优化公交线路30条。人防、电力、通信、燃气、照明等设施不断完善。全面推广生活垃圾分类，“三定一督”示范小区覆盖率达89.3%。落实国家城镇老旧小区改造试点，完成改造项目13个。完善物业管理机制，试点探索物业管理改革。顺利通过全国文明城市复检。乡村振兴纵深推进。实施探索率先基本实现农业农村现代化三年行动计划，角直、临湖、光福等示范镇试点有序推进。深入推进农村人居环境整治，三年行动目标任务率先通过省级验收。新增美丽乡村99个、省级特色田园乡村8个，临湖镇牛桥村入选全国文明村。扎实开展农村乱占耕地建房问题专项整治。深化农民合作社质量提升整区推进国家级试点，全面完成农村集体经济组织登记赋码发证，清缴欠租3.7亿元。开展“万企联万村 共走振兴路”行动，村级集体总资产达196亿元，村均稳定性收入达1402万元。

五是坚定不移推进生态绿色发展。绿水青山魅力凸显。高标准推进苏州生态涵养发展实验区建设，设立全国首个生态涵养发展绩效评估指标体系，消夏湾生态安全缓冲区项目列入省级试点，东太湖湖滨湿地带等17个项目全面建成。率先探索建设环太湖城乡有机废弃物处理利用示范区，临湖示范点投入试运行。吴中区入选首批全国美好环境与幸福生活共同缔造活动培训基地，金庭镇入选自然资源部生态产品价值实现典型案例。全区林木覆盖率、自然湿地保护率分别达35.8%、63.9%，保持全市第一。环境问题有力攻坚。90件中央、省环保督察反馈问题完成整改销号。持续开展七子山静脉产业园等重点区域涉气企业整治工作，整治“散乱污”企业135家、低端低效产能企业（作坊）206家。大力开展化肥、农药减量增效行动，建成化肥农药减量控制应用示范区2个。生态环境持续优化。全面落实太湖“五位一体”精细化管理，扎实开展蓝藻防控，7个河道国、省考断面水质达标率100%。深入实施城乡生活污水处理提质增效精准攻坚“333”行动，新改建污水管网120千米，建成排水达标区730个，完成甪直新区污水厂扩建及5个污水厂尾水提标工程。疏浚整治河道155条、136千米，建成生态河道19条、26千米。全面完成长江流域太湖水域禁捕退捕任务。持续推进114个重点地块修复整治。PM2.5浓度、空气优良天数和Ⅲ类水体比例3项指标全部达标。

六是持之以恒提升群众生活品质。民生保障坚实有力。坚持就业优先战略，新增城镇就业2.14万人，城镇登记失业率控制在3%以内。新增参保2.35万人、住房公积金缴存5.2万人。完成企业职工养老保险省级统筹。重疾救助保障病种扩充至60种，发放各类补贴2.5亿元。新开工安置房7517套，竣工8536套。开建太湖新城医院、吴中人民医院新院区，胥口卫生院挂牌苏大附属儿童医院吴中分院，甪直人民医院成为首批省农村区域性医疗卫生中心基本建成单位。建成吴中高新区综合为老服务中心，新增护理型床位582张。获评省智慧健康养老创新基地。文教事业繁荣发展。建成投用6所学校，新增省优质幼儿园4所、普惠性幼儿园5所，招聘年金制教师1133名。义务教育学校集团化办学实现全覆盖。甪直高级中学获评江苏省四星级高中。中高考成绩再创新高。吴中中专获评省现代化示范性职业学校。2人获首届全国职业技能大赛金牌。360剧场开工建设。1人获中国曲艺牡丹奖表演奖，《情韵姑苏》获省五星工程奖器乐类第一。紫金庵罗汉塑像抢险加固工程通过省级验收。成功举办全国现代五项锦标赛、苏州湾马拉松、环太湖竞走多日赛等体育赛事，圆满完成“中超联赛”保障工作。社会大局和谐稳定。扎实开展“1+24+1”安全生产专项整治，全面开展“百团进百万企业”宣讲。成立五个安全生产巡查督导组，实现区级安全生产巡查督导全覆盖，安全生产事故数、亡人数大幅下降。深入推进“331”行动，排查整改隐患3.7万余处。大力开展普法宣传，获评省“七五”普法中期先进区。深化人民调解进网格，矛盾纠纷调解率达98.5%。获评省信访工作先进单位。完成基层审批服务执法力量改革、镇域（街道）综合执法改革。“天眼”一期建成投用，八类案件破案率达99.3%，完成P2P行业清零。基本完成第七次全国人口普查。

各位代表，时间是奋进者前行的刻度，注定要在2020年留下难以磨灭的印记。这一年，我们经历了突如其来的疫情、百年不遇的汛情、多年罕见的藻情、全省任务最重的退捕，每一件都足以载入吴中发展史册。考验如火，才能淬炼真金。面对空前考验，我们始终坚持以习近平新时代中国特色社会主义思想为指引，坚决落实中央和省、市、区委决策部署，在疫情防控和经济社会发展两个战场都交上了一份彰显“吴中力度”、展现“吴中温度”、体现“吴中速度”的优异答卷。面对空前考验，我们毫不畏难、绝不迟疑，越是艰险越向前，不惧危难彰显英雄本色。一个个逆向前行、披荆斩棘的身影令人动容，一则则奋力突围、迎风搏浪的故事让人振奋。“橄榄绿、天使白、守护蓝、志愿红”汇聚而成最温暖的磅礴力量。每一位吴中人都值得尊敬，每一位吴中人都是“最美吴中人”。面对空前考验，我们深入群众、细处着手，用心用情为民生，努力绘就民生幸福彩色。我们用脚步丈量民情、以真心排解民忧，一项项惠民政策不断优化，一件件民生实事高标准完成，城市更靓了、乡村更美了，“看得见山、望得见水、记得住乡愁”的美好画面正在变成生动现实。面对空前考验，我们锚定坐标、勇担使命，全力以赴促发展，不断提升高质量发展成色。一次次南下北上，用坚持不懈的努力换来了优质项目；一回回创新求索，以实实在在的举措赢得了发展先机。我们用真金白银为企业纾困解难，用真情真意助企业发展壮大，用苦干实干加油干，逐步扭转下行趋势，跑出吴中发展“加速度”。面对空前考验，我们不忘初心、牢记使命，坚守底线严律己，始终保持为民务实清廉底色。我们恪守法治精神，全面从严治政，心有所畏、言有所戒、行有所止，不断锤炼忠诚干净担当的政治品格，营造了风清气正的良好政治生态。凡是过往，皆为序章。回首过去的一年，种种艰难险阻仿佛是给即将步入弱冠之年的吴中所准备的成年礼，让20岁的吴中更有应对挑战风险的底气和实力，更增添了一张蓝图干到底的韧劲和闯劲。踏上新征程，已经将“奋斗”刻入基因融入血液的吴中，将更有信心和勇气，在高质量发展道路上书写更加精彩的篇章。

成绩来之不易，离不开上级党委、政府和区委的正确领导，离不开全体人大代表和政协委员的监督支持，离不开各地、各部门、各企事业单位和广大干部群众的齐心奋斗，也离不开广大老同志、社会各界的关心厚爱。它凝聚着全区人民的智慧和心血，饱含着大家对吴中的深沉热爱。在此，我谨代表区人民政府，向辛勤工作在各个领域的全区人民，向区人大代表、政协委员，向各民主党派、工商联、无党派人士、垂直管理单位和工会、共青团、妇联等人民团体，向驻吴人民解放军和武警官兵、公安政法干警，向离退休老同志，向广大医护人员、基层干部、社区工作者、志愿者和关心、支持、参与吴中建设发展的各界人士，致以崇高的敬意和衷心的感谢！

同时，我们也清醒地认识到，我区经济社会发展还存在一些短板不足：受疫情冲击，投资拉动趋缓，消费拉动不足，经济下行压力加大；财政收支矛盾凸显，实现高质量发展仍需用力；城市规划、建设、管理精细化程度不高，城市建管水平仍需提升；教育、医疗、养老等优质资源供给还不能适应产业、城市转型需要，与群众期盼仍有差距；环境保护、安全生产还面临不小的压力，防范风险、应急处置能力仍需提升；政府职能转变还不够到位，行政服务效能还有待提高。对此，我们将采取有力措施，认真加以解决。

二〇二一年工作目标和任务

2021年是建党100周年，是“十四五”规划开局之年，也是吴中建区20周年，做好今年工作意义重大。

今年政府工作总的指导思想是：以习近平新时代中国特色社会主义思想为指导，全面贯彻党的十九大和十九届二中、三中、四中、五中全会精神，围绕“强富美高”总目标，把握“争当表率、争做示范、走在前列”总要求，坚持稳中求进工作总基调，深刻认识新发展阶段、全面贯彻新发展理念、融入服务新发展格局，以高质量发展为主题，以深化供给侧结构性改革为主线，以改革创新为根本动力，以满足人民群众日益增长的美好生活需要为根本目的，扎实做好“六稳”工作、全面落实“六保”任务，深化“核轴带”功能区布局，全面融入长三角一体化、沪苏同城化，打造生态、文化、产业三大高地，建设“产业俊美、格局臻美、生态秀美、文化尚美、环境优美、生活和美”的美丽吴中，奋力开启全面建设社会主义现代化新征程。

2021年全区经济社会发展的主要预期目标为：地区生产总值增长6%以上；一般公共预算收入增长6.5%以上；全社会固定资产投资增长10%以上，工业投资增长20%以上；居民人均可支配收入与地区生产总值增长同步；生态环境持续改善，完成节能减排目标任务。围绕上述目标任务和区委四届十三次全体（扩大）会议的部署，我们将着重做好以下工作：

一、突出提质增效，加快建设更加俊美的现代产业体系。实体经济是吴中的立身之本。我们将坚定不移走实业兴区道路，以智能化、数字化、高端化为引领，突出增量培育壮大、存量改造提升，强化美丽吴中的实体支撑。

强化项目支撑，增强经济发展后劲。坚持招商引资、项目建设“头号”工程，全力主攻重特大项目、高端产业项目。发挥区投资促进服务中心统筹作用，围绕北京、上海、深圳等重点区域，精心组织招商推介会、经贸洽谈会等招商活动，确保项目建设滚动发展、梯次跟进，新招引产业项目总投资400亿元，10亿元（1亿美元）以上大项目超10个，50亿元以上项目实现零突破。完善重点项目推进机制，提前做好要素供给保障，确保苏驼云计算智慧云谷、嘉彰科技等120个计划新开工项目年内全部开工，石川制铁、安洁科技等57个重点产业项目年内建成投产，全年新开工10亿元以上项目超20个。确保273个重点项目年度投资超410亿元，其中重点制造业项目投资超100亿元，用高质量的项目建设为发展增添强劲动能。

强化产业支撑，打造现代产业生态。以产业基础高级化、产业链现代化为目标，全面提升产业发展能级。出台新一轮主导产业提升发展三年行动计划，聚力打造智能制造5个百亿级产业集聚区和生物医药产业四大功能区，机器人与智能制造规上产值达700亿元，生物医药及大健康产业规模突破200亿元。大力发展数字经济，新建5G基站1100个，健全“1+4+N”工业互联网平台生态体系，加快推进产业智能化改造和数字化转型，新增市级以上星级上云企业60家、智能工厂1个、智能车间15个，完成智能化改造、数字化转型项目400个，打造10个以上行业级和通用型解决方案。积极发展生产性服务业，抓好检验检测、工业互联网两大特色产业，推进与国内外检验检测龙头企业合作，确保检验检测营业收入达40亿元。推动新一代信息技术与智能制造深度融合，发挥赛迪研究院、浪潮智能等龙头企业引领作用，推动苏州信创产业园创建国家级信创园、苏州（太湖）软件产业园创建省级软件名园。提高生活性服务业品质，加强对消费新模式、新业态的支持，持续办好吴中更有礼，乐购“吴”限系列活动，确保实现全社会消费品零售总额789亿元，增长5%，以消费升级促产业升级。

强化企业支撑，提升经济运行质态。全方位、多角度支持企业发展，加快培育一批行业领军企业。召开产业创新发展大会，集成一批惠企政策，增强政策供给系统性和精准度。持续推进减税降费，切实提高企业获得感。发挥龙头企业带动作用，“一企一策”支持龙头企业、骨干企业做大做强，力争产值超50亿元企业达4家，向百亿级企业发起冲刺。立足区域优势和产业特色，搭建产业链精准对接平台，支持中小企业对接主导产业，延伸供应链、创新链。支持企业坚守实业、深耕主业，加大技改投入，实施500万元以上技改项目120个，完成技改投资75亿元。鼓励企业发扬工匠精神，加强质量、品牌、标准建设，新增国家标准和行业标准30项、市质量奖5个。优化国有企业治理体系，积极探索地方与央企合作模式，提高国有资本配置和运营效率。积极对接资本市场，引导支持企业加快股改上市步伐，新增上市企业4家以上，不断壮大资本市场“吴中板块”。

二、突出转型升级，加速构建日益臻美的开放创新格局。开放创新是吴中的动力源泉。我们将牢牢把握国家全面扩大开放的重大机遇，以创新引领转型，以开放拓展空间，加速融入“双循环”体系，增强美丽吴中的发展动力。

更大力度实施创新驱动。

突出企业创新主体地位和主导作用，加快创新政策、资源、要素向创新型企业集聚。实施科技企业培育“角端”计划，围绕“专精特新”目标，新增市“瞪羚”和“独角兽”培育企业20家，省级以上企业研发机构18家，高新技术企业突破1000家，全社会研发经费支出占地区生产总值比重达3.35%，实现高新技术产业产值1000亿元以上。深化高新区“一区三园”建设，持续做优创新载体，加快建设华科智能制造研究院、苏州工业大数据产业研究院等一批新型研发机构。发挥科技镇长团校地合作桥梁作用，深化与国内外知名高校院所合作，新增产学研合作项目130个。加强知识产权保护运用，推进苏州智能制造产业知识产权运营中心建设，万人发明专利拥有量达64件。加强高端人才引育，优化东吴高层次人才计划，办好东吴双创峰会、高校青年博士进企业等活动，新增市级以上人才项目25个、区级以上领军人才50人以上。注重技能型人才引培，新增高技能人才3800人，培育更多匹配产业发展的“吴中工匠”。

更大力度推进开放融合。抢抓长三角区域一体化、长江经济带建设等发展机遇，主动策应、借势借力，提升开放发展新水平。全面对接融入上海，加大在产业、科技、公共服务等方面的对接力度，精心谋划吴中生物医药产业园与张江药谷、苏州（太湖）软件产业园与上海浦东软件园合作，靠前承接上海“溢出效应”。围绕“核轴带”功能区布局，以“东中西”跨区域协同发展为牵引，对接工业园区桑田岛、独墅湖科教创新区、太湖科学城，积极参与环中环科技创新走廊、沿太湖科技研发创新带建设，推动产业链优势互补、创新链深度融合。全面推进工程审批制度改革，建立工业项目“拿地即开工”长效机制，唱响“吴优办”品牌。深度拓展对外开放，新增注册外资及港澳台资7.1亿美元，实际使用外资及港澳台资5亿美元。落实稳外贸措施，推动中小外贸企业出口信用保险全覆盖。推进外贸企业转型，提升一般贸易出口比重，新增省市出口品牌企业2家，完成进出口总额81亿美元。鼓励跨境电商、服务贸易发展，推进综保区保税仓库、线下展示交易中心等项目建设，力争实现跨境电商交易额4.5亿元，不断提升经济开放度。

更大力度优化资源配置。强化存量更新挖潜，推动土地、金融等资源要素向实体集聚、高效利用。深化落实全市产业用地更新“双百”计划，持续开展“三优三保”，深入推进“511”工程，切实提高土地节约集约利用水平，全年腾出土地空间6000亩，盘活存量建设用地6000亩。用好工业资源集约利用综合评价平台，落实差别化激励约束政策，更大力度推进“散乱污”整治等工作，全年腾退低效工业用地1000亩。以产业用地保障线为依据，高质量开展产业用地更新改造专项规划，加强存量工业用地转让管理，有序推动片区整体更新。以集中连片为目标，完成拆迁征收85万平方米以上，腾出地块98个以上，全力保障重点项目落地建设。深化政银企对接互动，推动东吴贷优化升级，新增实体信贷投放1033亿元，增长25%，为实体经济注入更多的金融活水。

三、突出绿色发展，全力涵养清丽秀美的自然山水生态。绿色是吴中的最靓底色。我们将坚守发展底色，紧扣“太湖之美、吴中最美”，加强生态保护和环境治理，深入探索“两山”转换通道，丰富美丽吴中的生态内涵。

擦亮绿色生态品牌。立足生态优势、做出生态特色、壮大生态产业，积极做好长三角绿色发展示范。高质量推进苏州生态涵养发展实验区建设，切实将环太湖湿地带、通湖河道水质提升工程等标杆项目建出成效，努力打造践行“两山”理念的太湖典范。对标上海崇明世界级生态岛，围绕生态功能空间布局、生态发展能级、生态环境品质等重点领域，高标准规划建设太湖生态岛，推动形成生态环境敏感地区高质量发展的“吴中路径”。加大生态品牌宣传推介力度，组织开展中央媒体“美丽中国吴中行”等活动。积极发展绿色循环经济，有序推进环太湖有机废弃物处理利用示范区建设。加强与中交、中车等央企合作，依托太湖山水应用场景，着力引进绿色产业项目，全力构建生态环保“项目产业化、产业项目化”双向联动格局。

筑牢生态安全屏障。强化山水林田湖草自然资源整体保护和系统修复，推动生态环境质量整体提升。创新探索环太湖生态补偿机制，全力争取国家级生态文明荣誉。着力提升太湖“五位一体”综合长效管理水平，加强蓝藻防控打捞能力建设，新增藻水分离站3个、控藻船4艘，建成挡藻导流围隔二期工程，确保太湖安全度夏。加强水源地保护，完成渔洋山水源地水下森林恢复试点工程。实施湿地生态保护和修复工程，加大对太湖、澄湖重要自然湿地保护力度。严格落实“河湖长制”“断面长制”，深入实施水环境质量考核区域补偿，持续巩固瓜泾口北等国、省考断面达标成果，确保7个河道国、省考断面全部稳定达标。建成生态美丽河湖30条、生态河道14条，疏浚整治农村河道114条80千米，新增植树造林100亩，持续提升生态环境承载力。

提升污染防治成效。深入打好污染防治攻坚战，聚焦水、气、固废等重点，更大力度解决突出环境问题。高标准开展城乡生活污水处理提质增效精准攻坚“333”行动，完成木渎新城污水厂二期建设，新增污水管网50千米，启动污水处理提质增效达标区建设，确保城镇建成区污水管网全覆盖。推进农村生活污水治理提升改造，确保全区农村生活污水治理率达93%。坚持精准科学治气，全面推进涉气污染源精细化管控治理，扎实开展内河港口码头环保问题整改等专项行动，加快实施节能减排改造，建成空气质量微站点6个，确保空气质量持续向好。强化土壤安全利用、危险废物监管利用，稳妥推进2处重点土壤地块治理修复，努力让吴中青山常在、绿水常流、空气常新。

四、突出融合创新，持续增强厚蕴尚美的历史文化魅力。文化是吴中的血脉灵魂。我们将充分发挥吴文化资源禀赋，推进“文化+旅游、创意、创业”融合发展，打响“苏式生活”文化品牌，推动文化事业、文化产业互促并进，形成美丽吴中的文化引领。

高定位打造文化标识。深入挖掘文化内涵，加强产品策划设计，全面展现吴中独特文化魅力。实施文化产业倍增计划，出台文体旅产业高质量发展扶持政策，引进培育一批创意设计类、文体旅消费终端生产类龙头企业，提升舟山核雕村、金枫广告产业园等文化产业集聚区能级，形成具有示范带动效应的文化产业功能区域，全年新增文旅项目投资20亿元，文化产业增加值占地区生产总值比重达5%。梳理文化资源地图清单，建设“太湖乡村”“运河文化”“江南古镇”吴中文旅特色IP。推进建设国家方志馆江南分馆、太湖水文化馆，提升吴文化博物馆、区公共文化中心辐射带动能力。加强古镇古村和水乡风貌保护，加快建设非遗项目数据库，推动非遗活态传承。实施太湖文明溯源计划，做好三山岛遗址考古研究和系统保护。抢抓大运河国家文化公园建设和苏州打造“运河十景”机遇，推进蠡墅历史街区等区域整体提升，把宝带桥—澹台湖片区打造成为“江南文化”的吴中标识。

高水平加快文化融合。以产品为核心，推进文化与生态、旅游、农业深度融合，推动优秀传统文化创造性转化、创新性发展。擦亮国家全域旅游示范区“金字招牌”，高水平办好太湖文化旅游节、苏作文创峰会、吴中好物节等活动。持续加强文旅产品开发与升级，在非物质文化遗产、精品旅游线路、特色农产品方面形成一批“拳头”产品。

推进旅游民宿提升发展，新增备案民宿50家，打造东山镇三山村等6大民宿集聚区。依托吴中田园乡村、太湖体育运动、太湖民宿等优势资源，立足长三角客源市场，加强与线上知名旅游平台深度合作，打造一批特色旅游线路、网红打卡胜地。全年接待游客1720万人次，旅游总收入达265亿元，旅游业增加值占地区生产总值比重提升至6.6%，不断提升“眼底江南 · 心上吴中”品牌影响力。

高质量增加文化供给。紧扣群众需求，加强公共文体服务标准化、均等化建设，提升文化惠民水平。发挥道德模范、吴中好人示范引领作用，常态化开展新时代文明实践活动，大力弘扬社会主义核心价值观。实施公共文化服务提质增效计划，启动建设区工人文化宫，推进建设孙子兵法博物馆、健身步道、体育公园等文体设施，建成一批农家书屋、图书馆分馆，广泛开展群众性文化活动，不断满足群众精神文化需求。充分提炼吴文化时代特色元素，创作一批标志性文艺精品，更好发挥区融媒体中心作用，让更多的吴中文化名片走出去。深化文物安全实验区建设，高标准开展韩世忠祠堂、沈家祠堂等维修工程。持续办好环太湖竞走多日赛、苏州湾马拉松、环太湖越野四季赛等重点赛事，力争与中足协共建太湖训练基地，努力将吴中打造成全国户外运动首选目的地。

五、突出统筹推进，积极塑造精致优美的城乡人居环境。城乡协调是吴中的一贯坚守。我们将坚持高标准规划管控、高品质开发建设，按照现代化标准、特色化理念，着力完善城市功能，优化城市形象，提升美丽吴中的城乡品质。

全面提优城市形态。以规划为引领，统筹空间布局和基础设施优化，加快城市面貌出彩。推进区、镇两级国土空间规划编制，严格划定“三线”规模。加快城市更新，启动编制中心城市核片区规划，优化豪仕登、澹台湖等重要地段城市设计，提升中心城区首位度。加快太湖新城产城融合，推进太湖新城核心区商务中心建设，建成投用太湖新城能源中心，加速打造“未来之城 活力湖区”。强化地块连片开发，合理把握经营性用地上市节奏，提升房地产项目品质，促进房地产市场平稳健康发展。积极打造美丽街区，增加公共交流空间，让城市更有“烟火气”。全面推进老旧小区改造，完成项目23个。新开工安置房7500套，竣工9000套。启动浒光运河整治等5个重点水利工程，全面完成南城区防洪除涝及调水引流工程，新改建防洪闸14座、排涝站11座。开建尹山桥、新家桥、胜浦大桥改建工程，加速推进长江路南延、南湖路东延、独墅湖二通道等工程，建成苏同黎公路、中山路二期和阴横山连接线等工程。配合建设轨道交通5号线、7号线、通苏嘉甬高铁，推动形成加快融入长三角一体化的交通硬支撑。

精细推进城市管理。坚持精准施策，以“绣花”功夫抓好城市管理。扎实开展城市“颜值提升”行动，推进东吴北路、石湖东路等道路沿线轨道站点、大型商场等重要节点周边规范整治和美化提升，打造市、区两级示范路11条。持续开展“三整治五提升”专项行动，深化文明城市长效管理。强化数字化、智能化应用，统筹实施绿化景观、交通设施、地下管线、城市照明等工程，构建智慧城市空间底座。新增城市绿地345亩。新改建高标准公厕22个。新辟、优化公交线路10条，建成蠡墅立交首末站。新增公共停车泊位3500个、公共自行车站点26个。健全垃圾分类宣传、建设、收运、处置闭环体系，实现“三定一督”小区全覆盖。推进建筑（装修）垃圾处置终端规划建设，提升垃圾资源化利用水平。深入实施物业管理提升工程，加快完善制度体系，创建省级物业管理示范小区3个，以“城市善治”提升“民生温度”。

持续激发乡村活力。以率先基本实现农业农村现代化为目标，加快推进乡村振兴。设立农村产业融合发展投资基金，推进农业高效集约发展，新增高标准农田5000亩、全国“一村一品”示范基地1个、市农业龙头企业2家、产业化联合体2家，建成碧螺春茶产业绿色（有机）标准化生产基地3个。大力发展现代高效渔业，探索建立太湖渔业增殖放流长效机制。强化共享共治理念，全面构建农村人居环境长效管理机制。优化特色田园乡村布局，推进太湖特色精品示范区建设。建成区级美丽乡村135个，实现美丽乡村建设全覆盖。严格执行耕地占补平衡管理、耕地保护补偿激励等制度，狠抓农村乱占耕地建房问题专项整治。持续开展化肥农药减量工程，争创省农业面源污染综合治理示范区。深入开展“万企联万村共走振兴路”行动，加大三资监管力度，力争村级集体资产、净资产分别达到200亿元、114亿元，加快将农业强、农村美、农民富的美好蓝图变成现实。

六、突出惠民安民，努力创造健康和美的百姓幸福生活。民生幸福是吴中的不懈追求。我们将坚持把人民群众过上好日子作为政府工作的出发点和落脚点，让高质量发展成果更多惠及全区人民，增进美丽吴中的民生福祉。

巩固疫情防控成效。牢固树立底线思维，按照“五有三严”“人物同防”要求，毫不放松继续做好“外防输入、内防反弹”各项工作，慎终如始抓紧抓细抓实各项常态化防控举措，全力构筑坚实严密的防控链。严格落实重点人员、重点场所防控措施，加强发热门诊规范化及核酸检测能力建设。适时开展新冠肺炎疫苗接种。严防外部输入，落实远端防控、入境人员闭环管理等措施，加强进口冷链食品核酸检测和预防性消毒。强化物资储备和应急演练，坚决做到及时发现、快速处置、精准管控、有效救治，切实维护人民群众生命安全和身体健康。

完善民生保障体系。注重普惠性、基础性、兜底性相结合，不断提高群众认可度、满意度。全力稳就业，紧盯高校毕业生、退捕渔民等重点人群，认真落实就业政策，拓展就业渠道，新增就业岗位1.7万个，确保零就业家庭动态清零，城镇登记失业率控制在3%以内。持续推进社保扩面，及时调整各类社会保障待遇，完善以疾病救助为主的救助体系，织牢织密民生保障网，确保“应保尽保、应救尽救”。提升养老服务供给，建成区域性养老服务中心2个、综合为老服务中心2个。积极引入民营养老机构，推进医养、康养融合，构建多层次、广覆盖的养老体系，增强多样化供给能力，让老人生活更有质感。

加强社会事业建设。优化资源布局，推动公共教育医疗服务优质均衡发展。启动建设区公共卫生中心及4个社区卫生服务中心，推进建设吴中人民医院新院区、太湖新城医院，建成投用社区卫生服务中心2个。加强与上海、南京等地对接，强化医联体建设，加快优质医疗资源扩容提质。深入开展健康“531”系列行动计划，实施家庭医生“网格化”健康管理。启动建设邵昂中学等10所学校，推进建设澄湖路中小学等15所学校，建成投用木渎金山实验小学等10所学校。推进备案学前儿童看护点分类整治，新增普惠性幼儿园4所。深化集团化办学，探索多元化供给，提升优质教育资源供给水平。推进教育“三强”计划，充分发挥教师发展中心作用，深入研究新高考模式，深化教育改革，持续提高教育教学水平，努力实现“教育大区”向“教育强区”跨越。

提升社会治理水平。坚持安全发展理念，加强和创新社会治理，构建共建共治共享的社会治理共同体。始终绷紧安全之弦，扎实推进安全生产专项整治三年行动。加强事前处罚，加大宣传教育，创建安全发展示范城市，加快构筑消防安全“331”治理机制，营造“人人讲安全、时时讲安全、处处讲安全”的安全发展氛围。加强国防动员和民兵预备役建设，落实双拥优抚安置和退役军人服务保障。切实做好森林防火、防汛防台、气象服务、对口帮扶等工作。启动"八五"普法，加强人民调解组织规范化建设，推动信访矛盾化解，持续优化社会综合治理网格化联动机制。强化政社互动，积极推广"古樟议事""南城圆桌""和谐微实事"等参与式治理方式，创成省现代社区治理创新实验区。加强食品药品安全监管，创建省食品安全示范城市。启动区粮食及应急物资储备库易地新建工程。深化平安吴中建设，深入开展"意识防"专项行动，建立非法金融排查处置长效机制，严厉打击各类违法犯罪行为。强化数据赋能，加快建设基础数据库，不断拓展"天穹计划"应用场景，探索建设具有吴中特色的"城市大脑"，推动大数据应用由"社会治安"向"城市治理"转变。

打造全面过硬的实干政府

面对时代的呼唤、发展的重任、人民的厚望，我们将更加勤勉敬业，务实担当，不断加强政府自身建设，为各项目标任务圆满完成提供坚强保障。

干有朝气，建设敢担善谋的政府。坚持问政于民、问需于民、问计于民，从群众最期盼的事情做起、最不满意的问题改起，始终做到根植人民、执政为民。更加注重统筹谋划，增强工作系统性、前瞻性，保障各项工作衔接有序、相互促进。建立闭环督办机制，实施"项目化管理、清单式交办、节点式督查"，以踏石留印、抓铁有痕的精神抓好工作落实，推动各项决策部署迅速落地生根。更加突出严管厚爱结合、激励约束并重，进一步发挥"三项机制"作用，为担当者担当、让履职者尽责，全力营造干事创业、争先创优的良好氛围。

干有锐气，建设敢做善成的政府。认真落实中央八项规定精神及省市区委各项规定，力戒形式主义、官僚主义。弘扬求真务实、真抓实干的作风，对标先进促提升、改革创新谋发展，不断优化工作方法、增强工作效能。扎实开展"四史"学习教育，做好村(居)委会换届工作，增强政府系统干部队伍综合素质和攻坚能力。深化基层整合审批服务执法力量改革，完善基层"互联网+政务服务"体系，打造更快速度、更具温度的基层政务服务。落实债务化解方案，严控政府性债务。加强审计整改，提高公共资金、资产、资源绩效。深化全面预算绩效管理，持续压减三公经费，以政府的"紧日子"换群众的"好日子"。

干有正气，建设敢为善治的政府。严格落实党风廉政建设责任，坚持从严治政、依法行政。扎实做好重大行政决策事项目录化管理，落实区政府法律事务工作规则，提升决策科学化水平。坚持规范执法，强化重点领域行政执法监督，营造稳定、公平、透明、可预期的法治环境。认真做好行政复议、应诉工作。更加自觉接受人大、政协监督，提高建议、提案办成率。重视社会公众监督、新闻媒体监督，支持民主党派发挥参政议政作用。加强政务公开，高质量办好政府公共服务热线、领导信箱诉求，规范政务新媒体建设，让权力始终在阳光下运行。

各位代表！回望过去，一代又一代吴中人用自己的双手创造了一部筚路蓝缕、艰苦创业的奋斗历史。展望未来，站在建区20周年新起点上，我们重任在肩、激情澎湃、豪情满怀。让我们更加紧密团结在以习近平同志为核心的党中央周围，在上级党委、政府和区委的正确领导下，紧紧团结和依靠全区人民，不负重托、继往开来、砥砺奋进，在新征程中开创"十四五"高质量发展新局面！以优异成绩庆祝中国共产党成立100周年！

编辑：洪 蕾

专记

吴中区新冠肺炎疫情防控

2020年，吴中区认真贯彻落实国家和省市疫情防控工作的要求，始终坚持把疫情防控作为重要工作，扎实做好疫情防控应对准备，确保人员到位、设备到位、设施到位、物资到位、能力到位。

积极强化组织管理。在区委、区政府的正确领导下，全区疫情常态化防控工作由指挥部统一部署，压实各镇党委和政府属地管理责任、行业部门主管责任、单位主体责任、家庭和个人自我防护责任等“四方责任”，强化值班值守、信息报告等制度，不断排查防控漏洞，有效巩固防控重点，严格落实防控要求。认真贯彻落实国务院及江苏省关于做好新冠肺炎疫情防控工作要求，积极转发国家、省、市相关文件，发布《致吴中区市民的一封信》，区政府主要领导、分管领导多次召集区疫情防控指挥部“一办十组”组长单位负责人专题部署防控工作。同时，制定印发《苏州市吴中区秋冬季新冠肺炎疫情防控应急预案（试行）》。构建完善预防为主、防治结合、联防联控、条块结合的新冠肺炎疫情应急处置与常态化工作机制，确保及时监测、预警疫情，一旦发生社区传播或聚集性疫情，能迅速响应、及时处置，有效控制疫情蔓延扩散，最大程度减少疫情对公众健康与生命安全造成的危害，维护经济发展及社会生活稳定。

加快发热门诊建设。截至2020年底，吴中人民医院、苏州瑞华骨科医院已建成规范化发热门诊，苏州市中西医结合医院、角直人民医院发热门诊基本合格。13家基层医疗机构发热诊室全面开展达标建设，越溪、长桥、胥口、藏书、东山、光福6家单位已完成改造。全区共设置收治新冠肺炎隔离观察床位总数70张，明确吴中人民医院为全市第三梯队后备医疗救治病房，并做好应急启用各项准备工作。

提升核酸检测能力及其应急储备。苏州市中西医结合医院、吴中人民医院、苏州瑞华骨科医院、角直人民医院、区疾病预防控制中心5家医疗卫生机构具备资质，常态化开展检测工作，每日最大检测能力达

6720份。落实社区网格化采样工作，建立网格采样点141个，每个采样点落实好16名采样医务人员和16名其他工作人员。全区公立医疗机构、民营医院的医、护、检验人员总计3666人完成核酸采样培训，具备核酸检测资质人员总计119人进行实际操作轮训。全区各镇（街道）按照不少于20间／万人口规模要求已储备集中隔离场所32家，另配置15辆采样用车并完成车辆验收及相关人员培训。组建包括流行病学调查、环境消杀、核酸检测、心理干预、应急救治等专业人员的新冠肺炎疫情应急处置队伍，确保有效应对可能暴发的局部疫情。

做好监测预警及应急保障。按要求开展人群、食品和环境监测，继续对农贸（集贸、海鲜）市场人员、医疗机构人员、入境人员、冷链食品、农贸市场和农产品批发市场环境、医疗机构环境等定期开展新冠病毒核酸检测。充分发挥各医疗机构发热门诊、发热诊室哨点作用，严格落实首诊负责制，确保及时发现、快速处置、精准管控、有效救治。同时，加大对进口冷链食品从业人员摸排力度，确保所有冷链食品从业人员“应检尽检”。截至12月31日，共检测食品1752份、环境812份、工作人员3574份，完成进口冷链食品从业人员核酸检测采样3092份，均为阴性。研究制定全员核酸采样物资储备方案，分类做好防控物资实物储备和合同储备以保障应急所需。

抓实重点人员及重点环节管理。区疫情防控指挥部预防控制组成立预防控制组专班，启动常态化、实体化运行。做好区级集中医学观察点人员安排、业务指导和防疫物资配备，规范落实重点人员管理。每周开展覆盖全部隔离医学场所、接驳转运、快捷通道相关工作人员的核酸检测，累计完成隔离医学场所工作人员核酸检测采样509份。开展覆盖全区各级医疗机构新冠肺炎疫情防控督查三轮，督导医疗机构做好预检分诊、发热门诊和住院病区等重点区域的院感管理工作，开展一线工作人员院感培训，提升医疗机构从业人员院感防范意识，杜绝院内感染发生。开展做好各重点场所及包括区两会在内的各类大型会议、活动的疫情防控工作，加强防疫指导，落实环境消杀、通风消毒、健康监测等措施。

提升流行病学调查能力水平。建立流行病学调查、核酸检测、环境消杀、卫生监督和心理健康服务应急处置队伍，流行病学调查队伍共87人，由区疾控中心及基层医疗卫生机构骨干人员构成，同时组建了61人流行病学调查后备队伍。按照“一人一档”要求对流行病学调查应急处置队员进行建档，在区疾控中心开展专业培训、能力评估和调查。按照国家规范要求对确诊病例、疑似病例、无症状感染者开展流调，并及时、规范处置和报告，2小时完成初步报告，24小时内完成初步调查报告。

做好新冠病毒疫苗紧急使用。按照国家卫健委及省里要求，迅速启动新冠病毒疫苗紧急接种工作。根据服务能力、医疗保障和异常反应处置水平

疫情就是命令 防控就是责任　　区委宣传部 供稿

综合评估，确定苏州市中西医结合医院以及城区、郭巷、越溪、角直、东山、胥口社区卫生服务中心共7家医疗机构为疫苗接种点；开展预防接种单位负责人、工作人员以及负责救治保障的医务人员专项培训达230余人次。登记意愿接种新冠病毒疫苗的11类重点人员共3800人。按知情同意、自愿接种原则，首批接种工作于2020年12月23日启动。

开展常态化疫情防控督查。为深入贯彻落实党中央、国务院决策部署，督促各地各有关部门强化落实疫情常态化管理责任，及时发现并科学合理消除新冠肺炎疫情防控隐患，根据《关于组织开展苏州市疫情常态化管理防控措施落实情况专项督导检查的通知》要求，吴中区疫情防控指挥部积极部署7个工作组，围绕疫情防控工作机制运转及职责和措施落实情况、“中高风险”地区到吴人员管控落实情况、“两节”期间人员流动和聚集疫情防控工作落实情况、重点场所疫情管控落实情况等方面，对全区各板块每月开展两次疫情防控工作督查，全区各地对照方案要求和时序进度，结合专项检查表中检查内容，逐一开展自查工作，确保及时发现存在问题，第一时间落实整改举措，进一步推进全区疫情常态化、精准化防控工作。

（区疫情防控指挥部办公室）

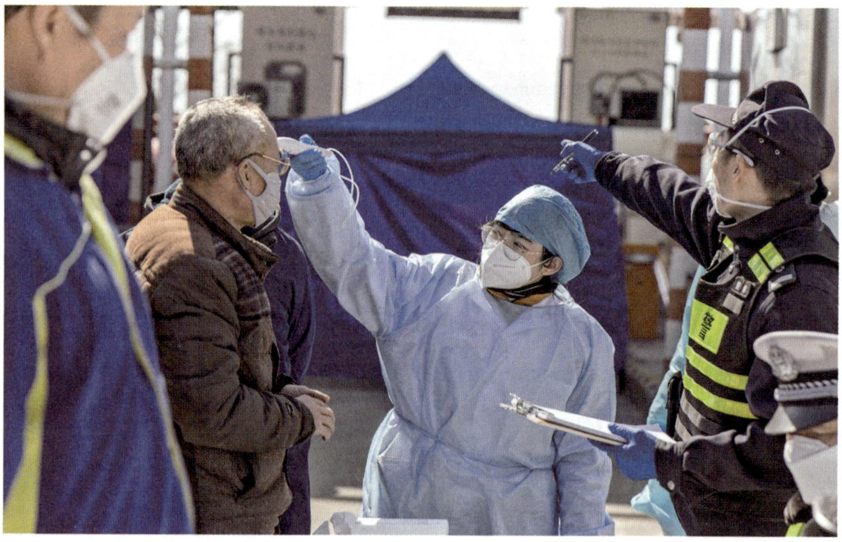

部门联合　携手共战　　区委宣传部　供稿

吴中区“十三五”期间经济社会发展情况

“十三五”时期是吴中区发展历史上具有划时代意义的关键五年。以习近平新时代中国特色社会主义思想为指引，全区上下在区委、区政府正确领导下，以担当实干、顽强拼搏的精神，积极应对错综复杂的宏观环境和新冠肺炎疫情带来的严峻考验，坚持稳中求进工作总基调，以22项三年提升计划为抓手，全力打造创新智造强区、服务经济新区、文化旅游名区、城乡融合示范区、生态花园城区，“十三五”规划各项目标任务基本完成，“强富美高”新吴中建设取得阶段性重大成果，高水平全面建成小康社会，为开启全面建设社会主义现代化新征程奠定了坚实基础。

综合实力显著增强。全区地区生产总值、一般公共预算收入年均分别增长6.0%、9.2%，2020年分别达到1343.78亿元、188亿元。完成全社会固定资产投资2778.8亿元。在2019年《人民日报》全国中小城市高质量发展评价中，位列全国综合实力百强区、绿色发展百强区第九位、科技创新百强区第十位；在新华网公布的2020城市市辖区高质量发展百强榜单中位列第七。

产业结构优化升级。“一核

一轴一带”布局加快形成，三次产业比重由2.3∶48.7∶49调整为1.5∶44.6∶53.9。先进制造业提质增效，规上工业总产值由1103亿元提升至1744亿元，年均增长9.6%，新兴产业产值占规上工业总产值比重由54.9%提升至59.1%，获批国家级高端装备制造业标准化试点。机器人与智能制造、生物医药及大健康两大主导产业持续壮大，产值年均分别增长14.8%、16.9%。生产性服务业高速发展，检验检测产业营业收入年均增速超20%，规模连续多年列全市第一。商贸服务业提档升级，新增大型商业综合体6个，社会消费品零售总额提升至767亿元。吴中综合保税区获评省重点物流基地。农业现代化水平不断提升，获评数字农业农村发展水平评价全国先进县、省第二批农村电子商务示范区，苏州现代农产品物流园顺利启用，太湖现代农业示范园入选国家农村产业融合发展示范园。

生态城区　　区委宣传部　供稿

创新要素加速集聚。启动高企倍增计划，有效高新技术企业由345家增至933家，省民营科技企业由550家增至1408家，高新技术产业产值占规上工业总产值比重、全社会研发投入占地区生产总值比重分别由43.6%、2.31%提升至57.7%、3.36%。连续多年举办高校行、科技行、高校青年博士进企业等活动，“智汇吴中”引才品牌进一步树立，“十三五”期间，新增国家级人才5人、省双创人才22人、姑苏领军人才（团队）79人。知识产权强区建设持续推进，万人发明专利拥有量达60.45件，获评国家知识产权强县工程示范区。金融支持实体经济力度加大，创新设立东吴贷、东吴知识贷、东吴人才基金、东吴创新创业引导基金。新增上市企业7家、新三板挂牌企业42家，累计分别达14家、60家。连续两次获评省级金融生态优秀区。

改革开放活力释放。创新打造“吴优办”营商环境品牌，政务服务水平不断提高，企业开办、不动产登记、工业项目施工许可审批时限成功从“3550”压缩至“1220”。全域推进投资项目信用承诺制，23项“证照分离”改革全部完成，获评省营商环境评价先进区。国企改革深入推进，整合成立6家区级国资公司，资本化运作稳步推进。农村改革不断深化，农村集体资产股份权能改革入选全国改革试点经验典型。顺利完成政府机构改革，完成甪直经济发达镇行政管理体制改革。开放型经济结构持续优化，完成进出口总额411.8亿美元，其中出口总额284.6亿美元，累计实际使用外资及港澳台资19.1亿美元。创成省跨境电商产业园试点，获评国家外贸转型升级基地，吴中综合保税区获批开展一般纳税人资格试点，开发区、度假区挂牌苏州自贸片区联动创新区。

城乡统筹全面推进。城镇化率提升至73.29%，较“十二五”末提高2.26个百分点，获评国家园林城镇。太湖新城获评国家智慧城市试点、地下综合管廊国家试点、省建筑节能和绿色建筑示范区。园博园建成投用，甪直入选第一批国家级特色小镇，临湖石舍获评全国美

太湖新城　　区委宣传部　供稿

丽宜居示范村，临湖黄墅、横泾东林渡等15个特色田园乡村成为省市级试点。基础设施日趋完善，“一环四射一联”快速路网加快形成，苏州最大立交尹山湖立交建成投用，东环南延二期主线高架、蠡墅立交、轨道交通2号线延伸线、3号线、4号线及支线建成通车。获评“四好农村路”省级示范县（区）。

生态质量持续提升。累计投入75亿元财政资金用于太湖保护。连续13年实现太湖安全度夏，饮用水源地水质达标率保持100%，基本消除城乡黑臭水体。全面完成4.5万亩太湖围网拆除、太湖沿岸3千米范围内6万亩养殖池塘整治改造、长江流域太湖禁捕退捕工作，PM2.5平均浓度、空气质量优良天数比例较“十二五”末分别下降41.4%、提升20.2个百分点。启动苏州生态涵养发展实验区建设，获评首批省生态文明建设示范区，实现国家级生态镇、省级生态文明建设示范镇全覆盖，金庭镇上榜自然资源部生态产品价值实现典型案例。

文化建设亮点纷呈。区公共文化中心、吴文化博物馆顺利投用，城乡社区“10分钟文化圈”基本形成，获评“中国文学之乡”“中国民间文艺之乡”。光福入选第七批中国历史文化名镇，《情韵姑苏》获五星工程奖，3人入选国家级非遗传承人名录，1人获中国曲艺牡丹奖。“文化+”亮点纷呈，创成首批省级、第二批国家级全域旅游示范区，成功发布省内首个区域民宿产业品牌“太湖民宿”，舟山核雕村艺术街区创成中国特色商业街区，东山获评中国商旅文产业发展示范镇，旺山文旅风情小镇、太湖体育运动休闲小镇入选省级特色小镇创建名单，环太湖国际竞走多日赛成为国家体育总局三大品牌赛事之一。

民生福祉普惠共享。民生支出占一般公共预算支出比例保持73%以上。累计新增就业岗位10.6万个，23.8万名被征地农民全部纳入城保体系，市、区、镇三级薄弱村“三年脱贫”目标两年完成，“十三五”末村均集体稳定性收入达1402万元，城镇居民人均可支配收入年均增长7%。累计投入37.31亿元，新改扩建44所公办中小学幼儿园，新增学位3.9万个；累计投入50亿元，新改扩建8家公立医疗机构，建筑面积约60万平方米；建成保障性住房663.8万平方米41267套。全省率先实施重大疾病救助政策，获评国家慢性病综合防控示范区、全国放心粮油供应网络建设示范县（区）、全省首个国家智慧健康养老应用试点示范基地、省第二批现代社区治理创新实验区。社会综合治理网格化联动机制全省推广。

表 2-1　“十三五”主要指标完成情况

序号	指标		规划目标	完成情况
1	地区生产总值年均增速		年均 7% 左右	6.0%
2	服务业增加值占地区生产总值的比重		52% 左右	53.9%
3	高新技术产业产值占规模以上工业总产值比重		50%	57.7%
4	现代农业发展水平		≥ 93%	≥ 93%
5	社会消费品零售总额（亿元）		440	767
6	新建工业项目亩均固定资产投资强度（万元 / 亩）		500	648.84
7	全社会研发经费支出占地区生产总值比重		2.8%	3.36%
8	万人发明专利拥有量（件）		20	60.45
9	高层次人才总量（人）		13000	17167
10	每千名老人拥有养老床位数（张）		40	40.28
11	每千人口执业医生数（人）		2.5	2.7
12	城镇就业	城镇调查失业率	5%	1.85%
		五年新增城镇就业（万人）	7.5	10.6
13	城镇常住人口保障性住房覆盖率		20%	22.3%
14	城乡居民收入增速	城镇居民人均可支配收入年均增速	7.6%	7.0%
		农村居民人均可支配收入年均增速	9%	7.7%
15	单位地区生产总值建设用地占用（公顷 / 亿元）		17.8	20.27
16	万元地区生产总值能耗下降率		完成上级下达指标	完成上级下达指标
17	万元地区生产总值二氧化碳排放削减率		完成上级下达指标	完成上级下达指标
18	主要污染物排放总量削减率	化学需氧量	完成上级下达指标	完成上级下达指标
		二氧化硫		
		氨氮		
		氮氧化物		
19	单位工业增加值用水量（吨 / 万元）		13	完成目标
20	空气质量达到二级标准的天数比例		70%	83.1%
21	地表水全要素监测断面达到或优于Ⅲ类水质的比例		70%	100%
22	城镇绿地率		40.5%	40.5%
23	高等教育毛入学率		70%	70%
24	文化产业增加值占地区生产总值比重		10%	4.63%
25	人均公共文体设施面积（平方米）		3	4.69
26	居民综合阅读率		90%	96.5%
27	注册志愿者人数占城镇人口比例		17%	25%
28	法治平安建设水平	法治建设满意度	92%	97.2%
		公众安全感	92%	98.6%
29	城乡和谐社区建设达标率		100%	100%
30	每万人拥有社会组织数（个）		15	15

（区发改委）

吴中区助力贵州省德江县巩固脱贫摘帽成果

2020年是国家脱贫攻坚收官之年，吴中区委、区政府坚持以习近平总书记扶贫开发战略思想为指导，以“德江所需、吴中所能”为原则，突出目标导向和问题导向，切实做到整合资源、精准发力，协助德江县如期圆满完成了东西协作各项目标任务。2020年全年，吴中区赴德江县走访交流40批398人次，引导88家企业赴德江洽谈合作，提供德江各类援助资金共计8176.78万元，其中向苏州市支付统筹援助资金5593万元，比上年增长26.42%；直接提供财政帮扶资金1790万元（其中镇级财政290万元），比上年增长1.13%；提供社会帮扶资金（含折物价）793.78万元，比上年增长47.56%，德江县实施东西部扶贫协作项目47个。

*加强组织领导，扶贫工作高效运转。*区委、区政府高度重视东西部扶贫协作工作，将其列入重要议事日程，定期听取情况汇报和部署安排对口帮扶工作任务。区政府第35次常务会议审议通过并印发《吴中区对口帮扶德江县2020年度工作计划》，从组织领导、资金支持、产业合作、人才支援、劳务协作、社会帮扶等六个方面明确了本年度帮扶工作任务，并将具体帮扶任务细分至各相关责任部门和板块。区委第105次常委扩大会议听取区协作办关于2020年对口帮扶德江县工作的总结汇报，进一步强调东西部扶贫协作的重要意义。此外，区协作办严格落实在全市范围内首创的东西部扶贫协作工作备案制度，健全工作联络机制，畅通“区内上呈下达、区外沟通联系、周边区县对标交流”的有效途径，提升各方工作效率，逐步形成目标一致、帮扶精准、行动有序的扶贫工作新格局。

*强化双向交流，结对帮扶提质扩面。*高层领导定期互访，两地区（县）级领导交流互访9批19人次，吴中区共有5名区领导赴德江开展调研对接工作。5月，区委书记陈嵘接待德江党政代表团到访，召开本年度第1次吴中·德江扶贫协作联席会议，会上交流两地扶贫协作工作，签订《2020年吴中区·德江县东西部扶贫协作协议》《2020年吴中·德江深化东西部劳务协作稳定就业协议》；7月，区委常委顾玉琪组织开发区5个街道主要负责同志赴德江考察，签订《吴中·德江共建农产品产销研基地合作协议》，开发区联合度假区提供基地援建资金80万元；8月，区长李朝阳率吴中党政代表团赴德江考察交流，召开第2次两地联席会议，会上签订《吴中·德江生猪产销挂钩共建合作协议》《吴中·德江远程教育“双师课堂”帮扶工作协议》，并向德江提供区级帮扶资金1500万元，进一步深化对口帮扶形式。板块部门积极交流，吴中高新区、木渎镇、郭巷街道、城南街道、东山镇、太湖街道、越溪街道、横泾街道、香山街道、角直镇、临湖镇、金庭镇、胥口镇、光福镇等板块按计划有序前往德江开展帮扶对接活动，区卫健委、妇联、工信局、残联、人社局、农业农村局、商务局、民政局、工商联、科协、科技局、文体旅局、检察院等部门先后在对口领域与德江达成合作，开展形式多样的帮扶援助活动，帮扶质量不断提升。结对帮扶持续扩面，新增太湖街道参与结对，目前共有14个镇（街道）、60个村（社区）、9家企业、2家医院、14家基层卫生院、58所学校、1个社会组织与德江建立结对帮扶关系，实现乡镇（街道）结对帮扶

吴中—德江卫生健康系统交流座谈会举行 区委宣传部 供稿

单向全覆盖，以及实现与德江深度贫困村、基层卫生院、义务教育阶段学校结对帮扶全覆盖。人才交流纵深推进，教育、医疗帮扶形式逐步创新，确立教育“组团式”帮扶试点、医疗“组团式”帮扶试点各1个，向德江选派26名“三支”人才长期驻点帮扶，引导科技人才、文艺工作者、旅游业从业人员各10名短期交流指导，向德江输出新技术13项；举办党政干部培训班2期，帮助培训德江党政干部100名；接收德江选派的5名党政干部、25名教师、20名医护人员、9名农技人员到吴中区跟岗学习；两地中等专业学校签订“2+1”合作办学协议，接收15名德江中专2019级新生第三学年到吴中区交流学习，已接收15名德江中专三年级学生在吴中中专短期交流1个月，扶贫扶智并行兼顾。

精心布局谋划，重点领域显著增效。产业合作加快推进，协助引导德江县合盛园果蔬专业合作社等3家合作社共计投资717.57万元入驻吴中·德江共建食用菌园区，吸纳当地107名贫困劳动力就业；协助引导贵州乌江秘境旅游发展有限公司等7家企业共计投资9.9亿元落户德江，带动当地746名贫困劳动力增收脱贫；序时推进“一村一品”产业试点工作，签订《吴中·德江助推“一村一品”产业合作框架协议》，全力帮助德江发展村级集体经济。消费扶贫全面发动，区协作办近两年多次向全区发起认购德江扶贫农产品倡议，区内机关企事业单位积极响应、大力认购，本年度配合德江县共同完成农产品销售额达6988万元。同时，区内企业积极与德江开展经营合作，东山茶厂率先与德江永志茶厂进行产销对接，签订《2020年度茶叶订购合同》，认购德江茶叶94.16万元；吴中·德江消费扶贫专馆常态化运营，已帮助德江销售特色农产品6.07万元。文旅交流不断深化，“风雅吴中·秘境德江”文化旅游推介会顺利举办，苏州春秋国际旅行社、苏州原创读行学堂文化旅游发展有限公司分别与德

2020年8月10日，区委副书记、代区长李朝阳率队赴德江开展帮扶考察，并召开吴中·德江东西部扶贫协作高层联席会 区委宣传部 供稿

江旅游企业签订《2019~2020年旅行社合作框架协议》，苏州工匠园内德江文创产品专区持续帮助德江宣传傩文化，进一步加深两地文化旅游业合作交流，实现信息互通、资源共享。劳务协作路径拓展，组织区内13家优质企业先后两次赴德江举办专题招聘，成功引导德江230名建档立卡贫困劳动力到江苏省就业，其中80人在吴中区实现稳定就业；出台《吴中区东西部扶贫协作稳定就业用工补贴实施办法》，给予符合条件的用人单位相应补贴；委派吴中宝晟职业技能培训机构优秀教师赴玉水街道楠木园培训点，针对贫困劳动力举办包括美容美发、手工制作、缝纫、电工、农艺在内的6个技能培训班，受益群众355人，其中建档立卡贫困人口286人；邀请95名德江贫困村创业致富带头人到张家港市参加集中培训，其中创业成功69人，共计带动506名德江贫困劳动力就业脱贫；协助德江开设扶贫车间24个，吸纳当地602名贫困劳动力就业。

聚焦助贫帮困，社会帮扶成绩斐然。社会力量广泛参与，参与结对的村、社区和企业围绕资金支持、产销合作、党建指导等方面向结对方输出资源，共计提供帮扶资金217.5万元；区慈善总会变更“双百助学工程”项目帮扶资金用途，向德江县第七幼儿园捐赠20万元援建资金，进一步完善该园基础设施建设；区妇联积极配合光福镇迂里村推进“整村帮扶”工作，提供5万元帮扶资金援建共和镇青杠堡村“妇女儿童之家”项目；区女企业家协会向德江留守儿童捐赠衣物折价20.14万元，13名女企业家“一对一”结对资助德江贫困学生，为其提供物质、心理和学习“三位一体”帮扶；区残联加大对德江残疾人帮扶力度，注入5万元帮扶资金启动德江贫困残疾人基本辅助器具适配项目，两地残联签订对口帮扶协议，提供10万元帮扶资金入股德江县松树建材有限公司，帮助50名贫困残疾人受益分红；同时，区委宣传部、区总工会、团委、科协、检察院、社会组织及个人积极向德江提供物资援助，传递吴中关怀。教育系统集中发力，区教育局贯彻落实“结对帮扶不得流于形式”的国考要求，以“10·17扶贫日”为契机，发动区内参与结对的59所学校的广大师生，针对德江县结对帮扶学校进行点对点“送温暖”，募捐活动共计筹集善款（含折物价）143.42万元。（区发改委）

编辑：洪　蕾

三年脱贫目标两年完成——吴中区高质量交出帮扶答卷

2018年，吴中区启动新一轮集体经济相对薄弱村脱贫工程和困难家庭帮扶工作。两年来，吴中区坚持多措并举，扶贫脱贫工作取得明显成效，高质量完成“三年脱贫目标两年完成”既定目标。

截至2019年底，吴中区31个市、区两级薄弱村全部脱贫。其中，25个市级薄弱村村级收入均大幅超过250万元脱贫标准，实现村均稳定收入410万元；18个区级薄弱村村级稳定收入大幅超过350万元脱贫标准，实现村均稳定收入480万元。

启动五轮帮扶，确保扶贫工作取得实效

早在2006年，吴中区就按照“一轮定三年、三年上台阶”的发展目标和思路，累计实施了四轮薄弱村帮扶工作。全区通过富民工业园租金反哺薄弱村累计近1.25亿元，区级薄弱村年稳定收入发展目标从2006年的50万元提升到现在的350万元或人均1000元，薄弱村整体实力得到明显增强，个别村已迈入超千万元村行列。经过前四轮帮扶，全区村级发展和基层治理等方面得到明显提升。

在此基础上，吴中区持续聚焦相对薄弱村和困难群众，精准帮扶举措，加大政策倾斜力度，不断激发自我发展能力。2018年4月24日，吴中区召开乡村振兴工作会议，提出要把集体经济相对薄弱村帮扶工作，作为实施乡村振兴战略的重要抓手来推进，并出台了《关于开展全区第五轮集体经济相对薄弱村精准帮扶工作意见》。

在确定新一轮薄弱村帮扶对象的认定标准上，吴中区提高村级稳定收入额度的同时，兼顾“总额与人均”两个方面，把村级稳定收入总额不足350万元且人均不足1000元的村确定为本轮帮扶对象。

在帮扶政策上，区财政设立了每年3500万元的集体经济相对薄弱村帮扶转化专项资金。一方面，可以保证每个村获得市、区两级共计100万元以上的帮扶转化资金，并且对未列入第五轮任务的第四轮集体经济薄弱村给予同样待遇。另一方面，对各地薄弱村自主发展各类富民载体项目进行大力奖补和贷款贴息，最大力度引导各地自主发展、项目发展、真正发展。

吴中区扶贫办相关负责人介绍，本轮联合帮扶模式更加务实。吴中区创新建立“四个一”帮扶挂钩模式，即一位区领导、一批机关单位、一个先锋村以及新引入的一批企业商会联合参与薄弱村帮扶。适度引导和发挥市场力量助推薄弱村发展。2018年以来，通过“四个一”帮扶，全区累计走访薄弱村150余次，解决拖缴租金、泵房建设、重点项目对接、资产让渡等困扰薄弱村发展的实际问题。

强化组织保障，凝聚扶贫工作强大合力

吴中区从组织保障、政策支持等方面入手，把扶贫工作作为全面建成小康社会、实施乡村振兴战略的硬任务推进落实。在组织保障上，市、区两级选派“第一书记”，为薄弱村配强“领头人”。

从2015年开始，吴中区就从区级机关、事业单位、国有企业中选出了一批优秀党员干部作为“第一书记”，前往薄弱村党组织任职，进行挂钩帮扶。几年来，一批批年轻干部从机关走向农村，走向基层。

东蔡村“第一书记”王偲立足金庭山地资源现状，参与建设了覆盖金庭镇整个山体、全长42千米的登山健身步道，带动西山岛体旅融合发展。双湾村“第一书记”唐瑜积极牵线搭桥：联系律师事务所举办公益讲座，为村民提供法律咨询服务；联系科技公司建成村级家庭医生工作站，使百姓不出村就能享受三甲医院的医疗服务……

尤其是在今年疫情防控期间，这些“第一书记”坚守在防疫第一线，抓细抓紧抓实各项工作，用挺拔的身姿展现使命和担当。

“第一书记”一边在抗疫，另一边还要努力为本村农产品“代言”。一场场网络直播带货，“带”的不仅是枇杷、茶叶、大米、蜂蜜等特色农产品，还“带”出了江南水乡文化，更“带”出了基层党员干部带领村民脱贫攻坚、实现乡村振兴的新思路、新故事。金庭镇衙甪里村的“网红书记”杨建华甚至走进北京百度总部直播间，向全国人民讲述洞庭山碧螺春茶的“前世今生”。

创新帮扶举措，激发薄弱村内生动力

在组织保障、政策支持等方面的基础上，吴中区以项目建设为引领，秉持自主、抱团、长效发展原则，全面提升薄弱村自我造血功能。各地强化镇级统筹力度，强化先锋村帮带，强化自主造血发展，让脱贫模式更具多元特色。

首先是鼓励自主发展，在资金、资源等方面向薄弱村倾斜，鼓励他们因地制宜，发展经营性产业。全区累计落实经营性建设项目23个，总投资1.2亿元，预期年收益超8%。

双湾村是著名的白沙枇杷主产地，近年来致力于打响“中国枇杷第一村”品牌，依托中国农业大学、西南大学等高校智力支持，加大无核枇杷引育工作，探索枇杷增产、资源增效、农民增收新途径。在2019年首届中国苏州枇杷学术研讨会上，双湾村为东山镇赢得了“世界枇杷看中国，中国枇杷问东山”的美誉。大力推进“枇杷文旅共享农庄”项目，做好古村落精品民宿开发利用工作，加快文旅融合重点项目建设发展带动周边产业。2019年，双湾村集体经济收入达844.6万元，实现软弱后进党组织和薄弱村“双脱帽”。

其次是坚持抱团发展，区级层面指导各薄弱村依托镇级集团公司实施抱团发展，镇级层面整合各村帮扶转化资金，采取“统一立项、统一开发、统一管理、统一经营、统一分配”的管理模式，推进产业结构调整，提升集体资产运作效益，确保有资产、有收益、有脱贫本钱，实现可持续稳固脱贫。全区共计落实抱团项目7个，其中，光福精品工艺展示馆带动薄弱村年均增收近40万元。

由于各村（社区）集体资产

收入不平衡、差距较大，光福通过政府引导，整合各村帮扶转化资金形成抱团发展模式。各薄弱村将近两年的市、区两级财政专项转化资金1881万元全部投入镇集团公司，用于经营性项目建设，其中就包括光福精品工艺展示馆。此举使扶贫资金再增造血功能，完成由输血式扶贫走向造血式扶贫的转变，不断促进集体经济稳步增收。

同时，吴中区助推长效发展，成立全市首家以精准扶贫为主题的众联富民农业专业合作社联合社，整合有限资源，发挥集聚效应，促进集体经济薄弱环节补短拉长。如今，第一、二期入股资金2350万元已到位，已签订投资合同，年回报率预计超8%。

加大帮扶力度，提升困难群众保障水平

困难群众一直是政府的牵挂，目前吴中区共有低保、低保边缘、特困供养等各类救助对象6000余人，困难家庭的救助诉求呈现多样化。近年来，全区聚焦脱贫攻坚的最后一道防线重点着力，用绣花功夫实施精准扶贫，确保脱贫路上不让一户落下、不让一人掉队，通过阳光扶贫、政策兜底、就业指导等措施，全方位、多层次拓展与实践精准扶贫内涵，织紧织密社会保障网。

吴中区深化“阳光扶贫”走访，创新实施“五个一”帮扶机制，全面提升副科级以上领导干部阳光扶贫质效；建立完善联络员工作例会、月度通报、结对解对等制度，在全市持续保持走访和信息录入率两个100%。2018年以来，全区累计走访困难家庭10000多人次。

为了强化政策兜底，吴中区在社保兜底和医疗救助上狠下功夫。其中，城乡低保标准提高至每人每月995元，居全省首位、全国第六；在全省首推重疾救助政策，每年投入760万元，救助病种由15类扩大至25类，涵盖全区70%困难人群，降低了困难家庭因病致贫、因病返贫的风险。

如今，单一的政府经济保障难以适应困难对象实际需求。对此，吴中区加快从“资金救济型”传统救助向“服务需要型”综合救助转变，积极联接社会资源。2018年，在全市率先成立轮值主席制的“精准帮扶联盟”，联接辖区内苏州二建、东瑞制药、看见吴中基金会等80家爱心单位（个人）资源，将专业社会工作理念、方法技巧引入社会帮扶服务中。

目前，全区31个薄弱村已全部脱贫。下阶段，吴中区将坚持脱贫不脱责任、脱贫不脱政策、脱贫不脱帮扶、脱贫不脱监管，持续巩固、扩大、提升脱贫成果，为奋力谱写全区农业农村高质量发展新篇章作出积极贡献。

（《苏州日报》，2020年6月27日）

吴中区深化产业链、创新链、人才链、资金链、政策链“五链融合”，

为高质量发展带来强劲动力——

“吴中制造”迈向全产业链

金秋十月，美在太湖。今天，2020苏州吴中·太湖经贸合作洽谈会在太湖之滨拉开帷幕，不仅开启全区一年一度招商引资、招才引智盛会，更是吹响冲刺四季度的号角。

“我们要发扬‘时不我待、只争朝夕’的精神，秉持‘唯有干事、别无他求’的追求，坚定信心，迎难而上，确保如期完成全年目标任务，圆满收官‘十三五’，为推动全区高质量发

展作出更大贡献！”在一周前召开的“全力冲刺第四季度、奋力完成全年目标”工作推进大会上，吴中区发出响亮的声音。

今年以来，面对突如其来的新冠肺炎疫情，吴中全区上下众志成城、奋力拼搏，再次交出了亮眼成绩单：上半年完成地区生产总值597.5亿元，增长0.9%，增幅排名全市第三；前三季度完成一般公共预算收入156.44亿元，增长5.3%，主要经济指标企稳回暖趋势明显。

绿色铺就发展最亮丽底色

180余千米太湖岸线，太湖72峰独揽58峰……优越的自然资源是吴中的天然禀赋，但又是发展的刚性约束。如何打通“绿水青山就是金山银山”的转换通道，让自然禀赋成为经济优势？在有风景的地方发展新经济，在环境优美的地方培育新动能，吴中区在践行绿色发展理念上从未停止脚步。从“山水苏州、人文吴中”“发展保护两相宜、质量效益双提升”到“根植吴文化、建设新吴中”，从“四大板块、四轮驱动”到“一核一轴一带”生产力布局和“优生态、惠民生、兴产城、善治理”工作目标，绿色发展一脉相承，高质量发展不断迈出新步伐。

一个大厂房，三条处理线，今年8月，国内首个环太湖城乡有机废弃物处理利用示范基地在临湖镇试运行。太湖水草、蓝藻、水稻秸秆甚至河道淤泥，粉碎混合后，通过巨大的筒仓反应器变成原料。餐厨垃圾则通过发酵一体机和槽式堆肥反应器，变成另一种原料，而这个过程只要7天时间。两种原料混合互补，就变成了珍贵的有机肥。在这里，每一种有机废弃物，都被科研人员研发出了有针对性的菌剂来进行降解分解处理，变成有机肥、土壤调理剂、液态有机肥等近10种肥料，返回农田。既减少环境污染，又实现化肥减量，环太湖城乡有机废弃物处理利用示范区的建设，实现了循环发展，其技术支撑就来自于两年前在吴中揭牌成立的中国农业大学有机循环研究院。

依托苏州生态涵养发展实验区建设，吴中区模范践行“两山”理念，扩大生态容量，提高环境质量，坚持绿色发展，涵养美丽经济，激发内生动能，建设世界级生态湖区、创新湖区，在实验中形成示范。今年以来，吴中积极推进总投资47亿元的4大类67个项目，推动出台《关于开展苏州生态涵养发展实验区建设的实施意见》，初步建立生态涵养发展实验区评价指标体系。

推动涵养区当好环太湖的绿心，推动太湖当好长三角一体化的绿心，“太湖之美、吴中最美”正成为吴中的独特标识。

聚焦主导产业积蓄势能增创优势

围绕产业强基工程和产业链提升，全力打造竞争力强、创新力强、影响力强、抗风险能力强的产业生态圈，吴中区积极推进数字经济与实体经济、先进制造业与现代服务业、工业互联网与智能制造“三个深度融合”。

每分钟可生产80多个LED灯罩，这是苏州协同创新智能制造装备有限公司内的一条自动化生产线。在保持生产效率的同时，如何检测产品的合格率？工业互联网在其中发挥了关键作用。一个类似小黑盒子的设备就是苏州协同研发的主动解析器，将它安装在机器设备上，能够实时采集生产制造各环节数据，并且每个解析器都有一组全国唯一的编码，相当于机器设备的“身份证”。

近年来，吴中区在持续优化生产力布局，抢抓新基建、长三角区域一体化发展的重大机遇，围绕机器人与智能制造、生物医药及大健康两大主导产业，不断推进数字经济与实体经济融合发展，在工业互联网发展上，初步形成了“1+4+N”的发展格局，全力以新动能推动“吴中制造”向“吴中创造”转型升级。

机器人与智能制造产业122家规上企业实现产值247.1亿元，增长10%；生物医药市级入库企业完成营业收入65亿元……围绕机器人与智能制造、生物医药及大健康重点产业，吴中区打造了一批高端载体平台，壮大了一批龙头企业，推进了一批优质项目，产业生态逐步完善。

吴中生物医药产业园是苏州市首批9家市级生物医药产业园之一，结合苏州市生物医药产业发展“1+N”的重要战略部署，产业园在新一轮发展征途中，依托载体优势，重点打造大分子（多肽、抗体）、小分子、ADC、细胞治疗、基因治疗、CRO、CMO、IVD等全链条并举的医药加速基地。同时结合吴中智能制造（机器人）特色，培育AI医药产业。

以医药加速基地为新起点，吴中生物医药产业园配套规模10亿元的生物医药专项基金，借助专业金融资本力量，积极引进国内外行业顶尖企业、高科技成熟项目和优势项目，大力培育壮大本土原创型项目。

今年以来，在聚焦“六稳”“六保”任务，助力“双循环”新发展格局的背景下，不断守牢“保”的底线、夯实“稳”的基础、提高“进”的质效，为吴中在新发展格局中积蓄势能、增创优势，奋力育新机开新局。上半年，吴中完成地区生产总值597.5亿元，增长0.9%，增幅排名全市第三；实际使用外资及港澳台资7.1亿美元，增长180.7%，创历史新高。这些，都充分彰显了吴中发展的巨大韧性和内生动力，为实现新的发展跨越打下了坚实基础，提供了强劲支撑。

最优营商环境“引凤来栖”

10月15日，吴中区重磅推出“投资热力图”，以打造智慧高效的管理体系、构建多元便捷的投资服务为目标，促进投资招商管理服务精准化、规范化和智能化，从而开启智慧招商的新模式。“热力图”涵盖生物医药、智能制造、科技创新3大产业地图所涉及的89个平台载体、220个重点企业以及7.4万亩产业用地，全方位、多角度展现吴中良好的投资营商环境。

良好的营商环境，是吸引力、竞争力，更是驱动力。推进个人和企业全生命周期“一件事”最多跑一次，实现企业不跑代办跑、群众不跑数据跑，吴中区积极深化“放管服”改革，全面推行告知承诺制、容缺受理制、查证查验制，打造“最舒心营商环境”，激发创新活力。

一窗通办、一号通办。前不久，吴中区9个镇（街道）正式承接区级赋权的审批服务事项30项，实现“一枚印章管审批”。这是吴中区深化行政审批制度改革的又一重要举措。近年来，吴中区全面推进区、镇（街道）、村（社区）三级政务服务体系建设完善和优化提升，集中打造了线上一张网、线下一扇门、前台一个窗、后台一枚章“四个一”政务服务运行体系。区级、2个国家级开发区、14个镇（街道）、194个村（社区）的审批服务业务100%实现上政务服务网和到服务大厅办理，累计汇集各类办事指南近2万份。

全域推行“并行预审、基层代办、信用承诺”三项机制，完成首个工程建设限时联合验收，审批服务再提速。刚刚过去的9月，苏州精濑光电占地80亩的新厂在吴淞江科技产业园开业，这也是苏州市第一个信用承诺制项目。再往前的6月，苏州精濑光电有限公司平板显示设备生产基地项目通过联合验收。作为吴中区重点项目，也是吴中区推行信用承诺制及联合验收这一新型审批管理模式的样板企业项目，从立项到投产比原计划提前半年。

过去，是人跟着产业走，生产资料在哪里，人才就集聚在哪里。在新经济迅猛发展的当下，情况或已改变。人才往哪个地方走，技术、资本、项目就往哪个地方聚集。吴中区不断优化的营商环境和良好的创业氛围，也在不断吸引着越来越多的人才前来创业。

东吴双创峰会、“520吴爱人才”主题日、苏州国际精英创业周吴中分会场……吴中区积极打造“人才友好型城市”，集聚创新人才，营造“人到苏州才无忧，才至吴中吴更优”的创新氛围。位于吴中经济技术开发区尚金湾总部经济园的小米生态链企业追觅科技是一家从东吴双创、省双创脱颖而出的企业。这支创业团队大部分的员工都是研发人员，其中许多毕业于清华、卡耐基等国内外顶级学府，创始人俞浩本人也是流体力学专家。落户吴中以来，追觅科技一年一个台阶，快速发展，建造了企业自己的智能工厂。

着眼打造未来发展增长极，深化产业链、创新链、人才链、资金链、政策链“五链融合”，构建全周期、全链条、全方位的创新生态，为高质量发展增强“进”的支撑。吴中区发挥独特优势禀赋，当好长三角生态绿色一体化发展示范区与苏州主城区交融发展的链接枢纽，加速市域一体化，接轨大上海，融入长三角，拓展更大的发展空间，谋划更多的发展可能。

（《苏州日报》，2020年10月18日）

走好绿色发展新路子　高标准建设“太湖生态岛”

昨天，省委常委、市委书记许昆林深入吴中区调研，了解发展实情，现场服务企业，谋划推动新一轮高质量发展。许昆林强调，要迅速掀起学习宣传贯彻党的十九届五中全会精神的热潮，深入学习贯彻落实习近平总书记视察江苏重要指示和全面推动长江经济带发展座谈会重要讲话精神，自觉践行新发展理念，更大力度抓好生态文明建设，更加积极主动实施长三角一体化发展战略，加快传统产业转型和新兴产业培育，做强文旅产业，叫响特色品牌，走出一条生态优先、绿色发展的新路子。

葛兰素史克—惠氏制药有限公司位于吴淞江产业园，主要生产钙尔奇、善存系列健康药物，今年1至10月的产值、税收已超去年全年水平。许昆林走进车间详细了解生产流程和工艺，勉励企业积极扩大投资、提升产能，开拓更大市场。苏州浪潮智能科技有限公司正打造智能生产基地，将形成120万片服务器主板年产能。许昆林认真听取企业诉求，鼓励进一步加大技术研发力度，提高生产自动化水平，在智能制造领域实现更大突破。临湖镇柳舍村紧邻太湖，生态优势突出，许昆林走进咖啡馆、民宿察看内部设施，要求精心谋划，打造更多保留原汁原味的精品项目，不断优化“软环境”。环太湖有机废弃物处理利用示范项目可将不同类型的有机废弃物进行就地转化，生产出来的栽培基质、有机肥、土壤调理剂等直接返回到当地农田。许昆林详细了解临湖示范点日常运行情况，要求加强精细化管理，提升示范效应，促进绿色发展。

许昆林还实地察看了太湖湖滨国家湿地，与上海游客亲切交流，要求吴中区切实抓好生态环保工作，着力控制农业面源污染，不断把生态优势转化为发展优势。

在随后召开的座谈会上，许昆林认真听取了吴中区经济社会发展情况的汇报。他指出，今年以来，吴中区统筹疫情防控和经济社会发展，取得了较好成绩，绿色发展步履坚实，新旧动能加快转换，城乡建设一体推进，民生福祉持续改善。下一步，要更大力度抓好生态文明建设。切实抓好太湖保护与治理，以高水平建设苏州生态涵养发展实验区为引领，推动“生态＋农文体旅”产业融合提升。以点带面、有序推进环太湖有机废弃物处理利用示范区建设，深化太湖水“五位一体”长效管理，确保国、省考断面及饮用水源地水质持续稳定达标，稳步推进太湖禁捕退捕工作。要切实做好大运河文化遗产保护工作，谋划一批重大项目，提高显示度。要以生态环保理念推进城市规划建设，加强规划设计，深化细化规划，展现山水生态、现代科技与历史文化相交融的城市气质。

许昆林指出，要更加积极主动实施长三角一体化发展战略。要全力推进交通互联互通，进一步打通与上海、浙江之间的大通道。要大力发展文旅产业，发挥好自身资源优势，以更高标准、更大力度实现文化产业倍增计划，高标准打造苏州太湖国家旅游度假区。要理清思路、准确定位，将金庭镇西山岛打响“太湖生态岛”特色品牌。要加强与各类平台合作，推动文、旅、体、农、商融合，精心打造一批线上线下联动的特色旅游线路、网红打卡胜地、知名IP，加大在长三角地区的宣传推介力度。

许昆林强调，要加快传统产业转型和新兴产业培育。传统产业要加快改造，明年全市要完成至少5000家企业智能化改造，吴中区要积极行动起来，鼓励领先企业“走出厂门”，为中小企业智能化改造进行诊断、提出解决方案、帮助解决问题。要做实做细智能制造解决方案平台，帮助它们与面广量大的中小企业对接。新兴产业要做大做强，支持企业进一步加大技术研发投入力度。

许昆林指出，在奋力冲刺四季度过程中，项目建设要加快推进，招商引资要精准务实，资源配置要集约高效，营商环境要持续优化。在促消费上要拿出更多实招，围绕“双十二”苏州购物节，加强与国内各大电商平台的对接策划，精心设计打造线上促销活动，依托龙头平台、知名主播等，加大宣传推介力度，将吴中的非物质文化遗产、精品旅游线路、特色农产品卖到全国乃至全球。

许昆林强调，要全面增进民生福祉，积极引入社会力量参与和兴办社会公益事业，在合作办学办医等方面迈出更大步伐。推动经济社会各项事业持续健康发展，加强党的领导和党的建设是根本保证。要坚持以习近平新时代中国特色社会主义思想为指导，引导全区党员干部进一步增强“四个意识”、坚定“四个自信”、切实做到“两个维护”，推动全面从严治党向纵深发展。要全面贯彻新时代党的组织路线，选优配强各级领导班子，建设高素质干部队伍，促进年轻化、专业化，认真做好基层党组织换届工作。要狠抓党风廉政建设，坚决反对形式主义、官僚主义，一体推进不敢腐、不能腐、不想腐机制建设，进一步营造风清气正的政治生态和干事创业的良好氛围。

（《苏州日报》，2020年11月17日）

金庭：全力打响“太湖生态岛”品牌

作为太湖第一大岛，西山岛是我国淡水湖泊中最大的岛屿，也是镶嵌在太湖中间的一颗“绿心”。这里的发展长期以来受到严格限制，几乎成为苏州经济最为薄弱的乡镇。去年，金庭一般公共预算收入不足1亿元，依靠一镇之力，很难推进许多大项目。

机遇来了。去年底，《苏州生态涵养发展实验区规划》发布，吴中区东山镇、金庭镇及周边区域被划定为实验区建设主体范围。今年，苏州市排定出涵盖生态保育、生态治理、民生保障和产业发展4大类97个项目，总投资约180亿元。这为金庭打破原有发展困境、实现破茧成蝶提供了充足资金保障。

在西山岛南部的消夏湾，一项湿地生态安全缓冲区项目正在紧张建设。“现在，我们采用已有12年落地经验的德国智能科技湿地技术，在18平方千米的规划范围内打造净化型、功能型湿地，就是为了拦截处理农村面源污染，削减流入太湖的氮、磷总量，保护生态环境。”工程师冯桐介绍，消夏湾湿地生态安全缓冲区项目一期投入8000多万元，三期总投资3.2亿元。构建的人工湿地，可以依托植物、滤料以及滤料内部的微生物共同形成去除污染物的系统，高效环保。

系统化整治，让太湖更美，岛居风情更加浓郁。步入东村村张家湾自然村，5棵具有800年历史的古香樟树矗立于村口，仿佛在守护着这座坐落于青山绿水之间的古村。利用村属旧小学作为基地，村内将迎来一个崭新的金庭古村落文化展示中心，记忆中的乡村居民生活方式与现代休闲度假文化将会在展示中心形成碰撞与融合。

“东村古村留存着20多幢古朴的明清建筑，仍有32户居民居住村中。去年，村里全面完成雨污管道改造和‘美丽乡村’环境整治。”金庭镇东村村村委会主任严静民介绍，往常，村中居民的生活污水直接流入村里的化粪池和排水沟，再流经村边河浜汇入太湖。通过整治，村民生活污水通过管道流入集中处理点，再进入到专业处理设备中，经处理后达标排放。村庄人居环境得到提升，也为保护太湖水域做出了贡献。

面朝太湖，东村一家名为“粗衣食吾”的民宿引人注目。走进其中，虽是粉墙黛瓦的外观，内部却随处涌现现代气息。店主周利生是土生土长的西山人，原先在太湖有30亩水域围网养殖螃蟹，随着太湖围网养殖全面退出历史，大家都在寻求新的出路，这位“80后”渔民在前年开启了自己的民宿经营之路。

“我的合伙人都是从上海过来的，有做设计的，还有专业做酒店管理的，我们租下这座民房，投入500多万元进行改造，打造出7个房间。”周利生表示，只要打好太湖这张“特色牌”，岛上人就不愁吃！

如今，金庭全岛共集聚了400多家民宿农家乐，越来越多的年轻人和外来资本也开始进驻。游客多了，农副产品的销量上去了，民宿农家乐入住率上去了，农民跳出了季节性的产出“围栏”。

山美水美，村美民富，西山岛上充满活力。前不久，省委常委、苏州市委书记许昆林调研吴中区时指出，要理清思路、准确定位，将西山岛建设成高标准“太湖生态岛”，进一步为金庭的发展打开思路、指明方向。吴中区委书记陈嵘表示，吴中将不断优化金庭生态空间格局，秉持“生态、农业、文化、旅游”四位一体发展，精准对位“环太湖生态文旅产业带”生产力布局，积极践行环太湖生态“加减法”，真正将西山打造成为苏州乃至长三角、长江流域重要的生态屏障和绿色“后花园”。

（《新华日报》，2020年12月28日）

编辑：洪　蕾

大事记

1月

1日

△以“新年走大运，改革再出发”为主题的2020年第三届大运河江苏段沿线八城新年行走苏州地区活动在大运河吴中段举行。

△区级融媒客户端——“吴中融媒”App正式上线，同时进行首次现场直播。

3—5日

△中国人民政治协商会议苏州市吴中区第四届委员会第四次会议举行。

4—6日

△苏州市吴中区第四届人民代表大会第四次会议举行。

7日

△区委书记唐晓东赴甪直镇开展“三级三联”走访慰问。

△江苏九龙珠品牌管理股份有限公司（股票代码：873368）在新三板挂牌上市。

9日

△国内人工智能行业“独角兽”企业深圳市优必选科技股份有限公司正式签约落户开发区。

15日

△吴中大道快速路对接东吴南路的4条出入匝道及地面道路（南湖路段）投入使用。

20日

△全区“不忘初心、牢记使命”主题教育总结大会召开。

22日

△吴中区新型冠状病毒感染的肺炎疫情防控工作会议召开。

30日

△省委常委、市委书记蓝绍敏检查调研位于吴中区的南环桥批发市场疫情防控期间民生保障和市场保供工作。

是月

△胥口镇卫生院与苏大附属儿童医院达成战略合作协议，正式成为苏大附属儿童医院医疗联合体单位，挂牌苏州大学附属儿童医院吴中分院。

2月

6日

△吴中区出台九条金融支持政策意见，支持区内生产经营遇到困难的中小企业和上市企业公司。

11日

△吴中区人社局向苏州庆泉电脑印花有限公司颁发综合计算工时行政许可决定书。这是自苏州市放宽综合计算工时工作审批政策以来，吴中区出具的首份行政许可决定书。

13日

△吴中区21家企业成功申请缓缴社保79.11万元，这是自《关于应对新型冠状病毒感染的肺炎疫情支持中小企业共渡难

关的十条政策意见》（“苏惠十条”）出台后吴中区审核通过的首批企业，宣告吴中区“缓缴社保”政策正式落地。

27日

△2020年吴中区春季重大项目集中开工仪式在城南科技产业园项目现场举行。

29日

△江苏省卫生健康委员会官网发布《江苏省新冠肺炎疫情风险登记名单》，吴中区被列为低风险地区。

是月

△苏州海关驻吴中办事处为进口防控物资开通“绿色通道”。采取先登记放行货物，后期补办手续，确保疫情防控物资通关放行“零延时”。

3月

1日

△皇珈重工（江苏）有限公司完成增值税一般纳税人试点企业备案流程，标志着增值税一般纳税人资格试点改革在吴中综保区实质性落地。

5日

△2019年度作风效能建设、高质量发展综合表彰大会召开，会议以电视电话会议的形式进行。

12日

△吴中区与方达医药签约仪式举行，生物医药龙头项目落户吴中区。

13日

△2020年苏州吴中洞庭山碧螺春茶宣传推介会举行。会上，为入选中国重要农业文化遗产的“苏州吴中碧螺春茶果复合系统”进行授牌。

17日

△副省长费高云一行到吴中区临湖镇灵湖村黄墅调研特色田园乡村建设情况。

18日

△苏州（太湖）软件产业园重点项目视频签约活动举行。

△吴中区重点企业上市工作推进会举行，吴中区以“六新服务”助力企业上市。

23日

△区政府全体（扩大）会议召开，部署2020年区政府重点工作。

△区红十字会发布致社会各界爱心人士的感谢信，并公示疫情防控社会捐赠款物明细。截至3月21日，区红十字会累计收到捐款2051.83万元。

30日

△第31届江苏省青少年科技创新大赛评审结果公示，吴中区连续五年获省青创赛一等奖并获二等奖7项、三等奖5项，获奖人数创五年来新高。

31日

△吴中区11位支援武汉的医护人员完成任务返苏。从2月10日到3月30日，历时50天，实现武汉同济医院光谷院区两个重症病区患者全部清零。

是月

△汇川经纬轨道自主研发的城市轨道交通牵引传动系统WIND系列牵引逆变器、异步牵引电机、辅助变流器（包含充电机）通过CURC认证（城市轨道交通装备产品认证，英文名：China Urban Rail Certificate，简称CURC），汇川技术成为国内少数几家通过此认证的城市轨道交通牵引系统研发制造企业之一。

4月

8日

△2020吴中太湖新城汽车创新产业线上招商推介会举行，总投资15亿元的苏州太湖Auto Space智车城项目正式签约。

14日

△区委副书记、区长陈嵘率吴中区代表团赴宿迁市宿城区考察。

16日

△吴中区实现“交地、合同、完税、发票、发证”同一天办结。这是江苏省“交房（地）即发证”政策公布以来，吴中区落实的第一笔工业土地业务。

18日

△全区农村工作会议暨率先基本实现农业农村现代化动员部署会召开。

20日

△吴中区新的社会阶层人士联谊会第一届三次会员大会召开。

27日

△全区领导干部会议召开，宣布省委、市委对吴中区党政主要领导调整的决定。省委批准陈嵘同志任吴中区委书记，不再担任吴中区区长职务；提名李朝阳同志为吴中区区长候选人，免去唐晓东同志吴中区委书记职务。市委决定唐晓东同志任市政府党组成员，免去吴中区委常委、委员职务。

29日

△区四届人大常委会第二十三次会议举行。

30日

△吴中区庆祝五一国际劳动节暨劳模命名大会召开。

△吴中区纪念五四运动101周年主题团日活动举行。

是月

△东山白沙枇杷被农业农村部授予中华人民共和国农产品地理标志登记证书。

5月

9日

△苏州橙天嘉禾360剧场开工仪式在吴中太湖新城举行。

13日

△"好物中国　心上吴中"2020年太湖时令枇杷采摘季活动在观前街新艺广场举行。区委副书记、代区长李朝阳通过直播平台推荐吴中特色果品，线上观看人数超200万，现场售出枇杷等特产超1万斤。

16日

△吴中区垃圾分类工作现场推进会召开。

18日

△贵州省德江县党政代表团到吴中区交流考察，并召开吴中·德江对口帮扶协作工作联席会议。

19日

△2020吴中好物节启动仪式暨临湖首届农业文化旅游节开幕。

20日

△吴中区东吴人才公寓开工仪式举行。

△吴中区2020东吴双创峰会启动仪式暨首期"520吴爱人才"人才主题日活动举行。

22日

△城西中学教育集团、江苏省外国语教育集团正式成立。同日，东吴外国语高等师范学校附属越溪实验中学揭牌。

6月

2日

△长三角绿色生态一体化发展示范区执委会副主任唐晓东一行调研吴中区。

5日

△区委人大工作会议暨纪念地方人大设立常委会40周年大会召开。

9日

△吴中高新区与星河控股集团战略合作意向签约仪式举行。吴中区与星河控股集团签订200亿元全面战略合作协议。

10日

△宿迁市宿城区委书记张辉率队考察吴中区。

12日

△吴中区人武部党委第一书记宣布任职大会召开。

13日

△省委常委、市委书记蓝绍敏到吴中区调研并召开座谈会。

17日

△南湖路高架跨运河桥主桥合龙。

18日

△苏州市举行"独角兽"企业发展大会。吴中区凯博易控驱动（苏州）股份有限公司、苏州绿的谐波传动科技股份有限公司入围苏州市"独角兽"培育企业名单。

19日

△全区法治政府建设暨"七五"普法工作推进会议召开。

20日

△"多彩夏日，精彩'吴'限"夜经济主题活动发布会暨姑苏二十四集开街仪式在ID PARK歌林公园举办。

22日

△浪潮集团服务器和PC整机项目签约仪式举行。

23日

△苏州市“331”专项行动智能应用项目在吴中区木渎镇发布。

24日

△苏州市工业互联网工作推进大会召开。吴中区赛迪灵犀智能制造诊断评价服务平台入选“十大创新平台”，苏州维信电子有限公司、苏州协同创新智能制造装备有限公司入选“十大最佳实践”。

28日

△苏州吴文化博物馆——吴中博物馆正式开馆。

30日

△吴中区庆祝中国共产党成立99周年大会暨“学习强国”线下打卡走进吴中活动举行。

7月

7日

△“对标找差、再攀新高”吴中领导干部专题学习会举行。

8日

△2020“智汇吴中”创客大赛暨吴中区第十届青年（大学生）创新创业大赛总决赛举行。

10日

△欧康维视在香港交易所挂牌上市，股票代码01477.HK。

△2020年第四届东吴双创峰会金融分会场活动举行。会上发布吴中区知识产权企业质押贷款风险补偿型金融产品“东吴知识贷”。

14日

△南通市如东县党政代表团一行到吴中区考察交流。双方召开吴中·如东跨江融合发展战略合作座谈会，签订吴中区如东县跨江融合发展战略合作框架协议。

15日

△国家知识产权局发布第二十一届中国专利奖获奖名单，吴中区飞华铝制工业有限公司、斯莱克精密设备股份有限公司和科沃斯机器人股份有限公司上榜。

15—16日

△全省人大社会建设工作学习交流会在吴中区召开。吴中区人大常委会主任张炳华作为唯一的县（区）级人大常委会的代表就吴中区人大社会建设委员会相关工作进行经验交流。

17日

△吴中区义务教育优质均衡发展暨教育高质量发展推进会召开。

18日

△市长李亚平一行到吴中区检查防汛工作。

△苏州市吴中少年文学院在苏州天成中学挂牌。

是月

△住房和城乡建设部公布第一批全国美好环境与幸福生活共同缔造活动培训基地名单，吴中区是全省唯一入选地区。

8月

3日

△中共苏州市吴中区委四届十二次全体（扩大）会议召开。

4日

△区政府全体（扩大）会议召开。

6日

△2020苏州吴中（深圳）招商推介会举行。本次招商活动期间，签约项目25个，总投资321.6亿元。

△“携手抗疫·江苏情”——在江苏外国人短视频大赛颁奖仪式暨视频发布会在南京举行。吴中区选送的《一封外国人的家书》和《疫时艰难，共同渡过》获十佳作品奖。

7日

△总投资3.6亿元的苏州市味知香食品股份有限公司新厂项目奠基仪式在吴淞江科技产业园举行。

10日

△区委副书记、代区长李朝阳率队赴德江县开展帮扶考察，并召开吴中·德江东西部扶贫协作高层联席会议。

△江苏省知识产权局公示2020年度江苏省知识产权示范园区创建单位29家，吴中高新

技术产业开发区（筹）入围，示范创建周期2年。

18日

△“E路奔小康，C位优等生”吴言沙龙暨2020吴中网络文化节开幕。12月25日闭幕。

20日

△经过升级改造的暴式昭纪念馆开馆。

△江苏省发展和改革委员会官网发布《省发改委、省文旅厅、省体育局关于公布旅游类、体育类省级特色小镇创建名单的通知》，吴中区旺山文旅风情小镇和太湖体育运动休闲小镇入选。

21日

△全区率先基本实现农业农村现代化工作暨“万企联万村共走振兴路”行动推进会召开。

24日

△苏州生态涵养发展实验区专家委员会第一次全体会议暨绩效评估指标体系专家咨询会在北京举行。

26日

△苏州最大立交——东环南延二期工程尹山湖立交及南湖路跨运河高架桥试通车。

28日

△苏州绿的谐波传动科技股份有限公司在上海证券交易所上市，股票代码688017。这是吴中区第一家科创板上市的企业。

△吴中区乡风文明建设巡礼暨光福镇新时代文明实践所启用仪式举行。

是月

△“2020苏州民营企业100强”榜单公布，吴中区苏州东山精密制造股份有限公司、江苏吴中集团有限公司等8家企业上榜。

9月

2日

△苏州市人大常委会主任陈振一带队视察苏州市现代农产品物流园。

△国家发展和改革委员会等七部委联合印发《关于印发第二批国家农村产业融合发展示范园区名单的通知》。吴中区国家农村产业融合发展示范园作为苏州市唯一单位入选。

7日

△省委常委、市委书记蓝绍敏到吴中区专题调研传统文化传承工作并召开座谈会。

7—8日

△区委书记陈嵘率区党政代表团赴南通市如东县考察交流。

8日

△2020“农行杯”苏州美丽乡村健康行暨“姑苏八点半旺山夜有fun”在吴中区旺山启动。

△《中国乡镇综合竞争力报告2019》发布。吴中区木渎镇、甪直镇和胥口镇入围“2019中国百强镇名单”，分别排名第28位、第73位和第92位。

11日

△以“吴中药港·扬帆起航”为主题的2020苏州吴中（上海）生物医药产业营商环境推介会在上海召开。签约项目22个，累计总投资210.5亿元。

△工信部发布第五批绿色制造公示名单。吴中经济技术开发区作为苏州市唯一单位入选国家级绿色园区，苏州汇川技术有限公司创建国家级绿色供应链。

△省文化和旅游厅、省发展和改革委员会联合发布《关于江苏省乡村旅游重点村名录（2020）入选单位的通知》，吴中区临湖镇灵湖村和越溪街道旺山村入选。

12日

△作为第二届中国苏州江南文化艺术·国际旅游节重要活动之一的吴中区“百匠赋能计划”开幕。

17日

△中央文明办发布2020年2—7月“中国好人榜”，吴中区沈敏菊上榜。

18日

△安徽省安庆市迎江区委书记尹志军率党政代表团到吴中区考察交流。

21日

△2020年太湖生态大闸蟹上市启动仪式在吴中现代渔业产业园举行。

△2020江苏民营企业百强发布会举行。江苏吴中集团有

限公司、苏州东山精密制造股份有限公司入围“2020江苏民营企业200强”，苏州东山精密制造有限公司入围“2020江苏民营企业制造业100强”，苏州汇川技术有限公司、科沃斯机器人股份有限公司、苏州赛腾精密电子股份有限公司入围“2020江苏民营企业创新100强”。

22日

△省农业农村厅召开首届江苏农业品牌发布会。吴中区洞庭山碧螺春入选区域公用品牌名单，水八仙入选产品品牌名单。

△工信部发布2020年度国家中小企业公共服务示范平台公示名单，中认英泰检测技术有限公司和苏州电器科学研究院股份有限公司上榜。

29日

△吴中广场项目开工仪式举行。

10月

10日

△2020中国家庭帆船赛（苏州站）在太湖菱湖湾开幕。

11日

△吴中区“全力冲刺第四季度、奋力完成全年目标”工作推进大会召开。

△“与国同庆·携爱同行·情系澹台”苏州市结婚登记集体颁证仪式举行。

15日

△第十一届中国曲艺牡丹奖颁奖仪式暨第二届中国苏州江南文化艺术·国际旅游节汇报演出在苏州文化艺术中心大剧院举行。吴中区评弹团国家一级演员张建珍获牡丹奖。

18日

△以“智汇吴中、造优未来”为主题的2020苏州吴中·太湖经贸合作洽谈会主会场活动在苏州太湖国际会议中心举行。现场，举行吴中区投资热力图和智能制造解决方案系列平台集中发布仪式，30个项目上台签约。

20日

△吴中区党外人士参政议政调研成果交流会举行。

△苏州赛迪园区开园。

21日

△2020年度江苏省工业设计中心认定名单公布，吴中区认定数列全省第一。

22日

△水利部太湖流域管理局局长吴文庆一行到吴中区调研东太湖生态清淤工程和太湖湿地公园。

27日

△苏州市重大卫生健康项目集中开工仪式在吴中区举行，省委常委、市委书记许昆林宣布项目开工并发表讲话。

△全区率先基本实现农业农村现代化工作推进会暨农村人居环境整治“秋冬战役”部署会召开。

△自然资源部办公厅发布《关于印发〈生态产品价值实现典型案例〉（第二批）的通知》，江苏省苏州市金庭镇发展“生态农文旅”促进生态产品价值实现案例作为生态产品价值实现典型案例上榜。

30—31日

△区委书记陈嵘，区委副书记、代区长李朝阳率区党政代表团赴上海交流考察。

是月

△甪直镇瑶盛村东浜、香山街道长沙社区施家湾、香山街道长沙社区南旺村入选江苏省第二批省级传统村落名单。

△吴中区“零点行动”志愿者服务队获共青团中央、中国青年志愿者协会授予的“抗击新冠肺炎疫情青年志愿者服务先进集体”称号。这是苏州唯一获此荣誉的集体。

△吴中太湖新城地下空间项目通过住房和城乡建设部绿色施工科技示范工程验收，成为全国首个绿色三星级地下空间。

11月

2日

△吴中区生物医药产业规划专家论证会召开。

4日

△省文化和旅游厅发布《江苏省文化和旅游厅关于公布

第五批江苏省非物质文化遗产代表性项目代表性传承人的通知》，吴中区14人入选省级非遗代表性传承人，入选人数居苏州各区（县）第一。

7日

△首届长三角（太湖·吴中）民宿发展大会在苏州太湖国际会议中心举行。

9日

△吴中区文化馆报送的二胡独奏《情韵姑苏》获得第十四届江苏省“五星工程奖”。江苏省“五星工程奖”是江苏省群众文艺的政府最高奖。

△吴中经济技术开发区与微软（中国）有限公司签约，“微软创新赋能暨生态加速计划——苏州云芯智联产业协同创新中心”项目落户开发区。

12日

△苏州吴中太湖新城营商环境推介会在北京举行。

13日

△工信部对第二批专精特新“小巨人”企业名单进行公示，苏州瑞可达连接系统股份有限公司和苏州精濑光电有限公司入围。

16日

△省委常委、市委书记许昆林调研吴中区。

△苏州全国劳动模范事迹馆启动仪式在吴中区举行。

17日

△2020苏州吴中（深圳）产业招商推介会在深圳举行。

18日

△文化和旅游部发布《关于公示第二批国家全域旅游示范区名单的公告》，吴中区是苏州市唯一入选单位。

19日

△以“探索有机循环利用，推动农业绿色发展”为主题的第三届太湖论“稻”院士论坛在苏州乡村振兴学堂举行。

20日

△吴中区“百匠赋能计划”第二期博古论今活动在吴文化博物馆举行。

23日

△2020苏州吴中（上海）检验检测服务业宣传对接会在上海举行。

24日

△全国劳动模范和先进工作者表彰大会在北京人民大会堂举行。苏州三基铸造装备股份有限公司装配组长施永祥获“全国劳动模范”称号，接受表彰。

26日

△省委、省政府召开全省抗击新冠肺炎疫情表彰大会。吴中区卫生健康委员会获“全省抗击新冠肺炎疫情先进集体”称号，袁志萍、刘涛等5人获“全省抗击新冠肺炎疫情先进个人”称号。

27日

△市、区、镇三级政府实事工程——东山镇三山岛区域供水工程通水仪式举行。

12月

2日

△市人大常委会主任陈振一率队到吴中区开展太湖生态保护立法调研。

4日

△首科医谷项目签约仪式举行。首科医谷苏州医学转化创新中心落户吴中经济技术开发区，这是首都医科大学科技园在北京之外的首个临床医学转化合作项目。

△省住房城乡建设厅公布第三批江苏省传统村落公示名单，吴中区7个村落上榜。截至目前，吴中区共24个村入选，数量在全省各区县（市）中排名第一。

6日

△2020苏州湾马拉松赛在吴中太湖新城举行，4800余名选手参加比赛。

7日

△市政府公布第三批苏州市自主品牌大企业和领军企业先进技术研究院建设的企业名单，吴中区江苏吴中医药集团有限公司入围。

△市政府发布第三届“苏州市工艺美术大师”荣誉称号名单，吴中区33人入选，数量居全市第一。

8日

△吴中区垃圾分类实践教育基地在胥口镇举行揭牌仪式。

9日

△省生态环境厅印发《关于命名“江苏省第三批江苏省生态文明建设示范乡镇（街道）村（社区）”的通知》，吴中区东山镇渡口村、东山镇潦里村、横泾街道新路村获评“省级生态文明建设示范村”。

11日

△“双12苏州购物节”吴中区分会场活动在吴文化博物馆开幕。

△工信部公布2020年度国家中小企业公共服务示范平台名单，吴中区中认英泰检测技术有限公司和苏州电器科学研究院股份有限公司入围。

12日

△以“苏作天工·根植吴中”为主题的2020苏作文创峰会在吴文化博物馆开幕。

△省委常委、市委书记许昆林专题调研大运河文化带和水环境建设工作，考察吴中区段宝带桥景区。

13日

△2020苏州吴中环太湖竞走多日赛暨大运河竞走与行走系列赛启动仪式在苏州太湖国际会议中心南广场举行。

△中华人民共和国第一届职业技能大赛中，吴中区选手孙彤彤、张佳辉分别获糖艺/西点制作项目和烘焙项目金牌。

18日

△吴中区“四史”学习教育动员部署会召开。

25日

△农业农村部发布第378号公告，洞庭山碧螺春、西山青种枇杷被授予中华人民共和国农产品地理标志登记证书。

27日

△第三届中国匠人大会在杭州良渚落幕，吴中区的蔡霞明和陆小琴获“十大中国名片”奖项。

28日

△苏州现代农产品物流园、南环桥农产品批发市场启用。

△吴中经济技术开发区与江苏苏豪资产运营集团签订“吴中苏豪文创产业园项目合作框架协议”。

29日

△苏州伟创电气科技股份有限公司在上海证券交易所挂牌上市，代码688698。

31日

△中共苏州市吴中区委第四届委员会第十三次全体（扩大）会议举行。

是月

△东山白沙枇杷被国家知识产权局认定为地理标志证明商标，成为吴中区第四件地理标志商标。

△省特色田园乡村建设工作联席会议印发《关于命名江苏省第五批次特色田园乡村的通知》，吴中区香山街道舟山村核雕、金庭镇石公村明月湾、东山镇陆巷村陆巷正式被命名为“江苏省特色田园乡村”。

△新苏附小教育集团溪秀实验小学正式启用。

编辑：洪　蕾

区情概览

【位置】 吴中区位于苏州的地理中心，北与苏州古城、苏州工业园区、苏州高新区接壤，南临苏州吴江区，东接昆山市，西衔太湖，与无锡市、浙江省湖州市隔湖相望。地理坐标为东经119°55′~120°54′，北纬30°56′~31°21′。全境东西长92.95千米，南北宽48.1千米。区域面积（含太湖水域）2231平方千米，太湖水域面积1486平方千米，约占太湖总面积的五分之三。

【地貌】 吴中区地处长江下游，为太湖水网平原的一部分。整个地势自西向东微微倾斜，平原海拔高度由6.5米降至2米左右，略呈西高东低态势。境内水网密布，江、河、湖泊众多，20多条骨干河道纵横交错，沟通太湖、澄湖、独墅湖、镬底潭、九里湖、黄泥兜、石湖、黄家荡等湖荡。吴淞江自西向东串联太湖、京杭大运河，流经上海市区（苏州河），与黄浦江交汇后入海；浒光运河由北至南联结京杭大运河和太湖；木光河、胥江运河、苏东运河在境内西南部分别将苏州古城区与木渎、光福、胥口、横泾、临湖、东山、太湖沟通。全境东部以平原为主，由水网平原、低洼圩田平原、湖荡水网平原、滨湖水网平原以及山前冲积平原构成；西部有低山丘陵，系浙西天目山向东北延伸的余脉，成岛状分布在除东部角直之外的太湖之中和沿岸境内。境内山脉最高峰为穹窿山主峰笠帽峰，海拔341.7米，其次为西山主峰缥缈峰，海拔336.6米。土质主要有水稻土、黄棕土、沼泽土和石灰岩土4种类型。

【建置沿革】 苏州市吴中区历史悠久，4000多年前已有文字记载。商末属泰伯、仲雍建立的“勾吴”古国。春秋、战国时先后属吴、越、楚。秦代建吴县。东汉设吴郡领吴县。三国时属孙权吴国。晋和南朝梁、陈时分别隶属吴郡、吴州。隋、唐建置多变，先后属苏州、吴州、吴郡，唐武则天时吴县分设吴、长洲两县。宋代随苏州隶属江南道。元、明时吴、长洲两县属苏州府。清雍正二年（1724）设元和、长洲、吴县三县至清末。民国元年（1912）苏州改称吴县；民国17年（1928）划吴县城区建苏州市，市、县分治；民国19年（1930）撤苏州市，并入吴县。中华人民共和国成立后，复划吴县城区建苏州市，实行市县同城分治；1950年划沿太湖部分地区建立太湖区，1953年太湖区改设为震泽县，1959年撤震泽县，并入吴县，隶属苏州专员公署；1983年，撤苏州地区行政公署，苏州实行市管县体制；1989年，吴县县政府驻地由苏州市东大街迁至吴县长桥镇；1995年6月，撤吴县，设吴县市，市政府驻地设在长桥镇。2000年12月31日，经国务院批复，撤吴县市，设立苏州市吴中区和相城区，吴中区区政府驻地设在长桥镇。2001年3月1日，新设立的苏州市吴中区和相城区按调整后的建制运行。2002年3月25日，第九届苏州市委第十八次常委会议决定将苏州太湖国家旅游度假区升格为正处级建制，由吴中区管理，享受吴中区的管理权限。2012年12月，苏州吴中经济开发区升格为国家级经济开发区，升级定名为“吴中经济技术开发区”。2015年11月12日，江苏省吴中高新技术开发区获省政府批准筹建，2016年3月31日正式挂牌成立。

【行政区划】 至2020年底，吴中区下辖1个国家级旅游度假区（苏州太湖国家旅游度假区）、1个国家级经济技术开发区（吴中经济技术开发区）、1个国家级农业园区（西山国家现代农业示范园区）、1个省级高新技术产业开发区（苏州市吴中高新技术产业开发区）、7个镇和7个街道。7个镇：木渎、甪直、胥口、东山、临湖、光福、金庭。其中，金庭镇与西山国家现代农业示范园区实行“区政合一”管理体制。7个街道办事处：长桥、郭巷、横泾、越溪、城南、香山、太湖。其中，长桥街道与吴中高新技术产业开发区实行“区政合一”管理体制，太湖街道和太湖新城实行“区政合一”管理机制。1个场圃：苏州市吴中区林场。区行政中心（中共苏州市吴中区委、区人大常委会、区人民政府、区政协）地址：苏州市吴中区太湖东路288号。

【人口】 2020年末，吴中区户籍人口达73.33万人，比上年末增加27.9万人。其中：男性35.75万人，比上年末增加1.31万人；女性37.58万人，比上年末增加1.48万人；男女性别比（以女性为100）为95.14，比2019年末下降0.56个百分点。出生0.8万人，出生率为11.1‰，比上年上升了0.7个千分点；死亡0.46万人，死亡率为6.41‰，比上年上升了0.81个千分点；自然增长0.34万人，自然增长率为4.73‰，比上年下降了0.03个千分点。

【交通】 吴中区地处经济繁荣、城市群体密集的长江三角洲中心、苏浙沪交汇处，接壤苏州古城区、苏州工业园区和苏州高新区。东临上海70千米，南距杭州120千米，离南京200千米，是长江三角洲重要的水利和交通枢纽。

全区基本形成以绕城高速公路西南段、苏沪高速公路、苏昆太高速公路、常嘉高速公路和苏嘉杭高速公路为快速通道，以524国道、343省道、230省道为主骨架，以中环快速路吴中区段、南湖快速路一期、南环快速路西延、东环快速路南延、西环快速路南延、吴中大道、东方大道、东山大道、孙武路、环太湖公路、东山环山公路、金庭环岛公路、苏同黎一级公路等区内主干道为次骨架的路网体系，实现高速公路与城市快速路、地面主干道无缝对接，大部分乡镇15分钟内可上高速公路。

至2020年末，全区公路总里程达1276千米（不含中心城区市政道路），公路密度达172千米/百平方千米。全区境内河道纵横交错，航道总里程达357千米，其中有京杭大运河、苏申内、外港线、苏西线等7条等级航道。

全区轨道交通网已初步形成，正在逐步加密，至2020年末，吴中区境内有通车线路4条，分别为1号线、2号线、3号线、4号线及支线。沿线共设有24个站点，分别为1号线的木渎、金枫路站，2号线的盘蠡路、新家桥、石湖东路、宝带桥南、尹中路、郭巷、郭苑路、尹山湖、独墅湖南站，3号线的盘蠡路、宝带路、迎春路、北港路、墅浦路北站，4号线及支线的团结桥、宝带路、石湖东路、红庄、蠡墅、石湖莫舍、越溪、文溪路、天鹅荡路、苏州湾北、木里站。各轨道站点与常规公交已实现地面换乘，已将木渎镇、吴中高新区、吴中经济技术开发区城南工业带、太湖街道、郭巷街道尹山湖城市次中心和苏州古城区紧密连接，并辐射外围各乡镇，初步形成吴中区综合交通换乘格局。

【气候】 苏州市吴中区地处中国大陆东部沿海，位于北亚热带湿润的季风气候区内，具有夏季温暖潮湿多雨、冬季干燥寒冷、四季分明、热量富余、雨量适宜、日照充足的特点。

表5-1 吴中区2020年气象资料

项目	单位	2020年
一、温度		
年平均气温	摄氏度	17.9
年极端最高气温	摄氏度	37.7
出现日期		2020.8.13
年极端最低气温	摄氏度	-5.7
出现日期		2020.12.31
二、降水		
年降水总量	毫米	1432.1
年降水日数	天	142
一日最大降水量	毫米	74.7
出现日期		2020.7.6
三、日照		
年日照时数	时	1912
年日照百分率		43%
四、湿度		
年平均相对湿度		77%
五、风速		
年平均风速	米/秒	2.6
六、气压		
年平均气压	百帕	1014.7
七、霜期		
终霜日期		2020.2.19
初霜日期		2020.12.4

（区气象局）

表5-2 吴中区2020年各月气象要素

月份	平均气温（摄氏度）	降水量（毫米）	降水日数（日）	日照时数（小时）
合计	17.9	1432.1	142	1912.0
1月	6.4	162.7	17	63.1
2月	9.1	61.9	10	146.3
3月	12.7	137.7	14	160.8
4月	16.0	47.3	7	231.6
5月	23.0	80.6	15	167.8
6月	25.7	253.9	21	114.7
7月	26.5	356.0	17	109.0
8月	30.8	52.9	8	271.3
9月	24.4	167.4	11	170.9

续表

月份	平均气温（摄氏度）	降水量（毫米）	降水日数（日）	日照时数（小时）
10月	18.6	40.5	7	179.9
11月	14.7	55.5	10	150.5
12月	6.4	15.7	5	146.1

（区气象局）

【历史文化】 吴中区历史悠久，是吴文化的发源地。约一万年前的旧石器时代，吴地已有先民生息繁衍。五千年前的新石器时代，创造了当时很先进的“良渚文化”。三千多年前泰伯在吴地建“勾吴”国，始有历史记录。公元前221年，秦始皇统一中国，设置吴县，县名沿用至21世纪。

千百年来，吴地人文荟萃，英才辈出。兵圣孙武、草圣张旭、塑圣杨惠之、绣圣沈寿，主持营造北京故宫的建筑大师蒯祥以及有“先天下之忧而忧，后天下之乐而乐”风范的范仲淹等一批伟大的政治家、文学家、艺术家就生活在吴中大地，谱写吴中历史千古流芳的华美篇章。

吴中区是“中国民间文化艺术之乡”，民间工艺发达，形成了刺绣、雕刻、缂丝、建筑工艺、青铜铸造、古琴制作、书画装裱等行业。这些匠心独具的精巧技艺，是中国独树一帜的苏派之作的杰出代表。2018年，吴中区获评“中国民间文艺之乡”和“中国文学之乡”。

吴中区现有甪直、木渎、东山、光福4个中国历史文化名镇，明月湾、陆巷、杨湾、三山村、东村5个中国历史文化名村，中国传统村落12处。全区共有县级以上文物保护单位130处，其中国家级文物保护单位7处、省级文物保护单位23处。吴中区非物质文化遗产项目共有57项，其中世界级非物质文化遗产项目1项，国家级3项、省级18项、市级8项、区级27项；非物质文化遗产传承人有145人，其中国家级非物质文化遗产传承人6人、省级19人、市区两级134人。市级非遗保护示范基地4个，市第一批生产性保护示范基地2个。宝带桥，被誉为江苏最美运河地标，列入苏州市运河十景。2020年6月28日，苏州吴文化（吴中）博物馆开馆。

【民族宗教】 2020年末，吴中区共有48个少数民族，总人口21658人，其中，常住（户籍）少数民族人口3404人，经商务工流动少数民族人口18254人。

吴中区有经民政部门批准的宗教团体4个，即佛教协会、道教协会、基督教三自爱国运动委员会、天主教爱国会（区天主教爱国会现托管于苏州市天主教爱国会）。经批准对外开放的宗教场所61处，其中，佛教场所46处，道教场所8处，基督教堂5处，天主教堂2处。全区现有宗教教职人员215人，职工75人。

【历史名人】 吴中人才层出不穷，且以博大的胸怀接纳四方贤俊，形成人物鼎盛的独特景观，在学术史、政治史、军事史、科学史、文学史、艺术史上创造了举世瞩目的成就。如伍子胥协助阖闾兴霸成王、从近制远，建造阖闾城，奠定吴国的春秋霸业；孙武撰兵法十三篇，后人誉之为“东方兵学圣典”；范仲淹“先天下之忧而忧，后天下之乐而乐”，实行封建时代重要的政治改革“庆历新政”；蒯祥主持设计北京宫苑，令“香山帮”营造技术享誉中外；吴有性的温病学说，开世界传染病学先河；沈寿的“仿真绣”，使苏绣艺术走向世界。在社会主义现代化建设中，吴中区还涌现一大批科学家，院士王大珩、王守武、王守觉、何泽慧、殷之文、殷震等为其中的杰出代表。

【风景名胜】 吴中区风光秀美，资源丰富。吴中区坐拥五分之三的太湖水域及太湖58峰，拥有184千米太湖岸线、苏州80%的丘陵山体，有1个国家级旅游度假区、6个太湖国家风景名胜区、1个国家5A级景区、5个国家4A级景区、2个国家森林公园、1个国家地质公园、1个国家现代农业示范园区、2个国家湿地公园、7个全国农业旅游示范点、10个星级乡村旅游区，开放景点60余个。其中，最具代表性的有穹窿山、旺山、太湖公园、东山等。依托旅游景区、秀美乡村、文化遗存等深厚的人文底蕴，吴中区2020年入选第二批国家全域旅游示范区。

【物产】 吴中区生态环境优越，区域物产丰沛，是闻名遐迩的“鱼米之乡”，可谓“月月有花、季季有果、天天有鱼虾”。吴中是洞庭山碧螺春茶的原产地，有“中国名茶之乡”“中国太湖蟹美食之乡”等称号。主要农副产品有吴中大米、茶叶、太湖大闸蟹、太湖三白（银鱼、白虾、白鱼）、水八仙（茭白、水芹、茨菰、芡实、荸荠、莲藕、莼菜、红菱）、白玉枇杷、乌紫杨梅、洞庭红橘、白果、板栗、藏书山羊、东山湖羊、生态草鸡等。其中，洞庭山碧螺春茶为中国驰名商标，太湖大闸蟹为中国名牌农产品，洞庭山碧螺春、吴中大米、东山湖羊、东山白沙枇杷获国家地理标志证明商标。2020年，东山白沙枇杷、洞庭山碧螺春、西山青种枇杷被授予中华人民共和国农产品地理标志登记证书。

【生态环境】 2020年，坚定不移推进生态绿色发展，绿水青山魅力凸显。高标准推进苏州生态涵养发展实验区建设，设立全国首个生态涵养发展绩效评估指标体系，消夏湾生态安全缓冲区项目列入省级试点，东太湖湖滨湿地带等17个项目全面建成。率先探索建设环太湖城乡有机废弃物处理利用示范区，临湖示范点投入试运行。吴中区入选首批全国美好环境与幸福生活共同缔造活动培训基地，金庭镇入选自然资源部生态产品价值实现典型案例。全区林木覆盖率、自然湿地保护率分别为35.8%、63.9%，保持全市第一。环境问题有力攻坚。90件中央、省环保督察反馈问题完成整改销号。持续开展七子山静脉产业园等重点区域涉气企业整治工作，整治“散乱污”企业135家、低端低效产能企业（作坊）206家。大力开展化肥、农药减量增效行动，建成化肥农药减量控制应用示范区2个。生态环境持续优化。全面落实太湖“五位一体”精细化管理，扎实开展蓝藻防控，7个河道国、省考断面水质达标率100%。深入实施城乡生活污水处理提质增效精准攻坚“333”行动，新改建污水管网120千米，建成排水达标区730个，完成甪直新区污水厂扩建及5个污水厂尾水提标工程。疏浚整治河道155条136千米，建成生态河道19条26千米。全面完成长江流域太湖水域禁捕退捕任务。持续推进114个重点地块修复整治。PM2.5浓度、空气优良天数和Ⅲ类水体比例3项指标全部达标。

经济社会发展

【综合实力】 2020年，全区实现地区生产总值1343.78亿元，增长3.6%；一般公共预算收入188亿元，增长7%；全社会固定资产投资598.83亿元，增长4.65%；社会消费品零售总额767.39亿元；城镇居民人均可支配收入增至7.29万元。在新华网公布的2020城市市辖区高质量发展百强榜单中位列第七。

2020年，242个区级重点项目完成投资385.81亿元，增长9.5%。浪潮智能、天脉导热等41个重点产业项目竣工投运。组织北京、上海、深圳等地招商活动，创新举办太湖经贸合作洽谈会，发布投资热力图，成立运行区投资促进服务中心，累计签约项目152个，投资总额1095亿元。微软、360安全、中交、中建等知名企业签约，欧康维视、方达医药等重大项目顺利落地。吴中高新区入围省知识产权示范园区创建单位。新增高新技术企业440家、省民营科技企业290家，均创历史新高。推出“520吴爱人才”政策集成，入选国家重大人才引进工程1人，省双创人才项目4个、姑苏领军人才项目18个。入选省乡土“三带”人才43人、省非遗代表性传承人14人，入选人数均位列全市第一。

【农业】 2020年，高效农业稳步提升。完成农业总产值40.49亿元，增长13%，新增高标准农田3.73平方千米，建成投产生猪稳产保供基地。苏州太湖现代农业示范园创成苏南地区首个国家农村产业融合发展示范园。新增国家水产健康养殖示范场、国家虾蟹产业体系示范点各1个，省绿色优质农产品基地4个。2家企业获省农业科技型企业认定。3个农产品品牌获国家农产品地理标志登记，碧螺春茶果复合系统入选中国重要农业文化遗产名录，洞庭山碧螺春茶获省“陆羽杯”特等奖。

【工业】 2020年，工业经济稳中有进。全年实现规上工业总产值1818.38亿元，增长11.9%；完成工业投资98.61亿元，增长40%。编制制造业智能化改造和数字化转型实施方案，机器人与智能制造规上企业实现产值600亿元，增长14.9%。拟定生物医药产业发展规划，加快建设吴中生物医药产业园，生物医药及大健康产业规模达140亿元。江苏吴中集团有限公司和苏州东山精密制造股份有限公司入选中国民营企业500强，苏州东山精密制造股份有限公司入选中国制造业民营企业500强。新增上市企业3家。

【服务业】 2020年，现代服务业提质增效。服务业增加值占地区生产总值比重为53%。检验检测营业收入增长20%，规模保持全市第一。1家企业获评首批国家骨干冷链物流基地。综合保税区获评省重点物流基地。围绕“今夜吴眠、精彩吴限”主题，创新推出“吴中更有礼，好车等着你”“好物中国　心上吴中”等系列促消费活动，实现社会消费品零售总额767.39亿元、网络零售交易额230亿元。文旅产业深度融合，文化产业增加值占地区生产总值比重为4.8%，实现旅游总收入247.53亿元。成功举办长三角民宿大会，发布“太湖民宿”品牌，旺山村、灵湖村获评省乡村旅游重点村，旺山文旅风情小镇、太湖体育运动休闲小镇入选省特色小镇创建名单，吴中获评全市首个国家全域旅游示范区。

加快发展工业互联网，构建“1+4+N”工业互联网平台生态体系，发布12个智能制造解决方案平台，开展智能化改造项目129个。开发区获批省“互联网+先进制造业”基地，2家企业获评国家中小企业公共服务示范平台，国家核心竞争力项目、市级智能工厂实现零的突破，17家企业获省两化融合试点，110家企业获评省级上云企业。赛迪研究院苏州分院开园运营，苏州信创产业园挂牌成立，协同创新中心中标国家级综合型标识解析二级节点项目。2家企业获国家专精特新“小巨人”企业认定，2家企业入选江苏省百强创新型企业。新增省、市工程技术研究中心56家，省工业设计中心5家，省众创空间4家。

2020年，全面融入“双循环”新发展格局，开发区、度假区挂牌苏州自贸片区联动创新区。新批千万美元以上外资及港澳台资项目11个，实际到账外资及港澳台资4.1亿美元，增长7.1%。全力以赴稳定外贸市场，出台支持外贸企业稳定发展政策意见，实现进出口总额77亿美元，跨境电商交易额4亿元。开展优化营商环境创新行动，位列全国营商环境百强区第17位。国有企业加快市场化转型，两家区属国企获AA+评级，完成中晟环境资本化运作，成功控股2家上市企业。加快融入长三角一体化，“浦东·吴中检验检测区域合作联盟”正式成立，在对接上海项目招引、智力合作等方面取得积极成效。南北挂钩、东西部扶贫协作取得新进展。

2020年末，全区共有银行

机构27家，保险机构15家，证券公司6家，典当公司5家，小贷公司14家，融资性担保公司1家，融资租赁公司（外资及港澳台资）2家，商业保理公司3家。金融机构本外币存贷款余额分别为2946.82亿元、3126.26亿元，分别较年初增长13.4%、17%。本年保险机构新增保费收入20.28亿元，新增赔付支出5.04亿元。本年新增证券交易金额3258.39亿元，证券资金账户累计112063户，证券业期末托管市值770.37亿元。年末，典当公司典当余额13.68亿元；融资性担保公司在保余额5.85亿元；融资租赁资产总额0.23亿元；商业保理公司发放保理融资款本金16.87亿元，受让应收账款余额39.9亿元。全年新增3家上市企业，其中科创板2家（绿的谐波、伟创电气）、港交所主板1家（欧康维视），全区上市企业达14家；新增新三板挂牌企业1家，全区新三板挂牌企业累计达60家。

2020年，全区有房地产开发企业201家，其中一级企业2家、二级企业7家。严格贯彻执行房地产宏观调控政策，强化市场秩序监管，促进房地产市场平稳健康发展，全区商品房销售套数26601套，销售面积295.50万平方米，销售金额583.94亿元。全年商品房新开工面积547.21万平方米，商品房施工面积1035.76万平方米，商品房竣工面积222.5万平方米；办理商品房交付使用备案项目43个，面积270.54万平方米。

2020年，吴中区入选第二批国家全域旅游示范区，旺山、灵湖获评省乡村旅游重点村，发布“太湖民宿”省内首个区域民宿产业品牌；全年接待游客1601.8万人次，实现旅游总收入247.53亿元。有国家5A级景区1个、4A级景区5个、开放景点60余个，省级乡村旅游点12个、江苏省工业旅游示范点3个。吴文化博物馆建成投用；吴中区评弹团国家一级演员张建珍获第十一届中国曲艺牡丹奖，吴中区文化馆报送的二胡独奏《情韵姑苏》获得第十四届江苏省“五星工程奖”；省非遗代表性传承人新入选14人。完成旺山至张桥登山步道、角直休闲步道、东林渡休闲步道等便民体育工程；区特色分馆（含特色书吧）增至18家；完成19家村（社区）综合性文化服务中心建设，全区实现100%全覆盖。

表5-3　吴中区行政区划、区域面积、人口情况

项目	单位	2020年	2019年
行政区划			
1. 区、镇、街道	个	16	16
#街道	个	7	7
镇	个	7	7
2. 村委会	个	84	84
居委会	个	113	113
3. 村民小组	个	2465	2465
区域面积			
1. 区域面积（含太湖水域）	平方千米	2231	2231
（不含太湖水域）	平方千米	745	745
2. 年末耕地面积	公顷	11019	11019
#水田	公顷	5996	6571
人口			
1. 年末户籍户数	户	227948	216294
2. 年末户籍人口	人	733318	705416
#男性	人	357533	344463

续表

项目	单位	2020 年	2019 年
女性	人	375785	360953
（1）18 岁以下	人	135175	126470
（2）18~35 岁	人	151403	145408
（3）35~60 岁	人	275188	265768
（4）60 岁以上	人	171552	167770
3. 年平均人口	人	719367	694167
年末每户平均人口	人	3.2	3.3
4. 年内出生人口	人	8014	7202
出生率		11.1‰	10.4‰
年内死亡人口	人	4609	3899
死亡率		6.41‰	5.6‰
年内自然增长人口	人	3405	3303
自然增长率		4.73‰	4.76‰
5. 年内迁入人口	人	27086	23190
年内迁出人口	人	1623	1434
6. 人口平均预期寿命	岁	84.3	83.8
#男	岁	82.1	81.5
女	岁	86.4	86.1
7. 年末常住人口数	万人	138.90	137.84

（区统计局）

表 5-4　吴中区国民经济主要指标

项目	单位	2020 年	2019 年
地区生产总值			
1. 地区生产总值（现行价）	万元	13437814	12787249
（1）第一产业	万元	201785	182525
（2）第二产业	万元	5990698	5763500
#工业	万元	5297248	5151100
（3）第三产业	万元	7245331	6841224
第三产业增加值占地区生产总值比重		53.9%	53.5%
2. 人均地区生产总值（按户籍人口计算）	元	—	—
人均地区生产总值（按常住人口计算）	元	97111.6	93076.0
地区生产总值密度	万元 / 平方千米	18037	17164
万元地区生产总值耗电量	千瓦·时	638	658
农林牧渔业			
1. 农林牧渔业总产值（现行价）	万元	404896	354863
2. 主要农产品产量			
粮食	吨	20820	18386
油菜籽	吨	79	72
茶叶	吨	358	385
水果	吨	36928	22505

续表

项目	单位	2020 年	2019 年
蚕茧	吨	—	—
水产品	吨	27123	23891
生猪出栏数	万头	0.15	0.12
家禽出栏数	万羽	4.06	4.25
工业			
1. 规模以上企业个数（正常运营）	个	1024	944
#高新技术产业	个	—	—
#内资（不含港澳台资）企业	个	772	679
#国有、集体企业	个	—	—
私营企业	个	708	571
港澳台和外商投资企业	个	252	265
2. 规模以上工业资产合计	万元	21490599	18217257
3. 规模以上工业总产值（现行价）	万元	18183476	16243832
#内资（不含港澳台资）企业	万元	11576026	9567126
#国有、集体企业	万元	—	—
私营企业	万元	8617428	6527507
港澳台和外商投资企业	万元	6607450	6676707
4. 规模以上工业销售产值（现行价）	万元	18026040	16041764
#内资（不含港澳台资）企业	万元	11376803	9436578
#国有、集体企业	万元	—	—
私营企业	万元	8383913	6449053
港澳台和外商投资企业	万元	1316349	1603406
5. 规模以上工业主营业务收入	万元	17608732	15786005
#内资（不含港澳台资）企业	万元	11127119	9298285
#国有、集体企业	万元	—	—
私营企业	万元	8206846	6371155
港澳台和外商投资企业	万元	6481613	6487720
6. 规模以上工业利税总额	万元	1480664	1265361
#内资（不含港澳台资）企业	万元	915798	748004
#国有、集体企业	万元	—	—
私营企业	万元	632838	487293
港澳台和外商投资企业	万元	564866	517357
7. 规模以上工业利润总额	万元	1131002	923908
8. 规模以上工业亏损总额	万元	185612	132956
9. 规模以上工业产成品	万元	954610	847276
10. 规模以上工业负债总计	万元	8389330	9358115
11. 规模以上工业应收账款净值	万元	6163982	5002321
12. 规模以上工业企业主要产品产量			
钢材	吨	65368	56249
商品混凝土	立方米	5148823	5872863
服装	万件	9932	11723

续表

项目	单位	2020 年	2019 年
化学药品原药	吨	362	376
涤纶纤维	吨	—	—
电子元件	万只	753536	508210
家用吸尘器	万台	1042	914
电动手提式工具	万台	159	138
建筑业			
企业个数	个	213	204
总产值	万元	2753987	2246743
竣工产值	万元	1857768	1530368
房屋建筑施工面积	万平方米	1673.70	1353.07
房屋建筑竣工面积	万平方米	449.48	296.72
从事建筑业活动的平均人数	人	86972	72270
建筑业全员劳动生产率	万元 / 人	31.6	31.1
交通运输（交通系统内）			
客运量	万人次	1821	2559
旅客周转量	万人千米	60708	103628
固定资产投资			
1. 全社会固定资产投资完成额	万元	5988317	5710031
（1）第一产业	万元	13779	18855
第二产业	万元	986075	754934
#工业	万元	986076	751834
第三产业	万元	4988463	4936242
（2）内资（不含港澳台资）	万元	5352625	4802398
#国有经济	万元	221299	313989
集体经济	万元	118672	75126
私营个体经济	万元	2049299	1379731
港澳台商投资企业	万元	424785	646497
外商投资企业	万元	201240	261136
（3）项目投资	万元	4238943	1980727
房地产开发投资	万元	3894960	3729304
2. 商品房销售建筑面积	万平方米	272.17	248.56
#住宅	万平方米	259.55	231.50
商品房销售额	万元	5416408	4115666
#住宅	万元	5281496	3890567
国内贸易			
限上社会消费品零售总额	万元	2942384	3012935
#批发和零售业	万元	2898229	2959312
住宿和餐饮业	万元	44155	53623
对外经济			
1. 进出口贸易总值	万美元	821058	803770
#出口	万美元	583906	563045

续表

项目	单位	2020年	2019年
进口	万美元	237151	240725
2.新批利用外资及港澳台资项目	个	85	56
当年新增注册外资及港澳台资	万美元	71844	159414
当年实际利用外资及港澳台资	万美元	43215	38009
3.对外承包工程劳务合作营业额	万美元	—	—
4.接待境外旅游者人数	万人次	—	7.25
接待境外游客人天数	万人天	—	10.59
旅游外汇收入	万美元	—	3637
市场主体			
1.年末个体工商户数	户	124352	112282
年末个体工商户注册资金	万元	1565824	1365442
当年新增个体工商户数	户	18817	18649
当年个体工商户新增注册资金	万元	295005	272001
2.年末内资(不含港澳台资)企业数	个	89214	82005
#私营企业	个	83116	76106
年末内资(不含港澳台资)企业注册资金	万元	74936902	60506608
#私营企业	万元	41918159	36173218
当年新增内资(不含港澳台资)企业数	个	12402	11364
#私营企业	个	11699	10935
当年内资(不含港澳台资)企业新增注册资金	万元	7017013	5488517
#私营企业	万元	5485683	4473348
财政、金融			
1.全口径财政收入	万元	5298405	5912979
#一般预算收入	万元	3001432	2914644
2.地方财政收入	万元	4176991	4754631
#一般公共预算收入	万元	1880018	1756296
#(1)国内增值税(50%)	万元	409360	421782
(2)改征增值税(50%)	万元	215973	210360
(3)企业所得税(40%)	万元	245039	265149
(4)个人所得税(40%)	万元	82135	72385
(5)营业税(地方部分)	万元	—	—
(6)土地增值税	万元	165997	148778
(7)契税	万元	392813	299586
基金收入	万元	2283039	2991854
国有资本经营预算收入	万元	13934	6481
3.财政总支出	万元	4298779	4243977
#一般公共预算支出	万元	1804791	1533265
基金支出	万元	2490293	2708186
4.金融机构年末存款余额	万元	29468181	26036632
#居民储蓄存款余额	万元	11158312	9767148
5.金融机构年末贷款余额	万元	31262597	26731590

续表

项目	单位	2020年	2019年
旅游			
1.接待中外游客人数	万人次	1601	2470
2.旅游总收入	亿元	247.53	379
人民生活			
1.年末单位从业人员	人	193954	200009
#在岗职工	人	187497	191212
从业人员平均劳动报酬	元	111450	101703
#在岗职工平均工资	元	112253	102812
2.城镇居民人均可支配收入	元	72902.1	70573.2
城镇居民人均生活消费支出	元	39237.2	39836.5
城镇居民人均住房建筑面积	平方米	49	49
3.农村居民人均可支配收入	元	—	—
农村居民人均生活消费支出	元	—	—
农村居民人均住房使用面积	平方米	—	—
电力			
全社会用电量	万千瓦·时	856957	840104
#农业用电量	万千瓦·时	1571	2495
工业用电量	万千瓦·时	483838	500663
建筑业用电量	万千瓦·时	15024	16101
城乡居民生活用电	万千瓦·时	159556	137939
取水量			
全社会总取水量（不含农业）	万立方米	20467	19103

（区统计局）

表5-5　吴中区科技进步、社会事业主要指标

项目	单位	2020年	2019年
科技			
1.年末专业技术人员数	人	176771	142995
#高级职称	人	7928	7527
中级职称	人	47686	39676
初级职称	人	47622	26852
#研究生	人	6261	5168
本科	人	61284	46766
专科	人	74142	52269
2.专利申请量	件	26868	22604
专利授权量（有效）	件	16926	9704
3.科技计划项目			
（1）国家级项目	项	1	2
（2）省级项目	项	702	378
（3）市级项目	项	1126	760

续表

项目	单位	2020年	2019年
4.年末省高新技术产品数	个	—	—
5.年末高新技术企业数	家	933	644
6.年末民营科技企业数	家	1408	1157
7.省级工程技术研究中心	家	60	56
8.省级以上众创空间	家	17	13
9.年末经认定省级以上孵化器数	家	6	1
教育			
1.普通中学学校数	个	29	28
小学学校数	个	50	50
幼儿园数	个	88	84
2.普通中学招生数	人	12799	11785
#初中	人	9248	8553
小学招生数	人	17182	17032
3.普通中学在校学生数	人	36559	33859
#初中	人	26273	24856
小学在校学生数	人	92385	87387
在园幼儿人数	人	37258	34838
4.普通中学专任教师数	人	3515	3194
小学专任教师数	人	5316	4781
幼儿园专任教师数	人	2698	2402
5.学龄儿童入学率		100.0%	99.9%
小学毕业生升学率		100.0%	100.0%
初中毕业生升学率		100.0%	99.0%
高中毕业生升学率		100.0%	100.0%
文化、体育			
1.电影放映单位	个	24	19
影剧院	个	2	2
电影放映场次	场次	124409	246281
电影放映观众人次	万人次	122	380
2.公共图书馆数	个	2196	13644
总藏量	万册	140.90	130.65
发放借书证数	个	127700	33115
书刊外借人次	千人次	123.71	261.13
书刊外借册次	千册次	338.40	642.81
阅览室座席数	个	879	855
3.文物保护单位数	个	130	130
#国家级	个	7	7
省级	个	23	23
文物藏品	件	5587	6892
#一级品	件	55	55

续表

项目	单位	2020 年	2019 年
4. 艺术表演团体个数	个	2	2
演职员工数	人	36	34
演出场次	场次	2055	4140
观众人数	千人次	28.2	415
卫生			
1. 卫生机构数	所	327	314
#医院	所	28	30
2. 卫生机构床位数	张	6612	6594
#医院	张	5819	5830
3. 卫生技术人员数	人	7726	7482
#医院	人	4143	4085
#医生人数	人	2901	2758
#医院	人	1294	1277
4. 5 岁以下儿童死亡率		2.3‰	3.41‰
婴儿死亡率		1.64‰	2.72‰
产妇住院分娩比例		100%	100%
社会福利和社会保障			
1. 社会福利院、敬老院数	个	10	11
床位数	张	1289	1353
在院人数	人	402	456
2. 社会救济对象总人数	人	6065	6537
接受低保户数	户	585	629
#城镇居民户数	户	411	454
接受低保人数	人	1139	1250
#城镇居民人数	人	822	907
3. 城镇登记失业人数	人	3560	3515
城镇登记失业率		1.9%	1.8%
4. 城镇养老保险参加人数	万人	51.26	48.22
城镇医疗保险参加人数	万人	50.21	47.57
城镇失业保险参加人数	万人	43.18	39.57
城乡居民医疗保险参加人数	万人	31.08	31.19
城乡居民养老保险参加人数	万人	0.25	0.31
环境保护			
空气质量良好天数达标率		83.1%	72.4%
水域功能区水质达标率		87.5%	100%
集中式饮用水水源地水质达标率		100%	100%
城市环境噪声达标区覆盖率		100%	94%

（区统计局）

编辑：洪　蕾

中共苏州市吴中区委

综　述

【综合实力】 2020年，吴中区坚持以习近平新时代中国特色社会主义思想为指导，坚决贯彻新发展理念，服务构建新发展格局，围绕夺取疫情防控和经济社会发展双胜利，扎实做好“六稳”工作、全面落实“六保”任务，全区经济社会发展呈现企稳回升、稳中有进的良好态势。吴中区成为全省首批低风险地区。全年完成地区生产总值1343.78亿元，比上年增长3.6%；完成一般公共预算收入188亿元，比上年增长7%；完成全社会固定资产投资598.83亿元，比上年增长4.65%；城镇居民人均可支配收入增至7.29万元，比上年增长3.3%。在新华网公布的2020城市市辖区高质量发展百强榜单中，吴中区位列第七。

【实业兴区】 2020年，坚持把发展着力点放在实体经济上，统筹“五业并进”，出台“金九条”“援企十条”“东吴知识贷”等21项政策35条举措，保就业、保企业、保民生。成立区投资促进服务中心，发布投资热力图，围绕培育壮大机器人与智能制造、生物医药及大健康两大主导产业和工业互联网、检验检测两大特色产业，招引投资额3000万元以上产业项目288个，投资总额380亿元，其中10亿元（1亿美元）以上项目10个，微软中国、360安全、中交集团、中建公司等一批龙头项目先后签约。全年实现规上工业总产值1818.38亿元，比上年增长11.9%，机器人与智能制造规上企业产值、生物医药及大健康产业规模分别达600亿元、140亿元，新兴产业占规上工业产值比重提升至59.1%。完成工业投资98.61亿元，比上年增长31.2%。全年实现进出口总额82.1亿美元，实际到账外资及港澳台资4.3亿美元，比上年增长7.8%。检验检测营业收入增长20%，规模保持全市第一。创新推出吴中更有礼，乐购“吴”限系列促消费活动，实现社会消费品零售总额767.39亿元。文化产业增加值占地区生产总值比重达4.8%，实现旅游总收入247.53亿元。举办长三角民宿大会，发布“太湖民宿”品牌，旺山文旅风情小镇、太湖体育运动休闲小镇入选省特色小镇创建名单，吴中获评全市首个国家全域旅游示范区。完成农业总产值40.49亿元，比上年增长13%。苏州太湖现代农业示范园创成苏南地区首个国家农村产业融合发展示范园。

【创新转型】 2020年，围绕产业链部署创新链，提升企业创新主体地位，苏州信创产业园挂牌，赛迪研究院苏州分院开园，科技镇长团创新研究院成立，3家企业入围全省民营企业创新百强，新认定高新技术企业440家、省民营科技企业290家。2家企业获国家专精特新“小巨人”企业认定。2家企业入选中国民营企业500强，1家企业入选中国制造业民营企业500强。新增上市企业3家，2家企业过会。加快国有企业市场化转型，控股2家上市公司。高新技术产业产值占规上工业产值比重提升至59.1%。积极构建“1+4+N”工业互联网平台生态体系，发布12个智能制造解决方案平台，苏云工业互联网平台成为全市首个国家级综合型工业互联网标识解析二级节点，开发区获批省工业互联网示范工程“互联网+先进制造业”基地。推进国家检验检测公共服务平台示范区创建，检验检测产业规模全市第一，“浦东·吴中检验检测区域合作联盟”正式成立，中认英泰、电科院获评国家中小企业公共服务示范平台，吴中现代物流基地获评省重点物流基地。

【深化改革】 2020年，完善招商项目预审和招商资源统筹机制，成立区投资促进服务中心。探索实施土地复合高效利用供地政策和规划管理，完成全市首宗工业邻里中心项目供地。推进经济发达镇行政管理体制改革，角直镇通过评估验收。完成基层审批服务执法力量改革、镇域（街道）综合执法改革。推行信用承诺、容缺受理、查证查验三项机制，推进工业项目“拿地即开工”。出台《关于推进实施“路标行动”的意见》，建立以“办成”为导向，以“标准化”为路径，以“无否决权”为保障的审批服务机制，打响“吴优办”服务品牌。完善国家和省、市、区示范社四级联创机制，完成农民专业合作社质量提升整区推进试点任务。率先全面完成农村集体经济组织登记赋码发证，农民集体收益分配权退出改革国家级试点成果获专家组高度肯定，村级集体总资产196亿元、村均稳定收入1402万元。

【城乡融合】 2020年，科学编制国土空间分区规划，加快城市更新和片区改造，完成征拆项目清零105个，腾退土地面积6878亩。落实全市产业用地更新“双百”计划，划定工业和生产性研发用地保障线4946.67公顷，获评江苏省土地执法模范县（市、区）、江苏省国土资源节约集约利用模范县（市、区）。开发区入选国家级绿色工业园区，太湖新城获评全省首个国家级三星级绿色生态城区。苏锡常城际铁路太湖新城站点纳入线网规划，南湖快速路一期、尹山湖立交建成通车。启动率先基本实现农业农村现代化三年行动，高标准推进角直、临湖、光福三个市级示范镇试点建设。推行农村人居环境“红黑榜”考核机制，农村人居环境整治三年行动目标任务率先通过省级验收。角直镇江湾村获评全国乡村特色产业亿元村，新增东山镇西巷、临湖镇柳舍等8个省特色田园乡村。开展文明城市创建复评迎检十二大专项行动，居民区和农村生活垃圾分类覆盖率达99%。

【生态环境】 2020年，统筹推进生态文明建设十大工程，完成中央、省环保督察反馈问题整改销号，持续深化太湖水环境“五位一体”综合管理，太湖连续13年安全度夏。打好蓝天、碧水、净土三大保卫战，PM2.5浓度、空气优良天数指标实现“双达标”，国、省考断面水质达标率保持100%。高标准推进苏州生态涵养发展实验区建设，绩效评估指标体系通过专家评审，三山岛区域供水工程、东太湖湖滨湿地缓冲带等一批示范项目建成投用。环太湖城乡有机废弃物处理利用示范区建设纳入国家国民经济和社会发展计划，临湖示范点建成试运行，东山、金庭示范点建设有序推进。长江流域太湖水域禁捕退捕任务全面完成，任务完成量占苏州市的69%、江苏省的13%。牵头成立“长三角太湖民宿联盟”，发布省内首个区域民宿产业品牌——太湖民宿，入选首批全国美好环境与幸福生活共同缔造活动培训基地，金庭镇入选自然资源部生态产品价值实现典型案例。

【民生事业】 2020年，民生支出144.1亿元，比上年增长18.5%，占一般公共预算支出比重为79.5%。新投用学校6所，苏苑高级中学异地新建、苏州外国语学校吴中校区等项目扎实推进，义务教育阶段集团化办学实现全覆盖，中高考成绩再创新高。太湖新城医院、吴中人民医院新院开工建设，苏大附属儿童医院吴中分院落户胥口。启用综合为老服务中心，获评“全省第二批智慧健康养老创新基地”。新增城镇就业2.14万人，超额完成全年任务。吴文化博物馆开馆，360剧场开工，1人获中国曲艺牡丹奖表演奖，14人入选省非遗传承人。完成中超保障工作，苏州湾马拉松被中国田径协会评为金牌赛事。启用苏州现代农产品物流园，基本建成生猪稳产保供基地。

【社会治理】 2020年，统筹推进“1+24+1”安全生产专项整治行动，全面开展“百团进百万企业”宣讲。成立五个安全生产巡查督导组，实现区级安全生产巡查督导全覆盖，生产安全事故起数和死亡人数实现“双下降”。深入推进“331”行动，排查整改隐患3.7万余处。持续推进“天穹计划”，深化人民调解进网格，推进矛盾纠纷多元化解机制建设，创新非警务类警情分流处置，打造网格化联动机制“升级版”。完成P2P行业良性退出和非法集资存量风险清理，获评“全省‘七五’普法中期先进县（市、区）”、省信访工作先进单位。

【党的建设】 2020年，深入学习贯彻党的十九届五中全会精神和习近平总书记视察江苏重要讲话指示精神，巩固拓展“不忘初心、牢记使命”主题教育成果，建立“夺取双胜利、争当优等生”常态化机制，推动各级党员干部对标找差、再攀新高。制定激励干部担当作为若干意见，深化“优苗精培”工程。建成启用党校新校区，大力推进“先锋枢纽”体系建设。落实意识形态工作责任制。出台政商交往正、负面清单，建立健全“一人一委一网”工作机制，镇、街道基本实现巡察全覆盖，全面从严治党三年行动取得显著成效。坚持让党旗在防控疫情斗争第一线高高飘扬，成立320个疫情防控行动支部，1200多名区级机关党员干部加入“党员先锋队”参与防疫志愿工作，“零点行动”志愿服务队获评团中央“抗击新冠肺炎疫情青年志愿服务先进集体”。　（张　彬）

重要会议

【中共苏州市吴中区委四届十二次全体（扩大）会议】 2020年8月3日召开，主要任务：高举习近平新时代中国特色社会主

2020年8月3日，中共苏州市吴中区委四届十二次全体（扩大）会议召开

王永康　摄

义思想伟大旗帜，深入贯彻党的十九大和十九届二中、三中、四中全会及全国两会精神，全面落实省委十三届八次全会、市委十二届十次全会要求，总结上半年工作，部署下半年任务，动员全区上下以保促稳育新机，对标攀高开新局，为坚决夺取双胜利、当好“优等生”努力奋斗。区委书记陈嵘代表区委常委会作报告。区委副书记、代区长李朝阳主持会议并做总结。

【中共苏州市吴中区委工作务虚会】 2020年11月22日召开，主要目的：深入贯彻落实党的十九届五中全会以及习近平总书记近期视察江苏重要讲话指示精神，对照市委书记许昆林调研吴中工作要求，奋力冲刺全年目标任务，全力实现“十三五”圆满收官、“十四五”良好开局。区委书记陈嵘讲话。

【中共苏州市吴中区委四届十三次全体（扩大）会议】 2020年12月28日召开，主要任务：全面贯彻党的十九大和十九届二中、三中、四中、五中全会以及中央经济工作会议精神，认真学习贯彻习近平总书记视察江苏重要讲话指示精神，落实省委十三届九次全会、市委十二届十一次全会部署，动员全区上下凝心聚力、锐意进取，聚力打造三大高地，全力建设美丽吴中，奋力开启“十四五”高质量发展新征程，确保全面建设社会主义现代化开好局、起好步。区委书记陈嵘作《打造三大高地　建设美丽吴中　奋力开启“十四五”高质量发展新征程》的讲话。区委副书记、代区长李朝阳作《中共苏州市吴中区委关于制定苏州市吴中区国民经济和社会发展第十四个五年规划和二〇三五年远景目标的建议》说明和会议小结，部署下阶段工作。全会审议通过《中共苏州市吴中区委关于制定苏州市吴中区国民经济和社会发展第十四个五年规划和二〇三五年远景目标的建议》《中共苏州市吴中区委常委会2020年度抓党建工作的情况报告》《中国共产党苏州市吴中区第四届委员会第十三次全体（扩大）会议决议》。

【其他重要会议】 1月10日　国务院江苏安全生产专项整治督导组督导苏州市吴中区安全生产工作会议

1月20日　吴中区“不忘初心、牢记使命”主题教育总结大会

3月5日　吴中区作风效能建设、高质量发展综合表彰大会

3月20日　区委全面深化改革委员会第四次会议

4月11日　全区人民武装工作会议

4月16日　全区统一战线工作会议。

4月18日　全区农村工作会议

4月30日　吴中区纪委四届五次全会

5月14日　全区警示教育大会

5月15日　全区社会治理现代化建设暨政法工作会议

5月18日　吴中·德江对口帮扶协作工作联席会议

5月19日　全区文明城市建设工作推进会暨新时代文明实践工作部署会

6月5日　区委人大工作会议暨纪念地方人大设立常委会40周年大会

7月7—8日　吴中区“对标找差、再攀新高”领导干部专题学习会

7月25日　区委全面深化改革委员会第五次会议

9月10日　生态涵养发展实验区工作推进会

9月27日　全区“生态涵养建设”协商议事暨“有事好商量”工作推进会

10月9日　太湖禁捕退捕工作推进会

10月11日　“全力冲刺第四季度　奋力完成全年目标”工作推进大会

10月27日　全区率先基本实现农业农村现代化推进会暨农村人居环境整治秋冬会战部署会

11月6日　全区教育工作会议

11月12日　苏州吴中太湖新城营商环境推介会

12月18日　吴中区“四史”学习教育动员部署会

12月30日　吴中区2020年度履行全面从严治党主体责任述职会

重要决策和活动

【重要决策】 2月2日　区委印发《中共苏州市吴中区委关于切实加强党的领导确保打赢疫情阻击战的通知》

2月28日　区委办区政府办关于印发《吴中区农村人居环境整治和长效管理“红黑榜”考核办法（试行）》的通知

3月18日　区委区政府关于印发《吴中区乡村振兴战略实施规划（2018—2022年）》的通知

4月14日　区委区政府印发《中共苏州市吴中区委关于实践“五优五美”激励干部担当作为奋力当好新时代高质量发展“优等生”的若干意见》

5月19日　区委区政府印发《关于进一步加强文明城市长效管理工作的实施意见》的通知

5月28日　区委印发《中共苏州市吴中区委关于开展纪念中国共产党成立99周年系列活动的通知》

6月5日　区委办区政府办关于印发《“夺取双胜利、争当优等生”常态化机制实施方案》的通知

6月8日　区委印发《中共苏州市吴中区委关于规范政商交往构建亲清新型政商关系的工作意见》

7月31日　区委区政府印发《吴中区关于全面推进长江流域太湖水域禁捕退捕的工作方案》的通知

8月1日　区委区政府关于印发《吴中区探索率先基本实现农业农村现代化三年行动计划（2020—2022年）》的通知

8月5日　区委关于印发《吴中区2020年度综合考核实施办法》《2020年度吴中区区镇综合考核实施方案》《2020年度吴中区区级机关单位综合考核实施方案》《2020年度吴中区改革创新“特别奖”项目评选办法》的通知

8月12日　区委办区政府办关于印发《苏州市吴中区社会治理现代化建设工作方案》的通知

12月11日　区委印发《中共苏州市吴中区委关于深入学习宣传党的十九届五中全会精神的通知》

12月18日　区委区政府印发《关于开展党史、新中国史、改革开放史、社会主义发展史学习教育的实施方案》的通知

12月18日　区委办关于印发《全区各党委（党组）理论学习中心组学习党的十九届五中全会精神专题计划》的通知

12月29日　区委区政府印发《关于调整镇（区）财政体制的意见》《关于调整镇（区）土地出让收入分配结算办法的意见》的通知

【重要活动】 1月1日　2020年大运河文化带江苏八城市新年行走活动

1月15日　2020年吴中高层次人才联谊会活动

2月27日　2020年吴中区春季重大项目集中开工活动

4月30日　吴中区纪念五四运动101周年活动

4月30日　吴中区庆祝五一国际劳动节暨劳模命名大会

5月20日　2020东吴双创峰会启动仪式暨首期“520吴爱人才”人才主题日活动

7月10日　2020第四届东吴双创峰会暨苏州国际精英创业周吴中分会场开幕式

8月20日　暴式昭纪念馆经改造升级后正式开馆

8月29日　苏州绿的谐波传动科技有限公司科创板上市

9月9日　吴中区庆祝第36个教师节大会

9月11日　2020苏州吴中（上海）生物医药产业营商环境推介会

9月28日　区委党校新校区启用

9月30日　吴中区烈士公

祭活动

10月18日　2020苏州吴中·太湖经贸合作洽谈会

10月20日　苏州赛迪园区苏州（太湖）软件产业园开园

10月27日　苏州市重大卫生健康建设项目集中开工活动和重点项目推进会在吴中区举行

11月9日　吴中经济技术开发区与微软（中国）有限公司正式签约

11月12日　苏州吴中太湖新城营商环境推介会

11月27日　三山岛区域供水工程通水仪式

12月28日　苏州现代农产品物流园南环桥市场正式启用

（张　彬）

组织工作

【概况】 2020年，全区组织工作坚持以习近平新时代中国特色社会主义思想为指导，全面贯彻党的十九大和十九届二中、三中、四中、五中全会精神，认真落实全国、全省、全市组织部长会议精神和区委部署要求，自觉践行新时代党的组织路线，牢牢把握“狠抓落实”主基调，坚持以党的政治建设为统领，着力健全和落实科学精准的选贤任能制度、科学严密的组织制度、科学有效的人才制度，全面激发党员、干部、人才队伍干事创业活力，不断汇聚再创火红年代的强大合力，为当好高质量发展“优等生”、绘就新时代最美太湖画卷、打赢新冠肺炎疫情防控阻击战提供坚强组织保证。

【领导班子和干部队伍建设】 强化领导班子和领导干部日常分析研判，聚焦全区中心工作，围绕高素质专业化干部队伍建设要求，注重在重大工程、重要任务等攻坚一线考察识别干部，提拔使用40名精于产业发展、规划建设、社会治理等工作的专业化干部，更大力度推动干部交流任职，全年共交流干部41名，领导班子结构不断优化。紧扣2021年区镇两级换届，排摸岗位空缺情况，提前谋划干部进退留转，及时做好人选储备。深化“优苗精培”工程，开展年轻干部优选实训，对28名优秀年轻干部开展专题调研，不断更新完善全区年轻干部库。加强国有企业领导班子建设，开展国企干部专题调研，举办国企青年干部能力素养提升班。持续打造实战化练兵平台，选派50名年轻干部到乡村振兴、生态涵养、污染防控等一线“墩苗”历练；抽调19名年轻干部到疫情防控分流点、隔离观察点工作锻炼。细化落实市委“1+N”系列文件精神，制定《关于实践“五优五美”激励干部担当作为　奋力当好新时代高质量发展“优等生”的若干意见》。持续推动年度综合考核与领导班子和领导干部年度考核挂钩，出台《吴中区委管理的领导班子和领导干部年度考核实施细则（试行）》。深化巡视整改任务落实，从严规范领导干部在社团（企业）兼职任职。

【干部教育培训】 紧扣区委、区政府“五优五美”要求，聚焦干部专业化能力建设，全年审批办班66批次，培训规模5737人次。举办7期“东吴大讲堂”专题讲座，创新采用“线上+线下”培训模式，参学人数近6000人次。高质量推进苏州乡村振兴学堂建设，苏州乡村振兴展示馆开馆运营，全年举办各类主题培训班75个，培训人数8000余人次。创新打造16门“学吴优”精品课程，编印案例教材，“苏州特色田园乡村建设的基层实践与启示”入选市级“干将”精品课程名录。

【干部监督工作】 健全完善对区管干部进行提醒、函询和诫勉的操作规程及“三项机制”，收集“三项机制”典型案例25例。指导各有关单位举办领导干部个人有关事项报告专题学习会43场，扎实开展填报和抽查核实工作。修订选人用人检查工作手册，对区发改委等18家单位开展选人用人专项检查。对17名党政主要领导干部开展经济责任审计和“三责联审”，对20名“一把手”开展“阳光交接”。认真细致处理来信来访工作，办结来信来访14件。部署推进干部人事档案专项审核全覆盖工作，从严从实落实好干部人事档案日常管理。

2020年5月20日，吴中区举行2020东吴双创峰会启动仪式暨首期“520吴爱人才”人才主题日活动 王永康 摄

【人才工作和人才队伍建设】 入选国家级重大引进工程1个、国家高端外国专家1名、江苏省有突出贡献的中青年专家2名、江苏省“双创人才”4名、2020年苏州市姑苏领军人才10名、苏州市科技魅力人物1名，资助东吴科技领军人才（团队）33个。认定58名东吴科技企业家，激发企业家人才引育积极性。入选姑苏重点产业紧缺人才计划200人，总数列全市第三，评选出东吴重点产业紧缺人才329人，创历年新高。43人入选江苏省乡土“三带”人才，14人入选江苏省非物质文化遗产代表性传承人，33人入选苏州市工艺美术大师，总人数均位居全市第一。入选江苏大工匠1人、江苏工匠1人、东吴高技能领军人才1人，认定2个东吴高技能人才公共实训基地、8个东吴高技能大师（名师）工作室。选任12名省第十三批科技镇长团成员到吴中区挂职，入选2个苏州市“新动力人群”、6名东吴科技魅力人物，组织多名领军人才参加省市区专题教育活动。出台《支持领军人才企业创新产品示范应用办法》，为区内领军人才企业提供新技术、新产品应用机会。制定《创新服务特派员实施方案》，遴选一批涉企服务部门业务骨干进驻企业。推出3亿元规模的东吴人才基金，引导乡镇园区共同组建1.1亿元规模的联合创新种子基金，进一步丰富股权支持手段。“东吴贷”产品累计授信金额近4亿元，支持区内企业68家，创设10亿元规模的“东吴知识贷”，提供知识产权质押贷款。组建东吴人才创投联盟和拟上市企业服务联盟，提供定制化金融服务方案。举办2020年东吴双创峰会和苏作文创峰会，不断提升活动影响力。承办走进西安交通大学、华中科技大学2个“校园苏州日”专场活动，在西安、武汉多所重点高校推介吴中，累计收到3111份简历，达成产学研合作17项。举办第五届“吴中技能状元”大赛，通过以赛代评，110名人才直接被授予高级工职业资格。先后举办高层次文艺人才研修班、高校青年博士进企业、领军人才子女夏令营、联谊会年会等活动，活跃人才交流氛围。人才企业线上服务平台正式启用，新认定10家示范型人才载体，设立12家企业人才联络站。人才乐居工程取得显著进展，区级人才公寓开工建设，千余人申报苏州市乐居工程。落实苏州市人才贡献奖励政策，持续扩大企业和人才惠及面。制发“东吴人才VIP卡”，持卡人才可享受贷、医、住、行、游等全方位的人才“礼遇包”。

【基层党建工作】 巩固拓展“不忘初心、牢记使命”主题教育成果，建立“夺取双胜利、争当优等生”常态化机制，通过制定36个关键监测指标、明确35项赶超计划和35项体验一线计划，推动各级党员干部对标找差、再攀新高。广泛推广“行动支部”工作法，疫情防控期间成立320个疫情防控行动支部，全区36036名党员捐款476.4万元，从区级党费中划拨753.9万元用于支持基层抗疫、慰问一线党员干部和困难党员群众。高标准推进村（社区）“两委”班子换届工作，成立全区村（社区）“两委”换届工作领导小组，由区委书记牵头，高位推动。区、镇两级联合，逐村逐社区联合开展村（社区）“两委”班子综合分析研判，严格选任标准，切实抓好村（社区）“两委”换届人事安排，圆满完成换届选举任务。全面推进党建引领乡村振兴示范区、镇（街道）、村（社区）建设，常态化组织基层党组织书记轮训，举办“振兴有我”村（社区）后备人才学习成长营。深化街道“大工委”、社区“大党委”建设，推动各领域基层党组织共驻共建互联互动，切实抓好物业服务企业、业委会等领域党建工作。组织开展新一轮“两新”组织专项排查，实施“两新”组织“两个覆盖”百日提升行动，全区新增“两新”组织独建党支部96个、联合党支部45个。开展区级机关“下沉服务”主题年活动，推行机关党支部标准化规范化建设，年底支部达标率在80%以上。召开2020年度国企党建联盟联席会议，组织国有企业参与“党建惠企”专项行动。大力推进基层治理“先锋枢纽”体系建设，建立一、二、三级枢纽共1062个，整合区、镇两级各类先锋资源480余项，推动在职党员、“两代表一委员”等各种先锋力量1.3万余人下沉到基层一线，实现资源和力量“下得去”，需求和反馈“上得来”。全面建立党（工）委（党组）书记及班子成员党支部工作联系点制度，四套班子带头联系基层党支部，78个区、镇两级单位的党（工）委（党组）班子成员挂钩联系499个基层党支部。认真做好发展党员工作，全年共发展党员667人，随机抽查新发展党员档案117份，提高发展党员工作的规范性。组织“党课开讲啦”、党员教育微视频评比，评选出区级优秀党课讲稿、视频、微视频共60篇（部）。落实党内激励、关怀和帮扶机制，发放党员关爱基金291.24万元、党内关爱资金37.3万元。加大基础保障力度，深入推进党群服务阵地建设，评选“海棠花红”先锋阵地42个。

【公务员管理工作】 完成2020年度公务员考录工作，共招录公务员（参公）50名。根据《吴中区四级调研员及以下职级晋升操作办法》，推进职级晋升相关工作，激发干部队伍活力。完成2020年度全区2088名公务员和参公人员人员信息和工资情况年报统计，2018—2020年度连续三年考核优秀的64名同志记三等功。出台《吴中区区级机关中层干部选拔任用工作操作流程补充要求》，进一步做好区级机关中层干部调整的职数预审和任职备案。（徐正刚）

宣传思想

【概况】 2020年，全区宣传思想文化战线坚持以习近平新时代中国特色社会主义思想为指导，贯彻中央和省、市、区委决策部署，围绕中心、服务大局，主动应对、开拓创新，统筹推进理论武装、舆论引导、文化繁荣、文明培育等各方面工作，在夺取双胜利和做好“六稳”工作、落实“六保”任务中发挥积极作用、展现良好形象。

【“百匠赋能”助力匠心传承】 2020年9月和11月，分别举办“百匠赋能计划”系列活动的启幕和博古论今篇，通过舞台剧呈现、大师访谈、创新艺术特展等形式靶向打造具有江南特质的精品活动，挖掘民间文化资源，丰富江南文化内涵。“百匠赋能计划”系列活动全面展示新时代吴中文化人才的精神风貌和聪明才智，通过活动提升理念和水平，促使艺术生命的升华，为全区高质量发展提供

2020年9月12日，“百匠赋能计划”系列活动在本色美术馆启幕

区委宣传部 供稿

文化支撑。举办系列活动旨在总结过往、对标找差、谋划未来，使全区文化事业与文化产业的从业者再燃为火红年代奋斗的干事创业激情。

【学好用好“学习强国”学习平台】 紧扣“六个一”，进一步完善每天促学通报、每周分析汇总、每月选树标杆、每季组织交流、半年竞赛比武、全年总结表彰的学习机制。紧扣“三个化”：制度化推进，建立健全供稿奖励激励制度；多样化挖掘，聚焦“吴文化”，深度挖掘区内特色资源；规范化管理，对所有来稿按照“三审三校”规范操作。紧扣“三个队伍”，建好管理员、通讯员和评论员三支队伍。“学习强国”平台推广使用工作走在全市前列。全区在职（适龄）党员全部加入学习平台，覆盖率达100%。党员全年日活率始终保持在84%左右，2020年有效供稿市平台1404篇、省平台328篇、全国平台101篇，数量均居全市前列。

【“吴中融媒”App上线】 2020年1月，由吴中区委宣传部打造的县域融媒重磅产品——“吴中融媒”客户端上线，同时进行首次现场直播。“吴中融媒”的上线，标志着吴中区正式启动融媒体中心建设，全面构建“一盘棋”大宣传工作格局。2020年，融媒体共发布稿件15338篇，下载量8952人次。

【“苏州人家的小康生活——吴中故事”主题宣传工作】 2020年7—11月，为做好全面建成小康社会主题宣传工作，按照市委宣传部要求，开展“苏州人家的小康生活——吴中故事”主题融媒采访报道行动。对接“我们的小康生活”吴中区采风活动，精心设置采风线路，讲好吴中百姓依托良好生态环境走向小康的故事。开设主题宣传信息池，收集各地新闻线索58条，组织集中采访3次，推出电视报道、图文新闻、微信发布等新闻报道36条，在充分加强沟通、整合媒体资源的基础上，实现信息“一次采集、多种生成、多元传播”。

【“太湖生态岛”集体采风活动】 为进一步打响苏州金庭太湖生态岛品牌，全面展示金庭镇生态保护绿色发展成果，12月10日，吴中区委宣传部开展太湖生态岛媒体采风活动，数十家媒体赴金庭镇相关点位进行现场采访，听取情况介绍，用视频、图文记录下在“太湖生态岛”的所见所闻、所思所感向广大读者、观众推介。

【网信委第二次会议召开】 5月15日，吴中区委网络安全和信息化委员会第二次全体（扩大）会议召开。会议强调，深入学习贯彻习近平总书记关于网络强国的重要思想，全面落实省委、市委网信委会议精神。统一思想提高认识，把好网信工作“航向标”；依法依规管网治网，守好网络治理“责任田”；守正创新主动发声，绘好网上网下“同心圆”；优化体系提升能力，建好网信队伍“生力军”。进一步凝聚共识、形成合力，为吴中当好高质量发展"优等生"提供坚强网信保障。

【2020吴中网络文化节】 12月25日，以"E路奔小康·C位优等生"为主题的吴中区2020年网络文化节举行。各单位积极遵循本届网络文化节设置的"争朝夕·当好优等生""双胜利·网聚心力量""云漫步·智联新生活""做网红·玩转潮时尚"等四个篇章，发挥先进文化滋养人心、凝聚力量的作用，唱响主旋律，汇聚正能量。文化节综合运用图文、动漫、微视、小程序、H5等手段，推出最美人物评选、暖心故事征集、地方风采展示、精神学习宣讲、有奖知识竞赛、网络公益推广等60余项正能量满满的线上活动。

【"吴言"网宣品牌】 2月25日，"吴言时评"专栏在"吴中融媒"App正式上线。全年"吴言时评"共收到原创网评稿件370余篇，发布260篇，获圆桌快评推送99篇，其中1篇被全省推送。"吴言时评"技战法愈加成熟、网评形式日益丰富，"吴言"工作室应运而生，逐步形成"一核多端"的"吴言"网宣品牌。以此为依托，全方位优化升级吴中区网络舆论引导机制，唱响主旋律，壮大正能量，营造风清气正的网络空间。同步推出"吴言"品牌LOGO及IP形象云宝、系列表情包等，持续用"吴言"品牌力提升网宣工作影响力。

【网络与信息安全联合通报工作制度】 7月，区委网信办联合公安分局建立网络与信息安全通报工作制度，利用全区网络态势感知平台，对全区重点网络平台进行24小时全天候动态监测，建立"监测—通报—处置—反馈"工作闭环，以小时为单位及时处置公共服务网受到的危害国家安全、涉恐怖活动、非法网络攻击等违法犯罪行为，提高全区重点网络安全防护能力，防范化解网络安全风险。

【基于"互联网+"的"行走的医院"项目入选国家扶贫典型案例】 2020年10月，区委网信办推选"基于'互联网+'的'行走的医院'"项目入选国家级优秀扶贫案例。该项目基于江苏盖睿科技在国家脱贫攻坚关键之年，利用在基层医疗领域的业务优势开展精准扶贫，让"行走的医院"足迹遍布大江南北，在湖南、山西、云南、湖北、山东、河南、贵州、青海、甘肃、西藏等地都能看到该项目的身影。

【网络安全进社区、学校、企业的"三进"活动】 2020年9月，区委网信办启动主题为"网络安全、有你有我"进社区、学校、企业的"三进"暨网络安全宣传周活动，邀请区域内重点网络安全单位包括360安全集团、中国电信吴中分公司、吴中区"意识防"反诈防盗专班等单位的王牌讲师开展网络安全宣讲活动。在进社区过程中组建全市首个"网络安全共建社区"，该社区致力于做好全市网络安全社区"试验田"，当好全市网络安全社区建设的"新高地"。

【文明城市创建】 全面推进文明城市创建。组织召开全区文明城市建设工作推进会暨新时代文明实践工作部署会，建立区领导挂钩、部门板块结对机制。下发《关于进一步加强文明城市长效管理工作的实施意见》《"冲刺一百天　创建再发力"吴中区文明城市创建百日攻坚方案》《吴中区文明城市创建薄弱项目全面攻坚行动方案》等，明确创建的攻坚方向和专项行动。引入纪委监督，建立约谈问责制度；加强与区人居办联合考核，将文明城市创建纳入人居环境整治"红黑榜"计分体系；优化考核方案，将创建工作纳入综合考核体系，与评优评先全面挂钩。制定《全国文明城市测评体系操作手册责任分解表及负面清单》，明确责任分工；成立创建专班，按照指标全面督查；建立排名通报制度，把专项行动、第三方测评、专班巡查等测评量化排名，强化结果运用。通过主流媒体、创建简报、政务发布等多平台聚焦创建全过程，全面反映吴中区创建最新动态和工作亮点。大力推进文明单位评选。参与国家文明单位评选，临湖镇牛桥村入选全国文明村；开展区级2017—2019年文明集体申报评选工作，把文明单位评选与文明创建、文明实践相结合，共有303家单位入选。

【文明培育】 推进实施纲要落地。深入学习贯彻《新时代公民道德建设实施纲要》，结合吴中实际，完善工作机制，细化工作方案，加强全域推进，从加快诚信制度化建设、加强吴中志愿品牌建设、强化网络文明建设、倡树文明家风等方面打造吴中道德建设高地。大力推进时代新人选树。结合时代主题，紧扣新人培育，将“吴中好人”升格为“吴中时代新人”，更加注重好人事迹的主旋律和时代性；本年度共入选中国好人1名、江苏好人1名、苏州时代新人6名、吴中时代新人40余名。加强新时期先进典型学习宣传力度。道德模范以巡讲巡演、报告会、座谈会等形式深入企业、机关、学校、社区、村镇等基层单位开展活动；各级文明单位依托道德讲堂开展形式多样的道德教育实践活动，提升职工道德素养和践行价值观能力。大力推进文明积分制度。印发《全区试点开展家庭文明积分及星级文明户评选的方案》，在全区试点开展家庭文明积分评比工作，大力选树星级文明户，本年度已有30余个村（社区）开展家庭文明积分管理试点，以家庭文明建设带动农民文明素养、精神风貌提升，不断完善乡村治理。

【吴中特色文明实践志愿体系】 吴中新时代文明实践工作体系已形成1个区级实践中心、14个镇（区、街道）实践所、191个村（社区）实践站、14个实践点（志愿服务示范站点）网络架构。以新时代文明实践中心联席会议制度建设为抓手，以志愿者为主体力量，串联全区实践阵地资源，依托区新时代文明实践志愿服务线上平台，深入基层送理论、送科技、送文化、送健康、送温暖，实现“群众点单，中心（所、站、点）派单，志愿团队接单，政府奖单”的实践活动闭环模式。4家入选市首批新时代文明实践示范所（站、点），7个项目入选市2020年度百个重点志愿服务项目，1个社区、1人分别获评市2020年度“最佳金乡邻社区”“最美志愿者”。全区命名两批共计19个区级新时代文明实践优秀所、先进站、榜样点（岗），通报表扬99支团队为“区优秀志愿团队”、329名志愿者为“区优秀志愿者”，7个站点入选区志愿服务示范站点，17个项目入选区优秀志愿服务项目。

【未成年人思想道德建设】 依托各类校外教育阵地（省、市、区三级未成年人社会实践基地，区青少年活动中心、乡村学校少年宫、妇儿之家，校外教育辅导站等）开展主题教育实践活动，引导未成年人扣好人生第一粒扣子，于“成长苏州”平台发布活动118场次。区未成年人健康成长指导中心30名心理咨询志愿者，累计开展心理救援83次，接听电话3500余次，为防控疫情心理服务做好保障。8家体验站入选市未成年人社会实践优秀体验站，2名少年入选市新时代好少年，2家单位获评市未成年人思想道德建设先进集体，5人获评市未成年人思想道德建设先进个人。

（程　敏）

统一战线

【概况】 2020年，全区统一战线以习近平新时代中国特色社会主义思想为指导，高举爱国主义、社会主义旗帜，坚持大团结大联合的主题，促进政党关系、民族关系、宗教关系、阶层关系、海内外同胞关系和谐，增强统一战线的凝聚力、向心力，扩大团结范围，服务党委、政府中心工作，各领域工作取得新进展。

【大统战工作格局】 完善党委统一领导、统战部牵头协调、有关方面各负其责的“大统战”工作格局。召开区委统一战线工作领导小组全体（扩大）会议、区委民族宗教工作领导小组会议等全局性会议，推动各级党组织重视、会做、做好统战工作。围绕夺取疫情防控和经济社会发展双胜利，充分发挥人才荟萃的智力优势、民主协商的政治优势、协调关系的组织优势和广泛联系的资源优势。在抗击疫情过程中，吴中区统一战线成员通过捐款捐物、建言献策、参与救治等多种方式投身疫情防控工作。

【多党合作事业】 提高中国特色参政党建设水平，支持各民主党派履行职能。健全政党协商机制，调整区委常委与党外代表人士联系交友名单，召开党风廉政建设和反腐败工作情况通报会、双月学习座谈会等，推动政党协商制度化发展。发挥参政议政作用，支持各民主党派围绕全区中心工作开展调查研究，建言献策、参政履职，举办党外人士参政议政调研成果交流会，推进成果转化。加强党派自身建设，举办全区党外代表人士培训班，教育培训、推荐使用、实践锻炼等多措并举加强党外干部队伍建设，做好民主党派换届人事准备工作。打造党派之家成为党外人士学习教育、联络联谊、志愿服务的重要平台。

【非公经济领域统战工作】 聚焦“两个健康”，努力营造有利于民营经济高质量发展的良好环境。落实“三项制度”，出台《加强新时代民营经济统战工作实施意见》，开展民营企业家理想信念教育实践活动。抓好民营企业家主题沙龙、微信群、民营企业信息直报“三项制度”的常态落实，举办五期主题沙龙，大力营造民营企业扎根吴中、勇创大业的浓厚氛围。服务民企发展，主动对接走访企业，宣传教育和关心支持相结合，帮助企业家健康成长。举办民营企业家培训班、商会建设能力提升培训班，构建亲而有度、清而有为的政商关系，优化营商环境。助力精准扶贫，引导、鼓励、支持民营企业积极参与光彩事业和社会公益事业，弘扬企业家履责担当精神。深入区内薄弱村和铜仁德江县的结对帮扶，切实履行社会责任。

【对台工作】 落实惠台政策，助推台企转型升级、快速发展。走访调研重点台企，了解台商的看法、想法、意见，帮助解决实际困难，处理各类涉台诉求近30起，增强台企台商经营信心和投资信心。坚持“联系促感情、活动有主题”标准，举办“台湾青年金秋吴中实践行”活动，指导区台企联谊会工作，完成换届各项工作。

【侨务工作】 发挥海外统战资源优势，打好亲情牌、友情牌、乡情牌。举办第三届育树圆梦助学金捐赠活动，联系服务在吴的归侨，组织海外华文媒体吴中行等系列活动。做好侨企服务工作，为侨企牵线搭桥，组织区内侨企参加为侨服务系列讲座及银企对接苏州专场活动，在复工复产、科技创新、金融政策等方面积极助力，引导广大侨资企业家为地区建设做贡献。

【民族宗教事务】 铸牢中华民族共同体意识，坚持宗教中国化方向，巩固和谐稳定的局面。落实民族政策，学习贯彻习近平总书记在全国民族团结进步表彰大会上的重要讲话精神，开展全区第十七个民族团结进步宣传月活动，光福镇香雪海小学被市民宗局授予民族团结进步示范创建基地称号。规范管理宗教事务，开展全区宗教活动场所安全工作专项整治行动，开展全区宗教活动场所安全工作大排查、大整治，切实整改到位，建立健全长效工作机制。

【新的社会阶层人士统战工作】 擦亮新英汇工作品牌，探索新的社会阶层人士统战工作实践路径。围绕吴中“一核一轴一带”生产力布局，不断向镇、街道、社区、产业园区和企业延伸，建成四大分站点、四大创新实践基地、四个齐心驿站和一个村级特色站点。成立吴中新联会木渎分会，会长单位第一工园（旺山企业总部港）被列为苏州市新阶层人士统战工作实践创新示范基地。配合打造“姑苏八点半”夜经济，举办“吴文化音乐集市”，参与“吴中博物馆之夜”等活动，新联会手工艺行业成员以主题宣讲、现场售卖等方式积极参与。杨湾村驿站通过开展“西巷花月夜”系列活动助燃“八点半”，尹山湖美术馆分站点举办“诗意江南——全国工笔画作品展”为繁荣地方文化经济贡献力量。

（张芸瑞）

机构编制管理

【概况】 2020年，吴中区设置党委机构10个（其中纪检监察机关1个、工作机关9个），区委直属事业单位3个；设置区政府工作部门25个，区政府直属事业单位3个，区级社有资产管理机构1个；区委、区政府派出机构5个；区人大常委会工作机构7个；区政协工作机构7个；区社会团体10个，区民主党派和工商联4个；法院、检察院各1个；区下辖7个镇、7个街道。全区党政群机关行政编制数1593名，在职人数1609人。其中，区级机关行政编制数857名，在职人数859人；镇核定编制数358名，在职340人；街道核定编制数141名，在职183人；政法专项编制数237名，在职人数227人。区级机关各部门使用后勤服务人员编制145名。全区事业单位共452个（含合署办公事业单位4个），事业单位编制总数13914名（其中机关群团使用事业编制267名），在职人数12589名（其中机关群团使用事业编制220名）。

【基层整合审批服务执法力量改革】 印发《关于成立吴中区推进基层整合审批服务执法力量工作办公室的通知》。完成《关于推进基层整合审批服务执法力量的改革方案》的报批及印发。指导各涉改镇（街道）综合设置7~9个职能机构。赋予涉改镇（街道）30项行政审批服务和公共服务事项，推动管理和服务资源下沉到基层。梳理8个领域133项行政处罚类事项，待省政府批复后实施。通过公开遴选方式确定一体化平台建设的承建企业并完成签约备案，所有涉改镇（街道）均完成平台建设，成功对接苏州智慧党建平台、“智慧吴中”政务服务平台、综合执法平台、网格化社会治理平台等业务平台。推进水务、动物防疫、交通运输等领域基层站所属地化管理，所有涉改镇（街道）迎接华东政法大学的第三方评估。

【行政职能事业单位改革】 交通、农业领域综合执法队伍逐步整合到位，完成区农业综合行政执法大队、区畜牧兽医站等事业单位的三定方案发文工作，优化剥离行政职能后的公益类事业单位设置，实现政事分开。在本轮改革后，除执法队伍保留执法职能，全区不再有承担行政执法职能的事业单位。根据基层属地化管理实施意见，完成动物防疫、水利水务、交通运输等领域相关人员的转隶工作。

【机构编制管理】 召开编委会3次，用工用编联席会议4次。调整甪直镇内设机构并明确领导职数。在承担安全生产监管职责的20个重点部门相关内设机构统一增挂“安全生产监督管理科”牌子。在吴中经济技术开发区单独设置安全生产监督管理和环境保护局。在吴中经济技术开发区设立化工集中区管理办公室。完成人大常委会内务司法工委更名，设立区林业分局，做好区城管局、区市场监管局、区纪委监委等部门内设机构调整事宜，调整区法院、区红十字会等部门领导职数，优化机关职能机构设置。

【民生领域事业机构编制保障】 完善吴中区卫生机构建设和公共卫生领域短板，设立苏州市吴中区太湖街道社区卫生服务中心，核增区疾病预防控制中心编制81名并调整其内设机构设置。在教育系统人员编制方面，推行年金制教师管理模式，缓解吴中区师资力量薄弱问题。争创省市优质幼儿园和打响"教育吴中"品牌，对全区33家附属公办幼儿园独立设置。

【事业单位登记管理】 为规范事业单位登记管理，开展"告知函"业务，提醒各主管部门及事业单位在法律规定的时限内，完成事业单位登记手续。截至2020年底，共办理事业单位设立登记42家、变更登记133家、注销登记8家。根据上级部门关于"事业单位异常名录"的工作要求，对全区事业单位进行梳理。组织全区新任事业单位法人参加研修班，通过强化理想信念、强化责任担当、强化风险防范，提高事业单位法人履职能力。

【机构编制管理监督】 强化区级机关和区属事业单位用编用工联席会议制度，严把人员入口关，守住机构编制"三条红线"不突破。开展超审批权限设置机构等机构编制问题自查自纠，整改超审批权限设置机构、超规格超职数配备领导干部、自行设置领导职务等问题，严肃机构编制纪律，严格控制机构和人员编制。参与"三责联审"，完成对区发改委、区级机关事务管理中心、区卫健委三个部门党政主要领导干部的机构编制责任审核。

【区级机关单位服务高质量发展成效考核】 制定《2020年度吴中区区级机关单位综合考核实施方案》。完善区级机关单位服务高质量发展考核评价细则，新增部分考核内容，调整考核等次评定形式，使考核更具科学性和导向性。（徐　慧）

老干部工作

【概况】 2020年，以习近平新时代中国特色社会主义思想为指导，贯彻落实全国、省、市老干部局长会议部署要求，以深化"晚晴吴中"工作品牌内涵为着力点，构筑优质老干部服务体系，推动离退休干部党建工作创新发展，引导老干部优势作用发挥，为吴中高质量发展贡献老干部力量。吴中区委老干部局获中国老年报社全国涉老工作部门战疫防控宣传报道工作先进表扬，获评2020年度江苏省公共机构节能示范单位，获评2017—2019年度吴中区文明单位，"晚晴启航"党建品牌获评吴中区优秀基层党建项目。截至2020年底，全区共有离休干部116人。

【离退休干部政治思想引领】 2020年，紧扣离退休干部党支部"六有一提升"达标创优重要契机，推进强化离退休干部政治建设、思想建设和党组织建设，推动离退休干部党建融入全区大党建格局。落实离退休干部参加重要会议和重大活动、情况通报、参观考察、报刊征订等政治待遇。多次召开老干部情况通报会、离退休干部座谈会，引导老干部为改革发展建言献策。区委书记向原四套班子老领导通报全区经济社会发展情况。区委常委、组织部部长向全区离退休干部分别通报区委四届十一次、十二次全体（扩大）会议精神。6月，区主要领导陪同原四套班子老领导参观考察吴文化博物馆，近距离感受吴文化。针对疫情，创新举办在线主题党日活动、专题讲座，共享优质学习资源，加强离退休干部思想政治引领。离退休干部学习贯彻全国两会精神"云"讲座特邀高校教授在线授课，在全区离退休干部中掀起学习两会精神热潮。党十九届五中全会召开后，举办离退休干部专场宣讲会，引导离退休党员干部自觉把思想和行动统一到党中央决策部署上来，做到"离岗不离党、退休不褪色"。

【离退休干部党组织建设】 2020年，坚持高标准、严要求，推进全区离退休干部党支部"六有一提升"工程，全区70个离退休干部党组织实现"六有一提升”达标全覆盖。胥口镇退休老干部党支部获评江苏省离退休干部“六有一提升”示范党支部，区检察院离退休干部党支部等5个支部获评苏州市离退休干部“六有一提升”示范党支部。调整离退休干部党组织书记联络组，强化联学共建。7月，举办首次干部荣誉退休仪式，以“致谢、感言、关怀”多个篇章寄语退休干部不忘初心再出发，并与年轻干部签约结对，引导年轻干部扛起使命担当再接力。举办首届科级退休干部读书班，为全区23名近两年内退休的科级干部送上“退休第一课”，做好服务接续，为党支部建设注入新生力量，确保退休干部学习教育“不断层、不掉线”。9月，举办离退休干部党支部书记培训班，专题学习《习近平谈治国理政》第三卷，赴苏州工业园区、吴文化博物馆开展现场教学，提高党务工作能力水平。开展“走基层送党课”项目，结合区委组织部基层治理“先锋枢纽”体系建设，打造基层枢纽“先锋资源”党课栏目，向基层离退休干部党支部送课讲学，规范基层离退休干部党组织建设。

【离退休干部服务保障】 2020年，春节、高温期间，区四套班子主要领导分别带队上门走访慰问老干部，各地各单位普遍开展春节、高温、老年节老干部走访慰问活动。完成离休、处级退休干部健康体检和处级退休干部保健疗养工作，做好体检报告现场解读工作。连续第四年开展离休干部“面对面 心连心”大走访活动。结合纪念抗日战争胜利75周年和中国人民志愿军抗美援朝出国作战70周年，走访慰问抗日战争时期参加革命工作以及参加抗美援朝战争的离休干部。落实离休干部医疗和养老服务。与离休干部主管单位、区人社局一同做好离休干部自费医药费报销手续。与区卫健委沟通落实《家庭医生签约服务工作考核方案》。开展离休干部家庭医生签约服务项目质量评价，提升家庭医生签约服务水平。8月，启动离休干部居家养老服务项目，做好宣传发动、信息采集、意向统计、招标采购等工作，为老同志解决后顾之忧。新冠肺炎疫情常态化防控期间，创新开设“晚晴直播间”，“云课堂”栏目推送老年人维权、养生保健等网络讲座，“云舞台”栏目开展“艺”同抗疫作品征集、“走遍中国”摄影作品征集等活动，“云能量”栏目展示老干部助力经济社会发展的晚晴风采，“线上+线下”双管齐下丰富老干部精神文化生活。

【离退休干部作用发挥】 2020年，在区老干部活动中心设立“银发生辉”工作室，融合“晚晴吴中”品牌展示长廊和党员共享政治信仰空间，打造新时代文明实践点。在“晚晴再出发 银辉耀吴中”离退休干部庆重阳主题活动中，“银发生辉”工作室正式启用，带动全区“银发生辉”志愿服务工程进入新阶段。设立“晚晴吴中慈善关爱基金”，拓宽老同志扶贫帮困渠道。选树8名区级“最

2020年10月，在区老干部活动中心设立“银发生辉”工作室

区委老干部局 供稿

美老干部”，创设“最美”长廊，宣传老干部先进事迹。晚晴风华艺术团党支部、退休干部朱芹分别获评江苏省离退休干部先进集体、先进个人；多个团队协会和多名老干部分别获评苏州市离退休干部先进集体和先进个人。营造老干部、老党员比学赶超的良好氛围。通过典型引领、牵线搭台，引导老干部在脱贫攻坚、基层社会治理、文明创建、关心下一代等工作中贡献智慧力量。全区452名老同志为贵州铜仁“老干部爱心图书室”援建项目共捐款72140元；晚晴风华艺术团远赴铜仁德江，向第八中学捐赠2000册图书并向40名贫困学生捐资2万元。全区离退休干部党员积极参与新冠肺炎疫情基层联防联控并捐资28万余元，区老年大学学员王宙芳捐款60万元定向用于苏州援鄂医疗团队。老干部志愿服务团队进社区开展送健康、送服务、送权益、送祝福活动已成常态。

【老年教育】 2020年，区老年大学挖掘开发线上教育资源，开通“网上老年学堂”，由各科目任课老师采用录播方式进行教学，让老年学员足不出户免费享受优质线上课程，实现“停课不停学”，老年教育向现代化、智能化、信息化转变。课程内容涵盖民族舞、太极拳、葫芦丝、素描等，供不同层次、不同需求的老年朋友挑选学习。81个班级微信群，供老年学员在网课学习遇到问题时与授课老师进行线上交流，答疑解惑，确保防疫、学习两不误。闭校期间对机房40台电脑进行更换，升级硬件以保障教学质量。（全　娟）

党　校

【概况】 2020年，坚持以习近平新时代中国特色社会主义思想为指导，全面贯彻党的十九大和十九届二中、三中、四中、五中全会精神，坚持“党校姓党”根本原则，紧紧围绕“干部培训主阵地、党性锻炼大熔炉、理论宣传生力军、决策咨询思想库”主责主业，着力推进全面从严治党和党风廉政建设，深入开展师德师风建设，推进基层党组织建设创新工程，正式启用新校区，做强“‘两山’理论的吴中实践”党建品牌，各项工作都取得较好成绩。在2020年度区级机关综合考核中获得第一等次，获评2017—2019年度区级文明单位，离退休党支部获苏州市“六有一提升”示范党支部荣誉称号，蔡正信同志获聘“苏州市离退休干部增添正能量活动兼职导师”。2名教师在市委党校举办的精品课比赛中分获一等奖、三等奖，3门课程获吴中区“学吴优”精品课程一等奖、三等奖。科研成果获评“环太湖发展研究中心2020年年会”优秀论文和苏州市第十五次哲学社会科学优秀成果三等奖，在全市党校系统2020年度科研协作会上收获奖项6项。调研报告《苏州生态涵养发展实验区建设面临的问题及有关建议》得到时任省委常委、苏州市委书记蓝绍敏批示肯定，

2020年9月28日，区委党校新校区启用　区委宣传部　供稿

并获苏州市党校系统第八届优秀决策咨询奖一等奖。

【党员干部培训】 2020年，完成各级各类培训班49期，受训学员8352人次。研发新教学方式，通过校内备课与实战演练形式，形成成熟的访谈教学和结构化研讨课程各一门。精心打造“两山”理论的吴中实践党性实训室，分“绿色、金色、人文、幸福、红色吴中”5个板块，全方位、多角度展示吴中区在当好高质量发展“优等生”、绘就新时代最美太湖画卷、书写强富美高新吴中等方面的生动实践。以党性实训室为中心，以全区42个成熟的现场教学点为支点，精心设计现场教学线路和教学模块，编制完成“两山”理论的吴中实践现场教学目录，着力构建红色党建、乡村振兴、社会治理、生态涵养等主题实境课堂系统，初步形成点面结合新格局，培训载体不断丰富。

【理论宣讲】 2020年，为基层党员宣讲46场次，受众人数达2420人次。制作宣讲菜单。按照“成熟一批推出一批”方式，遴选制作包含31门党性教育课程的宣讲菜单，为基层党员提供优质党性学习内容，初步形成吴中党校特色宣讲精品课程菜单。推进新课开发。赓续春秋两季师资业务能力提升培训传统，鼓励动员全体教师每年备新课、出精品，2名教师在市委党校举办的精品课比赛中分获一等奖、三等奖，1门课程入选苏州市“干将”精品课课程名录，3门课程获吴中区“学吴优”精品课程一等奖、三等奖。积极探索线上宣讲。为破解疫情期间线下宣讲集中组织难题，录制《抗“疫”大考彰显人民力量》《苏州特色田园乡村建设经验解析》微视频，为全区党员提供线上学习教育宣讲课程，并被“学习强国”平台录用。

【科研咨政】 坚持“围绕中心，服务大局”，以吴中改革发展中重大实际问题为主攻方向，有针对性地开展科研调研工作，全年完成省、市、区各级课题14项。与区委研究室合作课题4项，涵盖实业兴区、生态高地、文化高地等重大课题。参与区委“对标找差明路径，奋力争先攀新高”5个调研专题中的3个，并执笔撰写生态文明专题的调研报告。申报完成省委党校专项课题1项，市委党校协作课题4项，市委党校专项课题2项；2019年度江苏省党校系统2项调研课题成功结题，并获得良好等次。《苏州生态涵养发展实验区建设面临的问题及有关建议》在市委党校《市情研究》刊发，并获时任省委常委、苏州市委书记蓝绍敏批示肯定，在全市县（区）级党校中尚属首例，并获得2020年度全市党校系统优秀决策咨询奖一等奖。参与市委党校《高水平全面建成小康社会的苏州实践》读本编著，负责生态文明篇章撰写，是县（区）级党校中唯一参加主要内容编写的单位。科研成果多次获奖，在全市党校系统2020年度科研协作会上收获奖项6项。《吴中区高质量发展的基本逻辑与制度创新》一文获评“环太湖发展研究中心2020年年会”优秀论文，《打造基层党群服务圈　释放党群服务新活力》一文获苏州市第十五次哲学社会科学优秀成果三等奖。

（吴照奭）

档案史志

【概况】 2020年，区档案馆一手抓疫情防控，一手抓事业发展，打磨“星档案·心服务”品牌，推进档案监督指导、资源建设、安全保管、服务利用、志鉴编纂、党史研究等各项工作，较好完成年度任务。提升规范化水平，档案新馆智能管理精益求精，数字档案云平台正式上线，21家单位档案工作达省星级规范水平，11家城市社区实现提档升级，疫情防控、未成年人、中小企业等重点领域档案工作有突破。资源建设有新进步，全年接收进馆43801件（卷、张），征集疫情防控档案资料1500余件，富有吴中特色的档案资源库日益丰富。优化服务利用，档案馆窗口接待群众13000余人次，民生档案基层查阅窗口累计达111个，依托区域资源共享、长三角异地查档等六大平台延伸服务半径。志鉴编纂出新成果，《吴中年鉴》累计出版34卷，全区共出版村（社区）志24部、变迁志1部。名镇名村志全省领先，全省首部全媒体志书江苏名镇志《东山镇志》正式出版。

【档案基础建设】 升级完善数字档案馆室系统，推进吴中区数字档案云平台正式上线和数据迁移，通过试点完善、组织培训、上门指导、系统定制等形式，优化提升系统可视化程度和操作便捷性。完成馆藏档案二级目录著录50万条、机构改革涉改单位档案数字化扫描42万页，开展原吴县化工系统转制企业档案数字化工作，进馆档案数据实现同步迁移，馆藏档案查全率和查准率逐步提升。守护好档案馆阵地安全，严格落实馆内疫情防控具体措施，加强外来人员管控，定期开展库房安全巡查和风险排查。监管全区档案安全，对节假日、汛期档案安全工作进行专项检查，保障全区各级档案馆库、档案实体和档案信息安全。

【档案资源建设】 围绕区委、区政府中心工作，确定“金秋洽谈会”“农民丰收节”等一批重大活动和重要事件，加强沟通协调、建档指导，全程跟踪档案的收集、整理、归档。积极开展疫情防控建档专项业务指导，征集疫情防控文书档案5600余件、照片视频3200余张（件）、纪实性资料6.8G、文艺作品等实物档案58件，较为全面地反映吴中区各级各部门支援湖北、抗击疫情的真实情况。征集重大活动、重要工作、重大项目图片资料近万张108G，《吴中区政区图》、“追寻先烈足迹”视频等档案资料1588件。完成“不忘初心、牢记使命”和“两学一做”重大活动527件档案的接收进馆，全年接收43801件（卷、张）档案、37箱党史及图书资料，馆藏档案资源不断充实、丰富。

【档案业务监管】 坚持局馆“一盘棋”，联动协调发展，以档案星级测评、绩效考核、执法检查、协作组等为方式、抓手，动态监督全区各单位各门类档案工作。完成档案星级测评21家，其中三星级5家，指导11家城市社区实现提档升级。完成机构改革相关档案工作，推进6家试点学校380名未成年人建档。通过发放建档倡议书、召开座谈会、上门指导等形式，服务吴中融玥等民营企业档案规范化。做好重点项目档案验收、档案政务服务等工作，推动区资规局档案馆筹建。

【档案服务利用】 对照综合档案馆业务建设评价标准，提升内部管理规范化、智能化、精细化水平。深化“星档案·心服务”品牌，疫情防控期间推出电话、在线、来函等远程查档服务方式，常态化开展分时预约、网上办事，确保服务不脱节、品质不打折。查档窗口接待群众13217人次，调档102217卷（件、册、张），收到群众表扬3件，保管利用科获评区“巾帼文明岗”争创岗，1名同志获评吴中区三八红旗手。民生档案基层查阅平台继续向15个村（社区）延伸，区内111个基层查阅窗口全年服务3000余人次。完成微信查档小程序开发，对接省、市民生档案服务平台，推进异地查询一网通办，办结长三角异地查档15例。

【志鉴编纂工作】 全省首部全媒体志书江苏名镇志《东山镇志》试点先行、成功出版，持续指导中国名镇志《金庭镇志》、中国名村志《石公村志》、江苏名村志《杨湾村志》《陆巷村志》《三山村志》编纂出版。精细化管理《吴中年鉴（2020）》《吴中区大事记》编纂，出版《南石湖社区志》《灵岩村志》2部，启动《甫里社区志》《渡口村志》等7部，创新推进金庭镇8个传统村落联合编修《金庭传统村落合志》，启动编纂大运河文化带重要遗产《宝带桥志》，《吴中区政法志》作为全市首部政法志进入出版程序，配合做好《江苏援藏援疆建设志》暨《苏州扶贫协作和对口支援志》编纂工作。中国名镇志丛书《甪直镇志》《东山镇志》和中国名村志《石公村志》3部志书被评为江苏省2020年度地方志书镇村志类质量评定优秀成果。加强党史学习、研究、宣传，整理《洞庭东西山八年义藏万卷古籍》《太湖冲山碣石铭记英烈业绩——记太湖冲山之围》革命历史故事，征集“我眼中的全面小康”全媒体视觉作品38幅，档案方志陈列展接待参观16批次371人次，启动光辉历程部分改版升级。“漫步云展厅”项目荣获2020年吴中区网络文化节吴前奖（最具网络潜力项目奖），传承红色基因，讲好吴中故事。

【国家方志馆江南分馆落户吴中】 2020年12月1日，中国地方志指导小组办公室确定将在苏州市吴中区建设国家方志馆江南分馆。国家方志馆在全国部分地区设立分馆，是中国地方志指导小组推出的创新举措，旨在推动以志书的真实内容，助力区域文化建设，坚定文化自信。在苏州吴中建设国家方志馆江南分馆，可以展示江南悠久历史文化和当代建设发展成就，宣传展示江南运河的前世今生，集中保管及展示江南地区新旧地方志、年鉴、地情书编纂成果，展示苏州2500多年建成史和当代苏州繁荣发展的历程，满足青少年爱国主义教育实践的需要，将成为苏州重要的青少年学习参观的打卡点。江南分馆选址位于吴中区澹台湖片区，苏州吴文化（吴中）博物馆东侧，面积5400平方米。

【宣传教育和队伍建设】 强化党建引领队伍建设，以区委巡察整改为抓手，坚持全面从严治党，建强支部战斗堡垒，开展“廉洁文化、你我同行”主题活动，深化党风廉政建设，把牢意识形态，筑牢思想根基，共同维护干事创业、风清气正的浓厚氛围。馆获评2017—2020年度区文明单位、区党员冬训知识竞赛活动优秀组织奖，2名同志获评阻控疫情优秀志愿者。加强业务培训，举办新档案员、村（社区）、星级测评、地方志编纂等培训，切实提高基层档案方志工作者的业务知识和实操能力。深化宣传教育，加强对新《档案法》等法律法规的学习宣传，深入开展“6·9”国际档案日“四走进”系列活动。组织报送经济科技档案工作创新案例1篇，“档案见证小康路、聚焦扶贫决胜期”主题征文31篇，省市档案学会学术论文12篇。馆获全省档案期刊宣传工作一等奖，1人获评先进个人；区档案学会被评为全市档案学术交流活动优秀组织单位，2篇论文被评选为市优秀论文并入选省论文集。“吴中档案”微信公众号发布微信文124篇，“学习强国”平台录用9篇；指导编纂出版《东山史海珍闻》等地情书；坚持送志鉴文化下基层，进乡村振兴学堂、进吴文化博物馆，扩大吴中档案史志文化的传播。

（孙梦丹）

保密工作

【保密宣传教育】 2020年，以《保密法》《保密法实施条例》为重点，在全区开展保密宣传教育培训活动。新冠肺炎疫情发生后，第一时间向全区机关、单位印发《关于进一步做好疫情防控期间保密管理工作的通知》，指导机关单位做好疫情防控背景下的安全保密工作。采取请进来的方式，组织开展主题宣传和全区保密主官业务培训，编印《机关单位日常保密工作必知必读》《领导干部保密工作责任制须知》等应知应会手册。在“4·15”全民国家安全教育日和《保密法》修订颁布10周年之际，先后在吴中城管、吴中气象、吴中公交等城市户外公益广告屏循环播放保密公益广告片和宣传海报，营造浓厚的保密法治氛围。全年共向全区各机关单位、重点企业发送《保密工作》杂志1765份。通过各种形式的深入广泛的保密宣传教育，进一步筑牢全区各机关单位保密主官、保密干部的保密思想防线。

【保密服务保障】 2020年，在上级保密部门的指导和区委保密委的领导下，做好各项保密服务保障工作。严格涉密载体回收销毁管理。依托市保密技术管理服务中心涉密载体销毁服务平台，对涉密载体实行分类回收销毁，全年累计销毁各类纸介质文件资料63余吨，电子设备主机1940台，以及其他各类电子器材等涉密载体。做好中高考及各类统一考试保密工作。重点检查验收区招生办保密室和考点试卷存放室。组织召开区委保密委员会全体会议，总结2019年工作并研究部署2020年工作。指导区级机关部门开展预决算公开保密审查，重点做好涉密部门的经费公开保密审查工作。做好电子政务内网涉密视频会议服务保障工作，加强与运维单位的沟通对接，落实会议信号调试、会场保密管理等工作，全年保障内网视频会议76场次。 （张杰峰）

编辑：吴晴艳

综 述

【推进改革法治】 听取和审议区法院破产案件审理工作情况报告，听取和审议区检察院扫黑除恶斗争情况报告。对《中华人民共和国科学技术进步法》《中华人民共和国土壤污染防治法》等9部法律法规贯彻实施情况开展执法检查。启动备案审查信息平台，对2件规范性文件依法备案审查。为进一步提升监督工作的规范化、科学化，常委会全年组织学法11次，组织全体代表参加《民法典》专题培训。推进民主法制领域改革，完善政府民生实事项目人大代表票决制，实现区、镇两级全覆盖；组织人大代表成立专业监督小组，对政府民生实事项目实行全程联系监督。实现区人大社会建设委员会实体化运作。

【开展工作监督】 常委会多次听取和审议疫情防控、复工复产情况报告。听取和审议年度国民经济和社会发展计划执行情况、“十三五”规划纲要实施情况、“十四五”规划和2035年远景目标纲要草案的报告。听取和审议本级财政预算执行、决算、预算调整方案等报告。听取和审议2019年度本级财政预算执行及其他财政收支的审计工作报告、审计查出问题整改情况报告。除了常委会会议和主任会议的监督议题外，2020年常委会开展9次调研视察活动，3次专题询问。

【加强代表和基层人大工作】 构建服务代表履职的“全要素”保障体系，提高人大代表和基层人大工作者履职能力。持续发挥“一个载体、两项制度”作用，畅通代表和选民的双向沟通渠道。做好对区四届人大四次会议议案和代表建议、政府民生实事项目的督办工作。

【加强自身建设】 不断加深对习近平新时代中国特色社会主义思想的理解，深化“不忘初心、牢记使命”主题教育，开展“四史”学习教育，贯彻习近平总书记视察江苏重要讲话指示精神。贯彻落实好区委《关于加强新时代人大工作和建设的实施意见》，主动适应新形势，健全组织机构，完善监督体系，发挥智库作用，坚持不懈地提高地方国家权力机关依法履职能力，不断丰富人民代表大会制度在基层的实践特色、时代特征。 （濮祺安）

重要会议

【区委人大工作会议暨纪念地方人大设立常委会40周年大会】 2020年6月5日，吴中区召开

2020年1月4—6日，苏州市吴中区第四届人民代表大会第四次会议在苏州太湖国际会议中心召开　王永康　摄

区委人大工作会议暨纪念地方人大设立常委会40周年大会。会议深入学习和贯彻落实习近平总书记关于坚持和完善人民代表大会制度的重要思想，认真贯彻落实省、市委人大工作会议精神，回顾和总结吴中区地方人大设立常委会40周年历程和成绩，交流工作经验，对做好新时代地方人大工作进行动员部署，奋力开创区人大工作新局面，为实现思想再解放、开放再出发、目标再攀高，绘就新时代最美太湖画卷贡献人大力量。区委书记陈嵘出席会议并讲话，区委副书记、代区长李朝阳主持会议，区人大常委会主任张炳华讲话，区政协主席张建祥出席会议。会上，甪直镇党委、木渎镇人大主席团、香山街道人大工委负责同志作交流发言。会议印发区委《关于加强新时代人大工作和建设的实施意见》。

【区四届人大四次会议】 苏州市吴中区第四届人民代表大会第四次会议于2020年1月4—6日在苏州太湖国际会议中心举行。全区295名区人大代表中292名代表出席会议。会议听取和审议区人民政府区长陈嵘所作的《苏州市吴中区人民政府工作报告》、区人大常委会主任张炳华所作的《苏州市吴中区人大常委会工作报告》、区人民法院院长张峥嵘所作的《苏州市吴中区人民法院工作报告》、区人民检察院检察长陈飞所作的《苏州市吴中区人民检察院工作报告》，会议审查《关于苏州市吴中区2019年国民经济和社会发展计划执行情况与2020年计划草案的报告》《关于苏州市吴中区2019年财政预算执行情况和2020年财政预算草案的报告》，批准相关计划和预算，并作出相应的决议。全体与会代表投票表决产生10项2020年区政府民生实事项目，分别为：学校建设项目、环太湖农村生活污水治理项目、公共交通惠民项目、中心城市核停车设施建设项目、儿童医疗卫生服务能力提升项目、养老设施建设项目、吴文化博物馆建设项目、美丽乡村建设项目、物业管理提升项目、三山岛区域供水项目。大会选举顾建列为苏州市吴中区第四届人民代表大会常务委员会副主任，张月兴、陆建明、陈旻、唐顺为苏州市吴中区第四届人民代表大会常务委员会委员。大会经过审议，将顾建国等12名代表提出的“关于加快建设苏州生态涵养发展实验区的议案”确定为大会议案。大会秘书处收到代表建议、批评、意见148件。

【区四届人大常委会会议】 2020年，区四届人大常委会会议共召开6次。

第二十二次会议　2月26日举行。会议听取和审议区人民政府副区长荣德明作的《关于区四届人大四次会议议案办理实施方案和代表建议办理相关情况的报告》以及《关于苏州市吴中区2020年政府民生实事项目建设计划书的说明》，审议《关于苏州市吴中区2020年政府民生实事项目建设计划书的报告》；会议听取和审议区人大常委会办公室主任戴晓东受主任会议委托所作的《关于苏州市吴中区人大常委会2020年度工作要点（草案）起草情况的说明》，表决通过《苏州市吴中区人大常委会2020年度工作要点》；会议审议《关于人大代表联系监督2020年政府民生实事项目的方案（草案）》，表决通过《关于人大代表联系监督2020年政府民生实事项目的方案》；会议审议和测评区政府组成部门2019年度工作；会议听取和审议区人大常委会主任张炳华、区人民法院院长张峥嵘分别作的人事任免提请报告，听取被提请任命人员代表作的拟任职发言，表决通过上述人事任免事项。

第二十三次会议　4月29日举行。会议听取和审议区人民政府副区长王卫国作的《关于吴中区2019年度环境质量和环境保护目标完成情况的报告》；会议听取和审议区自然资源和规划分局局长张春明受区政府委托所作的《关于吴中区2019年度国有自然资源管理情况的专项报告》，审议《关于吴中区2019年度国有资产管理情况的综合报告》；会议听取和审议区卫健委主任陆治平受区政府委托所作的《关于吴中区新冠肺炎疫情防控工作情况的报告》；会议听取和审议区人民检察院检察长陈飞作的《关于吴中区扫黑除恶斗争情况的报告》；会议审议区人大常委会执法检查组关于检查《中华人民共和国安全生产法》《江苏省安全生产条例》贯彻实施情况报告；会议听取区人大常委会人代联工委主任周晓红受主任会议委托所作的《关于评选表彰2019年度履职优秀的区人大代表、区四届人大三次会议优秀代表建议、2017—2019年议案建议办理先进单位的说明》，审议和表决通过区人大常委会关于表彰2019年度履职优秀的区人大代表的决定、关于表彰区四届人大三次会议优秀代表建议的决定、关于表彰2017—2019年议案建议办理先进单位的决定；会议听取和审议区委书记、区长陈嵘和区人民法院院长张峥嵘分别作的人事任免提请报告，听取被提请任命人员李朝阳等同志作的拟任职发言，表决通过上述人事任免事项；会议表决通过区人大常委会关于接受陈嵘辞去区人民政府区长职务请求的决定、关于接受顾益坚辞去区人民政府副区长职务请求的决定和关于李朝阳任区人民政府代理区长的决定。

第二十四次会议　6月23日举行。会议听取和审议区财政局局长朱筱菁受区政府委托所作的《关于吴中区2019年本级财政决算（草案）的报告》和《关于吴中区2020年本级财政预算调整方案（草案）的报告》，审查吴中区2019年本级财政决算（草案）和吴中区2020年本级财政预算调整方案（草案），表决通过区人大常委会关于批准吴中区2019年本级财政决算的决议和关于批准吴中区2020年本级财政预算调整方案的决议；会议听取和审议区审计局局长姚善生受区政府委托所作的《关于吴中区2019年本级财政预算执行及其他财政收支情况的审计工作报告》；会议听取和审议区人民政府副区长王卫国作的《关于吴中区农村人居环境提升情况的报告》，并对吴中区农村人居环境提升情况开展专题询问；会议听取和审议区人民法院院长张峥嵘作的《关于吴中区破产案件审理工作情况的报告》；会议审议区人大常委会执法检查组关于检查《中华人民共和国科学技术进步法》贯彻实施情况的报告和关于检查涉野生动物“一决定一法”以及省《条例》贯彻实施情况的报告；会议听取和审议代区长李朝阳、区人民法院院长张峥嵘分别作的人事任免提请报告，听取被提请任命人员代表作的拟任职发言，表决通过上述人事任免事项；会议表决通过区人大常委会关于接受施伟华辞去区人民政府副区长职务请求的决定。

第二十五次会议　8月27日举行。会议听取和审议苏州生态涵养发展实验区建设工作领导小组协调推进办公室专职副主任王健受区政府委托所作的《关于苏州生态涵养发展实验区重点实施项目的报告》；会议听取和审议区人民政府副区长荣德明作的《关于吴中区2020年1—6月国民经济和社会发展计划执行情况的报告》；会议听取和审议区财政局局长朱筱菁受区政府委托所作的《关于吴中区2020年1—6月本级财政预算执行情况的报告》；会议听取和审议市人大代表施政卫、沈赟、马菊芬作的履职情况报告；会议审议区人民政府关于《中华人民共和国安全生产法》《江苏省安全生产条例》执法检查整改情况报告，并进行满意度测评；会议审议区人大常委会执法检查组关于检查《中华人民共和国土壤污染防治法》贯彻实施情况报告和关于检查《苏州市河道管理条例》贯彻实施情况报告；会议听取和审议区人大常委会主任张炳华、区人民政府代区长李朝阳、区监察委员会主任方伟军、区人民法院院长张峥嵘分别作的人事任免提请报告，听取被提请任命人员代表作的拟任职发言，表决通过上述人事任免事项；会议表决通过区人大常委会关于接受王卫国辞去区人民政府副区长职务请求的决定和关于接受张华谦辞去区人民政府副区长职务请求的决定。

第二十六次会议 10月23日举行。会议听取和审议区人民政府副区长荣德明所作的《关于吴中区2020年人代会议案和代表建议办理情况的报告》《关于吴中区2020年政府民生实事项目建设情况的报告》；听取和审议区财政局局长朱筱菁受区政府委托所作的《关于吴中区2020年本级财政预算调整方案（草案）的报告》；听取和审议区退役军人事务局局长李东受区政府委托所作的《关于吴中区转业安置工作情况的报告》；听取和审议区卫健委主任陆治平受区政府委托所作的《关于吴中区“卫生与健康提升三年行动计划”实施完成情况的报告》；会议审议区人大常委会执法检查组关于检查《苏州市养犬管理条例》贯彻实施情况报告；会议听取和审议区人大常委会主任张炳华、区监察委员会主任方伟军、区人民法院院长张峥嵘、区人民检察院检察长陈飞分别作的人事任免提请报告，听取被提请任命人员代表作的拟任职发言，表决通过上述人事任免事项；会议表决通过区人大常委会关于接受唐龙生辞去苏州市吴中区第四届人民代表大会代表职务请求的决定和关于接受盛解元辞去苏州市吴中区第四届人民代表大会代表职务请求及相应终止其区四届人大常委会委员职务的决定。

第二十七次会议 12月29日举行。会议听取和审议区发改委主任沈娟鹃受区政府委托所作的《关于吴中区“十三五”规划纲要实施情况的报告与“十四五”规划纲要和2035年远景目标草案的说明》《关于吴中区2020年国民经济和社会发展计划执行情况与2021年国民经济和社会发展计划草案的报告》，审议《吴中区“十四五”规划纲要和2035年远景目标草案》；会议听取和审议区财政局局长朱筱菁受区政府委托所作的《关于吴中区2020年预算执行情况和2021年预算草案的报告》；会议听取和审议区人民政府副区长荣德明所作的《关于吴中区2020年政府民生实事项目完成情况的报告和2021年政府民生实事候选项目（草案）的说明》，审议《吴中区2021年政府民生实事候选项目（草案）》，表决通过区人大常委会关于同意区政府提请区四届人大五次会议就吴中区2021年政府民生实事项目人大代表投票表决的决定；会议听取和审议区审计局局长姚善生受区政府委托所作的《关于吴中区2019年度预算执行及其他财政收支审计查出问题整改情况的报告》；会议听取和审议区人大常委会副主任、代表资格审查委员会主任委员陆增林所作的《关于吴中区四届人大五次会议代表资格的审查报告》，表决通过了区四届人大五次会议代表资格的审查报告；会议听取和审议区人大常委会副主任陆增林所作的《关于补选两名苏州市第十六届人大代表的说明》，补选李朝阳、张华谦为苏州市第十六届人大代表；听取和审议区人大常委会办公室主任戴晓东受主任会议委托所作的《关于吴中区四届人大五次会议筹备工作情况的报告》，表决通过了关于召开区四届人大五次会议的决定、区四届人大五次会议各项建议安排、区人大常委会工作报告；会议表决通过区人大常委会关于接受马香男、张建明、郭宝、臧政刚辞去苏州市吴中区第四届人民代表大会代表职务请求的决定；表决通过区人大常委会关于接受王民、殷虹辞去苏州市吴中区第四届人民代表大会代表职务的请求及相应终止其区四届人大常委会委员职务的决定；表决通过区人大常委会关于接受李莉辞去苏州市吴中区第四届人民代表大会代表职务的请求及相应终止其区四届人大常委会委员职务、区四届人大社会建设委员会副主任委员职务的决定；会议听取和审议区人大常委会主任张炳华、区人民政府副区长荣德明受代区长李朝阳委托、区人民法院张峥嵘和区人民检察院陈飞分别作的人事任免提请报告，听取被提请任命人员代表作的拟任职发言，表决通过上述人事任免事项；会议表决通过了区人大常委会关于接受潘强辞去苏州市吴中区第四届人民代表大会社会建设委员会主任委员职务的请求的决定和关于接受朱水坤、李佳良、张月兴、徐永林、潘强辞去苏州市吴中区第四届人大常委会委员职务的请求的决定。

【区四届人大常委会主任会议】 2020年，区四届人大常委会主任会议共召开10次。

第三十六次主任会议 2月21日召开（为26日召开的第二十二次常委会会议做准备）。

第三十七次主任会议 3月25日召开。听取区妇联主席顾娟英受区政府委托所作的关于吴中区妇女权益保障工作情况报告；听取区卫健委主任陆治平受区政府委托所作的关于吴中区疫情防控工作情况报告；听取区工信局局长顾洪建受区政府委托所作的关于吴中区复工复产工作情况报告。

第三十八次主任会议 4月21日召开（为29日召开的第二十三次常委会会议做准备）。

第三十九次主任会议 5月18日召开。听取区人民政府副区长王晓东作的关于为乡村振兴提供土地保障情况报告；听取区教育局局长陆为民受区政府委托所作的关于吴中教育改革与发展情况报告。

第四十次主任会议 6月16日召开（为23日召开的第二十四次常委会会议做准备）。

第四十一次主任会议 7月20日召开。听取区人社局局长丁晓娟受区政府委托所作的关于吴中区就业创业工作情况报告；听取区交通运输局局长张建新受区政府委托所作的关于吴中区公共交通运行情况报告。

第四十二次主任会议 8月17日召开（为27日召开的第二十五次常委会会议做准备）。

第四十三次主任会议 10月16日召开（为23日召开的第二十六次常委会会议做准备）。

第四十四次主任会议 11月20日召开。听取区司法局局长肖冬梅受区政府委托所作的关于吴中区公共法律服务体系建设情况报告；听取区金融监管局局长吴婧受区政府委托所作的关于吴中区金融保障实体经济发展报告。

第四十五次主任会议 12月28日召开（为29日召开的第二十七次常委会会议做准备）。

（濮祺安）

法律监督

【贯彻法律实施情况监督】 充分发挥执法检查的法律巡视作用，对《中华人民共和国科学技术进步法》《中华人民共和国安全生产法》《江苏省安全生产条例》《中华人民共和国土壤污染防治法》《苏州市河道管理条例》《苏州市养犬管理条例》《全国人民代表大会常务委员会关于全面禁止非法野生动物交易、革除滥食野生动物陋习、切实保障人民群众生命健康安全的决定》《中华人民共和国野生动物保护法》及《江苏省野生动物保护条例》等9部法律法规贯彻实施情况开展执法检查。开展《中华人民共和国乡村振兴促进法》《苏州市供水条例》等立法调研13次。启用备案审查信息平台，对社会养老服务体系建设专项资金管理办法、知识产权企业质押贷款风险补偿型金融产品管理办法等2件规范性文件依法备案审查，切实维护法制统一。

【两院监督】 调研区法院、检察院工作，推动两院发挥职能，助力社会综合治理。听取和审议区法院破产案件审理工作情况报告，释放破产审理制度价值，服务营商环境优化和经济转型升级。听取和审议区检察院扫黑除恶斗争情况报告，依法、精准、有力惩处黑恶势力，推动专项斗争取得全面胜利。组织人大代表旁听法院庭审，让阳光司法照亮人心，让公平正义成为全社会的坚定信仰。

（濮祺安）

工作监督

【审议监督】 听取和审议年度国民经济和社会发展计划执行情况、“十三五”规划纲要实施情况、“十四五”规划和2035年远景目标纲要草案报告。听取和审议本级财政预算执行、决算、预算调整方案草案等报告，强化预算保障民生、提升绩效。听取和审议2019年度本级财政预算执行及其他财政收支的审计工作报告、审计查出问题整改情况报告，督促整改销号，完善高质量发展监督体系。建成和运行预算联网监督平台，实现从结果到过程、从发现问题到预防问题的预算监督形式转变。听取和审议国有资产管理综合报告和自然资源管理专项报告，研究全口径国有资产报表体系，通过盘清家底提高资源配置的科学性。多次听取和审议区政府民生实事项目建设计划、建设情况报告，创新成立5个专业监督小组，制定代表联系监督方案，推动政府民生实事项目完成。落实区镇两级每年听取和审议环境质量和环保目标完成情况报告，推动环境质量渐进式改善。听取和审议“卫生与健康提升三年行动计划”实施完成情况报告，基于疫情暴露出的不足，推动开出“治未病”的社会大处方，织牢织密公共卫生安全防护网。

【组织视察】 关注农文体旅融合，视察体育产业发展、大运河文化带规划建设，推动吴中自然禀赋更好地转化为优质公共产品。专题视察天穹系统建设和运用情况，打造符合实际、安全实用、技术先进的网络系统，增强人民群众公共安全感。组织视察苏州生态涵养发展实验区建设情况，探索生态涵养发展实验区从绿水青山到金山银山的转换通道。视察吴中高新区、太湖新城工作，关注中心城市核提升能级，释放新城新区发展动力。视察标准化养殖池塘建设，调研农村专业合作社，推动乡村振兴为“双循环”格局注入活力。视察台资企业发展情况，推动台企再前进再突破，为吴中高质量发展贡献力量。督查生活垃圾分类工作，通过区、镇（街道）人大机构联动，每月一督，推动垃圾分类工作不断提升覆盖率。

【专题询问】 围绕优化营商环境开展专题询问，针对营商环境工作中的难点和群众普遍关心的焦点对区政府及相关部门进行询问，形成23件典型案例交区政府及相关部门办理。相关案例全部办结，简化办事流程、减少检查频次、完善人才政策、保护知识产权等事项取得积极成果。在《中华人民共和国土壤污染防治法》执法检查座谈会上围绕相关法律贯彻实施情况开展专题询问，在常委会上围绕农村人居环境提升情况开展专题询问。（濮祺安）

代表工作

【加强代表工作】 区人大常委会深化“聚焦富民、履职为民、监督惠民”代表履职主题活动，全年在人大代表中开展“专业编组、上下联动、突出成效”代表履职主题活动，激发代表融入改革发展大局的履职热情，提高代表履职实效。持续发挥“一个载体、两项制度”作用，全区建成运行93家人大代表之家、代表服务中心、代表工作站(室)，优化“吴中人大”代表履职App，完善立体化、一站式履职平台，畅通代表和选民的双向互动渠道。完善议案建议考核评价体系，优化代表履职积分制，表彰履职优秀代表和优秀代表建议，首次评选表彰议案建议办理先进单位，形成议案建议高质量提、高质量办的良性运转机制。组织市人大代表向原选举单位述职，拓展基层人大履职途径。围绕“优化营商环境”等议题，创新扁平化联系方式，将联系对象扩展到企业家和新经济组织、新社会组织代表，区人大常委会全年开展接待代表和选民活动43场。全年邀请200多名代表列席常委会会议或参加视察、调研、督查，引导广大代表投入全区经济社会发展，激发人民群众的创造活力，凝聚建设美好吴中的磅礴动力。

【督办议案建议】 区四届人大四次会议议案为“关于加快建设苏州生态涵养发展实验区的议案”，会议以及闭会期间，全体代表共提出148件建议，答复满意和基本满意率达到100%，办成率达到75.7%；联系代表活动中转办建议34件，其中扶持民营企业、优化道路交通、加强就业培训等建议取得较好办理效果。区人代会首次实施政府民生实事项目人大代表票决制，票决出10项政府民生实事项目。常委会多次听取和审议政府民生实事项目建设计划、建设情况报告，创新成立5个专业监督小组，制定代表连续监督方案，发挥代表专业优势，推动政府民生实事项目克服疫情影响顺利完成。 (濮祺安)

人事任免

【常委会任免国家机关工作人员情况】 2020年，区人大常委会依法任免国家机关工作人员132人次。 (濮祺安)

表7-1 2020年吴中区第四届人大会议任免国家工作人员名单

姓名	任命职务	免去职务	日期	届次
周钰华	区人大常委会长桥街道工作委员会副主任		2.26	区四届二十二次
胡 莹	区人大常委会郭巷街道工作委员会副主任		2.26	区四届二十二次
沈惠男	区人大常委会横泾街道工作委员会副主任		2.26	区四届二十二次
张华明	区人大常委会越溪街道工作委员会副主任		2.26	区四届二十二次
蔡文娟	区人大常委会城南街道工作委员会副主任		2.26	区四届二十二次
乐继荣	区人大常委会香山街道工作委员会副主任		2.26	区四届二十二次
江丽萍	区人大常委会长桥街道工作委员会委员		2.26	区四届二十二次
李 芳	区人大常委会长桥街道工作委员会委员		2.26	区四届二十二次
周 洋	区人大常委会长桥街道工作委员会委员		2.26	区四届二十二次
钱卫方	区人大常委会长桥街道工作委员会委员		2.26	区四届二十二次
潘志伟	区人大常委会长桥街道工作委员会委员		2.26	区四届二十二次
孙 强	区人大常委会郭巷街道工作委员会委员		2.26	区四届二十二次
沈和平	区人大常委会郭巷街道工作委员会委员		2.26	区四届二十二次
沈雯君	区人大常委会郭巷街道工作委员会委员		2.26	区四届二十二次

续表

姓名	任命职务	免去职务	日期	届次
陆志平	区人大常委会郭巷街道工作委员会委员		2.26	区四届二十二次
柳秋刚	区人大常委会郭巷街道工作委员会委员		2.26	区四届二十二次
马晓华	区人大常委会横泾街道工作委员会委员		2.26	区四届二十二次
沈珍华	区人大常委会横泾街道工作委员会委员		2.26	区四届二十二次
周建萍	区人大常委会横泾街道工作委员会委员		2.26	区四届二十二次
施雪根	区人大常委会横泾街道工作委员会委员		2.26	区四届二十二次
翁方刚	区人大常委会横泾街道工作委员会委员		2.26	区四届二十二次
丁桂芳	区人大常委会越溪街道工作委员会委员		2.26	区四届二十二次
刘书昌	区人大常委会越溪街道工作委员会委员		2.26	区四届二十二次
陆丽华	区人大常委会越溪街道工作委员会委员		2.26	区四届二十二次
陈璐燕	区人大常委会越溪街道工作委员会委员		2.26	区四届二十二次
莫建伟	区人大常委会越溪街道工作委员会委员		2.26	区四届二十二次
毛文龙	区人大常委会城南街道工作委员会委员		2.26	区四届二十二次
乔　治	区人大常委会城南街道工作委员会委员		2.26	区四届二十二次
何丹兰	区人大常委会城南街道工作委员会委员		2.26	区四届二十二次
沈建新	区人大常委会城南街道工作委员会委员		2.26	区四届二十二次
陆嘉昊	区人大常委会城南街道工作委员会委员		2.26	区四届二十二次
计言信	区人大常委会太湖街道工作委员会委员		2.26	区四届二十二次
吴丽娟	区人大常委会太湖街道工作委员会委员		2.26	区四届二十二次
陆文娴	区人大常委会太湖街道工作委员会委员		2.26	区四届二十二次
余　露	区人大常委会香山街道工作委员会委员		2.26	区四届二十二次
张明霞	区人大常委会香山街道工作委员会委员		2.26	区四届二十二次
郁旗峰	区人大常委会香山街道工作委员会委员		2.26	区四届二十二次
洪小河	区人大常委会香山街道工作委员会委员		2.26	区四届二十二次
葛娟娟	区人大常委会香山街道工作委员会委员		2.26	区四届二十二次
龚伟亚		区人民法院民事审判第一庭副庭长、审判员	2.26	区四届二十二次
李朝阳	区人民政府副区长、代理区长		4.29	区四届二十三次
王晓东	区人民政府副区长		4.29	区四届二十三次
陈　嵘		区人民政府区长	4.29	区四届二十三次
顾益坚		区人民政府副区长	4.29	区四届二十三次
张　寅	区人民法院刑事审判庭副庭长		4.29	区四届二十三次
顾　霞	区人民法院民事审判第一庭副庭长		4.29	区四届二十三次
李艳行	区人民法院民事审判第二庭副庭长		4.29	区四届二十三次
瞿忠奎	区人民法院立案庭副庭长		4.29	区四届二十三次
江　伟	区人民法院太湖国家旅游度假区人民法庭副庭长	区人民法院民事审判第一庭副庭长	4.29	区四届二十三次
谢　丰	区人民法院木渎人民法庭副庭长	区人民法院太湖国家旅游度假区人民法庭副庭长	4.29	区四届二十三次
史华松	区人民法院民事审判第一庭副庭长	区人民法院木渎人民法庭副庭长	4.29	区四届二十三次
吴鼎明	区人民政府副区长		6.23	区四届二十四次

续表

姓名	任命职务	免去职务	日期	届次
施伟华		区人民政府副区长	6.23	区四届二十四次
陆雪龙		区人民法院审判员	6.23	区四届二十四次
沈志强		区人民法院审判员	6.23	区四届二十四次
石耀栋	区人大常委会城建环保工作委员会副主任	区人大常委会办公室副主任	8.27	区四届二十五次
黄　东	区人大常委会长桥街道工作委员会主任		8.27	区四届二十五次
戚　敏	区人大常委会香山街道工作委员会主任		8.27	区四届二十五次
张月兴		区人大常委会农业农村工作委员会主任	8.27	区四届二十五次
朱水坤		区人大常委会城建环保工作委员会副主任	8.27	区四届二十五次
张菊泉		区人大常委会长桥街道工作委员会主任	8.27	区四届二十五次
李佳良		区人大常委会香山街道工作委员会主任	8.27	区四届二十五次
姚　东	区人民政府副区长		8.27	区四届二十五次
王卫国		区人民政府副区长	8.27	区四届二十五次
张华谦		区人民政府副区长	8.27	区四届二十五次
沈娟鹃	区发展和改革委员会主任		8.27	区四届二十五次
朱　涛	区商务局局长		8.27	区四届二十五次
金　楠		区发展和改革委员会主任	8.27	区四届二十五次
章为民		区商务局局长	8.27	区四届二十五次
张　健	吴中经济技术开发区监察工作委员会主任	苏州太湖国家旅游度假区监察工作委员会主任	8.27	区四届二十五次
陶俊峰	苏州太湖国家旅游度假区监察工作委员会副主任		8.27	区四届二十五次
顾建明		吴中经济技术开发区监察工作委员会主任	8.27	区四届二十五次
钱　江		苏州太湖国家旅游度假区监察工作委员会副主任	8.27	区四届二十五次
何亚平	区人民法院吴中经济技术开发区人民法庭庭长、审判委员会委员		8.27	区四届二十五次
吴婉瑾	区人民法院少年及家事审判庭庭长、审判委员会委员		8.27	区四届二十五次
史华松	区人民法院民事审判第一庭庭长、审判委员会委员		8.27	区四届二十五次
丁文芳	区人民法院民事审判第二庭庭长、审判委员会委员		8.27	区四届二十五次
周　宏	区人民法院行政审判庭庭长、审判委员会委员		8.27	区四届二十五次
朱　强	区人民法院立案庭副庭长		8.27	区四届二十五次
肖仁刚		区人民法院民事审判第一庭庭长	8.27	区四届二十五次
金美珍		区人民法院民事审判第二庭庭长、审判委员会委员	8.27	区四届二十五次
狄　蕾		区人民法院少年及家事审判庭庭长、审判委员会委员	8.27	区四届二十五次

续表

姓名	任命职务	免去职务	日期	届次
周长丽		区人民法院行政审判庭庭长、审判委员会委员	8.27	区四届二十五次
李晓东		区人民法院审判委员会委员	8.27	区四届二十五次
曹雪琴	区人大常委会农业农村工作委员会主任		10.23	区四届二十六次
谭文江	区人大常委会办公室副主任		10.23	区四届二十六次
叶　青	区人大常委会农业农村工作委员会副主任		10.23	区四届二十六次
唐龙生		区人大代表	10.23	区四届二十六次
盛解元		区人大代表、常委会委员	10.23	区四届二十六次
李钟钦	区监察委员会委员		10.23	区四届二十六次
陶俊峰		区监察委员会委员	10.23	区四届二十六次
詹立平	区人民法院审判员		10.23	区四届二十六次
殷志立	区人民法院审判员		10.23	区四届二十六次
徐飞行	区人民检察院检察员		10.23	区四届二十六次
张正林		区人民检察院检察员	10.23	区四届二十六次
沈　曦	区人大常委会财政经济工作委员会主任		12.29	区四届二十七次
王佩佩	区人大常委会监察和司法工作委员会主任		12.29	区四届二十七次
沈惠男	区人大常委会横泾街道工作委员会主任		12.29	区四届二十七次
徐永林		区人大常委会财政经济工作委员会主任	12.29	区四届二十七次
李　莉		区人大常委会办公室副主任	12.29	区四届二十七次
任进德		区人大常委会横泾街道工作委员会主任	12.29	区四届二十七次
洪小河		区人大常委会香山街道工作委员会委员	12.29	区四届二十七次
马香男		区人大代表	12.29	区四届二十七次
张建明		区人大代表	12.29	区四届二十七次
郭　宝		区人大代表	12.29	区四届二十七次
臧正刚		区人大代表	12.29	区四届二十七次
王　民		区人大代表、常委会委员	12.29	区四届二十七次
殷　虹		区人大代表、常委会委员	12.29	区四届二十七次
李　莉		区人大代表、常委会委员、社会委副主任委员	12.29	区四届二十七次
朱水坤		区人大常委会委员	12.29	区四届二十七次
李佳良		区人大常委会委员	12.29	区四届二十七次
张月兴		区人大常委会委员	12.29	区四届二十七次
徐永林		区人大常委会委员	12.29	区四届二十七次
潘　强		区人大常委会委员、社会委主任委员	12.29	区四届二十七次
刘叶明	区人民政府副区长		12.29	区四届二十七次
盛建峰	区人民政府副区长（挂职）		12.29	区四届二十七次
陆为民	区政府办公室主任	区教育局局长	12.29	区四届二十七次
沈志枫	区教育局局长		12.29	区四届二十七次
张建琳	区民政局局长		12.29	区四届二十七次
徐晨阳	区人力资源和社会保障局局长		12.29	区四届二十七次
张建明	区交通运输局局长		12.29	区四届二十七次

续表

姓名	任命职务	免去职务	日期	届次
毛曦雪	区退役军人事务局局长		12.29	区四届二十七次
周　敏	区信访局局长		12.29	区四届二十七次
秦晓良		区政府办公室主任	12.29	区四届二十七次
龚　艳		区民政局局长	12.29	区四届二十七次
丁晓娟		区人力资源和社会保障局局长	12.29	区四届二十七次
张建新		区交通运输局局长	12.29	区四届二十七次
李　东		区退役军人事务局局长	12.29	区四届二十七次
沈亚民		区信访局局长	12.29	区四届二十七次
杜荣尚	区人民法院审判委员会委员		12.29	区四届二十七次
王　伟	区人民检察院检察委员会委员		12.29	区四届二十七次
李敬芳		区人民检察院检察委员会委员	12.29	区四届二十七次

（区人大办）

编辑：陆海兵

吴中区人民政府

综　述

【国民经济】 2020年，吴中区实现地区生产总值1343.78亿元，增长3.6%；一般公共预算收入188亿元，增长7%；全社会固定资产投资598.83亿元，增长4.65%；社会消费品零售总额767.39亿元；城镇居民人均可支配收入增至7.29万元。

【实业兴区】 242个区级重点项目完成投资385.81亿元，增长5.5%。41个重点产业项目竣工投运。规模以上工业总产值1818.38亿元，增长11.9%；工业投资98.61亿元，增长31.2%。机器人与智能制造规上企业实现产值600亿元，增长14.9%；生物医药及大健康产业规模140亿元。创新举办太湖经贸合作洽谈会，发布投资热力图，成立运行区投资促进服务中心，累计签约项目152个，投资总额1095亿元。深化农民合作社质量提升，整区推进国家级试点，全面完成农村集体经济组织登记赋码发证，清缴欠租3.7亿元。村级集体总资产196亿元，村均稳定性收入1402万元。

【科技创新】 实施科技企业培育“角端”计划，围绕“专精特新”目标，新增市“瞪羚”和“独角兽”培育企业20家、省级以上企业研发机构18家、高新技术企业440家、省民营科技企业290家，高新技术企业总数突破1000家，全社会研发经费支出占地区生产总值比重3.35%，高新技术产业产值突破1000亿元。新建5G基站1100个，健全“1+4+N”工业互联网平台生态体系，加快推进产业智能化改造和数字化转型，新增市级以上星级上云企业60家、智能工厂1个、智能车间15个，完成智能化改造、数字化转型项目400个。万人有效发明专利拥有量64件。3家企业获中国专利奖。新增国家标准、行业标准19项，苏州市质量奖8个。“省级六大高峰人才”实现零的突破。新增市级以上人才项目25个、区级以上领军人才50人以上，新增高技能人才3800人。

【生态环境】 高标准推进苏州生态涵养发展实验区建设，设立全国首个生态涵养发展绩效评估指标体系，东太湖湖滨湿地带等17个项目全面建成。率先探索建设环太湖城乡有机废弃物处理利用示范区，临湖示范点投入试运行。全面落实太湖“五位一体”精细化管理，扎实开展蓝藻防控，7个河道国、省考断面水质达标率100%。全面完成长江流域太湖水域禁捕退捕任务。PM2.5浓度、空气优良天数和Ⅲ类水体比例3项指标全部达标。90件中央、省环保督察反馈问题完成整改销号。整治“散乱污”企业135家、低端低效产能企业（作坊）206家。深入实施城乡生活污水处理提质增效精准攻坚“333”行动（“三消除”“三整治”“三提升”），新改建污水管网120千米，建成排水达标区730个，完成角直新区污水厂扩建及5个污水厂尾水提标工程。疏浚整治河道155条136千米，建成生态河道19条26千米。大力开展化肥、农药减量增效行动，建成化肥农药减量控制应用示范区2个。吴中区入选首批全国美好环境与幸福生活共同缔造活动培训基地，金庭镇入选自然资源部生态产品价值实现典型案例。全区林木覆盖率、自然湿地保护率分别为35.8%、63.9%，保持全市第一。

【城市建设】 落实全市产业用地更新“双百”计划（即划定100万亩工业和生产性研发用地保障线）。扎实推进环太湖“加减法”，腾出各类土地指标1.54平方千米，获评省土地执法模范区、省国土资源节约集约利用模范区。完成征拆2699户1.81平方千米，清零项目105个。南湖快速路一期、尹山湖立交建成通车，苏同黎高架主线贯通。苏州市现代农产品物流园、三山岛区域供水工程建成投用。完成各类水利设施项目45个，实现安全度汛。全面推广生活垃圾分类，“三定一督”（定时、定点、定人、督导）示范小区覆盖率89.3%。通过全国文明城市复检，获评省土地执法模范区、省国土资源节约集约利用模范区。

【社会事业】 坚持就业优先战略，新增城镇就业2.14万人，城镇登记失业率控制在3%以内。新增参保2.35万人，住房公积金缴存5.2万人。完成企业职工养老保险省级统筹。重疾救助保障病种扩充至60种，发放各类补贴2.5亿元。新开工安置房7517套，竣工8536套。开建太湖新城医院、吴中人民医院新院区，胥口卫生院挂牌苏大附属儿童医院吴中分院，角直人民医院获评首批省农村区域性医疗卫生中心基本建成单位。建成吴中高新区综合为老服务中心，新增护理型床位582张。获评省智慧健康养老创新基地。建成投用6所学校，新增省优质幼儿园4所、普惠性幼儿园5所，招聘年金制教师1133名。义务教育学校集团化办学实现全覆盖。角直高级中学获评江苏省四星级高中。中高考成绩再创新高。吴中中专获评省现代化示范性职业学校。2人获首届全国职业技能大赛金牌。吴文化博物馆建成投用，360剧场开工建设。1人获中国曲艺牡丹奖表演奖，《情韵姑苏》获省五星工程奖器乐类第一。文旅产业深度融合，举办长三角民宿大会，发布“太湖民宿”品牌，完成“中超联赛”保障工作，吴中获评全市首个国家全域旅游示范区。

【社会治安】 大力开展普法宣传，获评省“七五”普法中期先进区。深化人民调解进网格，矛盾纠纷调解率98.5%。获评省信访工作先进单位。完成基层审批服务执法力量改革、镇域（街道）综合执法改革。“天眼”一期建成投用，八类案件破案率99.3%，完成P2P行业清零。扎实开展“1+24+1”安全生产专项整治，全面开展“百团进百万企业”宣讲。成立五个安全生产巡查督导组，实现区级安全生产巡查督导全覆盖，安全生产事故数、伤亡人数大幅下降。深入推进“331”行动［整治“三合一”场所、出租房（群租房）、电动自行车、“九小场所”和小微企业等领域突出火灾隐患］，排查整改隐患3.7万余处。基本完成第七次全国人口普查。

【政府建设】 大力弘扬求真务实工作作风，以踏石留印、抓铁有痕的精神，全力营造一级抓一级、层层抓落实的浓厚氛围。抓细抓实重大问题、重要事项、重点工作的贯彻落实，高标准编制“十四五”规划，高质

2020年3月23日，区政府全体（扩大）会议召开　　王永康　摄

量完成10项民生实事工程，在疫情防控、复工复产、太湖禁捕退捕、防汛、控藻等方面取得明显成效。加强政府系统法治建设，认真落实行政执法公示、执法全过程记录、重大执法决定法制审核“三项制度”，严格规范公正文明执法。推进基层政务公开标准化、规范化建设，完成26个重点领域政务公开事项清单、目录编制。主动接受区人大及其常委会依法监督、政协民主监督，广泛接受社会监督，高质量办理市区两级人大代表议案建议165件、政协委员提案154件。始终把廉洁从政作为立身之本、从政之要，不忘初心、牢记使命，不折不扣落实中央八项规定精神以及省、市、区委各项规定，严格执行《中国共产党廉洁自律准则》《中国共产党纪律处分条例》，筑牢拒腐防线，坚守廉洁底线，远离高压红线。坚持厉行节约，反对铺张浪费，严格执行公车管理、办公用房等方面规定。狠抓重点领域反腐倡廉工作，深入开展形式主义、官僚主义集中整治，政府系统党风廉政建设得到进一步强化。　（章　航）

重要会议和文件

【区政府常务（区长办公）会议】 1月21日，召开区四届政府第三十三次常务（区长办公）会议，主要内容：审议《吴中区作风效能建设、高质量发展综合表彰大会方案》，听取关于郭巷街道新成立景韵、独墅湾、玲珑3个社区居民委员会事宜的汇报，审议《吴中区农村人居环境整治和长效管理“红黑榜”考核办法（试行）》，审议《吴中区打赢蓝天保卫战双百日攻坚方案》。

2月26日，召开区四届政府第三十四次常务（区长办公）会议，主要内容：听取吴中区新冠肺炎疫情防控相关工作开展情况的汇报，听取吴中区关于全面开展安全生产专项整治行动派驻督导工作的汇报，审议《吴中区第一批安全生产巡查反馈意见》，审议《关于完善防灾减灾救灾体制机制进一步推进防灾减灾救灾工作的实施方案》，听取政府系统承办区四届人大四次会议代表建议、区政协四届四次会议提案工作打算及民生实事项目安排情况的汇报，审议《吴中区困境儿童基本生活保障实施办法》，审议《吴中区工业企业资源集约利用差别化价格政策实施意见》。

4月15日，召开区四届政府第三十五次常务（区长办公）会议，主要内容：听取近期安全生产工作有关情况的汇报，审议《2020年吴中区大气污染防治工作计划》《吴中区环境空气质量补偿实施办法（试行）》，审议《吴中区对口帮扶德江县2020年度工作计划》，听取地区生产总值统一核算改革解读，审议《关于推进基层整合审批服务执法力量的改革方案》，听取2020年吴中区劳模评选工作的汇报，审议《吴中区社会养老服务体系建设专项资金管理办法》，组织学习《保障农民工工资支付条例》。

5月14日，召开区四届政

府第三十六次常务（区长办公）会议，主要内容：听取全区法治政府建设暨强化营商环境法治保障工作汇报，听取全区新冠肺炎疫情防控工作情况汇报，听取全区垃圾分类工作有关情况汇报，听取全区防汛准备工作情况汇报，审议《关于稳定生猪生产保障市场供应的实施意见》，听取全区太湖安全度夏工作情况汇报，审议《区安委会成员单位等部门安全生产工作职责任务清单》，审议《吴中区打好防范化解重大金融风险攻坚战实施方案》，审议《吴中区知识产权企业质押贷款风险补偿型金融产品管理办法（试行）》，审议《吴中区领军人才天使创业投资基金管理办法》，审议《2020东吴双创峰会启动仪式暨“520吴爱人才”人才主题日活动方案》，组织学习《中华人民共和国传染病防治法》。

7月9日，召开区四届政府第三十七次常务（区长办公）会议，主要内容：学习贯彻全国两会精神，传达贯彻国家、省、市关于推进长江流域禁捕退捕相关会议精神，审议《吴中区关于全面推进长江流域太湖水域禁捕退捕的工作方案》；进行安全生产专题宣讲，学习宣传贯彻习近平总书记关于安全生产重要论述，审议《镇（区、街道）党（工）委政府（管委会、办事处）履行安全生产工作责任考核评价指标》《区安委会成员单位履行安全生产工作责任考核评价指标》，审议《吴中区突发事件总体应急预案》，审议《关于进一步加强安全生产工作的实施意见及任务分工方案》；组织学习习近平总书记对统计工作重要讲话指示批示精神和党中央、国务院关于统计工作重要文件相关内容，审议《关于吴中区贯彻落实国家统计局第6统计督察组督察反馈意见的整改方案》；审议《苏州生态涵养发展实验区项目和资金管理办法》；审议《吴中区优化营商环境创新行动2020》；组织学习《民法典》。

7月16日，召开区四届政府第三十八次常务（区长办公）会议，主要内容：审议《吴中区城乡生活污水处理提质增效精准攻坚“333”行动实施方案》，听取全区防汛工作汇报，审议《吴中区公共视频共建共享管理指导意见》，听取关于深化基层综合行政执法体制改革工作的汇报，审议《关于吴中区既有多层住宅增设电梯的实施意见》，审议《关于进一步加强和规范全区市政设施管理工作的意见》，听取关于赋予吴中区各镇（街道）经济社会管理权限的汇报，听取关于光福镇、金庭镇、横泾街道调整社区居委会管辖范围和新建社区居委会事宜的汇报，审议《吴中区探索率先基本实现农业农村现代化三年行动计划（2020—2022年）》。

7月29日，召开区四届政府第三十九次常务（区长办公）会议，主要内容：听取区安全生产巡查督导工作汇报，审议《苏州市吴中区安全生产专项整治三年行动实施方案》，审议《市第五安全生产巡查组反馈问题整改报告》。

8月22日，召开区四届政府第四十次常务（区长办公）会议，主要内容：传达全国和省农村乱占耕地建房问题整治工作电视电话会议精神并听取吴中区相关情况汇报，审议《吴中区委区政府党政领导干部食品安全工作责任清单》《关于深化改革加强食品安全工作的实施方案》，审议《苏州生态涵养发展实验区绩效评估指标体系》，审议《苏州生态涵养发展实验区项目和资金管理办法》。

9月25日，召开区四届政府第四十一次常务（区长办公）会议，主要内容：学习《习近平谈治国理政》第三卷，审议《吴中区长江流域太湖水域禁捕退捕补偿安置实施方案》，审议《关于加强产地保护提升品牌效应促进洞庭山碧螺春茶产业持续发展的工作意见》，审议《区领导挂钩联系重点项目制度暂行办法》，审议《吴中区政府关于进一步支持外贸企业稳定发展的政策意见》，通报关于五业（产业、行业、企业、创业、就业）纾困政策措施进展情况，传达市政府约谈吴中区有关工作要求，通报全区前三季度安全生产工作总体情况，部署国庆中秋假日前后安全生产工作，审议2020年度吴中区政府部分重大行政决策事项，审议《2020年苏州吴中·太湖经贸合作洽谈会活动总体方案》，审议《吴中区东部产业更新示范区（暂命名）实施方案》。

10月17日，召开区四届政府第四十二次常务（区长办公）会议，主要内容：听取寺庙等宗教场所、油气输送管道、电力、加油站和商业场所、危险化学品、冶金等工贸行业、“331”专项整治7个安全生产专项整治工作组有关工作汇报，听取吴中区创建省级安全发展示范城市有关情况汇报，传达全省审计整改工作推进电视电话会议精神以及苏州市政府常务会议关于审计整改工作相关要求，听取省农村乱占耕地建房问题整治工作推进会议精神和吴中区下一步工作打算的汇报，审议《关于进一步加强和规范物业管理的实施意见》，审议《关于加强全区基层交通运输管理所属地化管理的实施意见（试行）》《关于加强全区基层水利水务管理服务站属地化管理的实施意见（试行）》《关于加强全区基层动物防疫站属地化管理的实施意见（试行）》，审议《吴中区太湖蓝藻防控打捞能力建设实施方案》，听取关于全面提升水气环境质量助力吴中高质量发展的工作汇报，审议《吴中区政府性债务管理办法》，审议《关于全面落实预算绩效管理的实施意见》，审议《吴中区区属国有企业投资监督管理办法》。

10月21日，召开区四届政府第四十三次常务（区长办公）会议，专题审议相关政策意见。

10月28日，召开区四届政府第四十四次常务（区长办公）会议，主要内容：听取火灾防控，文化和旅游行业，化工、船舶行业修造，特种设备，校园和校车，养老等社会服务机构6个安全生产专项整治工作组有关工作汇报；听取关于秋冬季疫情防控工作汇报；审议《关于促进吴中区旅游民宿规范发展的实施办法（修订）》；审议《吴中区“教育强师计划”三年行动方案（2021—2023）》《吴中区“教育强基计划”三年行动方案（2021—2023）》《吴中区“教育强技计划”三年行动方案（2021—2023）》。

11月13日，召开区四届政府第四十五次常务（区长办公）会议，主要内容：学习贯彻党的十九届五中全会精神，传达全国疫情防控工作电视电话会议及省续会等会议精神、研究吴中区秋冬季新冠肺炎疫情防控应急预案，审议《苏州市吴中区社会心理服务体系建设试点实施方案》，审议《吴中区关于促进3岁以下婴幼儿照护服务发展的实施方案》，审议南环桥市场搬迁工作总体方案以及老市场搬迁、新市场启动等配套方案。

12月25日，召开区四届政府第四十六次常务（区长办公）会议，主要内容：学习贯彻习近平总书记视察江苏重要讲话指示精神，学习贯彻《党委（党组）落实全面从严治党主体责任规定》，学习传达“四史”学习教育相关要求，传达全国安全生产电视电话会议和省、市续会精神，通报2020年度全区安全生产工作总体情况，部署岁末年初安全生产工作，审议《2020年区政府实事项目进展情况与2021年区政府实事项目计划安排》以及2021年度人代会议案备选项目，审议《关于调整生态补偿政策的意见》，听取关于区政府规范性文件清理工作的情况汇报，审议《苏州市吴中区红十字会改革实施方案》，审议《苏州生态涵养发展实验区2019—2020年专项资金分配方案》，审议《关于调整镇（区）财政体制的意见》《关于调整镇（区）土地出让收入分配结算办法的意见》，审议《关于吴中区改革完善医疗卫生行业综合监管制度的实施方案》，审议《关于进一步加强全区职业健康监管工作的实施意见》，审议《关于建立吴中区企业破产处置府院联动工作机制的实施意见》，听取关于吴中区2020年度食品安全工作情况的汇报，听取关于2021年政府工作报告起草情况的汇报，听取《关于吴中区2020年国民经济和社会发展计划执行情况与2021年国民经济和社会发展计划草案的报告》起草情况的汇报，听取《关于2020年财政预算执行情况和2021年财政预算草案的报告》起草情况的汇报，听取《吴中区国民经济和社会发展第十四个五年规划纲要》起草情况的汇报，学习《江苏省促进政务服务便利化条例》。（许健强）

【其他会议】 2月10日　全区疫情防控工作会议

2月27日　2020年吴中区春季重大项目集中开工仪式

3月5日　全区作风效能建设、高质量发展综合表彰大会

3月23日　区政府全体（扩大）会议

3月30日　全区一季度经济形势分析会

4月16日　全区安全生产专项整治行动领导小组会议暨安委会全体成员（扩大）会议

4月18日　全区农村工作会议暨率先基本实现农业农村现代化动员部署会

5月4日　全区经济运行研究分析会

5月15日　全区社会治理现代化建设暨政法工作会议

5月16日　全区垃圾分类工作现场推进会

5月19日　全区文明城市建设工作推进会暨新时代文明实践工作部署会

5月20日　全区重点项目调度会

5月21日　全区政府性债务管理领导小组会议

5月22日　全区太湖安全度夏暨蓝藻防控工作推进会议

5月25日　2020年“一号议案”及民生实事项目推进会

6月5日　苏州生态涵养发展实验区工作推进领导小组第一次会议

6月12日　吴中区学校建设管理工作领导小组会议

6月16日　全区城市管理委员会工作会议

7月5日　全区长江流域重点水域退捕禁捕工作专题会议

7月10日　第12届苏州国际精英创业周吴中分会场暨2020东吴双创峰会

7月11日　2020赛季中国足球协会超级联赛苏州赛区吴中区筹备保障工作会议

7月17日　全区义务教育优质均衡发展暨教育高质量发展推进会

7月22日　全区安全生产专项整治行动领导小组暨安委会全体成员（扩大）会议

7月30日　全区拆迁安置工作推进会

8月4日　区政府全体（扩大）会议

8月6日　2020苏州吴中（深圳）招商推介会

8月15日　吴中区全国文明城市创建攻坚推进会

8月24日　苏州生态涵养发展实验区专家委员会第一次全体会议暨绩效评估指标体系专家咨询会

9月9日　吴中区庆祝第36个教师节大会

9月24日　全区信访稳定工作会议

10月14日　全区经济运行分析会

10月18日　太湖经贸合作洽谈会

10月27日　率先基本实现农业农村现代化工作推进会暨农村人居环境整治“秋冬战役”部署会

11月6日　全区教育工作会议

11月7日　长三角（太湖·吴中）民宿发展大会

11月10日　全区高质量发展考核指标分析和经济形势分析会

11月14日　区政府班子工作务虚会议

11月17日　2020苏州吴中（深圳）产业招商推介会

11月23日　2020苏州吴中（上海）检验检测服务业宣传对接会

12月6日　2020苏州湾马拉松暨大运河马拉松系列赛（苏州站）

12月12日　2020苏作文创峰会

12月12日　吴中区民营企业家座谈会

12月13日　2020苏州吴中环太湖竞走多日赛暨大运河竞走与行走系列赛（苏州吴中站）

12月15日　吴中区经济形势分析和高质量考核推进会

（许健强）

【重要文件】 2月13日　印发《吴中区行政审批告知承诺制管理暂行办法》《吴中区行政审批容缺受理制管理暂行办法》，要求各相关部门和板块进一步加强和规范事中、事后监管，营造良好市场环境，激发市场活力；进一步提升一线工作人员的服务意识和服务能力，切实提升政务服务质量。

2月14日　印发《吴中区打赢蓝天保卫战双百日攻坚方案》，要求各地各相关部门切实增强打赢蓝天保卫战的责任感、使命感和紧迫感，紧扣方案目标要求，细化分解任务、攻坚重点区域、严格考核问责，确保PM2.5年均浓度、空气质量优良天数比例等目标完成到位。

2月28日　印发《吴中区促进创业投资高质量发展的政策意见》，要求各地各部门全力落实好落户注册奖励、区级贡献奖励、项目投资奖励、招商引资奖励等各项政策条款，促进创新链和资金链有机结合，为高质量发展构建良好的投资服务生态体系。

3月9日　印发《区政府关于下达2020年主要工作任务的通知》，细化分解2020年政府主要工作任务，要求各地各部门加强组织领导、强化协调配合、切实抓好工作落实。

3月12日　印发《吴中区区级储备粮油一体化实施意见》，要求区发改委、财政局履行好计划收购、费用管理、轮换销售、资金调节等职责，着力在主动贴近市场、靠前服务等方面提升能力，进一步提升全区储备粮油运作水平。

3月18日　印发《吴中区乡村振兴战略实施规划（2018—2022年）》，要求各地各部门紧扣规划目标任务，逐项落实规划举措，做好与《乡村振兴三年行动计划》、“十三五”规划收官和“十四五”规划编制有机衔接，以更实举措推动农业全面升级、农村全面进步、农民全面发展。

3月27日　印发《吴中区工业企业资源集约利用差别化价格政策实施意见》，要求各地各相关部门合力做好污水处理费、管道天然气销售价格、销售电价等调整工作，指导相关企业加大技改力度，积极引导企业绿色高效发展，提高资源集约利用水平，促进低端低效企业改造提升转移腾退，增强企业核心竞争力，加快工业经济转型升级步伐。

4月16日　印发《吴中区优化提升生产性服务业三年行动方案（2019—2021）》，要求各地各部门坚持创新引领，围绕提高产业集聚度、促进产业规模化、做强龙头企业、完善产业生态圈等要求，有机衔接好相关配套政策和考核体系，推动吴中区生产性服务业实现高质量发展。

6月5日　印发《吴中区领军人才天使创业投资基金管理办法》，要求各地各相关部门加大人才基金政策宣传，吸引、培育和支持优秀人才团队在吴中区创新创业，实现人才、产业与金融资本的有机整合；提升政府投资基金的使用效能，发挥财政出资的杠杆作用，积极带动社会资本投入；加大投资力度，积极挖掘更多区内外优质人才项目落地吴中区；做好基金管理，提升基金管理运行的专业化、规范化水平。

8月3日　印发《吴中区城乡生活污水处理提质增效精准攻坚“333”行动实施方案》，要求各地各部门深化思想认识，加快动员部署，尤其是环太湖地区，要围绕苏州生态涵养发展实验区建设，以更高标准、更高要求推进落实。要抓紧建立健全组织体系，明确工作职责，细化目标任务和时间安排等，层层发动、布置落实工作。要落实工作清单，抓紧完成污水处理提质增效排水分区划定，细化年度目标任务，建立任务清单、项目清单和责任清单，项目化推进实施。要加强源头管控，提升污水收集接纳成效，加强日常监管，落实巡查、检查、执法等常态化措施，不断提高建管一体化水平。

10月26日　印发《关于深化改革加强食品安全工作的实施方案》，要求各地各相关部门坚持问题导向，严格落实工作责任，各司其职各负其责，相互支持、密切配合，进一步加强对重点场所、重点环节的食品安全监督管理，切实保障人民群众身体健康，有力服务疫情防控工作大局。

11月5日　印发《吴中区“教育强师计划”三年行动方案（2021—2023）》《吴中区“教育强基计划”三年行动方案（2021—2023）》《吴中区“教育强技计划”三年行动方案（2021—2023）》，要求各地各部门统一思想，通力合作，始终坚持把教育放在优先发展位置，进一步加强师资队伍建设，进一步树立以生为本理念，进一步完善教育信息化体系，努力实现义务教育优质均衡，不断提升人民群众对教育的获得感和满意度。

12月2日　印发《吴中区太湖蓝藻防控打捞能力建设实施方案》，要求各地各相关部门坚决克服盲目乐观情绪和麻痹松懈思想，着眼长远打好持久战，推进长效治理。要做好水质藻情监测，完善防控应急预案，实现蓝藻治理由被动打捞向主动防控转变。要积极推进蓝藻打捞与处置的市场化探索，充分考虑退捕渔民对打捞队伍能力建设的作用，提高整体打捞处置水平。要全力落实好资金、人员、设备等各项保障，为推动太湖水环境质量持续提升提供有效支撑。（许健强）

实事工程

【概况】2020年，区政府加强领导、明确责任、制订计划、落实举措，完成教育文体、医疗养老、生态环境、农业农村、公共交通、便民服务6个领域10项实事工程年度目标任务。

【教育文体】2020年，由区文体旅局负责实施，建成运行吴文化博物馆；由区教育局和相关镇（区）、街道负责实施，建成6个学校项目，继续推进12个学校项目建设，启动13个学校项目。

【医疗养老】2020年，由区卫健委和相关镇（区）、街道负责实施，通过苏州大学附属儿童医院吴中分院、儿科省级特色科室、儿科市级特色科室、吴中人民医院儿科分部、儿科名医工作室、儿科门诊以及危重新生儿救治中心建设，完善儿童医疗卫生服务体系，提升服务能力；由区民政局和相关镇（区）、街道负责实施，新增养老机构床位250张，其中新增护理型床位200张。

【生态环境】2020年，由区水务局和相关镇（区）、街道负责实施，对太湖一级保护区内94个村庄农村生活污水开展治理，实现保护区内污水治理全覆盖。

【农业农村】2020年，由区农业农村局和相关镇（区）、街道

2020年9月，完成南湖路一期沿线19个公交候车亭建设　区委宣传部　供稿

负责实施，建成99个区级美丽乡村。

【公共交通】 2020年，由区城管局和相关镇（区）、街道负责实施，在中心城市核区域（高新区、城南街道、越溪街道、郭巷街道、太湖街道、木渎镇）内新增停车泊位3800个，智能化改造1320个；由区交通运输局负责实施，做好常规公交与轨道3号线的衔接，年内新辟公交线路2条，优化8条，完成公交候车亭建设33个。

【便民服务】 2020年，由区水务局和东山镇负责实施，新改扩建连接东山本岛的供水管网和设置直饮水点，提升三山岛内自来水出水水质，保证岛内稳定供水；由区住建局和相关镇（区）、街道负责实施，制定出台物业管理相关文件，推动落实物业管理工作职责，强化业主委员会监督指导，常态推进物业小区规范化考评，全力争创省市级物业管理示范项目，稳步提升全区物业管理工作水平。（许新程）

行政服务

【概况】 2020年，紧扣推进政府职能转变和“放管服”改革主线，突出审批服务“办一件事”“三少一快”“无否决权”三大改革举措和“花最少的时间、跑最少的路、交最少的材料、找最少的部门”四大改革导向，落细“空气式”服务，打响“吴优办”品牌，全力优化营商环境。推进“四个一”“四个全”运行机制落实到位，加强对审批服务事项清单的动态跟踪，实时保持运行管理各项机制落实到位。梳理“一件事”主题事项清单80项，全面推行告知承诺制、容缺受理制、查证查验制，全面实现“1220”常态化。

1—12月，受理各类审批服务事项659313件，办结658448件，办结率99.87%，日均受理2635件；应收费用45515.60万元，实收45468.55万元，减免47.05万元。周六对外服务受理803件。

【项目建设审批】 全年受理工程建设项目审批类事项1431件，办结1416件，办结率98.95%。其中，企业投资项目备案和技改备案（包括东山、胥口、临湖板块）227件（总投资约125.74亿元），企业、事业单位、社会团体等投资项目核准11件（总投资约103.61亿元），政府出资的投资项目审批124件（总投资约91.56亿元），固定资产投资项目节能评估和审查5件，建设工程安全监督备案、质量监督报监、施工许可各210件，人防工程质量监督75件，新建民用建筑建设防空地下室审批40件，新建民用建筑不能修建防空地下室审批46件，河道管理范围内建设项目审批12件，水土保持方案审批85件，发放城镇污水排入排水管网许可证152本、取水许可证9本。

【“四个一”“四个全”运行机制落实】 完善线上一张网、线下一扇门、前台一个窗、后台一枚章“四个一”运行格局和权力全公开、业务全进驻、数据全汇集、流程全监管“四个全”管理体系。落实办件管理系统每日填报。汇总报送全区每日办件管理系统用户信息表，督促各地各部门每日按时做好数据填报工作。落实市政公用服务进驻服务大厅，实现供电、供水、供气等市政公用设施报装接入业务全面进驻吴中区政务服务中心，为工程建设项目提供“一站式”服务，并不断提升服务水平。落实政务服务事项“应进必进”。在行政许可、行政给付、行政奖励、行政确认和其他行政权力全面进驻实体大厅的基础上，全力推进行政裁决事项进驻。坚持“三集中、三到位”原则（“三集中”是指行政审批职能向一个科室集中，承担审批职能的科室向行政服务中心集中，行政审批事项向电子政务平台集中；“三到位”指做到事项进驻大厅到位，审批授权窗口到位，电子监察到位），坚守“不跑机关”底线，巩固拓展“一窗综合受理、后台分类审批、集中出件反馈”改革成效，进一步提升服务对象便利度和优化其体验感。提高窗口业务熟练度、应答精细度、收件准确度、录入快捷度、服务热忱度，优化结果反馈机制。加强审批服务后台对窗口的业务指导，提供兜底支撑保障。

根据全省行政权力事项标准化业务办理项认领工作安排，做好吴中区行政权力、办事指南的维护工作，切实做好行政权力标准化工作，形成《吴中区政府部门行政许可中介服务事项清单》，调整更新吴中区中介服务事项清单。合理划分设置办事业务情形项、颗粒度，按照大厅办、网上办两种主要渠道绘制流程图，确保材料清单实时准确维护展示，样件表单随时可供查阅下载，"不见面"审批服务理念全面体现落实。

【"放管服"改革重点任务落地】 聚焦不动产登记、市场准入、企业投资、建设工程、民生事务等办理量大、企业和群众关注度高的重点领域，结合行政审批局"一窗式"改革，从市场准入、社会事务、项目建设三个方面入手，对于涉及两个或两个以上部门协同办理的事项进行梳理，确定办事主题，并根据涉及的事项数量、办理流程的难易程度等方面对需要建设的"一件事"服务进行筛选。梳理形成吴中区"一件事"主题事项清单80项，其中，商事领域58项，民生领域15项，项目建设领域7项。

深入推进工程建设项目改革。拟定6项工程建设改革文件，其中告知承诺制管理办法由区政府发文，《苏州市工程建设项目审批"一窗受理"综合服务工作规程》《苏州市推进工程建设项目审批咨询辅导服务实施意见》《苏州市工程建设项目市政公用服务管理办法（试行）》、吴中区工程建设项目审批事项清单等4项制度文件由工改办征求意见后发文。全面推进工改事项进驻政务服务中心，落实工程建设项目审批"一站式""一窗式"综合服务。

全面推行告知承诺制、容缺受理制、查证查验制。行政审批局行使的272项业务于2020年4月1日起正式施行"三项制度"改革，并将逐步覆盖到区各职能部门行使的依申请实施的行政许可、行政确认、行政征收、行政其他四大类权力事项的所有业务。在首批272项业务中，即办和由专网系统办理的86项，这些业务除部分材料可以查证查验外，无须开展告知承诺制和容缺受理制改革。其余186项业务中，推出告知承诺制40项；容缺受理制164项，其中容缺受理材料353件；查证查验制78项，其中查证查验材料94件。"三项机制"覆盖到100%的业务。

全域推行并行预审、基层代办、信用承诺制。全域推行工业建设项目施工许可"并行预审制、基层代办制、信用承诺制"，实时跟进项目报批进度，每月通报招商预审项目进度情况，分析项目进度落后原因，及时协助项目单位解决问题。

深化"证照分离"改革。落实公共场所卫生许可、施工许

开发区政务服务中心　　开发区　供稿

可（信用承诺）、劳务派遣、代理记账等行政审批业务的告知承诺制。深化“证照分离”改革扩大覆盖面，配合吴中经济技术开发区、太湖国家旅游度假区开展“证照分离”改革全覆盖试点工作。

加强中介机构监管。深化涉审中介机构规范化监管，推进市场化改革，完善“网上中介超市”功能。全面落实涉审中介机构网上备案管理机制，加强日常经营行为监管，建立信用评价机制，强化评价结果公开，放大运用效应。

【基层“互联网+政务服务”】 着力推进“1+4”改革。梳理形成30项赋权清单，并由区政府正式发文实施。通过实地走访、座谈交流等形式，分别与具有改革任务的10个板块进行沟通，提供业务指导，进行答疑解惑，并就重点难题提出意见建议，全面完成30项赋权事项承接工作，于9月21日起正式运行。着力提升代办帮办水平。契合办事对象需求，推行以项目建设为主要领域的镇级代办和以民生服务为主要领域的村级代办、帮办机制，梳理代办、帮办事项清单，完善大厅办、网上办、掌上办、自助办等多元化代办、帮办渠道，实现企业不跑代办跑、群众不跑数据跑。建立健全规章制度，压实代办、帮办人员责任，完善奖惩激励机制和责任追究机制。着力提升协调联动水平。统筹区、镇、村三级体系和线上、线下两个平台，继续推进受理层级下沉、数据线上传送、跨层级联动办理，实现民生业务“小事不出村、大事不出镇”。探索把联合受理窗口向医院、学校等机构延伸，把原件审核向基层受理窗口授权，为就近办、联合办提供制度支撑。

【全面实现“1220”常态化】 分别合并企业开办环节。企业开办主要包含注册登记、公章刻制、银行开户、涉税业务办理四个环节。继续开设线下“开办企业一件事服务专窗”和开通线上“全链通”服务套餐，颁发营业执照后，为企业代办公章刻制，预约银行开户，完成网上涉税业务申报，由企业去银行柜台完成开户后续签约环节。开发区、木渎、甪直行政审批局实现部分银行网点进驻大厅。从7月13日起通过政府买单负担辖区内新登记有限公司产生的公章刻制费用。针对未选择全流程一次办结的企业，实现颁发营业执照与公章刻制合并为0.5个工作日，协调银行网点签约完成后辅导企业完成网上涉税业务申报，将上述两个环节合并为0.5个工作日，常态化实现1个工作日内办结。压减不动产登记环节时间。不动产登记全程分为网签、银行贷款、现场交易纳税、登记缮证、缴纳证件费用等环节，以及水电气过户等延伸服务。根据最新评价方案，网签和银行贷款不计入服务时间；现场交易纳税实现线上预审、平台预约、现场一次快速办结；将缴纳证件费用提前到现场交易纳税环节一并完成；基本做到常规业务最迟现场交易纳税后下半个工作日（上午交易的当日下午，下午交易的第二个工作日上午），其他业务最迟下个工作日完成缮证，常态化实现2个工作日内办结。同时，积极推行线上水、电、气过户等延伸服务。简化优化工业项目施工许可审批流程。全域推行并行预审、基层代办、信用承诺三项机制，工程建设项目审批改革机制即将落地。实现水、电、气等单位进驻区政务服务大厅。实现工业项目从申报立项、选址、规划许可到施工许可最多20个工作日，其中从供地到施工许可最多100天，力争一个月内开工常态化。

【推进24小时自助服务工作】 完成区审批局24小时自助服务区建设，提供7×24小时服务。目前有自助政务服务设备2台，自助税务服务设备3台，自助营业执照服务设备1台。依托人脸识别和手写签批等技术手段，可代替现场检验、采集指纹和人像、完成自助打印证照等事项办理，为市民提供“不打烊的服务”。

（顾佳宇）

人事工作

【人才工作】 举办“520吴爱人才”主题日活动、“云聚英才、智汇吴中”高层次人才云聘会、国际精英周吴中分会场活动、“产教融合、技优吴中”校企合作洽谈会、第五届“吴中技能状元”大赛、“校园苏州日”西安专场等重大主题活动。大力推进包括新型学徒制、以工代训等在内的职业技能提升行动，着力打造新时代产业工人队伍。全年新增高层次人才1342人，高技能人才8137人，技能鉴定取证12494人。1名高层次人才申报享受国家特殊津贴选拔，2名专家入选省突出贡献中青年专家，3989名专业技术人员通过职称评审。

【事业单位管理】 规范事业单位人员招录工作，全区招录事业编制人员92名；教育系统招录编制内教师32名、年金制教师1133名；卫生系统招录编制内医护人员23名、备案制医护人员168名；专业化青年人才定岗特选计划招录事业编制人员9名；招聘公益性岗位人员16名。动态调整49家事业单位岗位设置，办理转正定级手续197人。开展全区岗位竞聘、专技岗位分等级竞聘工作，对符合聘用条件的1219人变更聘用合同。（范　莉）

信访工作

【概况】 2020年，区信访局受理群众信件及到访4951件次5943人次。到访总量719批1711人次（集访69批744人次）。电话访132件；进京上访37批38人次，赴省上访65批94人次，到市上访204批442人次，到区上访413批1137人次。信件总量4100件，其中，纸质信242件，网上信访3858件；省委书记信箱48件，省长信箱84件，省信访局局长信箱2件。

【网上信访】 以“苏州吴中信访”微信公众号、“吴中区网上信访”网站、“政民互动”官方平台等新媒体为载体，通过编印宣传手册、制作微视频等，大力宣传网络信访主渠道，引导信访投诉网上“输入”，实现“一键录入、集中归口、合理分流、阳光办理”全链条闭环式管理，促进流程公开透明，全时段接受查询、监督、评价。2020年，全区网上信访占比77.61%，高于全省平均水平，网上信访主渠道作用进一步凸显。

【城乡建设领域整治】 制定专项整治实施方案，由区信访局牵头协调，区住建局、资规局、人社局、城管局等部门大力协助，问题属地主导化解，各司其职、多管齐下。成立区治欠保支专班，联合区法律援助中心，集中优势力量，加大对工程承包、项目管理、务工人员工资等问题的介入协调、综合处理。2020年，城乡建设领域问题投诉比上年下降32%。

【规范越级走访】 细致分析进京访情况，结合信访诉求和处理过程，综合研判问题症结，明确工作方向。实行领导包案，进京人员由属地党政主要领导包案化解，重复进京人员由区领导亲自包案，积极落实人文关怀、帮扶救助，着力在化解矛盾、化解心结、化解困难上下功夫。2020年，全区进京赴省上访总量大幅下降。

【治理重复信访】 抽调区公安分局、司法局等12家单位，组建工作专班，下设综合协调组、督查会办组、涉法涉诉组，统一实体化运作。成立临时党支部，最大限度凝聚工作合力，确保工作有力有序开展。突出党政领导干部第一推动力作用，全面实行领导干部包案负责制，国治件和省治件由区领导包案化解，市治件和积案件由镇、村领导领办负责。通过见面约谈、组织会办、下沉接访等方式，了解问题、提出方案、包保化解。2020年，累计化解重复信访122件，年度“3332”任务指标高质量完成。（宋　婷　吴　斌）

外事工作

【概况】 2020年，继续以习近平新时代中国特色社会主义思想为指导，牢固树立“大外事”理念，切实整合全区涉外资源，以奋斗的姿态推进外事工作高质量发展。把疫情防控作为中心工作，做好涉外疫情联防联控工作。助力复工复产。深化国际交流和友好互助。组织区内企业为吴中区抗疫募集资金20万元、口罩16万只，向苏州市疾病预防控制中心定向捐赠价值108万元的线缆产品。向意大利卢卡市、日本八女市等友城捐赠口罩11万只、额温枪200只。选送的2个视频作品获评“携手战疫·江苏情”在江苏外国人短视频大赛十佳作品。

【涉外疫情防控工作】 加强组织领导。第一时间响应省、市要求，先后成立涉外防控协调组、涉外疫情联防联控指挥中心，结合全区实际制定涉外防控工作方案，明确部门职责，凝聚工作合力。全面排查摸底。整合公安、卫健、统战等部门数据资源，按照“横向到底、纵向到边”的要求，全面摸排全区外籍人员以及在外留学、务工、经商等人员情况，建立涉外人员信息核查比对机制，每日动态更新，精准掌握涉外人员情况，为疫情防控和防范输入风险夯实基础。落实防控举措。根据防控需要，建立昆山转接点工作专班，细致开展入境人员转接工作，累计转接入境到（返）吴人员421批次1217人。全面开展核酸检测服务，严格落实集中医学观察要求，确保入境人员顺利返程。

加强宣传引导。发布中英双语版本《致外籍人士的公开信》，提出健康倡议，明确联系渠道，有效引导涉外人员家庭和单位及时申报人员入境情况，切实增强疫情防控的社会合力。制作发放英、日、韩多语种防疫宣传资料，开设多语种24小时咨询热线，组建日语、韩语志愿者队伍，为外籍人士提供贴心服务和帮助。

择优选定太湖假日、假日智选、山湖温泉等酒店作为区级入境人员集中医学观察点。牵头组建由28名区级后备干部、公安干警及医护人员等组成的志愿服务团队，加强情感疏导和心理关爱，为入境人员在集中医学观察期间提供细致服务，充分体现疫情防控过程中的人文关怀。

【助力复工复产】 走访涉外企业，帮助协调解决复工复产问题。为药明康德等企业及时办理外籍技术人员入境邀请函，充分发挥“快捷通道”作用，协调琦伟纺织2名外籍高管通过“快捷通道”入境，协调三洋能源、维信电子等企业12名日籍高管、客户通过包机入境。

【深化国际交流】 秉持命运共同体理念，共同携手抗击疫情。畅通捐赠渠道。发动区内外资及港澳台资企业、荣誉市民、友好人士等捐款捐物，挖掘防疫物资供应渠道，争取医疗防护物资支援。永旺集团、三洋能源等外资企业捐赠资金20万元、口罩16万只；耐克森（中国）线缆有限公司向苏州市疾病预防控制中心定向捐赠价值108万元的线缆产品。提供物资援助。持续关注友城疫情发展，加大合作交流力度，积极筹集防疫物资，向意大利卢卡市、日本八女市捐赠口罩11万只、额温枪200只，不断加深感情，携手共渡难关。相关事迹获得当地多家媒体报道，取得良好的国际宣传效果。深化友好交流。开展第二轮“感受吴中　共话发展”在吴外籍人士中秋联谊活动，加强与在吴日籍人士间的友好交流，为畅通政企沟通渠道搭建平台。讲好吴中故事。开展外籍人士“我为吴中代言”活动，拍摄主题宣传片《心归吴中》，以外籍人士独特视角展现吴中特色魅力，切实增强吴中的辨识度和知名度。积极选送作品参加“携手战疫·江苏情”在江苏外国人短视频大赛，选送的2部作品双双入围全省十佳作品。（王嘉玲）

机关事务管理

【概况】 2020年，坚持以习近平新时代中国特色社会主义思想为指导，认真贯彻党的十九大及十九届三中、四中、五中全会精神，紧紧围绕“五优五美”工作目标，全面履行管理、保障、服务职能，为区级机关创造良好的办公条件和工作环境，为重大活动做好后勤保障。按照区委、区政府关于疫情防控工作的部署要求，扎实做好疫情防控工作。落实每日测温、查验苏城码以及信息登记。建立公共区域日常消毒制度，安排消毒专项值班。强化食材采购源头管控，严格排查途经重点疫情地区的食品。采购配齐口罩、各类测温仪器以及消毒液等防护用品，建立管理台账。

【后勤保障】 丰富餐饮菜品，增加牛肉、水产供应，添加时令特色菜肴。累计提供中餐盒饭7.5万份，工作用餐39.5万人次，其中早餐14.2万人次，承办各类会议餐饮157桌。精细会务保障，疫情期间，按照“非必须不举办”原则，减少接待大型会议，严格控制座位间隔不少于1米，增加杯具消毒次数。承接全区各级各类会议738场次，服务参会人数约3.3万人次。加强安全维保，完成行政中心5G通信设备安装、商务中心会议室背景墙改造，做好电梯、消防维保。检修电器、管道、通信等设备8061次；接待上访350批次，共计1208人次。

【财务管理】 做好28个单位52个部门及党费户、团费户等6个专户共58个账套的财务核算工作。做好疫情防控资金、捐款的划拨，配合区委、区政府做好与疫情相关的各项党费收支工作。

【公车管理】 至2020年底，吴中区党政机关公务用车实有226辆，非参公事业单位582辆。召开区车审工作会议，做好全区101辆车购置申请审核工作。配合区纪委监委“清风行动”，开展节假日期间公务用车专项督查，2020年共抽查86家单位总计539台车的使用情况。

【办公用房】 做好行政中心20个单位、商务中心19个单位、驻外15个机关单位等共71家单位的办公用房的督促管理。推进2020年党政机关办公用房测绘项目，全年完成办公用房实地测绘65家。

【垃圾分类】 开展垃圾分类动员部署、生活垃圾分类知识专场培训，联合区委组织部举办“垃圾分类　机关先行”线上有奖测试活动，组织党员志愿者在行政中心、商务中心食堂进行垃圾分类宣传。　（韩佳虹）

垃圾分类从小抓起　　陈彩娥　摄

编辑：洪　蕾

政协吴中区委员会

综 述

【概况】 2020年底，政协第四届苏州市吴中区委员会有政协委员287名，常务委员52名。下设办公室和6个专门工作委员会（提案委员会、社会事业委员会、城乡建设委员会、经济科技和农业农村委员会、港澳台侨民族宗教委员会、文化文史委员会）。

【团结合作】 坚持团结和民主两大主题，着力发挥政协职能优势，扩大包容半径圈，寻求最大公约数，增进最大共识度，让团结基础更加厚实、合作力量更加强大、政协优势更加明显。注重发挥各民主党派、工商联、无党派人士在提交提案、民主监督、专题调研、协商议政等方面的骨干作用，大会发言优先安排，集体提案重点督办，重要活动邀请参加，不断扩大团结面、增强包容性。四届四次会议期间，各民主党派、工商联和无党派人士在全体会议联组讨论中发言的有7位，占发言人数的100%；提交集体提案45件，占集体提案总数的88%。

区政协领导班子成员联系各民主党派、工商联和无党派人士，在日常工作中保持良性互动，做到优势互补、信息互通、成果共享，形成参政议政工作合力。加强同香港委员、党外知识分子、非公有制经济人士、新的社会阶层人士等的沟通联系，经常性走访宗教团体和宗教界代表人士，注重发挥宗教界委员作用。特聘12位文化文史研究员，邀请部分政协委员和社会各界知名人士、民间文化人士担任特聘研究员参与研究文化文史工作。在深入调研的基础上形成《关于高质量推进大运河文化带吴中段后续建设的建议案》，突出文脉传承、放大生态功能、繁荣文化产业。注重以史化人，组织编写《洞庭商帮》，为传承延续钻天洞庭文化做出贡献。政协书画协会组织“咏吴中”书画展和书画进校园活动。

2020年，在《人民政协报》《中国艺术报》《苏州日报》《苏州政协》和“学习强国”、“苏州政协”微信公众号等平台刊登40多篇简讯和专题报道，编发《吴中政协》简报6期，制作《聚焦政协》电视栏目6期，推送“吴中政协”微信公众号40多期100余条。 （庞洋洋）

重要会议

【政协四届四次会议】 2020年1月3—5日，中国人民政治协商会议苏州市吴中区第四届委员会第四次会议在太湖国际会议中心举行。区委、区人大

2020年1月3—5日，中国人民政治协商会议苏州市吴中区第四届委员会第四次会议在太湖国际会议中心召开 王永康 摄

常委会、区政府全体领导及原四套班子老领导到会祝贺，区级机关各部门主要负责人列席会议。会议听取和讨论区委书记唐晓东在开幕会上所作的讲话；听取和审议主席张建祥代表区政协四届常委会所作的《政协苏州市吴中区第四届委员会常务委员会工作报告》和副主席姚瑞元所作的《区政协四届三次会议以来提案工作情况的报告》；与会委员列席区四届人大四次会议，听取和讨论区长陈嵘所作的政府工作报告及其他报告；会议增选王卫星为政协苏州市吴中区第四届委员会副主席，补选许文龙、宋银林、周凤祥、谢诗意为政协苏州市吴中区第四届委员会常务委员会委员。会议期间，委员共提交提案207件，经审查立案143件。会议通过区政协四届四次会议《决议》，审议通过区政协四届四次会议提案审查情况的报告，表彰2019年度吴中区政协优秀提案、2019年度吴中区政协委员先进个人。会议结束前，张建祥致闭幕辞。

【常委会议】 2020年，召开常委会议4次。

四届十三次　2020年1月5日，区政协召开四届十三次常委会议。会议审议并通过《区政协常委会2020年工作要点（讨论稿）》。

四届十四次　2020年6月22日，区政协召开四届十四次常委会议。会议听取区政协经济科技和农业农村委主任李卫、文化文史委主任曹富、社会事业委主任金建生分别就2020年政协常委会3个建议案和调研报告所做的情况说明，以及专委会组成人员调整情况的说明。会议审议并通过《关于加快吴中区生物医药产业发展的建议》《关于高质量推进大运河文化带吴中段后续建设的建议案》《关于建立健全吴中区公立医院健康运行保障机制的调研报告》3份常委会建议案和调研报告以及区四届政协各专委会组成人员调整事项。会议结束前，主席张建祥做总结讲话。

四届十五次　2020年8月20日，区政协召开四届十五次常委会议。区政协常委们一行实地视察吴文化博物馆，召开区政协四届十五次常委会议。会上，常委们听取区委副书记、代区长李朝阳关于2020年上半年全区经济社会发展情况的通报。会议结束前，主席张建祥作总结讲话。

四届十六次　2020年12月24日，区政协召开四届十六次常委会议。会议听取区委常委、常务副区长荣德明关于区政协四届四次会议委员提案、常委会建议案办理情况的通报；协商讨论政府工作报告（征求意见稿），讨论审议并通过《区政协常委会工作报告》（征求意见稿）、《提案工作报告》（征求意见稿）、优秀提案和政协委员先进个人的表彰决定（征求意见稿），以及部分政协委员调整事项和区政协四届五次会议有关事项。会议结束前，主席张建祥作总结讲话。

【主席会议】 2020年，召开主席会议11次。

四届四十次（扩大） 3月3日，区政协召开四届四十次主席（扩大）会议，主席张建祥主持会议。会议学习习近平总书记在统筹推进新冠肺炎疫情防控和经济社会发展工作部署会议上的讲话精神，听取区政协2020年度工作安排说明，研究讨论常委会重点调研课题和联组讨论发言情况，传达江苏省政协第十二届委员会第三次会议精神、苏州市政协第十四届委员会第三次会议精神及全区政协系统抗击疫情工作情况。最后，主席张建祥总结政协本月主要工作，部署下阶段工作。

四届四十一次（扩大） 4月3日，区政协召开四届四十一次主席（扩大）会议，主席张建祥主持会议。会议听取各专委会主任3月份工作汇报及4月份工作计划，研究讨论关于开展安全生产专项民主监督活动的方案，学习习近平总书记关于安全生产和应急管理重要论述摘录、《地方党政领导干部安全生产责任制规定》和“充分发挥我国应急管理体系特色和优势　积极推进我国应急管理体系和能力现代化”等内容。最后，主席张建祥总结政协本月主要工作，部署下阶段工作。

四届四十二次（扩大） 4月29日，区政协召开四届四十二次主席（扩大）会议，主席张建祥主持会议。会议听取各专委会主任4月份工作汇报和5月份工作计划；听取对苏州市政协《2020年度县级市（区）党的建设考核政协部分的实施方案》的说明；讨论《吴中区政协2020年度协商工作计划》和区政协领导班子成员分工负责县级市（区）党的建设考核政协部分的说明；听取关于全区“三位一体”建设情况的通报；传达苏州市政协委员联络服务工作座谈会精神，学习江苏省政协主席黄莉新在省政协专门委员会工作会议上的讲话。主席张建祥传达市政协工作会议精神，总结本月主要工作，并对政协下阶段工作做部署安排。

四届四十三次（扩大） 5月29日，区政协召开四届四十三次主席（扩大）会议，主席张建祥主持会议。会议听取各专委会主任5月份工作汇报及6月份工作计划，学习全国两会精神，研究讨论3份常委会建议案，总结区政协安全生产民主监督情况，动员部署机关生活垃圾分类工作。最后，主席张建祥总结本月主要工作，并对政协下阶段工作做部署安排。

四届四十四次（扩大） 7月2日，区政协召开四届四十四次主席（扩大）会议，主席张建祥主持会议。会议听取各专委会主任6月份工作汇报及7月份工作计划，学习《中共苏州市吴中区委关于规范政商交往构建亲清新型政商关系的工作意见》，解读区政协《关于吴中区四届政协党组成员联系党员委员、党员委员联系党外委员的活动方案》，传达苏州市政协召开的各市区政协主席座谈会精神和江苏省政协“有事好商量”协商议事工作座谈会精神。最后，主席张建祥总结本月主要工作，并对政协下阶段工作做部署安排。

四届四十五次（扩大） 7月30日，区政协召开四届四十五次主席（扩大）会议，主席张建祥主持会议。会议听取各专委会主任7月份工作汇报及8月份工作计划，学习习近平总书记在企业家座谈会上的讲话，传达区委专题学习会“市委组织部关于做好领导干部个人有关事项报告专项整治工作”的精神。最后，主席张建祥总结前一阶段主要工作，并对政协下阶段工作做部署安排。

四届四十六次（扩大） 8月28日，区政协召开四届四十六次主席（扩大）会议，主席张建祥主持会议。会议听取各专委会主任8月份工作汇报及9月份工作计划，听取《吴中区政协推进“有事好商量”协商议事和指导小组人员名单》《吴中区推进“有事好商量”协商议事工作领导挂钩联系各基层政协工委分工》的起草说明，学习习近平总书记在扎实推进长三角一体化发展座谈会上的重要讲话，召开党风廉政建设专题会。最后，主席张建祥总结本月主要工作，并对政协下阶段工作做部署安排。

四届四十七次（扩大） 9月29日，区政协召开四届四十七次主席（扩大）会议，主席张建祥主持会议。会议听取各专委会主任9月份工作汇报及10月份工作计划，听取调研民主党派和联组讨论选题准备情况的说明，学习《习近平谈治国理政》第三卷相关章节，通报第四期委员能力提升班学习培训情况。最后，主席张建祥总结本月主要工作，并对政协下阶段工作做部署安排。

四届四十八次（扩大） 10月29日，区政协召开四届四十八次主席（扩大）会议，主席张建祥主持会议。会议听取各专委会主任10月份工作汇报及11月份工作计划，学习十九届五中全会精神。最后，主席张建祥总结本月主要工作，并对政协下阶段工作做部署安排。

四届四十九次（扩大） 12月3日，区政协召开四届四十九次主席（扩大）会议，主席张建祥主持会议。会议听取各专委会主任11月份工作汇报及12月份工作计划，学习习近平总书记在全面推动长江经济带发展座谈会上的重要讲话、习近平总书记在浦东开发开放30周年庆祝大会上的重要讲话，通报“有事好商量”协商议事室建设和社情民意报送情况。最后，主席张建祥总结本月主要工作，并对政协下阶段工作做部署安排。

四届五十次（扩大） 12月29日，区政协召开四届五十次主席（扩大）会议，主席张建祥主持会议。会议回顾12月份工作完成情况，提出2021年1月工作计划，会议要求机关全体工作人员齐心协力、全力以赴做好四届五次全会工作。会议还讨论办公室有关人事事项。

（庞洋洋）

参政议政

【助力实体经济发展】 持续聚焦实业兴区、创新强区、实体经济发展，围绕生物医药产业发展深度调研，形成《关于加快吴中区生物医药产业发展的建议案》，从全局高度看问题、做分析、提建议，得到区委书记陈嵘和区委副书记、代区长李朝阳批示。当好委员企业的“娘家人”，经常性联系走访委员企业，助推企业复工复产，收集委员企业诉求、解决企业实际困难，传递民营企业心声，回应侨台企业期盼，助力打造一流营商环境。重视人才软实力的支撑作用，针对引导青年创新、人才要素集聚、促进女性创业等方面鼓实劲、出实招、求实效。

【献策城乡生产建设】 搭建多层次协商平台，通过有序组织全委会整体协商、常委会重点协商、主席会议专题协商、专委会对口协商，为城市发展能力提升、答好产城融合的吴中答卷增活力、添动力、聚合力。针对重点交通工程、污水管网建设、“天穹计划”开展专题视察，积极推动将人民政协的政治优势转化为项目实施、工程建设以及政策落实的重要动力。助推安全吴中建设，围绕安全生产开展专项民主监督，区镇两级联动组织5个专项监督组，采用现场调研、听取通报、明察暗访等方式对全区各镇（街道）安全生产进行督查，就安全生产工作抓紧抓实、安全生产责任落细落实、安全隐患漏洞堵严堵实建可行可用之言、献精准精实之策、做助推助力之事。

【建言污染防治和生态保护】 配合省、市政协开展三级联动长三角区域污染防治协作专项监督和“群租房”整治民主监督“回头看”活动。区委、区政府、区政协召开“生态涵养建设”协商议事会，区委书记陈嵘与政协委员、村民代表共谋生态文明建设，共商绿水青山变为金山银山的转换通道，共话全区高质量发展的真知灼见。主席会议专题视察森林防火工作，政协委员们从加大宣传力度、加强科技攻关、注重队伍建设等多角度为守护吴中山水建言献策。

【“有事好商量”协商议事室全覆盖】 全区14个镇（街道），

189个村（社区）已建成“有事好商量”协商议事室，初步实现协商议事室全覆盖。以“有事好商量”协商议事月活动为依托，采用“区委点题、群众参与、党派响应”的征题方式，深入基层、走进群众、为民解忧，累计协商议题40个，收集意见建议120余条，切实推动政协协商与基层协商有效衔接。全区“有事好商量”协商议事工作得到市政协充分肯定和各级媒体宣传推广。（庞洋洋）

民主监督

【开展专题视察】 委员视察是履行民主监督职能的主要形式。2020年，区政协先后组织“企业复工复产”“交通工程建设”“乡村旅游”“重点交通工程建设推进”“森林防火”“垃圾分类”等主席会议视察及40余次专委会视察，参加委员180多人次。委员们深入实际、深入现场，认真了解情况，善于发现问题，现场问计献策，提出一些切实可行的意见建议，为有关部门在执行、落实政策时提供有力参考，进一步强化政协民主监督职能。

【推进民主评议】 坚持民主评议与服务大局相结合，改进民主评议方式，坚持区委、区政府决策部署到哪里，民主监督就跟进到哪里，监督力量就集聚到哪里，切实做到真帮忙、出满力、求实效。注重选择民生热点问题开展民主监督，着力促进民生改善和社会事业发展。针对配合苏州市政协就“安全生产”“群租房建设”“长三角区域污染防治”等开展专项民主监督，形成专项监督报告。2020年，80多位区政协委员被区有关部门和镇（区）、街道聘为特约监督员、特约检查员、行风评议员、党风联络员。广大政协委员，深入乡镇、街道、企业及服务对象，倾听民声、关注民意，对事关群众利益、事关社会稳定的问题及时收集反馈，提出100余条社情民意，一批群众期盼要事、民生改善实事、基层治理难事得到及时有效地解决。关注公立医院建设，组织区卫健委、财政、人社等相关部门，对进一步建立健全区属公立医院运行保障机制进行调研，形成调研报告，得到区委、区政府主要领导肯定。

【做好提案办理】 2020年，广大政协委员和区政协各参加单位积极围绕全区经济社会发展的重大问题和人民群众普遍关心的热点难点焦点问题提交提案，共立案提案143件。其中，涉及经济建设方面的35件，城建管理方面的43件，科教文卫体方面的42件，社保、法治、统战、精神文明等方面的23件。提案分送46个单位办理。确定区委主要领导督办提案、政府各区长领办提案8件，政协各主席重点督办6件。虽然受到疫情影响，经区政协会同区政府及办理单位的共同努力，143件提案全部按时办结，提案办结率、满意率均为100%。在提案办理过程中，区四届政协不断创新工作举措，做到主席会议、常委会议定期专题研究提案工作，主席分工督办重点提案，协同政府领导现场会办难点问题，提高提案的办结率，开展提案办理“回头看”活动，检验提案办理成效。（庞洋洋）

表9-1 吴中区政协优秀提案（2020年）

提案单位（人）	案由	主办单位
区工商联	关于进一步优化营商环境助推民营经济高质量发展的建议	工信局
区无党派知识分子联谊会	关于提升美丽乡村建设品质的建议	农业农村局
金庭镇政协工委	关于加快推进东山、金庭两镇生态涵养区建设的建议	生态环境局
九三学社吴中区基层委员会	关于“办好职业教育，服务区域经济发展”的几点建议	教育局

续表

提案单位（人）	案由	主办单位
民盟吴中区基层委员会	关于加快适老化改造，助推我区智慧健康养老服务发展的建议	民政局
民建吴中区基层委员会	关于优化吴中区招商体制机制的建议	商务局
民进吴中区委员会	关于挖掘吴地文化资源，打造休闲目的地的几点建议	文体旅游局
民进吴中区委员会	关于搭建互联网平台助推乡村振兴的建议	农业农村局
区政协社会事业委	关于将老式居民楼安装电梯列入政府实事工程的建议	住建局
农工党吴中区基层委员会	关于增加供给　提升内涵　促进妇幼全生命周期健康服务发展的建议	卫健委
九三学社吴中区基层委员会	关于进一步推进分级诊疗的建议	卫健委
民革吴中区基层委员会	关于乘苏州自贸区东风促进吴中区加工贸易企业发展的建议	商务局
民盟吴中区基层委员会	关于加强全区垃圾分类工作的建议	城管局
临湖镇政协工委	关于助推传统羊毛衫纺织等传统产业“焕发新春”的建议	工信局
横泾街道政协工委	关于在中小学增加校园体育活动的建议	教育局
民进吴中区委员会	关于推进“健康吴中”建设，建立儿童生长发育问题评估与教育指导诊治的建议	卫健委
区工商联	关于壮大我区民营经济的建议	工信局
杨霞、王伟忠	关于推进吴中区产城融合发展的建议	发改委
曹富、顾炯文	关于加强对太湖渔歌进行保护和传承的建议	文体旅局
文艺界联名	关于加强蠡墅、郭巷集镇历史遗存保护的建议	文体旅局
缪根荣、翁巧荣、温俊彪	关于加强对物业企业考核管理的建议	住建局
李纯	关于进一步加快制造业转型升级，推动实体经济发展的建议	工信局
王晓岚	关于建立产业类项目审批承诺制的建议	行政审批局
柳荣伟	关于促进茶产业发展的几点建议	农业农村局
金琦	关于将吴中大道西段改造成以高架或隧道下穿红绿灯路口的快速路的建议	交通运输局
王伟忠	关于进一步推进吴中区文旅融合发展的建议	文体旅局
朱妍	关于通过引进群众文化专业人才，加强群众文化建设的建议	文体旅局
唐伟	关于对综合执法单位共享公安、交通部门道路监控资源的建议	吴中公安分局
韩跃国	关于进一步优化产业布局结构，重点吸引和服务大院大所落户发展的建议	科技局
沈建国	关于建立吴中区职业体验中心的建议	教育局
胡莹	关于加强社区治理顶层设计的建议	区委政法委

（区政协办）

编辑：洪　蕾

纪检监察

综　述

【概况】 2020年，以习近平新时代中国特色社会主义思想为引领，增强"四个意识"，坚定"四个自信"，做到"两个维护"，忠实履行党章和宪法赋予的职责，坚决贯彻落实党中央和省、市、区委重大决策部署，持续正风肃纪反腐，发挥监督保障执行、促进完善发展作用，为吴中夺取双胜利提供坚强保障。全区精准运用监督执纪"四种形态"处理710人次，第一、第二、第三、第四种形态分别占比66.8%、26.7%、2.3%、4.2%，挽回直接经济损失485.73万余元。

【纪检监察队伍建设】 加强队伍建设，打造忠诚干净担当的纪检监察铁军。落实队伍建设主体责任，带头建设让人民群众满意的模范机关。落实《提名考察办法》，突出年轻干部培养，出台全链式精培机制。落实全员培训要求，根据"能力建设提升年"要求，以全面增强业务本领为重点，分层分类加强对全区纪检监察干部培训。开展"打铁必须自身硬"暨"铸魂强基作表率"专项行动，健全内控机制，落实江苏省纪检监察干部"八严禁"要求，开展纪检监察干部家庭"廉内助""贤内助"廉政家风教育，严防"灯下黑"。

（赵　越）

重要会议和活动

【中国共产党苏州市吴中区第四届纪律检查委员会第五次全体会议】 4月30日召开，出席会议的区纪委委员14人，列席会议60人。全会认真学习贯彻习近平总书记在十九届中央纪委第四次全体会议上的重要讲话和中央纪委四次全会、省市纪委五次全会精神。区委书记陈嵘在全会上作讲话，对做好2020年纪检监察工作提了三点要求：一是要提高政治站位，践行"两个维护"，深刻领会习近平总书记重要讲话精神；二是要注重协同推进，保障"落细落实"，持续巩固反腐败斗争压倒性胜利；三是坚持以上率下，做到"胸怀坦荡"，带头保持清正廉洁政治本色。全会审议通过了区纪委书记、监委主任方伟军代表区纪委常委会所作的题为《牢记初心使命　忠诚履职尽责　为吴中争当高质量发展"优等生"提供坚强保障》的工作报告。

【暴式昭纪念馆开馆】 8月20日，吴中区暴式昭纪念馆开馆。区委书记陈嵘，市纪委副书记、监委副主任邹洪凯，河南省滑县县委常委、纪委书记、监委主任

2020年8月20日，暴式昭纪念馆经改造升级后正式开馆　区委宣传部　供稿

冯刚出席活动并致辞；吴中区纪委监委领导班子成员，各镇（区、街道、场）党（工）委书记、纪（工）委书记参加活动。改造后的暴式昭纪念馆分为馆前广场、门厅、生平事迹展厅、后世评价展厅、多媒体展厅等部分，展陈内容更加丰富，展陈形式更加新颖，宣教效果更加显著。

【危化品安全生产专项巡察动员部署会】 8月31日，召开危化品安全生产专项巡察动员部署会。对区委危化品安全生产专项巡察进行动员部署。会议要求深刻认识开展危化品安全生产专项巡察的重要政治意义、现实意义、实践意义，把思想和行动统一到中央和省、市、区委最新部署要求上来，严格对标省委巡视，紧跟市委巡察，督促各职能部门和相关单位以高度的政治自觉抓好安全生产，做到“两个维护”，确保安全生产工作常抓不懈、警钟长鸣，为吴中高质量发展夯实安全根基。（赵　越）

纪检监察工作

【落实全面从严治党“两个责任”】 督促各地区各部门对领导班子、领导干部履行管党治党政治责任情况如实记录，上报省履责记实平台2600余条，加强对填报内容的监督检查，提升录入质量。把问责作为推动全面从严治党的重要抓手，围绕区委中心工作，对主体责任虚化、责任落实软化等问题严格精准问责，共问责党员干部28人，以追责问责倒逼“两个责任”落实。全区政治生态持续向好，收接信访举报总量比上年下降31.8%、重复举报数比上年下降38.8%。

【政治监督】 推进政治监督具体化、常态化，紧紧围绕习近平总书记重要指示批示精神和党中央重大决策部署跟进监督，确保政令畅通。面对新冠肺炎疫情，全区纪检监察组织迅速行动，成立18个专项监督工作组，开展“四不两直”督导，紧盯社区防控、交通管控等方面问题，压紧压实责任，督促落实落细防控措施。推进“阳光扶贫+”监管系统、污染防治监管平台、地方政府隐性债务监管系统应用，发现、督促整改操作不规范、督办不及时等问题，推动“三大平台”运用到位，助力打赢三大攻坚战。聚焦太湖禁捕退捕精准监督，出台专项监督方案，下发监督工作专函，保障党中央关于长江流域禁捕退捕的工作部署落到实处。推进安全生产问题隐患排查处置整改，督促推进“小化工”专项整治行动，加强对整改落实情况的监督检查。全区安全生产事故数比上年下降66.7%，死亡人数比上年下降50%。

【反腐败工作】 查处群众身边不正之风和腐败问题57起80人，给予党纪政务处分73人。聚焦基础教育、“三资”监管、民生实事工程等群众反映强烈问题，深入排查、精准施治。开展低保金、尊老金、残疾人补贴资金专项监督，严肃查处优亲厚友、弄虚作假等问题，党纪政务立案15人，问责处理108人，追缴资金27万余元。聚焦农村集体“三资”监管，持之以恒开展乡村振兴“护航行动”，三年来累计清缴历史拖欠的集体资产租金3.77亿元，清理租期超长、低于指导价合同600余份，巩固监管成效。深挖黑恶势力“保护伞”，查处违纪违法人员18人，运用“第一种形态”处理9人，党纪政务立案9人，其中移送司法机关3人。推动“套路贷”等非法金融活动专项治理，落实协同工作方案，督促用好非法金融活动信息监测平台，守护好人民群众的“钱袋子”。紧盯重大工程、重点领域、关键岗位，共立案253件，立案数比上年增长10%，自办案件率达78.3%，移送司法机关10人。做好审查调查“后半篇文章”，研究案发规律，查找制度漏洞，制发纪律检查建议17份、监察建议25份。常态化、制度化开展警示教育，协助区委召开全区领导干部警示教育大会，拍摄《公私分明　从政之德》警示片，教育党员干部万余人次。挖掘吴中丰厚的廉洁文化资源，打造“环太湖廉洁文化带”，丰富廉政教育载体。

【作风建设】 认真贯彻落实习近平总书记关于坚决制止餐饮浪费行为重要指示精神，督促开展“厉行节约、反对浪费”专项行动。紧盯隐形变异问题，开展私车公养专项治理，党纪政务立案5件，遏制“车轮上的腐败”。常态化开展“清风行动”，对党的十八大之后不收敛不收手的从严从重处理，共查处违反中央八项规定精神问题53起63人，党纪政务处分56人，通报典型案例52起。协助区委落实《集中整治形式主义、官僚主义三年行动计划》，督促各地区各部门及时开展整改工作，查处形式主义、官僚主义问题29起33人。落实基层减负年要求，加强对基层减负措施执行情况的监督检查，区级文件、会议数比上年分别减少12.85%和5.21%。落实“1+5”制度体系要求，协助区委用活用好“三项机制”，积极开展容错纠错，加强典型案例通报，对12人予以容错纠错。建立澄清正名机制，为14名党员干部及时澄清正名。教育帮助违纪违法的党员干部纠错改过、回归正道，对受处分党员干部开展回访恳谈47人次。

【巡察工作】 全年开展3轮常规巡察和对村（社区）专项巡察、1轮危化品安全生产专项巡察。全区范围内区级机关部门（区属国有企业）、镇（街道）已巡察65个，覆盖率达95.6%；村（社区）已巡察154个，覆盖率80.2%。准确把握政治性与业务性的关系，在点透具体问题、指出突出问题上下功夫，全年累计反馈问题643个，提出意见建议89条。全程跟进市委对村提级巡察“回头看”被巡4个村（社区）的整改工作，整改完成率90%。对四届区委以来被巡察党组织整改落实情况开展3轮专项督查，抽取32个党组织进行驻点督查，督促被巡察党组织真改实改、各类反馈问题清零见底。对区级机关部门（区属国有企业）、镇（街道）巡察反馈问题已整改完成650个，对村（社区）巡察反馈问题已整改完成1528个。

【派驻工作】 建立“1234日常监督联动体系”和“一人一委一网”工作机制，规范基层小微权力，推动基层治理体系和治理能力现代化。深化派驻机构改革，出台工作规定和分片协作工作办法，聚焦营商环境、专项资金审核等37个专题深入开展聚焦式监督。着力推动纪律监督、监察监督、派驻监督、巡察监督“四项监督”统筹衔接、贯通融合，在实现监督全覆盖基础上，协助区委把加强“四项监督”统筹衔接作为履行全面从严治党主体责任的重要内容，制定完善工作机制，定期开展专题研究，全面推动信息、手段、成果共享，有效实现监督力量再整合、监督效果再提升，确保制度优势更好转化为治理效能。（赵　越）

编辑：吴晴艳

民主党派·群众团体

民盟吴中区基层委员会

【概况】 2020年，中国民主同盟苏州市吴中区基层委员会（简称“民盟吴中区基层委员会”）下设8个支部。年内发展新盟员15人，转入盟员5人，年末共有盟员193人。盟员中有民盟江苏省委委员1人，苏州市政协委员1人，吴中区人大代表2人、政协委员25人，副科级以上领导干部14人。民盟吴中区基层委员会以习近平新时代中国特色社会主义思想为指导，践行民主党派“四新三好”要求，贯彻落实民盟上级组织和中共吴中区委的决策部署，坚守初心，砥砺奋进，对标新要求，谋划新发展，展现新面貌。是年，民盟吴中区基层委员会获得“民盟苏州市2019—2020年度先进集体”称号；医卫支部获得“江苏民盟抗击新冠肺炎疫情先进集体”称号。

【专题学习】 2020年，民盟吴中区基层委员会继续开展专题学习教育，组织全体盟员学习习近平新时代中国特色社会主义思想，贯彻落实中共十九大、十九届五中全会和省、市民盟重要会议精神。通过专题学习教育，增强“四个意识”，坚定“四个自信”，做到“两个维护”，提升盟员的政治素养，增强多党合作的思想共识。年内，组织新盟员参加民盟上级组织的全国两会精神传达、中共苏州市委统战部举办的“坚持和发展中国特色社会主义学习实践活动系列报告会”专题讲座。

【疫情防控】 2020年，在新冠肺炎疫情防控活动中，民盟吴中区基层委员会在第一时间发动全体盟员奉献爱心，助力疫情防控工作，累计捐款捐物16.47万元。主委赵建明等相继陪同中共苏州市委统战部、中共吴中区委统战部领导，先后走访盟员企业苏州瑞兴医院集团有限公司、苏州市馨海园林花木有限公司、苏州格瑞特人力资源有限公司，调研盟员企业疫情防控期间生产和发展情况，协助盟员企业实现疫情当前少减速、疫情过后加速跑，降低疫情对生产和发展的影响程度。盟员于晓明作词的原创音乐作品《我用生命守护你》《没有硝烟的战壕》《你不是一座孤岛》《武汉武汉》等4首歌曲，为疫情防控工作助力。宋银林、郑欢东等11位盟员围绕吴中区经济发展、医疗救助、疾病预防控制等内容，相继上报抗击疫情社情民意信息10余篇。是年，王晓明、朱俊明等6位盟员获得民盟苏州市委授予的“抗击疫情先进个人”称号；侯念龙、茅晓风等3位盟员获得中共吴中区委统战部颁发的“吴中区党外人士疫情防控先进个人”称号。

【基层阵地建设】 2020年，民盟吴中基层委员会贯彻落实《苏州市各民主党派“党派成员之家”建设指导意见》等文件精神，加强民主党派基层阵地建设，着力打造民盟吴中基层委员会的学习、活动、服务三大基层建设阵地，为履行民主党派职责提供保障。年内，经过多轮筹划和调研，确定将在吴中民盟发展史上具有里程碑意义的“盟员之家”基地，设立在甪直高级中学。“盟员之家”基地的正式设立，有利于发挥民盟与社会各界的沟通桥梁作用，为盟员思想建设提供学习环境，为组织活动提供载体保障，为社会服务增强基层活力。

【参政议政】 2020年，在吴中区政协四届四次全会上，民盟吴中基层委员会向大会提交集体提案15件、个人提案2件、市政协提案1件、社情民意31件。盟员殷人平撰写的《关于加快适老化改造，助推我区智慧健康养老服务发展的建议》、韩跃国撰写的《关于进一步优化产业布局结构，重点吸引和服务大院大所落户发展的建议》、朱妍撰写的《关于通过引进群众文化专业人才，加强群众文化建设的建议》、宋银林撰写的《关于加强全区垃圾分类工作的建议》、沈建国撰写的《关于建立吴中区职业体验中心的建议》等5件提案，被列为吴中区政协2020年度优秀提案；蒋红萍、朱妍2位盟员获得吴中区政协授予的“2020年度优秀政协委员”称号。

【支部活动】 2020年，民盟吴中基层委员会各支部依托自身实际，按季度开展内容丰富、形式多样的支部活动。综合一支部联合民盟苏州市姑苏区基层委员会四支部开展“夜游苏博馆”活动，为苏州夜经济发展建言献策；综合二支部开展“厉行节约，反对浪费”主题调研，提倡制止餐饮浪费的社会新风尚；经科一支部赴盟员企业——苏州海蕴公爵酒业有限公司调研，了解盟员企业在抗击新冠肺炎疫情期间的复产复工情况；经科二支部和教育一支部联合开展“治理生态环境，谋求绿色发展”走进韩博集团的调研活动，感受生态文明建设新趋势；医卫支部组织盟员参观吴文化博物馆和吴中区公共文化中心，感受吴中文化事业的建设和发展；教育一、二支部在吴中中等专业学校开展以“学全会精神，撰提案议案”为主题的联合活动；文化支部以“文化”为主线，到吴文化博物馆调研，探寻吴地本土历史传承和精品文化。10月25日，各支部组织退休盟员在中共吴中区委党校旺山新校区开展联谊活动，欢聚一堂，共度农历庚子年重阳佳节。

【社会服务】 2020年，民盟吴中基层委员会组织盟员积极履行社会责任，助力脱贫攻坚，为贫困对象做实事、做好事。盟员俞向龙向对口支援单位——贵州省铜仁市石阡县助推“阡货出山”农特产品30套，折合资金1.2万元；徐年华向吴中区蠡墅小学家庭困难学生捐赠助学金0.28万元；许正江完成“劳务协作”任务，助力精准扶贫微视频制作，上报民盟苏州市委和吴中区委统战部。

【岗位业绩】 2020年，盟员韩跃国创办的企业——韩博集团与中国农业大学联合成立有机循环（苏州）研究院，获得国家“十三五”重点研发计划立项，在垃圾分类、有机垃圾就地处理和资源化集约利用等方面做出贡献。朱妍、史志晔、王巧珍3位盟员分别被中共江苏省委宣传部、组织部评为2020年江苏省优秀群文骨干、江苏省乡土人才“三带”能手、2020年江苏省“三带”能人。宋银林获得民盟苏州市委“2019—2020年度参政议政工作先进个人”称号。徐年华获得“一盟新思”苏盟云议厅议政活动一等奖，王中原等4位盟员和仇辰焕等4位盟员分别获得该项议政活动的二等奖、三等奖。郑欢东、张达获得民盟苏州市委2019—2020社情民意三等奖。宋梅英获得“第三届苏州市工艺美术大师”称号。杨茵、冯中芹分别被苏州市教育局评为2020年市教科研先进个人、市中小学学科带头人。刘德珍获得2020年苏州万名“最美劳动者”称号。蒋静佳团队获得2020年吴中区第九套广播体操比赛团体二等奖。朱晓燕获得“2020年胥口镇好人”称号。

（徐向东）

民进吴中区委员会

【概况】 2020年，中国民主促进会苏州市吴中区委员会（简称“民进吴中区委”）下设9个支部，年内发展新会员9人，年底共有会员207人。会员中有江苏省政协常委1人，苏州市政协委员2人，吴中区人大代表5人（其中常委1人）、政协委员42人（其中常委6人）。是年，民进吴中区委围绕建设新时代中国特色社会主义参政党的新形势、新任务，坚持把政治标准放在首位，增强“四个意识”，坚定“四个自信”，做到“两个维护”，继续做好宣传和思想教育工作，从讲政治的高度规范会员的一言一行。全面践行习近平总书记提出的“四新三好”要求，以“不忘合作初心，继续携手前进”主题教育活动为主线，抓实“履职能力建设”主题年的各项工作，在思想建设、组织建设、参政议政、社会服务等方面取得新成绩。通过各种有效形式，贯彻落实习近平总书记在党外人士座谈会上的重要讲话和全国两会精神。通过宣传思想教育和专题学习，提高会员的政治敏锐性，确保207名会员人人与党同心同德，政治上高度一致。组织会员学习贯彻《中国民主促进会宣传思想工作条例》精神，做好新形势下宣传思想工作。通过主题教育活动，向社会宣传民主党派的良好形象。按照中国民主促进会章程和民进吴中区委的部署，民进吴中区委下设的9个支部顺利完成支部换届工作，选举产生新一届支部领导班子。民进吴中区委分别获得民进江苏省委机关目标考核二等奖、参政议政成果二等奖，主委周黎敏获得“民进全国履职能力先进个人”称号。

【参政议政】 2020年，民进吴中区委围绕吴中区委、区政府中心工作，拓宽调研渠道，丰富调研手段，创新调研方式，提高调研和参政议政效率，以严谨的作风扣好履职尽责的第一粒扣子。是年，在吴中区召开两会期间，提交集体提案10件、个人提案10件，涉及经济、医疗、教育、文化、法律、环境保护、社会治理等多个领域，获评本年度区政协集体优秀提案2件、联名优秀提案2件、个人优秀提案1件。其中，集体提交的《关于推进吴中区产城融合发展的建议》获区政协主席督办提案。会员王西春、高兰平提交的2篇调研报告，获民进江苏省委“2019—2020年参政议政成果”二等奖。是年，民进江苏省委下达的关注课题1个、民进苏州市委下达的调研课题3个相继成功结题。民进吴中区委关注民生民情，利用信息工作平台建言献策，其中《疫情期间应建立复工信息查询平台系统》的建议被民进中央采用；有15篇调研信息相继被民进江苏省委采用并分别上报民进中央、中共省委统战部。年内，民进吴中区委多次组织会内各级人大代表、政协委员和相关课题组成员，赴光福、金庭、临湖农业园、联动中心等地进行调研活动。8月17日，民进吴中区委组织的第七期微议政沙龙在吴文化博物馆举办。民进吴中区委委员、各支部正副主委，会内各级人大代表、政协委员，机关和“虚拟机关”成员以及入会新会员参加活动。民进江苏省委，民进苏州市委，中共吴中区委和统战部、宣传部的相关领导应邀出席活动。微议政沙龙是民进吴中区委参政议政的创新举措和工作亮点。是日，顾民、潘爱明等6位会员分别从医疗保障、社会发展、乡村振兴三个方面汇报调研成果。

【抗击疫情】 2020年，在抗击突如其来的新冠肺炎疫情的战斗中，民进吴中区委组织会员坚持正确的政治方向，在非常时期担起非常之责，在关键时刻尽到关键之力，助力相关部门做好疫情防控工作。年初疫情来临之际，111位会员在第一时间献出爱心，筹得善款14.36万元。姚建萍、林伟星等5位会员通过各种渠道捐钱、捐物10万元。民进吴中区委召开“疫情防控期间企业复产复工情况及应对建议”企业家座谈会，了解企业的相关需求。民进江苏省委、民进苏州市委、民进吴中区委的相关领导分别赴民进会员企业——长征欣凯制药公司、博克企业集团、盛风苏扇艺术馆走访调研。疫情期间，青年志愿者会员深入社区、深入基层，主动加入抗击新冠肺炎疫情队伍；会员通过不同的形式，以诗歌表态明志，以书画礼赞英雄，以工艺作品鼓舞斗志，奋战抗击疫情。3月6日，吴中报道播出《用刻刀传递暖心战“疫”》，对会员夏栋的暖心事迹进行报道。姚建萍以一组刺绣作品《中国梦·花之梦·花韵系列》传递爱与力量，为夺取抗疫阻击战的胜利加油助威。是年，会员夏栋、李博获得民进苏州市委授予的“抗疫先进个人”称号，高兰平、顾民获得中共吴中区委统战部授予的“疫情防控先进个人”称号。

【脱贫攻坚】 2020年，民进吴中区委和开明经济界联谊会继续把脱贫攻坚、精准帮扶作为重点工作。会员姚建萍走进贵州三江、新疆伊犁、宁夏彭阳等贫困地区，开展刺绣技艺培训，进行文化扶贫。王丽卿的企业——苏州世友人力资源，同贵州省铜仁市德江县一起开通精准扶贫复工专车专列，与德江县中等职业学校签约校企合作方案，成立“铜仁之家”基金，用于东西部劳务协作到苏就业人员技能培训、学历提升等人力资源配套服务；封骅的企业——苏州得一鲜食品科技有限公司，为全区80岁及以上老年人、计划生育特扶人员捐赠2.6万多碗健康长寿面。年内，开明经济界联谊会、开明青年志愿者协会走进东山镇莫厘村扶贫帮困、扶贫助学，捐赠款物6000元。会员企业——苏州博克企业集团获得“江苏省希望工程‘圆梦行动’十五周年杰出贡献奖”。王丽卿、姚建萍被民进苏州市委评为“扶贫帮困先进个人”，王丽卿、钱家荣、钱向东被中共吴中区委统战部评为“脱贫攻坚先进个人”。

【岗位业绩】 2020年，在民进吴中区委引领下，民进会员的双岗建功业绩硕果累累，涌现出一批先进典型。在江苏省美术馆举办陆小琴核雕艺术作品展，陆小琴获得“苏州市三八红旗手”称号。在吴中区公共文化中心成功举办曹仁容画展暨研讨会。王玉国的散文《太湖雪饺》发表于《人民日报》。散文集《陇味儿》正式出版发行。唐华军创办的企业——苏州吴地集珍茶业的“太湖之春”牌洞庭山碧螺春，摘得国字号殊荣——中国绿茶杯·2020年第十届“中绿”杯金奖。林伟星创办的公司——成功人力资源集团，被列入2020年中国人力资源服务机构100强。周炳芳的作品《梅韵香涛》《欢跃》在第十七届中国梅花蜡梅展览会桩景类全景展出。沈向红的作品《午后的园林》《松之苍苍》分别入选第二届全国水粉画大展、第十二届全国水彩粉画作品展。王得众获评东吴教育领军人才，获得2020届高考科学指导奖。徐云被评为东吴卫生领军人才。周志文获得苏州市最美劳动者称号。朱熙荣获得苏州市教师素养大赛一等奖。翁珊姗获评吴中区班主任带头人。庄梅获2020年中考绩效优秀管理奖。苏文英获评2020年高考绩效教师。钱家荣被评为江苏省教科研工作先进个人。顾民被江苏省卫健委、江苏省财政厅评为2020省优秀基层卫生骨干人才。姚建萍、府向红、陆小琴三位工艺大师的优秀事迹，分别被《人民政协报》《光明日报》《中国艺术报》及中央电视台等多家国家级媒体报道，为传承

弘扬苏作工艺，扩大民进影响力做出贡献。（王根兴）

九三学社吴中区基层委员会

【概况】 2020年，九三学社苏州市吴中区基层委员会（“简称九三学社吴中区基层委员会”）下设城区、开发区、度假区3个支社，1个青年工作委员会。年内发展新社员2名，转出社员1名，年末共有社员56名。社员中担任苏州市、吴中区两级政协委员的有9名。九三学社吴中区基层委员会以习近平新时代中国特色社会主义思想为引领，学习贯彻习近平总书记关于民主党派“四新三好”、建设新时代高素质中国特色社会主义参政党的总要求，结合九三学社中央开展的“不忘合作初心，继续携手前进”主题教育活动，秉承九三学社“爱国、民主、科学”的优良传统，继续加强政治建设、思想建设和组织建设，履行参政党职能。开展调查研究、建言献策和社会服务，发挥社员的自身优势，各项工作都取得新的进展。九三学社吴中区基层委员会分别被九三学社江苏省委评为“社会服务先进集体”，被九三学社苏州市委评为2020年宣传工作先进集体；社员范檬被九三学社苏州市委评为思想宣传先进个人；于志新、刘中华被九三学社苏州市委授予参政议政先进个人二等奖。

【参政议政】 2020年，九三学社吴中区基层委员会继续做好民主党派参政议政工作。在年初召开的吴中区政协四届四次会议上，提交集体提案7件、个人提案7件；在苏州市政协召开第十四届四次会议期间，提交提案3件。其中，集体提交的区政协提案《关于“办好职业教育，服务区域经济发展”的几点建议》《关于进一步推进分级诊疗的建议》被评为吴中区“2020年度优秀政协提案”。社员刘中华、于志新参与2020年度九三学社苏州市委参政议政课题招标活动，分别撰写和完成《合理使用社保费率杠杆，助力经济发展》《创新发展职业教育，缓解区域用工困难（以苏州市为例）》2篇调研报告。由社员陆费红主笔撰写的调研报告《突发公共事件下基层政府出具规范性文件合法性审查的必要性》，于10月20日在中共吴中区委统战部举办的“2020吴中区党外人士参政议政调研成果交流会”上交流。

【思想建设】 2020年，九三学社吴中区基层委员会以习近平新时代中国特色社会主义思想为指导，继续加强思想建设。6月11日，九三学社吴中区基层委员会与九三学社苏州高新区基层委员会联合举办“坚守初心 担使命 凝心聚力再出发”主题教育活动，特邀苏州市政协研究室主任张焕强、苏州大学附属第一医院消化科主任医师李锐为大家授课。张焕强主任结合九三学社思想建设实际，就社员代表如何履职尽责、撰写政协提案和社情民意等方面，提出诸多建议；李锐主任将他在抗击疫情期间驰援武汉52天的亲身经历，与大家分享。后期，《苏州日报》对本次活动进行报道。

【社会服务】 2020年，九三学社吴中区基层委员会发挥民主党派自身优势，组织开展各类社会服务活动。11月14日，联合九三学社苏大附二院支社共13名医卫专家，赴吴中区瑞颐养老社区举办第三十二届中国“国际科学与和平周”义诊活动，为社区居民进行医疗卫生咨询、疾病诊断和预防保健服务200多人次。

【抗击疫情】 2020年2月，抗击新冠病毒疫情期间，九三学社吴中区基层委员会闻风而动，组织发动社员捐款，募集资金，短短10天内共募捐人民币34060元，分两批直接送达苏州援武汉医护团队，用于队员添置日常生活用品和提高餐食补贴，为抗击疫情做出无私贡献。九三学社江苏省委、九三学社苏州市委和“今日头条”等媒体都对此项社员捐款做了相关报道。年内，社员朱永平、杨学兰为防控疫情捐款捐物、建言献策，获得苏州市政协表彰。

【岗位建功】 2020年，社员陆费红律师获得中共吴中区委、区人民政府颁发的2019年度“法治吴中”建设先进个人称号，徐志红获得中共吴中区委统战部颁发的吴中区2020党外人士疫情防控先进个人称号，于志新获得吴中区教育局颁发的“吴中区优秀教育工作者”荣誉称号，骆建平的2篇医学专业论文分别被发表在《细胞与分子药物杂志》《国际免疫药理学》等刊物上，秦琦峰参与作曲的作品《情韵姑苏》获得第十四届江苏省“五星工程奖”，刘中华撰写的调研报告《社保降费率政策的影响分析》获苏州市社保局授予的三等奖。（范 檬）

吴中区工商业联合会

【概况】 2020年，苏州市吴中区工商业联合会、总商会（简称“区工商联”）共有镇（区、街道）基层商会、区级行业商会、直属商会33家。其中基层商会15家、行业商会13家、直属商会5家。会员总数2522个，其中企业会员2402个、团体会员59个、个人会员61个。区工商联以习近平新时代中国特色社会主义思想为指导，贯彻党的十九大和十九届五中全会、苏州市重点民营企业座谈会精神，围绕中共吴中区委、区政府中心工作，发挥工商联的桥梁纽带和助手作用，提升服务“两个健康”的能力和水平，各项工作取得新进展。是年，吴中区医药行业商会获得全国工商联授予的“四好商会”称号，开发区总商会等5家商会获得江苏省工商联授予的“四好商会”称号，度假区商会等24家商会获得苏州市工商联授予的“四好商会”称号。

【参政议政】 2020年1月，吴中区政协召开四届四次会议期间，区工商联向大会提交集体提案7件，其中《关于进一步优化营商环境助推民营经济高质量发展的建议》和《关于壮大我区民营经济的建议》分别获评中共吴中区委书记督办提案和吴中区政协优秀集体提案。抗击新冠肺炎疫情期间，区工商联、各商会负责人相继走访调研100多家企业，及时向区委、区政府提交《新冠肺炎疫情对我区民营经济影响的调研报告》，提出应对疫情防控和复工复产的对策建议。通过对民营经济发展调研和分析，梳理企业家在“主题沙龙”活动中提出的意见建议，向区委、区政府主要领导提交《当前我区民营企业发展面临的困难挑战及建议》。年内，继续做好上年度全国工商联部署的上规模民营企业调研和社会责任调研工作，吴中集团、苏州东山精密制造股份有限公司（简称“东山精密”）入选中国民营企业500强。

【教育引导】 2020年，区工商联先后举办民营企业家培训班，及时传达贯彻习近平总书记在民营企业家座谈会上的重要讲话精神，加强教育引导，坚定民营企业发展的信心。主动配合相关部门，宣传疫情防控期间苏州市的“惠企十条”、吴中区的“援企十条”等助力企业复工复产的若干政策意见。做好贯彻执行《区委关于规范政商交往构建亲清新型政商关系的工作意见》相关工作，研究起草政商交往《两项清单》文稿，构建亲而有度、清而有为的政商关系。年内，联合吴中区法院共同制定服务全区民营经济高质量发展的6项协同保障机制和4项协作制度。与吴中区检察院共同举办“服务‘六稳’‘六保’护航民企发展”检察开放日活动。与区司法局联合召开“强化司法担当、共优营商环境”新闻发布会，通报近年来优化营商环境典型案例；共同开展“法治体检四进四送”专项法律服务活动，了解和解释企业在房租减免、劳动用工、合同纠纷、知识产权保护等方面的法律问题，从专业角度提出具体措施和对策建议；为企业送上《新冠肺炎疫情防控热点问题法律解答》等法律指引，增强企业风险防控能力。联合吴中区市场监督管理局等单位，开展“优化营商环境　助力企业发展”暨2020年吴中区知识产权“护航”行动。

【组织建设】 2020年，区工商联继续提升“党建引领、抱团联建”党建品牌质效。内“联”区工商联所属商会党组织，建立和形成“1+5”非公党建组织格局（即区工商联党支部+区医药行业商会党支部、汽车行业商会党支部、印刷行业商会党支部、安徽太湖商会党支部、区模具智造产业联盟党总支）；成立区智能制造产业联盟党支部，扩大行业商（协）会党组织覆盖面。开展“党建引领、药企惠民”等系列活动，建立“号外云”医药信息云服务平台。新冠肺炎防疫期间，通过雷允上、健生源、“号外云”药店联盟，按成本价向吴中区居民供应“惠民口罩”80余万只，及时满足吴中区居民的防疫需求；利用“号外云”平台与奥健医卫、灵岩医疗等6家企业携手，在全市设立口罩等防疫用品常年投放定点药房，面向苏州大市居民投放。开展党员志愿服务，联合区医药行业商会、澹台湖大酒店党支部，开展“学雷锋”党员志愿者活动6期，为阳光苑社区居民送上常规医药咨询、血糖血压测量、牙科服务、理发、磨刀等志愿服务。推进组织建设规范化和“四好商会”创建工作，开展以“比服务水平、比组织发展、比建言献策、比自身建设，创一流水平”为主要内容的“四比一创”活动；指导区工商联所属商（协）会实施组织规范化、工作制度化、活动正常化建设。

【服务会员】 2020年，抗击新冠肺炎疫情期间，区工商联助力和服务企业复工复产。在奋力夺取生产、疫情防控双胜利中展现区工商联的担当和作为。年初，区工商联成立疫情防控和企业复工复产指导小组，分两组赴全区各板块、各行业走访调研民营企业疫情防控和复工复产情况，及时通报疫情防控要求和复工复产政策信息。通过调研，联合区商务局等单位制定《吴中区餐饮业单位复业复市营业指南》，发布首批40家开放婚宴餐饮企业名单。陆续完善疫情管控方案，加强事前、事中、事后监督管理，主动配合区市场监督、卫生健康、商务等部门，联合进行现场指导检查，严格落实疫情防控措施。贯彻落实苏州市重点民营企业座谈会精神，起草《关于贯彻落实全市重点民营企业座谈会“三项制度”的实施方案（征求意见稿）》，成立区“三项制度”成员工作小组，用足用好民营企业家主题沙龙、微信群联系、信息直报三项制度，联合区工业和信息化、地方金融监督管理局，分类筹建“勇创大业”群、“勇攀高峰”群、“亲清同行”

2020年9月26日，吴中区2020年第四期民营企业家沙龙活动在东太湖科技金融城举办

吴中金控集团　供稿

群，制定下发《关于建立民营企业信息直报制度的实施办法（试行）》。年内，组织“勇抗疫 促发展 优未来”等民营企业家主题沙龙5期；完成信息直报3期，梳理反映意见建议117条，及时跟踪反馈办理情况，对于企业家的声音、意见、诉求，让区委区政府听得到、看得到、办得到，发挥工商联组织的纽带和桥梁作用。

【光彩事业】 2020年，区工商联助力区委、区政府和相关部门打赢疫情防控阻击战，引导民营企业在疫情防控中捐款捐物。疫情期间，各商（协）会及会员企业捐款捐物4100多万元。其中，东山精密捐款1000万元，苏州汇川技术有限公司捐款700万元，葛兰素史克及惠氏制药捐款捐物258万元，苏州电科院有限公司、东瑞制药有限公司分别捐款200万元，苏州银禧科技有限公司捐款150万元，苏州中科药物研究开发有限公司、苏州国辰生物科技有限公司分别捐款100万元，苏州素仕生物科技有限公司捐赠600万元药品，苏州天吉生物科技有限公司捐赠价值300万元的临床急需免疫调节剂（立啶Ⓡ注射用胸腺法新），江苏吴中医药集团有限公司捐赠价值110万元的药品玛诺苏、芙露饮等。东山精密、苏州天马医药集团获得“全国工商联抗击新冠肺炎疫情先进民营企业”称号。

【“万企联万村 共走振兴路”行动】 2020年，区工商联开展“万企联万村 共走振兴路”行动，弘扬企业家奉献社会、扶贫帮困、履责担当的精神。贯彻落实区委、区政府东西部对口协作要求，首批推选5家企业参与对接和签约活动。组织商（协）会和企业赴贵州省德江县开展调研和投资考察，推进吴中经济技术开发区总商会与德江县潮砥镇陈袁村结对帮扶；动员企业采购德江县农产品，价值18余万元。继续做好云南省曲靖市会泽县的扶贫挂牌督战工作，吴中高新区商会、区医药行业商会分别与会泽县老坪子村、九龙村签订帮扶协议，捐助帮扶项目资金20万元。加强吴中区第五轮经济相对薄弱村的结对帮扶工作，帮助当地贫困家庭销售枇杷、杨梅等农产品，共计10万余元；推进“三级三联”走访慰问，做好贫困家庭和贫困学生结对帮扶，区工商联及各商（协）会走访慰问贫困家庭和学生170多户，捐款20多万元；金庭镇商会向金庭镇东村村贫困户捐款2.2万元。落实残疾人托养中心（爱心基地）长效帮扶机制，为残疾人送去价值6万余元的食品、年夜饭、常用药品等。 （艾云松）

吴中区总工会

【概况】 2020年，全区建会389家，其中单独建会213家、覆盖建会150家，完成会员实名制录入2.5万人。先后建立吴中综合保税区——吴淞江科技产业园工联会、江苏吴中高科创业投资有限公司第一工园工联会。苏州市吴中区总工会（简称“区总工会”）指导服务29家区级机关单位的工会组建、换届工作，完成6个行业26家单位的建会工作。区总工会以习近平新时代中国特色社会主义思想为指导，围绕区委、区政府工作中心，紧跟发展需要，紧贴职工需求，有序推进各项工作，为推进吴中高质量发展、夺取疫情防控和经济社会发展双胜利做出贡献。区总工会被江苏省总工会评为“2018—2020年度全省推动厂务公开民主管理工作先进单位”。

【固本强基工作】 2020年，区总工会宣传和弘扬劳模精神、劳动精神、工匠精神，继续做好思想引领和固本强基工作。举办劳模精神“四进”主题宣讲活动10场，参加活动的有1200人次。发挥劳模优良品格和先进事迹的主阵地作用，劳动模范事迹馆接待参观团体58批1600多人次。推进职工素质提升工程，开展“送教上门”活动，举办职工素质培训16场，800多人参训；实施“求学圆梦”计划，举办在职职工成人学历提升教育班，共有87家企业的265名职工参加培训；举办育婴员、电工、中西式面点等职工技能培训34场，参加培训职工1200人，其中通过考核并取得国家职业资格初级证书1005人。

【维权机制建设】 2020年，区总工会开展“春季集中要约”行动，全年签订工资专项集体合同企业5173家，其中百人以上企业360家、覆盖企业3458家，30家企业被评为苏州市集体协商质效评估三星级企业。区总工会在苏州市工会首届法律暨集体协商技能竞赛中获得一等奖。是年，全区共有工会劳动法律监督员1658名，形成区、镇（街道）、社区（企业）三级工会劳动法律监督网络。年内，建立工会劳动关系分类分级预警制度，协助各级党委、政府妥善预防和化解各类劳动关系矛盾，依法维护劳动者各项权益。

【服务职工】 2020年，区总工会继续开展“四季帮扶”（即春送岗位、夏送清凉、秋送助学、冬送温暖）活动，全年投入资金99.1万元，帮扶（送温暖）职工266人。向劳动强度大、工作环境艰苦的企事业单位一线职工赠送防暑降温用品20972份，价值185万元。组织414名抗击新冠肺炎疫情医护人员、长期从事苦脏累岗位职工和外来一线务工人员参加疗休养。依托“苏工惠”App，开展3期“会员有礼”——吴中工会会员普惠专场活动。落实小微企业工会经费支持政策，累计惠及企业4.52万户次、金额5491.55万元。推进“工会创业贷”服务项目，加大创业扶持力度，47家单位获批贷款2604.5万元。

【劳动竞赛】 2020年，区总工会组织开展多领域、多层次的劳动和技能竞赛，激发广大职工的创造活力、创新动力。围绕全年区政府重点实事工程，联合区人社系统和相关部门办公、办事窗口，开展业务技能比武、岗位练兵活动，举办“新锐教师评选暨青年教师技能竞赛”等活动，通过推进劳动竞赛，提升劳动绩效。

【生产保护】 2020年，在区总工会组织开展的“安康杯”竞赛活动中，全区参赛企业1860余家，参赛职工8.61万人。年内，先后举行召开以化工企业为主的班组长安全生产学习动员大会、开展“百团进百万企业”安全生产学习宣讲、创建劳动保护合格示范工会、举办全区工会安全生产和劳动保护知识技能大赛、组织劳动保护监督检查员安全生产培训等群众性的劳动保护系列活动。通过上述系列活动，提升职工安全意识、安全技能，维护职工的劳动安全合法权益。

【劳模管理】 2020年，全区推荐评选出全国劳动模范1名，江苏省五一劳动奖章获得者1名、苏州市级20名，江苏省五一劳动奖状1家、苏州市级5家，江苏省工人先锋号2个、苏州市级13个，吴中区劳动模范100名。全年劳动模范评选和管理工作，向一线职工和对抗击疫情做出重大贡献的职工倾斜。年内，落实劳动模范各项待遇。为劳动模范发放各类津补贴1202人次，金额103.52万元；组织59名退休劳动模范体检，组织127名劳动模范赴海南省三亚市、浙江省宁波市疗休养。

（朱一清　周熙乐）

共青团吴中区委员会

【概况】 2020年，全区有基层团（工）委56家，其中镇（区、街道）16家，区级机关团组织32家，直属学校团委6家，企业团委2家，下辖总支194个，支部2274个。年末共有团员36068名。中国共产主义青年团苏州市吴中区委员会（简称“团区委”）组织的“零点行动”青年突击队，获共青团中央、中国青年志愿者协会授予的“抗击新冠肺炎疫情青年志愿服务先进集体”称号；张子阳、钟玲轶、黄强被共青团中央、人力资源和社会保障部授予第20届全国青年岗位能手称号；吴中区“零点行动”支援服务队被省团委授予“江苏省疫情防控工作先进青年集体”称号。年内，区内多家单位获共青团江苏省委评定、表彰。其中，团区委被评为2020年度团属报刊宣传工作先进单位，青年手艺人“匠人匠心”发展项目获评2019年度全省共青团工作“10100”创新创优工程优秀项目，胥口镇团委被评为江苏省五四红旗团委（团支部），吴中技师学院组织开展的“青听，倾听”社会调查活动受到表彰。

【疫情防控】 2020年，团区委面对突如其来的新冠肺炎疫情，在第一时间行动起来，发动全区团员青年打好疫情防控阻击战。组织青年志愿者近500人成立青年突击队28个，参与人群密集场所、交通卡口等关键点位的疫情防控工作。开展“零点行动”，连续28天联合苏州全家食品公司为高速公路卡口、分流点、火车站等点位的青年志愿者送达夜宵6200余份；多方联系筹集采购防护服2533套、口罩2万余只等防护物资，制作中药香囊3000余个，支援抗击新冠肺炎疫情，助力企业复工复产。开展“特别的爱　给特别的你”志愿行动，为一线医护人员送去暖心和祝福。年内，团区委开展的“零点行动”，得到“新华社”官微、“共青团中央”官微、“共青团新闻联播”、《中国青年报》《新华日报》等中央、省级媒体和苏州多家本地媒体报道，视频累计点击量超200万。

【青少年思想引领】 2020年，团区委举办“奋辑扬帆争一流　不负韶华再出发”纪念五四运动101周年主题团日活动，凝聚各界团员青年团结一心，众志成城，奉献无悔青春。年内，建立各级青年学习社27家、“两新”青年学习社17家。做优郭巷“青春客厅”、木渎“青·美术馆”“隽品堂”、临湖青农学习社等别具特色的青年学习社工作。越溪街道团工委获评苏州市共青团系统理论学习型团组织。以团省委组织的“青年大学习”为契机，开展线上线下青年学习，网上主题团课平均参学率为81.01%，位居苏州市第二位；胥口镇、吴中中等专业学校、吴中公安分局等团组织参学率位居全区前列。年内，传播身边的正能量，选树抗疫一线青年突击队20支、“三敢三勇”团组织30个、“一心五同”团干部50名、“三新四创”好青年榜样50名。开展弘扬“三大法宝”主题大讨论，举办基层团（工）委书记培训班。组织区青联委员赴上海开展树立“四个意识”、坚定“四个自信”、做到“两个维护”学习实践活动。召开党的十九届五中全会精神宣讲会（青联专场），举办“一课三队碰”、“鼓号队快闪”、吴中区纪念少先队建队71周年主题队日等系列活动。创新学习机制，完善“诵读学传”工作机制建设和课程体系建设，郭巷实验小学获评江苏省“诵读学校”示范校。吴淞江实验小学获得苏州市第六届中小学自我保护情景剧二等奖，“吴微不至·团聚太湖”微信公众号在每月的苏州市共青团系统、吴中区政务微信综合排名中位居前列。

【基层组织建设】 2020年，团区委围绕共青团改革总体要求，基层组织建设更扎实，形态更灵活，活动更多元。全力推进“智慧团建”“非公团建”等重点工作，优化团组织架构，以扁平高效、联系畅通、覆盖全面为基本原则，推进非公企业团建工作。全区“智慧团建”平台中已建非公企业团组织711家，其中本年度新增非公企业团组织445家。甪直镇成立“有模有Young”模具制造产业联盟团组织，密切团组织与企业青年的联系，提升青年的获得感、幸福感，增强团组织的创造力、凝聚力、战斗力。调整区级机关团组织隶属关系，优化部分重点领域团组织架构，促进区级机关团组织建设更加符合实际需要，联系机关青年工作更加有力。重点开展初中学校“双积双评”积分入团工作，确保在校学生全员参与，构建初中学校团员发展的完整评价体系。年内，成立吴中区团代表联络站，提升团代表履职能力和联系青年效能；为团代表搭建履职平台，应进站团代表52人，已进站团代表26人。发挥团的各级代表大会及其委员会的政治功能，为各级团的工作提供人力、智力和资源支撑。召开吴中区青年工作联席会议第二次全体会议，推动青年发展工作不断取得新成效。联合国家农业开发银行苏州分行团委、苏州国发集团团委，召开“地银企”三方团建共建活动，拓宽服务企业和青年的资源平台，推动团员青年携手奋进、共同成长。

【助力社会发展】 2020年，团区委办好各类创业创新大赛，助力全区经济和社会发展。举办2020“智汇吴中”青年创客大赛，征集创业创新项目451个，参赛项目涵盖机器人与智能制造、生物医药及大健康、新一代信息技术、新材料与新能源等吴中区的主导产业。其中，团区委推荐的“可交互式大尺寸全光场裸眼三维立体显示技术”项目，获得第七届“创青春”中国青年创新创业大赛国家级银奖、苏州青年精英创业大赛二等奖。苏州市“青创赛”活动中获得前20名的企业中，已有6家企业落户吴中。是年，团区委赴高校引人才，助发展。先后到西安交通大学、四川大学、武汉华中科技大学等高校开展校园苏州日活动，吸引优秀毕业生到苏州吴中就业创业，助力吴中区社会和经济高质量发展。持续开展“百校万岗”活动，累计为高校应届毕业生提供就业岗位1200余个，扶持贫困毕业生就业岗位56个。

【“接力棒”工程培训班】 2020年，团区委联合中共吴中区委组织部、人才办等部门，举办青年企业家“接力棒”工程培训班，组建一支高素质、复合型的青年企业家队伍，加快培育民营企业接班人，做好家族接力、产业接力和企业接力工作。培训班经区委组织部、人才办、团区委、科技局和部分板块提名，推荐首批学员30名，其中17名为家族接力的代表、13名为产业接力的代表，平均年龄为36岁，党员11名。培训班通过为期近一年的红色领航、理论学习、参观考察、主题沙龙、政企座谈“五大”学习培训，培育一批标杆性企业青年人才，为全区经济社会高质量发展服务。

【长三角青年手工匠人发展基地】 2020年，团区委和区青商会在穹窿山景区附近打造面积近1000平方米的“长三角青年手工匠人发展基地”，作为长三角青年手工匠人的实训阵地、展示平台、研发中心、销售窗口和政策服务站，线上+线下为青年手工艺人提供产业全链条服务，通过资源共联、共享、共建，助力青年手工匠人成长。

【“扬‘梅’吐‘器’”·青春好市快闪店】 2020年，团区委打造

2020年8月7日，团区委启动“扬‘梅’吐‘器’”·青春好市快闪店上海正大广场站，推广吴文化和非遗手作

团区委 供稿

"扬'梅'吐'器'"·青春好市快闪店，推广吴文化和非遗手作，塑造吴文化平台，历时八个月，拓宽青年手工艺人推广吴文化和非遗手作的渠道。青春好市快闪店走出吴中，到苏州人气最旺的"苏州中心"商场、观前街、本色美术馆、龙湖狮山、天街等10个站点开展活动；快闪店走出苏州，到长三角重要城市上海正大广场、展览中心，杭州大悦城，南京德基广场等地开展活动。结合校园苏州日，快闪店走进西安交通大学、武汉华中科技大学，吸引众多青年驻足。快闪店邀请广电主持人王嘉宁作为首席严选官，扩大活动影响，一小时的直播线上点击量超15万。有近100名青年手艺人参与"扬'梅'吐'器'"·青春好市快闪店活动，累计线下非遗手作销售150余万元，线上直播点击量近30万，引流客户近8000人次。青年"非遗市集"活动亮相苏州市和吴中区两会，8天非遗手作销售额累计近60万元。

【志愿公益活动】 2020年，团区委深化"吴小志"活动内涵。以志愿公益为导向，关注和支持各类青年群体成长发展。制作"吴小志"文化产品，搭建青年公益人沙龙、单身go、河小青助力"263"、玖玖公益、垃圾分类、手绘乡村、暖冬行动等志愿服务项目。组织志愿服务近2000人次，参与2020新年走大运、苏州湾马拉松赛、国际竞走赛等志愿服务工作。以吴中高新区龙西社区、郭巷街道翠湖社区为试点，启动"社区青年先锋培育项目"，通过人才培养、项目孵化、团队建设和团社共建等方式，凝聚更多青年志愿者参与和服务社区治理，实现"三个100、一个全覆盖"的总目标，为吴中区社会治理、共建共享贡献力量。6月，联合"饿了么"快递小哥等青年群体，推出"头脑风暴"行动，宣传文明交通，增强群众道路安全出行意识；联合苏州市应急管理局、区民政局率先启动"头脑风暴——一个头盔的暴走"线上线下公益捐步活动，开通线上"运动捐步"平台，公众通过日常行走累积的步数，即可兑换善款，为吴中区困境儿童定向捐赠头盔。11月，开展线下的公益徒步活动，各界青年500余人参与活动。建立"困境儿童、青少年关爱基金"，关爱和帮扶困境儿童、青少年家庭，引入社会力量，筹集资金10万元。启动"扬帆计划"困境青少年四维帮扶行动项目，为困境青少年提供精准关爱服务。

对户籍未满18周岁的困境青少年提供摸排建档、跟踪随访、心理关怀、资源链接等全方位帮扶，累计提供个案辅导105人次、团体帮扶40次。

【少先队源头教育】 2020年，团区委全力做好学生少年工作，从源头加强红领巾教育。推进"红领巾相约2035"主题实践教育，征集"我为小康献一计"画信798件、"我眼中'十三五'手抄报"652件；开展"致敬先锋共战疫情"主题活动，组织香山实验小学、城西中学等学校开启"红领巾云课堂"主题学习。区内6所学校与湖北省黄石市大冶市的6所乡村学校少先队对口结队，开展"红领巾送温暖　战'疫'手拉手"活动；召开"队旗跟党走"2020年度全区学校团队工作会议，举办吴中区纪念少先队建队71周年主题队日活动，组织全区少先队大队辅导员观摩吴淞江实验小学"奋进如歌　筑梦小康"主题队课。开展2020年度"苏州好少年""江苏好少年"推荐评选活动，获评苏州好少年105名、江苏好少年130名。

【吴中区青少年活动中心】 团区委主管的吴中区青少年活动中心（简称"活动中心"）是吴中区委、区政府的公益性服务项目之一，全额拨款事业单位。活动中心地处东苑路1号，为独立圆形建筑，共五层，建筑面积约1.79万平方米，含科技展厅、青年之家、青少年校外教育培训基地、青年空间等主要功能设施。一层为青少年科技展厅，二至三层为青少年校外培训基地，四层为办公区域和青年服务平台，五层为妇女儿童活动中心。2020年，活动中心以青少年立德树人为根本任务，通过加强课程体系建设、社团管理创新、校外活动载体建设、内部管理机制等形式，深化青少年社团建设组织和各类活动，壮大教师队伍，教学成果日益丰硕。年内，活动中心开设暑期班和秋季班，累计报名学员5286人次，合计收入451.38万元；组织参加校外行业青少年赛事和活动8项，获得集体、个人荣誉奖项国家级8个、省级18个、苏州市和吴中区级58个。

（陈洁琼）

吴中区妇女联合会

【概况】 2020年，全区有金庭、木渎、甪直、胥口、东山、临湖、光福镇妇联7个，郭巷、横泾、越溪、城南、香山、太湖街道妇联6个，度假区、开发区、高新区妇联3个，区级机关妇联31个，村（社区）妇联185个。是年，苏州市吴中区妇女联合会（简称“区妇联”）获得第二届江苏女性融媒体创意大赛优秀组织奖及优秀融媒体工作案例奖、2020年第十五届苏州阅读节“优秀活动奖”和2017—2019年度吴中区文明单位称号。

【“三八”节纪念活动】 2020年3月8日，区妇联组织开展“奋斗新时代　吴以她为荣”——吴中区纪念三八国际妇女节110周年主题活动。建立“吴以她为荣”线上活动群，通过专栏推文、海报、小视频、H5、微信公招等新媒体方式，宣传吴中各行各业优秀女性代表、抗击新冠肺炎疫情中涌现的巾帼榜样和典型家庭，弘扬她们的先进事迹。年内，命名吴中区三八红旗手110名、三八红旗集体40个。

【思想引领】 2020年，区妇联强化巾帼思想引领，精心组织学习宣传贯彻党的十九大和十九届五中全会精神，持续开展“十百千巾帼大宣讲”线上线下活动84次。成立“women+在你身边吴中区妇联工作室”。开设“同心抗疫”“垃圾分类”“文明创建”等微信公众号专栏，开展点赞“最美微家”“美丽庭院”等思想引领活动。“吴中女性”连续10次获登吴中区政务类（部门）微信排名前十榜单。组织妇女参加省融媒体大赛，报送参赛作品33件。开展“学习强国进家庭”活动，结合“学习强国”平台，讲述家庭“学习强国”故事，形成家庭学习新风尚。经区妇联推荐，徐迎霞、张莉两位优秀爱心女企业家获评“吴中时代新人”。

【疫情防控】 2020年，抗击新冠肺炎疫情期间，区妇联在第一时间组建区级机关疫情防控“巾帼志愿者”队伍，下沉到各分流点、村（社区），开展抗疫志愿服务，发挥各级妇联和妇女工作者的作用。开启“深夜食堂”，为抗疫一线人员提供暖心服务。“巾帼志愿者”队伍获评吴中区“阻控疫情志愿同行”优秀志愿团队。

抗疫后方有巾帼　　区委宣传部　供稿

【组织建设】 2020年，区妇联成立“巾帼润吴心”行动支部，开展“五大行动”，打造“巾帼红”妇联党建品牌。加强党建共建工作，与吴中高新区东吴社区、越溪街道小石湖社区、临湖镇石舍村开展党建共建活动，与临湖镇东吴村党委建立党建联盟。全年开展共建活动40多次，形成“共建组织、共抓队伍、共享资源、共谋发展”的党建工作新格局。年内，启动实施“县级妇联改革破难行动”，开展“芳华驿站”商圈楼宇红色联盟项目，成立吴中区文体联妇联、苏豪工业园妇联，实现区级国有企业妇联组织全覆盖，有效凝聚各行各业妇女群众正能量。继续推动“妇女微家”建设，提升微家活动内涵，全区妇女微家增至116家。举办青年女干部培训班，推荐女性优秀人才进村、社区“两委”领导班子，助推女干部成长成才。

【妇女竞赛活动】 2020年，区妇联深入开展“双学双比”和“巾帼建功”活动，先后召开区长与女企业家座谈会、银企座谈会，帮助9家企业获批新冠肺炎疫情期间贷款近6000万元、1家企业获批巾帼荣誉贷额度800万元。依托省妇联云平台，开展“她播·暖心带货”直播活动2次，分别走进苏州工匠园和吴中民宿，吸引关注量超18.3万次；打造“1212线上女神种草市集”，开创吴中美物和吴中女性购销新模式。推荐府涵璐、王丽娜参加“长三角”一体化发展示范区三城女性创新创业大赛，府涵璐、王丽娜的项目分别获评“十佳创新创业项目”和“优秀创新创业项目”。举办女性网络招聘专场，提供妇女就业岗位600余个。成立吴中太湖民宿联盟妇联，主动融入“长三角巾帼民宿”一体化发展，创建省级巾帼示范精品民宿2家，获江苏省级补助资金4万元。开展2020“美丽庭院”“美丽菜园”建设活动，举办“美丽庭院”专题培训班33期，参训妇女1100余名；组织各地“美丽庭院”互看、互学、互评等活动十余次；建成苏州市级“美丽庭院”示范组3个、“美丽庭院”160户、十佳“美丽庭院”2户；申报苏州市级“美丽菜园”3个，争取苏州市级补助资金27.9万元；评选区级“美丽庭院”150户，争取吴中区级补助资金17万元。东山镇杨湾村获评江苏省“美丽家园”省级示范点。深化“双学双比”活动，在甪直镇举办吴中区“双学双比”水八仙技能竞赛。开展各级巾帼文明岗创建活动，全区培养树立江苏省级巾帼文明岗1个、巾帼建功标兵1名，苏州市级“巾帼文明岗”6个、巾帼建功标兵1名，区级“巾帼文明岗”30个、“巾帼文明岗”争创岗26个。举办“巾帼筑梦小康　吴中有她更优”2020年吴中区巾帼文明岗风采展示活动，引领妇女岗位建功、岗位成才。

【家庭文明创建活动】 2020年，区妇联表彰区级“最美家庭”100户，郭巷街道李炜巍家庭获评全国最美家庭，木渎镇石俊家庭获评江苏省抗疫最美家庭，东山镇杨维忠家庭获评江苏省第四届书香家庭，另有6户家庭获评苏州市最美家庭。组织开展“家风家教”宣传月和“5·15”国际家庭日主题活动，推出吴中区摄制的家庭建设短片《吴是吾家　我爱我家》，展示真情至善的吴中家风。启动“幸福+”家庭教育项目，组织专家讲座16次、家长沙龙3次。

【儿童工作】 2020年，区妇联加强未成年人思想道德建设，开展“七彩假日”暑假儿童关爱服务活动269次，服务未成年人5380人次。在全市率先启动新时代苏州“幸福港湾”项目——“爱在临湖　雏鹰展翅”计划，为困境儿童提供精准服务。发动各级妇联开展“保护儿童安全　携手共同成长”“温暖1+1，成长手拉手”等活动，成功举办近600场，利益家长儿童13452人次。农历庚子年春节期间，组织走访慰问结对社区困难家庭5户，联合区台企联对25名贫困家庭学生开展助学走访。依托苏州市儿童福利基金会，联系爱心人士为100名贫困孩子捐献爱心款51800元。在六一儿童节发动区级机关和基层妇联开展走访慰问，发放慰问物资及爱心助学款近10万元，帮扶贫困学生400多人。

【妇女儿童维权工作】 2020年，区妇联与区检察院、教育局联合举办“呵护花蕾、防止侵害”专项联合活动；与区检察院联合下发《关于建立共同推动保护妇女儿童权益工作合作机制的实施意见》，合力推动妇女儿童保护工作；联合区法院共同打造“爱心妈妈团”工作品牌，推进和谐家庭建设。开展基层妇联干部以案释法学习座谈会，增强基层妇联干部维权工作能力；联合区司法局创建角直镇保圣社区“黄阿姨家事调解工作室”为省级调解室，申报市级家事调解室3个；联合区法院在东山镇设立家事法庭，全年处理案件23件。全年接待妇女来信来访来电89件，维护弱势妇女儿童合法权益。对区内11名援鄂抗击新冠肺炎医务人员家庭，开展赠“暖心菜”、送“暖心话”、解“烦心事”三暖专项服务，解决援鄂医务人员的后顾之忧。实施“美好人生——积极家庭守护计划”等公益项目，为妇儿提供精准维权服务。围绕精准脱贫，组织女企业家赴贵州省德江县扶贫，捐赠物资价值20万元；捐资5万元，帮助青杠堡村建设“妇儿之家”，与30名贫困学子“一对一”爱心结对。发挥女企业家协会爱心基金作用，为吴中区优秀师生发放爱心基金5万元。健全妇女诉求表达机制，发挥基层妇女议事会作用，引领妇女在参与民主政治建设和社会治理创新中做贡献、建新功。

【妇儿工委办工作】 2020年，召开吴中区妇女儿童工作会议，推动妇女儿童“十三五”发展规划实施。在苏州市率先开启“十四五”家庭教育专项规划编制工作。联合区检察院、区教育局开展“青春不任性”儿童性健康教育项目。年内，实施妇女儿童家庭公益项目5个，这些项目入选年度吴中区未成年人思想道德建设重点项目。做好贫困妇女“两癌”救助项目工作，争取苏州市级救助金3.2万元，帮扶贫困“两癌”妇女6名。建立创建文明城市和妇女儿童工作长效管理机制，推进各地家长学校和母婴室建设。（康　娜）

吴中区科学技术协会

【概况】 2020年，苏州市吴中区科学技术协会（简称“区科协”）有区级学会（协会）23个、镇科协7个、街道和吴中高新区科协6个。是年，区科协获评“2018—2019年度苏州市自然科学优秀学术论文评选工作优秀组织单位”“苏州市第32届科普宣传周、全国科普日‘优秀组织单位’”“吴中区文明单位”等。

【科普活动】 2020年，区科协举办“2020年江苏省院士专家科普乡村行”活动，创新推出“科普直播”7场，投放公益科普广告128个。区各镇（街道）、科普基地（场馆）、特色学校开展“科普周”“全国科普日”活动120场次。区科协指导全民素质成员单位实现强强联合，创新引入网络互动模式，引领科技力量助力创建文明城市，开展新时代文明实践活动。年内，区科协配合区文明办、区城管局举办“垃圾分类·科普同行”全民网络竞答及主题巡展；与区图书馆共同策划“悦读五月·科普有你”全民阅读节。为满足人民群众日益增长的科普需求，吴中高新区科协的“云科普”盛宴、光福镇科协的“垃圾分类、快递科普”、太湖街道科协的“魅力苏州湾、环保我先行”、区农业农村局的“垃圾分类进社区”、西山国家地质博物馆的“保护生态环境”科普活动、蠡墅小学推出的“花开阳光下，抗疫‘心’动力”心理健康课程等主题活动，都取得群众的好评。

【学术交流】 2020年，区科协加强学术交流，启动“吴中区第三届高层次学术活动”资助工作，全年累计学术交流资助项目12项，资助金额84万元。申报苏州市自然科学优秀学术交流论文26篇，获评论文评选工作“优秀组织单位”。区医学会发挥专业优势，开展义诊咨询、预防保健等科普服务活动，开设心理健康课程，关爱和探究友好学校儿童的心理健康问题。区现代农业协会针对吴中区碧螺春茶叶原产地保护、品种质量和生产、销售中出现的难题，开展调查研究，进行学术交流。

【青少年科技教育】 2020年，全区青少年科技教育取得新进展。碧波实验小学、长桥小学创作的青少年科技作品入围第35届全国青创赛。碧波实验小学获江苏省青少年科技创新最高奖项——“培源奖”，长桥小学获“苏州市青少年科技创新市长奖”。长桥小学的青少年院士工作站获评“江苏省青少年特色科学工作室”和“江苏省青少年科技创新基地”。吴中实验小学、省外国语学校学生入选第三届苏州市青少年“小小生命科学家培养计划”。区科协举办的“江苏省院士专家科普报告进校园”活动连续四年走进吴中，累计吸引参加活动的青少年5000余名。年内，继续发挥“青少年科学教育综合学校”示范带动作用，评选区级示范学校7所；指导中小学校开设科技教育课程，建立青少年科技创新教育阵地。扶持长桥小学、蠡墅小学分别开设“银杏娃智能创造课程”“零废弃校园环境教育实践课程”等一批青少年科学教育特色课程。

【科技人才推荐工作】 2020年，区科协面向各镇（街道）、高新区、科技产业园区和科技型企业，做好各级各类科技人才的推荐和评选工作。全年推荐省青年科技奖候选人5名、市青年科技人才托举工程2项、市魅力科技人物（团队）8名（个），评选表彰“东吴魅力科技人物（团队）”6名（个）。其中，江苏盖睿健康科技有限公司董事长杨豪放入选“江苏省企业创新达人”，苏州斯莱克精密设备股份有限公司董事长安旭获评“2019年度苏州魅力科技人物”。

【科普载体建设】 2020年，区科协充分挖掘吴中本土特色科普资源，加强科普场馆、科普项目载体建设。木渎镇春晖堂获评江苏省级科普基地，苏州工匠园、城南街道光大污水处理科普馆获评苏州市级科普基地，长桥街道天华社区、城南街道小石城社区、香山街道渔帆社区获评苏州市级科普示范社区，东山镇渡口村、光福镇香雪村获评苏州市级科普惠农服务站，城南街道盛风苏扇馆、东山镇农业三新技术等4个项目获评苏州市级优秀科普项目。西山地质公园、越溪水土保持馆等13个场馆入驻“科普苏州”网约系统。年内，面向重点人群开展“科普场馆体验行”活动200余场，惠及群众近10万人次。

【创新创业助力工程】 2020年，区科协助力创新创业工程，促进科技经济融合，推动全区机器人与智能制造、生物医药及大健康两大主导产业发展。向中国科学技术协会上报本年度关于服务创新驱动发展需求意向的资料。邀请中国生物医学工程学会、全国食品学会专家到吴中区考察，为多家科技创新企业解决技术难题。继续发挥“海智基地”的科技资源优势，联合区人才办、区科技局举办2020“智汇吴中”开发区专场暨海外项目路演活动，达成合作项目11个。

【应急科普工作】 2020年，成立吴中区应急科普工作领导小组，加强对全区应急科普工作的领导。建立木渎消防安全科普馆，接待团队70余个，参观人群2000人次。年内，区科协主动融入新时代文明实践中心（站、所）应急科普工作体系，扩大科协组织应急科普工作的覆盖面，提升应急科普能级和群众的应急科普意识。依托各板块属地发布、“吴中科普”微信公众号、科普大屏、公益海报等手段，多形式开展应急科普工作宣传，向结对企业、学校、村

（社区）赠送抗击新冠肺炎疫情书籍200余册、宣传挂图2600余张，为基层科技工作者赠送疫情“守护保”（保险）31份。

（江月婷）

吴中区文学艺术界联合会

【概况】 2020年，苏州市吴中区文学艺术界联合会（简称“区文联”）有作家、书法家、美术家、摄影家、音乐舞蹈家、戏剧曲艺家、民间工艺家7个文艺家协会和少年文学院；有木渎、甪直、胥口、东山、金庭、临湖、光福7个镇文联和吴中高新区、郭巷、城南、香山4个街道文联；有国家级会员128人，省级会员233人。

【文艺创作】 2020年，区文联继续引领精品文艺创作，一批优秀文艺作品在各级各类活动中脱颖而出，在诸多刊物、作品展中入选（入展）、获奖、发表。抗击新冠肺炎疫情期间，区文联陆续组织吴中文艺家200余人创作抗疫作品1000余件。作家协会会员在市级以上报刊发表文学作品300余篇（首/组），其中省级以上70余篇（首/组）；书法家协会会员卢能文的作品获评第十二届江苏省新人书法篆刻作品展优秀作品，张建的作品入展中国书法年展楷书展，郭丰的作品入展“书圣故里·中国临沂”中国书法临书大会，冯纪军、郭丰2人的作品均获“戎耀今生”首届江苏省退役军人书画大赛书法一等奖；美术家协会会员姚培珠、陈梅贞等5人的6幅作品入选中国美协主办的全国性画展；摄影家协会会员朱汉举的《动人心弦》《心情色彩》《魅惑身影》等20幅作品获江苏摄影最高奖项——第三届江苏省文艺大奖·摄影奖，沙仲华、赵永清2人的8件作品入选国际性摄影展，李伟林、赵永清等3人的8件作品入选全国性摄影展；音乐舞蹈家协会会员姜兴龙的《命运与共》获2020江苏文艺大奖三等奖，他作曲的《为了我们的中国亲人》在中央电视台、中宣部“学习强国”等平台播出，作词的《百分百礼赞一百年》入选庆祝建党100周年全国100首作品，在中宣部“学习强国”等平台播出；戏剧曲艺家协会会员王卉等合作的《雨夜邂逅》入围第十一届中国曲艺牡丹奖全国曲艺大赛，张日升等合作的《星火》获首届江苏省故事会大奖银奖；民间工艺家协会会员蔡金兴等6人的3件作品获2020“苏艺杯”金奖，蔡霞明等8人的7件作品获第十一届“艺博杯”工艺美术精品大奖赛金奖。

【文艺活动】 2020年，区文联组织开展各类文艺活动。1月，区文联志愿者服务队美术家协会分队、书法家协会分队分别赴吴中区东山镇双湾村、杨湾村，郭巷街道马巷社区，长桥街道嘉宝社区、南区社区，临湖镇前塘村等地，开展“迎新年、写春联、送祝福”活动，为广大市民村民朋友们送上文化祝福。7月，吴中少年文学院在苏州天成中学正式挂牌，举办“以梦为马，诗韵年华”天成中学文

2020年7月18日，吴中少年文学院在苏州天成中学挂牌运营　区文联　供稿

学周活动，在全国首创文学教学与语文教学相结合、文学教育与学校教育相融合的吴中模式，开启院校联合、辐射全区、文教相融合的新局面。是月，由民间工艺家协会会员施冬妹团队创作的大型红木雕刻《姑苏繁华图》巨作首展，惊艳亮相第九届中国苏州创博会。9月，由吴中区委宣传部、区人才办主办，区文体旅局、区文联、区团委联合承办的“匠心筑梦新时代”——吴中“百匠赋能计划”启幕活动在苏州本色美术馆启幕。是月，第十一届中国曲艺牡丹奖评奖情况及结果在苏州揭晓，区戏剧曲艺家协会主席张建珍获得中国曲艺最高奖——第十一届中国曲艺牡丹奖表演奖。10月，由中共江苏省委宣传部、江苏省文旅厅、江苏省文联主办，中共苏州市委宣传部、市文广旅局、市文联承办，中共吴中区委宣传部、区文体旅局、区文联，苏州市歌舞剧院协办的“同筑梦·共小康”江苏省2020紫金文化艺术节群文广场演出苏州分会场活动，在吴中区运河小镇广场璀璨上演，唱响“同筑梦·共小康”的新篇章。是月，由中共苏州市委宣传部、市文联主办，中共吴中区委宣传部、区文联等单位联合承办的第十八届苏州市民间艺术节暨第九届苏州甪直水乡妇女服饰文化旅游节，在甪直镇江南文化园古戏台开幕。11月，由中国民间工艺家协会、中国文联文艺研修院、中国艺术报社主办，江苏省民间工艺家协会、苏州市文联、中共吴中区委、区人民政府承办的“正本清源　守正创新”苏州市吴中区高层次文艺人才研修班学员作品晋京汇报展，在中国文联文艺家之家展览馆开幕。是月，由江苏省美术馆、省民间文艺家协会、省工艺美术行业协会、苏州市文联联合主办，苏州市民间文艺家协会、苏州工艺美术研究院、吴中区文联、光福镇人民政府联合承办的“拟之著微　藏以万千”陆小琴核雕艺术作品展，在江苏省美术馆隆重开幕，50件（组）核雕精品流淌指尖上的匠艺“琴”心，让观众大开眼界。11月中旬，区文联副主席、区美术家协会主席蒯惠中带领协会理事前往安徽黄山开展采风创作活动。12月，2020苏作文创峰会在吴文化博物馆开幕。峰会期间，由中国文联研修院、吴中区文联主办的“吴中高层次文艺人才研修班学员作品晋京汇报展精品回顾展”，在展馆主会场拉开帷幕。

【文艺交流】 2020年1月，由区文联、苏州工业园区文联联合主办的“双湖击楫咏初心”——苏州工业园区·苏州市吴中区书法篆刻联展（园区站），在苏州名城艺术馆启幕。4月，区文联、苏州工业园区文联在吴中区公共文化中心·艺术展览中心联合举办的“双湖击楫咏初心”——苏州工业园区·苏州市吴中区书法篆刻联展（吴中站），展出两区书协骨干创作的100余幅精品力作。8月，由区文联、宝应县文联联合主办的吴韵荷风·宝应吴中书法联展（宝应站），在宝应书法艺术馆（纵棹园）举办。11月，由区文联、宝应县文联联合主办的吴韵荷风·宝应吴中书法联展（吴中站），在吴中区公共文化中心·艺术展览中心展出，两地文联相关领导参展作者代表以及书法家、书法爱好者100余人出席开幕式。

【文艺人才培训】 2020年5月，区文联举办吴中区文艺界“打造精品特色，再创火红年代”专题读书培训班。各镇（街道）文联主席、区文联各协会理事、骨干会员参加培训学习。10月，在中国文联文艺研修院举办第三期苏州吴中高层次文艺人才研修班，区文联各协会的53名文艺人才参加为期10天的培训。

【惠民活动】 2020年，区文联各协会共举办各类展览讲座及文艺下乡活动2100余场次，惠及群众21万余人。6月30日，由吴中区委宣传部、区文联主办的“诗意乡村·人文吴中——

美术作品展”，在吴中区公共文化中心·艺术展览中心开幕，这是“艺术家眼中的小康”系列展的首场展览。7月28日，由吴中区委宣传部、民进吴中区委、区文联主办的“笔底烟霞江南风”曹仁容画展，在吴中区公共文化中心·文联艺术展览中心开展。9月12日，由江苏省美术馆、省美术家协会山水画艺委会、苏州市文联主办，市美术家协会、区文联、胥口镇人民政府承办的丹青千里——蒯惠中山水画展，在江苏省美术馆开幕，展览展出蒯惠中不同时期创作的绘画精品60幅。9月16日，由吴中区委宣传部、区文联主办的“艺术家眼中的小康”系列展之“新变化、新成就、新面貌”吴中摄影作品展，在吴中区公共文化中心·艺术展览中心开展。9月24日，丹青千里——蒯惠中山水画展移师吴中区公共文化中心·艺术展览中心展出。10月20日，由吴中区委宣传部、区文联主办的“大美吴中，诗意江南”书法篆刻作品展，在吴中区公共文化中心·艺术展览中心开展。11月6日，由区文联主办的“吴中绘萃”美术作品展，在吴中区公共文化中心·艺术展览中心开幕。12月8日，由苏州市美术家协会、区文联、胥口镇人民政府主办的纪念郁文华先生诞辰一百周年作品展在中国美术家协会苏州胥口展览中心开幕。（钮春辉）

吴中区归国华侨联合会

【概况】 2020年，全区旅外华侨、华人及赴港澳人士3000余人，主要分布在美国、英国、法国、澳大利亚、日本、新加坡等18个国家和地区；新华侨、华人和海外留学生500余人，归国留学人员200余人，归侨9户10人，侨眷5000余人；基层侨联分会9个，社区“侨之家”和“侨联小组”34家。苏州市吴中科技创业园被上级命名为“江苏省侨联新侨创新创业基地”。

【参政议政】 2020年1月，吴中区政协四届四次会议召开期间，全区侨界政协委员履行参政议政职责，为吴中区的改革开放、经济建设和社会发展建言献策。苏州市吴中区归国华侨联合会（简称“区侨联”）主席顾炯文委员提交的《关于加强我区日间照料中心运营管理的建议》、委员翁永明提交的《关于妥善安置太湖围网拆除渔民的建议》被评为区政协优秀提案。

【疫情防控】 2020年，在抗击新冠肺炎期间，区侨联加强宣传引导，动员侨界为抗击疫情贡献力量。利用侨联工作群和侨界朋友圈信息平台，及时转发疫情防控工作的动态与信息，将党和政府对抗击疫情的号召和各项防控措施传递落实到侨界人士中。响应党中央关于“坚定信心、同舟共济、科学防治、精准施策，坚决打赢疫情阻击战”的号召，区侨联在第一时间转发苏州市侨联发出的倡议书，号召全区各级侨联、归侨侨眷及海内外侨界朋友，科学有序地做好疫情防控的各项工作。动员区内侨界企业开展防疫捐赠和宣传活动，吴中区侨资企业中博科技创业园董事长顾文彬捐资10万元。侨界会同美国西雅图中文电台开设《疫情中的逆行者》栏目，为中国防疫攻坚战中的最美医疗者做专题报道；台长苏小元先生每日将中国政府在抗击新冠肺炎和疫情防控中呈现的中国速度、中国规模、中国效率、作为与担当等最新讯息，及时传递给海内外各界人士，让海内外华人华侨行动起来，投身到防疫物资捐赠活动中。在纽约、西雅图、芝加哥、波士顿等地的华人华侨纷纷筹措和捐赠口罩、防护服、护目镜等紧缺防疫物资。年内，为确保侨资企业在疫情期间有序复工复产，区侨联通过侨企工作群，及时了解和掌握侨资企业复工复产需求。疫情期间，根据苏州灏选文化传媒有限公司、苏州威利士建筑装饰工程有限公司等一批侨资企业反映需要采购口罩、额温枪、消毒设备等，才能正常复工开工的情况，区侨联立即向苏州市侨联汇报。经过苏州市侨联多方协调，发动海外的侨团、侨社、侨企等社会资源，在短短几天的时间内，就采购到企业开工所需的急需物资设备，由区侨联专程送达每个侨资企业，缓解企业的燃眉之急。

【吴中科技创业园】 2020年，区侨联发挥吴中科技创业园创新创业基地优势，加强新侨创新创业基地建设，加大对吴中科技创业园创新创业的支持力度，推动全区侨界创新创业企业的高质量发展。是年，江苏省侨联命名一批新侨创新创业基地，吴中科技创业园名列其中。该科技创业园成立于2004年，服务场地面积6万多平方米，是苏州市孵化器行业协会会长单位；园内有各类企业148家，其中，新侨创新创业企业49家，占比33.1%，新侨57人。年内，新侨创办企业获得自主知识产权，通过国家科技型中小企业认定，年均成果转化300余件。园内创新创业氛围浓厚，连续三年被认定为“苏州市吴中区优秀科技服务平台”，得到上级党委、政府领导的高度肯定。继上年被江苏省人社厅认定为“江苏省留学回国人员创新创业示范基地”之后，2020年又被命名为“江苏省侨联新侨创新创业基地”。

【服务侨资企业】 2020年，区侨联继续做好侨资企业服务工作，为侨资企业的发展提供助力。3月23日，区侨联主席顾炯文带队前往苏州中博科技创业园进行走访调研，走访远见旅游规划设计院集团有限公司和元然（苏州）新能源科技有限公司两家侨资企业，详细了解侨资企业在抗击新冠病毒疫情期间产能恢复、职工返岗、物资防疫、人才引入等情况以及面临的困难与问题，与侨资企业商议对策，提出建议；向侨资企业赠送吴中区司法局翻印的《新冠肺炎疫情防控热点法律问题解答》一书，对在疫情期间产生的热点法律问题进行解答。区侨联通过走访调研，配合区政府和相关部门，及时出台侨资企业复工复产的扶持政策，服务侨资企业，帮助侨资企业树立战胜困难的信心，解决企业的实际困难。

【“侨心向党·助银惠企”主题活动】 2020年4月23日，区侨联联合宁波银行苏州吴中支行、侨企苏州中博科技创业园共同举办“侨心向党·助银惠企”主题活动，打造企业创新型的营商环境。苏州市侨联、区侨联、宁波银行吴中支行、苏州中博科技创业园的相关领导以及入驻吴中区的15家新侨企业代表参加活动。是日，区侨联党支部与宁波银行吴中支行党支部签订“侨心向党”党建品牌共建协议；新侨企业元然（苏州）新能源科技有限公司与宁波银行吴中支行现场签订250万元的贷款。区侨联通过“一手牵两家”，开展新侨企业与银行面对面的金融咨询活动，精准对接新侨企业与银行的“最后一公里”，打通急需的融资渠道，实现银行对新侨企业最佳的金融有效服务，体现“侨心向党·助银惠企”的成效。

【创建“海棠花红·侨心向党”项目】 2020年6月30日，在吴中区召开的“庆祝中国共产党成立99周年”大会上，中共吴中区委表彰了一批吴中区优秀基层党建项目、优秀行动支部、优秀共产党员。区侨联创建的“海棠花红·侨心向党”项目获评吴中区优秀基层党建项目。该党建项目借助党群共建活动平台，开展实事联办、发展联促、阵地联享，统筹整合各类资源，提升侨联新优势，发挥党组织和党员在侨务工作中的作用。12月22日，推进“海棠花红·侨心向党”项目品牌建设，区侨联党支部与皇家金煦酒店党支部、江苏安泰消防技术有限服务公司党支部举办“海棠花红·侨心向党”共建品牌签约仪式。

【“亲情中华·月满吴中”联谊活动】 9月28日，区侨联举办“亲情中华·月满吴中”联谊活动，区侨联与60余位侨胞、侨眷欢聚一堂，共享中秋、国庆双节的快乐。联谊活动中，各基层侨联表演丰富多彩的节目，展示自己的才艺；在木渎镇王森魔法森林，组织侨胞、侨眷参观王森企业的巧克力展示馆，欣赏由巧克力制成的各类艺术精品；大家一起动手，参与体验月饼DIY活动，通过亲自制作月饼，感受月饼的文化含义，让归侨侨眷们感受到“侨胞之家”的幸福和温暖。

【接待工作和侨界交流活动】2020年7月15日，南通市崇川区侨联主席陆军带领区侨联机关、侨商会一行13人到吴中区考察交流。区侨联领导等接待来宾并陪同考察吴中区的北方文化新谷（苏州）影视文创产业基地和苏州中博科技创业园。通过实地考察、听取企业汇报和座谈交流，来宾对吴中区侨联创立“海棠花红·侨心向党”党建项目取得的经验，表示值得学习和借鉴。8月25日，中国侨联兼职副主席，江苏省侨联主席、党组书记周建农一行在苏州市华侨文化交流基地——“木渎王立鹏美术馆”会见著名旅美画家、书法家、篆刻家王立鹏先生。苏州市侨联、吴中区木渎镇党委、苏州市侨联、吴中区侨联等相关领导陪同参加会见。8月26日，江苏省侨联干部培训班学员近100人，在省侨联二级巡视员李发勇的带领下，到吴中区中国侨联国际文化交流基地——木渎古镇开展现场教学活动。区侨联负责省侨联干部培训班的接待工作。是日，在“木渎王立鹏美术馆”内，恰逢旅美画家、书法家、篆刻家王立鹏先生也在馆内。王立鹏先生热情地向学员们介绍馆藏作品、创作过程，以及美术馆开馆以来，世界各国的侨团、侨社、侨领、艺术家到访和国内外书画名家参观展览情况。9月22日，著名音乐词曲作家、中国流行音乐学会主席、音乐教育家、“木渎王立鹏美术馆”艺术顾问付林老师和夫人以及北京付林音乐中心小螺号音乐教育中心总经理任静3人，到吴中区首个国家级华侨文化交流基地——吴中区木渎镇采风和学术交流。区侨联协助接待来宾。11月26日，安徽省霍邱县侨联主席董本喜一行到吴中区考察调研基层侨联工作，先后考察调研中国华侨国际文化交流基地木渎古镇、木渎侨史馆、侨企苏州中博科技创业园、北方文化新谷（苏州）影视文创产业基地。区侨联相关领导等负责接待并陪同来宾调研。11月30日，广东湛江市侨联党组书记、主席符河燕一行到吴中区调研交流，实地考察江苏省侨联新侨创新创业基地——苏州中博科技创业园、中国华侨国际文化交流基地——木渎古镇。苏州市侨联、区侨联相关领导接待来宾一行，双方介绍交流各自的侨联情况，围绕新侨创新创业、基层组织拓展、共谋发展合作、社区侨联服务等方面工作进行探讨。

【基层侨联干部培训】2020年10月20—21日，区侨联在吴中区委党校举办基层干部培训班。全区各镇（区、街道）侨联主席、侨联委员、侨务干事30余人参加培训。培训内容主要有苏州市地方志编纂委员会办公室原主任叶正亭的“吴文化讲座”、苏州科技大学教授肖建的“当前的世界形势、中国形势和苏州面临的挑战”讲座等。培训班期间，组织学员赴张家港双山岛、常阴沙新时代文明实践所、靓丽新农村常西村等地参观学习，见证双山岛、常阴沙“侨之家”挂牌仪式。（于立初）

吴中区残疾人联合会

【概况】2020年12月为止，吴中区共有持证残疾人15051人，其中视力残疾1283人、听力残疾1111人、言语残疾50人、肢体残疾8775人、智力残疾1427人、精神残疾2079人、多重残疾326人。

【残疾人社会保障】2020年，苏州市吴中区残疾人联合会（简称“区残联”）继续完善残疾人保障体系，推动残疾人“两项补贴”政策落实到位，本年度申请区级预拨补助经费132.22万元。全年为408名无业重度及无业精神（智力）三、四级残疾人发放社会保险补贴156.75万元；为4658名残疾人发放团体人身意外伤害保险补贴，减免保费12.799万元；为62名残疾人营运车主发放帮扶补贴139.677万元；发放三小车燃油补贴7.7万元。完成上年度为全区196人发放托养护理补贴132.6万元。落实残疾人自主创业一次性奖励政策，为6名残疾人发放奖励资金2万元，为受到市级表彰的5名“改革开放四十周年优秀残疾人企业家”发放补贴5万元；落实残疾学生资助奖励政策，为区内177名残疾学生发放资助奖励18.3765万元。年内，下发《关于对吴中区听力、言语及视力残疾人发放信息（流量）补贴的通知》，将信息（流量）补贴提标扩面，为全区968名符合补贴条件的残疾人发放补贴29.74万元；出台《关于调整残疾儿童康复服务项目补助标准的通知》，对残疾儿童基本康复补助进行“提标扩面”，全年完成14周岁以下残疾儿童抢救性康复训练420人。对贫困重度残疾人家庭实施无障碍改造7户、实施幸福亮居工程1户。

【残疾人就业增收】 2020年，区残联持续推动全区残疾人就业工作。落实残疾人按比例就业政策，开展机关、企事业单位按比例安置残疾人就业年审工作，对按比例就业的残疾人进行审核、录入，共年审373家单位，安置残疾人770人，配合税务局征缴残疾人就业保障金4059万元。贯彻落实《区政府办公室转发市政府关于落实就业优先政策进一步做好稳就业工作的实施意见的通知》要求，为全区100家企业符合按比例和超比例安排残疾人就业的企业发放奖补资金88.476万元。建立区、镇（街道）两级求职登记制度，组织残疾人参加线上专场招聘会和企业推荐会，全年实现残疾人新增实名制就业58人。指导各机构承办社会组织引入辅助性就业项目资源，累计安置残疾人辅助性就业245人。按照新冠肺炎疫情防控要求，配合苏州市残联举办2场线上招聘会，组织17家企业到场参与，提供53个就业岗位，20余名求职残疾人在网上投递简历。继续健全残疾人就业培训机制，做好江苏省、苏州市残联残疾人技能培训班选送工作，选送29人次残疾学员参训。组织3名残疾人选手参加苏州市残疾人职业技能比赛，有1名选手获得手工编织项目第四名，区残联获得苏州市残联、市人社局、市教育局联合颁发的组织奖。充分利用互联网平台，开展吴中区残疾人“线上培训月”活动，培训本区残疾人16人次。

【残疾人康复服务】 2020年，区残联以精准康复服务为抓手，提升残疾人康复服务能力。按照《吴中区残疾人精准康复服务行动实施方案》要求，以全国残疾人基本服务状况和需求信息动态更新数据为依据，精准采集残疾人康复需求，对全区有康复需求的残疾儿童和持证残疾人实施基本康复服务，做到“一人一册”；完善精准康复服务档案，提升康复服务能力和服务水平，康复服务覆盖面和康复服务率在98%以上。开展全区范围内有效期将满的残疾人证换发工作，以此为契机核查“假错空”残疾人证，确保残疾人证发放严格规范、不错不漏，全年完成换发残疾人证7625名。推进残疾人辅具适配服务，按照残疾人辅助器具适配社会化服务和个性化需求新模式，满足残疾人基本型辅助器具需求的免费适配，严格按照补助标准为适配助听器、假肢、矫形器，人工耳蜗植入和四类特殊残疾人辅具适配进行补助。加大对残疾人辅助器具适配服务机构的监管力度，保证辅助器具适配率和满意度在98%以上。全年共为31名听障残疾人适配助听器，为6人植入人工耳蜗，为239人安装假肢、矫形器，为126人适配辅助器具。

【残疾人文体活动】 2020年，

区残联组织开展形式多样的群众性文体活动，充分发挥镇（街道）、社区型残疾人文体活动兴趣团队（小组）的作用，推动"残健融合"群众性文体活动的广泛开展。主办苏州市第七届社区型残疾人文体活动兴趣团队（小组）吴中区展评活动，14个文艺节目与10余件手工艺作品参与展评，节目涵盖手工艺、舞蹈、歌唱、器乐、曲艺和综合六大类，展示吴中区残疾人积极向上、自强不息的精神面貌。选送相关的活动节目，参与第十届江苏省残疾人艺术汇演，评弹节目《抗疫出征战瘟神》获得曲艺类节目一等奖。协助筹备和组织参加苏州市第十五届运动会残疾人组暨苏州市第七届残疾人运动会，全区有38名残疾人运动员参加羽毛球、田径、聋人篮球、游泳四个大项的126个比赛，以22金、14银、3铜的成绩位列全市第二，获得苏州市全民健身工作指导委员会授予的"苏州市第十五届运动会群众体育优秀集体"称号和"优秀组织奖"。

【残疾人基本公共服务】 2020年，区残联推动残疾人社会公共服务工作。全年在实现各镇（街道）"残疾人之家"全覆盖的基础上，持续推动"残疾人之家"向村（社区）延伸，年内建立村（社区）"残疾人之家"25家。9月，与区财政局组成考核验收组，对残疾人基本公共服务机构进行评估验收，考核合格的服务机构12家，累计安置残疾人辅助性就业245人。服务机构因新冠肺炎疫情暂停服务期间，为了降低对辅助性就业残疾人的影响，向符合条件的残疾人发放每人每月100元的辅助性劳动补贴，发放补贴时间为3个月，全区符合发放条件的残疾人68人，补贴资金1.95万元。按照"2020年江苏省政府民生实事项目"要求，创建社区残疾人康复服务示范点，以"残疾人之家"和社区卫生服务中心为基地，高标准完成木渎镇雀梅小区、胥口镇子胥社区、郭巷街道姜庄社区3个社区康复服务示范点的改造提升任务，满足残疾人群众就近就便享有基本康复服务的需求，年内顺利通过江苏省残联专家组的考评验收。加强残疾人服务机构安全管理，定期开展机构安全生产督查，全年举办9场辅助性就业工场安全教育培训，提高工场内残疾人和管理人员的安全防范能力。新冠肺炎疫情期间，服务机构高度重视疫情防控工作，严格落实防控制度和措施，加强对服务机构的定期指导检查，取得较好效果。

【"四知两不"主题调研】 2020年，区残联全面推进党建工作与业务工作的深度融合，发挥党组织和党员队伍的作用。区残联党支部22名党员组成志愿者团队，开展"知真情、知最忧、知最盼、知最急，一户不落、一个不少"（即"四知两不"）主题调研活动，全面了解残疾人的迫切需求。全年开展"四知两不"活动67次，形成调研报告，完成全区14659名持证残疾人调查信息录入工作。抗击新冠肺炎疫情期间，6名党员勇挑重担，分3批参与到党建共建单位的疫情防控工作中，助推残疾人康复机构、托养机构、"残疾人之家"的复工复产工作，全面筑牢防疫期间的"铜墙铁壁"，受到残疾人群众的一致好评。

（郁韬文）

吴中区红十字会

【概况】 2020年，苏州市吴中区红十字会（简称"区红十字会"）有基层红十字会组织及团体会员单位68个，其中镇（街道）红十字会5个、卫生系统团体会员单位20个、教育系统红十字会42个、企业红十字会1个；会员数15300人，其中青少年会员12300人；社区红十字服务站2个，博爱家园2个，景区红十字救护站1个。

【机构改革】 2020年，区红十字会按照《苏州市红十字会改革实施方案》要求，有序做好区红十字会改革工作。起草《苏州市吴中区红十字会改革实施方案》（简称“改革方案”），分别向吴中区委、区政府分管领导，区委组织部、区委机构编制委员会和苏州市红十字会专题汇报，征求对改革方案的意见、建议。5月初，区红十字会联合共青团吴中区委、区应急管理局成立吴中区青年应急志愿服务队，与区应急管理局签约，建立协同联动工作机制，共同推动全民应急救护能力提升和专业应急救援力量建设；10月，中共吴中区委机构编制委员会发文，将区红十字会的1名专职副会长职务名称调整为常务副会长，按正科职配备。12月底，改革方案经中共吴中区委常委会审议通过，区红十字会机构改革后，管理体制进一步得到完善。

2020年2月1日，区红十字会举办苏州东山精密制造股份有限公司捐资支援新冠肺炎疫情防控捐赠仪式　　区红十字会　供稿

【疫情防控】 2020年初，新冠肺炎疫情爆发期间，区红十字会迅速组织开展疫情防控捐赠接收工作，助力疫情联防联控，发挥红十字会作用。接收疫情防控捐款2067.16万元；接收捐赠物资68批次，价值311.5万元。其中，苏州东山精密制造股份有限公司为湖北省疫情防控捐款500万元；为助力吴中区疫情防控，苏州锦派置业有限公司、苏州电器科学研究院股份有限公司各捐款200万元；苏州西山中科药物研究开发有限公司、苏州国辰生物科技股份有限公司、苏州华丽家族置业投资有限公司、苏州顺龙建设集团有限公司各捐款100万元。以上7家爱心企业为抗击疫情做出突出贡献，被江苏省红十字会授予“江苏省红十字博爱奖”，区红十字会被授予“江苏省红十字会抗击新冠肺炎疫情防控工作先进集体”称号。

【人道救助】 2020年，区红十字会接收人道救助捐赠款物176.88万元，其中，捐款68.12万元，捐赠物资价值108.76万元。洞庭山天然泉水厂捐款20万元，用于开展扶贫帮困活动。苏州江澜生态农业科技发展有限公司捐款8万元，用于资助江苏省外国语学校16名品学兼优的学生。苏州得一鲜食品科技有限公司开展重阳节敬老慰问活动，为吴中区80岁以上老人捐赠“苏城得一鲜”面2.65万份，价值人民币34.5万元。年内，继续开展助学、助医、助困活动，支出救助款51.22万元。向贵州省铜仁市德江县25名贫困学生捐赠助学款2.1万元；救助本地患重大疾病的红十字青少年19名，发放救助款3.8万元；组织开展博爱送万家活动，慰问贫困家庭121户，发放救助款共计12.4万元。

【救护培训】 2020年，区红十字会组织培训初级救护员2203人，普及应急救护培训1.52万人次，超额完成苏州市红十字会下达的培训任务。9月，中共苏州市委机关工委、市总工会、市红十字会联合举办应急救护师资技能竞赛，区红十字会选拔5名救护培训师代表吴中区参赛，获得竞赛先进集体二等奖；救护培训师张永杰获得先进个人二等奖，被授予“苏州市红十字应急救护能手”称号。

【“三献”工作】 2020年，区红十字会继续组织献血、献造血干细胞、献遗体器官（简称“三献”）工作。全年开展无偿献血活动22场次，参加无偿献血者4092人次，献血量117.51万毫升。是年，苏州市献血领导小组、市文明办、市红十字会联合发文，表彰全市无偿献血先进集体和先进个人，木渎镇、角直镇、光福镇、临湖镇获无偿献血先进奖，胥口镇、城南街道、苏州瑞华骨科医院有限公司、区卫健委获无偿献血促进奖。继续开展招募捐献造血干细胞志愿者活动，采样入库211人，高分辨采样5人，苏州市中西医结合医院护士朱梦姣成功捐献造血干细胞。志愿者唐晓龙、宋凯轩、沃甜甜获得苏州市无偿捐献造血干细胞奉献奖，王旭、孔毓琦荣获无偿捐献造血干细胞特别奖。新增登记捐献遗体（器官、角膜）志愿者50人，实现身后捐献10人，其中，8人捐献遗体同时捐献角膜，2人捐献器官，累计实现身后捐献81人。

【社区服务】 2020年，区红十字会在郭巷街道双浜社区新建红十字博爱家园，全区红十字博爱家园增加到2个。继续在美鲞雅社区博爱家园开展养老照护志愿服务项目。全年举办8期养老照护知识培训班，290名居民参加培训。志愿服务队走访社区老人24户，为社区老人定期测量血压、血糖，指导老人合理用药并提供心理咨询等服务。在太湖旅游区建立红十字救护站并通过省红十字会的评审验收；为相关旅游景区服务人员举办4期应急救护知识培训班，提高景区处置突发事件能力。

【红十字青少年工作】 2020年，区红十字会推进红十字青少年工作，与区教育局、区卫生健康委员会、团区委联合成立吴中区学校红十字工作委员会，举办学校红十字工作负责人培训班，加强和改进学校红十字工作。5月，组织红十字青少年会员参加“抗击新冠肺炎疫情暨红十字应急救护知识竞赛”活动，学习抗击新冠肺炎疫情知识，提高学生自我防护意识。

【宣传红十字精神】 2020年，区红十字会以世界红十字日、世界献血者日、世界急救日、世界艾滋病日等纪念日为契机，联合区卫健委、献血办等单位，广泛开展宣传活动，及时通过新闻媒体进行报道。5月上旬，开展红十字博爱周活动，召开应急救护培训项目启动会，三星级救护培训师就如何提高授课技巧进行示范课交流。12月世界艾滋病日，联合区疾控中心在苏州工业职业技术学院开展艾滋病知识宣传活动，发放宣传手册及宣传品1000余份。

（田花平）

编辑：王明生

法治·军事

政法工作

【概况】 2020年，政法工作坚持以习近平新时代中国特色社会主义思想为指导，贯彻落实《中国共产党政法工作条例》，在疫情防控和服务全区经济社会发展中，担当作为，攻坚克难，扎实做好扫黑除恶专项斗争、重大风险防范化解、重大活动安保维稳、法治化营商环境营造、新冠肺炎疫情防控、过硬政法队伍建设等各项工作，进一步推动平安吴中、法治吴中建设，助力吴中区高质量发展走在前列。

【维护社会稳定】 把防范化解重大风险攻坚战作为工作主线，全面落实风险防控"四项机制"，深化不稳定因素分析排查月度例会制度。成立区委平安吴中建设领导小组，构建齐抓共管的平安吴中建设协调机制。完成重要活动重要节点安保工作。打赢太湖禁捕退捕、南环桥市场搬迁等多个重大维稳攻坚战，化解一批进京访老户，全区群体性事件预警率和钝化率分别达100%和98.2%，未发生政治敏感案事件、暴力恐怖和个人极端案事件、有影响的群体性事件和重大公共安全事故。深入开展扫黑除恶专项斗争、"排风险建清单除隐患保稳定"专项行动、社会矛盾大排查大化解专项行动以及集中治理重复信访化解信访积案专项工作、"蓝剑1号"、"净边2020"、"意识防"反诈宣传等各类专项活动，挂牌整治城南红庄社区、郭巷姜庄社区等一批重点地区，进一步强化社会面治安"打防管控督服"全维业务，八类案件破案率达99.3%，刑事案件立案数比上年下降24.2%，全区群众安全感升至98.84%（首次高于全省平均值0.1），"12345"满意率99.36%。

【法治环境优化】 主动参与长三角区域执法司法服务协作，优化法治一体化营商环境。区法院出台《关于为"六稳""六保"提供司法服务保障的实施意见》"1+X"系列文件，对疫情后期多发纠纷开展预见性研判，上报信息被省委办公厅《江苏信息》录用，《非法集资案件特征、趋势及防范分析研究》获全国法院"司法大数据专题研究——服务民生热点专题组优胜奖"。区检察院成功办理全市近五年来首例洗钱案，向滴滴公司制发的检察建议获评全市政法机关保障法治化营商环境评比"十大精品案例"，"捕诉一体与专业化办案组办案机制"获"2018—2020年度江苏省法治建设创新奖"。吴中公安分局做实"放管服"改革，实现32项政务服务网上办理，共办理事项11.2万余件，服务群众12万余人，群众满意率达99%。度假区公安分局针对辖区旅游民宿多、分布广、管理难的实际，对照治安要素精准管控，开展“苏城码+旅馆业（民宿）”管理试点应用，完成民宿手机App扫码住宿登记功能，实现安全便捷入住。区司法局持续开展“法治体检四进四送”等主题活动，获评“全省‘七五’普法中期先进集体”；吴中区获评“全省‘七五’普法中期先进区”。

【社会治理】 以市域社会治理三年行动计划为牵引，形成了以“两网一线”基层社会治理创新为代表的一大批可复制可推广的吴中经验做法。苏州市市域治理现代化专班专题调研吴中区非警务类警情分流处置“三双机制”、“意识防”反诈宣传专项行动、“两网一线”一体化展示、社会心理服务体系建设等亮点工作，被纳入全市“八心工程”试点并向全市推广。坚持把非诉讼纠纷解决机制挺在前面，推动新时代“枫桥经验”在吴中基础网格中生根、开花、结果。以区两办文件形式出台《关于构建网格化社会治理矛盾纠纷多元化解机制的实施意见》，大力推进“人民调解进网格”。探索形成了以“非诉先行、诉讼断后、网格联动”为特色的矛盾纠纷多元化解“吴中路径”。以新一代“雪亮技防工程”建设应用为契机，打造发展与安全并重的“6+1”新时代吴中智慧警务“天穹计划”。

【扫黑除恶专项斗争】 紧扣扫黑除恶专项斗争三年总目标，以“一十百千万”行动为抓手，完成“六清”专项行动，涉黑涉恶违法犯罪防范打击长效机制更加健全。专项斗争以来，共摧毁黑社会性质组织1个、恶势力犯罪集团1个、恶势力犯罪团伙1个，破获九类涉恶案件406起，抓获九类案件犯罪嫌疑人1120人，查扣涉案资产8600余万元。发挥“双网融合”工作优势，扎实推进非法金融专项治理，打掉套路贷团伙22个，全区涉债类警情比上年下降15%，区法院受理民间借贷案件比上年下降40%，群众对专项斗争的知晓率达92.00%、满意度达95.98%。区法院、区检察院获评“全市扫黑除恶专项斗争优秀办案团队”，吴中高新区获评“苏州市扫黑除恶专项斗争先进集体”。

【疫情防控服务】 坚决贯彻习近平总书记“坚定信心、同舟共济、科学防治、精准施策”重要指示精神，依托“大数据+网格化+铁脚板”工作机制，闻令而动、尽锐出战，扎紧社会和社区防控防线，启动“双六双十”战时策略，下发重点人群社区核查指令12.5万条，排查走访居民121.1万次，为居家隔离人员提供服务15.1万人次。组织动员全区14570名网格员走访服务群众296万人次，压实“六稳”“六保”要求，助推疫情防控和经济发展双胜利。（孔凡苹）

社会综合治理

【概况】 2020年，深化“大数据+网格化+铁脚板”治理机制，发挥“两网一线”中“地网”在服务群众、解决问题中的突出

网格化社会治理指挥大屏　　区联动中心　供稿

作用，共受理各类有效工单585632件，办结569945件，结案率97.32%，"12345"热线回访满意率99.26%。先后获全市社会治安综合治理先进集体、苏州市乡村社会治理先进集体等荣誉称号。

【非警务警情分流机制】 按照区委办、区政府《吴中区非警务类警情联动分流处置工作的实施意见》，明确非警务警情分流流程及"三双机制"（双推送、双闭环、双考核）工作机制。依托"网格+警务"架构，对医疗纠纷、物业纠纷、劳资纠纷3类纠纷进行先期试点分流处置，使分流的纠纷类警情化解在网格，实现"矛盾不上交"，打造矛盾纠纷多元化解综合体系。截至年末，共分流三类警情800余件，办结率达99.7%。

【智能移车】 针对"12345"移车量大、接通率低的现状，在全省创新引入语音机器人移车，在实现从车牌识别到外呼车主一站式服务方面，取得了阶段性的成效。除了坐席人力得到释放，苏州市便民服务中心对吴中区移车业务的数据监测指标也显著提高。全年共受理移车电话578492通，释放人力约60%。

【"吹哨报到"机制】 坚持"务实管用"原则，充分发挥基层党组织特别是网格支部的统筹协调功能，理清"吹哨者""报到者"职责，配套开发相应功能，实现"捆绑考核"，推动处置力量的整合下沉。一批黑加油点、违章建筑、老虎灶、预付卡纠纷等社会治理疑难复杂工单均通过"吹哨报到"得到妥善解决。

【平安稳定巡查】 开展进企安监巡查、"331"场所、"9+1"场所、污染防治、出租屋、工地扬尘、文明城市创建等巡查工作。巡查企业4484家，发现轻微隐患10911处、一般隐患1026处、较大隐患7处，相关企业均得到有效整改；巡查"9+1"场所21045家，上报问题总数100872个，解决问题总数98901个；出租房登记2035家，已排查2294家，发现问题3356个，解决问题3130个。开展文明城市创建专项巡查工作，上报文明城市相关工单6727件。开发区试点开展工地扬尘专项巡查，共计上报案件506个。

【公共服务建设】 全力打造优质政民沟通互动平台，筑牢倾听和解决群众诉求的第一道关口。截至年末，"12345"热线共接听群众诉求电话，收到市民表扬信、锦旗300余次。疫情防控期间，全区325名区级巡查员，根据属地统筹安排，开展疫情防控排查、卡点值班值守、困难帮扶等，发放疫情防控宣传单9791份，测量体温129699人次，张贴封条3244户，排查外来人员信息20864人次。组织巡查员开展"蓝鸟"各类志愿服务活动40余次，参与志愿者1200余人次，服务群众4000余人次。（王　鹏）

公　安

【概况】 2020年，始终坚持以习近平新时代中国特色社会主义思想为指导，贯彻"四句话、十六字"公安工作总要求，坚持改革引领、创新驱动，不断升级立体化信息化社会治安防控体系，公安工作和队伍建设得到质态提升，为吴中实现"优生态、惠民生、兴产城、善治理"高质量发展目标，创造平安稳定的社会环境。

【安保维稳】 打赢全国两会、十九届五中全会、第三届进博会等安保维稳硬仗。按照上级部署，精心推进社会矛盾大排查大化解专项行动，实现重点人员零串联、零聚集、零失控；顺利完成南环桥市场搬迁安保维稳，有效稳控泰禾金尊府、太湖禁捕退捕涉稳风险，不稳定因素化解率达93.6%，"高风险项目精评、低风险项目简评、无风险项目免评"社会稳评机制愈发成熟。克服路网基础差、警力资源少、复评竞争激烈等瓶颈困难，为全市实现全国文明城市“满堂红”做出贡献。

【违法犯罪治理】 高标推进各类专项行动，打击通信网络诈骗、非法金融、食药环犯罪成效明显，涉渔违法犯罪查处市区板块第一；探索构建“智慧快侦”打击犯罪新模式，全面启用数字侦查中心，实体化运作全市首家区级禁毒办，刑事案件破案率、八类案件破案率高达33.2%、99.3%，分别提升3.2和6.5个百分点，8起现行命案和8起督办案件全破，形成扫黑除恶涉债类纠纷警情必见底、十七类案件快办快结等技战法，分局刑事勘查工作全省第一；建成网络侦查办案、互联网监控、电子数据勘验鉴定三大中心，网络重案侦破数市区第一，敏感重大舆情全程监测，电子数据勘验水平全省领先；持续优化巡区边界划“圈”、网格巡控拼“块”、道路街面连“线”、重要部位集“点”的防控网络，违法犯罪警情、刑事发案数分别比上年下降9.4%、24.2%，侵财案件发案数比上年下降26.9%，全市第一，“快布快捕”机制接连收获50分钟快破持刀抢劫案、4小时抓获杀人分尸命案犯罪嫌疑人等实战成果。

【社会治理创新】 年内，“1+2+14”指挥体系全面建成，“110”非警务类警情分流处置取得重大突破，筛选推送非警务纠纷警情1200余起，办结率达99.4%。小区科技合围全面破题，打造长桥永城国际商住综合体、石湖景苑小区及横泾“2+N”集宿点3个治理样板。“双网融合”有效对接，5大类43项“进网入格”任务清单融合嵌入，51.8万块二维码数字门牌对应安装，316万余条“一标多实”价值数据反哺基层治理，矛盾纠纷化解率在97%以上。安全监管守住底线，“331”领域火灾起数再降28.3%，连续22个月保持“零亡人”，道路运输事故数、亡人数分别再降71.4%、50%，安全指数再攀新高。

【服务保障】 全市率先运行执法监督管理中心，提质深化“法制派驻”“星级评定”“三清工作”等案管室勤务模式改革，创新应用“2+3+N”执法执纪监督模式，系统开展全警执法主体能力提升活动，法治基础保障功能更有底气。全年执法执勤类投诉比上年下降40.6%，刑拘转捕率上升15.5个百分点，退查补证率比上年下降2.4个百分点。分局获评全市“法治苏州”先进集体，法制行政复议应诉岗位被授予全省公安机关执法示范岗位。建成启用出入境智慧大厅，32项公安政务服务实现网上办理，3大类12小项户政业务实现全流程电子化办理，着力畅通服务群众“最后一公里”。

【实战练兵强警】 深入推进实战练兵，举办分局第一届警务实战教官教学技能比武暨优秀微课程评选竞赛，开办26期“每周一题”研讨会，115人确认岗位技能人才。教育整顿覆盖全警，45个集体139名个人荣获各类表彰。新冠肺炎疫情期间，广大民警辅警不怕牺牲、逆行而上、持续奋战，会同基层干部、卫健人员、网格员等力量，走访排查与疫情相关人员181.2万人次，清零核查指令14.8万余条，管理服务居家隔离人员15.1万次。

【“意识防”专项行动】 持续优化情景反诈宣教平台，分类定点连线、精准推送防范提示单，“一对一”跟踪宣教。营造铺天盖地的宣传氛围。制作更多优质新媒体宣传产品，通过全区各级网络介质流转，推动“影响100”裂变；自研自用被动式红外广播音箱，投放于小区、商场的电梯、进出口等人员流动性较大区域，感知人员进出时播放群众喜闻乐见、容易接受的反诈短语、口诀、顺口溜，强化群众反诈防骗意识。将“意识防”经验做法融入市委政法委、市公安局牵头的“苏城无诈”专项治理示范地区，努力为全市反诈防骗攻坚，提供更多可借鉴、可复制的模板。

【“天穹计划”】 在市局“六星

科技·纵横警务”总体框架下，“天穹计划”智能化设备占比全市第一，“1+2+6+N”赋能战队涵养创新，“1+3+N”赋能实战成效明显，汇聚整合各类数据资源60余类，“天穹计划”获7项国家实用新型专利，“意识防”情景反诈获市局年度十佳项目奖，木渎所“智慧防”、长桥所“小天眼”、南区所“快警务”、胥口所“331三联整治法”等新场景应用蔚然成风。各级领导对“天穹计划”予以高度评价，220批次4300余人次国内多地政法、公安单位考察“吴警智造”。（何德友）

【度假区公安分局】 维稳安保。持续深化社会矛盾大排查大化解“9445”专项行动，完成党的十九届五中全会、第三届进博会以及中超联赛、中足协驻地安保等系列重大安保任务，妥善处置太湖水域禁捕退捕安置补偿实施、光福高速公路噪音扰民等多起涉稳事件，确保社会大局持续稳定。

破案打处。全年刑事案件破案率稳定增长，八类重大案件破案率比上年增加9.7%，一批有社会影响力的案件在第一时间得以侦破。最大限度守护好度假区绿水青山，年内破获非法捕捞、非法狩猎、污染环境等食药环境案件11起，打击处理涉案人员19人，其中2起为公安部挂牌督办。

巡逻防控推行“1队+4所”模式的动态巡防体系，推动重点路段治安卡口点位上图，全年违法犯罪类警情稳中有降，传统盗窃类案件比上年下降31.9%。紧扣接警止付、预警劝阻、资金查控、初侦初研、防范宣传等工作流程，全年通信网络诈骗案件破案率达10%。

公共安全监管以飓风行动、全市道路交通秩序大整治大提升等专项行动为抓手，加强路面执法和源头治理，确保道路交通安全持续稳定，全年道路交通亡人事故数、亡人数比上年分别下降30%和36.4%。推广人脸识别模块，开展数据建模应用，大规模集中清查和不定期清查相结合，辅之以日常安全检查，有效提升民宿入住登记管理质态，年内处罚不按规定登记的民宿33家，并查处取缔“黑旅馆”20家。加强水域基础数据调查，开展水上联合巡航、联合拉练，排查整治各类水上治安安全隐患，确保太湖水域持续安全，全年成功处置水上险情5起，营救遇险人员13人。紧盯寄递物流、网约房、网约车、楼宇经济、无人机等，督促落实主体责任，确保新业态健康有序发展。

疫情防控依托“大数据+网格化+铁脚板”机制，一着不让推进疫情防控措施，精准排查涉疫人员16861人次，落实居家隔离2973人次，涉疫人员12小时见面率和中高风险地区到苏人员核查率均达100%，有效推动辖区疫情防控落地落实。度假区公安分局被苏州市委、市政府评为“苏州市抗击新冠肺炎疫情先进集体”。（李　霞）

【道路交通安全】 2020年，发生道路交通事故175起，其中，死亡事故42起，死亡43人，受伤154人，直接经济损失36.4万元。与上年相比，事故数下降39.65%，死亡事故起数下降40.85%，死亡人数下降39.44%，受伤人数下降45%，直接经济损失下降17.92%。完成疫情防控、文明城市迎检以及春运、清明、东山瓜果上市等重大安保活动。完成一级警卫1起，二级警卫4起，三级警卫27起，优先放行140起。查获公安部交管局布控假牌套牌车辆4辆，自主研判布控捉获假牌套牌变造号牌5辆，查获非法营运大型客车5辆、渣土车交通违法2400余起、流动加油车80余辆，查获网络购买假牌10余起，查获危险品运输车辆凌晨两点至五点违规行驶30余起（疫情期间查处危险品运输车20辆）。完成信号配时调优538次、故障报修300余次，信号机联网率52.93%，协调控制绿波29个、红波8个。首推东山拥堵应急响应系统，针对枇杷节、杨梅节等节日制定专门管控方案。检查单位252家次，抽查重点车辆

25辆，审查重点驾驶人655名，发放隐患整改通知书91份；排查重点风险隐患10处，约谈20次，涉及76家次企业，包括8家“黑榜”企业，对97名“问题”驾驶人及时通报企业落实暂停营运、调离驾驶岗位等措施。联合交通运输部门开展联合执法60余次，查获货车超载675起，其中，超载10％至30％的234起，30%至50%的91起，50%至100％的196起，100％以上的154起。查处酒驾醉驾1000余起，“三超一疲劳”、闯红灯、假套牌等重点违法11000余起；排查各类问题隐患263处，即查即改各类安全设施问题，将其中60处风险隐患点位列入清单按序时整改。

【道路交通整治】 推出“东山拥堵应急响应系统”。针对枇杷节、杨梅节等节日期间部分路段和节点拥堵严重的状况，制定常态管控和一、二、三级管控方案，创新推出“东山拥堵应急响应系统”，探索天眼数据赋能交管服务的实施路径，有效提升东山辖区道路通畅通力，为后续全面服务吴中区打好基础。推出全市首个重点车辆源头管理系统。系统正式投入使用后，交警大队、中队和重点车辆企业可以登录该系统实时掌握企业车辆检验有效期、保险有效期、施工号牌有效期、驾驶证有效期、违法处理5大类以及车辆行驶状态、日常管理质态等，实现三方同时互相监管。系统启用以来重点车辆交通事故数就下降50%。深化“互联网+交管服务”。持续深化“放管服”改革，先后在苏州长龙4S店等20余家推进汽车销售企业代办登记新举措，对非营运小、微型客车80%实现4S店“直接上牌”。深化“通道式”业务办理模式，持续提升服务质量，并在确保业务规范的前提下，有步骤有条件开通企业上门查验绿色服务通道，服务民营企业发展。创新推出治超小分队。充分发挥老民警的潜能和作用，组织老民警成立东西片治超小分队，并与区交通局路政大队紧密合作，加强联合执法，强化联勤联动，采取弹性工作制，解决中午和晚上无警时段的缝隙，有效打击货车超载超限严重交通违法行为，及时消除事故风险隐患，全区道路运输事故比上年分别下降62.07%。

【交通安全宣传】 通过省、市两级媒体开展各类宣传活动170余次，先后被“学习强国”录用5篇，央级媒体录用18篇；通过微信发布各类整治信息200余条，开展现场直播4次，集中曝光重点违法行为人30人。

（郭　丰）

【度假区交警大队】 执法监管。2020年，共查处各类交通违法行为26173起，其中，非机动车违法15693起，闯红灯违法行为893起，渣土车违法行为1498起。全年，共发生交通事故总警情4472起，其中，死亡事故7起（死亡7人），伤人事故857起，经济损失3955.9万元，比上年事故总数上升6.1%，死亡事故数下降30%，死亡人数下降36.4%。交通宣传。不断拓宽广播、报刊、微信、微博、互联网等媒体宣传渠道，全方位多层次开展交通大整治大提升行动，确保线下线上同发声、有声势。同时以传统“七进”宣传为平台，根据社区居民、外来务工者、学生等不同群体特点，组织交通安全宣讲团加强针对性宣传，特别是针对农村居民交通安全意识薄弱情况，加强以行人乱穿马路、非机动车不按规定行驶为重点整治的交通安全宣传教育。全年开展各类交通安全宣传活动85次，推送微信、微博信息200余条，其中，报纸、电视、广播等媒体刊发100余条，省级媒体刊载3条。道路交通整治。2020年，紧扣目标时限安排，扎实推进道路交通秩序大整治大提升行动。截至年末，共纠处行人、非机动车“8+2交通违法”2063起，纠处机动车“8+4交通违法”1905起；完成24处123组信号灯倒计时升级，超额完成进度240%；完成墅里路和孙武路的示范样板路创建，完成进度100%。（杨　波）

【消防救援大队】 认真履行防范化解安全风险、应对处置灾害事故的重要职责，较好地完成了疫情防控、抗洪救灾、百日攻坚等急难险重任务，保持火灾形势和队伍管理的基本稳定。年内，发生火灾284起，造成1人死亡，无人员受伤，直接财产损失1003.2万元；与上年同期相比，火灾起数下降43.31%，直接财产损失比上年上升15.2%。

【消防安全责任】 把火灾防控置于文明城市创建、补短板、惠民生等区委中心工作一体推进。通过签字背书、工作例会、调研督导、责任制考核等形式推动板块政府落实领导责任。用好消安委会平台，完善监督员与行业部门工作联系机制，推动“管行业必须管安全”。联合各部门共同推进行业系统消防安全标准化达标建设，组织现场会，开展联合执法，形成信息互通、定期研判、协同行动等工作机制。压实单位主体责任，以微消防为抓手，推动四个能力建设，贯彻“1234+N”理念，深化“祛火源、降荷载、畅通道、重管理”专项行动，按照“四不放过”标准从严查处起火单位违法行为，问责一家，警示一片。

【火灾隐患综合治理】 对12家医院、22个隔离点、5家医疗防护用品生产企业及400余家复工企业开展实地检查。持续开展打通生命通道、高层建筑“回头看”、大型商业体和大型医疗建筑消防安全专项检查等各类整治活动。在“百日攻坚”行动中，跟踪调研商业综合体、劳动密集型企业、高层公共建筑及居民住宅存在的火灾隐患及公共消防基础设施现状，每日研判、每周小结、每月通报，全力推动重大火灾隐患单位整治。年内，3家重大火灾隐患单位和2处区域性隐患已完成销案。截至年末，全区检查单位5236家，发现并督改火灾隐患10654处，办理临时查封122起，责令“三停”单位9家，社会面火灾防控形势平稳向好。持续推进“331”纵深发展，合规改造完成“三合一”场所5770处、出租房（群租房）29213处。大力推广消防安全技术防范手段应用，以木渎巨塔花园为试点，探索在高层住宅小区建设防止电动车上楼的云梯·智能电动阻车系统。依托网格化社会治理信息平台消防管理模块，向各板块下达消防安全检查巡查和消防宣传指令，发动全区网格员开展消防安全检查和宣传，处理涉及消防安全事项1969条，最大限度减少失控漏管。加强火灾复盘和延伸调查，大队火灾调查案例被支队评为全市火灾调查优秀案例二等奖。

【消防宣传】 疫情防控期间，以直播形式开展“行业性”大宣传；针对辖区内发生火灾事故的企业，加强“打铁趁热”警示宣传。大力开展“消防进军训”“千万学生做消防作业”活动。加强基地化消防宣传教育工作，新建木渎消防实训中心，接待社会单位81批次，开展消防嘉年华活动3次，在省特色田

2020年6月16日，吴中区举行“安全生产月”宣传活动暨化工火灾事故应急处置联合演练　　区应急管理局　供稿

园乡村试点临湖黄墅自然村的夜市、"'夜吴中，越璀璨'姑苏八点半尹山湖之夜"活动中打造固定消防宣传驿站。联合吴中区洞庭山天然泉水厂，在瓶身植入消防知识，延伸消防宣传触角。持续升温"百名消防指挥长宣讲消防安全"活动，以"防灾减灾周""119"消防宣传月、安全生产月、宪法宣传月等重要时段为契机，策划开展主题宣传活动，建立与宣传部门的协作机制，强化普惠性宣传和警示性曝光，依托"微信朋友圈广告"投放防火常识，唤醒消防安全人文自觉。在《中国应急管理报》《江苏法制报》等国家、省级媒体发稿刊播9篇，印发各类宣传资料12万余份，推动社会各界进一步关注消防工作。

【岗位练兵提升实战能力】 以全员岗位大练兵为载体，持续开展技能业务比拼，普考覆盖全员挂钩绩效、竞赛好中选优兑现奖惩，形成良性激励导向。邀请专家到队开展水域救助和电梯救援技术专项培训，提升专业处置能力。积极参加支队举办的比武竞赛活动。深入辖区高低大化单位开展实战演练248次，组织水域救援实战拉动演练16次，修订完善数字化预案336份。积极参与支队组织的通桥油库、地铁火灾事故救援演练，从难从严锤炼队伍素质。持续推进"1+N"防消联勤分队建设，培养一批消防设施明白人。选拔骨干参加太湖流域前置备勤，完成环太湖流域抗洪抢险任务。有效处置"7·22"和源环保科技有限公司等火灾事故，战斗素质和奉献精神得到检验。大队年内共接警出动2468次，抢救被困人员24人，抢救和保护财产价值近1.2亿元。

【消防设施建设】 年内新建专职队（站）3个，藏书站和战勤保障中心已挂牌投用，化工园站已建成，城南站正在施工中。各专职队陆续完成组织机构代码证办理，28名专职队员参加总队职业技能鉴定考核。专职队经费人事统一管理，组织建设统一规范，工作任务统一部署，正规化、职业化、专业化水平有所提升。继续推动各板块微型消防站实体化运转，举办社区、企业微型消防站比武竞赛，进一步提升微型站初期控火能力，成为重要力量补充。（周 艳）

【度假区消防救援大队】 2020年共监督检查单位444家次，出动人员888人次，发现火灾隐患或违法行为230处，督促整改215处，下发处罚决定书50份，责令"三停"2家，处罚单位43家、个人7人，下发责令立即改正通知书153份，罚款38.16万元，拘留2人。全年先后投入200万元购置装备器材，大幅度提高装备保障水平。（谢全球）

检 察

【概况】 2020年，区检察院内设第一至第六检察部、政治部、办公室8个部门。有员额检察官27人，检察辅助人员26人，司法行政人员10人。坚持以习近平新时代中国特色社会主义思想为指导，认真贯彻上级检察机关决策部署，围绕区委"当好高质量发展'优等生'"总思路，精心打造刑事检察打击犯罪再创新业绩、创新理念提起文物保护公益诉讼、依法做实生态检察、督促企业堵漏建制优化营商环境，努力做到依法履职有作为、服务大局有担当。年内，获评"全国先进基层检察院"，被授予江苏省检察机关扫黑除恶专项斗争集体三等功。

【刑事检察工作】 全年共受理审结批捕各类刑事案件406件579人，受理起诉1500件1897人。通过剖析证据有效性、排除合理怀疑，成功批准逮捕1名故意杀人、潜逃10余年的犯罪嫌疑人。依法办理公安部督办的全市首例涉炸鱼"水雷"非法买卖爆炸物案，涉案"水雷"达18000余个，为近年之最。与区应急管理部门、乡镇街道建立健全案情通报、信息共享等机制，形成保障安全生产合力，共办理安全生产事故类案件8件9人，并会同相关职能部门对消防检查、汽车吊装作业、升降工作平台等安全生产问题开展整改。办理省部级领导关注的制售假证假章案，依托吴中检察院电子物证实验室追踪下游犯罪，立案监督27件，追捕追诉17人。扫黑除恶专项斗争继续深入，1起案件被评为江苏省检察机关扫黑除恶专项斗争典型案例，办案团队获评苏州市扫黑除恶专项斗争优秀办案团队，吴中区检察院被省院记三等功。

【刑事诉讼监督】 落实“在监督中办案，在办案中监督”的要求，全年共监督立案28件、监督撤案19件，纠正漏捕7人、追诉漏犯8人，提请抗诉2件。借助时间轴表、关系网表、资金流向表以及电子取证，联合区公安构建“三表一证”办案机制，前置检察监督关口，该做法在全市检察机关被推广。在一起重大偷电案中，经自行补充侦查，成功追捕追诉顶包者背后的主犯，该主犯一审被判处有期徒刑10年。在办理一起涉案金额4000余万元的虚开发票案中，对开票窝点的2名犯罪嫌疑人，追诉案值2000余万元。

【网络经济犯罪惩治】 针对网络诈骗犯罪数量激增、手段升级等态势，成立专业化办案团队，加大对网络领域涉众型经济犯罪的分析研判。在审查1起帮助网络信息犯罪活动案时，发现部分上游犯罪为金融诈骗，以洗钱罪和掩饰、隐瞒犯罪所得罪提起公诉，该案为全市近五年来认定的首例洗钱案。在办理1起涉案金额过亿元的转移赃款案中，改变定性为非法经营罪，从重处罚犯罪团伙。响应“断卡”行动，撰文揭示大学生出租微信账号、无意中成为犯罪帮凶的现象，该文发表于《中国青年报》，获“共青团中央”公众微信号转载，阅读量突破10万。

【民事行政检察】 全年共办理民事检察监督案件33件，提请抗诉1件，发出再审检察建议9件；办理行政检察监督案件11件，发出执行监督检察建议6件。拓宽虚假诉讼案源，将智慧检察监督平台、统一业务应用系统和中国裁判文书网三大平台案件进行“数据碰撞”，锁定“非法拘禁”“故意伤害”等案件涉事人员存在虚假诉讼可能，再针对性排查虚假诉讼案件线索，共办理虚假诉讼案9件。着眼群众合理诉求，推动2起行政争议案件实质性化解，其中就某民营企业申请延期缴纳罚款被行政机关驳回而引发的信访，牵头召开三方磋商会，促成行政机关同意依法延期，切实化解行政争议，避免重复访、重复诉。

【公益诉讼】 在生态环境和资源保护、食品药品安全等领域持续发力。督促有关部门及时清除西塘河东岸300米的垃圾带；提起刑事附带民事公益诉讼5件，收缴生态环境修复费109.8万元，为生态环境修复提供保障。发出行政公益诉讼诉前检察建议34件，提起全市首例文物保护领域行政公益诉讼案，推动韩世忠祠堂修缮保护，该案入选最高检典型案例。以《生物安全法》出台为契机，与职能部门、乡镇街道联动合作，对外来入侵物种进行公益调查，推动开展预防治理工作，积极防范和应对生物风险。

【化解金融风险】 全年共办理非法集资类案件7件10人，涉及集资参与人1500余人。在1起以高额回报为诱导的非法吸收公众存款案中，查实犯罪嫌疑人的经济基础、项目真实性、赃款去向，将该案准确定性为集资诈骗罪，确保从严打击。针对1起涉案金额高达7亿元的非法集资案，持续三年引导公安机关追赃挽损，依法将罪犯抵押房产纳入追赃范围，挽回经济损失。开展类案分析，针对金融理财类App频繁“爆雷”、涉案金额大、人数多、范围广等特点，撰专文揭示“黑色赚钱App”披着理财外衣，绕开监管、实施诈骗等犯罪新动向，得到市委主要领导批示。

【民营经济保护】 对民营企业及其负责人涉经营类违法犯罪

的，依法可不予刑事追诉的不捕不诉，对涉嫌犯罪的4家民营企业，在综合考量其复工复产、职工就业等因素后，依法做出不起诉处理。成功办理1起民营企业财务人员职务侵占2800余万元案，被告人一审被判处有期徒刑10年，同时督促企业完善财务内控制度。就外卖平台健康证管理漏洞、外包骑手健康资质不明等问题，向美团公司发出检察建议，该企业落实整改并回函致谢。针对部分网约车司机利用虚假订单套取平台垫付车费行为等问题，持续助推网约车公司堵漏建制，该案入选省院典型案例，获评全市政法机关保障法治化营商环境评比“十大精品案例”。

【生态检察】 会同区资规局、公安局、市场监管局等部门建章立制，保护野生动物，维护生物多样性，共办理非法收购濒危野生动物制品、非法捕捞水产品等案件24件44人；落实太湖“十年禁渔”重大任务，撰文剖析打击非法捕捞的司法困境，提出统筹案件管辖、引入生态修复机制等建议，被市院采用。严守耕地红线，通过制发检察建议，督促行政机关履职，将被非法占用的5.41公顷农地复垦为种植鸡头米良田，被《检察日报》头版报道。

【未成年人保护】 落实最高检“一号检察建议”，联合区监察委等八部门会签文件，组建“青春守护者联盟”，推进侵害未成年人案件强制报告制度；围绕校园安全管理等问题制发检察建议，推动形成校园纠察等3项制度，确定680名校园纠察员；会同区妇联、教育局打造“青春不任性”健康教育项目，服务8400余个青少年家庭，提升未成年人自我保护意识。开展“保障校园周边安全”专项监督，针对校园周边商户禁酒标识不全、无食品经营许可证等情况，推动专项整治，张贴1000余张警示标志。为落实《未成年工特殊保护规定》政策，围绕未成年工权益易受侵害等问题，与区人社局共同开展未成年工保护专项行动。

【服务群众】 以司法救助服务脱贫攻坚，救助案件数量和救助金额分别比上年上升122%和315%；首次对民事执行监督案件的申请执行人进行司法救助，并协调区民政局、卫健委等多方力量，使“因伤致贫”的申请人获得相关救助。探索公权力介入家暴案件新途径，明确对所有家暴案件召开公开听证会，以“法律判断交给检察机关，情理判断交给人民群众”的方式平衡情法两难。为因病卧床的社区矫正对象提供防疫物资和生活必需品，以实际行动教育感化社矫对象。保护民众医疗安全，针对康立医院外包科室对病患夸大病情、检查报告作假、虚增诊疗项目等不法行为提起公诉，该案涉案金额高达3000余万元，为全市首例“虚假医疗”诈骗案。

【疫情防控与办案】 新冠肺炎疫情期间，与区公安局、市场监管局等部门协作，明确对13种涉疫案件优先办理、提前介入、快捕快诉，共依法办理虚假销售防疫物资、故意伤害防疫志愿者等案件11件11人。向湖北检察机关伸出援手，捐赠防疫物资、协助引入远程讯问技术，被《检察日报》《江苏法制报》头版报道。多批次组建检察防疫志愿小队奔赴火车站、高速卡口、社区等地，共46名干警志愿服务1800余小时。助力复工复产，紧急上线“微信公众号刑检办案系统”，融远程讯问、认罪认罚具结、法律援助、社区矫正监督等功能于一体，实现司法办案“隔离不中断”，得到省院主要领导批示，在全省检察机关被推荐应用。 （黄　慧）

法　院

【概况】 2020年，全面贯彻习近平法治思想，以初心筑牢法治信仰，用奋斗凝聚前行力量，努力打造高质量司法。全年受理各类案件24638件，结案21503件，一线员额法官人均结案477.74

件。优化营商环境，平等保护市场主体合法权益，调研成果《非法集资案件特征、趋势及防范分析研究》获全国法院司法大数据专题研究优胜奖。落实“六稳”“六保”，对疫情后期多发的房屋租赁纠纷、涉防疫物资纠纷等开展预见性研判。在全国率先出台预重整制度专门文件，助力企业解困。一站式诉讼服务提高司法体验“满意度”，被确定为全省多元解纷和诉讼服务示范法院。深入推进民事诉讼程序繁简分流改革，实现简案快审、繁案精审。强化自主研发，推出“吴中微法院”异步质证调解平台，促进现代科技与审判工作融合。年内，刑事审判庭被江苏省高级人民法院评为全省法院刑事审判工作先进集体。

【刑事审判】 全年审结刑事案件1103件。守护群众生命财产安全，审结“两抢一盗”、强奸、故意伤害等案件341件。保持反腐高压态势，审结职务犯罪10件12人，依法审理无锡市惠山区法院立案庭原负责人钱某某受贿案，组织该院及吴中法院业务骨干旁听，扩大警示教育范围；撰写《职务犯罪案件情况报告》，剖析基层贪腐现象。紧扣扫黑除恶专项斗争三年为期目标实现之年重点工作，严肃惩处徐某某案，“黑财清底”及时跟进，执行到位涉黑财产1079万元；助推长效常治，发送司法建议13份。年内，刑庭获评全市扫黑除恶专项斗争优秀办案团队、全省法院刑事审判工作先进集体。

【民事审判】 全年审结民事案件11072件，挽回经济损失54.14亿元，调解、撤诉6374件，调撤率58.16%。深化家事审判品牌建设，在东山镇设立省内首家“家事法官工作站”，推动民生纠纷前端预防；联合区妇联成立“爱心妈妈团”，开展家庭调查、看望慰问、回访帮教等26次，凝聚呵护未成年人工作合力。以公正裁判树立行为规则，某汽车销售公司赔偿消费者三倍购车款案写入省、市两级法院工作报告；“公司解雇职场霸凌者案”中，驳回施暴者索赔要求，获《工人日报》关注报道。从审判实践中提炼“释法+”工作机制，将释法析理贯穿于诉讼全程，有效促进服判息诉。

【行政审判】 支持“放管服”改革，促进和谐行政关系，审结行政诉讼案件42件。以行政机关负责人出庭应诉，促进行政争议实质化解，督促完善行政行为，出庭应诉率达93.55%。

【执行工作】 全年执结案件9187件，执行到位12.54亿元。强化执行刚性，组织民生案件“天网行动”、护航“六稳”“六保”专项行动等集中执行8次，拘留39人次，罚款38.3万元。加大联合惩戒力度，将16549名“老赖”纳入失信被执行人名单，限制高消费和乘坐飞机、高铁3694人次，促使907名被执行人主动履行义务。努力提高司法网拍成效，在车辆、钻石、房产等热门单品拍卖中推出直播带货和VR看样方式，扩大竞拍参与度，上拍财产296件，成交金额4.26亿元，整体溢价31.43%。在一批工人工资案件中，首次在欠薪企业机器设备流拍后，准许第三人以流拍价购买，在年关前及时将131人260余万元工资执行到位，有力维护劳动者合法权益。针对执行“堵点”，与海关驻吴中办事处共同制定《关于执行中对海关监管标的物处置的工作方案》，畅通海关监管资产处置流程，防止关税流失，受到上级法院肯定。

【优化营商环境】 平等保护市场主体合法权益，依法审结涉企案件6453件，标的额40.75亿元。强化联动意识，与区工商联签订《服务全区民营经济高质量发展合作协议》，共同开展诉调对接、企业挽救、联席会议等，及时妥善化解涉企纠纷。强化精准服务意识，走进东山精密、区青商会等，向民营企业家问需、问诊、问计，促成企业与金融机构签订展期续贷或分期还款协议88份，缓解其资金压力。强化首创意识，在全国率先出台预重整制度专门文件，甪直镇某纺织品公司预重整成功，入选全市政法系统“创新优化法治化营商环境十大精品案例”。

【助力“三大攻坚战”】 加大对非法吸收公众存款、“套路贷”等非法金融活动的识别和打击力度，调研成果《非法集资案件特征、趋势及防范分析研究》获全国法院司法大数据专题研究优胜奖。助推精准脱贫和乡村振兴，为困难当事人减缓免诉讼费184.55万元，发放司法救助金67.7万元。与运河沿线基层法院共签大运河（苏州段）保护司法协作协议，构建涉大运河案件跨区联动办理和多元保护修复机制。

【落实“六稳”“六保”】 围绕疫情防控和经济社会发展形势，制定《关于为“六稳”“六保”提供司法服务保障的实施意见》及疫情期间促发展、保稳定“1+X”系列文件，以49项实际举措推动法院工作与“六稳”“六保”全面对接。依法从严从快审结虚假出售防疫物资诈骗案8件。强化善意、文明司法理念，综合运用灵活保全、降低担保、延缓执行等手段，支持企业复工复产。充分发挥司法大数据的“晴雨表”功能，对疫情后期多发的房屋租赁纠纷、涉防疫物资纠纷等开展预见性研判，相关信息被市委办、省委办录用7条。积极参与联防联控，派出287人次至社区和高速卡口执勤，总计服务时长1761小时。

【非诉讼纠纷解决机制】 坚持把非诉讼纠纷解决机制挺在前面，打造“非诉调解先行、网格化解联动、司法确认断后”滤网模式。“内引外聘”激活非诉解纷渠道，设立“非诉讼服务分中心”，引入5个人民调解工作室和1个律师调解工作室，优选驻院人民调解员11名、律师调解员12名；聘任特邀调解组织23个、特邀调解员22名。全年以高效、便捷、经济的非诉讼方式化解1895起纠纷，跟进开展调解协议司法确认874件，在最高法院一站式多元解纷和诉讼服务体系建设质效评估中名列全市第二。融入区域社会治理，健全法官进网格“一网一站两清单”机制，每个网格确定一名法官包干对接，依托各街镇打造审务工作站，建立网格法官与网格员职责清单，明确法官指导纠纷化解、组织业务培训、开展法治宣传，及网格员协助送达调查、查人找物、息诉稳控等职能。全年深入网格举办法律培训、普法活动和“阳光司法到街镇”巡回审判54场，协助网格源头化解纠纷171件，民事收案数比上年下降5.42%。

【民事诉讼程序繁简分流】 简单案件前端快审，推行小额和简易诉讼程序，指导金融等行业组织在合同文本中约定适用小额诉讼程序，确保简单程序“应用尽用”；推广示范诉讼、分离式裁判、“表格式”判决书、普通程序独任审理等简化办案方式，确保审限内“应结尽结”，小额诉讼和简易程序适用率达84.32%，简案平均审理天数62天。复杂案件后端精审，组建专业化精审团队，对建设工程、家事、保险、破产等类案实行专业化审判，“无产可破”的简单破产案件平均审理周期降至90天。诉前鉴定全程保障，将部分纠纷鉴定程序前置，及时固定关键事实，有效促进诉外纠纷化解和诉中审理提速，诉前鉴定结案186件，平均节约审理时间58.82天，受到省法院专家组调研时的充分肯定。（刘轶臣）

司法行政

【概况】 2020年，以服务夺取疫情防控和经济社会发展双胜利为主线，履行依法治区“一个统筹”职责和行政立法、行政执法、公共法律服务、刑事执行“四大职能”，推进全区依法治区、依法行政和司法行政工作高质量发展，顺利通过省、市“七五”普法评估验收。法治建设督察、法治惠民项目常态开展，行政复议、应诉质量稳步提升。诉调对接“吴中模式”、人民调解进网格“吴中路径”提质增效，公共法律服务体系建设深化拓展，特殊人群服务管理法治化、规范化推进。被司法部表彰为“全国公共法律服务工作先进集体”，被国家卫健委、全国老龄办表彰为“全国‘敬老文明号’”，被省委宣传部、省法宣办、省司法厅表彰为“全省‘七五’普法中期先进集体”。区矫正中心被市委政法委表彰为“苏州市政法系统‘五有五好’基层关工委”。非诉讼纠纷化解机制建设等工作被省司法厅领导批示推广和肯定。

【依法治区】 将法治建设相关内容纳入综合考核体系，把党政主要负责人规定为履行推进法治建设第一责任人。落实法治政府建设规划，开展法治政府建设“补短板、强弱项”专项活动，确定年度区政府重大行政决策事项。出台依法疫情防控相关工作意见，为全区新冠肺炎疫情防控和复产复工提供有力法治保障。明确10项关爱民生法治实事项目，项目化推进法治惠民实事工程。出台《吴中区优化营商环境创新行动2020》，制定《吴中区营商环境“通报制”工作方案》。坚持个案督察、书面督察和调研式督察相结合，开展法治建设专项督察。增设户外法治公益宣传广告，印制“法治书签”，广泛宣传法治工作亮点。制发《吴中区国家机关“谁执法谁普法”履职评议活动实施意见》，压实各单位普法宣传教育的主体责任。开展“疫情防控　法治同行”“安全生产”“美好生活法典相伴”等专项宣传活动。圆满完成“七五”普法评估验收工作，复核96个省级“民主法治示范村（社区）”。组织全区1.2万名党员参加全省“百万党员学宪法学党章考法律活动”网上考试。加强青少年法治教育，优化区法宣中心功能，开展法律沙龙和学法小课堂布展。积极建设法治文化特色小镇，更新法治文化阵地。发动各地开展《民法典》六进活动。

【法治政府建设】 开展法治政府建设“补短板、强弱项”专项活动，召开吴中区法治政府建设推进会议，确定年度区政府重大行政决策事项，深入推进法治政府建设。组织全区近700名行政执法骨干和新申领行政执法证件人员分4期培训，顺利完成行政执法资格考试。进一步规范行政复议工作流程，行政复议直接纠错率、综合纠错率、建议书制发数等均位居全省前列。提请区政府出台吴中区行政机关负责人出庭应诉办法，建立健全承办应诉案件工作流程，办理区政府行政应诉案件37件并实现零败诉，区政府行政诉讼案件负责人出庭应诉率达100%，全区各单位平均出庭应诉率同步提高近10%。妥善做好司法行政系统信访案件，及时反馈司法部督办信访案件。制发行政复议建议书9份，形成个案报告3份，编发行政复议典型案例8件。配合推进全区综合行政执法深入改革，加强对综合行政执法的日常指导监管。制定镇（街道）综合行政执法赋权清单，拟新下放133项行政处罚权。开展野生动物保护、《苏州市养犬管理条例》实施周年情况等执法监督检查，组织开展行政执法“三项制度”专项督查。苏州华成集团有限公司、科沃斯机器人股份有限公司和临湖镇湖桥村被确定为苏州市行政执法监督联系点。

【公共法律服务】 年内，区公共法律服务中心增设企业、老年人等专项法律服务窗口，新增自助服务一体机、无人律所等智能设备。指导木渎镇公共法律服务中心提档升级，推动城南街道公共法律服务中心规范运行。优化村（社区）法律顾问人员结构，规范运行“法润民生”微信群。全年全区公共法律服务开展法律咨询17055次，参与调解纠纷7057件，开展法治宣传698场，举办法治讲座709场，提供法律援助和咨询1767次，办理公证业务和咨询9441次，为党委、政府和村、社区提供法律服务3539次。组织法治宣传89场，开展法治体

2020年9月27日，吴中区开展公共法律服务村村行活动　　区司法局　供稿

检257次，提供法律咨询和文书代写502次。开展村（社区）法律顾问工作情况督查。组织召开企业全生命周期公共法律服务产品开发研讨会，丰富公共法律服务产品供给。与区卫健委成立吴中区老年人维权法律服务工作站，开展公共法律服务村村行活动。积极开展“法援惠民生”系列活动，优化劳动人事争议法律援助站工作。组织专业律师团队，为戒毒学员提供常态化法律服务。运用“云对接”“云会见”，深入推进刑事案件律师辩护全覆盖工作。完善各援助律师专家库建设，开展案件质量评估。全年法律援助中心受理并指派法律援助案件1311件，其中申请类1037件、通知类274件。提供法律帮助676件。接待来电来访网络咨询8964件，其中电话接待7420件、来访接待1542件、网上咨询接待2件。

【特殊人群管理】 全区在册社区矫正对象348名、安置帮教人员1084名、后续照管对象122名。借助“开放日”、“4·8”司法日、“送法下乡”等活动，线上线下全面开展《社区矫正法》《社区矫正法实施办法》学习宣传。将特殊人群管控工作与扫黑除恶专项斗争工作相结合，实施分类管理，并强化重点人员管理。落实每日巡查、定期教育和社区服务，依法履行定期报告外出请假、居住地变更审批手续。依托“苏州市吴中区社区矫正教育平台”，以“指尖模式”提升教育矫治效果。开展重点时期专项排查，并对排查出的12类67个问题进行了及时的整改。扩大循证矫正应用范围，除了矫正中心试点的3名未成年人外，13个司法所分别选定1名对象进行个别化管理。依托“循证矫正”工作，“因人施矫”，积极开展未成年社区服刑人员专业心理矫治工作。结合“护苗”行动、“金秋助学”等活动，通过走访摸排，对排查出的14名全区“五类人员”中生活困难未成年子女进行走访，发放慰问金、慰问品合计2.4万元。

【矛盾纠纷化解】 对区级非诉讼服务中心进行提档升级，完成镇、村两级非诉服务平台全覆盖。及时完成“江苏微解纷”平台申请非诉案件的受理督办，受理平台申请非诉案件22件。全区各级各类调解组织共调解纠纷15710件，调解成功率99.3%。优化诉调对接调解员队伍，制定并落实“调解员月例会”制度，组织参加调解员工作培训。探索专业化工作路线，增设“婚姻家庭纠纷”“道路交通事故纠纷”两类调解专科门诊。各诉前调解组织共受理案件3848件，其中调解成功1438件，司法确认647件，协议履行率100%，减免或退回当事人诉讼费近百万元。通过电话调解化解纠纷67件，视频调解化解纠纷5件，通过“不见面”网上签字形成调解协议9份。全区建立三级网格调解小组893个，配备网格调解员1938名。积极发挥网格调解贴近群众依靠群众优势，开展疫情防控和复工复产矛盾纠纷排查调处工作。通过三级网格排查发现并调处矛盾纠纷9498件，调处成功9353件，调解成功率达98.5%。联合妇联下发《关于成立标准化家事调解社区工作室的实施方案》，组织建立家事调解工作室。

【律师工作】 全区有律师事务所29家，专职律师343名，实习律师60名，党员律师98名。全年，代理民事案件5796件、刑事案件324件、行政案件190件、非诉案件442件，法律顾问单位823家，参与公共法律服务235人次，创收1.81亿元。疫情发生后，通过志愿服务、捐款捐物、专业服务等多种形式抗击疫情。积极参与村（社区）法律顾问全覆盖工程，全区185个村（社区）聘用法律顾问覆盖率100%。2家律师事务所被评为“苏州市优秀律师事务所”，4名律师荣获“2018—2019年度苏州市优秀律师”称号，3名律师分别荣获省公益法律服务突出贡献奖、省律师行业高质量发展引领奖、省律师行业防控疫情先进个人称号。开展“法企同行”“法治体检四进四送”专项法律服务活动，联合组织吴中区知识产权“护航”行动。召开推进法律职业共同体建设座谈会暨合作协议签署仪式，制发《关于建立助推法律职业共同体建设、服务优化营商环境协作机制的意见》，推进律师调解工作，建立电子诉讼合作机制。

【公证工作】 全年办理各类公证事项、事务共8015件，其中，国内公证6550件，涉外公证684件。公证业务创收594万元。接待来访来电4000余人次。截至年末，吴中公证处专职公证员9名，公证辅助人员8名。年度中无错假证，本年度执业中未出现违法、违规、违纪情况，也未受到行政或者行业处分。以服务民生为中心，紧紧围绕当地党委、政府的中心工作以及社会关注热点、难点问题，充分发挥公证职能作用，积极办理公证业务。为小微企业开通办理银行抵押贷款等金融类公证业务绿色通道，依规减免部分公证费用。本年度共为7家小微企业办理抵押贷款强制执行公证，共减免公证费113720元。建立公证大数据平台，实现数据多跑路，当事人少跑路，极大方便了当事人。简化公证办理程序，提升公证办理效率，对紧急涉企案件实行当天受理、优先办理、快速出证。建立完善的审查出证、自查自纠的质量管理体系，并建立以此为核心的公证质量内部管理制度，定期进行公证质量的自查自纠。

【法律服务】 全区有基层法律服务所9家，基层法律服务工作者32名。年内，基层法律服务工作者共担任企事业单位、乡镇人民政府及村（社区）法律顾问188家，诉讼代理371件，非诉讼代理170件，参加公共法律服务392次。1名基层法律服务工作者被评为全省优秀基层法律服务工作者；4名基层法律服务工作者为苏州市法律工作者协会第四次会员代表大会代表，其中2人为苏州市法律工作者协会第四届理事会理事；1名基层法律工作者为江苏省基层法律工作者协会第三次会员代表大会代表。年中，组织召开全区基层法律服务所工作会议，进一步强调扎实推进开展扫黑除恶专项斗争工作。 （谭　丽）

人民武装

【概况】 2020年，贯彻习近平主席决策部署和上级指示要求，以形成服务“能打仗、打胜仗”的国防动员能力为统揽牵引，抓根本筑牢忠诚根基，抓主业提升备战能力，抓规范强固制度支撑，抓落实打牢发展基础，全面推进、稳步提升全区人民武装工作。

【征兵工作】 在常态化疫情防控形势下紧紧围绕“实现强军目标，输送高素质兵员”目标，全区上下形成齐抓共管、军地合力抓征兵的良好局面。按照早部署、早宣传、早行动的思路多措并举，全力抓好征兵宣传和兵役登记，筑牢征集基础。狠抓高素质兵员这个重点，在各个环节中严格标准、规范秩序、明确责任，确保征兵工作廉洁高效。全区圆满完成征集任务。

【军事训练】 严格贯彻习近平主席训令和军委军事工作会议精神，按照“着眼整体、立足应急、突出重点、分期施训”的工作思路，围绕城市防卫、动员支前、抢险救灾、反恐维稳等任务，严格按纲施训、科学组训，不断提高遂行多样化军事任务能力。全年开展军事训练14批次，训练合格率达到98.6%。

【防汛抗洪】 2020年7月，太湖流域普降暴雨，太湖水位超警戒水位，按照省军区、军分区要求，迅速落实防汛应急准备，各基层人武部做好应急分队备勤准备，金庭镇、东山镇、临湖镇先后出动民兵参与防汛工作。区人武部每日安排1名主要领导赴现场组织指挥，较好地完成防汛抗洪各项任务，赢得地方党委、政府高度肯定。

【疫情防控】 新冠肺炎疫情期间，按照《苏州军分区参加处置应对新冠肺炎疫情方案(修订稿)》，全力配合地方打好疫情防控阻击攻坚战。一手抓防控疫情，一手助复工复产，积极参与防疫宣传、卡口执勤、巡查警戒、人员登记、消毒灭杀、集中隔离点值班值守等防疫工作，为吴中区疫情防控和经济社会发展双胜利贡献力量。

【国防教育】 以党政机关、中小学校、企事业单位为重点对象，开展全民国防教育活动。9月18日，邀请著名军事战略专家、资深媒体评论员、中国军事文化研究会网络研究中心主任、上海军民融合发展研究会首席专家杜文龙教授到“东吴大讲堂”，作“当前我国安全环境与战略选择”专题讲座，全区党政机关1500余人参加报告会。参与组织“九·一八”防空警报试鸣暨人口疏散演习，出动民兵应急分队参与群众疏散、对空警戒、社会维稳等课目演练。9月19日，发动全区各条线各领域开展“全民国防教育日”活动，民政局组织新婚夫妇向革命烈士敬献鲜花，区教育局组织中小学生赴驻地开展“军营开放日”活动，区退役军人事务局组织走访慰问驻地离退休复转军人，新四军太湖游击队纪念馆、穹窿山国防教育展示馆、环尹山湖360°全民国防教育主题公园参观见学1.5万余人次。(俞富强)

人民防空

【概况】 2020年，紧紧围绕全区“六稳”和“五优五美”工作目标，聚焦能力建设、聚力创新发展，着力打造“六个人防”苏州模式，积极融入“思想再解放、开放再出发、目标再攀高”的激情岁月，努力推动吴中人防走在高质量发展前列。

【信息化建设】 修订《吴中区人民防空方案》相关内容，调整人防指挥所实名制编成；加强机动指挥所开设训练，全年组织开展和参与全市及跨区联合训练4次。优化指挥信息化系统建设，完成基本指挥所1+1并联UPS供电系统改造；加强警报设施维护管理，高标准完成“9·18”警报试鸣任务，警报鸣响率100%，城区警报覆盖率达98%；根据国动委要求，完成人防战备数据核查及系统录入。

【民防宣传执法】 以新中国人民防空创立70周年大主题，组织天韵社区、天怡社区、新北社区、龙西社区、美蠡雅社区等城市社区开展系列宣教活动。结合“4·27”“5·12”重要时点，开展人防科普和法律咨询党员志愿服务，累计登记人防志愿者500余人，提供宣教咨询服务1800余人次。加强人防执法队伍建设，落实人防执法人员上岗资格管理，经常性开展人防执法人员培训，提高人防执法人员的综合素质和执法能力。加强执法检查，严格查处人防执法过程中的违法违纪。

(陈春华)

编辑：赵立文

发展规划管理

【规划、计划工作】 2020年，吴中区完成《关于2020年上半年国民经济与社会发展计划执行情况的报告》《关于吴中区2020年国民经济和社会发展计划执行情况与2021年国民经济和社会发展计划草案的报告》《苏州市吴中区国民经济和社会发展第十四个五年规划和二〇三五年远景目标纲要（草案）》起草工作，分别经区人大常委会、人代会审议通过。年内，组织开展高质量发展绩效评价，形成包括“产业转型升级”“创新资源要素配置和行政服务机制”“城镇建设及乡村振兴”“大运河国家文化公园建设和吴文化保护发展”“水环境综合治理和化工产业整治提升”以及“民生服务优质均衡发展”在内的6大类21项个性化指标，聚焦全区国民经济与社会发展大局，统筹做好规划、计划工作。

【固定资产投资管理】 2020年，全区完成全社会固定资产投资598.83亿元。其中，第二产业完成投资98.61亿元，第三产业完成投资498.85亿元。苏州市吴中区发展和改革委员会（简称“区发改委”）会同区财政、水利、农业、环保等有关部门，对全区中央预算内投资进行跟踪服务，对项目的进度、质量、投资等方面的情况进行有效管理，督促项目规范建设、各类资金专款专用。

【重点项目建设】 2020年，全区区级重点实施建设项目242个，完成投资385.81亿元，占年度投资计划的107.5%，占全年固定资产投资比重的64.4%。其中117个计划新开工项目年内全部开工，41个产业项目竣工投产；35个市级重点实施项目完成投资193.86亿元。

【向上争取】 2020年，区发改委出台对上争取直通车制度，用足用好国家相关扶持政策，累计向上争取各类资金10亿元（其中债券9.4亿元）。苏州市吴中区国家农村产业融合发展示范园列入第二批国家农村产业融合发展示范园名单，苏州国家骨干冷链物流基地列入2020年国家骨干冷链物流基地建设名单，苏州市瑞颐·椿熹里精品创新养生社区获批第四批江苏省级养老服务业综合发展示范基地，旺山文旅风情小镇、太湖体育运动休闲小镇入选江苏省特色小镇创建名单。

【能源物资综合平衡】 2020年，区发改委加强能源物资综合平衡和安全生产督查工作，督促地方政府解除甪直淞南村油气管道占压隐患、胥口采香泾花木市场和好得家市场电力安全隐患，完成越溪街道10千伏125龙翔线塌方河岸加固工程。印发《吴中区石油天然气输送管道及电力设施安全生产监管信用管理办法（试行）》《吴中区石油、天然气输送管道突发事件应急预案》《吴中区大面积停电应急预案》，探索研究将石油天然气输送管道及电力安全保护领域第三方施工企业纳入信用体系管理。继续推进太湖新城核心区分布式能源站、吴淞江科技产业园燃气轮机两个重大能源基础设施项目建设。完成本年度光伏发电建设项目和2021—2023年度生态涵养区储备项目的对上申报。年内，对照时间节点加快推进限塑禁塑工作。

【南北挂钩及扶贫】 2020年，吴中区继续做好东西部扶贫协作、南北挂钩、区内薄弱村帮扶等工作。南北挂钩深化合作，吴中宿城工业园上年度综合考核排名位列全省第六。全年累计组织40批398人次赴贵州省德江县走访交流，其中引导88家企业洽谈合作，选派26名“三支”人员驻点长期帮扶，帮助80名德江籍建档立卡贫困劳动力在吴中实现稳定就业；新增太湖街道参与帮扶结对后，全区实现乡镇（街道）结对帮扶单向全覆盖。年内，帮助贵州省德江县80名贫困劳动力在吴中实现稳定就业；提供市级统筹资金5593万元、各级财政援助资金1790万元、社会帮扶资金（含折物价）793.78万元，配合德江县完成农产品销售额6988万元。新增太湖街道参与结对帮扶，推动两地实现乡镇（街道）结对帮扶单向全覆盖，有效助力德江县巩固脱贫摘帽成果。

【长三角一体化】 2020年，吴中区紧紧抓住长三角一体化发展契机，围绕“互联互通、共保联治、共建共享、协同开放”，加强全面融入长三角一体化研究，将长三角区域一体化发展相关课题列入吴中区“十四五”规划。做好顶层设计，以重大项目为抓手，继续对接和服务上海，把长三角一体化发展理念装进“脑袋”、红利装进“口袋”。强化产业合作。在上海举办2020苏州吴中（上海）检验检测服务业宣传对接会。吴中区在长三角一体化苏州赴上海对接说明会上，成功签约太湖水文化馆、长三角上影吴中文化科技基金等项目，组织企业参加长三角G60科创走廊的各类联盟。深化政策对接。地区政务服务“一网通办”综合服务专窗，涵盖原G60专窗30项企业事项，纳入首批21项个人服务事项。开展集团保税试点改革，吴中综保区内账册实现跨关区保税间货物流转。建设环太湖城乡有机废弃物处理利用示范区，起草《吴中区环太湖城乡有机废弃物处理利用示范区建设方案》，结合吴中区有机废弃物处理利用现状，依托中国农业大学有机循环研究院根植于吴中的独特优势，先行先试探索产业新模式。建设生态涵养发展实验区，围绕《苏州生态涵养发展实验区规划》，系统推进生态保育、生态治理、民生保障和产业发展4大类20个工程55个重点项目建设。制定区级财政支持政策，设立“苏州生态涵养发展实验区专项资金”，每年安排1.55亿元，2020年度市、区两级生态涵养发展实验区一般转移支付资金完成拨付。推进文体旅交流合作。加强大运河沿线文化设施建设和保护，苏州市吴文化博物馆正式开馆；开展宝带桥等大运河遗产点文物保护巡查工作，完成《智慧大运河（吴中段）项目规划》编制。先后举办2020苏州吴中文旅专场推介活动、2020首届长三角（太湖·吴中）民宿发展大会。在上海虹桥高铁站“乡愁小栈”开展“眼底江南·心上吴中”文旅主题展。加强社会事业合作。强化信息互通，加快教育、医疗、养老等资源共享。江苏省外国语学校与上海外国语大学教育集团合作共办外语人才培训基地；吴中人民医院与复旦大学附属华山医院、上海新华医院、上海交通大学附属第六人民医院，光福人民医院与上海第十人民医院，甪直人民医院与江苏省人民医院，尹山湖医院与上海第十人民医院分别开展院际合作；推进区域性养老服务中心建设，对传统乡镇敬老院提档升级，建立健全养老机构统一管理平台，推动区域内养老信息共融共通。（王 运）

国有资产管理

【概况】 2020年末，全区国有企业资产总额2666.34亿元，比上年增长4.48%；所有者权益712.38亿元，比上年下降1.07%；利润总额7.91亿元，比上年增长782.5%。其中，区属国有企业资产总额1068.89亿元，比上年增长1.48%；所有者权益256.23亿元，比上年下降5.8%。利润总额7.22亿元，比上年增长415.49%。

【国资国企改革】 2020年，苏州市吴中区国有资产监督管理局（简称“区国资局”）继续推动国资国企改革，制定出台《吴中区区属国有企业投资监督管理办法》，发布《区属国有企业投资项目负面清单》，建立主业管理、层级管理和分类管理的投资监管体系；设立区属国资投资决策领导小组，对列入特别监管类的投资项目，由区属国资投资决策领导小组集体研究决定；强化投资项目的事前、事中和事后管理，建立投资项目事后评估制度。区国资办在区属国有企业及其子企业，先行开展5年期以上参股的股权投资项目后评估试点工作，对于区属国有企业长期无收益、低收益的投资项目，督促企业“一项目一方案”落实退出机制，将落实情况纳入区属国有企业年度经营业绩考核。年内，建立国有企业违规经营投资责任追究制度。区国资局的“完善投资监管体制，启动后评估试点”项目，被苏州市国资委命名为2020年国资改革发展创新优秀项目。

【融资担保管理】 2020年，区国资局加强区属国有企业信用体系建设和融资担保管理，组织开展企业提升主体信用评级和续评工作。区属国企获AA+评级2家，获AA评级3家。是年，各区属国有企业相继通过银行间协会、北京金融资产交易所、上海证券交易所等渠道发行各类债券，有效拓宽融资渠道，优化融资结构，有效实现低成本、可持续融资。全年区属国有公司平均融资成本4.56%。（胡翔宇）

市场监督管理

【概况】 2020年，苏州市吴中区市场监督管理局（简称“区市场监管局”）在抗击新冠肺炎疫情战斗中，贯彻落实各项防控举措，牵头对全区进口冷链食品实行集中监督管理；严厉打击市场哄抬价格、售卖假冒伪劣产品等违法违规行为。围绕经济社会发展需求，持续推进质量强区、标准化、知识产权“三大战略”，服务全区高质量发展。转变思路、创新手段、夯实基础，继续在食品药品、特种设备、产品质量等安全领域加强监督管理，构建多元共治的社会治理格局。坚持问题导向，树立底线思维，规范市场竞争，依法查办涉及食品药品安全、特种设备安全、商标侵权、不正当竞争等严重扰乱市场秩序的案件。聚焦民生热点领域，坚持便民惠民，积极回应群众关切，在价格检查、计量惠民、消费维权工作等方面精准发力。区市场监管局特种设备安全监察科、葛海兵分别获评江苏省市场监管系统先进组织、先进个人。

【疫情防控和复工复产】 2020年，区市场监管局在新冠肺炎疫情防控期间，加强口罩、防护服等防疫物资质量监督管理，严厉打击哄抬价格、销售假冒伪劣防疫产品等违法行为。实施药店咳嗽、退烧类药物购买人员实名登记制度，收集该类药物购买人员信息近3万条。加强民间自办宴席的管控，缩减自办宴席规模766户次20982

吴中冷链集中监管仓　　区市场监管局　供稿

桌，取消、延迟自办宴席324户次10499桌。出台15条帮助企业复工复产措施，支持企业保经营、稳发展。合理运用质量、品牌、标准、专利、计量、认证认可、检验检测、信用等多项职能，对重点企业进行全方位服务。加强进口冷链食品监管工作，第一时间落实集中监管仓选点、常态化运作方案的制定、工作专班组建等各项工作；加入“江苏冷链”监管系统，累计注册生产经营单位176家、第三方冷库5家，首站赋码记录达367条。

【质量强区战略】 2020年，区市场监管局继续实施质量强区战略，加强企业质量提升培育工作，发挥企业在质量提升中的主体地位作用。贯彻落实长三角一体化发展计划，推动发展高端服务经济，支持检验检测等生产性服务业发展。年内，苏州电科院获得2020年度省长质量奖提名奖。全区获得苏州市市长质量奖企业1家、苏州市质量奖企业12家，获奖数位列苏州大市第二。

【标准化战略】 2020年，区市场监管局加强与产业结构深度融合，推动苏扇、核雕等苏作传统工艺行业开展标准化工作，引导行业协会及龙头企业加快制定相关行业标准。全年新发布实施国际标准1项、国家标准23项、行业标准3项，有7家国内外专业标准化技术机构落户吴中。位于临湖镇的苏州太湖现代农业示范园获批江苏省农业标准化示范项目，为苏州市唯一获批的农业标准化示范项目。

【食品安全监管】 2020年，区市场监管局有序推进食用农产品电子追溯系统建设，组织开展“十大攻坚行动”和“七大食品守护行动”等活动。围绕食品安全监管的重点品种、重点区域和重点对象，开展洞庭山碧螺春、校园食品安全、特殊食品安全等27个专项整治。采用“精准+散射”工作模式，全年共抽检食品及其原辅料6841批次，合格率98.03%。协助相关部门做好南环桥市场搬迁工作，聘请第三方评估机构开展食品安全的全方位评估。做好重大活动驻点保障工作，全年完成吴中区召开两会期间、中国足球协会超级联赛期间等的重大活动的食品安全监管保障44场次，保障人数约21.29万人次。

【药械安全监管】 2020年，区市场监管局加强疫苗贮存、运输、使用环节的监督管理，依法打击“药师不在岗”、非法购进销售药品等行为，净化市场秩序。全年组织防控物资、中药饮片零售及使用、疫苗使用等专项检查6个，向司法机关移送涉法案源线索7条。年内，搭建“吴中区药品零售企业GSP远程监管系统”，社会单体药店使用率89%，实现追溯信息互通共享，构建全过程药品追溯体系。

【特种设备安全监管】 2020年，区市场监管局组织开展起重机械、厂内机动车辆专项整治，累计排查厂内机动车辆4425台、起重机械3596台；查处场车、起重机械案件121件，罚没款293万元。开展涉危化企业使用设备的大“体检”活动，累计涉危化品压力容器等设备675台，发现并完成整改隐患26处。组织特种设备操作人员安全教育培训15场1200人次，发放特种设备安全宣传材料1500余份。

【产品质量安全监管】 2020年，区市场监管局强化全区认证市场、检验检测活动监督管理，组织开展认证认可与检验检测活动专项整治，共检查3C企业90家、检测机构81家、认证机构5家。开展成品油、灶具及配件、儿童和学生用品等质量专项检查8次，抽检151批次，合格率为93.38%。

【优化市场发展环境】 2020年，区市场监管局持续净化市场竞争环境，强化长期未经营企业清理力度，完成1593户企业批量吊销。继续推进净化市场环境的“双随机　一公开”抽查，涉及市场主体3991家。加强广告监测和电商监管，查禁发布野生动物及利用新冠肺炎疫情炒作的违法虚假广告，检查相关网站1970次，开展广告监测3079次。依法查办涉及食品药品安全、特种设备安全、商标侵权、不正当竞争等严重扰乱市场秩序的案件，依法规范市场竞争秩序。

【强化便民惠民措施】 2020年，区市场监管局加大公平竞争审查力度，强化便民惠民措施，优化营商环境。坚持问题导向，开展转供电、新冠肺炎疫情期间防控物资生产及销售领域等12个专项行动；开展集贸市场、粮食市场、加油站等民生领域计量监督检查，督促相关单位落实主体责任，构建诚信计量消费环境。提高强检费用免征惠企政策覆盖率，免费检定电子秤4580台、医用计量器具1538台。加强消费维权热线和窗口标准化建设，“五线合一”和平台整合工作落实到位、对接有序。推行商品无理由退货承诺制，创新消费维权机制，全年签约商品无理由退货商户5326家，受理退货453件，涉及金额28.33万元。（陈梦楠）

物价管理

【概况】 2020年，区发改委以经济发展为中心，以保障民生为重点，紧扣价格调控工作主线，落实各项价格调控措施，切实规范市场价格秩序，降低新冠肺炎疫情对市场价格的影响程度，保持市场价格基本稳定。

【价格调控】 2020年，区发改委制定下发《苏州市吴中区2020年价格调控目标责任制实施意见》，强化目标，明确责任，确保价格调控工作落实到位。完善价格异动应急处置机制，编制出台《苏州市吴中区价格异动应急预案》。落实保供稳价措施，会同区财政、商务等部门分两批向市场有序投放区级储备猪肉109.87吨。

【价格监测】 2020年，区发改委加大价格监测力度，及时公布9大农贸市场粮油、肉禽蛋、水产、蔬菜、水果等六大类52个品种民生商品价格监测信息。全年累计向社会公布重要民生商品价格信息48期。

【价格管理】 2020年，区发改委持续做好新建商品住房价格备案工作，促进全区房地产市场平稳健康发展，全年共办理新建商品住房价格备案申报92个批次，完成8家普通住宅前期物业公共服务收费备案。及时调整非居民用管道天然气销售价格、燃气工程安装费和蒸汽销售价格；抗击新冠肺炎疫情期间，降低企业用气、用水、用电价格，支持企业复工复产；年内，组织开展清理和规范转供电环节的加价工作。

【收费管理】 2020年，区发改委发布本年度行政事业性收费目录，完成152个单位的年度收费巡访工作；核定非营利性民办幼儿园、民办学校以及机动车停放服务等收费标准97件；

持续完善国有景区门票价格形成机制，降低小王山等景点门票价格。全年共受理各类价费咨询投诉400余件，及时回应社会和群众关切。

【成本监审】 2020年，全区完成40余所民办幼儿园、景区景点等成本监审调查工作。组织开展碧螺春茶叶、香青菜、露地豆角、设施黄瓜、露地圆白菜等成本收益调查。（王 运）

知识产权管理

【概况】 2020年，全区专利申请量30441件，比上年增长34.67%，其中发明专利申请量8502件，比上年增长35.58%。专利授权量18474件，比上年增长90.45%；其中发明专利授权量1496件，比上年增长128.1%。PCT专利申请量244件，比上年增长29.1%。万人发明专利拥有量60.45件，比上年增长23.1%。申请商标13925件，比上年增长34.17%；注册商标9195件，比上年增长15.73%；有效注册商标总数36678件，比上年增长20.99%。东山白沙枇杷被认定为地理标志证明商标，成为吴中区第四件地理标志商标。吴中区知识产权保护工作获得江苏省知识产权局通报表扬。

2020年8月，吴中区组织开展知识产权“护航”行动　　区司法局　供稿

【知识产权运用】 2020年，全区相关创新主体获得省、市知识产权专项资金875.09万元。区市场监管局兑现区级知识产权奖励资金2810.957万元，有效帮助企业降低研发成本。知识产权工作引领企业发展成效显著，获得国家级荣誉的企业3家，获得省级项目的企业1家，获得市级项目的企业6家。年内，知识产权运用管理得到有效推进，区市场监管局推出“东吴知识贷”，帮助5家企业获得知识产权质押贷款1750万元，有效缓解企业融资难、融资贵的问题。

【知识产权保护】 2020年，区市场监管局依法加强知识产权保护工作，组织开展“铁拳”“护航”“雷霆”等知识产权保护专项行动，加大对电子商务、重点商品交易市场、外商及港澳台商投资等领域的执法检查力度。定期开展“双随机 一公开”维护知识产权的执法检查，覆盖全区352家有效注册商标企业、112家专利企业、8家商标代理机构。贯彻落实“蓝天”行动要求，依法对2家商标代理机构的恶意注册疫情商标的违法行为，组织立案查处。协助省知识产权局对辖区内3家专利“黑代理”机构依法立案查处。有效净化区域知识产权服务市场，协同和帮助专业律师事务所调解企业知识产权纠纷，妥善应对和解决上市过程中的知识产权问题，有效化解知识产权法律风险。（陈梦楠）

审 计

【概况】 2020年，全区审计机关完成财政财务审计项目117个，查处违规和管理不规范资金

10.74亿元，向纪委监委移送事项3个，提出审计建议873条。完成政府投资建设工程审计项目3145个，送审金额128.16亿元，节约政府（集体）资金17.33亿元。区委、区政府和各地主要党政领导在审计报告、专报等上批示27次；审计信息宣传稿件被上级审计机关和区委、区政府录用82篇次，促进出台制度文件21项。苏州市吴中区审计局（简称“区审计局”）获得江苏省乡村振兴审计工作成绩突出单位、苏州市乡村振兴审计工作成绩突出集体等表彰。

【财政审计】 2020年，区审计局依托大数据平台，对吴中区（区本级、度假区、开发区、高新区）财政预算执行及其他财政收支情况进行审计。以推动重大政策落实、深化财政体制改革、提高财政资金使用绩效为目标，重点关注重大财政政策执行、预算收支执行及绩效管理、专项转移支付分配和拨付管理等情况。

【投资审计】 2020年，区审计局聚焦吴中区重大项目建设，开展重点交通工程跟踪审计和南环快速路西延工程、木渎镇中山路改造工程等4个竣工项目的决算审计；对吴中区东太湖堤线二期暨滨湖大道二期工程（第四批）、苏州市西环高架南延工程（第三批）等196个区级建设项目和105个乡镇建设项目，开展工程结算审计。完善审计争议专家协调机制，推动区委、区政府修订关于规范区政府投资建设项目审计的规定，建立健全全区投资建设管理制度。

【经济责任审计】 2020年，区审计局对2名市管干部、15名区管干部开展经济责任审计。重点关注贯彻执行上级优化营商环境等重大经济方针政策和决策部署、重大改革任务推进、财政管理、生态环境保护、精准脱贫、贯彻落实中央八项规定及其实施细则等情况，继续落实“三个区分开来”要求。年内，中共苏州市吴中区委审计委员会印发《审计发现问题容错纠错操作办法（试行）》。

【乡镇审计】 2020年，区审计局围绕乡村振兴战略目标要求，强化农村集体“三资”监督，全面提升乡镇审计全覆盖水平。全区乡镇审计机构共开展财政财务审计项目87个（含67名镇管干部经济责任审计）、政府（集体）投资建设审计项目2797个，送审金额54.62亿元，为政府（集体）节约资金8.35亿元。在对区管领导干部实行分类管理的基础上，对镇管干部进行全面摸排，制定出台《吴中区镇管干部经济责任审计对象分类管理办法》。

【自然资源离任审计】 2020年，区审计局组织开展木渎镇2名领导干部自然资源资产离任（任中）审计，重点关注领导干部履行自然资源资产管理和开发利用责任、贯彻执行中央和省市区重大决策部署、遵守相关法律法规、目标任务完成情况等。探索吴中区领导干部自然资源资产离任审计基础评价指标体系的构建，将“探索领导干部自然资源资产离任审计评价体系——以吴中区实践为例”课题，列入年度重点审计课题。

【专题专项审计】 2020年，区审计局围绕打赢“三大攻坚战”，开展江苏省东西部扶贫协作、政府债务和隐性债务风险防范、吴中人民医院综合改革等政策跟踪审计和苏州市吴中区太湖围网拆除、太湖水环境综合管理、企业职工养老保险、体育彩票公益金等专题专项资金审计。重点关注专项经费“信用承诺、绩效评价、监督检查”三位一体的监督和管理体系，确保资金合法、合规、合理使用。

【“1＋N”审计项目实施模式】 2020年，区审计局推进审计项目、审计组织方式“两统筹”，采取融合式、结合式审计，实施重大政策措施跟踪审计、部门预算执行审计、专项资金审计、信息系统审计等专题内容，做到“一审多项”，实现“1+N”审计项目实施模式。在“同级审”中融合开展政策跟踪审计，在区科技局经责项目中融合开展科技专项资金审计，在区发改委经责项目中融合开展楼宇经济信息监测平台的信息系统审计。

（张　菁）

统　计

【概况】 2020年，苏州市吴中区统计局（简称“区统计局”）围绕区委、区政府中心工作，按照上级统计调查部门的决策部署，以改革创新为动力，强化服务型统计职能，全面启动第七次全国人口普查，为吴中区高质量发展提供扎实的统计保障。

【统计调查】 2020年，区统计局加强与基层统计调查单位的沟通与协调，强化对各级统计业务人员的培训指导。发挥统计职能，严格数据审核、评估，提高各项数据源头质量，加强数据解读能力。高质量完成综合、国民经济核算、工业、农业、建筑业、房地产、服务业、贸易、固定资产投资、能源、住户、人口、劳动力调查、采购经理等统计调查业务和编制年报任务。年内，完成苏州市部署的年度从严治党、民意调查、现场调查等各类专项统计调查任务。

【统计服务】 2020年，区统计局根据全区经济社会发展目标和变化趋势，全面优化统计监测和统计服务工作。做好妇女儿童监测和农村经济等常规监测、专项监测和重点监测工作。通过统计服务，继续做好全区经济运行状况、发展走势的预警监测和分析预判。加强月度、季度统计动态监测。统计工作主动适应形势发展，撰写经济运行分析报告，加强对宏观经济运行态势的跟踪分析。全面、准确、客观地分析经济运行情况，提高预警监测；关注全区重要产业、重点行业等领域的发展状况，完善综合性监测评价体系，让统计工作更好地服务于全区经济社会。

【高质量发展监测】 2020年，高质量发展考核在指标设置方面变化较大，指标设置由2019年的60个指标新增为85个指标。区统计局开展高质量发展考核业务培训，邀请苏州市统计局综合处对部门开展高质量发展考核共性指标培训工作，组织统计工作者参加市统计局业务培训，提升高质量发展监测业务水平。继续开展高质量发展考核绩效评价指标（共性指标）监测分析，汇总分析形成分析报告及时递交至区委、区政府，在全区高质量发展考核分析会议上，汇报年度高质量发展绩效评价指标情况。

【第七次全国人口普查】 2020年，吴中区第七次全国人口普查领导小组成立后，严格保障人口普查经费、人员、场地“三落实”到位，确保普查队伍稳定，全区落实人口普查经费120万元。建立健全各级人口普查办公室周例会机制、上下联动机制、部门协调“三项工作”制度，精心开

2020年9月，吴中区开展第七次全国人口普查工作　　区统计局　供稿

展人口普查工作。及时掌握全区各级人口普查工作进度，帮助各地有效开展人普工作。区统计局与区人口普查领导小组各成员单位协同推进，整合有效数据，做好入户登记工作，为高质量开展人口普查工作提供数据保障。严格按照国家对第七次全国人口普查的相关要求，开展驻点督查，加强数据质量监管，做好数据比对复查工作，确保人口普查各项数据质量。

【百强企业调研】 2020年，区统计局组织开展百强企业调研工作。年内，因受新冠肺炎疫情影响，吴中经济增长承压，市场走势不确定因素增多。为摸清全区工业经济发展现状，预判未来经济运行趋势，区统计局选取规模以上工业百强企业，展开调查研究。调研工作从统计数据切入，将调研走访与数据监测相结合，梳理吴中区主要工业企业情况与特点。实地走访重点企业、基层统计单位，听取企业反映的生产经营状况、未来经济发展预测以及当前遇到的困难和问题，共同商讨响应对策，提出未来发展计划和对政府工作的希望和建议。在开展百强企业调研工作的同时，对企业统计报表主要指标进行核实和分析，提高统计报表数据质量。年内，核查规模以上工业企业217家。组织开展工业企业产值核查工作，夯实产值填报统计基础，确保工业产值的数据更加精准。

【基本单位名录库维护】 基本单位名录库是统计“四大工程”之一，是组织实施各类统计调查的基础。区统计局在经济普查工作中，加强基本单位名录库维护工作，继续对基本单位名录库进行经常性的维护和更新，使基本单位名录库成为全面、可靠、动态的信息库，更好地发挥其作为统计基础的作用。年内，区统计局对区发改委、工信、商务、科技、住建、税务等部门提供的相关企业名单进行比对、筛选，拟定入库企业名单，实地走访了解拟入库企业实际情况，征求乡镇工业产业板块的意见，然后根据入库条件，专题研究确定入库企业名单，确保入库质量。组织全区统计工作人员培训，熟悉基本单位名录入库程序，有效指导企业入库；及时梳理、清退不达标准和停产、关闭企业出库，优化基本单位名录库结构，让基本单位名录库真实反映全区经济发展变化情况。

【统计信息和载体】 2020年，区统计局加强统计信息和载体建设，做精做优《吴中统计年鉴》《吴中统计月报》《吴中工业统计月报》等载体编报业务，编发企业转型升级监测专报，发挥吴中区政府门户网站、《吴中信息》等载体作用，定时为区委、区政府、各部门、社会公众提供内容丰富、时效性强、资料真实、获取便捷、使用方便的统计数据。

【统计规范化建设】 2020年初，区统计局印发《2020年全区统计基层基础规范化建设工作要点》，确定具体工作目标和任务。及时总结规范化创建成果，向上推荐“全省乡镇（街道、园区）统计基础规范化建设‘百家单位’”“全省村（社区）统计规范化建设‘千佳单位’”“全省基层统计岗位标兵”等候选人名单，提升统计规范化建设整体水平。

【统计法治队伍建设】 2020年，区统计局加强全区统计法治队伍建设，组织选派法治队伍骨干参加省、市统计法治业务培训，2名统计工作人员通过国家统计执法证考试。年内，制订全区统计教育、统计法治培训计划，全方位、多层次、多方式开展统计法律法规宣传教育。组织举办100家重点工业企业统计法治培训，借助相关网络，组织全区统计人员开展系统内在线学习。9月，按照国家统计局统一部署，组织开展聚焦统计数据造假专项治理工作。制订统计执法检查计划，先后对2个镇（街道）及其所属18家工业、服务业、贸易企业进行统计“双随机”执法检查，进行全过程记录。通过“双随机”执法检查结果，制定《关于2020年统计执法检查情况通报的函》，及时向被检查的镇（街道）提出整改意见和建议，维护《统计法》的权威性和严肃性，保障统计工作质量。 （王若宁）

劳动就业管理

【概况】 2020年，苏州市吴中区人力资源和社会保障局（简称“区人社局”）强化就业优先政策，将稳就业、保就业作为民生保障的首要任务。贯彻落实劳动就业的各项政策，优化公共服务环境，鼓励企业创新创业，提升职业技能，确保抗击新冠肺炎疫情期间全区就业形势稳中向好。

【就业工作】 2020年，全区城镇新增就业21400人，城镇失业人员再就业3546人，城乡就业困难人员再就业4487人，城镇登记失业率1.85%，征集青年就业见习岗位485个；开发公益性岗位884个，本地户籍应届高校毕业生就业率97.97%，实现“零就业”“零转移”和家庭动态清零。发放各类社保补贴1.24亿元，惠及18.92万人次；发放稳岗返还资金2.14亿元，惠及2.56万家企业。开展线下招聘专场119期，4846家次企业提供岗位8.88万个。年内，赴贵州省德江县举办6期技能培训班，培训人数272人；组织78名德江籍建档立卡贫困户到吴中就业。

2020年10月27日，区人社局举行2020“校园苏州日”走进华中科技大学系列活动　　区人社局　供稿

【创业工作】 2020年，区人社局继续强化创业载体建设，鼓励企业和个人创业，拓宽创业渠道。全区创业带动就业6327人，支持成功自主创业1568人，引领大学生创业190人，扶持农民自主创业159人。举办“不负韶华　职等你来”高校毕业生就业创业系列活动，开设创业大讲堂16期，举办创业培训班16期、网络微课16期、大学生创业能力提升培训班3期。发放创业社保补贴948.74万元，惠及2.53万人次。

【劳动关系建设】 2020年，区人社局在苏州市率先开展“一窗式”劳动保障维权服务工作，全年受理投诉、举报2327起，处置化解企业关、停、搬等重大事项65起。继续推进和谐劳动关系创建活动，在全市首创劳动关系和谐企业、A级劳动保障信誉单位互评互认。年内，集中开展规范人力资源市场秩序、高温劳动保护、用人单位遵守社会保险法律法规、保障外来务工人员工资支付等专项检查，做好常态化疫情防控条件下劳动关系维稳工作。受理劳动争议案件3136起，处理10人以上集体劳动争议案件37起。

（范　莉）

表 13-1 2020 年城镇非私营单位劳动报酬

单位：万元

项目	从业人员劳动报酬	在岗职工工资总额	其他从业人员劳动报酬
合计	2142643	2083477	59166
#国有经济	601984	593246	8738
集体经济	112319	105939	6380
其他经济	1428340	1384292	44048

（区统计局）

表 13-2 2020 年城镇非私营单位在岗职工人数与工资

项目	单位	合计	国有经济	集体经济	其他经济
一、年末人数	人	187497	31107	8076	148314
#劳务派遣人员人数	人	21233	906	267	20060
二、平均人数	人	185605	30807	7897	146901
三、工资总额	万元	2083477	593246	105939	1384292
四、年平均工资	元/人	112253	192566	134154	94233
年平均工资为 2019 年		109%	106%	101%	104%

（区统计局）

安全生产与应急管理

【概况】 2020年，全区共发生工矿商贸事故7起，比上年下降56.25%；死亡8人，比上年下降50%。连续两年实现事故起数和死亡人数“双下降”。苏州市吴中区应急管理局（简称“区应急管理局”）贯彻落实上级安全生产与应急管理工作的决策和部署，坚持问题导向，牢固树立安全发展理念，开展安全生产专项整治，坚持依法监管、源头防范、系统治理，全面防范化解重大风险隐患。是年，区应急管理局获得“2020年度全省危险化学品安全生产先进集体”称号；蒋辉、冯克昌、杨妍、陆嘉辰分别获得“2020年度全省安全生产执法工作先进个人”“2020年度全省危险化学品安全生产先进个人”“全省防灾减灾能力提升先进个人”“2019年度全省安全生产执法工作先进个人”称号。

【落实安全生产责任制】 2020年，区应急管理局推进吴中区安全生产委员会办公室（简称“区安委办”）“实体化”运作，建立健全安全生产应急管理工作机制，发挥区安委办的统筹协调、指导协调、督导巡查等职能作用。结合区域实际，层层分解压实责任，将安全生产工作纳入年度吴中区区级机关单位综合考核内容，高标准落实行业部门安全监管责任。编制《区委常委会成员、区政府领导班子成员2020年安全生产重点工作清单》和《区安委会成员单位等部门安全生产工作职责任务清单》，落实安全生产责任制，全面厘清各有关部门安全生产工作职责。

【安全生产巡查督导】 2020年，区应急管理局根据国家、省、市关于全面开展安全生产专项整治行动派驻督导工作的有关精神，组织开展安全生产巡查督导工作。2月，在配合市第五安全生产督导组完成督导全覆盖基础上，区委、区政府全面启动安全生产派驻督导工作，成立五个安全生产督导组，对各镇（区、街道、场）和11个安全生产重点监管部门开展派驻督导工作，累计发现安全生产责任不落实207项、重大风险隐患166项，实现地区督导全覆盖。年内，聚焦国务院督导组在苏州督导时反馈的“四个清单”“回头看”发现的突出问题清单、江苏省督导组反馈的苏州问题“三个清单”等事项，完成上级巡查督导反馈问题“全闭环”以及安全生产巡查督导任务。6月，区应急管理局在全区启动第二批安全生产巡查，实现区级安全生产巡查督导全覆盖，取得阶段性成果。

【安全生产专项整治】 2020年，区应急管理局根据区委、区政府统一部署，结合国家、省、市、区四级联动督导，持续推动安全生产专项整治行动。全区累计出动检查督查人数3.61万人次，检查企业2.81万家次，整治问题隐患5.1万项，罚没金额1626.23万元。9月，全区聚焦“五个全面提高”要求，为有效推动专项整治“一年小灶”收官攻坚，开展安全生产百日“亮剑行动”，用100天时间，在全区范围进行安全隐患拉网式排查，实现问题大起底、隐患大整治、监管大提升。

【危化行业综合治理】 2020年，区应急管理局制定《吴中区危险化学品重大危险源企业专项检查工作实施方案》，聘请化工专家、消防专家对危险化学品重大危险源企业开展专项执法检查，确保实现“两全面，一建立”。继续开展危险化学品重大危险源企业的本质安全诊断与深度检查，组织本质安全诊断检查危化品企业6家，发现问题隐患326处。5月，由中国化工企业管理协会专家组开展驻厂式复查，发现的问题隐患全部完成整改。形成深度检查常态化，年内组织检查企业28家，发现隐患1050处，年底完成整改闭环。开展全区医药企业深度检查指导，年内组织检查企业3家，发现隐患104处，均完成整改。构建危险化学品综合治理工作联动、执法联合、风险联控的联合监管机制，会同生态环境部门制定联动工作方案，围绕企业主体责任、固废危废监管、污防设施风险评估，形成联合监管机制。实施相关部门通过联合执法、联合监管、联合培训，推进企业落实主体责任，全年开展联合执法12次；共同推动落实风险管控要求，督促企业对脱硫脱硝、煤改气等六类环境治理设施开展风险辨识，完善相应风险管控措施。

【违法违规“小化工”专项整治】 2020年，区应急管理局制定出台违法违规“小化工”专项整治行动方案、联席会议制度和信息报送制度，召开专项整治行动联席会议，层层动员部署，压实“小化工”专项整治责任。通过大数据筛查，精准锁定重点单位，随后集中开展拉网式排查，利用网格“铁脚板”逐村、逐企、逐户“过筛子”，专项整治期间进村入企共涉及15个乡镇（街 道）172个 村11355人次，排查企业总数12248家，关闭取缔非法违法“小化工”企业4家，拆除各类非法违法“小化工”生产装置2个，立案6起，行政处罚102.2万元，移送司法机关处理1人。

【工贸领域专项整治】 2020年，区应急管理局对重点行业和工贸企业进行2轮摸排和统计，排查出A类监管粉尘涉爆企业34家、涉氨制冷企业2家、金属冶炼企业12家、有限空间企业177家。借助第三方机构力量紧盯企业各类重大安全隐患的发现与排除，对全区A类粉尘涉爆、有限空间企业进行年度专项核查，督促企业落实隐患整改闭环。发挥工矿商贸专业委员会作用，组织相关职能部门对9家高温熔融企业和3家涉氨制冷企业进行联合检查、复查，发现重大隐患3处，均责令停止相关作业生产、立即整改、排除隐患，发现一般隐患23处，责令上述企业限期整改到位。

【安全生产行政执法】 2020年，区应急管理局创新开展交叉执法、“亮剑行动”等行动，依法对安全生产违法违规行为予以处罚。全区立案665件，其中事前立案655件，占立案总数的98.5%，占实际检查企业总数的36.37%；事前处罚5万元以上案件数67件，占事前处罚案件数的10.23%。罚款金额1750.672万元，其中事前处罚罚款金额1594.84万元，占罚款总数的91.1%，事前处罚案均值2.43万元。

【安全生产标准化建设】 2020年，区应急管理局推进相关领域安全生产标准化建设。全区危化领域企业完成二级标准化申报，其中，涉及重点监管危险化工工艺和具有爆炸危险性装置、场所的危化品企业，全量完成二级标准化达标建设；苏州东瑞制药有限公司、苏州长征—欣凯制药有限公司在完成二级标准化达标建设基础上，开展一级标准化创建工作。年内，全区工贸领域实现规模以上工贸企业三级标准化达标全覆盖。其中，45家企业成功创建二级标准化，3家企业起步创建一级标准化。全区新增注册及完成小微标准化自评企业976家，取得小微标准化证书企业1552家。

【安全生产宣传】 2020年，区应急管理局制定《吴中区应急管理局落实企业安全生产主体责任集中宣讲“春风行动”主要活动实施方案细则》，向企业印发《企业落实安全生产主体责任重点事项清单》宣传手册15000份。组建局安全生产宣讲团，联合吴中经济技术开发区综合执法局、甪直镇举办4场落实企业安全生产主体责任“春风行动”主题宣讲会，600余人参加培训。按照苏州市委《关于开展“百团进百万企业”安全生产学习宣讲活动的通知》要求，发动区安委会各成员单位和各镇（区）、街道开展“百团进百万企业”学习宣讲活动。年内，全区开展宣讲354场，覆盖企业总数8599家，累计参加宣讲人员24123人。着力打造“吴中应急”微信公众号，开设安全课堂、事故警示、曝光台等栏目，全年发布推送340条；在“吴中融媒”客户端开通“生产再忙，安全不忘”专栏，发布宣传信息363篇，全面提高安全生产工作的知晓度、扩大工作覆盖面。

【安全生产培训教育】 2020年初，区应急管理局在抗击新冠肺炎疫情期间，组织全区企业从业人员开展线上培训，共培训企业人员7000多人。6月起，逐步恢复全区三项岗位人员安全培训。年内，组织三项岗位人员安全培训177场次，培训人数20898人。印发安全技能提升培训补贴实施细则，对特种作业持证人员进行政府补贴，累计补贴特种作业人员159人，补贴总金额73400元。

【应急指挥与预案管理】 2020年，区应急管理局继续建立健全全区应急管理领导机构和办事机构，规范完善突发事件应急处置流程，加强与各专业指挥机构联系，全面提升应急指挥协调能力。多次与相关部门召开座谈会，做到信息共享、资源共享，合理衔接“防”与“救”的关

2020年7月，吴中区开展“百团进百万企业”安全生产学习宣讲活动

区应急管理局　供稿

系。贯彻落实《突发事件应急预案管理办法》有关规定，加强全区应急预案管理工作的统筹项协调，年内完成新修编应急预案21个。6月，举办2020年“安全生产广场咨询日”的化工灾害事故灭火应急救援联合演练，提升全区各级各部门应急处置联动水平和实战能力。年内，分别投入资金25.5万元、896万元用于改造应急指挥中心、建设应急管理综合应用平台，完善应急指挥场所和信息平台建设。

【防灾、减灾、救灾工作】 2020年初，吴中区防灾、减灾、救灾工作委员会（简称“区减灾委”）办公室印发《2020年度吴中区自然灾害形势分析报告》，科学确定区级救灾物资储备品种及规模。建立区自然灾害防治工作区级联席会议制度，协调解决自然灾害防治9项重点工程项目论证和实施中的重大问题，指导推进自然灾害防治重点工程。5月，区应急管理局与气象局、团区委、红十字会、吴中太平洋保险公司、苏州蓝天救援队等单位，分别签署防灾减灾救灾战略合作协议，有效整合应急联动资源。汛期，区减灾委办公室及时下发《关于做好第六轮强降雨转移安置群众工作的通知》和《吴中区应对超标洪水转移安置群众行动方案》，督促指导相关镇（区）、街道制订具体实施计划，严格落实灾害信息员24小时零报告制度，开通民生保险理赔绿色通道，汛期报案理赔184户，理赔25万元左右。10月，举办全区灾害信息员业务培训班，镇、村两级共有205名灾害信息员参加培训。年内，结合“全国防灾减灾日”“国际减灾日”等活动，组织宣传防灾、减灾、救灾知识，组织开展宣传咨询活动10场、减灾主题知识讲座3场，发放宣传资料3万余份。开展以“提升基层应急能力，筑牢防灾减灾救灾的人民防线”为主题的征文、摄影和美术作品征集评比活动，提高宣传教育实际效果。

（戚书茵）

口岸管理

【概况】 2020年，苏州海关驻吴中办事处（简称“吴中办事处”）辖有吴中综合保税区、苏州海关吴中直通式监管点两个海关监管场所，设有综合科、综合业务科、监管科、查检一科、查检二科、核查一科、核查二科、保税监管科、特殊区域管理科、跨境电商监管科10个科室，编制内工作人员69人。是年，吴中办事处强化党建引领，争创“四强支部”，岗位业绩斐然。有2名关员分别获得南京海关“优秀党务工作者”和“优秀共产党员”称号；1个支部和6名关员获得苏州海关“两优一先”荣誉称号；创建的“阳关三叠”“巾帼卫士、吴风关韵”品牌经验在南京关区具有较高知名度，先后被“学习强国”、中华人民共和国海关总署政工办网站等采用编发相关报道5篇次。

【疫情防控】 2020年，在抗击新冠肺炎疫情期间，吴中办事处落实各项疫情防控措施，实现“三不”目标。制定办事处人员管控、场所消杀、物资保障等10大类40余条具体防控措施，贯彻落实上级海关部署的“十个一律”防控措施。关员李晨田、徐茜驰援南京禄口机场，支持疫情防控第一线。加强冷链食品查验、取样工作，防范新冠病毒从境内外输入。坚持疫情防控属地管理原则，加入地方交通防控、预防控制、涉外管控等5个联络组，发挥海关在疫情防控中的作用。年内，吴中办事处与综合保税区管理局、物流中心等建立紧密协作关系，强化办公场所、场站、综合保税区疫情防控工作。责成综合保税区内15家物流企业和3家生产型企业，将疫情防控方案提交海关报备。

【落实“惠企20条”政策】 2020年，吴中办事处在抗击新冠肺炎疫情的第一时间发布落实“惠企20条”等各项惠企政策，支持辖区进出口企业复工复产。免征疫情期间滞报金23笔18750元；办理对美加征关税商品排除清单退税589万元，免征从事加工贸易企业保证金305笔9584.77万元。开辟绿色通道，保障辖区企业进出口口罩等防疫物资3490万件（货值人民币7700余万元）顺利通关，助力企业出口新冠病毒检测试剂盒197批（货值3353万美元）。

【改革创新】 2020年，吴中办事处挖掘基层热源，助力关务改革创新。在海关系统首创提出“视频查检+现场查检+集中查检”3种属地海关目的地事中查检新模式，供企业灵活选择。疫情期间，优先采用“视频查检”方式，货物待检时长大幅下降，查检效率明显提高。选取苏州三洋能源有限公司开展集团保税试点，指导其完成料件调拨、成品调拨测试以及VMI（合作性策略模式）仓库的建设，为企业节约物流仓储费用约300万元，降低在库货物金额600万元。年内，建立健全与太湖渔管会、吴中区农业农村局的协作机制，指导意向企业完善场地建设和“太湖蟹”质量安全自检自控，确保底泥、水质、农药残留量等符合出口地区要求，为实现6年以来“太湖蟹”出口零的突破做准备。

【提升业务质量】 2020年，吴中办事处紧盯通关目标任务，高质量开展各项业务，压缩通关时长，支持进出口货物顺利通关。全年进口通关时效30.34小时，压缩比61%；1月至3月底，出口通关时效0.44小时，压缩比86.61%，通关时长压缩成效明显。继续推广“两步申报”通关改革，企业只需在10多分钟完成第一步9个项目的概要申报后，就可快速提离货物。8月，吴中办事处以528票报关单数量，位居南京关区第1位。打通动植检、商品和食品检验业务难点堵点，排除疫情干扰，在年初快速办结480余票积压单证后，圆满完成全年各项目标任务，其中，被相关食品安全信息系统录用信息43条，远超上年中华人民共和国海关总署下达的4条任务数。是年，吴中办事处创新关务后续监督管理，办结核查作业数56个，按时办结率100%。把关成效出现新突破，查发涉检重大案件1起。跨境电商一般出口模式下放行清单25万票，货值2445.24万元，分别比上年增长3.6倍、2倍。

【服务地方经济】 2020年，吴中办事处制定出台《服务地方开放型经济12条举措》，明确推进通关监管改革、优化口岸通关环境、服务地方重大项目等4大类12个方面的工作目标，取得预期效果。成立“企业服务”小组，推广“关政企”联络群，入群企业达200余家。截至10月底，“关政企”联络群解答各类问题70个，发布各类政策117条，组织开展“面对面、零距离”系列政策宣讲会2次；“关政企”联络群在抗击新冠肺炎疫情最吃紧的特殊阶段，为推动企业复工复产发挥了特殊作用。复制推广“关助融”等自贸区政策，成功指导辖区企业获得银行授信160余万元，成为苏州海关辖区首批试点企业之一，有效化解企业融资难、融资贵的问题。继续支持辖区企业开展“研发类医疗器械”进口，年内已取得明显进展。指导辖区430家企业完成“企业问题清零系统”注册使用，拓宽企业疑难问题的解决渠道。 （刘颖斐）

编辑：王明生

财税·金融

财　政

【概况】 2020年，全区完成一般公共预算收入188亿元，为调整预算的101.9%，比上年增长7%，税比为90.5%。其中：税收收入完成170.09亿元，为调整预算的100.2%，比上年增长4.9%；非税收入完成17.91亿元，为调整预算的121.4%，比上年增长32.8%。全区完成一般公共预算支出180.48亿元，为年度预算的97.4%，比上年增长17.7%。其中用于民生改善的城乡公共服务支出143.88亿元，比上年增长18.3%，占一般公共预算支出比重的79.7%。

【支持疫情防控】 保障新冠肺炎疫情防控资金需求。对防控相关货物、工程和服务，建立政府采购"绿色通道"，秉持特事特办、急事急办的原则，随时统筹调度，加快资金拨付。加强防疫资金管理，建立疫情防控动态投入报告机制，每日统计区、镇两级财政投入情况与支出进度。印发《吴中区新型冠状病毒感染的肺炎疫情防控资金管理暂行办法》，对各级各单位规范使用疫情防控经费做出明确要求，配合对防控资金跟踪审计。落实各项减税降费政策，通过减免缓缴企业社保、阶段性住房公积金降缓、下调残保金征收比例等，帮助企业渡过疫情难关。制定租金减免政策，对承租全区国有公司经营性房产、行政事业单位经营性房产的中小企业和个体工商户实行租金减免。加大失业保险稳岗返还力度，对符合政策要求的企业给予失业保险稳岗返还补贴。落实好重点人群、企业职工等职业培训和技能提升项目补贴，鼓励职工提升岗位技能。出台《2020年吴中区抓"六保"促"六稳"、推进供给侧结构性改革降成本实施方案》，发挥财政、金融、社保、就业等政策合力，加大对市场主体特别是中小微企业、个体工商户的帮扶力度，全力应对疫情冲击。

【财政资金扶持】 围绕实业兴区发展战略和高质量发展要求，推动产业类扶持政策落地，统筹工业、服务业、科技、人才等产业类专项资金及抗疫国债资金，聚焦机器人与智能制造、生物医药与大健康两大主导产业，强化金融、科技、人才支撑。加大财政金融支持力度，充分发挥东吴贷、增信基金、科贷通等金融产品作用，引导金融机构加大信贷投放力度，为成长型、科技型和人才型中小微企业提供增信。支持设立"东吴知识贷"，财政出资500万元设立风险资金池，加大对知识产权型企业的信贷支持力度。

【政府性债务风险管理】 修订完善债务管理制度，夯实债务管理基础。建立完善偿债准备机制。制定乡镇债务分类管理工作方案，推进债务分类管理常态化、制度化、体系化。扎实开展债务风险评估及预警工作。规范开展到期债务置换查核，逐步降低债务成本，实现存量债务结构优化。

【环保投入】 打造绿色发展示范样板，联合拟定《关于开展苏州生态涵养发展实验区建设的实施意见》，设立"苏州生态涵养发展实验区专项资金"，支持生态涵养实验区建设。拟定《苏州生态涵养发展实验区项目和资金管理办法》，规范和加强项目及资金管理。会同吴中生态环境局制定印发《吴中区环境空气质量补偿实施办法》，研究区域环境补偿结算体制，明确资金结算流程，通过财政经济政策激励倒逼各乡镇板块落实绿色发展责任。

【民生支出】 加大困难群众帮扶力度，落实临时救助和困境儿童分类保障政策，实施低收入家庭登记制度，适度扩大兜底救助范围，提升困难群众精准救助水平。加大养老服务供给，完善社会养老服务体系建设专项资金管理办法，支持镇（区）日间照料中心和助餐点建设。加强公共卫生服务保障，提高基本公共卫生服务财政补助标准，落实区级公立医院财政补助政策和科教兴卫扶持政策，推进分级诊疗制度体系建设。落实教育"两个只增不减"相关要求，加大财政教育投入，提高幼儿园、中职阶段生均公用经费财政拨款标准，保障教育高质量发展。落实各项教育资助政策，扩大家庭经济困难学生资助覆盖面，做好特殊困难学生精准资助。支持民办学校发展，兑现民办教育发展专项资金，按政策要求落实普惠性民办幼儿园公用经费政策补助。加快现代化职业教育发展，推动吴中中等专业学校中德智能制造学院和东软双创学院建设，引导社会资本加大对职业教育的投入，推进校企合作深度开展。

【预算绩效管理】 拟定吴中区《关于全面落实预算绩效管理的实施意见》，明确分年度预算绩效管理任务清单，稳步实施全面预算绩效管理。继续提质扩围，2020年62个主管部门、188个项目纳入绩效目标管理范围，实现预算绩效目标管理部门全覆盖。选取9个项目开展重点绩效评价，范围从一般公共预算拓展到其他三本预算，实现四本预算全覆盖，并试点开展部门整体绩效评价。建立三轮审核机制，加大财政部门对绩效目标的审核和调整优化力度。完善预算绩效全过程管理，通过开展对绩效目标实现程度和预算执行进度的"双监控"，促进绩效目标如期保质保量完成。

【区镇财政结算体系】 分析本轮财政结算体制实施三年以来，区、镇两级财力水平、支出保障变化情况，结合实际情况，牢牢兜住基层"三保"底线，在保持现行财政体制总体框架基本稳定的前提下，进一步优化完善一般性转移支付制度，继续加大对乡镇财力倾斜力度，为区、镇实现高质量发展提供有力的财力保障。

【财政评审】 优化完善评审机制，研究"以编代审"评审模式，修订概预算评审业务指导规程，进一步规范评审行为，提高评审服务能力。进一步提升区级政府投资项目信息化管理水平，将评审管理系统升级为吴中区政府投资项目建设管理平台，实现财政部门、建设单位、项目协审单位等部门"标准统一、资源共享、规范透明、安全高效"的评审业务信息化管理。推进项目经济指标建设，发挥其在项目决策参考、指导预算编制、加强造价控制等方面的积极作用。

【资产管理机制】 组织开展区本级行政事业单位土地、房屋及构筑物专项清查，印发《区级行政事业单位土地、房屋及构筑物核实确认和分类处置实施方案》，通过对已清查资产逐项核实分析，分类处置整合，有效盘活存量资产。草拟《吴中区区级行政事业单位国有资产处置管理办法》，进一步夯实资产管理制度基础。探索优化资产管理信息系统，将资产处置、调拨审批、出租、出借备案全过程纳入系统化管理，打破原资产管理系统信息“孤岛”。（吴　倩）

表14-1　2020年吴中区财政收入

项目	2020年（万元）	2019年（万元）	比上年同期	
			增减额（万元）	增减百分比
全口径财政收入	5298405	5912979	−614574	−10.4%
一、中央收入	1121414	1158348	−36934	−3.2%
1. 国内消费税（100%）	1117	1572	−455	−28.9%
2. 国内增值税（50%）	409472	422282	−12810	−3.0%
3. 改征增值税（50%）	220064	228192	−8128	−3.6%
4. 企业所得税（60%）	367558	397724	−30166	−7.6%
5. 个人所得税（60%）	123203	108578	14625	13.5%
二、地方财政收入	4176991	4754631	−577640	−12.1%
（一）一般公共预算收入	1880018	1756296	123722	7.0%
1. 国内增值税（50%）	409360	421782	−12422	−2.9%
2. 改征增值税（50%）	215973	210360	5613	2.7%
3. 企业所得税（40%）	245039	265149	−20110	−7.6%
4. 个人所得税（40%）	82135	72385	9750	13.5%
5. 土地增值税	165997	148778	17219	11.6%
6. 城市维护建设税	75355	74037	1318	1.8%
7. 房产税	61845	64583	−2738	−4.2%
8. 印花税	16906	15400	1506	9.8%
9. 城镇土地使用税	23046	23093	−47	−0.2%
10. 耕地占用税	7278	22402	−15124	−67.5%
11. 契税	392813	299586	93227	31.1%
12. 环境保护税	4855	3856	999	25.9%
13. 其他税收收入	289	51	238	466.7%
14. 专项收入	74000	74622	−622	−0.8%
（1）教育费附加收入	42001	41663	338	0.8%
（2）地方教育附加收入	28003	27777	226	0.8%
（3）文化事业建设费收入	59	680	−621	−91.3%
（4）残疾人就业保障金收入	3937	4502	−565	−12.5%
15. 行政事业性收费收入	45860	20524	25336	123.4%
16. 罚没收入	978	5027	−4049	−80.5%
17. 国有资源（资产）有偿使用收入	28862	27981	881	3.1%
18. 其他收入	29427	6680	22747	340.5%

续表

项目	2020 年（万元）	2019 年（万元）	比上年同期	
			增减额（万元）	增减百分比
（二）政府性基金收入	2283039	2991854	-708815	-23.7%
（三）国有资本经营预算收入	13934	6481	7453	115.0%
附：中央及地方共享收入	2073921	2128024	-54103	-2.5%
1. 国内消费税	1117	1572	-455	-28.9%
2. 国内增值税	818833	844065	-25232	-3.0%
#免抵调增增值税	125481	131738	-6257	-4.7%
3. 改征增值税	436036	438551	-2515	-0.6%
4. 企业所得税	612597	662873	-50276	-7.6%
（1）国有企业所得税	629	1559	-930	-59.7%
（2）集体企业所得税	1080	1460	-380	-26.0%
（3）股份制企业所得税	227154	228326	-1172	-0.5%
（4）港澳台和外商投资企业所得税	193317	261420	-68103	-26.1%
（5）私营企业所得税	183609	163240	-20369	12.5%
（6）其他企业所得税	6808	6868	-60	-0.9%
5. 个人所得税	205338	180963	24375	13.5%

（区财政局）

表 14-2　2020 年吴中区财政支出

项目	2020 年（万元）	2019 年（万元）	比上年同期	
			增减额（万元）	增减百分比
财政支出总计	4298779	4243977	54802	1.29%
一、一般公共预算支出	1804791	1533265	271526	17.71%
1. 一般公共服务支出	198571	169410	29161	17.21%
2. 国防支出	2929	2688	241	8.97%
3. 公共安全支出	67653	43099	24554	56.97%
4. 教育支出	380004	315268	64736	20.53%
5. 科学技术支出	108136	94864	13272	13.99%
6. 文化旅游体育与传媒支出	54378	44607	9771	21.90%
7. 社会保障和就业支出	165544	121400	44144	36.36%
8. 卫生健康支出	128911	112080	16831	15.02%
9. 节能环保支出	78533	84366	-5833	-6.91%
10. 城乡社区支出	238213	213831	24382	11.40%
11. 农林水支出	163368	110351	53017	48.04%
12. 交通运输支出	24837	29184	-4347	-14.90%
13. 资源勘探信息等支出	46936	64323	-17387	-27.03%
14. 商业服务业等支出	15940	12126	3814	31.45%
15. 金融支出	1474	999	475	47.55%

续表

项目	2020 年（万元）	2019 年（万元）	比上年同期	
			增减额（万元）	增减百分比
16. 援助其他地区支出	10990	9736	1254	12.88%
17. 自然资源海洋气象等支出	8614	7690	924	12.02%
18. 住房保障支出	69297	67374	1923	2.85%
19. 粮油物资储备支出	3017	2750	267	9.71%
20. 灾害防治及应急管理支出	21594	12845	8749	68.11%
21. 债务付息与发行费支出	15838	14258	1580	11.08%
22. 其他支出	14	16	-2	-12.50%
二、政府性基金支出合计	2490293	2708186	-217893	-8.05%
三、国有资本经营预算支出	3695	2526	1169	46.28%

（区财政局）

税　务

【概况】 2020年，全年共组织各类收入359.72亿元，累计新增减税降费45.70亿元，为辖区561户困难企业办理税费缓交5.3亿元，切实降低纳税人的各项税费负担，促进我区经济高质量发展。

【助力企业复工复产】 构建网格化咨询辅导架构，拓展咨询服务渠道；加强与人社局、工信局等部门的沟通，做好企业划型和社保费减免缓缴的衔接工作；以微信受理并审核通过361家社保费缓缴申请。以办税服务厅和行政服务中心为主阵地，扩大减税降费政策宣传影响面。关注重点群体申报数据，挖掘增值税发票电子底账开票信息，让服务更加精准、更加贴心。做好应享未享的核实工作，建立整改工作台账，发现问题立即责成相关单位责任到人、倒排时序，确保减税降费成效落到实处。走访复工复产企业63户，解答企业涉税问题；组建疫情防控志愿服务梯队，参与志愿服务551人次，时长4568小时。

【优化营商环境】 制定《吴中区税务局2020年税收营商环境提升专项行动方案》，通过分类对标找差、完善制度措施、定期监督问效、持续整改落实四个环节闭环运行，取得明显成效。通过纳税信用评价事前、事中和事后的服务前移，解决双方信息不对称的问题。按照疫情期间“涉税事、线上办，非必须、不窗口”原则，依托江苏省电子税务局、手机App、微信办税小程序等途径大力推广线上办税业务。创新开通城乡居民医疗保险线上支付业务。

【依法治税】 参与长三角区域税务行政处罚裁量基准的统一，对“首违不罚”事项以及纳税申报、发票使用等环节的违法行为，统一税务行政处罚裁量基准，促进公平竞争。利用“内部监督控制平台”，在规定的操作时限内做好日常的过错预警、陈述申辩、执法责任追究等工作流程，完成疑点核查和督审项目核查。通过联席会议制度，及时掌握、分析、解决基层的业务疑难问题，统一规范操作程序，保障全区税务系统业务工作顺利开展。（杨　橙）

金融监管

【概况】 2020年末，全区共有银行机构27家，保险机构15家，证券公司6家，典当公司7家，小贷公司14家，融资性担保公司1家，融资租赁公司（外资

2020年7月10日，吴中区知识产权企业质押贷款风险补偿型金融产品（简称“东吴知识贷”）发布　　区地方金融监管局　供稿

及港澳台资）2家，商业保理公司4家。金融机构本外币存贷款余额为2946.82亿元、3126.26亿元，分别较年初增长13.4%、17%。2020年保险机构新增保费收入20.28亿元，新增赔付支出5.04亿元。年末，典当公司典当余额13.68亿元；融资性担保公司在保余额5.85亿元；融资租赁资产总额0.23亿元；商业保理公司发放保理融资款本金16.87亿元，受让应收账款余额39.9亿元。全年新增上市企业3家，全区上市企业共有14家；新增新三板挂牌企业1家，全区新三板挂牌企业累计60家。

【金融服务】 2020年初疫情期间出台“金九条”，从保余额、降成本、稳续贷等方面支持企业加快复工复产。区内24家一级支行共为3535家中小企业提供6041笔续贷，共计444.32亿元；全区银行共为357家企业延后到期贷款448笔，共计15.52亿元。全区登陆苏州综合金融服务平台的企业17554家，共为企业授信514亿元。区级转贷基金2020年内共发放贷款364笔，服务企业322家，发放贷款总额23.28亿元，增信基金年内共为25家企业授信2.2亿元。联合相关部门、行业协会举办银、企对接活动，为企业与金融机构提供沟通桥梁，增加银、企之间的信息透明度。联合女企业家联合会、侨联、金融行业联合会等组织，深入板块和行业开展企业家座谈会，为区内企业精准提供金融服务。优化运营“东吴贷”，截至年末，11家银行通过“东吴贷”完成对70家企业正式授信3.44亿元，共放款2.20亿元。加推“东吴知识贷”，通过引入经国家知识产权局认证的知识产权评价服务机构，实现对知识产权价值的高效权威评估，解决银行对知识产权“评估繁、评估贵、质押慢、处置难”的难点，为知识产权型企业解决融资难问题。

【资本市场】 年内，针对企业上市挂牌中所涉及重点问题、共性问题创新开展“六新”服务，积极推进企业上市融资。大幅压缩审批时限，将开具合规证明时间从两个多月压缩至7个工作日。利用“创新服务特派员”队伍，定期上门为企业排忧解难。成立“拟上市企业服务联盟”，由上交所、深交所、券商等中介服务机构和银行组成，为拟上市企业提供系统咨询和全程辅导。全年新增3家上市企业（绿的谐波、伟创电气、欧康维视）。截至年末，全区上市企业共14家，累计融资额282亿元，总市值1800多亿元，其中上交所主板上市4家、上交所科创板上市2家、深交所中小板上市3家、深交所创业板上市3家、港交所主板上市2家。加强部门联动，优化后备企业库入库标准，挖掘了一批上市后备“金种子”企业。年末共有上市后备企业近80家，2家企业已过会，4家企业已报会（报交易所），7家企业进入江苏省证监局辅导，17家企业已与第三方中介签订辅导协议。年内新增1家新三板挂牌企业，全区新三板挂牌企业累计60家。

【金融环境】 全年，通过实地走访检查、聘请第三方机构协同审计等方式，开展各类专项检查10场，检查企业129次。出台吴中区防范化解重大金融风险攻坚战实施方案，做好与市级攻坚战指挥部对接工作，制定市级挂牌督办预警提示重点风险处置方案，落实风险处置工作。完成全区P2P行业良性退出。老账房、苏州钱袋两家存量P2P企业在关停网站、App的基础上，完成了存量规模清零，全区P2P行业全部退出。组织开展全区非法金融活动专项大排查，共排查企业3000余家，查出疑似非法放贷及助贷企业22家，疑似非法集资企业10家，全部纳入“一企一档”管理。先后在龙桥、先锋等14个社区开展“金融关爱进社区”主题宣传活动，提升居民防范辨别能力，使居民树立正确的投资理财观念。2020年，吴中区在全省金融生态环境评估中得全市第三，吴中区金融监管局获评江苏省金融生态县创建先进单位和江苏省扫黑除恶专项斗争成绩突出集体。 （虞春萍）

银　行

【概况】 2020年，吴中区有国家政策性银行1家，国有商业银行5家，股份制商业银行10家，城市商业银行7家，农村商业银行2家，村镇银行1家，邮政储蓄银行1家。其中5家国有商业银行在全区的机构网点共152家。

（虞春萍）

【中国银行吴中支行】 2020年末，人民币时点存款余额284.24亿元，较年初新增22.56亿元；人民币日均存款余额271.59亿元，较年初新增22.92亿元；人民币贷款余额333.99亿元，较年初新增47.63亿元；外币存款时点余额3.18亿美元，较年初新增0.49亿美元。全年实现拨备前利润9.54亿元，考核净利润5.98亿元，实现营业净收入11.37亿元。年末，不良贷款余额0.3亿元，不良率0.09%，较年初下降0.27%。

服务地方经济。紧跟区域经济发展，服务政府项目规划，加大对地方经济支持力度。夯实产业发展基础，受邀参加2020苏州吴中（上海）生物医药产业营商环境推介会，与吴中生物医药产业园投资有限公司签约并达成投贷联动战略合作，大力支持区域医药产业发展。2020年，吴中区获评全省唯一的全国智慧养老示范基地，支行与政府紧密联系，率先与29家养老机构对接，打造“智慧养老云平台”，为银发场景后续建设打下基础。紧扣重点项目，积极推进城市更新项目，吴中经济技术开发区城市更新项目成功获批30亿元授信额度。为苏州市2020年重点开工项目“吴江光大环保能源垃圾焚烧发电扩容项目”提供授信10.79亿元。

支持民营企业。参加2020苏作文创峰会，发布中国银行与吴中区政府针对吴中区手艺人不同等级及称号定制的授信服务方案——中银“东吴匠心贷”，建立普惠新合作模式。拓展供应链金融服务，促成苏州东山精密制造股份有限公司供应链项目实现零的突破。通过“苏贸贷”“信保贷”“银税贷”“科贷通”等产品打破传统授信壁垒，帮助中小企业发展，2020年累计投放“苏贸贷”1.06亿元。

支持村镇经济。为区内民宿经营者提供“民宿贷”，为灵岩山寺打造智慧寺庙场景，为角直旅游集团打造“中银文旅”场景，支持区域旅游产业发展。进一步提升助农点金融服务能力，结合吴中水域发达的区域特征，创新投放水产品收购贷、捕捞贷等，支持区域渔业发展。

（仓　明）

【建设银行吴中支行】 2020年，本外币纯存款日均余额342.89亿元，四行占比26.89%，列四行第二，其中本外币个人存款日均余额162.92亿元，较年初新增14.63亿元，新增列四行第一。各项贷款余额373.38亿元，列四行第二。中间业务净收入3.73亿元，四行占比30.93%，完成全年任务，四行占比提升，位列第一。不良贷款余额2.16亿元，不良率0.57%。

创新发展提升竞争力。牵头参与吴中区首笔城市更新项目。助力实体经济及企业复工复产，为近270家小微企业近期到期信贷业务进行宽限期调整；聚焦吴中区智能制造和生物医药两大先导产业，作为国有银行独家签约吴中生物医药园，制造业贷款余额较2019年初提升2.5%。

推进乡村振兴。辖内99个农村（社区）均实现“裕农通”服务点覆盖，与2个全国文明村及9个省级以上文明村开展合作。促进金融消费服务提档升级，独家承接“吴中锦鲤”消费券发放，累计发放消费券10万张，惠及4.6万人；落地苏州首个“无感加油”项目，在苏州市内开通3个加油站的无感支付。

履行社会责任。与苏州分行、建信金科共同推动吴中特色线上办事系统“吴优办”App应用及“微信办事入口”建设；通过数字人民币试点项目与中石油合作取得零的突破；与妇联、临湖镇党委共同打造吴中区首个“幸福港湾”项目，帮扶儿童38个，积极关爱儿童成长；连续7年开展“保护母亲湖、我们在行动”主题公益活动；与吴中区越溪街道溪韵社区开展垃圾分类宣传活动暨世界环境日主题科普活动，倡导绿色生态文明。（叶　靖）

【交通银行吴中支行】 2020年，统筹推进疫情防控与经营管理各项工作。截至年末，人民币对公存款日均余额100.4亿元，较年初增2.26亿元，时点存款余额102.53亿元，较年初增6.89亿元；公司实质性贷款余额72.75亿元，较年初增16.7亿元；普惠两增贷款类余额7.45亿元，较年初增2.78亿元，普惠两增客户数383户，较年初增165户；对公达标户完成2023户，较基数增528户，完成全年计划的230%。

年末，人民币储蓄日均余额34.55亿元，较基数增2.02亿元；支行AUM（资产管理规模）日均余额63.13亿元，较年初增8.46亿元，年度计划完成率141%；支行私人银行客户余额84户，较年初增14户，年度计划完成率100%；沃德客户2705户，较年初增402户，年度计划完成率73%。

年末，个贷时点余额31.44亿元，较年初净增6.03亿元；日均余额28.05亿元，较年初净增4.16亿元；个贷全年投放319笔，金额合计5.33亿元；不良货款1634.74万元，不良率0.3%。

（汪　俊）

【农业银行吴中支行】 2020年末，本外币各项存款余额463.44亿元，比年初增加40.53亿元。其中，人民币对公存款余额244.17亿元。人民币个人存款余额207.03亿元，比年初增加20.70亿元；人民币个人日均存款200.20亿元，比上年增加11.45亿元；个人金融净资产余额261.73亿元，比年初增加23.35亿元；个人资金246.20亿元，比年初增加19.81亿元。外币存款余额1.39亿美元，比年初增长609万美元。全行本外币各项贷款总量409.68亿元，比年初增加73.40亿元。人民币对公贷款余额195.95亿元。人民币个人贷款余额207.32亿元，比年初增加19.25亿元。其中，个人住房贷款余额185.05亿元，累放29.35亿元，比年初增加10.38亿元。个人非房贷余额12.57亿元，比年初增加5.95亿元。其中，个人经营类贷款总量8.54亿元，增量5.05亿元；农户贷款总量3.06亿元，增量9297万元；消费贷款总量9761万元，负增288万元。外币贷款9819万美元，比年初增加2989万美元。

全年，新审批项目46个，审批金额206亿元，其中，支行项目42个，审批金额200亿元，参团兄弟行4个，参贷金额6亿元。本年累放项目贷款82亿元，其中，并购贷款实现投放9亿元，对接政府隐形债务项目4个，实现投放20亿元。普惠贷款总量36.33亿元，增量20.75亿元，其中，法人普惠贷款总量24.73亿元，增量14.77亿元；个人普惠贷款总量11.6亿元，增量5.98亿元。辖内20个网点普惠贷款余额全部超过1亿元，19个网点分行口径当年普惠增量超5000万元。银保监口径普惠贷款余额23.47亿元，比年初净增12.93亿元。“征信贷”成功授信55户，授信金额4525万元，用信52户，余额3450万元；“惠农e贷”新增农户类贷款7200万元；落实金融扶贫，购买扶贫农产品累计超75万元。全年，对公人民币结算量7261亿元，比上年增加934亿元；实现票据流量27亿元，承兑、贴现、托收网点开办率分别为90%、100%和100%；办理“e账通”1亿元；对公柜台债销售5.5亿元，比上年增加2亿元；对公理财产品日均保有量6.96亿元，比上年增加1.91亿元；债券业务承销量5亿元；完成跨境人民币25.3亿元，国际结算66亿美元，结售汇完成11.44亿美元；资本金到账2118万美元；个人理财产品保有规模35.50亿元、基金销售3.9亿元、账户贵金属交易量6041千克，个人结售汇交易量1338万美元、个人双向汇市宝交易量2666万元；私行代销产品销售6363万元，比上年增长73.82%；完成分期业务6.87亿元。

全年，新开结算账户3651户，完成率101.6%，比上年增加648户；新开外汇账户82户，其中结算账户75户、资本金户4户、外债户2户、境外放款专户1户；成功拓展苏州东山精密制造股份有限公司定增募集资金账户，到账资金28.69亿元；成功拓展苏州绿的谐波传动科技股份有限公司募集资金账户，到账资金4亿元。非低风险贷款客户合计2218户，比年初增加1086户。其中，法人类客户767户，比年初增加288户；个人经营类客户1451户，比年初增加798户。授信3000万元及以上客户共计112户，信用余额合计185.35亿元，较年初分别净增19户、39.44亿元；普惠客户达到2433户，新增普惠客户共计1086户，户数较年初提升接近80%。全年新增个人有效客户63350户；贵宾客户56212户，比年初增加5384户，完成全年任务的150%，贵宾客户月日均金融净资产比年初增加6.79亿元；月日均50万元以上优质贵宾客户AUM比年初增长25.46%；全年私行近六个月月日均达标客户228户，比年初净增41户；掌银月均活跃客户139847户；信用卡新增有效客户14042户；结算商户新增有效客户2278户。

营销江苏工电宝信息科技有限公司产业链场景项目，全年产生交易2154笔，交易额596.62万元；灵岩山寺门票项目产生交易17222笔，带来新增对公存款1800万元；与工艺美院签署战略合作协议，完成校园食堂、校内商铺、师生掌银收银改造，至2020年末，已产生交易50万笔，交易额508万元；2019年10月上线烟草公司线上订烟系统，至2020年末，该项目已实现场景流量46.59亿元；成功营销木渎中心小学、木渎南行实验小学等学校校园缴费商户及智慧校园家校通。

优化网点布局，推动网点向轻型化、智能化方向发展。年内，完成辖内太湖新城支行网点装修，完成长桥支行、胥口支行网点局部改造；完成14个网点统建长管项目。有序推进大楼建设工作。

年末，全行不良贷款余额8327万元，占比0.21%，低于苏州分行平均水平，其中法人不良贷款4702万元、个人不良贷款3625万元。不良率下降0.02个百分点。处置不良贷款4166万元，完成全年任务的134%；现金清收5130万元，完成全年任务的100.3%。加强对公账户动态复核，开展风险账户自查。共排查可疑账户4563户，确认为风险账户的有129户，对于核实确认的风险账户实施管控。累计堵截假币873张，假身份证6起，冒名办理业务3起，假印鉴事件9起，可擦笔事件34起，电信诈骗4起；堵截各类异常开销户及补办网银证书事件80余起。加强反洗钱风险监测，累计可疑预警笔数2254笔，排除数据1844笔，关注数据18笔，确认数据347笔，可疑报告372笔。

（徐　青）

【工商银行吴中支行】 2020年，本外币全部存款增长84.5亿元，余额302.4亿元。人民币全部存款增长78.7亿元，余额291.2亿元；时点、月均、日均存款增量全口径同业第一；本外币各项贷款增长54.03亿元，余额345.90亿元，贷款增量同业第二，余额同业第三；2020年，新增人行降准口径普惠贷款8.06亿元，任务完成率107.47%，比上年增长175%，系统排名第三。新增银保监普惠口径贷款7.68亿元，任务完成率102.4%，比上年增长166%。2020年考核口径中间业务收入3.35亿元，其中：结算理财代理类收入1.82亿元，比上年增长25.98%；全年实现考核口径拨备前利润11.32亿元，计划完成率102.27%，较同期增长1.32亿元，比上年增长13.2%。全年全行不良贷款继续保持双降，系统同业双领先，年末，全口径不良贷款余额1692万元，比年初下降1844万元；不良率0.05%，比年初下降0.07个百分点。公司贷款“剪刀差”为0；个人贷款“剪刀差”685万元，比年初下降21万元。（吴晓夏）

【农业发展银行吴中支行】 2020年，贷款余额21.38亿元，存款余额6.77亿元，日均存款余额6.6亿元。

支持夏粮和秋粮收购，落实国家粮食收购政策和上级行的各项要求。按照地方储备粮食贷款管理规定，与财政、粮食等部门加强协调配合，确保小麦和稻谷收储工作按时完成。全年累计发放粮食储备贷款3.83亿元，支持收储小麦78620吨、稻谷68100吨。

服务乡村振兴和地方城乡建设，持续支持项目建设。首笔代理行外银团贷款，作为牵头行与国开行银团贷款，审批总金额4.4亿元，已向苏州元和塘产业园发展有限公司投放银团贷款1.15亿元，支持元和塘科技文化研发项目。

服务小微企业稳健经营。遵循“择优支持、机制灵活、精简高效、防控风险”的原则，加大小微实体企业贷款营销力度。累计投放农业小企业贷款1200万元；同时该类贷款为企业提供了首年优惠100BP（基点）的利率优惠政策，进一步减轻了企业负担。（高锦娟）

【招商银行吴中支行】 成立于2001年11月，系苏州分行设立的第三家综合性网点，下辖木渎支行、吴中经济技术开发区支行、宝带路支行3家零售专营支行，现有员工97人，平均年龄低于30岁。支行围绕区域经济转型、产业结构调整等，以服务升级为路径，以开放融合为方法论，倾力支持吴中区实体经济，满足高质量金融服务新需求。坚持创新引领、深耕本地经济，取得了较好的成绩。截至年末，全行各项存款66亿元、各项贷款120亿元，直融42亿元，支行人均效能和网均创收均位系统前列。

【中信银行吴中支行】 成立于1997年3月4日，截至2020年末，共有在职员工61人。紧扣高质量发展主题，以价值创造为导向、改革创新为动力，牢固树立四大经营理念，全面推进落实十项重点工作任务，进一步实现经营转型和创新，推动各项业务持续发展。全年，存贷款时点数均破百亿元。作为区域支行，已形成政府金融与优质民企平衡发展的良性生态结构。投行方面，支行已在区域内形成较大投行业务的品牌效应。全年承销债券2单，累计金额7亿元。在债券投资方面，全年投债20单，累计金额18.61亿元。在业务创新上，为迈信林航空提供的战略配售融资，是区内上市公司的首单战略配售业务，实现业务零的突破。

【江苏银行吴中支行】 截至2020年末，本外币各项贷款余额81.71亿元，较年初增加16.48亿元，增长25.26%。零售贷款余额17.5亿元，较年初增加2.22亿元，增长14.53%。稳步提升乡村振兴力度，并着力打造经营特色。截至年末，涉农贷款余额6.46亿元，较年初新增1.73亿元，增长36.58%；绿色信贷余额

5.74亿元，较年初增长1.44亿元，增长33.49%。支持实体经济力度稳步推进，民营企业贷款余额55.96亿元，较年初新增14.54亿元，增长35.1%；制造业贷款余额3.1亿元，较年初新增1.62亿元，增长109.46%；先进制造业贷款余额1.9亿元，较年初新增1.14亿元，增长150%。

【苏州银行吴中支行】 下辖20个经营网点，8个业务团队，覆盖吴中区16个乡镇、街道及姑苏区4个街道。现有在编在岗员工人数409人，其中公司条线72人、零售条线337人。截至2020年末，各项存款余额510.14亿元，较年初新增42.61亿元，增长9.1%；各项贷款余额277.2亿元，较年初新增44.34亿元，增长19%。

服务地方实体经济。截至年末，小微贷款余额152.18亿元，小微贷款占比59.6%，区域内同业中名列前茅。同时，作为苏州南环桥市场唯一合作银行，全力保障项目贷款、市场结算与商户金融服务。创新设计资金监管新模式，实现南环桥场内结算卡交易资金的全流程监管，通过打造移动支付与食品安全溯源链，为百姓餐桌保驾护航。2020年12月10日，南环桥分理处开业，为市场内商户提供便民金融服务；市场搬迁新址后，为解决预缴租金商户流动资金需求，创新推出租金贷，累计发放87笔，共计2031.61万元。

实践新金融服务模式。围绕农村三资监管痛点，倾力打造“吴中区农村集体三资监管平台”。以“科技+制度”为手段，“互联网+线上支付”为载体，实现区、镇、村三级动态监管，开创农村集体三资监管新局面。截至年末，监管平台已覆盖全区13个乡镇，128个涉农村。同时，持续加强三农业务合作黏性，加大“支农惠农”“特色农业”“美丽乡村”农村项目信贷支持。

融入吴中区智能制造与生物医药两大主导产业，服务科技型中小企业近300户。4月，与吴中区生物医药产业园签订投贷联动合作协议，组建专营团队，对接产业园入驻企业。

【南京银行吴中支行】 2020年，致力于对中小企业和地方经济发展的支持，加强与各类金融机构合作，共同促进地方经济和金融持续、健康发展。在公司业务方面，坚持大、中、小并举，逐步建立差异化的营销服务体系；在小微业务方面，重点做好普惠金融工作，充分利用资源优势和金融科技手段，发展具有区域特色的小微金融服务品牌；在交易银行方面，坚持服务辖区内法人企业，为其提供现金管理、供应链金融、贸易融资及跨境金融等金融服务，重点支持和培育中小实体企业客户群；在零售业务方面，坚持理财业务和个贷业务协同发展，立足周边社区、商圈、学校和企事业单位，打造多场景的服务模式，开展面向社会公众的个人综合服务和理财服务，打响南京银行品牌知名度。

【苏州农商行】 2020年末，合并资产总额达1387.74亿元，增长10.18%；各项存款余额1066.86亿元，增长11.18%，居全区市场份额首位；营业收入36.92亿元，增长4.85%；实现净利润9.56亿元，增长4.71%。年内，先后获全国“科技抗疫先锋奖”“最佳金融技术创新应用奖”等多项荣誉，位列“2020年全球银行1000强”第577位，比上年提升65位，上升幅度为全省法人银行第一。

深入贯彻落实各项金融纾困惠企政策，综合推进减费让利和弹性还款措施，持续加大延期还本付息和信用、中长期贷款投放力度，推动政策红利精准直达市场主体；持续助力优化营商环境，推动“互联网+不动产金融”创新服务项目，在全国率先推出“零跑腿零收件半小时”的全流程“不见面”抵押登记服务，不动产抵押登记服务从按天计时变成按分钟计时。坚持走特色化差异化发展道路，零售银行转型加快，年末零售贷款余额183.93亿元，比年初增长30.75%，医疗健康、生活缴费、商圈市场等六大场景建设持续加速。绿色贷款余额（人民银行口径）20.1亿元，比年初增长超51%。

【江南农商行吴中支行】 成立于2019年1月31日。截至2020年末，各项存款时点余额7.65亿元；贷款余额12.14亿元，其中小微贷款余额5.44亿元。始终坚持“立足县域，服务三农，助推城乡一体化建设”的银行使命，秉持“精耕细作，立己利他”的银行精神，以“沟通、担当、利他、人本、宽容、创新”为核心价值观，塑造富有江南特色的“金桥文化”品牌。

【珠江村镇银行】 珠江村镇银行在吴中区有6个网点，坚持“服务三农、支持小微”的经营宗旨。2020年，组织全体员工轮流深入乡镇、社区，以“金融知识普及小讲堂、流动宣传点、发放金融服务联系卡”等形式，有针对性地开展宣传活动，提高乡镇居民金融知识水平，增强其防假、防骗、个人征信信息保护等方面意识，开展“金融知识普及小讲堂”30余次。

【中国邮政储蓄银行吴中支行】 成立于2008年9月26日。截至2020年末，支行共有员工22人，各项存款时点余额6.6224亿元，贷款余额33.6074亿元，其中小微贷款余额2.138亿元。支行定位于服务“三农”、城乡居民和中小企业，致力于为经济转型中最具活力的客户群体提供服务，并加速向数据驱动、渠道协同、批零联动、运营高效的新零售银行转型。（虞春萍）

保　险

【概况】 2020年末，全区共有保险公司15家，其中财险公司10家、寿险公司5家，机构从业人数近700人。全年，全区保险机构实现保费收入20.28亿元，赔付支出5.04亿元。（虞春萍）

【中国人民财产保险股份有限公司吴中支公司】 2020年，实现保费收入2.2979亿元，支付赔款1.2亿元，惠及客户3万多人次，发挥了保险的经济补偿和服务功能。

*响应政府精准扶贫。*深入各镇、村，调查了解广大农村居民的风险保障需求，认真践行“人民保险，服务人民”的服务宗旨，针对农村居民的风险状况、保障水平及经济能力等实际情况，设计全新的低费率、高保障的“和谐家园”组合保险产品，作为政府买单的普惠制、低保障民生保险补充。全年在原承保的基础上新拓展13个村，新增农户6500多户，新增保费125万元，全年共承保农村居民2.15万多户，涉及8.6万余人，提供超过58亿元的风险保障。

*参与社会管理。*民生保险“福地惠民”村级重疾保险成功续保，惠及村民1万余人，提供约3800万元的风险保障。

*依托政府平台。*成功竞标“吴中区民生保险项目”，为吴中区20.71万户家庭77.83万居民提供累计超过1000亿元的人身意外和家庭财产保障，承保苏州市“政府扶贫救助保险”项目，为吴中区25个经济薄弱村10.38万人提供重大疾病救助、疾病住院医疗赔偿等保险责任，保险风险保障高达1200亿元。年内，为“太湖大闸蟹”提供地理标志被侵权损失保险保障，护航“太湖大闸蟹”品牌发展。

*加强核心渠道建设。*明确各渠道对接目标市场和客户全景图，强化过程和渠道费用管理，做好渠道整体协同，加快公司渠道化经营转型，提升渠道拓展能力。紧扣“部门对接+项目推动”，以政企互动平台搭建和委办局对接为突破，以“服务+保险”为牵引，以重点项目为纽带，构建长效互动机制。

（钱立琴）

【中国人寿保险公司吴中支公司】 2020年，吴中支公司总保费4.56亿元。个险渠道业务实现首年期交保费7024万元，完成率104%；长险首年标准保费3341万元，完成率83%；大短险保费4781万元，完成率97%；银保渠道首年期交保费1583万元，完成率85%。

2020年，个险渠道坚持短、平、快的业务节奏，实现开门红、五六联动，连战连捷。团险渠道大短险实现4000万平台突破，团短险实现3000万平台突破，全年大短险、团短险目标完成进度超全辖平均值，团短险赔付率持续降低，由56.98%下降至46.85%，效益逐步提升。银保渠道各项业务指标较上年均有较大幅度的提升。

注重风险防范，做好吴中15家网点职场的两证合规工作。以内部审计为契机，“回头看”、全面查，认真落实整改，切实问责到人，形成新的约束机制。从新起点加速发展，升级打造个险强、团险优、银保稳的新格局。（赵思骁）

【太平洋人寿保险公司吴中支公司】 2020年，实现保费收入2.06亿元，其中，个险渠道新保0.42亿元，法人渠道新保0.30亿元，续期保费1.33亿元，完成各项经营指标。立足经济民生，积极履行企业社会责任，全年参与承保多项服务于吴中区政府惠民保险工程，为全区17万人次的工会成员、多所学校的在校学生、全区残疾人、高端领军人才、社会综合治理联动中心人员、统计局工作人员等提供意外伤害保险保障。

（程　虹）

【太平洋财产保险公司吴中支公司】 2020年，实现保费规模3.43亿元，增幅13.93%，为社会生产和人民生活提供3978.88亿元的风险保障，综合赔付率55.2%。其中，车险1.98亿元，保持8.96%的增幅；非车险1.45亿元，增幅21.34%。

新冠肺炎疫情期间，向部分志愿者、驰援湖北的医护人员及其家属、一线医护人员捐赠新冠保障保险及防疫物资，通过“信保贷”等融资类保险产品，为重点物资生产企业融资提供支持。助力企业复工复产复市，其中“复影保”为全国首单。通过西班牙上海领事馆向西班牙一线防疫医护人员捐赠防疫物资，并收到西班牙驻华大使的感谢信。

承办吴中区“5·12”防灾减灾宣传日活动。以主承身份签下吴中区政策性农险未来三年的经营权，为助力吴中乡村振兴及三农发展注入“太保服务”。探索政企协同推动吴中消费市场融合发展新模式，服务“一带一路”等国家倡议，在多个专业领域、业务领域全辖领先，其中海外业务突破2000万元，位居苏州第二。（邬玉娟）

区属公司

【苏州市吴中城市建设投资发展有限公司】 2020年，注册资金49.3958亿元，总资产397亿元。公司下设4个子公司——苏州吴中城投置业有限公司、苏州吴中城投城乡一体化建设有限公司、苏州吴中水务发展集团有限公司、苏州澹台湖商业管理有限公司，2个代管公司——苏州市吴中国盛国有资产经营管理有限公司、苏州市吴中城区保障房开发有限公司，共有员工157人；公司下属3家酒店——苏州澹台湖大酒店有限公司、苏州皇家金煦酒店有限公司、苏州市山湖温泉度假酒店有限公司。公司设党总支，下设7个党支部，党员人数73名（其中预备党员6名）。

项目建设。全力以赴推进苏州银行金融用房、苏苑高级中学易地新建、东吴人才公寓项目。苏州银行项目占地面积11876.2平方米，总投资约6.1亿元，完成投资额的83%；苏苑中学项目年内完成2.6亿元投资；东吴人才公寓于6月1日正式开工建设，年内完成3011万元投资。太湖旅游中等专业学校项目前期相关工作也得到了较好推进。

资产管理。切实做好对出租性资产的疫情防控，加强安全检查，帮助企业减租赋能，全年资产出租面积261970.54平方米，出租率93.29%，租金收缴率99.97%，全年完成租金减免约1800万元；通过资产梳理、村企联建、党建帮扶等各项工作，加强统筹谋划和资源整合，努力提升对存量资源的开发利用实效。与角直镇合作开发的甫城工业厂房项目完成资本金注入4500万元；吴中金控保理原股东苏州城投商业保理有限公司转让其持有股份并于2020年4月获市国资批准，完成股权交割后，整体业务开展情况较为稳定；与国电投江苏电力有限公司、江苏省吴中经济技术发展总公司、吴中国裕公司合作成立苏州吴中综合能源有限公司；持续对中晟环境、今晟新能源、高特佳、苏州资管等其他投资项目进行密切跟踪。

生态治理。坚持做好农村生活污水治理项目，东山镇农村污水治理全覆盖工程——双湾村片区总投资900万元，全面完工，完成区级验收；角直2019农村生活污水治理工程项目总投资约2345.6万元，完成竣工验收。践行“生态环境大保护”理念，全力以赴推进“环保管家”取得实质性成效，与吴中化工园内天承化工签订环保管家业务合同。对接乡镇板块，拿出精干力量投入吴中“生态涵养区”代建任务。成功对接东山镇排水达标区及环山公路沿线污水设施接管项目的代建。

酒店管理。有效利用年初疫情影响下的营业空档期，对3家酒店经营管理短板进行梳理、全面审视，紧扣问题导向和目标导向，完善绩效考核机制、优化员工队伍建设、强化廉洁风险意识、提升餐饮服务水平，为酒店恢复营业后的发力打下了坚实的基础。推进深度营销，结合苏城区域文化，全线整合旗下3家酒店的产品、服务及品牌特色，开发上线“苏城游”App，积极参与“姑苏八点半”夜经济等活动，有效激活下沉市场、提振行业消费。

企业经营。坚持“控规模、优结构、降成本、防风险”总原则，年内在资本市场先后发行绿色债券2亿元、疫情防控债券2亿元、PPN（非公开定向债务融资工具）私募债3亿元、短期公司债券5亿元、私募公司债券10亿元、中期票据10亿元、超短融10亿元，最终锁定的票面利率均在2.8%~4.29%之间，为公司节省大量的资金成本。坚持“安全第一”“隐患即事故”的理念，以严谨全面的防控举措推进公司全员复工、酒店安全经营、工程开工复建、出租资产综合管理到位，确保企业发展安全可控并持续向好。通过层层压实责任，切实抓好恶劣天气、特殊时期、重大节日情况下的安全保障工作，确保安全生产万无一失；加大安全隐患排查和整改工作力度，确保隐患见底、措施到底、整改彻底。

（倪碧钰）

【苏州市吴中国裕资产经营有限公司】 2020年，坚持疫情防控和改革发展齐头并进，突出高质量发展导向，制定并推动项目落地推进年、资产提质增效年、财务作用提升年、融资精准调控年、安全生产平安年、突出问题整改年、公司治理优化年、职业练兵竞赛年、企业文化导入年、作风效能建设年等“十个年”重点工作。全年实现营业收入6.97亿元，比上年增长19%；考核利润2.99亿元，增长11.1%；税收贡献6327万元，增长3.81%。下辖全资子公司21个、控股公司5个、参股公司20个。先后获评2017—2019年度区文明单位、吴中区2020年度“百强企业”、吴中区2020年度国有经济做强做优先进单位等。

资产经营。持续完善固定资产管理、租金追缴、租赁资产价格指导等制度，出台《关于苏州市吴中国裕资产经营有限公司项目维修管理暂行办法》，周密组织购买服务活动。建立经营类资产租赁资料数据库，切实加强国有资产监管力度。开展资产清查，共梳厘资产79处，推进58处资产权证有序办理，共测绘及现场踏勘25万平方米土地面积，完成15处资产52本不动产证办理。建立创建文明城市常态长效管理机制，完成农贸市场文明城市创建。全年，公司经营性物业出租率97%，物业租赁收入1.66亿元，比上年增长12.75%，帮助365家中小企业、个体工商户减免租金约1945万元。

项目建设与管理。吴中广场纳入苏州市重点项目库并顺利开工，金庭和源养老院、吴中法院审判业务用房等13个项目竣工交付，莫厘山居、东山宾馆二期改造进入招标环节，财苑饭店等地块7个拟建项目的前期工作进展顺利，全年零星老旧资产维修接单并完成106项，完成率100%。东吴公共文化中心"鲁班奖"完成公示。

酒店经营。下属东山宾馆、东山雕花楼宾馆、苏苑饭店3家酒店受疫情影响，全年营收1.16亿元，比上年下降19.45%，紧盯降本增效，加快转型升级，全方位投入线上营销，开展"云系列"直播激活消费，经营业绩降幅逐月收窄，呈现回暖趋势。3家酒店均获评"吴中区2020年度优秀餐饮酒店企业"。东山宾馆被苏州市总工会命名为市职工疗休养基地，东山雕花楼宾馆获评区健康单位，苏苑饭店荣获市首批优秀"退役军人之家"称号。

投融资管理。持续加强财务管理，优化融资结构，巩固"AA+"评级，成功注册银行间市场交易商协会30亿元定向债务融资工具，在上交所获批非公开发行10亿元公司债券，公司直融业务取得新突破。全年完成融资101.89亿元，综合成本4.54%，节约财务成本2.32亿元，成为国裕公司历史上年度融资额最大，综合成本、存贷比、对外担保额最低的一年。

科技创新。年内，东吴创新中心举办人才科技活动100余场次，申请挂牌东吴创客空间、东吴青商学院、苏州市吴中区人才载体等13块，引入高新技术企业12家，建成江苏省华侨华人创新创业服务中心，"东吴创客空间"获评区人才载体，东吴创新中心获评"吴中区2020年度优秀科技创新平台"。

资本运营。华东镀膜扭亏为盈，全年实现销售收入突破2亿元，比上年增长65%。联合吴中高新区、木渎、角直、胥口等板块共同成立石湖国裕创新创业基金，与国电投合作参股吴中综合能源公司，完成对东裕工程科技公司和吴中金控商业保理公司增资，借力市场资源参股裕城物业公司，全年实现投资性收益8000万元，比上年增长13.75%。 （周明华）

【苏州市吴中交通投资建设有限公司】 2020年，注册资本13.88亿元，集团总资产约207.94亿元，下辖江苏东吴路桥建设集团有限公司、苏州市通达交通安全设施配套有限公司、苏州长丰物流园管理有限公司、苏州市长恒置业有限公司、苏州市吴中中环快速路建设投资有限公司等5家，控股苏州吴中长瑞交通项目建设有限公司、苏州市吴中长润交通建设项目管理有限公司等2家，参股苏州市吴中金控商业保理有限公司、苏州沪通大桥投资有限公司、苏州国际物流通道建设有限公司、苏州市吴中产业优化基金发展公司、苏州市高速公路管理有限公司、苏州城市发展基金（有限合伙）、苏州市铁路投资有限公司等7家。

新冠肺炎疫情防控。成立疫情防控领导小组，按照科学防控、精准施策原则，积极有序推进复工复产。组织职工积极参与疫情防控志愿服务，先后有14名职工加入区级机关疫情防控先锋队，多名志愿者获得区"阻控疫情　志愿同行"志愿服务专项行动优秀志愿者称号，为吴中疫情防控贡献自己的一份力量。

项目投资。投资南湖路高架、东环南延一期、东环南延二期、西山出入通道、南环西延、中环快速路吴中段、南环西延、金庭环岛公路、滨湖大道Ⅱ期、陈华路、中山路、度假区环太湖路等区内交通工程，拨付进度款6.695亿元。

融资管理。全年实现各类融资57.51亿元，融资规模达139.18亿元。2020年成功打通直融市场，其中，首次在北京金融资产交易所平台成功发行债权融资计划10亿元，以省内最低票面价格在银行间市场成功发行中期票据10亿元，成功注册非公开定向债务融资（PPN）

20亿元、公司债15亿元、超短期融资券（SCP）8亿元。2020年获评吴中区投融资管理先进单位。

产业发展。直属东吴路桥公司加快推进交通项目施工建设。全年中标金庭镇镇区道路改造工程、2019年吴中区县道大中修工程等6个项目，实现中标金额1.12亿元。江苏东吴路桥中心试验室、中山路工地试验室荣获2020年度苏州市吴中区交通工程“示范工地试验室”称号；通达设施公司承接5个交安设施施工项目；长恒置业公司加快推进P+R项目建设，其中，木渎公交换乘枢纽完成桩基施工，宝带桥南交通枢纽完成土地竞拍、项目立项和招标等前期工作。金枫路P+R停车楼2020年8月开工，年内完成地下室施工。吴中区12条道路停车泊位智能化改造工程于11月正式施行停车收费管理。第二批道路停车项目完成施工建设和竣工验收；长润交通代建公司承接金枫立交西转南匝道新建工程、2020年吴中区县道大中修工程和尹山大桥改扩建工程3个代建项目，中标金额4.15亿元。苏同黎公路快速化改造项目吴中段绕城高速车坊互通至物流园三号门地面道路通车，项目获评江苏省公路水运工程平安工地建设省级“示范工程”和公路水运工程“品质工程”苏州市“示范项目”；长丰物流园出租率100%，落实区属国有公司中小企业租金减免政策，减免15家中小企业租金约200万元，实现租金收益600万元。

（倪晓寅）

【苏州市吴中金融控股集团有限公司】 2020年，深化“红耀金控”核心引领，做优做强投资主业，加快内部资本运作进程，全年实现投资收入19.5亿元，利润总额9.7亿元，创造税收3.4亿元，荣获吴中区2020年度“百强企业”“资本市场贡献奖”“国有经济做强做优先进单位”等荣誉。集团下辖苏州市吴中创业投资有限公司、苏州市吴中金控股权投资管理有限公司、苏州市吴中金融招商服务有限公司、苏州吴中金控商业保理有限公司、苏州市吴中金融信息服务有限公司、苏州市尧旺企业管理有限公司等6家子公司，受托管理吴中产业优化基金发展有限公司，实际控制上市公司江苏高科石化股份有限公司。集团总部下设投资管理部、基金管理部、财务管理部、行政事业部、战略发展部、党建工作科、风险控制部、人力资源部、内部审计部9个部门。

资本运作。集团及其一致行动人吴中区天凯汇达股权投资合伙企业（有限合伙）先后以8.24亿元收购江苏高科石化股份有限公司29.415%的股权，成为其第一大股东，实际控制该上市公司。2020年8月，将子公司中晟环境70%的股权通过协议转让方式注入上市公司高科石化，交易价款6.3亿元，较收购时的2.52亿元高出3.78亿元，首次实现吴中区国有资产资本化，为国资开辟全新融资路径。

基金引导。新增索道合势基金、复健星熠基金、姑苏人才基金、生物医药产业园、领军人才、长三角上影吴中文化科技投资基金、沃赋睿鑫创业投资等12只基金，募资总规模近60亿元。截至2020年末，已累计发起、管理和参与基金数量接近30支，募资总规模超140亿元。

股权投资。2020年，围绕区内两大主导产业，积极开展项目投资，为经济转型升级赋能增效。在集团合作基金参与投资的IPO项目中，已成功上市企业3家（苏州赛伍应用技术、广东利扬芯片测试、思瑞浦微电子科技），过会待发企业4家（苏州艾隆科技、上海太和水环境科技、深圳市亚辉龙生物科技、江苏迈信林航空科技），集团已具备持续稳定盈利能力。完成东山精密项目退出，成功纾困区域龙头企业，实现本金增值率80%以上，总盈利金额9.86亿元。

金融服务。秉承大金融理念，打造综合性金融服务平台。新增落户创投基金5支，总规模12.64亿元；搭建完成创投吴中平台，促进协同共赢；中小企业转贷引导资金护航复工复产，全年发放贷款364笔，金额2.3亿元，惠及区内外322家企业。与吴中高新区合作共建"吴中区产业资本中心"。完成市属国资股权退出和区属国资股权引入，优化股权结构。创新开展拆迁保理业务并取得实质性进展。

产业基金。受托管理产业优化基金"基金引导+载体建设+产业招商"模式。"旺金商务广场"完成竣工备案，临湖"U+一期"完成年度税收2000余万元，自主开发的"U+二期"完成产证办理及开发方案的多轮调整。

（季也纳）

【苏州市吴中农业发展集团有限公司】 2020年，注册资本9.2亿元，以区国有涉农资本投资运营为发展定位，以现代农业产业、农村金融服务、无害化与资源循环利用为核心主业，下辖12家二级公司。

东山湖羊保种养殖基地。为苏州市美丽生态牧场，占地面积1.53公顷，总投资2000余万元。全年，基地湖羊总出栏量为873只，存栏量保持稳定。基地以东山湖羊遗传资源保护与利用为目标，提高设施现代化水平，开展精细化饲养管理，科学防控疫情风险，实施冻精冻胚实验并逐步开展冻精保存工作，获得"省畜牧生态健康养殖示范场"称号。推进苏州市农业种质资源保护项目，完成2019年项目验收，并通过2020年度项目申请及保种方案专家论证。

吴中珍稀树种林木良种基地。基地以紫楠等珍稀优良树种为重点培育对象，推进产学研合作，开展紫楠区域性适生实验，推动紫楠种质资源保护工作向纵深发展；进行紫楠的宣传及推广，保障优质种苗的生产质量和经营成效。目前基地培育紫楠苗约30000株，年度销售紫楠苗木10.5万元。

苏州市现代农产品物流园。现代农产品物流园是省重点项目、市重大民生项目。规划面积90.3公顷，一期规划面积59.9公顷，功能为市场交易和配套服务。项目于8月正式开工，先后完成纬一路改造项目、一期市政道路（绿化、亮化工程及交安设施建设）、物流园门头标识工程等项目建设，年底完成地下室出正负零的既定目标任务。物流园于2020年12月28日正式启用。

苏州市吴中动物无害化处理中心。项目占地面积0.33公顷，建筑面积2360.83平方米。按照"信息化、自动化、智能化"的高标准定位，采用高温碳化先进工艺，无害化处理效率高，成本低，为吴中区环境保护提供有力支持。全年共收集物料10769千克，完成58.5吨动物无害化处理，日处理量比上年提高29%。

苏州市吴中农村产权交易中心。增强服务意识，严控资金结算，创新服务举措，规范交易行为，推动农村产权制度改革和农村集体经济健康规范发展。全年接待领导考察15批；完成线上交易7917笔，成交金额12.01亿元，合同金额为14.36亿元；开展竞价会91场，平均增值率18.2%；所有权转让项目成交21笔，成交金额8000万元。开通保证金线上缴纳通道，提升工作效率，严把交易保证金的"进出关"。

苏州市吴中城乡农业融资担保有限公司。积极拓展融资担保业务，防范金融风险，连续五年获得信用评级A级。年内，为7个乡镇及1个街道提供融资担保5.8535亿元，新增担保业务1.29亿元，银行授信总额25亿元，实现收入1204.25万元，盈利471万元。

苏州市宁邦公墓有限公司。以做强做优绿色殡葬为目标，推进公墓升级改造。实施墓区改造和营销管理双升级，打造多样化的产品满足市场需求；创新推出线上线下相结合的一系列服务项目，全面提升服务质量。

苏州太湖现代农业展示展销中心有限公司。探索与品牌经销商联合，在拓展营销方式上下功夫，在优化消费环境中塑品牌，全力参与扶贫攻坚，对口帮扶。年内，在友新路亿象城新设吴中德江直销专柜分柜，为德江特色农产品在苏州的销售提供新窗口，为全区100多家机关事业单位提供“扶贫832”平台统一采购服务，助推“德货出山”，助力脱贫攻坚。（沈　丹）

【苏州太湖旅游发展集团有限公司】 2020年，注册资本28亿元，总资产达105亿元。以“太湖旅游第一运营商”为企业目标和发展定位，形成景区运营、酒店投资、水上旅游、园艺博览、古村保护、旅游地产六大主营业态，下辖7家全资子公司。年内，公司荣获中华全国总工会“职工书屋”、“2017—2019年度吴中区文明单位”、“2019年度吴中区优秀文体旅游企业”、“2019年度吴中区资本市场建设先进单位”、第三批吴中区“海棠花红”先锋阵地、“苏州市职工疗休养基地”、“2020苏州最美乡村健身公园”等称号。

五大战略发展。“资本化”战略有序推进，太旅集团成功获得资本市场2A主体信用等级，打通直融通道。“走出去”战略有新发力，先后启动“苏州乡村振兴学堂”管理服务项目、“无锡鸿山旅游度假区”景区管理顾问服务项目、“吴中公安意识防”巡回宣讲项目、吴中文旅活动策划执行服务项目、“香乡恬田农乐园”合作开发项目。“平台化”战略有声有色，打造“老板娘来哉”太湖民宿品牌形象宣传平台、“太湖旅游总入口”吴中旅游产品在线销售平台、“深度太湖游”吴中旅游推介平台、“南宫四美”抖音视频太湖非遗文化传播平台，立体式宣传推广吴中文旅产品。“减包袱”战略有条有理，与知名企业单位达成合作协议，力求点位突围。“职业化”战略有序布局，试点三级经营板块、二级子公司聘用职业经理人，取得实践经验。

精品工程计划。推出紫金庵景区与民宿共生型管理模式、太湖导游品牌转型升级、全新打造“太和会议中心”、东山湾旅游小镇集成化管理及综合提升、花山隐居生活方式、菱湖水居生活方式、乡村振兴学堂标准化管理、太湖旅游总入口提升、伊人舫、东山驿馆IP打造、守溪街环境提升与业态调整、太湖园博园研学营地综合提升等18个精品工程。

文旅项目建设。吴中福朋喜来登酒店项目位于吴中东路南侧，占地约0.87公顷，总建筑面积约3.3万平方米，总投资约3亿元，客房总数175间，12月18日正式开业。度假区东入口酒店二期项目位于太湖假日酒店西侧，占地面积3.47公顷，总建筑面积16万平方米，总投资约12.26亿元。其中，66%为可分割精装修酒店公寓。目前，该项目已完成全部设计和土建招投标工作，进入桩基工程阶段。蓝菱花酒店项目位于园博园景区内，占地面积2.25公顷，总建筑面积1.7万平方米。该项目于2015年初土建完工，现为内装工程阶段。该项目为自创品牌，定位轻奢型酒店，客房总数92间，总投资约0.8亿元。

文旅活动。持续举办“中国梦·太湖情”中国画名家邀请展、花山笔会、太湖国际诗会、花山文化节等艺术雅集引领风尚；嫁接引进2020国潮音乐节（苏州站）等文化盛宴乐民惠众；联合承办的2020中国家庭帆船赛（苏州站）、2020苏州帆船联赛（菱湖湾站）、第四届吴中太湖水上运动周等体育赛事广受青睐；精心策划太湖非遗文化月、太湖樱花节、太湖桃花节、天池山踏青登高节、香乡恬田夏日插秧节、秋季丰收节等。

文旅产业发展。太和广场由太湖游客中心、太和会议中心、太和商务中心、太湖假日及智选假日酒店、太湖艺术中心及酒店式公寓组成。目前，引进全球知名运动品牌“庞巴迪”、知名影院“幸福蓝海”、太和·梦之城、KFC等，商业业态日趋完善。

香山慧境紧扣“企业总部”“研发中心”“营销中心”“展示中心”四大功能定位，以“科创”“数字”为主题产业，引进国内大型公司和知名企业总部入驻，最大化集成商务资源，变革商务办公生态环境，强化吴中品牌、资本和资源的产业联动，打造外向型经济整合互动、多元复合的商居型经济中枢。

太湖园博园——小型博物馆群位于姑苏桥西南侧，紧邻江南十二园，占地面积2公顷，建筑面积7690平方米，由苏州非物质文化遗产馆、苏州古典园林艺术馆、苏州太湖水石馆和苏州三花科普园构成，汇集展厅、课堂、营地等业态，呈现亚博物馆状态，是一个集藏品展示、教育研究、旅游休闲、互动体验、艺术博览、研学拓展等多功能于一体的新概念博物馆。

古村、古建筑保护。后埠、西蔡（倪家坞、周家坞）污水改造工程11月竣工并通过验收；东西蔡（东里、西蔡里、秦家堡）、植里、角里（曹家底、周家上、牌楼头、沙皮上、南河头）环境整治工程扎实推进。启园文物本体修缮及环境整治一期工程4月竣工并通过验收；陆巷古建嘉树堂、杨湾古建安庆堂修缮工程陆续竣工并通过验收。

疫情防控与复工复产。疫情防控关键期，党员干部13批62人赴战疫一线，服务时长超5350余小时。19名职工荣获苏州市“最美劳动者”、苏州市国资系统优秀党员、吴中区优秀志愿标兵、志愿者、优秀团员称号。太旅党总支荣获“吴中区优秀一线抗疫青年突击队”称号。落实“苏惠十条”，帮助中小企业纾困解难，减免商户租金近三百万元，惠及租户91家。推出景区门票半价、医护人员免费政策等多重优惠。（邓 婧）

【江苏省吴中经济技术发展集团有限公司】 2020年，注册资本50亿元，总资产641亿元，净资产218亿元，实现经营性收入32.76亿元，完成工程建设总投入约34.3亿元，全部各类在建项目超过140个。围绕“市、区级重大项目”建设，着力抓质量，抓进度。分段安置房项目南石湖花园二区二期、尹山四期、文溪花园三期等19个，建筑面积约307万平方米，19948套。南石湖花园二区二期已完工交付，共720套，约11.4万平方米。分段社会事业项目有郎江小学及幼儿园、澄湖路学校、独墅湖中学等8个，建筑面积约31.8万平方米，郎江小学及幼儿园已完工交付。市政道路项目39个13.8千米，其中，完成尹山路东段、尹中路北段、东进路改造、天灵路西段等16个项目，累计长度约4千米。绿化景观项目21个，新建绿地面积约75万平方米，景观铺装约2万平方米，安装各类路灯1370余套；综合管线项目52个，完成澹台湖宝尹路、商城大街配套管线铺设及交通设施安装等项目，共42个。此外，其他重点项目按序时推进，吴淞江污水处理厂一期竣工并交付运行，综保区三期仓库局部封顶，吴淞江产业园高标准厂房完成地下室底板建设。

鼎鸿物业实现营收约8334万元，比上年增长22.7%，并联合南京银城物业合资成立鼎宏银城物业公司。吴中物流、公交场站公司、江远热电公司等下属成员企业稳步发展。（孙 洋）

【吴中国太发展有限公司】 2020年，注册资本65亿元。内设行政管理部、财务管理部、资金运营部、项目管理部、内审合约部五个管理部门。主要有市政配套建设、地产开发经营、教育投资经营、资产经营管理、对外投资发展等五大主业，下辖10家全资子公司、6家全资二级子公司、7家合资公司。

工程建设。全年实施项目12个，完成工程投资29亿元。吴郡小学、能源中心于年内基本完工；木林安置房一期进入扫尾阶段；苏州湾中心广场、吴郡睦邻坊土建基本结束，装修、泛光照明等在施工阶段；橙天360剧场、湾东幼儿园、国太大厦、木里公交站土建在施工阶段；核心区人防工程、木林安置房二期开工准备中。

资金运营。2020年融资到账60.29亿元，净增7.54亿元。与九州、宏信证券等金融机构初步建立合作意向，获批交易商协会超短融20亿元，在本年银行端投放受限的情况下，保证融资结构的合理性，确保资金需求。

商业管理。吴郡睦邻坊商业策划定位、业态落位工作完成。苏州湾地下空间选定运营商。苏州湾中心广场商业、写字楼部分明确了专业运营管理公司；酒店式公寓明确运营品牌；酒店部分正式筹开；能源中心加快筹备，为项目试运营打好基础。

资产管理。对存量资产深入进行梳理整合，厂房租赁有序推进，库特勒厂房改造完成，资产可出租面积扩大至14.9万平方米，实现租金收入5284万元，出租率63%。

对外合作。苏州北建公司、苏州航天工程公司两家合资公司以太湖新城为发展起点，扩大业务范畴及服务区域，市场化运营能力强化。与金融街集团、富力集团合作开发的太湖新城区域内的房产项目顺利推进。

（吴晓芳）

【苏州太湖旅业发展有限公司】 2020年，注册资本48.8亿元。2020年8月，变更为苏州太湖国有资产投资发展有限公司100%控股，目前维持AA外部评级。经营范围包括，经营度假区管委会授权范围内的国有集体资产及管委会研究确定的城市建设项目的投资、建设和管理，旅游项目开发。下属全资、控股、参股企业共36家。公司以会议、体育、度假、研学“四大经济”产业发展为抓手，发挥国企优势，完善区域旅游产业基础设施，增加产品供给，优化服务质量，提升国有公司经营效益。全年实现经营收入3.47亿元（包括实际管理的香山国际酒店、太美香谷里酒店营收）。开拓康养市场，下属太美文旅公司获苏州市总工会授牌疗休养基地。渔洋码头三期民宿、太美雪绿民宿开业。

（梅静静）

【苏州太湖城市投资发展有限公司】 2020年，注册资本为29.9亿元，隶属苏州太湖国家旅游度假区管委会。主要职能定位为“城市建设者”。受苏州太湖国家旅游度假区管委会委托，对度假区基础设施及其配套设施进行开发建设和维护工作，参与度假区内项目的开发代建工作。公司以项目代建、城市养护、资产经营三大业务板块作为主业方向，并逐步向商业运营、物业管理、农文旅融合产业拓展。全年收入5.2634亿元，较上年增长19.28%；全年项目投资7.39亿元；缴纳税收6718.06万元。舟山花园三期三区、第四幼儿园、桑园里民宿改造、渔洋码头2~3号楼、管委会东侧连廊、商务楼培训改造等重点项目交付使用，110千伏香山变电站、金庭镇区域供水配套工程竣工验收。全年污水管网养护疏通约500千米；雨水管网养护150千米，清淤约10千米，解决蒯祥南路、丽波路、香山隧道口等8处道路积水问题；全年移栽乔木（灌木）近3000棵，恢复绿化提升面积5.5万平方米，道路绿化提升面积1.06万平方米。顺利完成两会、中超等的环境、设施保障工作。公司获得安置房建设先进单位、吴中区文明单位、两会保障服务先进单位等荣誉称号。

（沈　寅）

【吴中城区建设发展有限公司】 成立于2012年，注册资本30亿元。截至2020年末，集团总资产155亿元，净资产规模54亿元，各项业务稳步增长。2020年，新增银行授信34亿元，获批债券31亿元，其中，发行利率4%的公司私募债券7亿元，创2017年以来同期限、同评级私募公司债最低票面利率；获批首单PPN项目，打通了银行间交易商协会融资渠道，融资产品全面覆盖三大金融机构。年内，公司管理在建项目13个，并顺利交付吴文化博物馆、涵碧书院、吴中实验小学附属幼儿园、宝带幼儿园4个重点民生项目。吴中实验小学项目获江苏省体育建筑施工行业协会优质工程奖，蠡墅小学项目获苏州市“姑苏杯”（房建等类）优质工程奖。加强制度建设，完成公司制度汇编工作；完成8项专项审计；完成禾田物业和资产管理体系组织架构调整。新冠肺炎疫情期间，根据相关政策，减免相应租金253万元。

（沈　超）

上市公司

【概况】 2020年，吴中区有上市企业14家，其中上交所主板上市4家、上交所科创板上市2家、深交所中小板上市3家、深交所创业板上市3家、港交所主板上市2家。

【江苏吴中医药发展股份有限公司】 成立于1994年，注册资本7.12亿元。1999年4月1日，公司A股在上海证券交易所主板上市。公司2000年被江苏省科委认定为高新技术企业，2001年被国家科技部火炬中心认定为火炬计划重点高新技术企业，公司曾被评为“江苏省十佳上市公司”。公司形成以医药为核心产业，房地产为重要产业，投资为辅的产业发展格局。其中，江苏吴中医药集团有限公司（简称“吴中医药”）涵盖化学药、生物药、中药，集医药研发、生产、销售为一体，产业链完整，为江苏省基因药物工程技术中心，是苏州市医药行业协会的会长单位。2020年，公司实现营业总收入18.72亿元，比上年下降11.29%；归属上市公司股东净利润-5.06亿元，比上年下降884.72%。截至年末，公司总资产37.04亿元，股东权益18.48亿元。

【金陵华软科技股份有限公司】 成立于1999年，注册资本7.78亿元。2010年7月20日，在深圳证券交易所中小板上市。公司是专业致力于原料药、中间体、精细化学品、造纸化学品、保健品、食品添加剂等产品的研发、生产与销售的综合性企业。公司实施医药化工产业与金融产业并重的“双主业”发展战略，成为多元化发展的企业集团。公司的业务范围主要覆盖金融科技、供应链管理、精细化学品等领域。2020年，公司实现营业收入27.39亿元，比上年增长3.96%；归属上市公司股东的净利润3337.59万元，比上年增长111.26%。截至年末，公司总资产28.79亿元，较上年增长57.49%，股东权益15.81亿元。

【苏州东山精密制造股份有限公司】 成立于1998年，注册资本17.1亿元。2010年4月9日，在深圳证券交易所中小板上市。公司是中国最大的专业从事精密钣金结构件工艺设计、制造服务的企业，是全球最大的基站天线精密钣金零部件提供商。公司集研发、生产、销售、服务业务为一体，为客户提供精密钣金件和精密铸件的制造与服务，形成产品结构研发、精密钣金制造、精密铸件制造、表面处理、精密组装、及时配送等在内的完整精密金属制造服务体系。通过了通信设备制造商爱立信、朗讯、波尔威、安德鲁、安弗施，精密机床制造商沙迪克、阿奇夏米尔，核能设备制造商阿海珐，金融设备制造商NCR等客户严格的认证考核，并与其建立长期稳定的合作关系，为其全球分支机构提供可靠的产品和专业服务。2020年，公司营业收入280.93亿元，比上年增长19.28%；归属于上市公司股东的净利润15.30亿元，比上年增长117.76%。截至年末，总资产375.03亿元，比上年增长18.42%。

【苏州电器科学研究院股份有限公司】 始建于1965年，注册资本7.58亿元。2011年5月11日，在深圳证券交易所创业板上市。公司是一家全国性的独立第三方综合电器检测机构，主要从事输配电电器、核电电器、机床电器、船用电器、汽车电子电气、太阳能及风能发电设备等各类高低压电器的技术检测服务，是我国电器检测行业的龙头企业之一。公司设立“国家电器产品质量监督检验中心”，具体从事电器产品的检测和质量监督检验业务，是技术检测行业国家级的综合性电器检测实验室。公司多次获得国家级及省部级的技术奖项、国务院颁发的“国家科学技术进步二等奖”、天津市人民政府颁发的“天津市科学技术进步奖二等奖”等奖项。公司依托先进的电器检测试验系统和完善的检测服务运营体系，致力于为客户提供公正、科学、高效的电器检测服务，获得市场的广泛认可。2020年，公司实现营业总收入7.02亿元，比上年减少12.90%；归属上市公司股东的净利润8663.18万元，比上年减少47.98%。截至年末，公司总资产41.03亿元，股东权益18.18亿元。

【苏州安洁科技股份有限公司】 创立于1999年，注册资本7.01亿元。2011年11月25日，公司在深圳证券交易所中小板上市。公司专业从事组装各种特殊电子绝缘材料，玻璃及塑胶类防护盖板、触控盖板以及电子产品零配件；销售电子零配件、工业胶带、塑胶制品；自营和代理各类商品及技术的进出口业务。主要有各类导电材料、屏蔽材料、各种进口双面胶带、各种背光源材料、各种绝缘材料、各种保护膜、面板及FPC（柔性电路板）类产品等。2020年，公司实现营业总收入29.05亿元，比上年减少7.36%；归属上市公司股东的净利润4.68亿元，比上年上升172.07%。截至年末，公司总资产73.27亿元，股东权益59.82亿元。

【苏州斯莱克精密设备股份有限公司】 创立于2004年，注册资本5.65亿元。2014年1月29日，公司在深圳证券交易所创业板上市。公司主要面向全球市场的高端专用成套设备的设计制造，为金属包装行业客户提供高端装备以及整体解决方案，主要从事成套高速易拉盖、易拉罐生产设备和图像检测等各类系统的研发、设计、生产、装配调试及相关精密模具、零备件的研发、加工制造。2020年，公司实现营业收入8.83亿元，比上年增长11.50%；归属上市公司股东的净利润6484.10万元，比上年下降33.43%。截至年末，公司总资产22.04亿元，股东权益10.82亿元。

苏州安洁科技股份有限公司　　区委宣传部　供稿

【苏州晶瑞化学股份有限公司】 创立于2001年，注册资本1.89亿元。2017年5月23日，公司在深圳证券交易所创业板上市。专业从事微电子化学品的产品研发、生产及销售。主营业务包括生产电子工业用超纯化学材料和其他精细化工产品，销售公司自产产品；从事一般化学品和危险化学品的批发业务并提供相关技术服务、咨询和技术转让。产品主要包括超净试剂、光刻胶、功能性材料和锂电池黏结剂四大类微电子化学品。2020年，公司实现营业收入10.22亿元，比上年增长35.28%；归属上市公司股东的净利润7695.01万元，比上年增长145.72%。截至年末，公司总资产20.83亿元，股东权益13.14亿元。

【苏州市建筑科学研究院集团股份有限公司】 公司前身是成立于1979年的全民所有制事业单位——苏州市建筑科学研究所；2001年6月14日，建科所整体改制成立苏州市建筑科学研究院有限公司；2015年2月16日，公司整体变更为股份有限公司。2017年9月5日，公司在上海证券交易所主板上市，注册资本2.98亿元。公司主要从事工程技术服务以及新型建筑材料生产销售。经营范围包括建筑技术开发、技术服务、技术转让、技术咨询、技术培训，如建筑材料及产品的研制、开发、生产、销售，建筑工程施工，计算机软件、硬件及外围设备的研发、销售。2020年，公司实现营业收入7.86亿元，比上年增长28.55%；归属上市公司股东的净利润1.27亿元，比上年增长57.52%。截至年末，公司总资产16.65亿元，股东权益12.87亿元。

【苏州赛腾精密电子股份有限公司】 创立于2007年，注册资本1.76亿元。2017年12月25日，公司在上海证券交易所主板上市。公司主要从事智能制造装备的研发、设计、生产、销售及技术服务，为客户实现智能化生产提供系统解决方案，公司产品和服务涉及消费电子、汽车（新能源汽车）、半导体及锂电池等业务领域。2020年，公司实现营业收入20.28亿元，比上年增长68.26%；归属上市公司股东的净利润1.75亿元，比上年增长42.88%。截至年末，公司总资产33.27亿元，股东权益12.24亿元。

【科沃斯机器人股份有限公司】 创立于1998年，注册资本5.7亿元。2018年5月28日，公司在上海证券交易所主板上市。公司主要从事各类家庭服务机器人、清洁类小家电等智能家用设备及相关零部件的研发、设计、生产与销售，为全球知名的家庭服务机器人制造商之一。经过多年的发展，公司形成包括扫地机器人、擦窗机器人、空气净化机器人等在内的较为完整的家庭服务机器人产品线以及品类丰富的清洁类小家电产品线。2020年，公司实现营业收入72.34亿元，比上年增长36.17%；归属上市公司股东的净利润6.41亿元，比上年增长431.22%。截至年末，公司总资产61.62亿元，股东权益31.01亿元。

【中国汇融金融控股有限公司】 创立于2011年，2013年10月28日，公司在香港联合交易所主板上市。公司是为中小企业和个人提供短期融资和财富管理服务的综合性供应商，主要提供传统金融业务和互联网金融业务。公司主要通过向中国的境内客户发放抵押贷款、保证贷款和信用贷款提供借贷服务。2020年，公司实现营业收入2.60亿元，比上年减少24.50%；权益持有者应占利润221.6万元，比上年减少95.61%。截至年末，公司总资产25.33亿元，资产净额19.42亿元。

【苏州绿的谐波传动科技股份有限公司】 创立于2011年，注册资本1.2亿元。2020年8月28日，公司在上海证券交易所科创板上市。公司产品广泛应用于工业机器人、服务机器人、数控机床、航空航天、医疗器械、半导体生产设备、新能源装备等高端制造领域。公司多年以来深耕精密传动领域，凭借先进的技术研发能力、高水平的生产工艺、严格的质量管控以及完善的产品体系，在行业内已建立较高的品牌知名度，成长为行业领军企业。2020年，公司实现营业收入2.17亿元，比上年增长16.47%；归属上市公司股东的净利润0.82亿元，比上年增长40.31%。截至年末，公司总资产17.99亿元，股东权益16.76亿元。

【欧康维视生物公司】 创立于2018年，2020年7月10日，在香港联合交易所主板上市。公司是一家中国眼科医药平台公司，致力于识别、开发和商业化同类首创或同类最佳的眼科疗法。公司一直专注于构建整合从研发、制造到商业化的眼科药物开发全周期专业能力于一体的眼科医药平台。2020年，公司收益0.13亿元。截至年末，公司资产净额25.02亿元。

【苏州伟创电气科技股份有限公司】 创立于2013年，注册资本

1.8亿　元。2020年12月29日，公司在上海证券交易所科创板上市。公司一直专注于电气传动和工业控制领域，主营业务为变频器、伺服系统与运动控制器等产品的研发、生产及销售。公司的产品种类丰富，包括0.4千瓦至1200千瓦的变频器、50瓦至55千瓦的伺服系统、运动控制器、PLC（可编程逻辑控制器）和HMI（人机界面产品及解决方案），产品广泛应用于起重、矿用设备、轨道交通、机床、压缩机、塑胶、光伏供水、建材、机器人 / 机械手、印刷包装、纺织化纤、冶金、市政、石油、化工等行业。2020年，公司营业收入5.72亿元，比上年增长28.24%；归属上市公司股东的净利润0.88亿元，比上年增长52.13%。截至年末，公司总资产10.76亿元，股东权益7.63亿元。

（虞春萍）

2020年7月10日，欧康维视在香港交易所挂牌上市，成为吴中区第12家上市企业

区地方金融监管局　供稿

编辑：赵立文

农业

综述

【概况】 2020年，苏州市吴中区农业农村局（简称“区农业农村局”）贯彻落实吴中区委、区政府重大决策部署，围绕乡村振兴和农业农村现代化发展目标，坚持农业生产和农村地区疫情防控工作“两手抓”“两不误”，出台全区农业农村工作要点和率先基本实现农业农村现代化三年行动计划，加快推进基本实现农业农村现代化示范镇建设，全区农业农村工作取得阶段性成效。全年实现农林牧渔总产值40.49亿元。全区镇村集体总资产495亿元，其中村级集体总资产196亿元，村级集体净资产110亿元，村均稳定收入1402万元。整体推进国家级试点，提升农民合作社质量。率先通过省级农村人居环境整治三年行动目标任务的验收与销号。制定《吴中区农村人居环境整治和长效管理“红黑榜”考核办法（试行）》，组建专门工作班子，建立农村人居环境整治社会综合治理“一张网”巡查清单。推进高标准农田建设，西山青种枇杷、洞庭山碧螺春获国家农产品地理标志登记。加快苏州现代农产品物流园建设步伐，完成国家农村产业融合发展示范园创建任务。东山东太湖现代农业示范园获得苏州市级第六批现代农业园区认定。蔡轸、顾怡获得江苏省农业农村厅授予的“2019—2020年度农技推广体系改革与建设补助项目优秀个人”称号，魏宾获得第九届江苏省农业技术推广奖二等奖。

【农业基础建设】 2020年，开工建设高标准农田953.81公顷，新增申报苏州市级高标准蔬菜基地4个、现代果茶园3个，枇杷、杨梅等优质高效果品比重提升至62%。先后制定《关于稳定生猪生产保障市场供应的实施意见》《关于加快推进吴中区现代渔业高质量发展的指导意见》，完成生猪养殖基地主体工程建设，新增国家级水产健康养殖示范场1家，建成国家虾蟹产业体系示范点1个，申报苏州市级水产养殖示范基地2个。

【农业产业化】 2020年，区农业农村局先后出台《吴中区区级农业产业化龙头企业认定管理办法》《吴中区区级现代农业园区创建认定管理办法（暂行）》，新增苏州市级农业龙头企业3家，农业产业化经营联合体2家。推动特色农业与产品加工、乡村旅游、餐饮民宿等相融相促，拓宽农民增收渠道，创建苏州市级共享农庄10个。吴中区农村产业融合发展示范园入选第二批国家农村产业融合发展示范园，成为苏南地区唯一入选的农业产业示范园。

【农业质量品牌建设】 2020年，区农业农村局强化全区农产品质量安全监督管理，提升农产品质量。全区抽检基地上市蔬菜5026批次，定量检测抽样460批次，水产苗种生产企业执法检查4次，水产品抽检47批次，合格率100%。配合省、市农业部门及农产品质量检测机构完成各类农产品样品抽检234批次，质量全部合格。全区新增绿色食品2个，新增绿色食品面积130.73公顷，新增有机产品10个，创建省级绿色优质农基地4个。洞庭山碧螺春茶获得江苏省第十九届“陆羽杯”名特茶评比特等奖、一等奖各1项，洞庭山碧螺春、西山青种枇杷通过国家农产品地理标志登记。年内，制定《关于加强产地保护提升品牌效应促进洞庭山碧螺春茶产业持续发展的工作意见》，保护发展吴中碧螺春茶果复合系统重要农业文化遗产。

【农业农村安全生产】 2020年，区农业农村局按照“一年小灶”安全生产专项整治工作要求，切实履行安全生产监管职责，农业农村安全生产总体形势实现平稳可控。组建农业综合行政执法大队，统一承担全区兽医兽药、生猪屠宰、种子、肥料、农药、农机、农产品质量、渔业等行业的监督管理。持续开展“春风行动”“百团进百企”“安全生产月”等安全生产集中宣讲、咨询活动；组织部署中秋、国庆两节农业农村安全生产排查整治，开展农业农村领域安全生产百日“亮剑行动”专项行动。

【农村改革】 2020年，区农业农村局继续推进农村各项改革，农村集体经济创新转型取得新的突破，农民专业合作社质量显著提升，农村人居环境持续改善，多项改革成效领跑全省。组织开展“万企联万村　共走振兴路”行动，探索集体经济发展新路径，强化集体资产集中经营管理，全区村级资金监管平台得到升级运行。以美丽乡村建设为抓手，持续扮靓农村人居环境。是年，区农业农村局深化农村合作改革，激发农村发展潜力。全年注销空壳合作社9家，新组建农民专业合作社29家，新增区级规范社67家，成功创建省级示范社5家，推荐申报国家示范社2家，全区合作社年报公示率达100%。制定示范家庭农场评定管理办法，加强示范家庭农场培育，新增省级示范家庭农场2家、市级示范家庭农场3家、区级示范家庭农场91家。

【阳光扶贫】 2020年，吴中区在“三年脱贫目标两年完成”的基础上，稳步推进阳光扶贫工作，巩固扶贫成果。全区累计下拨省级帮扶资金564万元、市级帮扶资金2601万元、区级帮扶资金3500万元、区级各类民生救助资金约3800万元、“五方挂钩”帮扶专项资金500万元。全面提升集体经济相对薄弱村的自我造血功能，落实挂钩帮扶和“五个一”帮扶机制，强化政策兜底、优化就业指导等措施，发挥“阳光扶贫·智慧e农”监管系统监管作用。全年累计走访1万余人次，在苏州市率先实现并持续保持走访和信息录入率两个100%。年内，退出低保户95户、特困供养困难家庭户37户。

【集体经济创新转型】 2020年，区农业农村局以深化农村集体“三资”管理为抓手，规范监督管理，探索集体经济创新转型和发展路径，持续推进集体资产高质量健康发展。鼓励村村、镇村抱团联合发展，提高集体经济造血功能。组织开展“万企联万村　共走振兴路”行动，新增签约项目7个。全面启用“四网融合”农村集体“三资”监管平台，实现集体资金“全留痕线上审批+全过程线上结算+全方位线上监管”，从源头上杜绝集体资产“体外循环”、集体资金“截留挪用”情况发生。全年集体资产线上交易累计成交7917笔，合同总租金14.36亿元。强化集体资产集中经营管理，累计完成清缴欠租3.75亿元，清缴率达97%。率先全面完成全区128个村（社区）130个农村集体经济组织登记赋码发证工作。年内，完成农民集体收益分配权退出改革国家级试点任务，所获成果得到专家组肯定。

【农村人居环境】 2020年，区农业农村局通过城乡联动、上下联合、部门联结、干群联手、多措并举，推动农村人居环境整治常态化、长效化。制定农村人居环境整治和长效管理“红黑榜”考核办法，通过每月公布行政村“红黑榜”、每季度公布镇级“红黑榜”的形式，倒逼农村人居环境整治主体责任落实，持续提升农村环境长效管理水平。围绕“四清一治一改”重点任务，累计整治露天粪坑超1.5万个、残垣断壁1400余处、乱搭乱建8000余处、乱堆乱放10万余处，清理水塘2211个、沟渠957千米、畜禽养殖粪污等农业生产废弃物906吨。建立“一张网”巡查清单，累计发现问题4761件，办结4546件，办结率95.48%。（刘小尘）

农业科技

【概况】 2020年，持续推进省级农业科技入户工程，全区农技人员“农技耘”“中国农技推广”等线上农技服务App使用率为93.38%，益农信息社平台实现行政村全覆盖。以开展智慧农业国家级试点为契机，加快智慧农业示范基地建设，不断提升农业生产、服务、管理的智慧化水平。江苏现代农业（河蟹）产业技术体系吴中推广示范基地建设项目顺利通过上级验收。

改造后的临湖镇石舍村　　区农业农村局　供稿

【农技推广队伍建设】 2020年，区农业农村局加强农技队伍建设，全区有隶属事业单位20个，核定编制190人，在职人员172人，专技人员147人，副高以上职称26人，中级以上职称100人；全区镇（街道）有农技服务人员136人，在编人员50人，副高14人，中级以上职称41人。完成本年度初级技术职称材料审核22人，通过2019—2020年度初级技术职称评审44人；落实全区5名农业高级、4名中级专技人员的职称材料审核申报。组织开展乡土人才系列专业技术资格申报工作，通过高级技术职称评审1人、中级技术职称评审7人。

【基层农技推广补助项目】 2020年，区农业农村局持续推进省农业科技入户工程，围绕园艺、农机农艺结合、水产、畜牧4个产业，选配42名农业技术人员担任技术指导员，挂钩420个农业科技示范户，重点建设3个科技示范基地。以入户指导、技术咨询、集中培训、现场观摩和“农技耘”App在线指导等方式，加强对农户的科技指导。全区农技人员使用率93.38%，完成省级基层农技推广体系改革与建设补助项目的线上填报和动态绩效管理。区优质高效绿色水稻生产综合示范基地建设项目通过上级验收。年内，根据省、市相关文件要求，制定基层农技推广培训方案，签订培训协议，组织实施省基层农技推广体系改革与建设以及农技推广人才培训项目，覆盖87人，其中省级班37人、县级班50人。

【农业种质资源保护】 2020年，加强农业种质资源保护，洞庭山碧螺春茶、白沙枇杷、杨梅、柑橘、湖羊、太湖鹅、翘嘴红鲌等特色农业种质资源得到有效保护。申报立项苏州市级农业种质资源保护项目7项，争取市级财政专项资金214万元；申报立项江苏省级农业种质资源保护2项，争取市级财政专项资金29万元。年内，完成验收省级项目3项，市级项目7项。组织开展区内农业种质资源调研，结合推广农业新技术、新品种、新模式，实施种质资源保护项目12个，三新技术推广项目14个，下达补助经费234万元。

【培育新型职业农民】 2020年，新增认定新型职业农民346人，省级乡土人才8人。区农业农村局制定吴中区新型职业农民培育工作实施方案，全年开展包括新型经营主体、果茶园艺、水产养殖、农机农艺、蔬菜园艺、农产品质量安全及农产品电商等培训14期，培训新型职业农民1253人。苏州花语吴娘园艺专业合作社高素质农民培育实训基地（田间学校）建立后，成为省级农民培育实训基地。

【农业科普工作】 2020年，区农业农村局助力农业科普工作，组织农技人员参加2018—2019年度苏州市自然科学论文评选，报送农业科普论文5篇，其中一篇获三等奖；组织14个学会、协会开展上年度农业科普检查和本年度报告工作，完成吴中区洞庭山碧螺春茶业协会脱钩管理工作。 （刘小尘）

农业机械化

【概况】 2020年，全区拥有各类农业机械2.3万台（套），农业机械化总动力12.03万千瓦，其中，耕作、种植、收获、高效植保、产地烘干等环节机具381台（套），机具原值4245万元（含配套农具）。农机驾驶操作人员429人。粮食生产耕、种、收综合机械化水平95.83%，五项特色农业机械化水平57.06%，小麦机播、机收率100%，水稻机种率86.3%。农业机械化发展模式由注重速度增长逐步向质量优化、绿色发展和提升效益转变。

【提升农机发展质效】 2020年，区农业农村局在政策支持、技术指导、服务保障等方面下功夫，提升农机发展质效。全区以农机合作社、村集体经济组织为主体，高质量发展各类农机具58台（套），农机总投入资金329万元，新增联合收割机3台（其中无人智能收割机1台），高速插秧机（带侧深施肥）1台，无人植保飞机2台，大中型拖拉机7台（其中无人智能拖拉机1台），配套作业机具22台（套）。年内，分别开办农机驾驶员操作培训班和基层农机修理培训班，培训农机驾驶学员26人、基层农机修理学员30人；协助苏州市组织开展全市农机秋收秋种暨安全生产现场会1次。

【农业机械化作业】 2020年，全区机收小麦100.05公顷、水稻2247.79公顷，水稻机种面积2007.67公顷，水稻机械化种植装备保障水平98%，绿色防控高效植保机械化水平100%，水稻机收水平99.8%，产地烘干水平75.3%。全区农机专业合作社8个，核心经营面积867.1公顷，从事农业生产服务278人，农机手72人，拥有各类农机具510台（套）；合作社、农机作业服务公司机械化作业占全区机械化作业量的73%，规模化、专业化、组织化、社会化服务能力明显增强。 （刘小尘）

耕地质量与农业环境

【概况】 2020年，区农业农村局稳步推进耕地质量与农业环境保护工作，开展受污染耕地的整治和安全利用活动，提升全区受污染耕地的安全利用率和农作物秸秆综合利用率，改善耕地安全利用质量，实现农作物秸秆全量还田。年内，建立智能化茶园水肥一体化核心示范区6.67公顷。

【受污染耕地安全利用】 2020年，区农业农村局开展全区受污染耕地常年主栽农作物与土壤加密调查，有针对性地开展受污染耕地安全利用工作。编制受污染耕地安全利用实施方案，组织相关镇（街道）进行耕地土壤修复并实行监理机制，全区受污染耕地安全利用率达100%。

【秸秆综合利用】 2020年，区农业农村局通过召开秸秆综合利用工作推进会、加强宣传、开展技术指导等活动，扎实推进农作物秸秆综合利用，形成本区主要农作物秸秆以机械化全量还田为主、部分堆沤还田的利用方式，全年农作物秸秆综合利用率达100%。年内，下达省、市、区秸秆收储和多种形式利用专项资金54.9万元。

【化肥减量增效】 2020年，区农业农村局继续加快测土配方施肥技术推广，全年推广水稻测土配方肥352吨，施用面积约667公顷。推广新型肥料，实施定量施肥。在水稻上推广有机无机复混肥1236吨，施用面积827.08公顷；在小麦上推广有机无机复混肥160.08公顷。主要农作物测土配方施肥技术推广覆盖率在90%以上。是年，全区化肥施用量（折纯）3011吨，比2015年的4109吨削减26.7%。

【耕地质量提升】 2020年，区农业农村局全面加强角直、东山、横泾等省级耕地质量提升监测点建设。组织举办江苏（苏州）耕地地力保护与提升培训班，参加培训70余人。区农业农村局在临湖镇湖桥村建立耕地地力保护与提升示范区33.35公顷，通过有机肥的施用、绿肥种植、侧深施肥、秸秆堆沤还田、生态氮磷拦截等技术措施，示范区土壤总氮含量提升59%、有机质含量提升32%，耕地质量得到有效提升。（刘小尘）

种植业

【概况】 2020年，全区水稻、小麦、油菜种植面积分别为2247.79公顷、100.05公顷、40.02公顷，水稻、小麦单产分别为596.2千克、236千克。水稻种植以“南粳46”“苏香粳100”等优质食味稻品种为主，约占水稻种植总面积的98.8%，机械化播栽面积占水稻种植面积的78%。小麦种植以“镇麦12号”品种为主。落实耕地地力保护补贴、耕地轮作休耕补贴、稻谷补贴、水稻良种补贴等惠农政策。完成市级800.4公顷高标准农田建设任务，2019—2020年耕地休耕轮作总面积1934.3公顷。制定“吴中大米”生产技术标准，品牌影响力持续扩大，临湖镇、苏州太湖现代农业示范园分别获得2020年江苏省“味稻小镇”“味稻田园”称号。蔬菜种植总面积1727.53公顷。其中，常年旱生蔬菜767.05公顷，常年水生蔬菜620.31公顷，季节性蔬菜340.17公顷；设施蔬菜面积153.41公顷。蔬菜总产量10.6万吨，总产值3.5亿元。

【病虫草害防控】 2020年，全区加强病虫草害防控工作。对2个省级茶叶病虫害绿色防控示范区、23个区级化学农药减量示范区采用“农业生态防治+理化诱控+生化控制+科学用药”的绿色防控技术模式。通过化学农药减量示范区建设，以点带面，引导示范区周边农户使用绿色防控技术。全年共发布粮油作物《吴中农技》21期，指导大面积生产和病虫草防控治理。全区全年农药使用量比2015年减少8.43%，太湖一级保护区化学农药全年使用量比2015年减少20.17%。年内根据省、市要求，重点做好重大植物疫情阻截带建设，落实东山、金庭、临湖三个监测点。继续做好加拿大一枝黄花、桔小实蝇、福寿螺及草地贪夜蛾等外来有害生物的监测和防治指导工作。

【粮油惠农补贴】 2020年，贯彻落实耕地地力保护、耕地轮作休耕、水稻良种、稻谷补贴等粮油惠农补贴政策。全区耕地地力保护补贴面积9624.81公顷，下达财政补贴资金1732.2万元，惠及10个镇（街道）29205户农户；下达市、区两级财政耕地轮作休耕补贴资金763.8万元；水稻良种补贴面积1943.3公顷、供种11.5万公斤、补贴资金34.5万元，惠及9个镇（街道）46个行政村201户农户；稻谷补贴面积2241.12公顷，下达财政补贴资金335.9万元，惠及9个镇（街道）48个行政村100户农户。

【高产优质品种试验】 2020年，组织开展高产优质品种试验，以引进、推广特优食味水稻和高产、高抗、高效小麦新品种为原则，在甪直淞浦村、临湖湖桥村开展“镇麦15号”“镇麦12号”“南粳3908”“常香粳1813”等7个稻麦新品种展示、示范和安全性测试4组，面积约10公顷。

【种子市场监管】 2020年，执法大队开展种子市场检查23次，出动执法人员93人次，检查持证种子门店21家次、种子企业15家次，持证种子门店备案率100%。严格把控种子质量关，抽检水稻种子115吨，小麦种子154吨；稻麦种子抽、封样91份，检测合格率100%；抽检蔬菜种子样品20份，合格率87%。

【菜篮子工程建设】 2020年，全区蔬菜复种面积4068.7公顷，年供应能力10.6万吨。完成苏州市级立项的东山镇蔬菜园设施生产基地改建项目建设，提请上级验收。苏州金满庭现代农业发展有限责任公司、苏州苏能集团有限公司新丰现代农业园、吴中区临湖绿意浓家庭农场等4家单位创成苏州市高标准蔬菜生产示范基地。落实规模菜田补贴工作，补助规模蔬菜种植户159户，补贴面积314.62公顷，补贴资金215.8万元。

（刘小尘）

畜牧业

【概况】 2020年，全区生猪存栏0.11万头，生猪出栏0.15万头；羊存栏0.22万只，出栏0.17万只；家禽存栏4.71万羽，出栏4.09万羽。

【生猪稳产保供】 2020年，区农业农村局制定出台《关于稳定生猪生产保障市场供应的实施意见》，拨付资金支持现有生猪养殖户，落实能繁母猪保险，稳定域内生猪养殖。甪直6万头生猪保供基地完成主体工程建设，第一批育肥猪已经进场。继续开展生猪域外保供，多次赴苏北、苏中生猪养殖主产区进行沟通对接，签订生猪保供框架协议2份，完成生猪存栏5.9万头、出栏10.1万头的年度目标保供任务。

【畜禽种质资源保护】 2020年，加强东山湖羊、乡韵太湖鹅、中蜂遗传资源保护和利用。全年出栏湖羊413只，现总存栏873只，其中成年种公羊42只、种母羊300余只。湖羊遗传资源保种方案通过专家论证，全年无重大疫情发生。太湖鹅保种工作有序进行，年初存栏太湖鹅种群总数为5465羽，年末存栏约5900羽，全年平均存栏6314羽，其中12世代太湖鹅保种项目通过上级验收。继续开展中蜂种质资源保护工作，组织东、西山中蜂蜂农培训200多人次，聘请国家蜂产业技术体系岗位科学家对蜂农进行技术指导。对养蜂数在100箱以上的蜂农，发放蜂箱、蜂具等物化补助。年内，正式启动高效优质中华蜜蜂产业发展提升项目，完成项目一期方案的制定及申报工作，初步确定五个竞争性立项实施内容的承担主体。

【畜禽养殖污染治理长效监管】 2020年，加强畜禽养殖污染源的治理和长效监督管理，全区

【现代渔业发展】 2020年，区农业农村局制定出台《关于加快推进吴中区现代渔业高质量发展的指导意见》。苏州泰禾渔业有限公司通过农业农村部委托的省级考核，创建成为国家级水产健康养殖示范场。苏州庭园锦鲤养殖场和金庭白塔湾养殖公司通过市农业农村局“三高一美”基地建设验收。江苏省太湖水产有限公司临湖养殖基地及东山打包场，通过海关出口水生动物注册养殖场及中转场认证。加强“稻+小龙虾”“稻+鳜鱼”综合种养、池塘养蟹套养罗氏沼虾等新技术推广应用，建设国家虾蟹产业技术体系、省河蟹产业体系、省青虾产业体系核心示范基地约73.37公顷。组织水产养殖技术培训8期，覆盖710余人次；发放养殖技术相关宣传材料1600余份；开展入户指导42次，服务鱼药店、养殖户190余人次。

【渔业油补与渔业互保】 2020年，完成上年度渔业油价补贴发放，油补金额1372.2万元，涉及渔船2931艘，主机总功率33986.4千瓦。年内，参加内陆渔民人身平安互助保险3684人，投保金额57.2万元，保额22860万元；承办理赔9起，其中理赔受伤事故8起、死亡事故1起，共赔付10.5万元，另补助一个困难户0.3万元。

【渔业增殖放流】 2020年，在太湖吴中水域放流河蟹大眼幼体2520万只，其中东山1760万只、光福760万只。在6月6日全国“放鱼日”，全区放流花鲢、白鲢、银鲴等“环保鱼”48.5万尾，反哺太湖“母亲湖”。

【渔业安全】 2020年，依法对全区2536艘渔船（太湖捕捞渔船2534艘，内河捕捞渔船2艘）进行年检，排除安全隐患。定期对渔船集中停泊点进行安全隐患检查20次，排查隐患26处，全部整改到位。年内，在已有的渔船定位系统基础上，构建渔船监管北斗定位平台，改造升级300套定位终端，提高渔船生产实时监管和遇险搜救处置能力。累计组织渔政检查30余次，检查渔船190艘，出动执法人员145人次、执法艇43艘次，责令整改违规渔船16艘，全部落实整改。

【水产品质量安全】 2020年，执法大队共检查规模养殖场180场次，出动执法人员376人次；水产品共抽样47批次，配合部、省、市抽检50余批次，品种覆盖河蟹、青虾、南美白对虾、甲鱼等水产品，合格率100%；检查苗种生产企业6家次，出动执法人员36人次，办理苗种生产许可证3本，开展水产苗种产地检疫抽检11批次，全部合格并发放检疫合格证；检查渔药店110户次，出动执法人员134人次。全年共组织水产品质量安全培训2期，培训200余人次。通过网站宣传水产品质量安全相关法规2次。

【长江流域太湖水域禁捕退捕】 2020年，区农业农村局配合区政府成立工作领导小组，贯彻实施长江流域太湖水域禁捕退捕工作，下设“一办九组”，抽

2020年12月，吴中区完成长江流域太湖水域禁捕退捕工作

区委宣传部　供稿

调业务骨干全力保障工作的推进。制定吴中区长江流域太湖水域禁捕退捕补偿安置实施方案。截至12月14日，全区2534本证完成退捕签约、船网移交、资金兑付等相关事项，完成率100%，全面完成长江流域太湖水域禁捕退捕工作。（刘小尘）

农业执法

【概况】 2020年，区农业农村局组建农业综合行政执法大队（简称“执法大队”），依法统一承担全区范围内兽医兽药、生猪屠宰、种子、肥料、农药、农机、农产品质量、渔业等行业的监督管理。全年组织各类农资生产、经营场所执法检查256家次。开展春季、夏季、秋冬季农资打假专项行动。抽检农药样品30批次、肥料样品8批次，查处案件3起，罚没款40780元。受理举报8起。受理农产品检测抽样478个批次，全部合格。定期对辖区内农药生产企业开展安全生产检查，累计检查农资生产企业15次，出动执法人员45人次。组织开展“3·15”消费者权益保护日、“放心农资下乡”活动2次；发放农资产品4万余元、宣传资料2000余份。组织农资经营专题培训班1次，培训90余人。

【农机安全监理】 2020年，加强农机安全监理，开展安全隐患排查，全年排查出一般安全隐患48处，出具整改通知，全部整改到位。办结行政处罚10起，罚款100元。围绕“一年专项整治”工作要求，结合农忙、节前开展农机安全专项整治行动，全年共组织执法检查36次，其中省级农机安全专项检查2次、市级农机安全专项检查3次、区级农机安全专项检查2次、日常执法检查23次。年内，在重点镇（街道）、村组织开展落实农机安全生产主体责任的集中宣讲“春风行动”，为镇（街道）农机分管负责人、合作社负责人、种粮大户、农机大户等落实安全生产主体责任，集中宣讲法律法规和支农惠农政策，发放宣传材料200余份，制作安全展板7块、宣传横幅5条。

【动物卫生监管执法】 2020年，全区注册动物诊疗机构33家，登记在册执业兽医师73名；兽药经营企业6家，饲料及饲料添加剂生产企业3家，无害化处理中心1家，生猪屠宰场1家，羊屠宰场1家。全年开展动物诊疗、生猪“瘦肉精”检测、三防督查、畜牧业双随机检查、兽药饲料抽样、动物卫生监督“双规范化”、安全生产等专项整治检查行动。侦办行政处罚案件合计7起，涉及检疫类案件5起，违规从事动物诊疗活动案1起，经营假兽药活动案1件，罚没总金额73319元。（刘小尘）

苏州吴中西山国家现代农业示范园区

【概况】 苏州吴中西山国家现代农业示范园区（简称“西山园区”）地处苏州太湖东南部，距苏州古城区45千米，总面积84.22平方千米。2013年始，西山园区与吴中区金庭镇实行“区政合一”管理体制，下辖11个行政村、2个社区。境内有中国内湖第一大岛——西山岛（面积79.82平方千米）以及太湖国家风景名胜区、国家森林公园、国家地质公园、国家AAAA级景区；盛产柑橘、青梅、杨梅、枇杷、银杏、板栗、碧螺春茶等茶果农产品；有消夏渔歌、毛公积雪、玄阳稻浪、角里梨云、西湖夕照、鸡笼梅雪、龙渚归帆、缥缈晴岚、林屋晚烟、石公秋月等“西山十景”；有历史文化古迹一百多处，其中中国传统村落7个、省市级文物保护单位29个、市级控制保护古村落7个、市级控制保护古建筑18个；有明清建筑120多幢，面积约4万平方米。明月湾古村、东村古村为中国历史文化名村。2020年，西山园区（金庭镇）实现地区生产总值26.03亿元，比上年增长4.4%；实现全口径财政收入1.18亿元，地方一般公共预算收入7145.46万元，本级可用财力5.75亿元；完成固定资产投资2.83亿元。

【园区生态建设】 2020年，西山园区加强生态涵养建设，坚持挂图作战、快速推进，全面实施38个涵养区重点项目建设，其中完成项目35个、加快招投标项目3个。聚焦生态涵养区精品亮点，加快建设石公半岛生态环境涵养项目，消夏湾湿地生态安全缓冲区项目列入江苏省省级试点。继续推进园区2处垂直流湿地施工建设，组织开展“散乱污”专项整治关闭企业“回头看”，落实32家关闭企业长效监管，完成28个重点污防攻坚、9项重点污防工程任务。组织开展的蓝天、碧水、净土三大保卫战取得成效，全年空气质量优良天数超250天。全面核查147个太湖入河排污口，完成13家企业危险废物专项整治工作。持续深化太湖“五位一体”水环境综合治理，做好蓝藻防控，构筑拦截网5.9千米，打捞蓝藻6万吨。完成184户渔民长江流域太湖水域禁捕退捕工作。实施城乡有机废弃物处理利用项目，新建餐厨垃圾处理站。组织开展垃圾分类宣传活动，实现居民小区“三定一督”四分类垃圾收运全覆盖。

【农业集体经济】 2020年，西山园区建立村级资金审批监管平台，规范“三资”监督管理，组织实施村级集体资产集中经营管理和第三方代理记账。全年集体资产进行线上交易198笔，交易总额7145.5万元，交易年租金579.1万元，比上年增长4.78%。

【农业基础设施建设】 2020年，西山园区加快农业基础设施转型升级，推进消夏湾“万亩良田”建设，农业面源污染治理田和生态农业建设田成功落地，组织实施天王坞病虫害统防统治试点、消夏圩生态灭螺试点工作，成功创建省级绿色优质茶叶生产基地。启动编制新经济生态产业研发片区规划，加快科技基础设施统筹布局。持续推进土地综合整治，全年占补平衡项目通过市级验收1个，新增耕地52.37公顷；验收三优三保项目2个，新增农用地10.75公顷，产生空间指标2.36公顷。推进存量建设用地盘活利用“焕新工程”，完成存量土地清理33.95公顷。

【打造优质农产品品牌】 2020年，西山园区发挥优质农产品品牌优势，提高农业绿色食品知名度。“太湖绿”水稻成功申报绿色农产品，产量突破170万斤；西山枇杷销售总产值2.2亿元，比上年增长51%。碧螺春茶果复合系统入选中国重要文化遗产名录，是江苏省唯一入选的农业产品国家级双遗项目。7月，在苏州市农业农村局主办的“2020年地产优质果品（桃、梨）品鉴评优活动”中，苏州西山国家现代农业示范园区有限责任公司选送的“太湖绿”牌翠冠梨斩获金奖。12月，“西山青种枇杷”“洞庭山碧螺春”被农业农村部授予中华人民共和国农产品地理标志登记证书。

【城乡一体化建设】 2020年，西山园区有序推进城乡一体化建设，继续打造美丽乡村，完成17个自然村项目建设。明月湾获评“省级特色田园乡村”，堂里村获评“国家森林乡村”；持续开展古村落污水全覆盖工程建设，完成后埠、东西蔡、角里、植里等古村落污水管网建设30千米。组织开展农村人居环境整治，运用“红黑榜”机制，强化责任监督考核，全年整治乱堆乱放、乱拉乱挂、乱种乱养等5.44万余处，清理沟渠水塘1200余处，修复基础设施670余处，城乡环境面貌得到明显改善。 （周永芳）

苏州太湖现代农业示范园区

【概况】 2020年，苏州太湖现代农业示范园区（简称“太湖农业园区”）位于苏州市东太湖沿岸，东、南至环太湖大堤，北至横泾街道泾南路，西至东山大道，总面积39.19平方千米，具有23千米湖岸线、220.11公顷环太湖生态保护林，土地资源2267.80公顷，其中水稻种植面积占园区总面积的三分之一以上。园区西北部为太湖一级保护区和太湖水源保护地，水资源十分丰富，苏州市、吴中区城乡生产、生活用水大部分来自太湖。2020年，太湖农业园区继续以建设万亩高标准智慧农业示范区为基础，开发农业资源，创新“太湖”绿色品牌，重点打造种好“一粒米”、养好“一只蟹”、栽好“一朵花”（即米、蟹、花“三大产业”）。

【特色产业】 2020年，“一粒米”产业完成省级绿色优质水稻生产基地验收、中农大生态农场完成省级有机转换认证，入选江苏省好粮油产品；完成江苏省“味稻小镇”、省级农业标准化试点示范项目、江苏省好粮油、江苏省大米核心企业的验收。“一只蟹”产业举办临湖镇太湖“人放天养”生态大闸蟹上市启动仪式，完成国家级水产健康养殖示范场验收。“一朵花”产业成立苏州市吴中区临湖果蔬协会，启动高标准蔬菜基地建设。年内，太湖农业园区农林中心全面完成55户渔民禁捕退捕工作及日常性工作。

【重点项目】 2020年，太湖农业园区与省级农业龙头企业——苏州优尔集团有限公司建立农企合作关系，扩大糯米品种种植面积，首期建立200亩糯米生产基地。探索生鲜产业链发展，举办“共饮太湖水　同食水源菜”太湖农业走进盒马活动，授牌“盒马合作基地”。打造临湖镇为率先基本实现农业农村现代化的样板镇，探索建立符合临湖镇实际的农业农村现代化的“一书、一库、一图”的“三个一”创建标准，以及“指标工程化、工程项目化、项目落地化、落地责任化”的“四化”实施路径。

【农旅融合】 2020年，太湖农业园区成为苏州吴中国家农村产业融合发展示范园、全国休闲农业与乡村旅游精品园区。承办区旅游局“好物中国　心上吴中”2020吴中好物节启动仪式暨临湖首届农业文化旅游节开幕式，启动农文旅融合项目基地建设，苏州太湖旅游发展集团公司、临湖镇陆舍村共同投资500万元，组建香乡恬田农旅发展有限公司。全年接待农文旅体验122批次8216人，接待培训参观168批次3358人。

【示范园创建】 2020年9月，太湖农业园区发挥示范园创建优势，完成国家级水产健康养殖示范场、江苏省“味稻小镇”、省级农业标准化试点示范项目、江苏省好粮油、江苏省大米核心企业、全国休闲农业与乡村旅游精品园区、江苏省主题创意农园、省级农民合作社示范社、江苏省“味稻田园”、苏州市“十佳”农民合作社、苏州市十佳智慧农业品牌等创建项目的验收。完成国家农民合作社示范社、江苏省科普教育基地、苏州市级农业产业化龙头企业等创建项目的申报工作。年内，农业农村部农产品质量安全监管司、种植业管理司分别在太湖农业园区召开“阳光农安”试点工作现场观摩会、全国优质稻产业化现场观摩会；苏州市农业农村局在太湖农业园区举办农机秋收秋种暨安全生产现场会。 （李　隽）

苏州澄湖现代科技生态农业示范园区

【概况】 苏州澄湖现代科技生态农业示范园区（简称“澄湖农业园区”）位于吴中区甪直镇，地理位置优越，苏州绕城高速、苏沪高速、苏嘉杭高速公路成复线穿区而过，与苏州工业园区仅一江之隔。区内生态环境优美，资源丰富，河网纵横密布，东依45平方千米的澄湖，西靠二级航道吴淞江，水陆交通便捷，是吴中区三大现代农业产业园区之一，也是甪直镇“三区并举”发展的三大板块之一。2012年4月始，澄湖农业园区与甪直镇实行“区镇合一”管理运营模式。园区总面积25平方千米，澄湖岸线6千米；辖湖浜、江湾等7个行政村，户籍人口2万人。2014年，澄湖农业园区被认定为江苏省级农业产业园区。2020年，澄湖农业园区的苏州澄湖现代科技生态农业发展有限责任公司注册资金4.24亿元，账面总资产达31亿元，累计对外融资19亿元。围绕“生态优先、农旅融合”发展方向，突出规划引领，高标准、高起点编修和完善农业园区总体发展规划、农业产业发展规划和农旅融合发展规划。农业经济富有特色，是芡实、荸荠、莲藕、茭菰等“水八仙”水生蔬菜原产地。是年，澄湖农业园区注重科技兴园，依托资源优势，加大资金投入，创新发展思路，探索现代农业发展方向，继续将园区打造成为特色鲜明、生态优美、社会文明、观光休闲的江南田园水乡国际慢城。引进慢城理念，突出慢城特色，发挥生态优势，整合区域资源，构建宜居宜游、低碳绿色环境，通过精心打造，把农业园区建设成为澄湖之滨最美丽的乡村。

【发展农旅产业】 2020年，澄湖农业园区随着“水八仙”生态文化园、澄湖飞行营地、瑶盛耕趣农乐园、节子浜民宿等农旅项目的相继运营，已建成的慢行步道串联农业园区各个项目节点，凸显全域旅游集群效应，形成以“三水一绿”生态资源优势为特色，以“绿色、特色、原色”田园水乡风情为亮点的国际慢城格局。年内，组织举办“中国长三角航空运动嘉年华”活动，继续推进“体育+旅游+文化+农业+健康+通用航空”的深度融合，为苏州澄湖国际慢城建设增光添彩。

【推进重点项目建设】 2020年，苏州市现代农产品物流园市场（简称“物流园”）建成正常运营后，澄湖农业园区先后投入资金约1.2亿元，负责建设物流园配套供水管道工程、改建物流园污水管道工程、改建物流园强弱电电缆通道工程，以及苏同黎至园区污水管网工程、物流园污水管网配套工程等重点项目建设。涉及供水、排污、通电等多方面，提升周边地段供水、污水管道的输送排放能力，提高工作效率，保障物流园日后的正常运营。为了保证“苏同黎高架快速道路工程”“南湖路高架快速道路工程”以及“星塘街南延道路工程”的顺利施工，甪直镇政府委托园区直属发展公司对三条快速道路的管线进行清障，涉及供电、供水、燃气、通信等多方面，年内投入资金约2.6亿元，推进这三条快速道路的施工进度。在抗击新冠肺炎疫情期间，澄湖农业园区克服疫情影响，如期完成苏州市级蔬菜基地二期改造工程，投资80多万元，对接水供电设施和蔬菜大棚喷淋系统进行修复提升，提高大棚种植效率；引入苏州新晋源食品科技有限公司在苏州市级蔬菜基地二期建设“源之农场”项目，并于6月正式投入生产经营；发展设施栽培和特色蔬菜品种，进行净菜加工和销售，构建农业园区农产品加工产业链，对周边绿色蔬菜种植产业发挥示范带动作用。通过向上申报各级扶持资金，共到账261万元，保障相关项目的顺利实施。

【拓展品牌影响力】 2020年，澄湖农业园区加大优质农产品品牌宣传力度，拓展品牌影响力。利用广播电视、网络媒体、报刊、高炮广告等载体，宣传“吴中鸡头米”“苏州水八仙”“苏州大米”等优质农产品，提升品牌产品知名度。组织实施“吴中鸡头米”等农产品地理保护标志保护工程，规范使用地理标志和农产品身份标识，推动“吴中鸡头米”等品牌身份标识化；加强吴中优质农产品品牌建设，保障以鸡头米为代表的“水八仙”农业生产能够持续、稳定、健康发展；提升市场认可度，促进农产品销量及销售额增长，带动农民增收，为农业现代化和乡村振兴提供助力。

（朱燕君）

编辑：王明生

工 业

综 述

【概况】 2020年，吴中区实现规模以上工业总产值1818.38亿元，比上年增长11.9%，增速位列苏州市第二，规模以上工业增加值增速位列苏州市第一。全年完成工业投资98.61亿元，比上年增长31.2%，增速位列苏州市第三；其中技术改造投资完成69.8亿元，比上年增幅为60.2%，增幅位列苏州市第一，技改投资占全部工业投资的比重为71%。全年开展区级智能化改造项目129个，为区内87家企业提供免费智能诊断服务。成功创建江苏省级示范智能车间5家，苏州市级智能工厂1家、示范智能车间14家。

【实施“实业兴区”发展战略】 2020年，吴中区继续实施“实业兴区”发展战略。按照高质量发展要求，践行新发展理念，聚焦项目引育，聚力转型升级，优化生产力布局，加快载体建设步伐，努力克服和降低新冠肺炎疫情对工业经济的影响，工业经济实现平稳增长，质量效益稳步提升。在新华网公布的全国2020年城市市辖区高质量发展百强榜名单中位列第七。

【增强技改力度】 2020年，苏州市吴中区工业和信息化局（简称“区工信局”）引导企业增强技术改造、技术创新力度。先后组织龙头企业赴北京、上海、深圳等地开展招商活动；创新举办太湖经贸合作洽谈会，发布投资热力图，成立运行区投资促进服务中心。年内，累计签约项目152个，投资总额1095亿元。先后与微软、360安全、中国交通建设股份有限公司、中国建筑集团有限公司等知名企业签约，苏州欧康维视生物科技有限公司、苏州方达医药技术有限公司等重大技改项目顺利在吴中区落地，为推动吴中智能制造产业迈上新台阶发挥引领示范作用。 （宋 歆）

重点工业及信息化产业

【概况】 2020年，区工信局继续以企业集聚、产业集群、要素集约、技术集成、服务集中为导向，加快实施“实业兴区”发展战略，制定相关的政策和意见，引导和扶持重点工业及信息化产业领域主导产业、支柱产业、新兴产业、数字化产业的发展。营造良好的生产经营和创业创新环境，加快全区智能制造、电子信息、生物医药、装备制造、信息技术服务等重点工业及信息化产业前进的步伐，引领全区工业经济高质量、高效益、高水平发展。

【机器人与智能制造产业】 机器人与智能制造是吴中区工业经济两大主导产业之一。2020年，实现规模以上产值600亿元，比上年增长14.9%，基本形成较为完整的产业链和初具特色的竞争优势，成为区内相关平台、学校和产业的有力支撑。其主要特点是有一个由核心企业引领的相对完整产业链。工业机器人的三大核心零部件包括伺服电机、减速器和控制器。在产业链中，技术上的核心和难点集中在核心零部件的生产和应用上，相应成本和利润也集中在这一领域，三大核心零部件成本占机器人本体的70%以上。吴中区在机器人及相关零部件产业链各个环节上，都已集聚一批高成长企业，产业链发展优势逐渐显现。其中，核心零部件领域的企业有苏州绿的谐波传动科技股份有限公司、苏州汇川技术有限公司，系统集成商领域的企业有苏州赛腾精密电子股份有限公司，服务机器人方面的企业有科沃斯机器人科技苏州有限公司。有一个功能互补预期良好的平台体系。赛迪苏州分院导入赛迪研究院的核心能力和资源，为吴中区产业发展提供顶层设计、科创服务、产业引导提升、资源导入、高端人才引进和培养、国家级平台和实验室导入等方面服务。苏州智能制造研究院主要依托下设的超精密制造与检测、智能控制与软件、智能设备与三维打印三个研发中心，推动浙江大学自身相关研发成果产业化，为区内企业提供技术支持。苏州高端智能制造协同创新中心建设2万平方米智能制造一站式示范展示中心，以西安交大机械学院副院长周光辉领衔的团队，入选苏州市智能制造诊断服务商，具有市场功能。吴中高新区年内与相关院校合作建设一批科创载体，科沃斯、汇川技术等龙头企业相继建立以企业为主体的研究院。有一个与区内主导产业相匹配的本地高职院校支撑。吴中区加强与本地高职院校的合作联系。其中，苏州市职业大学的机电工程学院在精密加工方面具有较强的研发和人才培养能力；苏州工业职业技术学院定位主攻机器人与智能制造，拥有江苏省工业机器人众创空间等多个产教融合平台。这两所学校均与吴中区内外企业有“订单班”合作。

【生物医药及大健康产业】 生物医药及大健康产业是吴中区两大主导产业之一。早在20世纪90年代初，吴中医药的产值占据苏州半壁江山，被誉为“吴中药港”。2020年，生物医药及大健康产业规模达到143亿元，比上年增长36%。依托“国家火炬计划医药特色产业基地”，吴中医药成为全国规模较大的OTC营养补充剂生产基地，全国较大的第三、第四代头孢类抗生素及中间体供应基地，全国品种较全的肽类系列产品研发生产基地和全国规模较大、综合条件较好的动物实验开放基地。吴中区以稳步发展本土药企为特点，形成从研发、测试、生产到检测、销售的全产业链形态。江苏吴中医药集团有限公司是中国化学制药行业工业企业综合实力百强企业。2020年，在抗击新冠肺炎疫情中，吴中医药生产的“玛诺苏”盐酸阿比多尔片发挥重要作用，提升吴中生物医药的知名度和影响力；葛兰素史克是全球500强企业之一，也是全球较大的以研发为基础的制药和保健品公司之一；苏州药明康德新药开发有限公司是亚洲规模较大、标准较高的药物非临床安全性评价中心之一，也是全球首个全面通过中、美、欧三方食品药品监督管理机构资质认证的药物安全性评价机构，在药品检验检测领域世界领先。

【电子信息产业】 电子信息产业是吴中区两大支柱产业之一。2020年，实现规模以上产值550.9亿元，比上年增长9.3%。该产业经过多年的发展历程，基本形成种类较为齐全的产业格局，覆盖电子元件、电子信息机电产品、电子工业专用设备、电子器件、电子计算机、电子信息专用材料、通信设备、家电制造等类别。吴中区电子信息行业紧跟市场发展形势，继续加快技术更新和产品升级换代步伐，加速淘汰低端设备、更替落后产品，一些技术相对落后、以配套为主的企业在收缩或转移产能，一批拥有核心技术和品牌优势的企业在激烈的市场竞争中脱颖而出，显示出比较强劲的活力。

【装备制造产业】 装备制造产业是吴中区重点打造的支柱产业之一。2020年，实现规模以上产值600.8亿元，比上年增长5.8%。该产业已形成一定规模和相对完备的工业生产体系，主要包括电子通信、电器及自动化设备制造业，机械、仪表仪器及汽车零配件制造业，通用、专用、交通运输设备制造业，以及金属及模具制造业等。

【软件和信息技术服务产业】 2020年，全区完成软件业务收入56亿元，比上年增长9.2%。吴中区围绕工业软件培育目标，加强顶层设计，全方位完善政策规划。通过在财税、投融资、优化产业发展环境和培育人才等方面，单独制定专项优惠政策，与省、市相关优惠政策形成叠加效应，持续推动自主可控工业软件的研发、推广和应用。通过树立标杆和示范引领，发挥产业倍增器效应，有效助推工业软件的有序发展和错位竞争。在工业设计软件、仿真软件、嵌入式工业软件、工业App等多个细分方向，涌现出汇川技术、苏州伟创电气科技股份有限公司、科沃斯、赛腾精密等在国内工业软件细分行业领域市场名列前茅的特色龙头企业。广泛搭建载体，多维度促进交流合作，太湖软件园按照工信部"擦亮名城"的工作思路，完成中国特色软件名城的建设，成为全国第一个名城展馆和苏州中国软件特色名城的一个重要载体，实现创新高地、人才高地和产业高地的聚集。年内，举办"信创精英论坛"，论坛全方位、多角度地展示吴中软件和信息技术服务产业发展成果，为苏州信创产业的发展建言献策。 （宋 歆）

转型升级

【概况】 2020年，区工信局加快龙头企业转型升级步伐，制订发展规划，加大资金投入，先后建成吴淞江、太湖新城、甪直、木渎、环太湖带5个百亿级的智能制造产业集聚区。以吴中经济技术开发区和甪直镇为主阵地，加速打造生物医药现代化功能区，发展配套"产业服务功能区""制药生产功能区""高端器械功能区""创新主体功能区"四大空间功能布局，规划总面积286.28公顷，促进产业集聚发展。围绕机器人与智能制造、生物医药及大健康产业两大主导产业，先后制定《吴中区机器人与智能制造产业提升发展三年行动计划（2021—2023年）》《吴中区机器人与智能制造产业提升发展的若干政策意见》《加快推动吴中区制造业智能化改造和数字化转型工作方案》和生物医药产业发展规划《吴中区生物医

2020年12月29日，苏州伟创电气科技股份有限公司登陆上海交易所科创板

开发区 供稿

药产业提升发展三年行动计划（2021—2023年）》《关于加快吴中区生物医药产业提升发展的若干政策意见》等文件，修订《关于促进吴中区工业经济高质量发展若干政策措施意见》。全面落实国家、省、市各级促进先进制造业发展的各项政策，通过优化区级专项资金重点扶持方式，推进科技信贷、企业上市、知识产权等工作，引导全社会资本要素聚集工业企业转型升级。

【提升创业创新能力】 2020年，区工信局助推企业转型升级，提升创业创新能力。全年获得国家制造业单项冠军示范企业认定1家、国家级专精特新"小巨人"企业认定2家、省级专精特新产品企业认定3家、省级专精特新"小巨人"企业认定6家、市级专精特新"小巨人"企业认定9家、省首台（套）重大装备认定1个。2家企业入选国家中小企业公共服务示范平台。年内，新增省级企业技术中心20家、高新技术企业440家，省民营科技企业290家，创历史新高。新增省、市工程技术研究中心56家，省工业设计中心5家，省众创空间4家。2家企业入选江苏省百强创新型企业，5家企业成功创建江苏省工业设计中心，4家企业成功入围江苏省"紫金奖"工业设计大赛产品组金奖评选；科沃斯机器人入围中国优秀工业设计产品优秀奖评选，科沃斯—地宝T8家族与自动集尘座套装获金奖。24家企业获得市级企业技术中心认定，7家企业被评选为苏州市工业设计中心。吴中医药入选苏州市第三批自主品牌大企业和领军先进技术研究院，成为区内第5家市级先进技术研究院。

【新兴产业】 2020年，区工信局加快企业转型升级步伐，持续推动新兴产业发展，引导各类要素向战略性新兴企业集聚，鼓励企业加强技术创新，突破可持续发展瓶颈，新兴产业企业产值占规模以上工业产值比重提升至59.9%。

【绿色发展】 2020年，区工信局加强资源集约利用，引领企业绿色发展，完成低端低效产能淘汰和整治企业（作坊）206家，腾出土地约53.73公顷，参评企业和亩均税收均位列全市第四。提升化工产业安全环保整治水平，完成关闭退出化工企业2家，太湖一级保护区内化工企业搬迁入园。年内，化工集中区"一园一策"整治提升工作通过省级认定。吴中经济技术开发区成功入选国家级绿色园区，汇川技术成功创建国家级绿色供应链，苏州维信电子有限公司成功创建省级绿色工厂。

【加速融合发展】 2020年，区工信局加快"5G+工业互联网"两化融合发展，区协同创新中心成功中标国家级综合型标识解析二级节点项目，入选全国"首批十二家工业互联网标识应用供应商"名单，推广应用华为、浪潮两家国家级双跨平台，弥补苏州综合型标识解析领域的空白。苏州斯莱克精密设备股份有限公司获批省级标识解析二级节点建设试点，"1+4+N"的工业互联网生态体系日趋完善，为工业经济发展提供更强赋能。年内，苏州信创产业园挂牌成立，赛迪研究院苏州分院开园运营，吴中经济技术开发区获批江苏省"互联网+先进制造业"基地，17家企业获省两化融合试点，110家企业获评省级上云企业。 （宋 歆）

载体建设

【概况】 2020年，吴中区围绕"一核一轴一带"生产力布局整体发展框架，加强工业经济载体建设，持续推进"先进制造轴"的优化提升，逐步形成各有优势、多点支撑、竞相发展的产业载体格局，增强产业承载能力和辐射带动力，形成一批产值规模大、各具特色、错位发展的产业载体集群。

【吴淞江科技产业园】 吴淞江科技产业园位于吴中经济技术

开发区东南部，规划面积8.98平方千米，可用地面积506.92公顷，区位优势明显，是苏州市区范围内距离中心城区最近、交通最便利的稀缺产业载体资源。产业园以世界500强高端制造业项目及优质民营科技型企业为引育方向，建设成为集技术研发、生产创新于一体，产业聚集程度高，国内一流的智能制造产业园区。2020年，成功入驻企业60余家，涵盖世界500强、国内上市公司及行业细分领域龙头企业，如葛兰素史克惠氏制药、耐克森、日本制铁、美泰乐等知名跨国公司和汇川技术、赛腾精密、科沃斯机器人、拓斯达机器人、浪潮信息、精测电子、英维克温控、禾望电气、伟创电气等优质上市公司。

【吴中生物医药产业园】 苏州吴中生物医药产业园位于苏州中心位置、吴中经济技术开发区尹山湖南部片区，尹山湖路东侧，绕城高速以北，尹南路以南，紧邻吴中综合保税区。规划面积1.9平方千米，总规划建设约270万平方米高端载体。其中，35%为加速器区；55%为企业自建区；10%为商业配套区，包括酒店、人才公寓、餐饮休闲等。2020年，产业园继续打造大分子（多肽、抗体）、小分子、ADC、细胞治疗、基因治疗、CRO、CMO、IVD等全链条并举的医药加速基地。年内已引进复星医药、仁东医学、乐明医药、欧康维视、怡成生物、中国心血管健康联盟等一批高质量生物医药及医疗器械项目，为苏州市首批9家市级生物医药产业园之一。

【吴中经济技术开发区化工新材料科技产业园】 吴中经济技术开发区化工新材料科技产业园于2007年9月经苏州市政府批准设立，规划面积约5.22平方千米。产业园比邻苏州南湖路高架、东环南延高架等多个市内高架路口，与苏嘉杭高速吴中道口无缝对接，20分钟可达苏州火车站，40分钟可达上海虹桥国际机场，道路交通十分便捷。产业园经过多年的成熟发展，基础设施建设日趋完备，依托区内主要产业优势，发展生物医药和电子化学品等精细化工新材料产业，引进该产业上下游关联度强、技术水平高、绿色安全可控的企业和项目，精心补链、延链、强链，逐步打造成集生物医药、精细化工为一体的产业发展新高地，已入驻东瑞制药、吴中医药、长征—欣凯制药公司、晶瑞化学、瑞红电子化学品公司等一大批优质企业。2020年，产业园有企业367家，其中规模以上企业71家。初步形成以上市公司“江苏吴中”领衔的生物医药产业链、“晶瑞股份”领衔的以电子化学品为主导的精细化工新材料产业链。

【苏州（太湖）软件产业园】 苏州（太湖）软件产业园由越旺智慧谷、苏旺商务中心、滨湖大厦和逸林商务广场四大载体组成，是苏州高标准建设软件名城的重要板块之一。产业园以软件与工业互联网为主攻方向，

2020年3月18日，苏州（太湖）软件产业园举行重点项目视频签约活动

开发区　供稿

持续引进国内外知名的工业软件企业、工业互联网服务集成商，有效集聚大数据、人工智能、区块链等领域相关企业、科研单位、金融机构、中介服务机构，拥有50万平方米高端载体资源。2020年，园内已落户国内工业和信息化领域知名智库赛迪研究院，以及华为、360安全、浪潮、达梦、东软、爱数等行业龙头企业，初步具备重大项目的产业带动能力。园区继续以开放互惠政策、创新创业的氛围以及完善的配套服务，吸引更多知名软件企业落户。

【东太湖科技金融城】 东太湖科技金融城位于吴中经济技术开发区西部，南临太湖，北靠旺山，板块面积3.5平方千米，是吴中经济技术开发区“5+3”产城发展格局的重要组成部分。经过历年的建设和发展，2020年，金融城先后建成创业园、芯之园、产业园、太湖港等累计近百万平方米的创新创业载体，逐步形成以生物医药、检验检测集聚的主导产业以及金融创投、文化创意为特色的产业发展格局。年内，东太湖科技金融城以“一平台、二基地、三中心、四服务”建设为目标，以高质量做好创新创业、企业服务、板块管理、队伍建设为抓手，全力打造成为吴中区创新创业新高地。

【太湖科技产业园】 太湖科技产业园位于苏州太湖国家旅游度假区光福镇，临近苏州科技城、太湖科学城。产业园依托16万平方米智创园标准厂房、2万平方米科技研发大楼、1.6万平方米凤凰谷以及200公顷工业用地，发展和培育智能制造、精密机械、医疗器械等高科技产业集群。2020年，安洁无线、华正工业等一批龙头企业或项目相继在园落户。

【临湖装备科技产业园】 临湖装备科技产业园位于东山大道和浦庄大道的交界点，以交界点为圆心向外辐射，规划总面积200公顷。通过历年的基础设施建设，园内实现“九通一平”，周边区域逐步形成上下游配套、专业化分工、社会化协作的完整产业链条。2012年，被市政府评为苏州市战略新兴产业“吴中区·高端装备制造基地”。2020年，园区已成功入驻三基铸装、宏晟锻造、凯尔博机械、振业模具、赛腾股份等企业30余家，其中，腾冉电气、安捷包装成功在新三板挂牌。

【木渎智慧工园】 木渎智慧工园地处吴中区木渎镇区南部，胥江沿岸，面积约3平方千米，工业和研发用地120.06公顷，是苏州中心城区待开发资源较为丰富、产业较为成熟、配套较为完善的产城综合园区。2020年，木渎智慧工园继续发展智能制造装备和关键部件等高端制造业，引育一批国内外百强企业和细分行业内的龙头项目落地入驻，吸引高端制造类企业在园区投资置业。

【胥口“智谷”】 胥口“智谷”位于吴中区胥口镇南部片区，占地面积66.7公顷。产业规划为生产性服务业园区、研发孵化园区、机器人与人工智能园区、装备制造园区、电子信息园区5个园区。2020年，胥口“智谷”作为承载当地工业经济未来2~3年产业发展的最重要载体，加大投入，加快建设成为集研发设计、仓储物流、生产制造、机器人与精密智造等功能于一体的综合性产业示范园区。

（宋　歆）

【角直模具产业园】 角直模具产业园位于东方大道与凌港路交会处的新镇片区，主要为由角直集团打造的富民一、二、三、五、七、八区载体和由社会资本开发的高标准工业厂房载体组成。角直集团打造的富民产业园载体已形成面积近20万平方米的工业厂房，入驻企业30多家。以柳道万和、好特斯、联开精密为代表的一批智能制造企业已入驻并正常运行。由社会资本开发的30多万平方米高标准工业厂房（其中金产业园一期5万平方米、兰生产业园9.5万平方米、联东U谷产业园8.5万平方米、合金产业园二期7万平方米、节能环保产业园5.3万平方米）建设项目，成为未来高端制造企业、本地优质高成长企业快速成长的加速器平台。作为苏州市高标准工业厂房分割销售试点的合金产业园一期工程，是苏州市首个建成投用的高标准工业厂房项目，5万平方米的产业园内已进驻模具相关企业18家，2019年实现产值3.3亿元，亩均税收50多万元。2020年，先后建设高标准厂房项目8个，角创、恒芯半导体产业社区正在报批设计施工方案，合金产业园二期已投入使用；润港产业园正在陆续建成中。建设时同步开展项目招商工作，部分高标准工业厂房已成功销售，签约入驻企业98家。年内，You+国际青年社区、科技园A楼等科创载体平台相继建成并投入使用，为模具产业发展提供相关配套服务，助推企业创新发展、高端人才引育。　（朱燕君）

表16-1　2020年规模以上工业基本情况

项目	单位	2020年	2020年为2019年
企业个数（正常运营）	个	1024	108.5%
年末资产合计	万元	21490599	118.0%
工业总产值（现行价）	万元	18183476	111.9%
营业收入	万元	18026040	112.4%
营业成本	万元	14689699	111.6%
主营业务收入	万元	17608732	111.5%
利税总额	万元	1480664	117.0%
利润总额	万元	1131002	122.4%
从业人员平均人数	人	184476	97.1%
人均利税额	元/人	80263	120.6%
工业用电量	万千瓦·时	306054	103.5%

（区统计局）

表16-2　2020年规模以上工业主要经济指标

项目	企业个数（个）	工业总产值（现行价）（万元）	从业人员平均人数（人）	资产总计（万元）	流动资产合计（万元）
总计	1024	18183476	184476	21490599	15160211
#亏损企业	160	2382335	28631	4170678	2491029
一、按轻重工业分					
轻工业	359	5343342	63230	5175330	3587046
重工业	665	12840135	121246	16315269	11573166
二、按企业规模分					
大型企业	25	6071159	49475	7832093	5349769
中型企业	94	3732058	46393	4677347	3317143

续表

项目	企业个数（个）	工业总产值（现行价）（万元）	从业人员平均人数（人）	资产总计（万元）	流动资产合计（万元）
小型企业	857	8144714	88048	8617253	6187344
微型企业	48	235545	560	363908	305956
三、按登记注册类型分					
内资（不含港澳台资）企业	772	11576026	113285	13995916	10109417
股份合作企业	—	—	—	—	—
有限责任公司	48	2182664	14056	2465715	1966871
股份有限公司	14	651465	6540	787330	534343
私营企业	708	8617428	91921	10648460	7525938
港澳台商投资企业	76	1316696	14208	1960892	1168226
#港澳台商独资经营企业	57	923632	11536	1025720	765341
外商投资企业	176	5290755	56983	5533791	3882569
#外资企业	144	4158799	46814	4571211	3199281
四、按经济组织类型分					
独资企业	223	5215917	60390	5703051	4042476
合作、合伙企业	6	203464	1305	426894	152221
股份有限公司	64	2589855	24233	5537774	3316563
有限责任公司	731	10174240	98548	9822881	7648952
五、按行业类别分					
农副食品加工业	6	178560	1253	93668	70377
食品制造业	8	79427	1286	73785	53096
酒、饮料和精制茶制造业	4	44410	586	40967	17599
纺织业	28	330307	3769	324823	222997
纺织服装、服饰业	59	606913	12124	507440	375813
木材加工和木、竹、藤、棕、草制品业	6	33541	500	28998	18926
家具制造业	5	27586	259	13471	10905
造纸和纸制品业	18	240402	1629	160143	110980
印刷和记录媒介复制业	19	145016	2405	109697	73592
文教、工美、体育和娱乐用品制造业	6	23188	471	13321	11990
化学原料和化学制品制造业	25	686652	2012	491258	275322
医药制造业	10	707858	4519	917384	691695
化学纤维制造业	2	167040	1307	339774	127306
橡胶和塑料制品业	134	1360372	21575	1372358	998608
非金属矿物制品业	32	912401	4158	997636	839128
黑色金属冶炼和压延加工业	3	39716	183	23444	19847

续表

项目	企业个数（个）	工业总产值（现行价）（万元）	从业人员平均人数（人）	资产总计（万元）	流动资产合计（万元）
有色金属冶炼和压延加工业	6	87309	614	81904	47921
金属制品业	81	970602	11422	943397	711364
通用设备制造业	162	2090194	22795	2653106	1929650
专用设备制造业	120	971996	13298	1180363	877875
汽车制造业	26	524049	4606	675082	390839
铁路、船舶、航空航天和其他运输设备制造业	5	83628	863	192729	126997
电气机械和器材制造业	107	2389788	22291	2201066	1632102
计算机、通信和其他电子设备制造业	111	4110024	39745	5876712	3971170
仪器仪表制造业	26	1134131	8858	1201072	989021
电力、热力生产和供应业	2	85688	504	356622	77768
燃气生产和供应业	1	33298	27	12387	12377
水的生产和供应业	6	87047	803	580646	457900

（区统计局）

编辑：王明生

商贸服务

综　述

【概况】 2020年，全年实现进出口总额82.11亿美元，比上年增长1.6%，其中出口58.39亿美元，比上年增长2.6%；新增注册外资及港澳台资6.95亿美元；实际使用外资及港澳台资4.32亿美元，比上年增长13.7%；服务外包接包合同额3.49亿美元，离岸执行额1.17亿美元，分别比上年增长0.8%和5.2%；对外实际投资额6078.12万美元。全年社会消费品零售额767.4亿元，比上年下降2.9%。2020年，全区实现服务业增加值724.53亿元，占地区生产总值比重53.9%，比上年提高0.4%；完成服务业固定资产投资498.85亿元，比上年增长1.1%，占全社会固定资产投资的83.3%。

2020年，全区新发展内资（不含港澳台资）企业612家，新增注册资金257.69亿元；新发展私营企业11732家，新增注册资金772.94亿元；新增个体工商户18817户，新增注册资金29.5亿元。1—12月，全区各类市场主体214823户，比上年同期增加19678户，增长10.08%；注册资本（金）8226.22亿元（美元以6.5汇率折算），比上年同期增长11.90%。　（朱沛臻　顾佳宇）

【服务业发展】 推动现代服务业和先进制造业相融相长、耦合共生，构建优质高效、融合发展、特色鲜明的现代服务业新体系。检验检测产业营业收入规模列全市第一，举办2020苏州吴中（上海）检验检测服务业宣传对接会，“浦东·吴中检验检测区域合作联盟”正式揭牌，打造长三角检验检测高地。苏州（太湖）软件产业园成为苏州“中国软件特色名城”展示中心的落户地和重要组成部分。组织区内企业参加苏州市产业链全球合作云对接活动、苏州市生产性服务业发展大会。太湖现代农业示范园入选第二批国家农村产业融合示范园。

【企业竞争力提升】 南环桥市场获评首批国家骨干冷链物流基地，精濑光电、凯博易控获评2020年省级工程研究中心，吴中现代物流基地获评2020年度省重点物流基地，苏驼通信获2020年省级战略性新兴产业发展专项资金，信测标准技术等8家企业获2020年省级现代服务业发展专项资金，科沃斯、格尔斯获评2020年苏州市人工智能和大数据应用示范企业，西山中科等8家企业获评2020年苏州市服务业创新型示范企业，苏州（太湖）软件产业园获评苏州市数字经济产业园。

（王　运）

开放型经济

【对外贸易】 2020年，吴中区做好品牌建设推进工作，累计已有4个省级出口品牌和16个苏州市级出口品牌。做好外贸企业市场开拓服务，积极组织企业参加第127届、128届线上广交会和第30届线上华交会，展位数共170个。组织50余家企业参与苏州市商务局联合京东、阿里巴巴等平台推出的“上京东拓销路”、天猫海外“春暖出海”、“万商复苏”等计划。为扎实做好“六稳”工作、全面落实“六保”任务，推动在疫情防控常态化条件下做好稳外贸工作，出台《吴中区政府关于进一步支持外贸企业稳定发展的政策意见》。开展6期吴中外贸线上沙龙，参会人数600余人，有效帮助区内企业了解最新税务、社保、信保、海关和金融政策。落实各项稳外贸政策，组织企业完成省商务发展专项、省贸易促进计划展会（三类展）、国家贴息、苏州市商务专项、吴中区商务专项等申报工作，项目近700个。

【招商引资】 2020年吴中区新办产业项目（总投资3000万元以上，不含房地产）288个，总投资380亿元。其中，外资及港澳台资项目25个，总投资13.17亿美元。2020年，召开6次招商项目预审联席会议，会议通过43个供地招商项目，供地1.07平方千米，总投资171.44亿元，其中外资及港澳台资项目6个，总投资4.15亿美元。完成“智慧招商信息管理系统”的开发、测试、试运行和前期培训。完善招商宣传资料，与相关部门通力合作制作新版吴中招商宣传片。编制2020版《吴中区高质量发展招商政策汇编》《吴中区重点产业载体汇编》《吴中区投资指南（第三版）》，修订《吴中区产业载体布局地图（第五版）》。编制《苏州开放·创新·合作热力图》吴中投资考察线路图、平台载体导引图。举办吴中区外商投资企业最新政策培训，进一步优化外商投资营商环境。举办2020年深圳招商骨干培训班，进一步提升吴中区招商队伍的专业素养，激发招商团队的拼搏干劲。科学制订、认真落实招商计划，共举办深圳、上海、北京招商会及2020苏州吴中·太湖经贸合作洽谈会等境内招商活动10次，形成区级统筹、行业部门搭台、板块唱戏的招商活动新模式。

（朱沛臻）

商贸流通

【概况】 推动吴中区商贸业转型发展，提升商贸业智慧化、品牌化、现代化水平。大力发展现代供应链，苏州金记食品有限公司入选江苏省2020年推动农商互联完善农产品供应链项目。提升商业街区品牌内涵，舟山核雕村、木渎山塘街分别获评2020年苏州市商业特色街培育创建示范街区、培育创建街区。支持重点商业项目建设，10个市级商业重点项目完成投资总额25亿元，南环桥批发新市场、阳光城万嘉邻里、御景生活广场等项目相继开业。加强商贸企业疫情防控宣传，组织开展重点商业场所疫情防控实地督导检查，推进企业有序复工复产复市。严格落实部门安全生产责任，牵头实施吴中区加油站和商业场所安全生产专项整治行动，开展商贸业安全生产大排查大整治，共计牵头组织督查检查56次，检查企业159家。

【电子商务】 深化电子商务应用，鼓励发展电商新模式。培育电商发展品牌，金记食品、企优托、橙子快跑、新启成、自在游等5家企业获评2019—2020年苏州市电子商务示范企业。推进跨境电商发展，完成吴中区跨境电商综合服务平台“清单核放、汇总统计”系统对接，提升跨境电商贸易便利化水平。2020年，完成清单核放25万件商品，总价约2486万元，比上年增长131%，实现跨境电商B2B出口额3.3亿元。引导直播电商发展，拍摄直播电商宣传片，组织召开2020直播电商主题交流会。促进线上消费，举办“双12苏州购物节”——吴中更有礼，乐购“吴”限和“冬至夜、苏州年”活动。2020年，吴中区实现网络零售交易额251.76亿元，比上年增长8.94%。

【市场运行】 做好市场运行监测与生活必需品保供工作，加强社会消费品零售总额年度考核目标跟踪和批零住餐业数据统计分析工作，指导企业上报数据做到应统尽统。举办“线上购车节”“苏州锦鲤——吴中更有礼，好车等着你”“双12苏州购物节”——吴中更有礼，乐购“吴”限等系列促消费活动，推动消费回补和潜力释放。推进加油站安全生产专项整治工作，牵头职能部门，开展安全生产专项检查54户次，出动检查人员140余人次，57家加油站（点）报审通过市级成品油管理年检。引导推动40余家2000平方米以上大中型商超企业，建立文明城市长效管理机制，推动大型商超落实垃圾分类工作，开展商超疫情防控检查。加强投诉处置机制，及时介入积极调解，全年办结“12345”联动中心（寒山闻钟），书记、区长信箱等投诉工单1900余件。组织第三届上海进博会区级机关报名工作，做好核酸检测疫情防控工作和观展接待工作。

（朱沛臻）

2020年12月11日，“双12苏州购物节”——吴中更有礼，乐购“吴”限启动仪式在吴中博物馆举行

王永康　摄

供销合作

【概况】 2020年，突出服务“三农”核心，围绕深化供销合作社综合改革工作，结合疫情防控和区委巡察整改要求，扎实推进全区农（渔）药集中配送、农业废弃物统一回收集中处置、再生资源回收利用体系建设等重点工作，积极参与乡村振兴战略、生态涵养区建设工作，不断推动全区农村经济平稳较快发展。全年实现放心农（渔）药配送2663万元，水稻测土配方肥、有机无机复混肥配送1300余吨，统一回收废弃农药包装物743万件，回收废弃农膜52.2吨。

【健全和完善基层组织架构】 2020年，为进一步延伸供销合作社农业社会化服务触角，发展农村集体经济，经过充分的调研、商讨，最终在横泾街道上林村建立吴中区首家村级供销合作社——上林村供销合作社。同时，改造3个农村综合服务社，新增1个现代农业生产服务中心，进一步扩大供销社组织基础，密切与涉农企业和农民群众的利益联系，为加快推进改革发展夯实基础。

【农资一体化配供】 2020年，通过统一招标，优选放心农药212类363种规格、渔药11种，全年完成农（渔）药销售总额2663万元，配供覆盖率90%以上。根据乡村振兴发展战略和苏州生态涵养区项目建设要求，积极推广测土配方施肥和有机无机复混肥，全年配送水稻测土配方肥、有机无机复混肥1300余吨。

【农业废弃物回收处理】 结合推进绿色兴农和乡村振兴要求，

继续推进农业废弃物回收处置工作，全年回收废弃农药包装物743万件左右，回收废弃农膜52.2吨（含地膜17.5吨、棚膜34.7吨），有效降低农业面源污染，保护全区农产品质量安全。

【再生资源回收利用网络体系管理】 推进三级体系网络建设，坚持垃圾分类处置和再生资源回收利用体系两网融合，完善站点建设，推进东山镇、胥口镇、郭巷街道再生资源分拣中心建设。体系内网点全年产废量约4.08万吨，产值约9880万元。对再生资源回收利用网络体系门店开展常态化调研活动。

（杨　杰）

粮食购销

【概况】 2020年，深入贯彻落实新时期国家粮食安全新战略，按照粮食安全责任制的总要求，在新冠肺炎疫情防控常态化的背景下，面对严峻的粮食安全保供形势，围绕做好“六稳”工作、落实“六保”任务，解放思想，积极进取，敢于担当，为全区经济社会高质量发展提供可靠的粮食保障。完成两季收购，粮食储备增储到位。推进应急保供网络建设，安全保供基础扎实。提升监管水平，质量监管落实到位。完成粮油交易量96.17万吨，交易额超41.8亿元。

丰收的季节　　华建军　摄

【粮食购销调控】 2020年，粮食继续丰产，合计产量2.05万吨，比上年增加2376吨，增幅13.13%。组织落实粮食收购及价外补贴资金，累计价外补贴农户96.81万元。2020年，完成6.85万吨区级储备粮吸储任务。其中，本地收购原粮5178吨，依托优质粮源基地外购原粮6.33万吨。以实物存储与周转性库存相结合，按计划落实储备成品粮油4500吨。灵活运用网上竞价交易和定向销售策略，同时结合市场实际情况，抢抓有利行情，实现区级储备粳稻轮换盈余438万元，区级储备小麦轮换盈余80余万元。

【粮食安全保供】 着力推进应急保供载体建设，提升应急供应和驻吴部队军粮保障能力。现有日产大米加工能力近600吨，应急运输车辆合计运力500余吨。地处郭巷的苏州市粮食批发交易市场承担着苏州市区90%的粮食保供需求，全年粮油交易量94.47万吨，交易额超40.83亿元。吴中区粮油饲批发交易市场，全年完成粮油交易量1.71万吨，交易额9779万元。

【粮食质量监管】 强化检测能力，依托快捷准确的检测方法，凸显对全区涉粮企业的粮食安全监测作用。2020年度检测监测样品总数超1000批次。其中，检测原粮质量安全监测样品600多批次，区内涉粮企业送检样品200多批次，全区放心粮店、木渎粮油批发市场粮油消费品质量安全监测样品200多批次。聚焦人才培养，传承工匠精神。借助“姚晶粮油检测技能大师工作室”平台，开展“传、帮、带”师徒计划，培养新晋检验员。质检人员王运、樊婷获得2020年度“苏州最美劳动者”荣誉称号，王文林获江苏省劳动模范和先进工作者称号。

【粮食产业发展】 在获评“全国放心粮油供应网络示范县”的基础上，探索打造国家级高标准粮食产业融合发展实验区。优化服务，加大投入，培育品牌，不断提升放心粮油市场竞争力。2020年，区粮食购销总公司获“江苏省苏米核心企业”称号，其“禾中旺南粳大米”获第十八届国际粮油产品及设备技术展示交易会金奖和2020“好吃苏米”品鉴大赛金奖。吴中木渎粮食批发市场、西山放心粮油店、横泾放心粮油店分别获评国家级市场和国家级放心粮油店。

【猪肉和物资储备】 吴中区冻猪肉储备规模500吨。2020年1月和3月会同相关部门完成区级储备猪肉的投放。通过线上平台和线下农贸市场投放点，累计投放猪肉109.77吨，投放结束后，按照“动态平衡”的原则，督促承储企业及时将投放出库的缺额补充入库。4月初，与区民政局做好现存应急储备物资的交接，规范交接手续，共接收民政应急储备物资174件，总价4.65万元，临时存放于木渎粮食储备库。 （王　运）

编辑：洪　蕾

自然资源保护利用

【概况】 2020年，围绕“优空间、保发展、护资源、促集约、严执法”工作主线，贯彻落实年度资源预配置，全力推进存量盘活利用“焕新工程”，提升集约利用水平。大力推进耕地保护“沃土工程”、林业建设“绿屏工程”，持续强化执法监察、耕地保护、造林绿化、森林防火、湿地保护、地灾防治。金庭镇生态产品价值实现机制获评自然资源部优秀案例，吴中区获评“江苏省土地执法模范县（市、区）”“江苏省国土资源节约集约利用模范县（市、区）”，实现“双模范”创建。

【资源集约利用】 推进存量资源异地盘活，全年完成项目库复垦建设57个，面积183.29公顷。其中占补平衡项目83.86公顷，增减挂钩及“三优三保”项目99.43公顷。全面提升市域有偿调剂规模，完成耕地占补平衡指标交易39.14公顷，实现资金收益2.02亿元。大力推进存量建设用地盘活利用“焕新工程”，全年消化“批而未供”土地267.2公顷，处置“供而未用（用而未尽）”土地98.54公顷，完成低效用地再开发251.1公顷。

【耕地资源保护】 推进耕地保护“沃土工程”，对农村乱占耕地建房进行专项清理整治，完成历年增减挂钩清理检查以及储备补充耕地复核认定，开展项目库抽查、历史设施农用地专项检查等，对项目非法占用、面积重叠、耕地不实等情况进行逐一排摸、调查举证，全面落实整改要求。开展永久基本农田调整补划，完成4宗重大项目、设施农用地和土地综合整治涉及基本农田的调整补划，面积60公顷。

【林业、湿地资源保护】 推进造林绿化、森林防火、湿地保护“绿屏工程”，完成新增成片造林17.93公顷，森林抚育800公顷。建成全省第一个市区共建的综合性森林防火指挥中心。规范开展林地征占用及采伐审批，完成项目审批44个，面积149.32公顷。全方位做好自然保护地调整优化、古树名木保护、陆生野生动物收容救护及繁育经营、有害生物防控等各项涉林自然资源保护管理。加强湿地公园保护与恢复，开展东太湖湖滨湿地生态修复带建设，完成太湖市级重要湿地保护和恢复面积389公顷，全区自然湿地保护率达72.5%。 （喻　娜）

【水资源管理】 加强用水总量和用水效率目标控制，开展地下水水位和河湖水资源质量监

2020年11月，市区二级森林防火指挥中心项目投入使用

资源规划分局　供稿

测，严格63家自备水取水户日常监管，推行取水许可电子证照，完成吴中区自备水用水户名录库建设和取水工程（设施）核查登记整改提升工作。依法征收水资源费、水利工程水费5770.65万元。强化节水监督管理，加强对年用水量超过5000立方米以上公共用水户的计划用水管理，完成83家企业（单位）用水定额调查统计，办理雨水收集利用设计审核37件、雨水竣工验收项目14件，核发南环桥批发市场等取水许可证6件。强化节水型载体建设，完成7家企业（单位）省级节水型载体建设、23家企业（单位）水平衡测试和6家企业用水审计，完成吴中区节水科普馆（省级节水教育基地）建设及区水务系统11家单位节水型机关创建，成功创建1所省级、2所市级节水型学校，成功推选亚东工业（苏州）有限公司获得第四批苏州市"水效领跑者"称号。围绕"坚持节水优先，建设幸福河湖"主题开展"节水进机关""节水进社区""节水进学校""节水进企业"系列活动，联合市节水办在苏州湾实验小学、碧波实验小学（枫津路校区）开展"水讲堂"活动。（金晓燕）

污防攻坚（"263"专项行动）

【概况】 2020年，全面落实省、市打好污染防治攻坚战决策部署，扎实推进污防攻坚再深入，有效解决了一批突出环境问题。全年，全区PM2.5浓度每立方米32.6微克，环境空气质量达标率为83.3%。全区国、省考断面水质达标率100%，其中7个河道断面水质优Ⅲ比例为100%，国考、省考断面水质无五类断面。土壤环境质量总体保持稳定。

【绿色转型持续升级】 深入推进低端低效产能淘汰工作，已淘汰和整治低端低效产能企业（作坊）206家。加快推进化工产业安全环保整治提升工作，化工园区获得省政府化工集中区认定。巩固"散乱污"企业（作坊）整治成效，落实长效管理措施，排查整治"散乱污"企业（作坊）202家，完成整改202家，其中关停197家、提升5家；开展区块化整治4宗，腾出土地31.53公顷。城镇新建建筑65%以上建筑节能率面积占总面积的99.6%。

【污防攻坚深入实施】 加强统筹部署。4月13日，区委、区政府组织召开全区打好污染防治攻坚战指挥部办公室工作会议。会上与8个板块和8个牵头部门签订打好污染防治攻坚战年度目标责任书，明确63项主要指标、43项重点任务和83项重点工程。全面清零中央环保督察"回头看"、省环保督察、长江经济带等相关问题的整改，开展调度督办，推动任务落实。严格责任落实。区委、区政府主要领导召开11次专题会议（调研），协调重点问题，推进工作落实。区人大常委会强化依法监督，开展《土壤污染防治法》

落实情况专项检查，推动职能部门履职尽责。进一步完善《吴中区打好污染防治攻坚战约谈办法（试行）》，重点围绕管线施工和工地扬尘召开约谈会议2次，约谈人数14人，联合区纪委监委强化监督执纪，开展诫勉谈话5人次。

大气污染防治方面。推进重点行业全面达到超低排放水平。完成工业炉窑整治11台、燃气锅炉低氮改造项目106项、生物质锅炉试点综合治理4项。完成VOCs（挥发性有机物）无组织排放治理项目148项和综合治理项目29项。建立完善柴油货车部门联合监管执法机制，淘汰国三及以下排放标准营运中型和重型柴油货车329辆。加大假劣油品查处力度，查处违法生产销售假劣油品案件1件。对建筑工地实施扬尘防治专项行政处罚23起，处罚金额69万元；276个建筑工地实现在线联网。

水污染防治方面。落实太湖安全度夏工作，制定《吴中区太湖安全度夏工作方案》《吴中区太湖安全度夏工作巡查工作方案》，对太湖蓝藻应急处置预案进行修编，编发太湖安全度夏应急防控工作战报43期，太湖连续十三年实现安全度夏。累计收割芦苇、蒿草等湿地植物719.14公顷，打捞太湖蓝藻9.57万吨（含水），打捞水体漂浮物7.51万吨（含水）。针对瓜泾口北省考断面水质提标要求，严格按照“一断面一方案”，开展瓜泾口北断面水质提升百日攻坚行动。新增污水管网120千米，完成污水管网检测153千米，角直新区污水厂扩建完成，木渎二期污水厂完成土建90%。整治农村河道155条；完成97个自然村的农村生活污水治理，行政村已实现生活污水处理设施全覆盖。全区水产健康养殖比例100%，废旧农膜回收率93%，畜禽粪污综合利用率98.01%。

土壤污染防治方面。建立61个化工、电镀等重点行业企业用地调查清单并完成土壤调查。开展涉重金属重点防控区专项整治，建立全口径涉重金属重点行业企业清单9家。全面开展城乡生活垃圾分类体系建设，居民区和农村生活垃圾分类覆盖率95%，城乡生活垃圾无害化处理率100%，建成区餐厨废弃物处理率100%，建筑垃圾无害化处理和资源化利用率70%。全区新增造林面积13.73公顷。

【监管能力逐步增强】 狠抓暗访曝光。持续推进常态化明察暗访、媒体曝光、跟踪督办，围绕大气国控站点和国省考水质断面达标、黑臭水体、扬尘治理、管线施工、餐饮油烟治理、“散乱污”整治等专项专类，加大曝光力度，实行有问题必通报，有问题必督察。及时处理市、区两级“263”曝光及信访件144个。累计开展各类突出环境问题的明察暗访147次，其中错时暗访督察25次。电视曝光问题117个，其中市级曝光20个、区级曝光97个，下发专项整改督办单55件。

完善生态监管体系。落实省、市生态环境监测监控网络建设要求，完成大气自动站网、水质自动站网等建设任务。强化重点区域监管。加大静脉产业园、化工集中区的监管力度。开展化工企业环境安全隐患排查整治和应急演练，完成化工企业环境安全隐患排查工作。

加大环境执法力度。组织开展新冠肺炎疫情专项执法检查、VOCs专项执法行动、生活垃圾焚烧发电厂专项整治、排污许可证专项行动、污染防治设施安全专项整治、长江流域苏州段污染环境违法犯罪集中打击整治行动、太湖安全度夏专项行动、秸秆禁烧专项巡查、建筑工地夜间噪声污染监管专项检查、“绿色护考”专项行动、长江入河排污口排查整治专项行动监测溯源工作、2020年中秋国庆安全生产大检查、环境质量目标攻坚“百日会战”专项执法行动等一系列环境执法专项行动。全年，出动执法人员4326人次，检查企业2075家，下发监察意见书147份，立案96件，下达处罚决定书84份，处罚金额760万余元，下发责令改正违法行为决定书9份，移送公安部门涉嫌环境犯罪案件3起。

【问题整改全力推进】 区污防攻坚办充分发挥组织协调作用，加快推进“5+1”等各类环保问题整改。针对重点难点问题，与部门板块共同研究对策，邀请专家对整改方案进行评审，帮助责任单位科学合理制定整改方案，取得明显成效。成功解决天山新材料搬迁入园问题、七子山异味扰民问题等。完成中央、省环保督察交办的各类环境问题（共计158件）整改和销号工作；32项市、区人大常委会《水污染防治法》执法检查突出环境问题已全部完成整改。

【探索创新治理模式】 以网络联通、数据融通、流程相通、监管畅通为目标，整合优化污染防治综合监管平台系统，扎实推进试点工作，率先完成“全网融合”与“全流程对接”，为其他区县顺利完成对接提供示范和经验。截至年末，区污防监管平台累计收到各类线索15858件，办结15827件，填报规范率100%，办结率99.8%，排名全市第三。进一步完善全区水、气环境区域补偿机制，印发《吴中区环境空气质量补偿实施办法（试行）》，全年累计转移水环境区域补偿资金308万元，乡镇空气质量补偿资金520万元，以经济手段压实乡镇治气主体责任。积极配合生态涵养发展实验区建设。 （舒庆子）

环境保护

【概况】 2020年，围绕践行“绿水青山就是金山银山”重要理念，紧盯“太湖之美、吴中最美”目标，统筹疫情防控和污防攻坚，加强环境监管，打好污染防治攻坚战收官战。生态环境质量实现新突破，PM2.5浓度，优良天数达标率，国、省考断面水质达标率三项主要环境指标完成目标任务。完成污染源普查工作，获评第二次全国污染源普查表现突出集体。

【环境质量状况】 全年全区环境空气PM2.5浓度为每立方米32.6微克，比上年下降15.4%；优良天数达标率为83.3%，比上年上升10.7个百分点；PM2.5浓度和优良天数实现双达标，全市排名双提升。9个国、省考断面水质达标率为100%，其中7个河道断面水质优Ⅲ比例为100%。太湖连续十三年实现安全度夏。

【生态文明建设】 围绕市、区两级生态文明建设十大工程要求，十大类48个子项目逐项制定工作方案并按照时序进度推进，完成40个，基本建成3个，暂缓实施4个，列入2021年项目1个，完成投资12.57亿元。落实国家级生态红线区域7类14个、生态空间管控区域6类17个，下达2019年度省级重点生态功能区转移支付资金6586万元。年内，根据市政府颁布的《关于苏州生态涵养发展实验区建设的实施意见》，高标准推进涵养区建设。《苏州生态涵养发展实验区绩效评估指标体系》于在北京召开的苏州生态涵养发展实验区专家委员会暨指标体系专家咨询会上通过专家评审，成为全国首个生态涵养发展实验区绩效评估指标体系。全年完成29个涵养区重点项目，完成投资13.4亿元。环太湖城乡有机废弃物处理利用项目列入长三角示范项目；消夏湾生态安全缓冲区项目通过省生态环境厅现场核查，并列入省级示范项目。

【环评审批服务】 年内，审批建设项目环评136个，其中环境影响报告表项目133个、环境影响报告书3个，完成建设项目固废污染防治设施专项验收项目50个。梳理2019年已批未验项目，寄送行政提示书，减少企业环保违规风险。建立环评审批“正面清单”制度，对10大类30小类行业项目豁免环评手续，落实22大类54小类纳入环评告知承诺制审批改革试点，在1个工作日内完成审批；环评报告书承诺审批时限由27个工作日提速到20个工作日，报告表承诺审批时限由15个工作日提速到12个工作日。全年接待企业50批次，解决疑难问题65

项。组织专门人员对接重点项目，指导推进中农大有机废物循环利用、温氏华统生猪养殖、“绿岛”危废集中收集等项目。在新冠肺炎疫情期间，全力服务江苏吴中医药集团有限公司阿比多尔片扩产项目。（陈　强）

【水污染防治】 紧扣“碧水保卫战、河湖保护战”两大攻坚战要求，严格河（湖）长制年度目标任务，层层分解任务、层层落实责任。投入1596万元用于太湖重点水域导流围隔建设和机械打捞设备购置，全年打捞太湖蓝藻9.57万吨（含水）、水体漂浮物7.51万吨（含水），收割芦苇、蒿草等湿地植物719.14公顷。抓好排水行业监督管理，建成吴中智慧水务信息化管理系统，全年完成建设排水达标区块730个，完成环太湖农村村庄生活污水治理。修编吴中区污水专项规划（2035版），完善城乡生活污水治理体系，划定城市、城镇建成区污水处理提质增效示范区，引领全区水污染防治提质增效。（金晓燕）

【大气污染防治】 制定《吴中区打赢蓝天保卫战双百日攻坚方案》，对臭氧及PM2.5污染，开展移动源尾气、扬尘污染、工业废气及城市挥发性有机物污染治理四大重点领域专项攻坚，明确9个牵头部门11项重点攻坚任务，完成435项年度大气污染重点工程项目。印发《吴中区环境空气质量补偿实施办法（试行）》，结合乡镇空气质量PM2.5绝对值及改善幅度综合考量，以经济手段压实乡镇治气主体责任。全年共实施乡镇空气质量补偿6次，转移补偿资金520万元。完成挥发性有机物走航监测17次、道路积尘走航监测6次，发现并处理异常点位76处；开展121家重点企业集中帮扶，发现并解决涉气问题293个。

割芦苇　　顾晨艳　摄

【土壤污染防治】 加强土壤污染防治重点单位的监管，持续推进114个污染地块风险管控与修复、涉镉等重点污染整治等重点项目，完成45个建设用地土壤调查评审及备案，完成284个地块的信息采集、复核及风险等级评定，完成既定的受污染耕地安全利用率达90%和污染地块安全利用率90%以上目标任务。

【环境监管执法】 全年出动执法人员4326人次，检查企业2075家，下发监察意见书147份，立案96件，立案金额760万元，移送公安部门涉嫌环境犯罪3起。组织开展专项执法行动14项，受理并调处环境信访6249件，处置、答复率100%。开展七子山静脉产业园、郭巷美澜城、城南区域及吴江吴中交界区域、甪直南山维拉小区周边涉气企业整治，启动重点环境问题“2+N”工作机制，加大巡查力度，建立环保志愿者队伍和微信联络群，及时了解区域废气情况。加强企业环境风险源排查、企业突发环境事件应急预案备案等环境应急管理。持续做好较大及以上环境风险等级企业环境安全达标建设及“八查八改”专家现场核查，参加苏州市在通桥油库组织的环境应急演练。组织开展危险废物处置专项行动，对全区8家使用RTO（RCO）设备的

企业开展执法检查。（陈　强）

【建筑工地扬尘治理】 有序组织实施扬尘污染防治专项行动，印发《关于进一步加强我区建筑工地扬尘管控工作的通知》，建立建筑工地扬尘治理工作考核机制。全年开展建筑工地扬尘治理专项检查759次，抽查项目1249个，开出整改通知单241份。对于扬尘控制不力、不按要求落实整改的23家责任单位，实施行政处罚，罚款金额69万元。（戎　昳）

绿化管理

【概况】 2020年，注重城市绿地布局均衡性，园林绿化品质提升，城市绿地系统综合效益提高，生态环境持续优化。全年新增绿地50万平方米，城市建成区绿地率达39.1%，绿化覆盖率达42.7%，重点实施京杭大运河苏州段堤防加固工程吴中段、南湖路蠡墅立交景观绿化等多个绿化建设项目。

【绿化规划管理】 “绿色银行”绿化移植和调配制度良性运转，截至年末，完成3200余株绿化苗木的统筹调配，用于水务局、交通局、太湖园博园等单位的绿化项目。加强绿化管理职能，开展占绿移绿审批，全年受理完成审批40件，涉及占用绿地2.0万平方米，同时制止绿地内违规开挖事件7起，遏制随意侵占、破坏道路绿化现象。

【绿化养护管理】 完成吴中区级道路东方大道片区、滨湖大道片区、环太湖大道度假区片区、胥口片区、金庭片区绿化养护服务和区级绿化项目景观、绿化设计服务政府采购。推进滨湖大道片区、环太湖大道度假区片区、区级道路胥口片区、金庭片区绿化养护管理交接。全年迁移项目4个，迁移资金138万余元，移植绿化面积2万平方米。完成东山片区东山大道等零星绿化迁移恢复和东方大道片区绿化迁移。全年共组织绿化养护考核12次，确保养护管理有序开展并取得实效。（戎　昳）

水利建设

【概况】 2020年，深入落实“节水优先、空间均衡、系统治理、两手发力”的治水方针，面对百年不遇“汛情”、多年罕见“藻情”及新冠肺炎疫情，攻坚克难，开展各项重点工作。

【河（湖）长制】 全年，区、镇、村三级河（湖）长累计巡河4.64万余次，与周边昆山市、苏州高新区、吴江区、姑苏区、苏州工业园区全面建立联合河长制，与高新区建立联系单制度，共同聘任跨界河道联合河长231名。全年完成市级“一事一办”清单任务56项、交办单17份，区级“一事一办”清单任务131项、交办单17份。创新开展“河长总动员，全员大巡河”专项行动，电子记录基层河长巡河31543次，发现各类问题2866处，完成整改2787处，及时整改率97.24%。落实“一事项一方案”，将“两违”专项整治放在河长履职突出位置，实行“挂图作战”。做好河湖宣传工作，严格公示牌信息及时更新要求，完成区级61套公示牌、镇村级1300余块公示牌板面更新。区河长办编印工作简报12期120余篇，投放轨道交通广告10块版面，区、镇微信公众号推送河长履职、生态美丽河湖等信息百余篇，在区级以上媒体推送70余次。全区11名基层河长、9名民间河长分别被评为市级“优秀基层河长”“优秀民间河长”。

【防汛防旱防台】 2020年，遭遇近20年雨量最多、雨期最长的梅雨季，梅雨量585毫米；区内河湖水位全面超警，太湖最高平均水位4.78米；大运河澹台湖最高平均水位4.15米。面对“雨情超预报、水情超警戒、汛情超预期”的严峻形势，立足“防大汛、抢大险、救大灾”，全力挡洪水、泄山水、排涝水。梅雨期间，区防指印发《吴中区应对超标洪水应急预案》，全区累

京杭大运河吴中段堤防加固工程——西塘河枢纽　　区水务局　供稿

计出动防汛抢险人员12343人次、流动机泵1881台次，启动排涝站165座，巡查堤防7395人次，转移人员273人，实现“不亡人、不伤人、少损失”目标。受4号台风“黑格比”进入吴江境内的影响，全区启动防御台风“黑格比”Ⅳ级应急响应，各地各部门全力做好积水抢排、环太湖联动封航、船只回港及危房人员转移等应对措施。

【水利建设管理】 年内，寺前港闸和洋河泾闸2座环太湖水闸改建项目完成，京杭大运河吴中段堤防加固工程、东太湖综合整治后续工程基本完成，南城区防洪除涝及调水引流工程稳步推进。疏浚整治河道155条136千米160万立方米，建成生态河道19条26千米。新改建防洪闸26座、排涝站17座、防洪挡墙1.3千米，圩堤加高加固0.5千米。河道畅流工程持续推进，拆除坝埂3处，建设桥（涵）2座，打通断头河3条，新开河道3条1千米。完成5140公顷灌溉面积的水价改革任务并通过省级验收。全面启动吴中区生态美丽河湖建设五年行动计划，完成创建区级生态美丽河湖30条，打造砖瓦厂河、九亩浜等城市小区景观型生态美丽河湖，黄墅港、石路浜、陈家浜等农旅融合型生态美丽河湖，寿桃湖、小石湖等滨水空间型生态美丽河湖。

【依法行政】 增强社会公众的水法治观念，利用“世界水日”“中国水周”“全国城市节约用水宣传周”等，广泛开展水法律法规宣传活动，接受各类咨询300余人次，悬挂横幅60余条，发放宣传册、宣传资料600余份。开展为期一周的“世界水日”宣传PPT及滚动字幕宣传口号展播，涉及170个气象公共信息传媒终端及70块信息电子屏幕，覆盖全区14个镇（区、街道）。全年出动巡查、执法人员3726人次，调处各类水事违法违规行为47起，其中立案查处7起，罚款13.5万元。对176个项目的水土保持方案进行行政审批，征收水土保持补偿费753.04万元。对120个已审批项目进行监督检查，发放排水许可证160张，完成涉河建设方案审批25件。对14个水利工程项目23个标段进行质量监督，对3个项目的7个标段进行安全监督。完成5件区人大代表建议和2件区政协委员提案的办理答复。　（金晓燕）

节能减排

【节能管理】 下发吴中区《2020年公共机构能源资源节约和生态环境保护工作要点》，完成2019年全年的能耗统计上报工作，全年用电、用气、能耗总量、单位面积能耗较上年稳中有降。做好节能示范单位创建工作，完成1家省级节能示范单位、28家省节约型机关单位申报工作。

【节能宣传】 开展节能宣传周活动，通过机关单位摆摊设点、走进苏州市民治路幼儿园等宣传节能妙招。　（韩佳虹）

编辑：赵立文

文化事业

【概况】 2020年，吴文化（吴中）博物馆建成投用；区评弹团张建珍获得第十一届中国曲艺牡丹奖表演奖，实现吴中区在牡丹表演奖上零的突破；二胡独奏《情韵姑苏》获得省五星工程奖器乐类第一名；省非遗代表性传承人新入选14人；区特色图书馆分馆（含特色书吧）增至18家；完成19家村（社区）综合性文化服务中心建设，全区实现100%全覆盖。

【惠民工程】 组织举办“乐动吴中”系列文化惠民演出、第三届苏州市群众文化“繁星奖”获奖作品惠民展演季吴中区巡演、“屋顶上的歌唱家”第四季——吴中区青年歌手大奖赛等大型演出、赛事。打造音乐、非遗文化、绘画、文学、传统手工艺等多元艺术的开放交流与传播平台——吴中公共文化艺术空间。区级层面，全年举办百余场各类文化活动，服务人次近30万。推出抗疫主题展览、微课堂公益教学系列、非遗文化展示系列、评弹欣赏系列等多个线上文化栏目，举办“太湖大讲堂”、成人公益培训等各类群文活动。创作评弹专场《吴中法治》，赴各社区演出85场，赴基层长篇演出达2020余场。

【精品创作】 围绕“抗击疫情”主题创作音乐、曲艺、书法、美术、朗诵等各类文艺作品40余件。区评弹团张建珍获得第十一届中国曲艺牡丹奖表演奖，填补吴中区在牡丹奖表演奖上的空白；二胡独奏《情韵姑苏》获得省五星工程奖器乐类第一名；小品《雨夜邂逅》获得第十一届中国曲艺牡丹奖入围奖。完成中篇评弹《太湖情》创作演出，获第三届苏州市文华奖“文华新剧目奖”。二胡与乐队演奏的《春花泗太湖》获第三届苏州市文华奖“文华新节目奖”。

【文化交流】 对接“风雅吴中·秘境德江”文化旅游推介会，组织10名文艺工作者、10名旅游工作者（旅行社）赴德江开展东西部文化旅游交流工作，邀请德江文化骨干参加2020年吴中区群文骨干培训班，邀请德江参加首届长三角（太湖·吴中）民宿发展大会。　（陈　嘉）

2020年10月，吴中区文体旅局举办“屋顶上的歌唱家”第四季——吴中区青年歌手大奖赛　　区文体旅局　供稿

表 19-1　2020 年电影事业、公共图书馆基本情况

项目	单位	2020 年	2019 年
1.电影放映单位	个	24	19
影剧院	个	2	2
电影放映场次	场次	124409	246281
电影放映观众人次	万人次	122	380
2.公共图书馆数	个	2196	13644
总藏量	万册	140.90	130.65
发放借书证数	个	127700	33115
书刊外借人次	千人次	123.71	261.13
书刊外借册次	千册次	338.40	642.81
阅览室座席数	个	879	855

（区统计局）

体育事业

【国内大赛】 积极整合区内优势文体旅游资源，承办2020全国现代五项锦标赛暨全运会资格赛、苏州吴中竞走多日赛暨大运河竞走和行走系列赛（东京奥运会选拔赛）、苏州湾马拉松赛、福特中国苏州场地越野赛等赛事，协调保障好中超8支队伍集训。视频介绍吴中竞走赛办赛经验在中国田径协会官网播放，并被央视网、中国体育网、“学习强国”等平台转载。苏州湾马拉松赛被中国田径协会评为金牌赛事，首届太湖蓝马拉松被评为铜牌赛事及特色赛事。

【全民健身活动】 完成旺山至张桥登山步道、甪直休闲步道、东林渡休闲步道等便民体育工程。加入长三角一体化全民健身示范区联盟，举办2020全国女子线上马拉松开幕式，累计约300万人次观看，组织开展吴中四季越野赛、国际帆船赛、环湖自行车赛、航空运动嘉年华、汽摩文化节等赛事。举办首届区企业运动会，全区150家企业近万人参加了迷你马拉松、足球、篮球等6项活动。积极组队参加市运会，共有5家单位和7名个人分别获得市群众体育优秀集体和优秀工作者称号。成立区田径协会、汽摩协会、体育舞蹈协会、航模协会等体育社团，开展线上健身视频、居家锻炼知识的宣传推送，以点带面推动全民健身。

【青少年体育】 加强校体融合，积极开展区青少年阳光体育活动，组队参加市第十五届运动会中小学生比赛，学生组游泳项目摘得9金9银，自行车项目取得2金6银，少体校田径队收获4金3银，吴中区初中生运动员蔡浩宇以10秒88的成绩打破苏州市多年保持的百米纪录。东山中学许逸彬在省中学生田径运动会上获100米（10秒81）第二名，200米（21秒82）第一名的成绩。（陈　嘉）

文化遗产保护

【吴文化博物馆】 作为市、区两级政府实事项目，苏州市吴文化（吴中）博物馆于6月28日正式开馆，7月1日起开放试运行。开馆以来，举办“吴门吾景——明清吴中山水胜景”和“三国志”特展、“文哉”系列讲座22场，以及4场博物馆之夜等活动。其中“博学笃行”吴文化博物馆教育之夜更为全国首创，约11.6万人次观众到馆参观，400余批相关专业团队到馆交流。库藏文物顺利搬迁入库，常设展配套导览手册已于6月出版，基本展陈图录于12月出版。新浪专题宣传“吴文化博物馆开馆”话题阅读量1915.3万，直播观看量139万。与宝带实验小学、苏大艺术学院、苏大海外教育学院等开启“馆校合作”，获得良好社会反响。

【文物保护与管理】 紫金庵罗汉塑像（附属建筑）抢险加固工程和诸公井亭修缮工程通过省文物局验收，完成市级文物保护单位东山镇陆巷村桃树里修缮工程。开展角直古镇保圣寺尊胜陀罗尼经咒石幢抢救性保护修复项目，开展全国重点文物保护单位保圣寺罗汉塑像建筑保养维护工程。全力推进文物安全检测与评估试点工作，对全区所有不可移动文物进行“安全普查”。制定出台《吴中区文物消防安全专项整治三年行动实施方案》，推荐的紫金庵罗汉塑像安全防范工程、轩辕宫正殿安防工程等3个工程项目获2020年度国家文物保护专项资金，开展保圣寺罗汉塑像安全防范系统工程。提出7份古村落民房翻建意见，累计下达古村落古建筑保护专项资金396.89万余元。

【非遗传承】 钟锦德等14人入选省第五批非遗代表性传承人，角直山歌等4个代表性项目、吴中区木渎弘戈堂碑刻艺术工作室等2个保护单位分别入选市第七批非遗代表性项目名录和保护单位名单。组织区第五批非遗代表性项目、区级保护单位核定与申报，新增7项区级非遗代表性项目、17个区级非遗项目保护单位。开展“市民体验非遗”“文化和自然遗产日”活动，积极参与“薪火相传　文脉续承”2020太湖非遗文化主题月等各类非遗宣传展示活动，促进非遗的活态传承保护。

（陈　嘉）

表 19-2 2020年末吴中区省级以上非物质文化遗产名录及传承人

项目名称	类别	级别	公布日期、批次	保护单位	当前传承人状况
角直水乡妇女服饰	民俗	国家级	2006年5月20日 国发〔2006〕18号 第一批	角直镇文体教育服务中心	区　级：顾夫泉
香山帮传统建筑营造技艺	传统技艺	国家级	2006年5月20日 国发〔2006〕18号 第一批	苏州香山工坊建设投资发展有限公司	国家级：陆耀祖　薛林根 省　级：杨根兴　顾建明 市　级：朱兴男　张喜平 郁文贤 区　级：许建华　孟建鸿 方　明　钱乃幸 顾阿虎　胡迪荣 孙小青　邓菊生 张福康
光福核雕	传统美术	国家级	2008年6月7日 国发〔2008〕19号 第二批	苏州市吴中区光福镇文体教育服务中心	国家级：宋水官　周建明 省　级：陈素英 市　级：须培金　钟火元 区　级：许忠英　陆小琴 缪增明　任敏华 钟秀琴　钟耀源 李晓青　宋梅英 承莉君　帅道富 夏　栋　李云玲
碧螺春制作技艺	传统技艺	国家级	2011年5月23日 国发〔2011〕14号 第三批	苏州市吴中区洞庭(山)碧螺春茶业协会	国家级：施跃文 市　级：陈建荣　张利忠 蒋林根　周永明 区　级：严介龙　马国良 柳荣伟　顾晓军 沈四宝　蔡国平
金山石雕	传统技艺	省级	2007年3月24日 苏政发〔2007〕28号 第一批	苏州金山石雕艺术有限公司	省　级：何根金 市　级：吴福云 区　级：何建青　何建红 何惠林
藏书澄泥石刻	传统技艺	省级	2007年3月24日 苏政发〔2007〕28号 第一批	苏州市吴中区木渎镇文体教育服务中心	省　级：蔡金兴 区　级：蔡云娣　许永良 陆云生　张文彪 蔡春生
东山台阁	传统体育、游艺与杂技	省级	2009年6月20日 苏政发〔2009〕94号 第二批	东山镇文体中心	

续表

项目名称	类别	级别	公布日期、批次	保护单位	当前传承人状况
乾生元枣泥麻饼制作技艺	传统技艺	省级	2011年9月2日 苏政发〔2011〕124号 第三批	苏州乾生元食品有限公司	市　级：郑　勤
木渎石家鲃肺汤制作技艺	传统技艺	省级	2011年9月2日 苏政发〔2011〕124号 第三批	木渎镇石家饭店	市　级：居永泉
十番音乐（木渎十番）	传统音乐	省级	2016年3月18日 苏政发〔2016〕5号 第四批	苏州市吴中区木渎镇文体教育服务中心	市　级：顾再欣
莲湘（角直连厢）	传统舞蹈	省级	2016年3月18日 苏政发〔2016〕5号 第四批	苏州市吴中区角直镇文体教育服务中心	区　级：龚阿二
木雕（佛像木雕）	传统美术	省级	2016年3月18日 苏政发〔2016〕5号 第四批	苏州市吴中区光福镇文体教育服务中心	区　级：李进荣　董荣菊 顾国荣　徐文炳 董　辉
玉雕（苏州玉雕）	传统美术	省级	2016年3月18日 苏政发〔2016〕5号 第四批	苏州市吴中区光福镇文体教育服务中心	市　级：马洪伟 区　级：袁小娣　府洪敏 孙林泉　钱建良 朱玉峰　范栋强
木雕（苏州红木雕刻）	传统美术	省级	2016年3月18日 苏政发〔2016〕5号 第四批	苏州市吴中区光福镇文体教育服务中心	市　级：钟锦德　陈忠林 区　级：顾菊忠　钟　斌
家具制作技艺（明式家具制作技艺）	传统技艺	省级	2016年3月18日 苏政发〔2016〕5号 第四批	苏州市吴中区光福镇文体教育服务中心	市　级：宋卫东 区　级：王建海　王建新 史忠明　周雪英 周华民　史志晔 张建设
传统木船制作技艺（七桅古船制作技艺）	传统技艺	省级	2016年3月18日 苏政发〔2016〕5号 第四批	苏州市吴中区光福镇文体教育服务中心	区　级：蒋金土
吴罗织造技艺（纱罗织造技艺）	传统技艺	省级	2016年3月18日 苏政发〔2016〕5号 第四批	苏州圣龙丝织绣品有限公司	市　级：李海龙 区　级：李　君
酱菜制作技艺（角直萝卜制作技艺）	传统技艺	省级	2016年3月18日 苏政发〔2016〕5号 第四批	苏州市吴中区角直酱品厂	市　级：凌永弟 区　级：金庆勇
羊肉烹制技艺（藏书羊肉制作技艺）	传统技艺	省级	2016年3月18日 苏政发〔2016〕5号 第四批	苏州市藏书羊肉产业协会	

续表

项目名称	类别	级别	公布日期、批次	保护单位	当前传承人状况
吴氏疗疗	传统医药	省级	2016年3月18日 苏政发〔2016〕5号 第四批	苏州市吴中区木渎镇吴氏疗科诊所	市 级：李永熙 区 级：李 啸
江南船拳	传统体育、游艺与杂技	省级	2016年3月18日 苏政发〔2016〕5号 第四批	越溪街道文体中心 越溪实验小学	市 级：吴文祖
邓尉探梅	民俗	省级	2016年3月18日 苏政发〔2016〕5号 第四批	苏州市吴中区光福镇文体教育服务中心	

（区文体旅局）

表19-3 2020年末吴中区省级以上文物保护单位名录

名称		类别	级别	时代	公布批次	所在乡镇（街道）
保圣寺罗汉塑像		石刻及造像	全国	唐—宋	第一批	角直
宝带桥		古建筑	全国	明	第五批	城南
东山民居	凝德堂	古建筑	全国	明	第六批	东山
	明善堂			明		
	怀荫堂			明		
春在楼		古建筑	全国	民国	第六批	东山
紫金庵罗汉塑像		古建筑	全国	宋	第六批	东山
轩辕宫正殿		古建筑	全国	元	第六批	东山
寂鉴寺石殿		古建筑	全国	元	第六批	木渎
韩世忠墓碑		古墓葬	省级	南宋	第一批（重新公布）	木渎
楞严经石刻		石刻及造像	省级	明	第二批（重新公布）	光福
蒯祥墓		古墓葬	省级	明	第三批	香山
楠木厅及石雕艺术品		古建筑	省级	明	第三批	东山
绍德堂		古建筑	省级	明	第三批	东山
瑞霭堂		古建筑	省级	明	第三批	东山
诸公井亭		古建筑	省级	明	第三批	东山
林屋山摩崖题刻		石刻及造像	省级	宋—清	第四批	金庭
小王山摩崖题刻		石刻及造像	省级	现代	第四批	木渎
光福寺塔		古建筑	省级	宋	第四批	光福
大觉寺桥		古建筑	省级	宋	第四批	角直
三山岛遗址及哺乳动物化石地点		古遗址	省级	更新世中晚期	第四批	东山
栖贤巷门		古建筑	省级	明	第五批	金庭

续表

名称	类别	级别	时代	公布批次	所在乡镇（街道）
涵村店铺	古建筑	省级	明	第五批	金庭
敬修堂	古建筑	省级	清	第五批	金庭
务本堂	古建筑	省级	明	第六批	东山
会老堂	古建筑	省级	明—民国	第七批	东山
徐家祠堂	古建筑	省级	清	第七批	金庭
仁本堂	古建筑	省级	清	第七批	金庭
冯桂芬故居	近现代重要史迹及代表性建筑	省级	清	第八批	木渎
叶圣陶墓及执教处旧址	近现代重要史迹及代表性建筑	省级	民国	第八批	角直
蔡少渔旧宅	古建筑	省级	清—民国	第八批	木渎
遂高堂	古建筑	省级	明	第八批	东山

（区文体旅局）

表 19-4　文物保护、艺术表演基本情况

项目	单位	2020 年	2019 年
一、文物保护			
1. 机构数	个	3	3
职工人数	人	48	38
2. 文物保护单位	处	130	130
#国家级	处	7	7
省级	处	23	23
3. 文物藏品	件	5587	6891.5
#一级品	件	55	55
4. 参观人数	千人次	2000	2000
二、艺术表演团体			
1. 剧团数	个	2	2
#沪剧团	个	1	1
评弹团	个	1	1
2. 演职员工数	人	36	34
3. 演出场次	场次	2055	4140
观众人数	千人次	28.2	415

（区统计局）

全域旅游

【概况】 2020年，吴中区入选第二批国家全域旅游示范区，旺山、灵湖获评省乡村旅游重点村，发布“太湖民宿”省内首个区域民宿产业品牌；全年接待游客1601.8万人次，实现旅游总收入247.53亿元。有国家5A级景区1个、4A级景区5个、开放景点60余个，省级乡村旅游点12个、江苏省工业旅游示范点3个。

【旅游设施】 完成太湖一级游客中心及苏州火车站北广场全域旅游集散中心建设。正式开通东山线、木渎线2条苏州好行吴中旅游专线。新改建旅游厕所8座，全区共13座旅游厕所获苏州市“建设最美”和“服务最优”称号，已有131座吴中厕所（含环卫厕所）完成地图标注工作，积极推进“妈妈驿站”女职工爱心母婴室示范点创建工作。完成13个旅游打卡目的地建设。打造集各重点景区、酒店、民宿、城市业态、餐饮街区等于一体的吴中A级景区智慧导览系统。全区22个游客中心配备咨询一体机，让游客一站式了解“吃、住、行、游、购、娱、厕”等信息。

【景区景点】 太湖风光美，精华在吴中。太湖72峰，吴中独揽58峰，有五分之三的太湖水面，拥有184千米的太湖岸线，被誉为太湖最美的地方。现下辖1个国家旅游度假区，拥有1个国家5A级景区、5个国家4A级景区、6个太湖国家风景名胜区，拥有4个国家级历史文化名镇，5个国家级历史文化名村。

【旅游业态】 推动“旅游+”休闲业态开发，举办“眼底江南·心上吴中”2020苏州吴中太湖文化旅游节。发布10条体验类旅游线路。参与苏州人游苏州、“到中国，游苏州”等市级层面旅游活动。支持旅游业复工复产，暂退旅行社企业部分旅游服务质量保证金1132万元，下达省级旅行社企业奖补126万元，获市级奖补及活动奖励300万元。旺山村、灵湖村获评江苏省乡村旅游重点村，1条线路获评江苏省乡村旅游精品线路，2条线路获评苏州乡村旅游十大精品线路。全年备案登记80家旅游民宿，全区累计达298家，3家旅游民宿获评苏州乡村旅游十大精品民宿，2家民宿获评区五星级旅游民宿，10家民宿获评区四星级旅游民宿；召开首届长三角（太湖·吴中）民宿发展大会，拨付民宿扶持奖励资金362万元，不断促进吴中民宿业健康可持续发展。

【旅游品牌】 围绕“眼底江南·心上吴中”主题，举办上海、无锡、南京文旅专场推介会，在上海虹桥高铁站开展“眼底江南·心上吴中”文旅主题展。积极参加2020苏州国际旅游博览。在苏州地铁等主要交通点以及上海观光巴士、南京地铁品牌列车投放户外广告。以“吴中太湖文旅”微信公众号、官方微博为阵地，持续开展“线上+线下”专题活动。联合新浪江苏开展“云游苏州吴中”专题宣传，2020苏州吴中太湖文化旅游节在新浪全平台以现场直播形式“云开幕”，话题阅读量达2115万。举办“吴中来赛”抖音话题挑战赛，累计点击次数超过5万，视频观看次数超3600万。

（陈　嘉）

文体旅产业

【特色项目】 开展各级资金项目对上推荐工作。吴中四季越野赛、苏州湾杯冠军帆船邀请赛获评市体育旅游精品赛事，度假区环太湖大道体旅融合精品线路获评市体育旅游精品线路，苏州澄湖航空飞行营地、苏州市太湖足球运动中心和瑶盛耕趣农乐园获评市体育服务综合体，苏州澄湖爱上飞行航空营地有限公司、苏州天奥体育科技有限公司获评市体育产业示范基地，开展区级文体产业发展引导资金项目申报和旅游发展专项资金扶持项目工作。其中，2020年扶持文体产业项目12个，兑现项目7个，拨付专项资金760余万元；扶持旅游产业项目21个，兑现项目11个，拨付专项资金1490余万元。通过对重点项目和特色项目的培育、扶持，形成示范、基地、园区效应，带动文体产业高质量发展。

【推介平台】 借力第九届中国·苏州创博会，以“融·文旅”主题打造吴中美好生活馆，以吴中旅游产品、非遗技艺、美食文化，构建了吴中小剧场、长廊市集、吴中会客厅、吴中味道和非遗手作小课堂五大场景，向海内外推介吴中“文旅+”的魅力，获优秀组织奖、展示设计奖；同期举办的分会场“吴中文旅创意集市”获全市一等奖。举办2020苏作文创峰会，发布长三角青匠发展基地，表彰获奖乡土人才，并举办长三角文化产业发展圆桌会议、新媒体下的文创与商业发展论坛、“燃苏作”非遗传承发展加速营等3场平行论坛，进一步深化“苏作天工·根植吴中”品牌内涵。

【夜间经济】 拟定《苏州市吴中区繁荣发展夜间经济实施方案》总体方案和6版块区域实施方案，紧紧围绕“今夜‘吴’眠，精彩‘吴’限”品牌，以10个活动、7条线路为主线，形成乡村夜间文旅消费黄金湖岸线、大运河城市文娱消费走廊、江南古镇夜生活集聚区三大夜间文旅消费带。举办“好物中国　心上吴中”等丰富多彩的主题活动，开展网络带货直播17场，观看数达1935.8万人次。各板块也举办百余场夜经济相关活动，全力打造夜间文旅消费产业的新格局。“木渎夜未央”获评市夜间文旅消费集聚区，“本色东西桥市集”获市文旅消费优秀活动奖励。（陈　嘉）

文体旅市场管理

【行政审批】 完成全国文化市场数据统计工作，有627家文化市场相关行业单位完成填报。全区现有娱乐场所244家，互联网上网服务营业场所282家，演出场所备案2家，民营表演团体10家，艺术品经营单位备案131家。坚持以“放管服”为重点，积极推进“不见面”审批改革工作。按照上级审批改革文件精神，划转10个政务服务事项，保留41个政务服务事项。截至目前，窗口及各版块接待咨询量67件，受理材料35件，现场踏勘39次，办结35件。

【安全生产】 开展全生产专项整治，累计开展247批次安全检查（局领导带队检查106次），检查企业1609家次，督查工作人员1151人次。发现2处重大安全隐患，发现一般安全隐患115处，已经整改107处，对3家企业进行关闭取缔的行政处罚，以点带面，给相关企业在安全方面敲响了警钟。

【文体旅市场】 落实改革成果，实现执法力量人员、培训、硬件“三到位”。加大市场执法力度，

2020年6月20日，吴中区举办“多彩夏日　精彩‘吴’限”夜经济主题活动发布会暨姑苏二十四集开市仪式　　区文体旅局　供稿

加强疫情防控，积极开展“平安文体旅市场”创建、“扫黑除恶”“扫黄打非”专项活动。全年吴中区文化市场综合执法大队出动队员约3400人次，检查单位2300余家次，处理举报、部门转交和上级反馈线索530条，立案处罚23件，取缔无证网吧12家。加强疫情防控工作，第一阶段认真落实各级有关要求文体旅市场关停的政策，并成立局督导组，制定实施方案，加强日间、夜间巡查，同时通过技术手段加强网吧上网监管。第二阶段有序开展复工复业，联合公安、消防等多部门多频次不定时进行检查、抽查。做到了场所关停有序、投诉处理有序、行业复工有序。扎实跟进无证网吧工作，对全区508家无证经营网吧开展复查工作，并一户一档建立档案，同时联合多部门开展无证网吧“回头看”6次。省文旅厅3次对吴中区无证经营整治工作进行调研。同时，完成韩世忠墓保护范围内进行建设工程案件，开展“扫黄打非”集中行动和专项检查，坚决维护意识形态和文体市场安全，有效地规范了全区的旅游市场秩序。（陈　嘉）

编辑：陆海兵

城乡建设与管理

城镇规划

【概况】 2020年，推进国土空间规划编制，划定全区4947公顷产业用地保障线，完成“两规”一致性处理、市总规禁建区占补平衡、“多规合一”实用性村庄规划，编制《吴中区镇村布局规划（2019版）》。上报征地批次37个，完成建设用地供应133宗。做好省、市、区三级242宗重点项目保障，完成项目库建设57个。着力推进“交房（地）即发证”“拿地即开工”、综合测绘、联合验收等创新模式，稳步推进农房颁证。年内，不动产登记分中心获评“苏州市青年文明号”。

【国土空间规划编制】 以“三调”初步成果为基础，整合规划编制所需的空间关联现状数据和信息，形成坐标一致、边界吻合、上下贯通的一张底图。划定生态保护红线、永久基本农田、城镇开发边界，开展“两规”一致性处理、土地规划原则性修改、土地规划中心城区调整、城乡规划调整、市总规禁建区占补平衡等工作。有序开展光福镇漫山岛，临湖镇陆舍村、界路村和横泾街道上林村等4个市级试点村庄规划编制。《吴中区镇村布局规划（2019版）》获市政府批准，将现有1188个村庄分为集聚提升类328个、特色保护类214个、城郊融合类4个、搬迁撤并类301个、其他一般类341个。

【项目用地保障】 推进指标有偿调剂和有偿使用，全年有偿使用新增建设用地国家计划53.99公顷，有偿使用费超5亿元；调剂使用耕地占补平衡指标29.01公顷，调剂总额约1.7亿元。上报征地批次37个，征地面积302.7公顷（涉及新增耕地165.8公顷）。完成建设用地供应133宗，面积432.21公顷。其中，工业用地供地28宗，总面积67.86公顷；三产用地供地37宗，总面积116.51公顷，出让金总额315.0776亿元；社会事业用地供地68宗，总面积247.84公顷。全面做好省、市、区三级242宗重点项目要素保障，吴淞江燃气轮机、汇川技术有限公司三期等一大批重点项目落地建设。

【项目审批服务】 扩大“不见面”审批业务类型，实施“交房（地）即发证”“拿地即开工”审批模式。全年共发放各类不动产权证书和证明、不动产信息表128622本（份），完成互联网+各类业务20120件；共新发工程规划许可证216张，办理工程证变更235张，核发规划核实合格证231张。深化项目审批改革，实行分层审批、指标复核环节后置、工业项目方案预审、综合测绘、联合验收等创新举措，简化办理流程、缩短办理时间，全区首例综合测绘试点尹东公共服务中心项目成功开展。（喻　娜）

城镇建设

【概况】 2020年，发包项目728个，建筑面积815.78万平方米，工程造价324.54亿元。其中，公开招标项目471个，建筑面积330.39万平方米，工程造价181.99亿元；邀请招标项目3个，建筑面积0.08万平方米，工程造价0.27亿元；直接发包项目254个，建筑面积485.31万平方米，工程造价142.28亿元。核发施工许可证391张，建筑面积1075.05万平方米，合同工程造价385.8亿元。全区共有在建工程项目453个，建筑面积2210.24万平方米。竣工验收备案项目162个，建筑面积646.28万平方米。

【拆迁安置】 2020年，依托吴中区房屋征收补偿安置系统，推进征拆安置工作有序、阳光、高效运作。加强各板块征拆安置队伍管理，加强政治素养、提高业务水平。持续跟踪征拆安置动态，掌握征拆安置进度，合理制定相应工作简报并实时上报，突出重点工程建设和遗留项目清障。全年累计完成征拆2699户，建筑面积181万平方米；完成清零项目105个，腾退空间458.53公顷。加快推进安置房建设，全区新开工安置房7517套，126.97万平方米；竣工交付安置房8536套，128.78万平方米。

【建筑业】 2020年，全区共有建筑类资质企业965家，其中非市政类企业867家、市政类企业98家，拥有特级资质企业1家、一级资质企业89家。加强对建筑市场的全过程监管，把好建筑市场准入关，办理外地企业进苏登记521份。落实市场信用信息动态管理，全年对594家施工企业、14家监理企业进行综合考评，考评结果与招投标、企业注册年检等挂钩。推动建筑市场监管与诚信一体化平台建设，实现建筑工程竣工验收备案全网络化运行。深入推广务工人员实名制制度，切实维护务工人员合法权益，全年协调处理投诉约258起，涉及金额1.0253亿元。开展实名制落实情况专项检查，累计检查320个项目，开具整改通知单128份、停工通知单10份，对存在问题的相关企业及人员进行通报批评并督促整改，确保全区建筑市场健康有序发展。

【建筑产业现代化】 落实上级下达的装配式建筑和成品住房建设任务，结合区域实际情况统筹推进实施，建设用地规划条件中明确落实装配式建筑项目面积213.29万平方米，新开工装配式建筑面积共417.9万平方米（含三板建筑），竣工成品住房面积109.23万平方米。加强绿色节能建筑建设改造工作，全年新增绿色节能建筑竣工面积410.1万平方米，可再生能源应用面积111.84万平方米，17个项目获得二星及以上绿色建筑设计标识。

【工程质量安全监督】 落实工程质量安全提升行动，对质量通病治理进行常态化管理，督促参建各方做好"两书一牌"工作。结合投诉热点、社会热点、上级要求等开展专项巡查，累计组织信用考核巡查29次、观感巡查46次、专项巡查3次、综合大检查2次，开具整改通知书851份（违法违规及违反强条问题305条、违反强标888条），开具停工通知单4份；监督抽测701次，发现结构安全隐患53处。吴中区东吴文化中心获国家级优质工程"鲁班奖"称号。开展建筑施工安全专项整治，依托高校专业力量强化对重大危险源的安全管控，共开展各类安全检查936次，抽查施工标段1554个，签发整改通知书935份，开具行政处罚单24份，防范和遏制安全生产事故的发生。2020年上半年，创建省级标准化示范工地38个、市级标准化示范工地51个、区级标准化示范工地57个。

【房地产行业】2020年，全区共有房地产开发企业201家，其中一级企业2家、二级企业7家。全区商品房销售套数26601套，销售面积295.50万平方米，销售金额583.94亿元。全年商品房新开工面积547.21万平方米，商品房施工面积1035.76万平方米，商品房竣工面积222.5万平方米；办理商品房交付使用备案项目43个，面积270.54万平方米。

【房屋交易】依托房屋交易不动产登记集成服务平台和存量房交易资金托管与银行金融服务资源共享，促进"互联网+存量房交易资金托管、银行贷款集成服务"；在木渎和角直设置"一窗受理、集成服务"办事点，有效分流办事群众。推进"不见面"审批服务建设，存量房交易与购房资格实现网上审批，2020年存量房买卖（包括无网签交易）14691套，面积177.34万平方米。

【物业管理】2020年，推进物业行业规范化管理工作，构建"1+N"物业管理制度体系，探索物业管理提升改革试点，强化前期物业管理招投标初审及物业管理专项督查，推进规范化考核和省、市物业管理示范项目创建，规范业主委员会备案及维修资金监管工作，积极调解处理投诉及开展物业管理相关法律知识培训，提升物业小区管理水平。全年获评省级物业管理项目示范项目7个，市级物业管理项目示范项目8个。全区共有物业在管小区607个，在管面积5559.79万平方米，共有备案物业企业227个，成立业主委员会的小区183个；住宅小区物业维修资金累计入库352169户40.07亿元，其中2020年新入库21306户3.51亿元。

【房屋安全】严抓安全生产，规范施工行为，提升白蚁防治的服务质量和水平。全年完成白蚁预防施药面积310万平方米，预防回访面积379万平方米，白蚁灭治施药面积0.7万平方米，蚁害巡查面积2.7万平方米，古建筑治理面积4745平方米。实施城镇老楼危楼安全排查和专项整治，完成老旧建筑解危42幢，共计6905.9平方米。对全区1101处58.4万平方米的房屋进行安全鉴定。全年完成13个老旧小区改造项目，涉及户数3328户，建筑面积34.03万平方米，总投资约8800万元。

（戎　映）

美丽镇村建设

【概况】2020年，紧扣高质量发展目标，落实镇村整治三大任务，协调推进美丽城镇、特色田园乡村建设和传统村落保护等各项镇村建设工作。

【美丽城镇建设】2020年，以被撤并镇整治提升、首批示范镇优化提升、其余建制镇环境整治为三大重点任务，全年总投资22.58亿元，完成年度项目39个（包括部分跨年项目），年度任务完成率100%。

【村庄建设管理】做好特色田园乡村建设工作，发挥示范引领作用，推进面上创建以及试点建设、申报工作。横泾街道上

2020年12月，东山镇陆巷村陆巷正式被命名为"江苏省特色田园乡村"
区委宣传部　供稿

林村东林渡、东山镇杨湾村西巷等8个村庄通过省级验收命名。金庭镇蒋东村后埠、临湖镇灵湖村西塘被列为第四批市级试点。加强传统村落保护，稳步推进各项保护修缮及配套建设。截至2020年底，全区共有“中国传统村落”12个，“省级传统村落”24个，完成“省级传统村落保护项目”2个。

（戎　昳）

农村改革

【概况】 2020年，农村集体经济创新转型取得新突破，农民专业合作社质量显著提升，农村人居环境持续改善，扶贫工作稳步推进。开展“万企联万村　共走振兴路”行动，探索集体经济发展新路径。强化集体资产集中经营管理，全区村级资金监管平台升级运行。以美丽乡村建设为抓手，持续改善农村人居环境。在“三年脱贫目标两年完成”的基础上，进一步巩固扶贫成果。

【阳光扶贫】 2020年，全区下拨省级帮扶资金564万元、市级帮扶资金2601万元、区级帮扶资金3500万元，区级各类民生救助资金约3800万元，拨付“五方挂钩”帮扶专项资金500万元。全面提升集体经济相对薄弱村自我造血功能，持续推进“阳光扶贫”，落实挂钩帮扶和“五个一”帮扶机制，强化政策兜底、优化就业指导等措施，强化“阳光扶贫·智慧e农”系统监管作用。全年走访1万余人次，在全市率先实现并持续保持走访和信息录入率两个100%，退出低保户95户，特困供养困难家庭户37户。

【集体经济创新转型】 2020年，以深化农村集体“三资”管理为抓手，创新发展路径，规范监督管理，持续推进集体资产、集体经济高质量健康发展。鼓励村村、镇村抱团联合发展，提高集体经济造血功能。开展“万企联万村　共走振兴路”行动，探索集体经济发展新路径，新增签约项目7个。强化集体资产集中经营管理，完成清缴欠租3.75亿元，清缴率达97%。全面启用“四网融合”农村集体“三资”监管平台，实现集体资金“全留痕线上审批+全过程线上结算+全方位线上监管”，从源头上杜绝集体资产“体外循环”、集体资金“截留挪用”情况发生。全年集体资产线上交易成交7917笔，合同总租金14.36亿元。率先全面完成全区128个村（社区）130个农村集体经济组织登记赋码发证工作，农民集体收益分配权退出改革国家级试点成果获专家组肯定。

【农村合作改革】 2020年，以提升农民专业合作社质量和整区推进国家级试点工作为抓手，持续深化农村合作改革，激发农村发展潜力。完成注销空壳社9家，新组建农民专业合作社29家，新增区级规范社67家，成功创建省级示范社5家，推荐申报国家示范社2家，全区合作社年报公示率达100%。出台示范家庭农场评定管理办法，加强示范农场培育，新增2家省级示范家庭农场、3家市级示范家庭农场、91家区级示范家庭农场。

【农村人居环境】 2020年，通过城乡联动、上下联合、部门联结、干群联手，多措并举推动农村人居环境整治常态化、长效化。出台农村人居环境整治和长效管理“红黑榜”考核办法，通过每月公布行政村“红黑榜”、每季度公布镇级“红黑榜”的形式倒逼农村人居环境整治主体责任落实，进一步提升农村环境长效管理水平。围绕“四清一治一改”重点任务，整治露天粪坑1.5万个、残垣断壁1400余处、乱搭乱建8000余处、乱堆乱放10万余处，清理水塘2211个、沟渠957千米、畜禽养殖粪污等农业生产废弃物906吨。建立“一张网”巡查清单，发现问题4761件，办结4546件，办结率95.48%。

【美丽乡村建设】 2020年，总投资4.65亿元的区政府民生实事工程，99个美丽乡村建设项目全部完工并通过区级验收。推进市级特色康居（宜居）乡村建设，年内1个康居特色村、62个三星级康居乡村通过市级验收。打造木渎镇天池村北竹坞、北峰坞，角直镇瑶盛村，临湖镇灵湖村黄墅等一批文化传承、特色彰显、产业发展融为一体的宜居宜住乡村典型。举办“2020‘农行杯’苏州美丽乡村健康行暨姑苏八点半旺山‘夜’有FUN”大型宣传活动。

（刘小尘）

市容市政管理

【概况】 2020年，落实市、区两级城市管理重点工作和目标任务，围绕城市管理高质量发展工作要求，以城管委9项重点工作和城管局25项配套工作为抓手，推进网格化管理，开展市容环境“双清”行动，深化市容环卫责任制专项行动，推进城市规范化、精细化、智能化管理水平；推进违法建设治理，开展广告设施清理规范工作，落实屋顶广告、高架沿线高炮广告清零计划；推进民生实事项目建设，推进照明设施建设和改造，开展“三定一督”小区建设，有序推进垃圾分类；落实文明城市长效管理。开展专项执法行动828次，排查整改各类市容环境问题8891个；执法查处2692件，处罚金额212.07万元。办理人大代表建议26件（其中18件主办、8件协办）、政协委员提案9件（其中7件主办、2件协办），答复率和满意率均为100%。

【市容环境专项整治】 以提升城市颜值为目标，全面排查轨道交通站点、交通枢纽、重要商贸区周边市容环境类问题，共排查出市容问题232个、市政问题86个、广告问题74个、环卫问题30个，督促各地开展整治，加速问题解决。推广隔离栏、花箱等设施，促进重要节点轨道交通周边停车秩序提升，打造优美的城市环境。

【“双清”行动和违法建设治理】 推进立面清、路面清“双清”行动，开展专项执法828次，排查整改各类市容环境问题8891个。清理乱张贴35.27万张，面积12763.8平方米；乱涂写3.98万处，面积9758平方米；上报停机654起，强制停机270起，行政处罚329件。清理信息亭、书报亭、彩票亭等各类岗亭40个，吴中高新区、胥口等5个镇（街道）完成清零任务。设置各类立柱、球柱等设施5600件。查处违法建设1.9万平方米，拆除违法建设0.24万平方米，开展电力、燃气管道违法建设占压巡查，全区共排摸387处，对发现的14处违法占压建筑全部拆除。

【户外广告设置整治】 拆除屋顶镂空字548处、屋顶看板81处，整治店招店牌411块，常台高速、绕城高速沿线不符合倒伏距离的高炮广告全部清零，全区拆除户外广告总面积4.03万平方米。在东吴北路、永旺商场等地建设一批高品质户外广告设施。

【环境卫生管理】 新改建2A级以上公厕27座，新改建转运站6座，新建环卫休息场所8处。新增各类环卫作业车52辆，全区清扫率在90%以上。印发《吴中区强化道路洒水抑尘专项方案》，主次干道及交通活动密集区每天道路降尘作业不少于4次、洗地除尘不少于2次。推动夜间保洁模式，角直、胥口实现夜间保洁全覆盖。

【垃圾分类推广】 推进垃圾处置终端设施建设，新增105吨/日厨余（餐厨）垃圾、87吨/日园林绿化垃圾终端处置能力。推进“三定一督”小区建设，完成“三定一督”小区436个，覆盖率超85%。落实机关行业主体责任，对全区机关单位、公共机构、行业主管部门等开展督查208家次，教育劝阻15633起，督促整改2194起，立案查处190起，处罚金额81650元。利用互联网、户外广告牌和电子屏、楼宇电视等媒介和载体，全方位、立体式开展垃圾分类宣传，投放公益宣传广告2000余处，入户宣传37万余次，发放宣传册65万余册，“双微”媒体宣传4400余次，受众322万人次；开展党政企全覆盖、密集化宣传31场、线下活动9场；依托现有处置终端站点，打造8处垃圾分类宣传阵地。

【智慧城管建设】 推进“智慧城管”一期系统在城市管理中的应用，完善数据普查录入工作，全区共录入市容环境责任单位信息1.9万余条、违法建设信息56条、大型户外广告阵地信息427个，为大数据预警分析、“门前三包”、违法建设管控和城市精细化管理夯实基础。完成网格化城市管理指挥系统构建，共派发对讲机471台，实现实时定位、后台监控、呼叫一体化，实现城管业务全方位的数字化监控和管理。

【前置审核备案】 对全区环境卫生、停车管理、景观照明、小区验收等进行业务指导和前置审核把关，切实提高市场准入门槛和管理标准。完成照明设施方案审核42个，施工图审核26个，验收26个；落实停车场备案制度，办理新建停车场备案70例，涉及停车泊位13106个；审核验收环卫设施项目192个，其中商业体23个；参与验收95处待交付楼盘违建情况，从源头管理环境质量。

【“双微”工作机制】 开展城市管理小微违法行为快速查处专项行动，组建22支快速行动队，全年教育纠处46092起，查处小微违法行为1736起，处罚金额共计24.991万元。建立健全“微修”机制，通过组建“微快修”专业化队伍，形成快速巡查、反应、处置、排险体系，切实提升城市基础设施的维护效能。

【城市综合执法】 综合行政执法案件上报、立案、查处、审核、结案等流程全部实行平台运行，实现城市管理业务“留痕管理”，全区城管领域执法查处2692件，处罚金额共计212.07万元。印发《吴中区深化城市管理网格化工作试点方案》，在吴中高新区、木渎镇、甪直镇先行开展综合行政执法队伍网格化管理试点工作，城市管理触角向社区延伸，促进城市管理常态化、精细化、制度化。

【城管志愿者服务】 吴中城管志愿者服务队辖18支子级志愿服务团队，拥有注册志愿者1860名，服务总时长226743.5小时，开展活动10637场，解决各类城市管理问题144273件。在“共管共享，我行我愿”志愿服务品牌基础上，创建“垃圾分类互动体验”“门前三包培训孵化”两项特色服务。在传统“计时式”岗位基础上，创新建立清除小广告、清理垃圾等“计件式”志愿服务。

【城管安全生产】 印发《2020年度苏州市吴中区城市管理局安全生产工作意见》。开展“春风行动”安全生产专题培训，明确各业务条线安全主体责任。开展“百团进百万企业”安全生产宣讲，局领导带队赴吴中燃气有限公司专题宣讲。组织开展安全生产专项检查，发现安全生产问题13起，督促整改到

甪直镇综合行政执法局 张惠娟 摄

位。组织应急预案实战演练，锻炼城管应急队伍，提高城管系统处置突发事件能力。（陆碧艳）

公用事业

【供水】 2020年，全区用水总量为23906.36万立方米，万元地区生产总值用水量、万元工业增加值用水量较2015年分别下降18%、15%以上。三山岛区域供水工程完工通水，金庭镇区域供水一体化项目加快推进。强化供水安全保障，定期对水源地原水、管网水、出厂水和末梢水开展检测。加强太湖"五位一体"精细化管理。实行最严格水资源管理，加强用水总量和用水效率目标控制。依法征收水资源费、水利工程水费5770.65万元。（金晓燕）

【供电】 2020年，全区全社会用电总计856957万千瓦·时，比上年增长1.89%。全行业总计用电697401万千瓦·时，比上年增长-0.82%，占总用电的81.38%。其中，第三产业用电197692万千瓦·时，比上年增长7.45%。城乡居民生活用电合计159556万千瓦·时，比上年增长15.67%。

（王　运）

【城镇燃气管理】 2020年，供气总量13.5万吨，其中天然气11.9万吨、液化气1.6万吨；燃气总用户38.5万户，全区燃气管道总长2688.8千米。组织各部门专家联合检查5次，覆盖全区各燃气企业、场站、供应站。配合联合执法21（家）次。严格把关燃气设施建设程序，提升燃气设施建设规范化、标准化水平，完成初步设计审查项目82个，交付项目58个。推广安装燃气泄漏安全保护装置3206家。完成1200多户居民用户、300多户餐饮用户的瓶改管工作。

（戎　昳）

【污水处理】 强化城乡生活污水治理，完成修编《吴中区污水专项规划（2035版）》，全面完成吴中区高质量推进城乡生活污水治理三年行动计划任务，完成甪直新区污水厂6万吨/日扩建工程，木渎污水厂二期8万吨/日新建工程完成土建90%，新改建污水管网120千米。完成环太湖94个农村村庄生活污水治理项目，太湖一级保护区农村村庄生活污水治理率达100%。制定落实吴中区城镇污水处理提质增效精准攻坚"333"行动实施方案，划定城市、城镇建成区达标区块129个100.32平方千米，完成城市建成区4个提质增效达标示范区建设任务。印发《吴中区污水设施并网运行管理暂行办法》，协同开展全区汽车维修行业环境保护、港口码头企业水污染治理专项行动，保障污水规范收集处理。（金晓燕）

【城市照明】 跟进苏同黎公路快速化改造、东环快速路南延二期、南湖快速路东延、中山路二期等道路照明工程。实施照明设施改造工程，完成凤凰山隧道照明灯具改造、吴中大道补角灯改造、太湖东路跨线大桥扶手光管改造、环太湖大道变压器及电缆改造、孙武路景观照明改造、G524国道路灯改造等民生项目工程。做好照明设施维护，维修路灯11607盏次，修补损坏电缆工作井40余套，维修远程监控设备42次。推进绿色照明，实施路灯照明设施节能改造，完成道路传统光源路灯改造200盏，实施6处高速公路出入口功能照明亮化、节能双提升工程。吴中高新区及木渎镇区域完成2796套路灯灯杆、13套控制箱及246套庭院灯灯杆纳米漆涂刷。

【道路设施维护】 对主次干道进行全面排查，针对行车道路面坑槽、破损，人行道塌陷、破损，路沿石缺失、歪斜等病害问题进行修复，共排查问题4833处，累计完成机动车道路零星修补175807.42平方米、人行道路面整修62050.75平方米、侧石整修30932.65米，维护更换窨井盖3839座、雨水篦子3384套，处置市政桥梁隐患问题280处。统筹开展汛期防汛工作，市政条线共出动2580人次、1050车次，排除积水500余处；吴中高新区、城南街道、越溪街道、郭巷街道、太湖街道等辖区9个市政道路沿线涵洞隧道落实联络员负责制度，保障车辆的安全通行。

【桥梁设施维护】 建立市政桥梁养护管理体系并完善各项技术档案，做好桥梁基础信息收集，常规检查、定期检测、特殊检测和应急管理。开展城市桥梁安全大检查，按照全面覆盖、突出重点的原则，持续推进城市桥梁安全防护设施隐患整治，共计排查出隐患72处，督促属地对排查出的问题制定整改措施、落实专项资金、明确整改时限，确保全区城市桥梁安全平稳运行。

【管线维护】 健全城市地下管线综合管理协调机制和部门协作、信息互通机制，强化安全隐患排查机制，解决管线安全隐患。共排查整治一般隐患3355处，完成老旧管道改造48.67千米，对辖区主干道进行全面排查，排查问题924处，对破损的道路、窨井盖、雨水管网进行整修，对雨水管网进行清淤疏浚，确保主要道路清洁、完好和安全正常运行。

【智慧停车】 新增公共停车泊位5662个，路内停车泊位智能化改造1327个。推进"智慧停车"项目建设，建成智慧停车综合管理平台，提升路内停车周转率。

【公共自行车】 新增公共自行车站点60个，新增车桩1800个，更新车桩808个，新投放车辆4808辆。组织公共自行车公司开展消杀防疫工作，消杀36160个次，消毒公共自行车106.4万辆次。督促自行车运营公司开展全区站点设施安全排查，重点检查接电设施、调度车辆、车棚等，对发现的安全隐患及时进行整改。 （陆碧艳）

交通运输

【概况】 2020年，在建项目完成投资约23.64亿元。新建护岸970米，加固老驳岸8451米，航道疏浚40万立方米；新辟公交线路5条，优化公交线路18条，新增站点50个，开行定制公交线路7条，完成公交候车亭建设36座。查处超载车辆112辆，卸驳载1014吨。结合新冠肺炎疫情防控需要，各查控点投入执勤人员7496人次，查验车辆28.8万辆、人员55.4万人，处置疫情重点地区到吴人员9130人。完成行政许可事项34件，备案55件，行政处罚案件284件。完成办理区人大代表、政协委员提出的建议、提案14件，答复满意率为100%。协调办结信访件35件，办理区联动中心平台工单4596件。

【道路建设】 建成南湖快速路一期地面道路，尹山湖立交实现中心城市核内环快速路闭环，苏同黎公路高架主线贯通，建成车坊互通至农产品物流园3号门段地面道路；南湖路东延、独墅湖二通道、中山路二期、阴横山连接线工程施工快速推进；长江路南延工程完成施工、监理及中心试验室招标工作，正在开展项目部驻地建设；星塘街南延工程完成施工、监理招标，正在开展项目临建及技术准备工作；金枫立交西转南匝道工程完成开工前各项准备工作；新家桥改建工程已取得工程项目可行性批复，正在办理概算评审等手续；尹山大桥改建工程已取得施工图批复，正在开展标底编制，同步实施施工监理招标；推进胜浦大桥连接线、车坊互通改造工程前期工作；同时，配合市交通局开展苏震桃高速、通苏嘉甬、如苏湖和苏锡常铁路建设项目前期工作。

【航道建设】 苏西线船闸桥段护岸抢修工程及苏南运河石湖东路桥南侧老护岸抢修工程均通过交（竣）工验收并完成结算审核，苏南运河与苏申内港线交叉口养护疏浚工程通过交（竣）工验收。苏申外港线航道整治工程航道部分新建护岸970米，加固老驳岸8451米，航道疏浚40万立方米，累计完成总投资额的77%。郭巷大桥改建工程进入施工阶段，高垫大桥拆除工程完成招标，苏申内港线车坊大桥工程完成总投资额的51%；胜浦大桥改建工程进入施工阶段。

【公交场站建设】 有序推进线网优化工作，新辟公交线路5条，其中新辟565路解决了甪直江湾村群众多年公交出行不便的难题。优化公交线路18条，新增站点50个，开行定制公交线路7条，为居民高峰时段通勤出行提供优质服务。公交基础设施得到逐步完善，建成清禾路首末站，完成公交候车亭建设36个，开工建设蠡墅立交公交首末站。

【公路养护】 全年修复省道沥青路面460立方米，修复人行道板砖440平方米，修筑排水沟75米，更换井盖62块，使用养护经费135万元。全年修复县道沥青路面2800立方米，修复人行道板砖2300平方米，更换井盖479块，使用养护经费600万元。全区路况指数保持稳定，省道MQI值（公路技术状况指数）为93，优良路率为100%；县道MQI值为94.4，优良路率为97.9%；乡村道MQI值为89.9，优良路率为98%。全年完成路面日常保洁18万千米，疏通泄水孔3万个，清理伸缩缝3.5万米，冲洗防撞墙9000千米。完成交通事故应急处置61次。开展高架道路结构养护工作，累计巡查高架3万千米，每季度检查维护支座5200余个。完成吴中区县道桥梁排危加固、跨河桥梁防范船舶碰撞专项整治工程、藏胥路（木渎段）和东山大道（临湖至东山段）大中修、太湖大桥增设防撞护栏等重点项目。

【行政执法】 尹山治超点全年出动路政人员2384人次，检查2868次，查处112辆，卸驳载1014吨。组织各乡镇路政中队联合交警部门开展流动治超143次，检查车辆1865辆，处罚242辆，卸驳载1336吨。上航查标2409千米，维护航标356座次，及时排除航标故障15起，航标正常率100%。累计巡航21991千米，发现涉嫌侵害航道违法行为5起，当场制止4起，实施行政处罚一般程序案件1起。运政稽查大队累计出动执法人员823人次、执法车辆253辆次，检查车辆1403辆次，查处各类案件290件，对违规运营的外省外市籍车辆，向属地发送抄告32份。

【安全质量管理】 实施“四不两直”安全隐患检查，督促行业主体落实安全生产责任，突出春运、两会、节假日等重要节点，派出检查组1354个，检查企业（车辆）8441家（辆），整改安全隐患951处。执法检查各类维修企业、“两客一危”、公交公司、港口码头、在建交通施工单位5327家，处罚立案324起；建立太湖湖区非法载客专项整治联勤机制，沿湖设置隔离桩450米，安装视频监控29个，并开展联合执法，有效维护水上客运秩序。制定行业总体应急预案和5个分预案及操作手册，编制3项区政府专项预案，开展应急演练10次；成立苏州市首个危化品港口应急救援联盟，进一步整合优化应急力量和资源。苏同黎公路快速化改造工程被评为全省公路水运工程平安工地建设省级“示范工程”，苏同黎公路快速化改造工程工地、苏州市东环快速路南延二期吴中区段工程工地等被评为全省公路水运工程平安工地建设省级“示范工地”。吴中区木塘路、金澄湖路、长安路、石鹤山路被授予苏州市“平安放心路”称号。

【污防攻坚】 完成56家企业粉尘在线监测系统和视频监控设施建设，完成京杭运河沿线港口企业船舶污染物接收转运处置机制；年服务船舶7700余艘，供电量约8万千瓦·时；淘汰国二以下非道路移动机械23辆、技改7辆；常态化开展三级航道水面保洁，累计清理各类垃圾及水生植物2735吨。加快推进清洁能源公交车置换工作，完成165辆新能源公交车采购工作，并加快配套充电桩建设，提前实现中环以内和生态涵养区新能源公交车全覆盖；持续推进国三以下柴油货车全链条治理，全年淘汰高排放柴油货车329辆。

【新冠肺炎疫情防控】 切实履行疫情防控交通管控组组长单位职责，会同公安、卫健、城管等部门，在绕城高速东山、石湖、郭巷、车坊、角直出口及常台高速吴中出口设立24小时查控点，投入执勤人员7496人次，查验车辆28.8万辆、人员55.4万人，处置疫情重点地区到吴人员9130人，筑牢疫情防控第一道防线。督促车站码头、公交及客运企业严格落实“班通风、日消毒”、体温检测等防控措施，并配齐测温仪、口罩、防护服、消毒液等物资，累计消毒车辆48万余辆次，检查乘客体温约896万人次。组建吴中分流点，并负责日常运行，切实做好人员接运转送，接转火车站、高铁北站到吴人员5610人，并做好昆山转运点至吴中的交通运输组织保障。开展区内企业复工包车服务，组织包车17辆，为8家企业接回返岗职工351人，并会同工信等部门制定企业复工复产包车费用补助实施办法，减轻企业经济压力；落实因疫情逾期年审等轻微违章的免予处罚政策，助力企业复工复产；有序推进在建交通工程复工，督促施工单位落实疫情防控主体责任，适当上调工程款支付比例，帮助施工单位顺利复工。 （高 艳）

表20-1 2020年末交通运输业基本情况

项目	计量单位	2020年	2019年
一、公路			
公路总里程	千米	1161	1161
#柏油沥青路面	千米	1046	1043
已绿化里程	千米	1126	1127
公路桥梁	座	1081	1080
	延米	44732	43939
二、航道			
内河航道通航里程	千米	357	357
通航河流上建筑物	座	4	4
航道上设立的航标	座	59	59
三、年末营业性车辆拥有量	辆	7931	11560
#客运车辆	辆	285	2862
货运车辆	辆	7646	8698
四、系统内旅客运输量			
客运量	万人次	1821	2559
#公路	万人次	1770	2492
旅客周转量	万人千米	60708	103628
#公路	万人千米	60349	103023

（区统计局）

表20-2 2020年末通车通航里程

项目	计量单位	2020年	2019年
一、公路总路程	千米	1161	1161
1. 按行政等级分			
(1)国道	千米	10	10

续表

项目	计量单位	2020 年	2019 年
(2)省道	千米	121	121
(3)县道	千米	242	239
(4)乡道	千米	429	433
(5)村道	千米	360	358
2. 按等级分			
(1)一级	千米	239	236
(2)二级	千米	439	436
(3)三级	千米	351	354
(4)四级	千米	131	134
3. 按路面分			
(1)沥青	千米	1046	1043
(2)水泥	千米	115	118
二、公路桥梁	座	1081	1080
	延米	44732	43939
三、内河航道通航里程	千米	357	357
通机动船	千米	357	357
四、通航河流上建筑物	座	4	4
1. 永久性闸坝	座	—	—
2. 船闸	座	4	4
3. 套闸	座	—	—
五、航道上设立的航标	座	59	59
发光的	座	59	59

（区统计局）

表20-3　2020年末营运客运、货运汽车拥有量

项目	单位	总计	
			个体
合计	辆	7931	425
一、客运汽车	辆	285	—
（按标记客位分）	客位	12284	—
# 大型汽车	辆	247	—
	客位	11517	—
中型汽车	辆	38	—
	客位	767	—
二、货运汽车	辆	7646	425
（按标记吨位分）	吨位	85468	3522
1. 普通载货汽车	辆	5527	414
	吨位	56593	3405
# 大型汽车	辆	5396	391
	吨位	56130	3324

续表

项目	单位	总计	个体
#重型汽车	辆	3715	196
	吨位	45089	2182
中型汽车	辆	122	21
	吨位	447	77
2. 专用载货汽车	辆	876	8
	吨位	10647	105
#大型汽车	辆	800	8
	吨位	10412	105
#重型汽车	辆	665	8
	吨位	9532	105
中型汽车	辆	57	—
	吨位	202	—
3. 牵引车	辆	664	2
4. 挂车	辆	554	—
	吨位	18003	—
5. 其他载货机动车	辆	25	1
	吨位	225	12

（区统计局）

邮政电信

【邮政概况】 2020年，下辖甪直、郭巷、越溪、长桥、横泾、浦庄、渡村、东山、西山、木渎、胥口、藏书、光福13个邮政支局，车坊、碧波、苏同黎、太湖度假区4个邮政所。全年总体服务质量保持平稳状态，未发生指标性投诉，未发生重大责任性事故，营业网点规范管理率名列前茅，投递服务质量管理考评位居前列。

【邮政业务】 2020年，完成邮政业务总收入1.3亿元，其中邮政储蓄收入9967万元，寄递及基础业务收入3405万元。创新邮政特色客户服务，强化快递包裹产业集群服务，各类业务向专业化、规模化发展。

【报纸投递】 2020年，报纸投递量超2326万份，杂志投递量达56万份，给据邮件及账单日均投递1.5万封左右，快递包裹日均投递2万件左右，投递量居苏州全市第一。（吴春倩）

【电信概况】 2020年，交换机容量达57.27万门，其中城区容量16.67万门、农村容量40.6万门；光纤总长度96569.45皮长千米，芯长772555.65芯千米；42个中心机房，679个接入网机房，85个EPON（以太无源光网络）机房，管道26355.42孔千米，40326杆程千米，互联网出口带宽达4.5T，互联网宽带用户达50万户；电话用户达30万户。各项业务总收入8亿元。

【信息化建设】 2020年，积极参与“智慧吴中”建设，在“智慧防疫”“智慧小区”“科技合围”“垃圾分类治理”等多方面展开合作，推进“云改数转”，实施企业上云，推动5G与工业互联网建设。实干托举、奋斗成就，做领先的综合智能信息服务运营商。（宋　佳）

编辑：赵立文

教育·科技

教　育

【概况】 2020年，全区有各级各类学校、幼儿园、看护点244所（不含77个校外培训机构）。在校中小学生133139人，其中公办学校109187人、民办学校23952人。在园幼儿37258人，在看护点幼儿约21000人。2020年，首次开发启用吴中区义务教育阶段入学信息采集系统，全区申请积分入学通过审核5028人，准入3922人，准入率为78%，依法保障适龄儿童少年平等接受学前教育、义务教育的权利。甪直高级中学获评江苏省四星级高中；横泾实验小学分别获评江苏省中小学艺术教育特色学校和苏州市首批智慧校园发展水平四星级学校；舟山实验小学获评全国青少年校园足球特色学校；另有2所学校获评“江苏省智慧校园”，3所学校获评江苏省体育特色学校。

【内涵发展】 2020年，苏州市吴中区教育局（简称“区教育局”）从四个方面推进教育内涵发展，取得明显成效。学前特色教育发展方面，新增江苏省优质幼儿园4所；吴中区幼儿教育中心园、石湖实验幼儿园成为苏州市教育学会认定的苏州市幼儿园第二批“园本特色课程基地”；吴中区舟山实验幼儿园、车坊幼儿园、横泾实验幼儿园、木渎南行实验幼儿园获得苏州市教育学会授予的“园本特色课程建设”进步奖。基础教育发展方面，江苏省木渎高级中学、甪直高级中学、木渎南行中学、苏苑实验小学、宝带实验小学等校实施16个省、市级课程建设项目，从数量和质量上整体推进中小学校内涵提质发展；在苏州市公布的2020年中小学课程基地和学校文化建设项目、基础教育前瞻性教学改革试验项目和品格提升项目中，吴中区占据8个项目；在苏州市教育局公布的2020年苏州市省、市级中小学课程基地项目市级视导结果通报中，吴中区5个项目获得佳绩；临湖中心小学陆曦、碧波实验小学周子航2位学生入选2020年新时代好少年；宝带实验小学张华等4名教师获苏州市十佳班主任称号，9名教师获苏州市优秀班主任、市优秀德育工作者称号；越溪实验小学教师王彤彤获苏州市基本功竞赛一等奖。年内，实现乡镇（街道）学前、小学、初中、职高四个学段融合教育资源中心全覆盖，建立融合教育资源中心43个（其中在建13个）。艺体教育发展方面，东山中学高三学生许逸彬在江苏省中学生田径锦标赛上，以100米10秒81、200米21秒82的成绩分获亚军和冠军，达到一级运

尹山湖实验小学自行车队参加“苏州市市民运动会”获2金12银铜

区教育局 供稿

动员标准；城西中学初三学生蔡浩宇在“苏州农商银行”杯苏州市第十五届运动会上，以100米10秒88的成绩获得冠军，打破苏州市初中组最高纪录，达到一级运动员标准；迎春中学徐恩媛获得初中女子田径锦标赛400米冠军。科创项目创新发展方面，在第三十一届江苏省青少年科技创新大赛中，吴中区教育系统共有15个项目获奖；在第三十二届江苏省青少年科技创新大赛推荐国赛项目选拔中，碧波实验小学、长桥中心小学项目入围，占这次苏州大市参赛名额的三分之一；在2020年“领航杯”江苏省中小学电脑制作活动暨首届人工智能大赛中，长桥中学获得冠军；在第五届苏州市青少年科技创新市长奖评选活动中，吴中区斩获全部4个奖项。

【教育资源增量扩容】 2020年，全区教育资源实现增量扩容，新增江苏省“绿色学校”1所、江苏省优质幼儿园4所、苏州市艺术教育特色学校12所、市级语言文字规范化示范校5所、市级语言文字推广基地1所。整合初中教育资源，设立东吴外国语高等师范学校附属越溪实验中学，新增苏苑高级中学教育集团等8个教育集团，全区义务教育阶段学校实现集团化办学全覆盖。新增高中教育发展联盟2个、公民办“一对一”帮扶组织13个。江苏省木渎高级中学与中国科技大学续约共建“培东实验班”；苏苑高级中学与北京紫荆花开清华学堂共建“清美班”；江苏省外国语学校与上海外国语教育集团合作开设“中日融合班”，共建“外语人才基地”。

【校园建设】 2020年，建成溪秀实验小学、东山中心小学附属幼儿园等校园项目6个，继续推进上年和本年度建设的校园项目13个。年内，完成报建手续、必须进场动工等启动项目，实现校园建设有序推进。郭巷街道湖墅金典幼儿园、城南街道招商小石城幼儿园、木渎镇红星幼儿园、木渎镇云山诗意幼儿园、木渎镇大成珺幼儿园等5家民办园完成转普认定工作。

【师资队伍建设】 2020年，区教育局加强师资队伍和师德师风建设，贯彻落实新时代教师职业行为十项准则，集中开展中小学师德师风突出问题专项治理活动，选树第二批“吴中最美教师（团队）”等先进典型。组织开展市、区两级“四有”好教师团队推荐、评比活动，木渎高级中学、迎春中学、苏苑实验小学入选苏州市级“四有”好教师重点培育团队；城西中学等10所学校入选吴中区级“四有”好教师重点培育团队。规范教师资格认定工作，分两批次面向社会认定教师资格1101名，定期注册中小学教师资格915名。严把教师“入口关”，加大年金制教师公开招聘和高层次教育人才引进力度，先后举办“双一流”建设高校专业化青年人才选聘、招聘活动7场，共招聘教师1125名。组织教师职称资格评审，全区获得正高级职称教师3名、高级职称教师105

2020年9月9日，吴中区举行庆祝第36个教师节大会　　区委宣传部　供稿

名、中级职称教师312名，初定二级（助理讲师）职称教师917名。推进“名师”工程建设，新增姑苏教育人才14名、东吴教育人才（团队）23名（个）、市名教师4名、市学科带头人43名、区知名教师10名、区学科带头人170名、区班主任带头人44名。对1190名经考核合格的区级以上“名师”发放奖励516.56万元。加大学校干部培养、选拔力度，组织教育系统校长及其他管理干部开展集中教育培训，深化教育干部梯队建设创新行动，选任学校正校级干部10名、副校级干部15名、中层干部140名。木渎高级中学教师张飞获评江苏省有突出贡献的中青年专家。

【招生考试】 2020年，全区招生考试实现重大突破。高考本一、本二上线率分别为45.8%、89.38%；本科上线率进入苏州大市第一板块，其中本一上线人数在上年大幅增长的基础上比上年净增174人，本二上线人数比上年净增116人。高考成绩400分以上的有22人，比上年增加13人；木渎高级中学有5名考生获特高分410分以上，在市、区龙头学校中名列前茅；有1名理科考生的高考成绩列全省前100名。高中学业水平考试合格率99.08%。中考成绩700分以上特高分4人，600分以上2420人。成人高考报名人数6933人，录取率75.21%。全年高等教育自学考试报名24887人，毕业人数990人。新建吴中区中考阅卷点，投入资金320万元，建成8个标准阅卷机房，配备400台阅卷终端。

【智慧教育】 2020年，吴中区教育技术中心围绕“智慧教育”主题，推进网络和信息安全保障工作，将网站集约化平台迁移至吴中政务云新平台，完善私有云网络安全环境建设，提高信息安全等级，提升智慧教育云平台泛在应用水平。在建设云端海量题库的同时，开发一套高质量成体系的本土学科教学资源，打造教育资源建设的“吴中样本”。该教育资源系统拥有海量云端试题，本地试题总数132937题，试卷数8374套。年内，线上教育中心吴中区分中心上传线上教育资源814件，师生累计登录、名师课程观看次数、微课资源观看次数均超千万。继续提升师生信息化素养和创新实践能力，组织开展第二届吴中区中小学创客、机器人竞赛，全区各校1200多人围绕8个比赛项目展开竞赛活动。组织师生参加各级信息化应用技能大赛和培训，获国家级二等奖5人次、三等奖3人次，获省级以上奖项27个、市级以上奖项124个，组织培训人数超5000人。全年52所学校完成智慧校园的创建工作。

【校园法治安保】 2020年，吴中区教育系统按照“问题导向、聚焦重点、条块结合、齐抓共管”的整治思路，组织开展并推进校园和校车安全专项整治工作，确保全区教育系统的安全稳定。健全教育系统安全风险防控体系。1月，成立吴中区教育系统校园和校车安全专项整治工作领导小组，制定《苏州市吴中区教育系统深入开展校园和校车安全专项整治工作行动方案》《区教育局主要负责人和班子成员及部门安全生产职责任务清单》；6月，修订完善《苏州市吴中区教育系统突发公共事件总体应急预案》，确保校园安全应急管理工作做到既有章可循，又能快速联动。开展各类专项联合督查活动。依托苏州市吴中区校园安全专业委员会，组织校园安全应急管理工作的联查联督，3月上旬至4月初，联合区疾控中心、市场监管、公安、消防等部门，对学校开学准备工作进行检查验收，压实压紧学校新冠肺炎疫情防控责任，为开学复课提供坚实保障；5月上旬，根据区减灾委统一部署，组织开展“5·12”防灾减灾主题征文、摄影和美术作品征集评选活动，40个奖项中教育系统获奖39个。5月28日、9月8—10日，联合区市场监管局开展学校食品安全突击检查，重点检查各学校疫情期间食品安全防控情况。9月初，组织12个检查组开展秋季开学安全工作检查。全年组织开展各类隐患检查31批次，完成校园安全隐患整治闭环212处。

【社区教育】 2020年，围绕“全覆盖、强内涵、创特色、惠民生”的要求，推进全区社区教育的内涵发展和实践创新。实现全区省标准化社区教育中心、省标准化居民学校创建全覆盖。木渎镇社区教育中心的市级游学项目“木渎古韵风情”终期评估获得优秀，吴中高新区社区教育中心的“运河图书馆”获评省级学习苑，甪直镇社区教育中心澄湖“水八仙”生态文化游学获评苏州市第二批游学项目；“木渎镇市民终身学习节”“百姓摄影大讲堂”被江苏省教育厅评为“江苏省社区教育特色品牌项目”；“木渎古韵风情”游学项目入选江苏省社会教育“游学基地”并获得江苏省第二届社会教育（教学）成果奖二等奖；甪直镇社区教育中心的“水乡妇女服饰与连厢舞”学习体验基地获评江苏省社会教育学习体验基地；甪直镇、长桥街道社区教育中心获评2020省级“优秀成人继续教育院校”；木渎、甪直镇社区教育中心获评首批苏州市示范性社区教育中心学校；木渎社区教育中心获评江苏省“十三五”社会教育先进集体，甪直镇社区教育中心获评苏州市社会教育先进集体。

【职业教育】 2020年，吴中职业教育落实立德树人根本任务，凸显“调结构、强内涵、提质量、惠民生”主题，结合全区“一核一轴一带”生产力布局和主导产业、新兴产业和特色产业发展需要，深化产教融合和校企合作，深度推进创新发展和内涵提升。吴中中等专业学校的一幢11层面积4万多平方米的实训大楼建设工程，太湖旅游中等专业学校在原址的翻建工程（面积7.47公顷）通过立项并启动建设，两项工程总投资8.02亿元。吴中中等专业学校中德智能制造学院启动基地建设和首批招生，计划投资2600万元；该校西藏班的十年办学成果，通过教育部领导调研并获得好评；该校被江苏省教育厅评估认定为省现代化示范性职业学校。年内，全区在国家、省市级班主任基本功、学科教学、职业技能等各类大赛中获110个奖次，获批省级“1+X”证书试点项目15个、省现代化实训基地1个、省现代化专业群1个、苏州市现代学徒制试点项目2个，被吴中区政府授予“吴中技能状元”称号的教师有2名。吴中中等专业学校合作企业——苏州宁虹电子科技有限公司入围江苏省第二批产教融合型试点企业。全区3所职业院校主动对接职工技能提升、失地农民、外来人员和退役军人再就业等培训需求，成为吴中区支柱产业、新兴产业、特色产业的职业培训平台。

【教育督导】 2020年，区教育局继续做好教育督导工作，发挥教育督政、督学、评估与监测等重要职能作用，促进教育督导规范、务实，实现常态化，提升有效性。优化责任督学工作片区划分和督学队伍建设，完善各项工作制度，加强片区督学工作站和学校督学工作室的建设及青年干部跟岗督学工作。以随机督导、专项督导和综合督导为载体，使督学职能得到新的发挥。做好做实每月每校1次督导，针对教师和学生管理、校风教风学风和安全管理、疫情防控等工作，在责任督学上开展多种内容和形式的督促评估指导，指出存在问题，提出整改要求，跟踪落实情况，取得明显效果。开展有针对性的各种专项督导、综合督导活动，先后对碧波中学、西山中心小学、横泾实验小学进行综合督导，取得较好成效。在责任督学日常工作中，结合各校、各片区的共同点和不同点，开展跨片异校同题督导和同类异题督导，加强相互交流合作，互学互督、相互促进、共同提高，服务教育改革发展的作用日益凸显。以全省教育现代化建设监测和政府教育履职清单为抓手，以义务教育优质均衡县和全省学前教育普及普惠县创建为目标，开展对全区义务教育学校及学前教育的教育资源配置、政府保障程度、教育教学质量、社会认可度等方面的情况进行排查督导，并督促整改，发挥督学督导的独特优势和作用。年内，通过全省中小学校责任督学挂牌督导创新县（市、区）现场检查验收；接受苏州市义务教育质量监测，完成省对设区市政府教育履职现场考评相关任务；完成苏州市对区政府教育履职、省教育现代化建设监测、乡镇（街道）教育高质量考核、省优质均衡年度监测、市义务教育质量监测、全区学校规范管理考评等相关工作任务。在上级相关优秀案例评选活动中，吴中区获得优秀案例一等奖2篇、二等奖8篇、三等奖14篇，获评苏州市先进责任督学8人。

【**教育科研**】 2020年，全区教育科研课题研究质量继续攀升。17项课题立项为本年度江苏省“十三五”教育科学规划课题，2项为江苏省教研课题；56项课题通过省、市级“十三五”教育科学规划课题结题鉴定（其中省级6项、市级38项、区级12项）；42项课题通过本年度区级微型课题结题鉴定。吴中区“十四五”规划教育科研课题立项117项（其中重大10项、重点29项、一般56项、微型课题22项）。年内组织的首届教科研班取得明显成效，48名学员出版教科研专著4本，在省级以上刊物发表论文203篇，获奖论文219篇，参与完成课题101项，获综合荣誉92人次；22名学员行政职务得到提升，21名学员学术称号得到晋级。经多轮精心组织和指导的“教海探航”征文、“长三角”征文、“师陶杯”征文、中小学管理征文等均获佳绩。第32届江苏省“教海探航”征文中，获奖30篇，区教育局获“先进集体奖”；“师陶杯”征文中，获奖31篇；中小学管理征文中，获奖23篇。教科研重要成果取得新突破，2本专著获江苏省第五届教育科研优秀成果二等奖，7项成果获苏州市教育教学成果奖，1项成果获苏州市哲学社会科学优秀成果三等奖，有首届吴中区教育科研成果73项。《吴中教育天地》被评为苏州市优秀内部刊物。年内，编辑《吴中教育科研二十年焦点扫描——基于教育类核心期刊的文献计量分析》和教师获奖论文集《教育即写作》。

【**支教帮扶活动**】 2020年，区教育局深化教育支教帮扶活动。开展教育援疆、援贵人才帮扶活动，择优选派第二批中学骨干教师6名，赴新疆阿图什肖鲁克中学和克州二中开展为期一年半的援疆支教。选派骨干教师10名，赴贵州省铜仁市德江县开展“组团式”支教帮扶；以德江县第五小学为中心组团，辐射德江县第七中学、德江县第三小学；聚焦结对学校助贫帮困，全区师生为德江县受帮扶学校贫困学生募集善款（含物资折款）143.42万元。

【校园疫情防控】 年初，区教育局迅速建立吴中区教育系统疫情防控领导小组，陆续增设综合协调组、信息排摸组、防疫防控组等9个工作组，各校成立以校长（党委书记）为组长的领导小组，压实中小学、幼儿园、看护点、培训机构的疫情防控工作责任。春季学期开学前，指导各校科学制定开学工作方案，严格落实“两案九制”。安排各校组织学生收看在线空中课堂，实现“离校不离教、放学不弃学”。联合区疾控中心人员，分4批召开中学、小学、幼儿园、看护点、培训机构的疫情防控知识宣传、应急演练等视频会议；要求学校根据上级文件开展自查自纠工作，联合“八大员”，分8组对102所公办学校、203所社会力量办学机构进行防控督查，各类学校分6批次准予错时错峰、安全有序开学。开学后，学校防控组及时传达上级各部门的防控信息，动态掌握师生员工及其共同生活居住的家庭成员的健康状况、中高风险疫情地区旅居史等情况；严格落实各项防控措施，做好“日报告”和“零报告”，做好校园重点区域、重点场所的通风换气和清洁消毒工作，引导学生保持安全社交距离。区学校防控组在加强健康教育、关注师生员工心理健康的同时，先后分4批投入逾300万元采购测温仪、口罩、消毒物品等防疫物资近30万件。区教育系统全体师生员工取得“零”感染的防控成绩，保障全区20余万名师生员工的生命健康安全，受到苏州市委、市政府的表彰，吴中中等专业学校被评为苏州市抗击新冠肺炎疫情先进集体，教师陆胜兴被评为苏州市抗击新冠肺炎疫情先进个人。

【教师发展中心新址正式启用】 2020年，吴中区教师发展中心新址正式启用，区教学与教育科学研究室、区教育技术中心、教师发展中心实行合署办公。教师发展中心以“培训教师，发展教师，成就教师”为宗旨，以“像叶圣陶那样做老师”为目标，持续推进师训干训工作。利用“吴中区智慧教育云平台”资源，围绕教师专业发展和管理干部能力提升等主题，开展线上、线下相结合的培训，全年培训1万多人次。着力打造师训干训“圣陶讲堂”品牌，发挥区域名师的高端引领和辐射作用；围绕“师德师风建设”，落实“师德第一课”制度，把师德教育作为教师全员培训的首要任务和重要内容。首期“圣陶讲堂”邀请区内优秀教师、名优校长开设7堂专题讲座并录制上线，全区各校组织教师观看；以此为契机，开展“我的教育故事”“我身边的感动”等征文、演讲活动，激励教师立德树人，爱岗敬业。“圣陶讲堂”品牌入选2020年吴中教育20事之一。7月17日，吴中区政府召开全区义务教育优质均衡发展暨教育高质量发展推进会，苏州市政府和吴中区政府相关领导为苏州市吴中区教师发展中心揭牌，这标志着全区教师发展开启新的篇章。8月19—21日，吴中区教师发展中心通过江苏省示范性县级教师发展中心专家组的现场评估考察，专家们以“一流的建筑环境，一流的专业设施，一流的平台建构”，对区教师发展中心的工作给予高度评价。

【内控制度建设】 2020年，区教育局严格落实主体责任，加强校园内控制度建设，营造良好的教育发展氛围。贯彻实施《苏州市中小学（幼儿园）教师职业行为负面清单》，制定《吴中区教育系统内部审计聘请社会中介机构及人员实施办法》《吴中区教育局重大经济事项决策内部控制制度》等5项新规章制度，为监督执纪工作夯实制度依据，开展廉政风险排查。联合区审计局、乡镇审计中心开展“协同式”监督，第三轮对20所学校进行廉政风险督查，形成“自查梳理、督查发现、分析研判、督促整改”的闭环，依据内部控制制度，把监督方式转化为监督质效。（赵军才）

表21-1　2020年吴中区在职特级教师名单

现（原）所在单位	姓名	性别	现（原）任岗位	任教学科
吴中区教育局	陈伟骏	男	中小学高级教师	英语
东山实验小学	吴金根	男	中小学正高级教师	数学
吴中区教育局	王海赳	男	中小学高级教师	数学
苏苑高级中学	郭瑞春	男	中小学正高级教师	化学
苏苑实验小学	唐晓芳	女	中小学正高级教师	语文
吴中区教育局	孟晓庆	男	中小学高级教师	数学
石湖中学	徐正黄	男	中小学正高级教师	物理
吴中区教学与教育科学研究室	钱家荣	男	中小学正高级教师	心理学
江苏省木渎高级中学	张　飞	男	中小学正高级教师	物理
吴中区教学与教育科学研究室	陈　健	男	中小学正高级教师	体育
吴中中等专业学校	李建红	男	正高级讲师	财会
苏苑高级中学	薛亚春	女	中小学高级教师	政治
吴中中等专业学校	蒋俊祁	男	高级讲师	电子
迎春中学	金复耕	男	中小学高级教师	语文
吴中区教学与教育科学研究室	赵士元	男	中小学正高级教师	数学
综合实践学校	周先荣	男	中小学正高级教师	数学
碧波中学	马兴卫	男	中小学正高级教师	物理
江苏省木渎高级中学	王克章	男	中小学正高级教师	语文
江苏省木渎高级中学	金军华	男	中小学正高级教师	语文

（区教育局）

【吴中中等专业学校】 2020年，吴中中等专业学校有教职工345人，其中专任教师313人、江苏省特级教师2名、江苏省领军人才1名、江苏省教学名师1名、江苏省“333”人才1名、姑苏教育人才1名、苏州市名教师3名；拥有省、市级名师工作室9个。是年，学校有全日制学生4405人，其中五年制高职2426人、高职专科179人、中专1800人；有成人学历教育1169人。学校招生质量和办学规模比上年增长15.9%。年内，共向社会输送毕业生1209名，三年制中专毕业生就业率100%、升学率95.79%、对口就业率97.7%。2020年是学校承办西藏班的第十一年，校内西藏班在校生33人。学校完成“江苏省现代化示范性职业学校”建设目标任务，被中共苏州市委、苏州市人民政府评为苏州市抗击新冠肺炎

2020年11月1日，吴中中等专业学校举办“校企携手，相约‘梦·溪’”校企对接会
吴中中专　供稿

疫情先进集体；获得吴中区人民政府颁发的高技能人才培养贡献奖；先后获得全民国家安全教育日有奖竞答优秀组织单位、苏州市三八红旗集体、苏州市节水型学校、苏州市科研先进单位等称号。学校坚持以生为本，努力打造“四力五环 行动思政”德育品牌，凝聚发展思想政治正能量。以习近平新时代中国特色社会主义思想为指导，以“四力五环”为内容、环节，强化思想政治教育，把打造德育品牌贯穿教育教学全过程，实现全员育人、全程育人、全方位育人。

*师德师风建设。*学校建立完善《师德考核办法》，开展师德师风建设专项治理活动。树立优秀示范典型，通过表彰从教30年教师和防疫优秀志愿者座谈会、表彰“梦·溪”学校优秀教育工作者、宣传优秀教师事迹等活动，以身边的优秀师德师风榜样，激励全校教职工奋发向上，弘扬正气。通过防疫志愿服务、扶贫捐款等实际行动，实现从“灌输型”到“感受型”到“融入型”师德师风建设的“三级跳”。

*教师队伍建设。*学校持续加强名师、强师队伍建设，提升办学硬实力。2020年，学校获评苏州市、吴中区名教师各1名，苏州市学科带头人2名、吴中区学科带头人10名、吴中区东吴青年拔尖人才1名、吴中区班主任带头人1名、吴中区骨干教师17名、吴中区教育技术应用能手2名。逐步改变名师培养断档局面，年内引进高层次紧缺人才1名，选聘应届“双一流”高校毕业生4名，促进名师队伍的有效衔接和赓续。全年参加各级各类论文竞赛99人次，发表论文51篇，申报省市区级课题9个，立项7个，结题9个，获得苏州市优秀教学成果奖二等奖1项。学校成功创刊《龙翔探索》。完成第八次岗位竞聘工作任务，14名教师参加岗位竞聘。1名中层干部到区级机关挂职锻炼，11名中层干部进行轮岗及调整，新提拔中层干部5名。

*锤炼创新技能。*学校顺应产教融合谱写育人新篇章目标需求，突出示范性，锤炼过硬的创新技能。年内获得苏州市级技能大赛一等奖7项，15名教师晋级江苏省创新技能竞赛。组织参加“科云杯”全国职业院校技能大赛，获得高职组税务、中职组财会一等奖各1项。在苏州市创新大赛中获得一、二、三等奖各1项。吴中区光伏与电子技术实训基地被评为“江苏省现代化实训基地”。

*推进资源整合。*学校争取政府支持，开辟国际标准办学新路。引进德国优教资源，推进资源整合，中德智能制造学院正式开班，开拓企业合作办学新局。正式启动苏州东软太软双创学院主体改造建设项目，首批221名同学入校进行学习并顺利毕业。实行多措并举，开启产教深度融合新篇。成功申报江苏省产教融合型企业1家、苏州市第二批现代学徒制建设项目2个。成功举办“校企携手，相约‘梦·溪’”校企对接会。首次联合多家企业开展“云招聘直播带岗”活动。与苏州乡村振兴学堂签署合作框架协议，年内联合举办讲座6场。承办、协办江苏和广西职教青年教师跟岗培训。实现借场考试零差错，全年承接大型借场考试16场次，服务考生91830人次。

*志愿服务送温暖活动。*学校先后组织4批共20多名教师奔赴抗疫第一线，开展志愿服务送温暖活动，校内、校外疫情防控师生志愿者达3647人次，3名青年教师志愿者获区委组织部表彰。做好援贵对口帮扶暖人心工作，组织开展“苏铜携手·同心圆梦”募捐活动，筹得善款48077.5元；安排好贵州省德江中专15名学生为期一个多月的跟班学习。（王玲玲）

表21-2　2020年教育事业基本情况（一）

项目	学校数（所）		教职工数（人）		专任教师数	
	2020年	2019年	2020年	2019年	2020年	2019年
合计	82	81	9944	9098	9274	8409
1.普通中学	29	28	4033	3443	3721	3194
（1）完全中学	1	—	309	—	235	—
（2）高级中学	7	7	1297	1236	1164	1109
（3）初级中学	21	21	2427	2207	2322	2085
2.中等职业学校	2	2	445	442	415	407
3.小学	50	50	5437	5185	5110	4781
4.特殊教育学校	1	1	29	28	28	27

（区统计局）

表21-3　2020年教育事业基本情况（二）

项目	招生数（人）		在校学生数（人）		毕业生数（人）	
	2020年	2019年	2020年	2019年	2020年	2019年
合计	31613	30226	133139	126099	23817	20941
1.普通中学	12799	11785	36559	33859	11072	8964
（1）初中	9248	8553	26273	24856	8281	6454
（2）高中	3551	3232	10286	9003	2791	2510
2.中等职业学校	1627	1403	4089	4742	1150	1042
3.小学	17182	17032	92385	87387	11586	10923
4.特殊教育学校	5	6	106	111	9	12

（区统计局）

表21-4　2020年入学率和升学率

项目	2020年	2019年
学龄儿童入学率	100.0%	99.9%
小学毕业生升学率	100.0%	100.0%
初中毕业生升学率	100.0%	99.0%
高中毕业率	100.0%	100.0%

（区统计局）

表21-5　2020年幼儿园基本情况

项目	单位	合计		按办学性质分	
			女	1.教育部门办	2.民办
1.园数	所	88	—	35	53
2.班数	个	1259	—	775	484

续表

项目	单位	合计		按办学性质分	
			女	1. 教育部门办	2. 民办
3. 入园幼儿数	人	13353	6436	8898	4455
在园幼儿数	人	37258	18047	24022	13236
离园幼儿数	人	11639	5745	7072	4567
4. 教职工人数	人	4637	4424	2656	1981
#园长	人	148	144	65	83
专任教师	人	2698	2637	1658	1040
保健、保育员	人	1468	1456	867	601
其他	人	323	187	66	257
5. 代课教师	人	137	133	137	—

（区统计局）

科学技术

【概况】 2020年，苏州市吴中区科学技术局（简称“区科技局”）以习近平新时代中国特色社会主义思想为指导，全面贯彻党的十九大、十九届五中全会和省、市、区重要会议精神，围绕吴中区“强富美高”总目标和年度科技创新核心指标，落实“五优五美”要求，当好新时代高质量发展“优等生”。是年，区科技局被评为苏州市高企工作先进集体、吴中区文明单位（2017—2019）、2020年度全市科技管理工作先进集体。

【持续发展高新产业】 2020年，全区新增高新技术企业440家，比上年增长39.68%，高新技术企业复审通过率91.23%；全区有效高新技术企业933家，本土高新技术企业培育总量列苏州市第三位；高新技术企业培育入省库609家、入市库613家，均位列苏州市第三位。年内，新增省民营科技企业290家，全区累计民营科技企业1408家，创历年新高。苏州韩博厨房电器科技有限公司、苏州捷安信息科技有限公司通过省级农业科技型企业认定。1287家企业通过国家级科技型中小企业评价认定，比上年增长151.86%，再创历年新高。苏州汇川技术有限公司、苏州科沃斯机器人股份有限公司、苏州赛腾精密电子股份有限公司入选2020年江苏省百强创新型企业。

【科技项目提质升量】 2020年，全区入选苏州市级以上科技专项1829项，落实苏州市级以上科技专项资金2.3亿元，再创历年新高。其中苏州汇川技术有限

苏州汇川技术有限公司车间　　周洪泉　摄

公司获批江苏省重大科技专项，获奖励资金1000万元。新增省重点科技研发计划项目1项、省研发机构补助6项、市成果转化项目14项、苏州市企业研发机构绩效补助项目8项、科技金融专项补助项目139项，补助奖励资金总额514万元。

【聚集科技人才】 2020年，区科技局制定印发《东吴科技创新创业领军人才项目资金专户管理办法》，实行区级人才项目资金专户管理。组织申报各类科技人才项目460余项，其中新增国家高端外国专家1项、省双创人才计划4项、省引智计划1项、省外专百人1项、姑苏领军人才18项、区级领军人才（团队）33项、东吴科技企业家59项、姑苏创业天使计划14项；新增苏州市外国专家工作室9项，项目数列苏州大市第三位。追创科技（苏州）有限公司的俞浩获省双创重大项目答辩第一名。扩大引才渠道，加速科技人才聚集，首创智汇吴中人才路演项目，年内共开设7次，吸引近200人报名参加，授予东吴领军人才称号73人，落户26家企业。

【创新平台建设】 2020年，区科技局加快创新平台建设。中国农业大学有机循环（苏州）研究院获批环太湖城乡有机废弃物处理利用示范基地，示范区建设纳入国家国民经济和社会发展计划。全区新增省级工程技术研究中心7家、市级工程技术研究中心49家，省级众创空间4家、市级众创空间4家，省级星创天地1家。其中，6家省级工程技术研究中心绩效评价优秀。

【科技服务】 2020年，区科技局全力做好科技服务工作。制定出台“科技新政”18条实施细则，加强政策惠企顶层设计。做好线上、线下两条线服务，累计组织科技人员培训5000人次。完成技术合同登记额总计17.56亿元。新增科贷通贷款金额3.136亿元，受惠科技企业67家。年内，举办第四届“高校青年博士进企业”活动，达成初步意向164项，再创历年新高。举办技联西安交通大学、技联华中科技大学等重大产学研活动，达成初步意向17项。

【首家科创板企业上市】 2020年8月28日，苏州绿的谐波传动科技股份有限公司在上海证券交易所鸣锣上市，成为吴中区首家上市的科创板企业。（杨莉萍）

2020年8月14日，吴中区组织开展第四届“高校青年博士进企业”活动
区科技局 供稿

表21-6 2020年吴中区国家级科技计划项目

计划类别	项目名称	承担单位
国家级重点人才计划	高端外国专家引进计划	中农新科（苏州）有机循环研究院有限公司

（区科技局）

表21-7 2020年吴中区省级科技计划项目

计划类别	项目名称	承担单位
2020 年全省高新技术产业开发区奖励资金（第一批）	全省高新技术产业开发区奖励资金	吴中高新区
2020 年省科技成果转化专项资金	高性能高功率密度伺服系统的研发及产业化	苏州汇川技术有限公司
2020 年省级重点研发计划专项资金（第二批）	水凝胶复合材料增材制造装备关键技术研发	苏州永沁泉智能设备有限公司
省高新技术企业培育	2019 年度省高新技术企业培育资金—入库等 384 项	苏州恒泰金属制品有限公司等 384 家
	2020 年度第一批省高新技术企业培育资金（认定培育奖励）等 202 项	苏州华正工业科技有限公司等 202 家
	2019 年度省高新技术企业培育资金—培育贡献等 8 项	苏州红叶建设工程发展有限公司等 8 家
	2019 年度省高新技术企业培育资金—认定等 70 项	苏州海卡电子有限公司等 70 家
2019 年省创新能力建设	国家非人灵长类实验动物种子苏州中心	苏州西山中科实验动物有限公司
	2019 年技术转移输出方奖补等 5 项	苏州药明康德新药开发股份有限公司等 5 家
	2020 年技术转移输出方奖补等 7 项	苏州圣苏新药开发有限公司等 7 家
江苏省“双创计划”	2020 年江苏省“双创计划”入选等 4 项	追创科技（苏州）有限公司等 4 家
江苏省外国专家工作室	2020 年江苏省外国专家工作室入选等 4 项	苏州威斯东山电子技术有限公司等 4 家
省创新能力建设专项资金	江苏省药物一致性评价研究服务中心新型研发机构奖补	苏州国辰生物科技股份有限公司
省科技型创业企业孵育计划	苏州市吴中科技创业园管理有限公司等 5 项	苏州市吴中科技创业园管理有限公司等 5 家
省政策引导类计划	2020 年省政策引导类计划（引进外国人才专项）—引智计划	苏州科韵激光科技有限公司
	2020 年省政策引导类计划（引进外国人才专项）—外专百人计划	中农新科（苏州）有机循环研究院有限公司
星创天地	澄湖水八仙星创天地	苏州澄湖现代科技生态农业发展有限责任公司

（区科技局）

编辑：王明生

卫生健康

综　述

2020年，围绕"以人民健康为中心"工作思路，扎实做好新冠肺炎疫情防控，全区实现"零死亡、零感染"。以强化健康场所建设、实施全民健康素养提升工程为抓手，扎实推进"健康吴中"建设。木渎、城南等多地社区医疗服务中心、救治中心、防治站建成投用，医疗卫生服务体系日益完善。提高公共卫生服务经费标准，对常住人口建立健康档案，实施家庭医生网格化健康管理。通过强化妇幼健康保障服务、医养融合的养老服务、人口家庭计划生育奖励扶助政策等措施，推动公共卫生服务事项进一步完善。实施"科教兴卫、人才强卫"战略，加强医卫人才队伍建设和国内知名临床医学专家团队引进；推进基层医疗机构省市级专科建设，形成特色科室。深化医药卫生体制改革，优化包括基本药物、医疗设备、物资在内的各项服务。推进现代医院管理制度建设，激励中医药传承创新发展，提升医疗服务能力，保障市民健康安全。全区居民平均期望寿命84.26岁。年内，区卫建委被江苏省委、江苏省人民政府授予"江苏省抗击新冠肺炎疫情先进集体"称号。

（周伟琪）

医药卫生体制改革

【分级诊疗制度】 2020年，实施《吴中区紧密型区域医联体建设实施方案（试行）》，东、西片两个医联体分别建立医联体章程，健全内部考核机制，建立双向转诊24小时值班制度，开展双向转诊信息化建设。出台《吴中区"网格化"健康管理"521"方案》，以家庭医生服务团队为抓手，依托"健康吴中行"App和移动家庭医生助诊系统两个载体，落实"网格化"（防疫）移动居民健康管理服务。

【现代医院管理制度】 推进现代医院管理制度建设，成立吴中区医院章程审核专家委员会。优化公立医院和基层医疗卫生机构绩效考核办法，持续加强公立医院院长年薪制考核。巩固优化干部梯队，加强干部选拔任用管理。

【药品供应保障机制】 印发《关于开展规范和加强政府采购管理三年专项行动工作的通知》。规范医疗设备、物资、各类服务项目招标采购和大型设备管理，区内2家公立医疗机构推行SPD（医疗SPD供应链管理）项目。执行国家基本药物制度，促进各级医疗卫生机构优先配备合理使用基本药物，基本药品配备使用比例达到要求。继续执行短缺药品监测预警“每月零报告”制度，保障临床用药需求。

【综合监管制度】 制定《关于吴中区改革完善医疗卫生行业综合监管制度的实施方案》。完善并拓展健康卫士“531”在线监测与信息共享平台，实施医疗机构污水在线监测项目。将“双随机”抽查与风险分类监管工作相结合，加强事中事后监管，完成494家单位的“双随机”抽查工作。　（周伟琪）

医疗卫生服务

【“十四五”卫生健康规划编制】 2020年，完成“十三五”卫生健康规划终期评估，全面总结《吴中区卫生与健康提升三年行动计划（2018—2020年）》实施情况，推进“十四五”卫生健康事业发展规划纲要编制工作。

【医疗卫生资源扩容】 推进医疗卫生资源扩容提质“3591”方案。太湖新城医院和吴中人民医院新院区建设项目已于2020年10月27日集中开工，木渎巨塔社区卫生服务中心于11月12日投入使用。有序推进城南街道、香山街道社区卫生服务中心易地迁建工程和尹山湖医院二期工程。木渎金山浜社区卫生服务中心设计方案已送区规划局审定。

【“沪苏同城化”融入】 持续深化与复旦大学附属华山医院、上海市第十人民医院、上海仁济医院、江苏省人民医院等优质医疗机构合作。加快推进上海市第十人民医院尹山湖分院建设；落地华山医院院府合作项目，共建吴中人民医院普外科、神经内科、皮肤科、肿瘤内科、泌尿外科五个专科；与江苏省人民医院消化内镜科合作，共建江苏省基层消化内镜特色科室孵化——吴中区联盟，启动吴中区消化道癌早筛工作。

【健康“531”行动】 全面推进系列“531”行动计划协同实施，建成市级疾病救治中心8个，慢阻肺、儿童哮喘、中老年人骨质疏松和成人代谢性疾病（三高）社区防治站13个，居民健康综合管理平台实现基层全覆盖。4家基层医疗机构成功达到国家“优质服务基层行”推荐标准，胥口卫生院挂牌苏州大学附属儿童医院吴中分院，甪直人民医院获评全省首批农村区域性医疗卫生中心。

【中医药服务能力建设】 推进中医药传承创新发展，现有省中医重点专科建设单位2个，“中医馆”标准化建设覆盖率达100%，各基层医疗机构均提供不少于6大类15项中医药适宜技术服务。培养全国优秀中医临床人才2名、全国“西学中”骨干人才1名、江苏省农村优秀中医临床人才1名、江苏省优秀青年“中医之星”1名、江苏省名中医1名。　（周伟琪）

公共卫生服务

【基本公共卫生服务】 2020年，人均基本公共卫生服务经费标准提高至88.21元，常住人口健康档案建档率达91.55%。

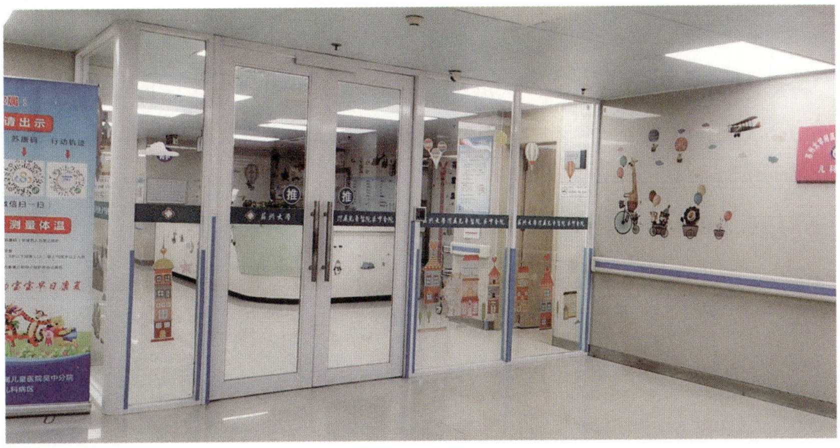

2020年1月，苏州大学附属儿童医院吴中分院落户胥口　　区卫健委　供稿

全区累计建档管理高血压患者104186例、糖尿病患者27575例、脑卒中患者7594例、冠心病患者3665例、肿瘤患者5418例。实施家庭医生网格化健康管理“521”项目，做实家庭医生服务，重点人群签约率达81.62%。

【妇幼健康保障】 建立健全心理健康服务体系，推进儿童预防接种示范门诊创建、全国艾滋病综合防治示范区建设，完善妇幼健康服务体系，孕产妇死亡率为0，婴幼儿死亡率为2.72‰。规范婴幼儿照护服务体系发展，落实3家婴幼儿照护机构备案工作。

【人口家庭质量提升】 平稳实施全面二孩政策，加强出生人口监测，落实计划生育各项奖励扶助政策，惠及1.8万余户（人）次，全年发放各类奖励扶助金5900万余元。

【老龄健康服务】 建立区、镇、村三级老年人维权服务网络，开展老年人心理关爱项目和“敬老月”系列主题活动，加快医养融合养老服务设施建设，不断增强全区老年人幸福感和获得感。（周伟琪）

健康吴中建设

【全民健康促进】 2020年，实施全民健康素养提升工程，健康素养水平逐年提升。推进健康场所建设，建成健康主题公园1个、健康小游园6个、健康步道5条。同时建设20个健康社区、57个健康单位、50个健康家庭。完善吴中健康讲堂讲师团、健康教育视频联播平台、健康科普资料库等建设。组织开展全民健康素养提升知识竞赛活动，4.8万余人参与线上答题活动。

【爱国卫生运动】 提升爱国卫生创建成果，国家卫生镇实现全覆盖。推进农村“厕所革命”，完成“厕改”并通过省级验收。

（周伟琪）

医疗卫生重大支撑能力

【科教兴卫建设】 2020年，实施“科教兴卫、人才强卫”战略，加快推进医疗信息互联互通，为卫生健康高质量发展提供人才、科技与技术支撑。推进“一院一品”专科建设，现有省级重点专科建设单位2个、市级重点学（专）科11个，引进国内知名临床医学专家团队8个，挂牌市级以上名医工作室44个。

【“智慧健康”建设】 建设“健康吴中行”App，推进7个大项24个子项“互联网+医疗健康”服务，推进数字化健康示范区建设，打造数字化全民健康管理平台。吴中人民医院试点互联网医院建设，对标国家互联互通五级建设标准，推进全民健康信息平台建设。

【人才队伍建设】 实施东吴卫生人才计划，评选东吴卫生各类人才15名；申报“全国导师制”项目7人，全科医生转岗培训15人，签约农村定向生39人，获批姑苏卫生重点人才1名、姑苏卫生柔性引进人才2名。制定《吴中区“科教兴卫”三年行动计划》，开展科教兴卫专项资金申报项目，累计发放资助和奖励资金643.31万元。制定《吴中区“临床医学专家团队”引进计划实施方案（2020—2022年）》，完成5个D类临床医学专家团队引进。（周伟琪）

新冠肺炎疫情防控

【概况】 制定疫情防控工作方案，成立应对新冠肺炎疫情工作领导小组、专家组，建立每日会商制度，保障防疫物资资金，设置集中隔离点，建立隔离病房等。坚持快速响应、科学防治、精准施策，毫不懈怠抓细抓实疫情常态化防控工作，交出“零死亡、零感染”答卷。同时，派出3批次12人的援鄂援疆援冀医疗队支援抗疫。

加强社区防控措施，按照“内防扩散、外防输入”要求，以全区893个三级网格，14570名网格员为主要力量，推进各村庄自治管理、各小区封闭管理、各企业自主管理。开展重点人员排摸，刚性执行居家隔离要求，全部人员情况均实现每日报送，动态掌握重点人员疫情防控信息。规范数据管理，成立数据工作专班，提高排查人员数据质量。强化聚集场所防控，严管严控各类大型活动和公众聚集性活动，对景区、影院、浴室、KTV、棋牌室等公共服务场所落实停业措施，排摸全区公共服务场所，关停率达100%。积极实行健康码加体温测量的进出工作模式，做好景区、宾馆恢复营业工作，对网吧、足浴店、KTV、棋牌室等易聚集性公共场所加强开展滚动排摸，督促相关单位按规定做好防控措施。

推动企业复工复业。推动“苏惠十条”落地。开展“千人万企”行动，帮助企业对接落实好用工、税收、金融等惠企流程。制定助力企业复工用工的意见，精准做好疫情防控期间稳就业、保用工各项工作。做好稳岗资金发放工作，另外，针对批发零售、住宿餐饮、物流运输、文化旅游等受疫情影响较重的服务业企业，参照经营困难且恢复有望企业稳岗返还标准，发放失业保险应急稳岗返还资金。加快推动产业链协同复产。主动帮助企业摸清、摸细产业链一二级配套企业底数，并积极对接市级部门和周边兄弟板块，协调配套企业同步复工，恢复产业链生态系统。强化企业精准服务保障。积极推动企业开展防疫防护、安全生产线上培训。组织在线招聘，积极解决外地返吴人员居住、自身健康管理困难问题，帮助解决近千家企业员工的居住、健康管理等问题。开展跨省“点对点”包车运输服务。

积极做好农村地区防控。强化民宿、农家乐管理，制定下发《农家乐、民宿暂停营业的紧急通知》，全区备案旅游民宿、星级农家乐全部关停。同时，强化出租房管理，加强农村地区出租房的管控，堵住外来人流，截断传播源。强化薄弱环节管控，围绕农村环境综合整治等，对全区垃圾资源化处理站消毒，对农村生活垃圾收运车辆、垃圾桶、农村公共厕所进行消杀。强化动物防疫，督促农村地区做好畜禽养殖场所消毒消杀。积极推动民宿恢复营业，并督促做好常态化防控工作。

着力做好境外输入防控。大力加强境外输入人员管控，建立昆山工作专班，全力以赴做好人员转运工作。对从上海、南京、无锡入境的人员实施就地集中隔离。对入境人员实施集中医学观察和居家医学观察，并对所有实施集中或居家医学观察的入境人员开展核酸检测。

全力做好物资保障工作。按照医院等防疫主战场物资要应保尽保、公共服务体系的物资要重点保障、百姓的基本防疫物资和生活物资要做到全覆盖的“三层次”分配原则，向乡镇、街道、区级机关部门和居民发放平面口罩、立体口罩、普通防护服、隔离衣、额温枪、消毒液等防疫物资。以区内药店为依托，在全区范围内投放惠民口罩。同时，规范社会捐赠管理。

截至2020年底，吴中区累计报告新冠肺炎确诊病例8例，疑似病例2例，新冠病毒核酸检测阳性1例，无症状感染者1例。8例确诊病例、1例阳性检测者以及1例无症状感染者均已出院并解除医学观察，2例疑似病例均已排除。累计追踪登记管理病例密切接触者477人（其中境外输入145人），有1名本地患者的密切接触者于1月30日复核为确诊病例，已有461人解除医学观察。

【提升流调溯源能力】 加强重点人群、重点场所、重点环节管控；成立流调溯源专班，优化调整流调队伍结构，提升流调溯源能力。开展人群、食品和环境监测，对农贸（集贸、海鲜）市场人员、医疗机构人员、入境人员、冷链食品、农贸市场和农产品批发市场环境、医疗机构环境等定期开展新冠病毒核酸检测。同时，加大对进口冷链食品从业人员摸排力度，确保所有冷链食品从业人员“应检尽检”。共检测食品样本1752份、环境样本812份、工作人员样本3574份；完成进口冷链食品从业人员核酸检测采样3092份，均为阴性。组建新冠肺炎疫情应急处置队伍，组建87人的流行病学调查队（另后备61人）、60人的环境消杀队、119人的核酸检测人员队伍（医疗机构工作人员114名、疾控中心核酸实验室人员5名）、18人的心理干预队，以及2支各13人的应急救治队伍，确保有效应对可能暴发的局部疫情。

【提升集中隔离能力】 先后设立（调整）雍景山庄、银泉山庄、苏州太湖智选假日酒店、苏州山湖温泉酒店区级集中隔离医学观察点，建立常态化监督督导机制，保证安全、规范、有序运行。按照20间/万人要求，各镇（街道）完成储备集中隔离医学观察场所32家，最多隔离房间数2196间。按照“3+11”模式，做好境外到吴人员集中转运、集中隔离医学观察及后续健康管理，累计完成入境到吴人员核酸检测采样5172份（不含入境密切接触者），均为阴性。每周开展覆盖全部隔离医学场所、接驳转运、快捷通道相关工作人员的核酸检测。已完成集中隔离医学观察场所工作人员核酸检测采样509份，来自中高风险地区人员核酸检测采样480份，无阳性发现。

【提升核酸检测能力】 成立以区卫健委为组长的疫情防控指挥部核酸检测组。印发《吴中区医疗卫生机构核酸检测能力提升工作方案》（吴防控医疗救治〔2020〕17号），加快二级以上医院新冠病毒核酸检测实验室建设，做好设备、人员准备，规范检测流程，落实核酸实验室应急预案演练工作。苏州市中西医结合医院、吴中人民医院、苏州瑞华骨科医院、角直人民医院、区疾病预防控制中心经前期建设具备检测资质，每日最大检测能力为6720份。落实社区网格化采样部署，建立141个网格采样点，各分管镇长或街道办主任为第一责任人，每个采样点原则上安排16名采样医务人员和16名其他工作人员。

【提升医疗救治能力】 规范诊疗标准，扎实做好病例的发现、报告和处置工作。吴中人民医院、苏州瑞华骨科医院建成规范化发热门诊，吴中人民医院积极创建省级示范化发热门诊；苏州市中西医结合医院、角直人民医院发热门诊基本合格。全区13家发热诊室（包含卫生院、社区卫生服务中心）开展升级改造，越溪、长桥、胥口、藏书、东山、光福6家单位已完成。全区设置收治新冠肺炎隔离观察病例床位总数70张，其中，43张为吴中人民医院发热门诊隔离病房床位，10张为苏州市中西医结合医院收治新冠肺炎隔离观察病例床位，17张为区内后备收治新冠肺炎隔离观察病例的苏州瑞华迎春医院床位；明确吴中人民医院为全市第三梯队后备病房。全区发热门诊累计就诊48107人次，收治隔离观察病例337例。（周伟琪）

【支援异地医疗】 2020年度，吴中区卫健委先后派出3批次12人的援鄂援疆医疗队支援抗疫，实现“打胜仗、零感染”目标。苏州市中西医结合医院石俊运用中西医结合的特长，在国家方案的基础上，结合吴门医派治疗特色，逐一开方施治，取得一定疗效。

【表彰与荣誉】 吴中区卫健委获评“江苏省抗击新冠肺炎疫情先进集体”，3名医务人员（袁志萍、刘涛、孙春意）获评“江苏省抗击新冠肺炎疫情先进个人”。3名医务人员（袁志萍、石俊、姜火军）荣获省人力资源社会保障厅、省卫生健康委共同颁发的新冠肺炎疫情防控“记功”奖励，另5名医务人员（关宏磊、吴静文、姚岚、韩小文、曾洁）荣获新冠肺炎疫情防控“嘉奖”。苏州市吴中区疾病预防控制中心、苏州市中西医结合医院被市委、市政府评为全市抗击新冠肺炎疫情先进集体，另17名医务人员被评为全市抗击新冠肺炎疫情先进个人。（周　游）

表22-1 2020年卫生事业基本情况

项目	单位	2020年	2019年
1. 卫生机构数	所	327	314
#医院	所	28	30
基层医疗卫生服务机构	所	287	273
2. 卫生机构床位数	张	6612	6594
#医院	张	5819	5830
基层医疗卫生服务机构	张	793	764
3. 卫生技术人员数	人	7726	7482
#医院	人	4143	4085
基层医疗卫生服务机构	人	3401	3240
#医生人数	人	2901	2758
#医院	人	1294	1277
基层医疗卫生服务机构	人	1541	1423
4. 妇幼保健情况			
5岁以下儿童死亡率		2.3‰	3.41‰
婴儿死亡率		1.64‰	2.72‰
产妇住院分娩比例		100 %	100%
5. 医疗机构诊疗情况			
诊疗总人次	人	6363000	7299945
#门诊	人	5470252	6241318
入院人数	人	111998	119982
病床周转次数	次	17.5	19.5
病床使用率		71.5	78.1%
出院者平均住院天数	天	13.1	13.3

（区统计局）

表22-2 2020年末各类卫生机构、床位及人员数

项目	机构数（个）	床位数（张）	人员数（人）	卫生技术人员数	执业医师人数	执业助理医师人数	注册护士人数	药师（士）人数	技师（士）人数	检验师人数	其他卫生技术人员数
合计	327	6612	10276	7726	2593	308	3492	464	414	312	455
一、医院	28	5819	5820	4143	1221	73	2224	195	190	135	240
1. 综合医院	4	806	1236	1111	384	22	545	67	56	41	37
2. 中医院	1	78	123	95	33	5	39	7	5	4	6
3. 中西医结合医院	1	687	1020	872	351	3	407	48	47	34	16
4. 专科医院	10	1430	1756	1329	354	33	703	52	76	52	111
5. 护理院	12	2818	1685	736	99	10	530	21	6	4	70
二、基层医疗卫生服务机构	287	793	4163	3401	1310	231	1255	266	186	140	153
1. 社区卫生服务中心（站）	53	409	1477	1244	457	71	474	116	80	66	46

续表

项目	机构数（个）	床位数（张）	人员数（人）	卫生技术人员数							
					执业医师人数	执业助理医师人数	注册护士人数	药师（士）人数	技师（士）人数	检验师人数	其他卫生技术人员数
#社区卫生服务中心	11	409	1477	1244	457	71	474	116	80	66	46
社区卫生服务站	42	0	0	0	0	0	0	0	0	0	0
2. 卫生院	7	384	1048	880	290	78	278	97	58	43	79
3. 村卫生室	42	0	0	0	0	0	0	0	0	0	0
4. 门诊部	38	0	903	682	274	25	280	33	46	29	24
#综合门诊部	25	0	684	548	221	18	218	29	44	27	18
中医门诊部	3	0	37	27	12	0	9	2	0	0	4
专科门诊部	10	0	182	107	41	7	53	2	2	2	2
5. 诊所、卫生所、医务室	147	0	735	595	289	57	223	20	2	2	4
#诊所	102	0	575	505	253	46	181	19	2	2	4
卫生所、医务室	38	0	76	72	34	11	26	1	0	0	0
护理站	7	0	84	18	2	0	16	0	0	0	0
三、专业公共卫生机构	9	0	131	105	55	4	3	2	8	7	33
1. 妇幼保健院（所、站）	1	0	35	29	21	1	1	2	4	3	0
2. 疾病预防控制中心	1	0	62	49	34	3	2	0	4	4	6
3. 卫生监督（所）中心	1	0	34	27	0	0	0	0	0	0	27
4.专科疾病防治所（站、中心）	1	0	0	0	0	0	0	0	0	0	0
5. 计划生育技术服务机构	5	0	0	0	0	0	0	0	0	0	0
四、其他卫生机构	3	0	162	77	7	0	10	1	30	30	29
临床检验中心（所、站）	2	0	145	65	6	0	0	0	30	30	29

（区统计局）

表22-3　2020年医疗机构诊疗人数

项目	总诊疗人次数（人次）	门诊人次（人次）	急诊人次（人次）	入院人数（人）	出院人数（人）	实际开放总床位（床/日）
总计	6363000	5470252	619306	111998	111611	2335168
一、医院	1978485	1657736	260772	94234	93782	2048753
1. 综合医院	814526	711748	97322	25387	25226	323554
2. 中医院	67363	67363	—	1876	1854	28470
3. 中西医结合医院	737815	605895	131920	18033	18061	243117
4. 专科医院	358156	272359	31530	43785	43335	503009
肿瘤医院	132972	132972	—	19852	19834	178074
骨科医院	154584	79637	31530	11619	11523	126245
美容医院	13293	12851	—	442	442	7300
5. 护理院	625	371	—	5153	5306	950603

续表

项目	总诊疗人次数（人次）	门诊人次（人次）	急诊人次（人次）	入院人数（人）	出院人数（人）	实际开放总床位（床/日）
二、基层医疗卫生机构	4376992	3804993	358534	17764	17829	286415
1. 社区卫生服务中心(站)	1901392	1578148	197225	10650	10688	149600
乡镇卫生院	1707056	1468352	161309	7114	7141	136815
2. 村卫生室	—	—	—	—	—	—
3. 门诊部	357186	351586	—	—	—	—
4. 诊所、卫生所、医务室	411358	406907	—	—	—	—
# 诊所	334822	330410	—	—	—	—
卫生所、医务室	76536	76497	—	—	—	—
三、妇幼保健院(所、站)	7523	7523	—	—	—	—
四、其他卫生机构	—	—	—	—	—	—
专科疾病防治院(所、站)	—	—	—	—	—	—

（区统计局）

表 22-4　2020 年各类传染病发病情况

项目	单位	2020 年（人）	2019 年（人）
总发病率	1/10 万	426.78	707.93
#肝炎	1/10 万	30.62	31.06
伤寒	1/10 万	0.17	0.18
痢疾	1/10 万	0.44	1.14
麻疹	1/10 万	—	—

注：各类传染病每十万人发病数包括性病、结核病。

（区统计局）

表 22-5　2020 年前十位疾病死因及比重

位次	死因	占全部死因比重
总计		95.3%
1	恶性肿瘤	28.7%
2	脑血管病	21.7%
3	心脏病	14.6%
4	呼吸系统疾病	12.7%
5	损伤和中毒外部原因	8.3%
6	神经系统疾病	2.8%
7	内分泌，营养和代谢的其他疾病	2.6%
8	消化系统疾病	2.3%
9	泌尿生殖系统疾病	1.0%
10	精神和行为障碍	0.7%

（区统计局）

表 22-6　2020 年婚姻登记情况

项目	单位	2020 年	2019 年
一、晚婚情况			
女性初婚人数	人	3013	2991
# 23 周岁以上	人	2813	1927
晚婚率		63.6 %	64.4%
二、婚姻登记情况			
年内准予登记结婚数	对	4425	4513
年内申请离婚数	对	2895	2775
年内准予离婚数	对	2331	3010

（区统计局）

表 22-7　2020 年吴中区援鄂援疆医疗队成员名单

序号	姓名	性别	单位	科室	支援地	支援医院
1	石　俊	男	苏州市中西医结合医院	肝病科	武汉	武汉江夏区第一人民医院
2	吴静文	女	苏州市中西医结合医院	感染科	武汉	华中科技大学同济医学院附属同济医院光谷院区
3	姜火军	男	苏州市中西医结合医院	重症医学科	武汉	华中科技大学同济医学院附属同济医院光谷院区
4	韩小文	女	苏州市中西医结合医院	神经内科（护理）	武汉	华中科技大学同济医学院附属同济医院光谷院区
5	袁志萍	女	苏州市中西医结合医院	肺病科（护理）	武汉	华中科技大学同济医学院附属同济医院光谷院区
6	关宏磊	男	苏州市中西医结合医院	重症医学科（护理）	武汉	华中科技大学同济医学院附属同济医院光谷院区
7	白　洋	男	苏州市中西医结合医院	重症医学科（护理）	武汉	华中科技大学同济医学院附属同济医院光谷院区
8	姚　岚	女	苏州市中西医结合医院	老年科（护理）	武汉	华中科技大学同济医学院附属同济医院光谷院区
9	刘　艳	女	苏州市中西医结合医院	肺病科（护理）	武汉	华中科技大学同济医学院附属同济医院光谷院区
10	曾　洁	女	苏州市中西医结合医院	心病科（护理）	武汉	华中科技大学同济医学院附属同济医院光谷院区
11	何丹燕	女	苏州市中西医结合医院	肺病科（护理）	武汉	华中科技大学同济医学院附属同济医院光谷院区
12	陈国飞	男	苏州市中西医结合医院	检验科	喀什	喀什市第一人民医院

编辑：赵立文

民政事务

【概况】 2020年，苏州市吴中区民政局（简称“区民政局”）贯彻习近平总书记关于民政工作“三个聚焦”重要指示精神，坚持“民政为民、民政爱民”理念，紧抓做好疫情防控、民生保障、基层治理、公共服务等领域工作。年内，江苏省首家“互联网+社会服务”综合为老服务中心在吴中高新区投入运营，成立江苏省首个新时代婚姻家庭服务指导中心，吴中区入选全省第二批智慧养老创新基地。苏州爱心护理院、瑞颐·椿熹里精品创新养生社区分别入选全国公办养老机构改革优秀案例、省级养老服务业综合发展示范基地；2家省级儿童“关爱之家”建成投入使用，4家社区精神障碍康复机构开展社会化运行。

【疫情防控】 2020年，抗击新冠肺炎疫情期间，全区民政系统提高站位，快速响应，及时排查全区6425名低保、特困人员状况，简化临时救助审批手续，发放物价补贴48.13万元。对受疫情影响基本生活陷入暂时性困难家庭开展先行救助，累计救助20人次，发放临时救助金2.4万元。落实各项防控措施，全区29家养老机构全部实施封闭管理，守住养老机构零感染底线；10家社会组织、60余名社工协同社区工作者上门配送生活、医药用品，累计服务1万余人次。动员社会慈善力量参与疫情防控，区慈善总会累计接受善款152万元。

【养老服务】 2020年，全年下拨各类养老服务经费2942.64万元，其中，养老机构床位运营补贴115.08万元，社区养老服务设施建设补贴630万元、运营补贴489.92万元，居家养老服务补贴及运营补贴931.59万元，老年人福利经费686.57万元，“智慧养老”服务等其他经费89.48万元。光福镇区域性养老服务中心完成改建，木渎镇区域性养老服务中心立项开工。新增61个村（社区）老年人日间照料中心。新增护理型床位391张，其中，光福镇社会养老中心新增187张，郭巷街道朗诗常青藤宏业路颐养中心新增204张。

【社会福利与社会救助】 2020年，全区共有7类困难对象11730人，其中低保对象585户1139人、特困供养对象107人、低保边缘对象1092人、困难残疾人生活补贴对象3238人、重度残疾人护理补贴对象5473人、困境儿童489人、临时救助对象192人。全年发放低保救助金958.14万元、特困供养金99.58万元、低保边缘救助金878.02万元、困难残疾人生活补贴2679.03万元、重度残疾人护理补贴786.86万元、困境儿童基本生活保障金313.73万元、临时救助金138.76万元、物价补贴517.5万元。农历辛丑年春节期间，组织“三级三联”走访活动，发放慰问金811.45万元；2月疫情期间，发放一次性临时生活补贴69.5万元。

【困境儿童“扬帆计划”】 2020年，政府、群团、慈善、社会组织四方联手，实施困境儿童“扬帆计划”，为全区困境儿童建立“一人一档”，分区域开展入户走访、心理疏导、行为矫正、教育辅导、社会融入等个性化服务，累计提供个案辅导105次、团体帮扶40次。开展“停课不停学”“一个头盔的暴走”“暑期夏令营”等系列活动，社会反响良好，先后被“交汇点”等各级媒体报道10余次。

【社区治理】 2020年，区民政局以第五届公益创投为平台，推进以金庭镇东村村“古樟议事”为代表的基层民主协商议事项目。通过搭建村民理事会、居民议事会等民主协商平台，完善村（居）民议事会议规则制度，明确民主协商议事的主体、事项、流程以及结果运用等要素，打造互融共通、差异共存的现代社区治理新模式。开展全科社工线上培训，全区466名全科社工通过考试，100%持证上岗，全科社工服务模式实现城乡社区全覆盖。

【村（居）换届选举】 2020年，全区村委会、居委会换届选举工作启动后，区民政局专门派员赴各板块检查指导选举工作准备情况，提出“一村（居）一策”指导建议，细化换届选举工作预案。太湖街道（2个社区）和横泾街道（5个村、4个社区）作为区级试点，太湖街道于12月26日、横泾街道于12月27日分别完成试点任务。两个试点街道选举一次性成功率100%，职数足额当选率100%。试点工作为推动全区村委会、居委会换届选举工作提供经验。

【专项事务】 2020年，区民政局推进年度行政区域界线联合检查和界线界桩集中巡查、风险排查工作，牵头实施苏浙线第四轮吴中区与长兴县段、吴兴区段省级界线联合检查，吴虎线12个界桩全部安装更换到位。对新建社区和部分社区调整进行业务指导，新建社区6个，调整社区管理区域3个。对有地无名、一地多名、随意命名等道路问题，依据镇级地名规划进行标准化处理，投入资金96.8万元，制作标准路牌684块。

【新时代文明实践】 2020年，区民政局继续开展新时代文明实践活动，打造吴中区民生综合服务中心新时代文明实践点，将社会组织和志愿服务两者有机结合，有效促进志愿服务社会化、专业化。新时代文明实践点设立600平方米集中培育基地，24家社会组织、60余名社工志愿者“以公益换场地”形式落户入驻。累计建立志愿服务队7个，招募志愿者549名，开展志愿服务883次。发动社会组织参与国家脱贫攻坚工作，全区5家社会组织先后投入25.6万元的资金和物资，在青海、贵州等重点贫困省份开展各类扶贫助学助困项目，改善当地贫困学生的教学环境，取得良好的社会效益。

【殡葬管理】 2020年清明期间，全区祭扫情况整体平稳有序，累计接待祭扫29.2万人，是上年同期的10%；祭扫车辆6.7万辆，是上年同期的14.5%。其中4月4日清明节祭扫人数为9.8万，是上年同期的11.5%；祭扫车辆2.6万辆，是上年同期的16%。全区18个公墓单独建立网上祭扫平台，设立虚拟纪念馆49.1万个（其中东山华侨公墓16352个墓穴可实行网上实景实像祭扫），6个公墓提供代客祭扫服务1120次，通过网上祭扫平台祭扫42.1万人次。

【婚姻收养登记】 2020年，办理各类婚姻收养登记事项7910

2020年10月12日，全省首个新时代婚姻家庭服务指导中心启用。图为举办结婚登记集体颁证仪式　　区民政局　供稿

件，其中结婚登记4425件、离婚登记2331件、补领婚姻证书1144件、收养登记10件。成立全省首个新时代婚姻家庭服务指导中心，在全省率先实现特邀颁证员制度，首批7名结婚登记特邀颁证员为7对集体婚礼新人颁证，有效倡导平等、和睦、文明的婚姻家庭新风。

【福利彩票发行管理】 2020年，吴中福利彩票累计销售彩票2.67亿元，包括电脑票销量2.1亿元、即开票销量5346.7万元、中福在线303.2万元，总销量列苏州市第三位，为本地筹集公益金2523万元。全区累计中双色球一等奖5注、双色球二等奖13注、即开票一等奖10个。福利彩票发行工作总体保持安全稳定、健康的发展态势。

（严宗强）

社会保障

【概况】 2020年，苏州市吴中区人力资源和社会保障局（简称“区人社局”）继续完善覆盖全民的社会保障体系，稳步提升基本民生保障水平。全区23.76万名被征地农民和5799名太湖水域退捕渔民全部纳入城保体系，参加企业养老保险51.26万人、医疗保险62.82万人、失业保险43.18万人、工伤保险50.57万人、生育保险43.61万人，参加居民养老、居民医疗人数分别为5.96万人、31.08万人。

【社保工作】 2020年，抗击新冠肺炎疫情期间，全区减免企业社保费用27.75亿元，供给侧降费减负17.25亿元。按时足额发放各类人员养老金36.29亿元，企业退休人员养老金平均每月3043.70元，被征地置换城保退休人员养老金平均每月1641.4元。向5.74万名（人次）参保人员发放实时救助金1640万元，向4332名重度、中度失能人员支付长护险待遇2443.69万元，向177名低收入人员发放专项救助金72.99万元，向1.59万名重病、大病参保患者支付大病保险待遇1.05亿元。

【退管工作】 2020年，全区20.11万名退休人员纳入社会化管理，社会化管理率为98.5%。区人社局以唱响“冬送温暖、夏送清凉、春秋旅游、重阳祝寿”四季歌为主题，组织开展各类退管活动，走访慰问退休人员5.44万人次，支付慰问金及活动经费454.59万元，组织11.78万名退休人员开展免费健康体检。举办“众志成城　抗击新冠”吴中区退休人员文艺展演。

（范　莉）

表23-1 2020年失业、工伤、生育、医疗保险情况

项目	单位	失业保险	工伤保险	生育保险	医疗保险
1.年末参加保险单位数	个	48617	49022	48704	48713
2.年末参加保险职工人数	人	431810	505699	436091	502089
3.年内保险基金总收入	万元	21789.53	4178	17117	188181
#利息收入	万元	1462.82	476	—	12229
4.年内保险基金总支出	万元	43167.41	14754	17515	189236
5.年内领取保险金人数	人	13183	2298	18645	554346

（区统计局）

表23-2 2020年养老保险情况

项目	单位	合计				
			全民企业	集体企业	外资及港澳台资企业	其他
1.年末参加保险单位数	个	48378	1098	188	381	46711
2.年末参加保险人数	人	512601	13101	9711	59547	430242
3.年内保险基金收入总额	万元	251639	7250	5358	52664	186367
4.年内退休养老金支出总额	万元	356218	9485	18728	6547	321458

（区统计局）

退役军人事务

【概况】 2020年，苏州市吴中区退役军人事务局（简称“区退役军人事务局”）坚持以退役军人为中心，围绕“让军人成为全社会尊崇的职业”目标，提升退役军人的荣誉感、归属感和幸福感，激发退役军人“退役不褪色、建功新时代”的斗志和精神，提升退役军人事务工作现代化治理能力，完成各项工作任务。年内，引导社会力量参与做好退役军人事务工作，苏州电器科学研究院股份有限公司、苏州雅思印染有限公司、苏苑饭店被评为苏州市“优秀退役军人之家”；1人获评“省模范退役军人”，2人获评苏州市“最美退役军人”。抗击新冠肺炎疫情期间，区退役军人事务局发动2300多名退役军人参与疫情防控；组织32名退役军人参加省“戎耀今生”退役军人书画大赛，获一等奖1项。退役军人服务保障水平高质量指标考核在苏州市排名第一。

【探索现代化治理模式】 2020年，区退役军人事务局持续探索退役军人事务现代化治理模式，全区推进“退役军人+网格化”服务的管理经验，被江苏省退役军人事务厅认可和推广。木渎镇学习新时代“枫桥经验”的做法，被退役军人事务部推广。

【服务保障体系建设】 2020年，区退役军人事务局贯彻落实上级召开的“新时代‘枫桥经验’暨全省服务中心（站）建设工作现场推进会”精神，加强服务保障体系建设。区退役军人服务中心、木渎镇退役军人服务站等9个单位获评全国示范型退役军人服务中心（站）。以全省信息化建设试点为契机，推动退役军人信息化建设工作。年内，完成区级视频会议系统和重点服务对象系统的建设，13个镇、街道服务站视频会议系统全部完成，在全省率先实现区、镇两级视频会议部署。

【优待抚恤】 2020年，区退役军人事务局完成抚恤补助资金

的清算和年度资金预拨任务。按照自然增长机制，及时调整优抚标准，按时发放各类抚恤、优待、补助经费。全年发放优抚经费5219万元，其中抚恤补助经费3222万元、优待经费1997万元。配合区四套班子领导和各界代表在烈士陵园参加“公祭日”活动，深切缅怀革命先烈，弘扬英烈精神。完成抗美援朝纪念章发放、优抚对象核查、残疾军人换证准备、新增优抚对象材料审核等工作。开展抗美援朝老兵调查摸底和走访慰问活动，充分体现党中央对参战老兵的关心厚爱。

【退役安置】 2020年，全区接收安置军转干部8名、符合政府安排工作的转业士官12名、自主就业退役士兵177名。其中，3名团职干部由区委组织部负责安置，5名营连职干部、技术军转干部及转业士官由区退役军人事务局负责安置。按照积分确认、公开积分、公开岗位、公开选岗等流程进行安置，岗位安置率100%，转业干部公务员安置比例100%，转业士官事业单位安置率达到58%。发放自主就业退役士兵一次性经济补助金1884.4万元。

【就业创业】 2020年，区退役军人事务局协同相关部门，开发退役军人就业岗位，在企事业单位和社会组织中开发公益性岗位定向招聘退役士兵；镇、村两级在招聘退役军人服务管理等专职人员时，优先招聘退役军人。年内，组织举办区、镇（街道）退役军人专场招聘会4场，有69家企业提供1500余个优质岗位，有89名退役士兵与企业达成就业意向。继续加大退役军人就业创业扶持力度，组织推荐4家企业报名参赛苏州市首届退役军人创业创新大赛。

【社保接续】 2020年，区退役军人事务局根据《关于解决部分退役士兵社会保险问题的意见》《关于解决部分退役士兵社会保险问题的实施意见》等文件要求，成立由区人社、发改、民政、财政、税务等部门组成的退役士兵社会保险问题专班，及时组织相关业务培训，建立“一门受理、协同办理”的经办机制，实现多部门接续对象审查、信息数据录入、缴费数据核算程序化处理一条龙。全区共申报、审核及补缴729人，全区补缴总金额1374.144万元，其中单位补缴916.096万元、个人补缴458.048万元，审核率、办结率均为100%，在全市率先完成社保接续任务。

【双拥共建】 2020年，区退役军人事务局继续组织开展双拥共建工作，为全区97个机关事业单位、镇（街道）、国有企业等单位与12个驻吴部队（分队）结成双拥共建对子。春节、八一建军节两节期间，区四套班子领导带队走访慰问驻吴部队，赠送慰问品260万元。年内，安置11名随军家属进入机关事业单位工作，给16名申请货币补偿的随军家属发放一次性货币安置金105.3万元。举办2场随军家属专场招聘会。按照“入学就近、学校选优”的原则，保障60余名官兵子女入学、入托。

【权益维护】 2020年，区退役军人事务局接访54批82人次、来电信访85人次；受理联动中心工单件29件，退役军人事务部转办件4件，省退役军人事务厅转办件4件等，主要反映社保接续、退役安置和要求补助待遇等维护退役军人权益问题，年内均得到妥善处理，确保涉军领域的安全稳定。区退役军人事务局被中共吴中区委评为“平安吴中”先进集体。

【军休服务】 2020年，区退役军人事务局创新丰富军队离休干部党日活动内容，发挥军休所党支部战斗堡垒作用，组织抗美援朝作战70周年纪念日双拥主题党日活动。年内，军休干部广泛参与社会活动，邀请战斗英雄谢子龙代表优秀军队老干部参加苏州市“征兵进校园”系列活动；军休干部刘学在苏州市退役军人“微党课”竞赛活动中获得三等奖。吴中区创新丰富军休服务工作的做法，被人民日报客户端、《解放军报》网络版、中国军视网、苏州新闻等媒体转载或转播。继续探索军休干部社会化服务保障办法，采取单位、社区相结合的形式，协调安排老干部所在社区的志愿者或家政力量，上门为有特殊困难的军休老干部提供家政服务保障，解决军休老干部的现实生活困难。（张　剑）

住房保障

【概况】 2020年，苏州市吴中区住房和城乡建设局（简称“区住房和城乡建设局”）聚焦“安居宜居”住房发展目标，继续提高全区住房保障服务水平。全年商品房新开工面积547.21万平方米，商品房施工面积1035.76万平方米，商品房竣工面积222.5万平方米。构建多层次住房保障体系，推进棚户区（危旧房）改造工程，年内新开工棚改安置房7412套，基本建成4148套，超额完成苏州市政府下达的建设任务。

【住房保障工作】 2020年，区住房和城乡建设局采用“租、售、补”相结合的方式，持续扩大住房保障覆盖面。审核通过72户符合条件的家庭享受廉租住房保障，向737户次中低收入家庭发放租金补贴107.46万元；组织37户经济适用房申购家庭参加摇号，基本实现应保尽保；办理经济适用房产权处置27户，补差金额598.63万元，调整10个保障性住房小区经济适用房上市交易指导价。

【公房管理】 2020年，区住房和城乡建设局加强公房管理，提高公房使用效率，全年完成公房租金入库2798.11万元，减免385户承租户3个月租金690.18万元。强化直管公房维修养护管理工作，全年组织维修公房125户次、保障性住房955户次。先后完成吴中经济技术开发区、木渎镇解危安置房的装饰工程；对木渎镇保障性住房小区、甪直镇长虹南路68路厂区的雨污管道、东山镇什物谷超市屋面檐口进行改造；对东山镇松园弄5号危房进行加固抢修，确保公房使用安全，有效提高国有资产优质率。（戎　映）

住房公积金管理

【概况】 2020年，苏州市住房公积金管理中心吴中分中心（简称“吴中公积金分中心”）继续全面落实住房公积金制度保障，提升制度覆盖面和使用面。全年扩面新增缴存单位1932家，净增缴存职工2.31万人；年末缴存职工规模25.68万人，缴存职工覆盖面为72.48%；年末月应缴存金额突破3亿元，全年归集住房公积金35.54亿元。发放住房公积金贷款1829户9.15亿元，提取住房公积金25.9亿元。是年，向区公共租赁住房建设提供补充资金2341.8万元。

【优化服务】 2020年，吴中公积金分中心推进住房公积金“放管服”改革，优化住房公积金的各项服务，提升为职企办事的满意度。实现22项使用业务、17项单位事项的全市通办；在住房公积金服务大厅综合窗口实现公积金业务“一窗通办”；在服务大厅开设专窗，落实住房公积金“跨省通办”工作；推出贷后材料可邮寄的创新服务，为贷款职工提供“少跑一次”的多选项；探索住房公积金贷款受理外延服务，在楼盘销售现场进行接单受理，解决职工“最后一公里”问题；继续探索住房公积金基层服务点整合，完成甪直农行和木渎建行、中行提取网点入驻区行政审批局；“苏州公积金”App实现购房提取、退休提取、还贷委托提取签约等20项业务的手机线上办理。

【落实扶持纾困政策】 2020年，吴中公积金分中心对受新冠肺炎疫情影响生产经营困难的企业，快速落实住房公积金扶持纾困政策，辅导其组织工会、职代会通过决议后进行阶段性缓缴或降比缴存。全年共为25家企业799名职工缓缴资金约200万元；为48家企业6028名职工办理缴存比例降低业务，为135家阶段性降比到期单位延续原缴存比例，为企业减少成本约3207万元；继续开展住房公积金贷款贴息服务，为全区7户中等偏低收入家庭补贴1.47万元。

【推动普法宣传】 2020年，吴中公积金分中心推动普法宣传工作，组织受托银行和社保中心工作人员共同参与住房公积金相关制度的普法宣传。组建5个企业服务宣传小分队，通过前期数据比对、中期现场走访、后期跟踪联系等活动，全年走访宣讲企业1619家，发放宣传材料15000余份。在东吴电视塔塔身和苏州512路、553路公交车车身发布住房公积金宣传标语；在14个镇、街道社保中心（便民服务中心）宣传屏和180个气象信息屏上开展橙色亮屏行动，宣传“住房公积金，单位的义务，职工的权益，乐居的保障”等，普及住房公积金相关制度知识。（沈逸平）

居民生活

【概况】 2020年，全区城镇居民人均可支配收入72902元，较上年增长3.3%。收入结构逐步优化，生活质量进一步提高，城镇居民人均消费支出39237元，较上年减少1.5%。年末城乡居民人民币储蓄存款余额1115.83亿元，较上年增长14.24%。

表23-3 2020年城镇居民家庭基本情况

项目	单位	2020年	2019年
一、调查户数	户	140	140
二、家庭人口数	人	594.0	591.0
平均每户人口数	人	4.2	4.2
三、就业类型	人	341	340
①雇主	人	2	2
②公职人员	人	3	4
③事业单位人员	人	19	20
④国有企业雇主	人	6	8
⑤其他雇员	人	278	271
⑥农业自营	人	7	7
⑦非农自营	人	26	28
户均家庭就业人口数	人	2.4	2.4
平均每一就业者负担人数	人	1.7	1.7
四、平均每户住房建筑面积	平方米	205.8	205.8
人均家庭住房建筑面积	平方米	49	49
五、住房房屋来源	户	140	140
租赁公房	户	2	2
自建房屋	户	73	73
商品房	户	34	34
拆迁安置房	户	31	31

续表

项目	单位	2020 年	2019 年
六、住宅建筑式样	户	140	140
单栋住宅（单栋楼房）	户	77	78
四居室及以上单元房	户	12	12
三居室单元房	户	34	32
二居室单元房	户	14	15
平房及其他	户	3	3
七、饮水情况	户	140	140
自来水	户	140	140
井水和泉水	户	—	—
八、住房卫生设备	户	140	140
使用水冲式厕所的户数	户	140	140
使用旱厕的户数	户	—	—
无厕所的户数	户	—	—
九、洗澡设施情况	户	140	140
统一供热水	户	2	2
家庭自装热水器	户	138	138
其他	户	—	—
十、取暖设备状况	户	140	140
自行供暖	户	140	140
无取暖设备	户	—	—
十一、炊用能源状况	户	140	140
罐装液化石油气	户	61	62
管道液化石油气	户	—	—
管道煤气	户	—	—
管道天然气	户	78	76
电	户	1	2
十二、每百户居民家庭通用设备使用情况			
1. 固定电话	部	49	49
2. 移动电话	部	327	326
3. 使用互联网	条	267	261
十三、每百户居民家庭耐用消费品拥有量			
家用汽车	辆	91	102
摩托车	辆	4	4
助力车	辆	144	139
洗衣机	台	107	106
电冰箱（柜）	台	116	116
彩色电视机	台	228	222

续表

项目	单位	2020 年	2019 年
计算机	台	104	104
空气净化器	台	11	11
吸尘器	台	31	31
照相机	架	31	31
微波炉	台	93	94
空调	台	316	306
中高档乐器	件	11	11
热水器	台	126	123
健身器材	套	13	14
移动电话	部	327	326
电话机	部	49	49
消毒碗柜	台	—	—
排油烟机	台	104	104
洗碗机	台	2	2

（区统计局）

表 23-4　城镇居民家庭全年人均收支情况

单位：元

项目	2020 年	2019 年
一、可支配收入	72902	70573
（一）工资性收入	42837	41822
1. 工资	40696	39812
2. 实物福利	555	526
3. 其他	1586	1484
（二）经营净收入	8238	8307
第一产业经营净收入	—	—
第二产业经营净收入	5183	5133
第三产业经营净收入	3055	3174
（三）财产净收入	15484	14531
利息净收入	938	583
红利收入	1067	1241
储蓄性保险净收益	0	0
转让承包土地经营权租金净收入	43	3
出租房屋财产性收入	5562	5296
出租机械、专利、版权等资产的收入	—	—
其他财产净收入	—	—
房屋虚拟租金	7874	7407
（四）转移性净收入	6343	5914

续表

项目	2020 年	2019 年
1. 转移性收入	9226	8721
# 养老金或离退休金	7627	7171
# 社会救济收入	—	—
# 政策性生活补贴	90	87
# 报销医疗费	919	870
# 赡养收入	226	216
# 其他经常转移收入	282	308
# 从政府和组织得到的实物产品和服务折价	82	68
2. 转移性支出	2884	2807
个人所得税	276	261
社会保障支出	2455	2404
赡养支出	89	82
其他转移性支出	63	60
二、非收入所得	2274	7174
1. 出售资产所得	183	4837
2. 非经常性转移所得	2091	2337
3. 其他非收入所得	—	—
三、借贷性所得	364	244
四、家庭总支出	50217	72138
（一）消费性支出	39237	39837
1.食品烟酒	10594	10445
2.衣着	1927	2052
3.居住	10947	10250
4.生活用品及服务	1502	1442
5.交通通信	6546	7111
6.教育文化娱乐	5375	6119
7.医疗保健	1511	1478
8.其他商品和服务	836	940
（二）生产经营费用支出	261	347
第一产业经营费用支出	—	—
第二产业经营费用支出	121	86
第三产业经营费用支出	140	260
（三）财产性支出	522	743
生活贷款利息支出	521	742
其他财产性支出	1	1
（四）转移性支出	3535	3006
1. 个人所得税	386	331
2. 社会保障支出	2997	2533
个人缴纳的养老保险	2071	1732
个人缴纳的医疗保险	756	672

续表

项目	2020年	2019年
个人缴纳的失业保险	99	90
其他社会保障支出	72	39
3. 赡养支出	109	82
4. 其他转移性支出	42	60
(五)部分商业保险支出	364	422
(六)购置资产及非经常性转移支出	3901	25094
1. 购置资产支出	856	21396
2. 非经常性转移支出	3044	3698
博彩支出	3	5
婚丧嫁娶礼金(宴请)支出	2215	2801
一次性赔偿支出	—	—
一次性馈赠支出	825	892
其他非经常性转移支出	1	0
(七)借贷支出	2397	2689
存入储蓄款	42	0
借出款	0	0
归还借款	169	0
购买有价证券	0	51
其他投资支出	0	52
归还住房贷款	2114	2480
归还汽车贷款	54	106
归还其他贷款	18	0

(区统计局)

编辑：王明生

苏州太湖国家旅游度假区

【概况】 苏州太湖国家旅游度假区（简称“度假区”）是1992年经国务院批准建立的全国首批12个国家旅游度假区之一，位于苏州市西南15千米处，东起胥口镇，南倚石公山麓，西邻太湖，北傍穹窿山麓，陆地面积171平方千米。下辖西山农业园区（金庭镇）、光福镇和香山街道，共26个行政村、12个社区，年末户籍人口12.02万人。2020年，实现地区生产总值81.7亿元，实现一般公共预算收入17.05亿元。完成全社会固定资产投资22亿元（不含房地产），32个区级重点项目完成投资35.6亿元，在建率100%。经济指标稳中向好，发展动能持续增强。

【转型升级】 2020年，引进工业项目5个、商务办公项目1个，租赁厂房企业10家，远荣、地贝、世沃等3个制造业项目完成供地并开工，视源股份苏州产业园建成投用，太湖科技产业园200公顷工业研发用地纳入苏州开放创新合作热力图。2020年，新招引项目实现税收1.18亿元，比上年增长7.94%。苏州太湖国有资产投资发展集团有限公司2020年完成AA+主体评级，成功进入直融市场。

【旅游载体】 2020年，接待游客675.75万人次，旅游总收入104.45亿元，分别为2019年的74%和75%。统筹实施入住度假区酒店民宿免景区门票政策，全年登记酒店民宿251家，万豪万丽、会议中心（香山大酒店）、太美香谷里、太美逸郡等酒店实现总营收3亿元。文旅载体有序升级。太美雪绿民宿、渔洋码头二期等建成营业，国际会议中心游客集散功能改造及安防提升全面完成。金庭废弃矿坑旅游综合体项目一期地块上市准备工作就绪，南峰阿丽拉酒店进入内装阶段。光福苏作红木展示馆主体完工，漫山岛分散式乡村精品酒店集群试运营。

【体旅融合】 完成2020赛季中超联赛苏州赛区和2020中国足协杯参赛球队封闭驻训保障，举办女足国家队备战东京奥运会集训、全国足球运动小将选拔赛等赛事训练30场，带动辖区酒店直接营收超6800万元。太湖体育运动休闲小镇入选体育类省级特色小镇创建名单，顺利通过国家全域旅游示范区验收。

【三农工作】 2020年，建成康居村庄34个，涉及辖区13个行政村，投入资金1.7亿元，惠及居民3200余户。富民增收取得实效。辖区村均稳定收入超500万元，市、区两级经济薄弱村全部脱贫摘帽，农民人均纯收入突破3.4万元，农村股份合作社实现分红全覆盖。

【生态文明】 深化太湖水环境治理，打捞蓝藻共计8.2万余吨（含水），打捞水体漂浮物共计3.4万余吨（含水）。太湖生态岛建设前期工作加速推进，金庭镇入选国家自然资源部生态产品价值实现典型案例，消夏湾生态安全缓冲区项目列入省级生态安全缓冲区试点。光福平台山获批市级湿地自然公园，湿地保护率位列吴中区前茅。

【城乡建设】 中心区110千伏香山变电站建成投运。金庭镇32千米区域供水主管网全线贯通，明月湾获评省级特色田园乡村，堂里村获评国家森林乡村。完成光福镇28个自然村雨污水、自来水改造，香雪村获评苏州市农村人居环境整治工作示范村。科福污水处理厂完成尾水提标改造，日处理污水能力3万吨。全年完成重点拆迁住房103户、企业4家，地块清零37.33公顷。实施三优三保20.47公顷，占补平衡75.2公顷。完成10家低效产能企业腾退工作，腾出工业用地空间4公顷。

【民生事业】 香山街道孙武花园二期926套完成交付，三期272套北侧两幢主体封顶，四期西地块322套完成桩基，第四幼儿园建设完成，第三小学A、B区结构封顶，度假区人民医院内装完成。金庭九年一贯制学校桩基施工；医院血透室建成投用，消防改造加速推进。光福香雪海小学附属幼儿园主体结构封顶，福惠花园19幢938套中的4幢172套主体封顶。

【社会稳定】 扫黑除恶、安保维稳扎实有力，来信来访办结率、及时率均达100%，联动中心工单办结率97.8%。安全生产责任制深入落实。认真做好上级安全生产督导组发现问题的整改，扎实开展党工委班子成员“百团进百万企业”安全生产宣讲及安全生产“百日亮剑”行动等，全年安全事故和亡人数分别下降53.9%、75%。

（顾 滔）

2020年8月，太湖体育运动休闲小镇入选体育类省级特色小镇创建名单

区委宣传部 供稿

苏州吴中经济技术开发区

【概况】 苏州吴中经济技术开发区（简称“开发区”）位于东太湖之滨，规划面积152.23平方千米，下辖5个街道办事处，总人口63.96万人，其中户籍人口21.22万人。2020年，实现地区生产总值506.2亿元，比上年增长10%；完成一般公共预算收入69.72亿元，比上年下降6.6%；完成规上工业总产值904.5亿元，比上年增长12.4%；实现服务业增加值216.8亿元，比上年增长6.6%；完成全社会固定资产投资（不含房地产）92.75亿元，比上年增长27.2%；工业投资41.7亿元，比上年增长33.7%。年内，在全国国家级经开区综评排名中位列第39，在

全省省级以上开发区综评排名中位列第18。

【招商引资】 2020年，注册外资及港澳台资5.18亿美元，比上年增长166.8%；到账外资及港澳台资2.62亿美元，比上年增长30.7%；完成内资（不含港澳台资）注册406亿元，比上年增长36.1%。61个区级以上重点项目，完成年度总投资157.5亿元。面对新冠肺炎疫情冲击，创新“线连线”“屏对屏”招商模式，招引10亿元以上项目5个，微软（中国）有限公司、埃诺威（苏州）新能源科技有限公司、中国交通建设集团有限公司等企业落地，苏州石川制铁有限公司、苏州市味知香食品股份有限公司等项目正式开工，苏州浪潮智能科技有限公司、苏州精濑光电有限公司等项目竣工投运。举办2020苏州吴中（上海）生物医药产业营商环境推介会、吴中太湖新城（北京）营商环境推介会等招商推介活动。

【转型升级】 2020年，贯彻存量用地管理实施意见和政策意见，编制《横泾北部（金港西）存量工业更新城市设计》，系统摸清低效用地现状和改造开发潜力，组建苏州融新建设发展有限公司，引导社会资本参与开发，推进存量工业更新改造。苏州金记食品、城南科技产业园等8个项目开工建设，亚青永葆生活用纸（苏州）有限公司、宝仁科技产业园等8个项目正式开业，苏州市宏利来服饰有限公司、越溪工业坊等12个项目进入前期预审，合计9.93公顷低效利用土地进入存量更新流程。落实高质量发展扶持政策，发放扶持资金1.6亿元。苏州电器科学研究院股份有限公司、中认英泰（苏州）检测技术有限公司获评国家中小企业公共服务示范平台，苏州瑞可达连接系统股份有限公司、苏州精濑光电有限公司获国家专精特新“小巨人”企业认定，苏州汇川技术有限公司、科沃斯机器人股份有限公司、苏州赛腾精密电子有限公司入围全省民营企业创新百强，欧康维视生物医药有限公司、苏州伟创电气科技股份有限公司上市。开发区获评省“互联网+先进制造业”基地。苏州协同创新智能制造装备有限公司中标国家级综合型标识解析二级节点项目。苏州维信电子有限公司智能工厂入选市级智能工厂，实现吴中区智能工厂零的突破。进一步优化人才引进制度机制，推进高层次人才创业投资引导基金进入实质运作，引进“高精尖缺”人才，66个项目入选领军人才计划，11个项目入选市级以上领军人才计划。

【改革创新】 开发区挂牌苏州自贸片区联动创新区以来，推进重点改革领域融合协同，复制推广“新兴产业用地10+N弹性出让”等改革措施，“保税+”业务有效拓展开发区检验检测业务范围，中欧卡航、区港联动等业务物流贸易灵活便捷。深化行政审批改革，压缩投资项目审批时限，优化审批流程，实现赋权事项平均审批承诺时限较法定时限压缩70%，新办企业营业执照实现0.5个工作日常态化，并新增行政审批赋权事项3项，为企业和群众提供最大便利。推进国资国企改革，经发集团成为吴中区首家拥有全资控股上市公司的国有企业。

【载体建设】 年内，苏州（太湖）软件产业园对标国内一流软件产业园区，重点聚焦互联网、工业软件、5G、大数据等领域，先后引进江苏爱数专云信息技术有限公司、达梦数据技术（江苏）有限公司等软件产业链关键企业。赛迪研究院苏州分院实现开园运营，软件特色名城展馆顺利开馆。大力发展信创产业，获苏州信创产业园、省级信创协同攻关基地等荣誉称号，信创产业集聚效应初步显现。生物医药产业园加快基础设施建设和招商项目储备，完成控规修编、启动区土地平整，设立产业专项基金，吸引仁东医学、乐明医药等创新企业落户，项目储备率达160%。综保区加快缩区后功能叠加、平台拓展、政策创新，落地一般纳税人资格试点，获评省级重点物流基地，区域工业总产值比上年增长86%。化工集中区根据企业类别，大力推进内部环境整治和产业提升，做精做强生物医药、精细化工两大主导产业，高质量完成省安全风险等级评估，通过省级化工集中区认定。尹中南路沿线环境整治取得明显成效。

【民生保障】 2020年，压紧压实疫情防控四方责任，运用“大数据+网格化+铁脚板”工作模式，实现防控网络全覆盖，保障人民群众生命安全和身体健康。坚持疫情防控和经济发展两手抓、两手硬，通过设立复工复产工作小组、开通员工返岗专车、协调防疫物资供应，建立健全复工复产备案制度和疫情防控工作体系，全力做好保障服务，推动企业项目复工达产增效。严格落实“惠企暖企”政策，减免317家中小企业3100多万元租金，帮扶企业共克时艰。公共服务提质增效。提升优质公共资源供给水平，建成投用溪秀实验小学及附属幼儿园等3所学校，开工建设澄湖路学校、独墅湖中学等6所学校，成立3个教育集团，探索教育多元化供给，开启集团化办学新模式。深入开展尹山湖医院与上海十院合作共建，启动建设5G+数字化医疗健康服务示范区，竣工投用郭巷文体中心，加快建设城南卫生院、越溪文体中心、横泾区域养老服务中心等实事工程。开展精准就业帮扶和阳光惠农走访，举办108期招聘集市，提供就业岗位6万多个。

【社会治理】 加大污防攻坚力度，落实各级环保反馈问题整改，持续开展“263”“散乱污”专项整治，入选国家级绿色工业园区。筑牢安全发展防线，党工委、管委会专题研究安全生产工作2次，部署开展24个重点领域安全隐患排查整治、“小化工”整治、餐饮行业专项整治、升降平台隐患专项整治等，实现全年安全生产事故、死亡人数“双下降”。创新社会治理模式，实施城南社会管理区块一体化改革，打开社会管理市场化运作新局面。加快推进社会治理智能化建设、垃圾分类、扫黑除恶等重点工作，做好信访稳控化解，确保社会大局和谐稳定。

【城乡一体化建设】 抓牢城市形象和功能品质改善提升，区域发展更加协调。太湖新城瞄准三大目标定位，加快导入先进产业集群，完善综合配套能力，放大城市发展能级，360剧场、太湖新城三甲医院、中信泰富新经济科创湾等项目正式启

2020年5月9日，苏州橙天嘉禾360剧场在吴中太湖新城奠基开工　　太湖街道　供稿

动，嘉盛、东山精密总部项目、JW万豪、君悦高端酒店以及苏州湾城市会客厅等项目签约入驻，能源中心、核心区商务中心加快建设，城际铁路太湖新城站点纳入线网规划，举办全国OP帆船锦标赛、苏州湾马拉松赛等体育赛事，创建成为全省首个国家三星级绿色生态城区，加速打造“未来之城　活力湖区”。拆迁安置协同推进，加快重点地块拔钉清零，年度1205户拆迁任务完成签约652户，其中重点任务完成180户，完成率54.1%；邵昂幼儿园、文溪三期、商务中心南侧待拍地块、新思五期等33个重点地块实现清零，腾出用地约93.33公顷。新开工汤堡小区（3幢）、尹西一村、尹西二村等6个约102.8万平方米安置房项目，交付宝南花园、南石湖二期、木林一期等3个约62万平方米安置小区，新增完成安置房办证735本。提档升级城南、郭巷等成熟片区，加快重点区域“退二进三”和片区更新改造，大力推进安置小区提升、九里湖高标准农田等工程，不断改善人居环境和城市功能。加快“农文旅”融合发展，越溪旺山文旅风情小镇入选省特色小镇创建名单，建成投用景区小镇客厅，获评省乡村旅游重点村；张桥完成特色田园乡村建设，签约体育康养小镇项目，进一步丰富产业业态。横泾完成南部农旅总体规划方案编制，与同程旅游组建的文旅公司正式运营，东林渡获评江苏省特色田园乡村。　　（吴燕妓）

江苏省吴中高新技术产业开发区（筹）

【概况】 江苏省吴中高新技术产业开发区（筹）（以下简称“吴中高新区”）位于苏州古城区南部，区域面积15.3平方千米，下辖20个社区，包括13个城市社区、7个涉农社区，常住人口14.38万人，其中户籍人口8万人。吴中高新区前身为吴中区城区，由原长桥、苏苑、龙西3个街道合并成立，于2012年3月筹备组建，2013年9月28日挂牌，2015年11月12日正式获省政府批准筹建。吴中高新区是吴中区政治、经济、文化和社会活动中心，也是吴中区致力打造的“中心城市核”的核中之核。3条轨道交通交织运行，高架快速路环伺四周，东有澹台湖，西有石湖，运河文化带贯穿全域，交通便捷，区位优势明显，自然环境优越。2020年，吴中高新区完成地区生产总值147.4亿元，比上年增长3%；一般公共预算收入18.97亿元，比上年增长5.55%；服务业增加值112亿元，比上年增长3%；注册外资及港澳台资6231.28万美元，注册内资（不含港澳台资）145亿元；完成规模以上工业总产值92亿元。

【产业发展】 2020年，聚焦“开放创新年”主题，实践“产业社区”城市经营理念，打造产城融合“内循环”生态，发展动能提档升级。赴北京、深圳等地开展精准招商10余次，举办各类招商推介、产业峰会4次，香江集团15亿元投资项目华东科技中

2020年6月9日，吴中高新区与星河控股集团举行战略合作意向签约仪式

吴中高新区　供稿

心开工建设，星河集团200亿元“产城融合”项目意向签约。海尔医疗、沃太智联等6个总投资超60亿元项目正式落地，全区首家产业资本中心正式落户。推进政产学研合作，中农大有机循环研究院深层次参与国家战略，积极筹建中国湖区研究院，获评全市产学研合作示范载体。高企申报再创新高，获评高企总数达53家，科沃斯获中国专利奖，智汇湾等3家众创空间获省级备案，天瞳威视等3家企业获批市级工程技术研究中心。吴中高新区获批省级知识产权示范园区、市级产学研合作示范区，“一区三园”全年专利申请突破1万件。入选姑苏领军人才项目5个，东吴领军人才项目30个，“双创”氛围更加浓厚。兑现创新驱动政策各类奖励、补助1978万元，高质量发展的引领扶持更加精准。高新创投产业基金进一步扩容，10只基金总规模达59亿元。两级集体经济携手国资持续深化市场资本运作，联合受让上市公司高科石化股份450万股。长联置业1.57亿元收购优质工业资产，投入2000万元联合高创增资入股汇达保理，市场化渠道进一步拓宽。街道集体资产总规模达13亿元，村级集体资产总规模达44亿元，实现总收入3.5亿元。

【城市建设】 2020年，完成中心城区控规动态修编，新家、蠡墅两大重点片区精细化研究加快推进，零星存量用地、公共配套布局进一步优化，拟定“十四五”期间土地储备计划，实现土地配置和利用效益最大化。做好上市地块精细化研究，完成陈家村东侧教育用地、薛家塔地块、万达东侧商住用地等3宗9.73公顷土地上市。紧扣攻坚清零年度目标，推动10个重点地块拆迁，完成签约住宅125户，非住宅25户，梅巷里葛庄河南、先锋工业园东区、长桥中心小学扩建和彭泾港南北等10个地块完成清零。苏蠡路40号“抵押物置换”方案实施，有效解决有他项权证商品房拆迁瓶颈。推动“四个百分百”申请动迁模式，为老新村自主更新积累经验。26个区级重点项目全年完成投资36.4亿元，负责代建的吴文化博物馆、吴中党校等4个重点项目建成投用，石湖景苑三期安置房达到交付条件。彭泾港地块安置房项目高规格完善设计理念、建设标准和环境配套，打造宜居样板。总投资2.5亿元的43个“颜值提升年”项目全面提升道路绿化、沿街景观、灯光夜景及小区立面效果。嘉宝公园轨道交通站点等9个重要节点提前竣工，吴中东路129号、莫厘苑、美之国等5个小区综合改造完成。

【社会治理】 2020年，编制文明创建思维导图，细化251项任务到350余名责任人，通过国检“大考”。深化行政执法改革，受理各类案件543件，执行处罚33.28万元。综治联动全年接处工单2.9万件，办结率超99%。妥善处置新家桥改扩建、长蠡路加油站等热点问题以及港龙、天地和、德合市场索赔等纠纷，美之国小区遗留问题基本处置完毕。蓝天、碧水、净土三大保卫战协同推进，关停“散乱污”企业20家，排查固废危废企业56家，改造企业废气收集处理设施3家，整改隐患230处，工地抑尘设施100%覆盖，大气污染防治水平持续提升。全面实施“建管一体化”模式，加快推进排水达标区建设，21个项目年内完工，8处排水口整治到位，154个小区约158千米污水管网完成养护。完成惠氏制药土壤及地下水自行监测，党校地块土壤污染防治稳步推进。落实安全生产专项督导要求，安委会18个专委会实体化运行，积极构建“基层治理云平台”，安全监管水平进一步提高，开展检查指导500余家次，组织“百团进百万企业”等各类宣传活动超40万人次。“331”专项整治持续深化，整改“9+1”场所、出租房（群租房）等四类隐患5827处，开展各类联合执法141次，拆除违规隔间、违章建筑9700余平方米。在全区率先建成大小“天眼”系统，6类4568路摄像头全面织牢“识别网”，居全市各板块第一，老旧小区盗窃警情压降70%，破案率从30%提升至80%以上，石湖景苑建成“科技合围示范小区”，科技支撑“平安高新”取得新突破。

【民生实事】 2020年，吴中实验幼儿园于9月开园启用，长桥中学、苏外吴中校区建设工程按期推进，长桥中心小学改扩建方案进一步优化，长桥中心幼儿园异地新建筹划启动。创新实践特色教育成果显著，长桥中心小学获“苏州市青少年科技创新市长奖”大满贯，长桥中学、吴中实验小学分获省市科创大赛6项大奖。学校名师计划稳步推进，20人获市、区两级学科带头人等先进荣誉。吴中人民医院新院区正式开工，“亲情+”家庭医疗服务智能化推进，全区首家综合为老服务中心建成投用，居家养老惠及1482名老人，落实尊老、养老资金390余万元。吴中高新区文联正式成立，1人入选省乡土人才“三带”新秀，“苏州湖笔制作技艺”入选市非遗名录。举办“书香澹台”阅读推广等系列活动15场，羽毛球、篮球“3v3”等全民健身赛事火热开展。发放各级各类救助金280余万元，困难群众的基本生活需求得到保障。试点开展选民代表票决11个民生实事重点项目，基层民主政治建设持续深化。新建科文中心、龙桥社区等4个代表委员工作室，代表、委员联系群众、服务大局的核心职能进一步增强。“和谐微实事”社区参与式治理扩面到运河以北11个社区，总计3.6万群众参与，征集意见5万余条，参与率超30%。第二届“善美高新”公益创投顺利实施，落地项目22个。举办首届4U社工大赛，选送3名选手代表吴中区获全市社工大赛团体三等奖。

【深化改革】 2020年，主动融入上海，抢抓发展先机。明确上海作为重点项目对接区域，依托知名中介机构、大院大所等平台，加大上市公司、优秀科技型企业项目对接力度，接洽项目50余个。联合虹桥商务区投资机构积极筹备挂牌吴中高新区（上海）创新服务中心，加大对上海优质创新资源的对接力度。整治农村人居环境，完善长效机制。12名班子领导与涉农社区实现挂钩包干，各社区主要领导担当“清洁指挥长”，与长效办之间统一步调、同频共振，形成上下联动、横向配合、通力合作的工作局面。（王哲维）

编辑：赵立文

木渎镇

【概况】 木渎镇位于苏州城西，太湖之滨，灵岩山麓，总面积74.59平方千米。截至2020年底，全镇户籍人口11.24万人，常住人口30万人。木渎镇是一个具有2500多年历史的中国历史文化名镇和中国园林古镇，是苏州市的中心城区、苏州市城乡一体化先导区和“强镇扩权”试点单位，是吴中区工业、商贸、文化、教育、旅游、交通重镇，素有石雕之乡、书法之乡、民间艺术之乡、园林之乡、花木之乡之称，享有“吴中第一镇”的美誉。“立体式”交通格局逐步形成，中环、南环2条高架通车，2条轨道交通穿镇而过，其中1号线已通车，5号线建设中，“六横五纵”为主干道的道路网完成，40多路公交线到达木渎。2020年，木渎镇获批第七批中国华侨国际文化基地。

【经济发展】 2020年，基本实现疫情防控和经济社会发展阶段性双胜利。实现地区生产总值197.69亿元，比上年增长3.5%；完成固定资产投资18.98亿元，比上年增长26.5%；全

表25-1 2020年木渎镇基本情况

项目	数值
总面积	74.59 平方千米
耕地面积	389.53 公顷
年末户籍人口	112400 人
村委会	9 个
居委会	16 个
工业总产值	1850000 万元
地区生产总值	1976850 万元
全口径财政收入	453337 万元
公共财政预算收入	292620 万元
粮食总产量	0 吨
水果产量	70 吨
水产品产量	0 吨
内资企业（不含港澳台资企业）	23682 家
外资及港澳台资企业	165 家
新增注册外资及港澳台资	6978 万美元
年内到账外资及港澳台资	9885 美元
个体工商户	23350 户
中小学校	10 所
医院（卫生院）	3 所

（区统计局）

表25-2 2020年各村基本情况

村名	年末户籍人口（人）	集体经济总收入（万元）
灵岩村	4495	3346.47
姑苏村	6268	5072.96
尧峰村	4513	3596.64
西跨塘村	5303	4889.55
天平村	5853	11519.33
金山村	4850	4128.39
五峰村	6143	2940.32
善人桥村	4793	2082.61
天池村	6871	1833.94

（木渎镇）

口径财政收入45.33亿元，与上年基本持平；公共财政预算收入29.26亿元，比上年增长7.75%。全年木渎各景区景点共接待游客80万人次，旅游综合收入3700万元。为响应“姑苏八点半”夜经济发展的号召，策划“木渎八点档·香溪夜未央”木渎夜间旅游系列活动，满足游客夜游、夜购、夜食的需求。2020年，全镇实现镇、村两级集体总收入9.48亿元，与上年基本持平。鼓励村与村、村与镇集体企业抱团发展，通过对外收购、存量更新等措施，做大、做强集体经济。年内，天平精品酒店竣工，天灵酒店公寓投入使用，天灵工业园、香溪社区观山、马舍工业园改建工作稳步推进。2020年9月8日，《中国乡镇综合竞争力报告2019》发布，木渎镇跻身中国百强镇第28名。

【转型升级】 2020年，夯实领办挂钩机制，全面落实项目动态公示制度。全镇43个区级重点项目开工率100%，实际完成投资45.86亿元。贯通从“土地供给”到“项目投产”各个环节，推动高端要素资源向产业效应转化。全镇基本形成以绿的谐波、杰瑞思等科创型企业为代表，覆盖关键零部件、本体制造、系统集成的完整产业链。2020年，万佳电器、旭鹏精密等5个项目完成供地，合计占地6.47公顷，金柏、天隆等5个项目实现开工。“智慧工园”招商全面推进，新签约9个项目，总投资55亿元，10亿元以上的内资（不含港澳台资）项目和1亿美元以上的外资及港澳台资项目取得双突破。建立线上线下信息沟通新机制，开展云招商推介会议，共对接新企业100余家，重点储备新项目30多个。加强企业创新培育工作，新增省工程技术研究中心1家、市级工程技术研究中心11家，培育科创板上市企业1家。实施“人才引智”计划，助力科技创新，新增省双创人才、姑苏领军人才、东吴科技领军人才共8人，东吴科技企业家3人。调整并优化工业、服务业、科技人才、文旅发展等4项镇级产业扶持政策，2020年已拨付镇级中小企业发展扶持基金6317万元，发放工业、服务业、人才等各类镇级高质量发展扶持资金1128万元。

【城乡一体】 2020年，重视农村人居环境短板，围绕农村垃圾、污水治理等重点，建立完善领导班子挂钩、部门联席会议等机制，严格落实“红黑榜”考核办法，突出问题导向，强化举措落实，以上率下，传导压力，推动农村人居环境面貌大幅改善，整治工作取得实质性成效。全年香溪社区7次进入吴中区农村人居环境整治“红榜”，上榜次数位居全区第二。天池村北竹坞特色田园乡村项目完成建设，惠及农户45户。

【民生保障】 2020年，聚焦重点人群，精准发力，织牢织密民生兜底保障网。借助数据信息平台，强化困难群体保障与动态管理，全年共计发放各类救助资金630万元。推进残疾人事业发展，雀梅康复点成为江苏省残疾人社区康复服务示范点。深入开展双拥工作，全年发放优抚对象补助845万元。在全区率先完成禁捕退捕工作，全镇24名退捕转产且在劳动年龄范围内的渔民全部实现再就业或自主灵活就业。打造“木渎政务，一路无堵”服务品牌，落实“一类事项，一窗通办”，全年共办理各类行政审批和公共服务事项49.8万件。

【实事工程】 2020年，围绕民生领域短板弱项，持续发力，民生实事项目取得实质性进展。完成下沙新村、施乐新村等54幢老小区房屋改造工程，加快玉景花园二期、吾丰二期等安置房项目建设。推进金山实验小学、金山高级中学、天平中学新建工程和姑苏实验小学扩建工程及区域性养老服务中心等项目建设。巨塔社区卫生服务中心启用，逐步实现优质医疗资源向各片区基层延伸覆盖。全年累计完成20家村、社区综合性文化服务中心建设，不断满足人民群众家门口的精神文化需求。

【穹窿山风景管理区】 穹窿山风景管理区位于苏州西郊，南临浩渺太湖，230省道、沪宁高速、苏嘉杭高速、绕城高速均可直达景区。景区总面积10.5平方千米，下辖穹窿、接驾2个社区。境内穹窿山海拔341.7米，被誉为“吴中之巅”。穹窿山为国家森林公园、国家5A级景区、全国科普教育基地，茅蓬坞属江苏省自然保护区。2016年11月，穹窿山风景管理区由木渎镇代管，机构不变。2020年，全年接待游客36.42万人次，比上年减少52.23%；实现旅游综合收入1187.37万元，比上年减少46.46%。

【苏州全国劳动模范事迹馆】 2020年11月16日，苏州全国劳动模范事迹馆（以下简称“劳模馆”）启用，省、市、区相关领导和吴中区各级劳模代表参加开馆仪式。劳模馆坐落于苏州天平山风景区南麓，范仲淹纪念馆旁。室内展区面积5800平方米，主要分为全国馆和苏州馆，配套有劳模讲堂、劳模影院和综艺馆室等。室外公共绿地景观5000平方米，在展馆西北方向建成约2万平方米的劳模生态林。劳模馆通过展板、实物、影像、场景再现等方式，集中展示劳模先进的榜样力量。全国馆以“时代领跑者”为主题，以年代分为五六十年代、七十至九十年代、新世纪三个篇章，展现新中国成立以来具有影响力的160名全国劳模风采。苏州馆以“实干兴邦，筑就辉煌”为主题，以社会主义革命和建设时期、改革开放时期、新世纪新时代三个时期重点展示67名劳模。

【重大活动】 2020年1月14日，木渎镇新时代文明实践所启用。实践所分静态展示和动态空间两大部分。静态展示部分，有木渎大事记、木渎新时代文明实践工作组织体系介绍、七大服务平台介绍、学习强国、榜样力量、木渎风土人情、木渎文化展示、平语近人等区域；动态空间部分，有学堂课堂讲堂、展览展示空间、百姓议事茶馆等区域。10月17日，绿的谐波智能制造新工厂开业暨二期奠基仪式在绿的谐波新厂区举行。11月12日，木渎镇巨塔社区卫生服务中心启用仪式举行。巨塔社区卫生服务中心位于木渎东

2020年11月16日，苏州全国劳动模范事迹馆启用　　王永康　摄

侧，巨塔花园小区内，建筑面积5600平方米，共四层，是一所集社区预防、全科医疗、健康教育、康复治疗、医养融合于一体的公立性卫生医疗机构，配备DR摄片机、彩色多普勒诊断仪、全自动生化仪等先进医疗设备。

（王雅静）

甪直镇

【概况】 甪直镇位于苏州城东南25千米，北靠吴淞江，南临澄湖，西接工业园区，东衔昆山，总面积120.81平方千米（包含澄湖水域面积45平方千米）。下辖16个行政村和2个社区，南山、湖滨等4个城市社区筹备组建中。截至2020年底，户籍人口7.22万人，常住人口16.46万人。苏沪高速、绕城高速、甪直大道、东方大道等道路穿镇而过，区位优越、交通便捷。甪直是一座具有2500多年历史的水乡古镇，文化底蕴深厚，被费孝通先生称为“神州水乡第一镇”。镇内人文景观景点众多，有国家重点文物保护单位——保圣寺古物馆罗汉塑像和首批国家级非物质文化遗产——甪直水乡妇女服饰。先后被评为苏州澄湖国际慢城、全国重点镇、全国宜居小镇示范、首批中国特色小镇、国家园林城镇、中国历史文化名镇、国家4A级旅游风景区、全国环境优美镇、全国首家通过ISO14001环境管理体系认证的乡镇、江苏省百强乡镇、外向型经济明星镇、江苏省卫生镇、江苏人居环境范例奖及全国特色景观旅游名镇等。2020年，甪直古镇获评江苏省华侨文化交流基地。

【经济发展】 2020年9月8日，《中国乡镇综合竞争力报告2019》发布，甪直镇再次上榜中国百强镇名单，名列第73位，较上年上升12位。全年实现地区生产总值122.09亿元，比上年增长3.5%；完成固定资产投资24.62亿元，比上年增长8.8%；全口径财政收入29.12亿元，比上年增长1.5%；公共财政预算收入18.53亿元，比上年增长13.21%；注册内资（不含港澳台资）78.6亿元，比上年增长28.85%；社会消费品零售总额26亿元，比上年增长62%。主要指标增速位居全区前列，完成“两个翻番”阶段目标和“十三五”主要任务。推进区、镇两级133个重点项目，其中37个区级重点项目完成年度投资51.68亿元，比上年增长18.9%，比年初计划增长12%。落实市、区各级关于助推复工复产、援企服务政策，疫情期间，共计为企业提供口罩、额温

表25-3 2020年甪直镇基本情况

项目	数值
总面积	120.81平方千米
耕地面积	2251.79公顷
年末户籍人口	72170人
村委会	16个
居委会	2个
工业总产值	2602242万元
地区生产总值	1220941万元
全口径财政收入	291182万元
公共财政预算收入	185287万元
粮食总产量	6113.9吨
水果产量	437.96吨
水产品产量	126吨
内资企业（不含港澳台资企业）	7726家
外资及港澳台资企业	257家
新增注册外资及港澳台资	3245万美元
年内到账外资及港澳台资	8000万美元
个体工商户	16457户
中小学校	7所
医院（卫生院）	12所

（区统计局）

表25-4 2020年各村基本情况

村名	年末户籍人口(人)	集体经济总收入(万元)
淞南村	4743	4006
淞港村	3308	3319
淞浦村	2976	3227
澄北村	2814	1771
澄湖村	3701	1318
澄东村	4033	856
甫南村	4057	1786
甫港村	4141	2179
甫田村	2962	1942
江湾村	3079	536
前港村	2552	871
三马村	3711	1021
湖浜村	2829	996
澄墩村	3036	707
长巨村	4373	1600
瑶盛村	2939	703

(角直镇)

枪等防疫物资15万件,为企业办理减免税费、社保、电费等5.8亿元,办理退税近1亿元。

【集体经济】 2020年,推动集体经济能效提升优化工作,探索制定镇级工程项目精细化管理办法,创新推开村级“多带一”发展工业地产。实现镇村集体总资产119.2亿元,比上年增长3.5%;镇村集体经济总收入5.8亿元,比上年增长约3%;村均稳定收入1680万元,比上年增长超3%。江湾村获评2020年全国乡村特色产业亿元村。角直镇车坊江湾农产品专业合作社的茨实获得中绿华夏有机食品认证中心的有机产品认证。

【转型升级】 实施开展产业规模能效提升优化工作,推动苏州雷格特智能设备有限公司等8家工业企业竣工投产及联东高端装备产业园等近60万平方米工业地产的建设招商,其中苏州康泰达光电科技有限公司等近百家优质中小企业签约进驻工业地产,全年实现工业总产值260.2亿元,比上年增长6.15%,其中规模以上工业产值163.7亿元。紧扣智能制造、新一代信息技术等主导产业赴深圳、东莞等地开展招商,签约总投资43亿元的柳道总部等11个项目,中科半导体产业社区等10个项目通过区级预审。做好重点企业“一企一策”服务,发放各类政策资金4000余万元。获姑苏领军人才等区级以上荣誉称号46人,新增国家高新技术企业29家、省民营科技企业23家、省级工程技术研究中心和企业技术中心2家、市级“独角兽”培育企业2家。落实推进工业企业资源集约利用,淘汰低效企业33家,腾退低效工业用地12.67公顷。落实“1220”改革(1个工作日内完成企业开办、2个工作日内完成不动产登记、20个工作日内领取建设项目施工许可证),贯彻实施窗口服务“三少一快”提优行动,完善容缺受理、告知承诺、查证查验等业务机制,推行网上全程电子化登记、自助式办照等便利化举措,实现线上线下营业执照新办0.5天办结。

【城乡一体】 打造吴淞江商住区等重点城市组团,全年完成“三优三保”(土地复垦)13.33公顷,完成民房拆迁571户、点位清障44处,增量拆迁完成率90%,清零地块15个,回购企业7家,腾退土地83.33公顷,完成2宗14.33公顷三产用地上市,实现出让金37.9亿元,区域商业功能逐步完善,城市经济亮点纷呈,全年完成服务业投资47亿元。打造重点城市组团,其中路劲、保利等居住地产建设销售态势良好,实现商品房销售近2200套,销售金额超52亿元。社区超市开业运营,原预制品厂地块项目成为全市首个开工的城市更新项目。配合苏同黎快速化改造等重点交通工程，胜浦大桥改建实现开工，新区污水厂竣工投用，丽景湾至桑田岛往返专线作为全市定制公交首发线路正式运营，甪直镇获批苏州市城市建设工作先进集体。扎实推进城镇治理能力提升优化工作，垃圾分类持续保持全区前列，国家卫生镇创建高质量通过验收，人居环境整治工作逆势赶超，4个行政村累计11次上吴中区农村人居环境整治“红榜”，瑶盛、澄墩获评省健康村，淞南、甫里获评市级农村人居环境整治示范村。

【民生保障】 2020年，坚持民生优先，持续加大民生投入，抓好民生实事，切实保障和改善民生。不断扩大社保参保覆盖面，全年净增1300人，新增农置城人员1431人，为甪直镇户籍年满60周岁的老人投保重疾险，切实落实老龄卡、尊老金等各种优惠政策，发放慰问金1700多万元、尊老金200多万元。落实阳光扶贫走访，及时准确发放低保、低保边缘、特困、困难残疾人救助资金超1000万元。不断优化就业创业环境，提升就业创业质量，线上线下举办“春风行动”、高校毕业生服务月等系列招聘会50多场，开设就业技能培训班6个，新增就业岗位3700多个，开发公益性岗位80多个，帮扶就业困难人员实现零就业家庭动态清零。

【实事工程】 确保黄淩花园六期、叶圣陶实验小学南校区建设工程、农村美丽乡村工程、古镇老小区改造提升工程、镇级道路项目、新区污水处理厂扩建工程等甪直镇2020年十大民生实事项目，按时有序推进。推进一批社会事业项目建设，车坊幼儿园竣工投用，全民健身广场实现主体竣工，南山维拉普惠制幼儿园开工建设，车坊花园等3个小区1152套安置房交付完成，娱苑新村、东苑怡景等4个小区实施综合改造。

【社会事业】 公共服务不断完善。配合完成苏州市农产品物流园搬迁及运营工作，建成投用吴中生猪养殖保供基地，创成万亩省级绿色优质水稻生产基地。推动古镇三期东市历史街区保护利用项目，建成投用酒文化博物馆等特色文旅点位，培育激活古镇夜游“八点半”经济、澄湖慢城周末经济。组织全镇志愿者参加交通路口执勤、景区、护学岗、医疗服务、巡湖护湖等志愿服务累计1万多人次。调整设立集成指挥中心、农村工作局，成立农产品物流园管委会。深入推进镇域综合行政执法改革，完善综合执法领域信用体系建设，办理行政处罚案件1834件，妥善解决欠薪问题和劳资纠纷，依法追缴劳动者薪酬623.4万元。行政审批“三少一快”成效显现，涉及事项镇级承诺办结时间较法定时间、区级承诺时间分别平均提速90.1%、34.6%，综合窗口累计受理各类自有审批服务事项3.45万件，办结率99.2%，满意度99.9%。推进“一件事”改革，重点对退休、灵活就业、个体餐饮店开办等高频主题事项优化整合，材料缩减率平均可达67.4%。甪直高级中学获评全国青少年人工智能活动特色单位、省四星级高中，甪直人民医院获批全省首批农村区域性医疗卫生中心基本建成单位。

【社会治理】 2020年，社会治理持续加强。严格落实“党政同责、一岗双责、齐抓共管、失职追责”安全生产责任制，全面完成吴中区安全生产巡察整改，推动制订镇领导班子安全生产责任清单，开展“百团进百万企业”宣讲30多场，持续开展“1+24+1”安全生产专项行动，严格排查整治“331”“9+1”消防安全隐患，创新推开餐饮场所燃气泄漏监测警报、工业废气排放监测系统、消防安全等智能化监测模式。全年检查各类生产经营单位6100余家次，排查治理各类问题隐患14980余处，整改率97.5%，开展租赁厂房安全管理，排查租赁厂房企业1526家，整治安全生产隐患问题2000多处，整改率98%。深化社会治理网格化

2020年10月23日，第十八届苏州市民间艺术节暨第十届苏州角直水乡妇女服饰文化节活动在江南文化园精彩开幕　　角直镇　供稿

联动机制，全年受理办结涉及城市管理、安全生产、社会治安等工单近2.7万件，结案率96.80%。完成第七次全国人口普查，做好夏季防汛工作。全面铺开“意识防”行动，加强信访法治化建设，维持全镇安全和谐稳定形势。角直镇获评江苏省“安全生产月”先进单位、苏州市平安镇。

【重大活动】 2020年4月27日，角直镇开通丽景湾花园至桑田岛往返专线的定制公交。6月12日，角直镇新时代文明实践所启用暨第三届“角直榜样”发布活动举行，角直镇新时代文明实践所获评吴中区新时代文明实践优秀所。7月，角直镇开出吴中区首张“不予行政处罚决定书”，让企业感受到“有温度的执法”，登上《江苏法制报》。8月，江苏省消保委联合省非遗保护协会、省老字号企业协会开展2020年“江苏好礼　舒心相伴”江苏特色伴手礼现场评测活动。传承苏州味道近200年的角直萝卜入围2020年“江苏好礼　舒心相伴”江苏特色伴手礼名录。10月23日，第十八届苏州市民间艺术节暨第十届苏州角直水乡妇女服饰文化节活动在江南文化园开幕。活动为期3天，设有第十八届苏州市民间艺术节开幕式、首届中国苏州角直水乡妇女服饰创意设计大赛获奖作品展、苏州角直水乡妇女服饰展演暨角直连厢舞表演大赛、“民间艺术、草根拍卖”民间艺术品拍卖会、第十八届民间艺术节民间工艺精品展及推优评选、苏州传统市集等系列活动。

（朱燕君）

胥口镇

【概况】 胥口镇位于苏州西郊10千米的太湖之滨，相传因伍子胥开凿胥江入太湖之口而得名，东接木渎灵岩山，南依太湖，西连太湖国家旅游度假区，北靠穹窿山，太湖岸线8千米，总面积37.8平方千米。下辖6个行政村、2个社区，截至2020年底，户籍人口3.6万人，常住人口13.26万人。胥口镇历史悠久、文化底蕴深厚，传统产业一支笔（吴门书画）、一把刀（香山古建）、一根藤（藤艺制品）“三个一”远近闻名。境内现存一箭河、古胥江运河、胥王庙、采香泾、春秋古城墙等历史遗迹。先后被文化部命名为中国书画之乡、中国文化（美术）产业示范基地。香山帮传统建筑营造技艺被列入首批国家级非物质文化遗产代表性项目名录和人类非物质文化遗产代表作名录。胥口镇交通便捷，区位优势明显。发展壮大以先进装备制造和新能源新材料为代表的支柱产业，集聚来自欧美、日韩等国家和中国台湾、香港及中国其他多个省区市的2000多家中外企业，包括松下、日立、可口可乐等世界500强企业；苏州斯莱克精密设备股份有限公司在创业板上市，苏州科特环保股份有限公司等10家企业新三板挂牌。2020年，胥口镇被

表25-5　2020年胥口镇基本情况

项目	数值
总面积	37.8 平方千米
耕地面积	1030 公顷
年末户籍人口	36049 人
村委会	6 个
居委会	2 个
工业总产值	3058500 万元
地区生产总值	1304300 万元
全口径财政收入	223700 万元
公共财政预算收入	132183 万元
粮食总产量	700 吨
水果产量	500 吨
水产品产量	0 吨
内资企业（不含港澳台资企业）	6181 家
外资及港澳台资企业	138 家
新增注册外资及港澳台资	990 万美元
年内到账外资及港澳台资	3080 万美元
个体工商户	8594 户
中小学校	4 所
医院（卫生院）	1 所

（区统计局）

表25-6　2020年各村基本情况

村名	年末户籍人口（人）	集体经济总收入（万元）
东欣村	4997	2489
新峰村	5071	2819
箭泾村	5832	3287
采香泾村	4143	1818
合丰村	3571	2105
马舍村	6179	2085

（胥口镇）

命名为2017—2019周期“国家卫生乡镇”。

【经济发展】 2020年9月8日，《中国乡镇综合竞争力报告2019》发布，胥口镇首次进入全国百强镇，名列第92位。全年实现地区生产总值130.43亿元，比上年增长4.16%；完成固定资产投资18.13亿元，比上年增长39.9%；全口径财政收入22.37亿元，比上年增长6.9%；公共财政预算收入13.22亿元，比上年增长5.82%；完成工业投资14.98亿元，比上年增长58.65%；完成工业技改投入11.19亿元，比上年增长216.04%。

【集体经济】 2020年，实现集体经营性资产19.81亿元，比上年增长6.4%；村均可支配收入1753万元，比上年增长3.5%。推进集体资产集中经营管理，完成集体资产资源出租467笔8908万元，比上年增长18.81%。惠民工业园二期开工建设，新峰村、采香泾村“一村二楼宇”项目有序推进。完成农村集体经济组织登记赋码，通过规范化合作社验收13家，清理空壳合作社5家，新增区级示范家庭农场4家。完成资产管理、财务管理、资金监管、“e阳光”四网整合，制定第三方代理记账管理考核办法，进一步规范村级资产资金管理。

【转型升级】 2020年，围绕产业链部署创新链，不断提升企业创新主体地位。精锐精密、康丽达等7个增资扩产项目完成供地，优力克科技、金惠节能等4个项目通过供地招商预审。加速推进48万平方米的高标准工业载体建设，胥口科技智汇园一期基本完工，二期主体完工；惠民工业园二期开工建设；新峰产业园主体基本完工；金星产业园完成前期手续办理和老厂房拆除。企业上市稳步推进，华之杰电讯完成报会，莱恩精工、信音电子上半年报会，昆仑绿建下半年报会，上市后备企业共16家。新增省级工程技术研究中心1家、市级工程技术研究中心7家，认定高新技术企业72家，授权专利2380件。人才工作再攀新高，国家级重大人才工程实现零的突破，入选省乡土人才“三带计划”4人、姑苏科技创新创业领军人才2人、区级以上各类人才37人，新增校企合作项目2个、外国专家工作室2个。飞华铝业入选2020年企业知识产权登峰行动计划项目。加入吴中区跨域联合创新基金，为产业创新提供资金支持。20个区级重点项目完成投资23.82亿元，比上年增长50.8%，其中斯莱克项目纳入市级重点，自拿地到开工仅用15个工作日。总投资20亿元的“苏驼智慧云谷”大数据中心项目获区委、区政府批准。

【城乡一体】 2020年，科学编制国土空间规划和新一轮镇村布局规划，围绕做美做靓“两河一路”总体目标，完善市镇区城市功能布局，加快城市更新和片区改造。推进“百日清零”行动，完成农户拆迁309户，企业拆迁15家，清零地块16个，其中完成“三优三保”拆迁清障227户，采香三村安置房交付安置，胥进路“退二进三”门面房完成验收。规划选址胥口镇第三中学、第四小学和采香三村二期安置房，完成体育公园地块精细化研究。完善全镇路网交通，推进时进路、东丽路、新峰路等道路改扩建工程。完善公共交通优化方案，完成35个公交候车亭港湾式改造，新增公交586路。轨道交通5号线主体结构完成，路面逐步恢复，机务段上盖主体完工，装修完成95%。推进停车便利化工程，优化调整胥王园、子胥花苑停车场。更新全镇公共照明系统，提升LED节能灯具清晰度，实现智能照明精细化管控。加快推进孙武路、胥江、一箭河两侧辐射圈土地整理上市、商业综合体建设、夜经济布点、市民休闲地打造，胥惠中心交付招商，胥定桥、胥虹桥、胥江大桥、东欣桥、胥江两岸全面亮化，子胥花苑二期、吉祥一村二期建设顺利推进。开工建设一箭河健身步道及生态环境工程，提升北部片区整体形象。洽谈亿城地块回购，加快推进水云天二期工程等项目建设，逐步做强交通主动脉孙武路沿线商圈。

【民生保障】 2020年，投入4.27亿元用于民生事业，占全口径公共财政预算支出的79.7%，比上年增长18.74%。总投资近1亿元的十项民生实事项目基本完成。不断健全保障体系，城乡居民（农村）医疗保险参保率和资金征缴率均为100%。累计发放低保、助残、优抚等各类补助经费827万元，新增社保开户355家、公积金开户160家，举办技能培训8场次，办理灵活就业人员社保699人、退役士兵社保接续13人，提供居家养老服务1131人，完成残疾人综合服务中心建设。全面落实“稳就业”措施，结合常态化疫情防控，举办线上招聘专场6次，提供就业岗位2969个，开发公益性岗位69个，实现失业人员再就业1472人，帮助困难群体实现就业242人。维护劳动者和用人单位合法权益，加强治欠保支，调处各类劳资纠纷、劳动争议1124件。

【实事工程】 2020年，推进镇政府十项民生实事项目。儿童医疗卫生服务能力提升项目：胥口卫生院与苏大附属儿童医院开展儿科合作共建，苏大附属儿童医院选派医疗专家团队入驻，开设儿科门诊和儿科病区，提供方便、专业的儿科诊疗服务。胥口卫生院挂牌苏州大学附属儿童医院吴中分院。完成胥定桥、胥江大桥的见新及提升工程。启动茅蓬路至石中路段景观提升改造，总投资4000万元，占地面积约9.3万平方米，铺装6600平方米，绿化7.7万平方米，绿化率82%，年内完成规划设计、施工招投标。完成新峰路西延改造工程、时进路沥青路面改造工程、中山路改造工程二期项目。推动安置小区环境提升项目，改造采香一村路灯143个，新增车位20个；改造采香二村路灯70个，新增车位60个和人脸识别系统。完成包庵前、善底桥小区、殷家泾、东周村及小区、双车渡5个康居村庄建设，惠及农户175户，总投资约1000万元。对新峰工业园进行路面修复，绿化修剪移植，搭建电动充电桩，设置停车场。完成东楼里、角里村、泗巷郎等17个村庄农村生活污水治理。民办养老院朗诗常青藤养老管理服务公司新增床位100张，其中80张为护理型床位，总投资1000万元。采香泾养老综合体项目占地面积1.13公顷，建筑面积3万平方米，总投资约1亿元，建成后集养老、护理、老年公寓于一体，2020年底完成开工前各项报批手续。完成胥口镇残疾人之家建设，为全镇残疾人提供康复和日间照料服务，建设康复室、阅览室、视听室、创作室等功能室。

【社会事业】 胥口镇第二中学、第三小学及附属幼儿园主体结构封顶，进入内部装修阶段。做好积分入学政策宣传，吸纳积分入学学生378名。胥口中学加入木渎中学培东教育集团，首批培东班开班，招收学生44名。中考成绩优异，被录取进入木渎中学40名，四星级高中达线174名。6名学生被录取进入木渎中学培东少年班。各学校开展书画、阅读、乒乓、竹笛等特色教育。全面落实医疗卫生公共服务，推进家庭医生签约和“一院一品”呼吸内科建设，苏州大学附属儿童医院吴中分院挂牌启用。优化计生服务管理，深化孕前优生、科学育儿、特扶对象帮扶、一次性奖励金登记审核等工作，完成第二轮“两癌”免费筛查。通过省级健康镇验收。文体活动日益丰富，深入开展“我们的节日”系列主题活动，举办第十四届端午民俗文化节、纪念郁文华先生诞辰100周年作品展等文体活动30余场次。《醉美太湖》民乐合奏团队应邀参加央视音乐频道《风华国乐》节目录制。特色传统民俗活动抬猛将被列入苏州市非物质文化遗产项目名录。高质量通过全国文明城市复检，建成启用1个新时代文明实践所、6个新时代文明实践站，常态化开展线上线下活动，助力全镇文明素养再提升。

【“胥有您”微管家平台】 “胥有您”微管家平台是结合胥口镇城市建设和管理的现状，以重点工作、难点问题为导向，整合相关部门工作清单建设的一个手机端应用。该平台综合利用“互联网+”、大数据、移动端等现代信息手段，通过部门联动，公众参与，提高及早发现问题、源头解决问题的能力，真正实现“小事不出网格、大事不出村（社区）”。通过“胥有您”微管家平台，以“微治理”打通社会治理的基层“神经末梢”、改善基层社会的“微循环”，不仅推动基层治理的精细化，也提升全体群众参与社会治理的体验感，更为创新社会治理体制机制，推动治理体系和治理能力现代化建设打下基础。

【重大活动】 2020年9月，胥口镇为民服务中心和集成指挥中心投入使用。为民服务中心大楼一、二层分别设有办事大厅：一楼约800平方米，共设置包括税务、个体业务、市场准入和流动人口积分等窗口22个；二楼大厅开设10个综合窗口，可承办主要包括社保、民政、残联、卫健等方面的行政审批和公共服务事项133项。胥口镇集成指挥中心总面积约200平方米，配备20个工作席位。建设由大数据可视化指挥调度平台、业务平台和手机端组成的一体化平台，涵盖“总体态势”“党建引领”“行政审批”“综合执法”“网格联动”“指挥调度”“工业重镇”“宜居新镇”“文化强镇”九大模块，可实现数据的实时收集、及时研判和快速处置，充分发挥统筹协调作用，加大工作推动力度，为构建简约高效的基层管理体制提供支撑。12月8日，吴中区首个垃圾分类实践教育基地在胥口镇揭牌启用。实践教育基地以“垃圾分类就是新时尚”为主题，贯彻垃圾处理“减量化、资源化、无害化”三大原则，突出科技性、互动性、趣味性及环保安全性，为全区垃圾分类宣传教育提供阵地。　（徐三妹）

东山镇

【概况】 东山镇位于吴中区西南部，是太湖东南岸的一座半岛，与临湖镇接壤，总面积96.5平方千米，下辖12个行政村和1个社区。三山岛和余山岛属东山镇管辖。截至2020年底，户籍人口5.36万人，常住人口5.6万人。全镇盛产花果、茶叶、水产、蔬菜、太湖大闸蟹等特色农产品，是洞庭（山）碧螺春茶的原产地域之一。东山镇历史悠久、人文荟萃、古迹众多，境内拥有陆巷古村、雕花楼、紫金庵、启园、三山岛、雨花胜境等名胜古迹，是国家级太湖风景名胜区十三景区之一，也是国家5A级旅游景区。东山镇先后被命名为中国历史文化名镇、全国环境优美镇、国家卫生镇、江苏省文明镇等。2020年，三山村获全国文明村称号。

表25-7　2020年东山镇基本情况

项目	数值
总面积	96. 5 平方千米
耕地面积	4764 公顷
年末户籍人口	53610 人
村委会	12 个
居委会	1 个
工业总产值	1001197 万元
地区生产总值	390963 万元
全口径财政收入	47099 万元
公共财政预算收入	27377.33 万元
粮食总产量	203 吨
水果产量	12636 吨
水产品产量	1580 吨
内资企业（不含港澳台资企业）	1363 家
外资及港澳台资企业	10 家
新增注册外资及港澳台资	0 美元
年内到账外资及港澳台资	0 美元
个体工商户	5683 户
中小学校	4 所
医院（卫生院）	1 所

（区统计局）

表25-8　2020年各村基本情况

村名	年末户籍人口（人）	集体经济总收入（万元）
陆巷村	5176	721
杨湾村	3765	501
三山村	847	1433
莫厘村	4889	668
碧螺村	5226	789
太湖村	2766	661
双湾村	4160	691.15
新潦村	4985	734.03
潦里村	5157	841
渡桥村	3669	649
吴巷村	3483	776
渡口村	3471	710.3

（东山镇）

【经济发展】 2020年，实现地区生产总值39.1亿元，比上年增长3%；完成固定资产投资6.65亿元，比上年增长7.1%；全口径财政预算收入4.71亿元，比上年下降6.7%；公共财政预算收入2.74亿元，比上年下降10%；完成服务业增加值16.1亿元。全年实现工业总产值100.12亿元，其中规模以上工业总产值84.24亿元，全镇规模以上企业由32家增至35家。苏州东山精密制造股份有限公司完成技改投入1.5亿元，苏州市和好塑业有限公司改扩建项目完成一期9800平方米厂房建设。引进注册资金1000万元以上企业10家，注册资本3.2亿元。

【集体经济】 2020年，实现农业总产值7.25亿元，比上年增长17.9%。其中，枇杷产值3.56亿元，茶叶产值1.55亿元，水产产值近1亿元，杨梅产值0.56亿元，蔬菜产值近0.5亿元。全年村级集体总资产增至14.02亿元，村均集体稳定收入584万元，农民人均纯收入增至40881元。

【转型升级】 2020年，实现新兴工业产值63.58亿元，高新技术产业产值63.71亿元。苏州东山精密制造股份有限公司入选2020年中国民营企业500强、中国制造业民营企业500强。加大企业金融帮扶力度，3家企业获批区增信基金3800万元，2家企业通过区科技局科贷通获批1500万元。积极引进人才，开展人才申报工作，共引进高技能人才87名，新增技师1名，推荐申报江苏省乡土人才“三带”名人、能手、新秀共10名以及东吴紧缺人才2名。关停、淘汰落后产能企业10家，腾退低效用地7.33公顷，不断提升工业、企业资源集约利用水平。扩展东山电商园“互联网+”阵地，建立健全物联集聚平台，全年通过电商销售枇杷3800吨，快递发货95.5万单，占枇杷总产量的43.3%，电商销售量比上年增加202%；大闸蟹电商快递发货量14万单，约400吨。

【城乡一体】 2020年，推进人居环境整治、爱国卫生运动以及文明城市创建工作，强化组织保障，明晰整治路径，优化工作举措。完成全国文明城市复检任务。在吴中区108个行政村人居环境整治“红黑榜”考评中，东山各村共25次入选“红榜”，列全区“红榜”总数第一，实现“红榜”全覆盖和零“黑榜”。加快推进生活垃圾分类收集、分类运输、分类处理体系建设，全面建成全镇16个“三定一督”示范小区。

【生态建设】 2020年，结合东山生态资源、产业现状，立足于生态涵养与绿色发展两大理念，不断探索生态涵养发展实验区建设。东、西大圩标准化池塘顺利发包并实现第一年高效益养殖；东太湖湖滨湿地缓冲带项目全面建成；三山岛区域供水工程正式完工通水；149个自然村农村污水治理率实现全覆盖；渡口村高标准农田一期25.33公顷水稻丰收，二期31.33公顷农田复垦建设全面竣工。开展蓝藻水草打捞行动，累计打捞水草10384吨、蓝藻5669吨，清理芦苇324.27公顷。深入实施城乡生活污水处理提质增效精准攻坚“333”行动（以“三消除”“三整治”“三提升”为主要内容的城镇污水处理提质增效精准攻坚“333”行动包括：消除城市黑臭水体、污水直排口、污水管网空白区，整治工业企业排水、“小散乱”排水、阳台和单位庭院排水，提升城镇污水处理综合能力、新建污水管网质量管控水平、污水管网检测修复和养护管理水平）。开展“河长总动员，全员大巡河”专项行动，累计完成巡河4300余次，巡查处理河湖问题600个。建立环境监控体系，新建大气自动检测站，建成4座水质检测站，全方位打造东山环境监控体系，打赢蓝天、碧水、净土保卫战。

【民生保障】 2020年，践行以人民为中心理念，推进社会救助各项工作，全年发放城乡低保、低保边缘及其他救助资金共924.29万元，惠及困难群众3947人次；全年发放烈属、残疾军人、老复员军人等重点优抚对象定期生活补助共273.09万元。推进精准慈善扶贫，新增苏州市和好塑业有限公司、苏州市伟业金属制品有限公司等5家慈善扶贫基地。持续推进“苏信颐家”社区居家护理公益慈善项目，为全镇25名部分失能、半失能、生活不能自理等困难人员提供上门康复护理服务。开展就业服务和援助工作,全年新增就业人员2327人,失业登记人员就业率99%。举办企业招聘会4期,提供岗位2062个,达成就业意向708人次;开展西点烘焙、中式面点师、茶艺师等技能培训3期,培训人数124人;开展创业大讲堂3期。苏州市吴中区东山中心幼儿园建设完成。疫情防控期间,为全镇百姓发放口罩近10万个,通过居家观察、集中隔离等方式进行防控管理人员总数达7758人,核酸检测共计957人次。

【太湖水域禁捕退捕】 2020年7月,东山镇正式启动太湖水域禁捕退补工作。经排摸,全镇共有太湖捕捞证808张,2019年已自愿退捕48张,纳入本次退捕范围的共760张。7月15日前完成所有基础信息审核上报,确保做到"一船一档";10月2日,760张捕捞证退捕签约全部完成;11月15日前,完成分类处置工作,实现船网移交、分类处置;11月30日前完成禁捕退捕成效"回头看"。同时,开展退捕渔民就业创业政策解读、招聘专场活动2期,维护退捕渔民切身利益。

【综合治理】 采用"堵疏结合"的方式,持续加强农村建房管理。严厉打击违规违章建设行为,共拆除违章建设63处;开通农房翻建审批渠道,第一批通过审批69户。推进"一张网"建设,发挥网格化社会综合治理联动平台作用,联动机制运转更加高效,全年共处置工单11000件,办结率99.87%。推进信访积案、突出问题化解工作,全年接待群众305批400余人,办理群众来信193件。升级"天眼"工程,提升和发挥技防作用,强化违法犯罪打处,破获刑事案件50余起,维护社会治安稳定。推进安全生产"1+20+1"专项行动和安全生产专项整治三年行动。全年共检查企业415家次,发现隐患396处,完成整改368处;共立案处罚违法企业28家,累计处罚金额42.9万元。加大宣传教育,营造"人人讲安全、时时讲安全、处处讲安全"的安全发展氛围。纵深推进"331"专项整治行动,全面排查整改各类隐患,全镇安全生产形势持续稳定。

【实事工程】 2020年,推动镇政府民生实事项目。对已有交通信号系统进行升级,并在部分路口新设交通信号灯;强化队伍建设,建设公安骑警队伍,不断保障全镇交通安全。对莫厘村洪湾,碧螺村古坞、施家平盘,杨湾村杨湾、上湾5个自然村的基础设施进行改造提升,不断优化城乡环境。在原渡口村工业小区建设有机废弃物处理利用示范中心,实现全镇餐厨垃圾、园林垃圾等有机废弃物资源化利用,做到"变废为宝"。在东山镇区新建市政雨污水管网及污水提升泵站,改造提升区块内部排水系统;对社区零星居民楼进行雨污改造及管线路面修复,不断提升东山镇污水治理率,保护沿太湖水环境。建设现代渔业展示中心,安装技防监控、智慧渔业物联网等设备设施;新增尾水处理区水质改善动力设施,保障养殖区水环境质量,不断加快东、西大圩标准化养殖基地规模化、智能化发展。对部分镇区河道和通湖河道实施水质提升工程,进一步改善全镇水环境质量。对苏州市吴中区东山中心幼儿园食堂餐厨设备进行改造,将瓶装液化气改为电炉,不断消除安全隐患。实施医疗卫生资源扩容提质,新增进口高清纤维镜1台,并计划分三年对本镇45~60周岁约8000人开展免费消化道检查,不断增进民生福祉。全面完成全镇所有小区"三定一督"建设,不断提高垃圾分类水平。通过改造闲置地块、重新科学划线等手段,新增停车位500个,不断缓解镇区停车困难。

【重大活动】 2020年9月,江苏省首部全媒体志书《江苏名镇·东山镇志》由江苏人民出版社正式出版发行。11月,东山茶厂的"碧螺牌"茉莉花茶,获2020

年第十二届全国茉莉花茶质量推选活动金奖。11月27日，在三山岛湿地公园一期广场举行三山岛区域供水工程通水仪式，标志着三山村真正实现区域供水，喝上安全放心的饮用水。

（周华星）

临湖镇

【概况】 临湖镇地处苏州城西南，因东、西两侧濒临太湖而得名，总面积55.6平方千米，拥有23千米湖岸线。于2006年9月正式建镇，辖12个行政村和2个社区。截至2020年底，户籍人口4.67万人，常住人口9.73万人。交通优势明显，1小时可到达周边机场，规划中的轨道交通4号线支线通往临湖。先后获国家卫生镇、江苏省生态文明建设示范乡镇、江苏省特色景观旅游名镇、江苏省和谐社区示范镇、江苏省羊毛衫名镇等称号。2020年，临湖镇获评江苏省健康镇、江苏省“味稻小镇”。

表25-9　2020年临湖镇基本情况

项目	数值
总面积	55.6平方千米
耕地面积	1568.2公顷
年末户籍人口	46667人
村委会	12个
居委会	2个
工业总产值	1436746万元
地区生产总值	793950万元
全口径财政收入	103918万元
公共财政预算收入	62269万元
粮食总产量	6566吨
水果产量	12697吨
水产品产量	352吨
内资企业（不含港澳台资企业）	3909家
外资及港澳台资企业	36家
新增注册外资及港澳台资	773万美元
年内到账外资及港澳台资	197万美元
个体工商户	7748户
中小学校	5所
医院（卫生院）	2所

（区统计局）

表25-10　2020年各村基本情况

村名	年末户籍人口（人）	集体经济总收入（万元）
前塘村	4174	1753
牛桥村	5590	1806
灵湖村	3614	1560
采莲村	3953	1961
石塘村	3049	662
石舍村	2671	860
陆舍村	2602	1114
湖桥村	5482	2813
浦庄村	3931	1212
石庄村	2571	1154
界路村	3135	2080
东吴村	3241	1050

（临湖镇）

【经济发展】 2020年，实现地区生产总值79.39亿元，增长4.8%；完成固定资产投资48772亿元，比上年下降50.6%；完成全口径财政预算收入10.39亿元，比上年下降0.8%；公共财政预算收入6.23亿元，比上年下降7%；工业税比优化至59%。开展“三学三清”专项行动，推进“三资”护航行动，铺开集体资产集中经营管理，完成农村集体经济组织赋码登记，清缴欠租4958万元。完成农村集体资产股份权能改革。镇村集体贷款利率分别压降1个百分点、

0.6个百分点，节省资金近2000万元。村均稳定收入1201万元，比上年增长4.8%。采莲村等9个村资产资源性租金收缴率100%。

【转型升级】 新办内资企业(不含及港澳台资企业)569家、增资企业49家，注册资金27.7亿元，其中注册超千万元企业57家。高新技术企业培育入库60家，新增36家，累计有效高新技术企业62家。苏州双祺自动化设备有限公司等3家企业进入上市辅导期。获评东吴创新创业领军人才2名、东吴紧缺人才8名、东吴科技企业家4名。成立吸尘器、模具、木制品等8个行业分商会，推动产业链持续延伸。全面摸排工业企业产值、税收情况，"腾笼换凤"低效企业30余家，增税400余万元。引进"盒马鲜生"等农业项目5个，投资超1亿元；太湖现代农业蔬菜示范基地纳入苏州市菜篮子工程项目，农业园区获评第二批国家级农村产业融合发展示范园。灵湖村"森灵夜市"、石舍村"柳舍集市"开启夜经济新亮点，太湖原乡民宿、香乡恬田农事体验等成为旅游新热点，湖柳蝶坊、菱湖水居入选四星民宿。

【城乡一体】 城市更新步伐加快，控规控制单元局部调整获市政府批复，完成镇、村布局规划调整，界路村、陆舍村村庄规划通过专家论证。重才路北3.72公顷居住用地进入一次性报价挂拍，溢价率13.85%。出台拆迁回购政策，完成拆迁签约79户，回购45套。实施土地执法创模工程，加速建设用地空间和指标腾挪，完成"三优三保""占补平衡"等土地项目库建设4公顷。

2020年8月8日，临湖镇举办"森灵夜市"活动，串联打造以夜游、夜娱、夜食、夜购为主线的特色夜市 临湖镇 供稿

【民生保障】 住房保障和供应体系不断完善，南安花园三期安置房、石庄公租房开工建设。为民服务中心投入运营，开设服务事项170项。开设人才就业服务站，就业信息更加通畅，全镇居民就业率97%以上。完成49户太湖渔民退捕。坚守防汛"最前沿"，筑起防汛"大堤坝"，确保群众生命财产安全。众志成城打胜疫情防控阻击战，排摸重点疫区人员近2万人，核酸检测近2000人。"两癌"筛查实现全覆盖。居家福社会服务有序开展，社工持证人员增多。落实双拥优抚、社会救助、失地安置等工作，发放尊老金、救助金、失地补偿金等各类社会保障资金超4000万元。开展进百家门、听百家言、解百家忧"三百行动"6期，收集并解决有关农村建房、人居环境等各类建议和意见750余条。

【实事工程】 完成银藏一村等3个老安置小区天然气入户改造。完成25千米雨污管网建设和清理。完成浦沙路、浦金路提升改造，浦庄桥顺利解危。疏浚河道10条，新建闸站8座。新增公共停车位超900个，改造路灯超100盏，修复路面超1万平方米，补绿超2万平方米。

【社会事业】 教育医疗资源更加完善。临湖第一中心小学新建教学楼、临湖第一中学新建体育馆投入使用，新增学位540个。与市立医院、中西医结合医院合作开设儿科、呼吸科、皮肤科等专家门诊，新投入390万元采购医疗设备、建设医疗用房。开展安全生产拉网式排查整治，排查企业超1100家，复查超850家，立案查处66家，整改风险隐患4000余处。规模以上企业实现三级及以上安全生产标准化创建全覆盖，开展安全生产各类宣传教育活动超50期。“331”专项整治深入推进，开展部门联动300余次，常态化开展安全隐患排查整治行动。开展排气企业、餐饮油烟、工地扬尘等专项整治，93家企业实施减排工程建设，空气质量得到改善。开展关停“散乱污”企业“回头看”，累计销号126家。对工业厂区雨污分流进行深入排查，完成排水许可证办理。“天眼”二、三期建成使用，治安环境更加“透明”，盗窃、接触类侵财等警情均有下降。化解信访案件334件次，调处各类矛盾860起。

【重大活动】 2020年5月19日，临湖镇举办2020吴中好物节启动仪式暨临湖首届农业文化旅游节，现场展示江南味稻、渡村烧酒等在内的临湖系列美食。8月4日，临湖镇举行年中项目集中签约仪式，项目涉及装备制造、园林建筑、农业科技等行业，总投资6.3亿元。10月28日，苏州市农机秋收秋种暨安全生产现场会在太湖现代农业园举办，展示现代农业、智慧农业发展成果。（吴清清）

光福镇

【概况】 光福镇地处苏州西郊、太湖之滨，距苏州古城区21.5千米，下辖7个行政村、3个社区。截至2020年底，户籍人口4.81万人，常住人口5.6万人。全镇总面积61.56平方千米，其中山林面积约24平方千米，太湖水域面积约160平方千米，湖岸线约32千米，全镇生态红线区域保护面积为48.17平方千米。光福素有“湖光山色·洞天福地”之美誉，生态资源优越，自然风光秀美，人文积淀丰厚。光福景区为国务院公布的太湖风景名胜区十三个景区之一，现为国家4A级旅游景区。光福镇有梅文化、渔文化、工艺文化、宗教文化、红色文化等人文资源。花卉苗木种植经营和手工艺雕刻为光福的两大传统特色产业。光福核雕被列入国家级非物质文化遗产代表性项目名录，光福玉雕、红木雕、佛雕被列入省级非物质文化遗产代表性项目名录。全镇拥有中国工艺美术大师1名，江苏大工

表25-11　2020年光福镇基本情况

项目	数值
总面积	61.56平方千米
耕地面积	1340公顷
年末户籍人口	48051人
村委会	7个
居委会	3个
工业总产值	504687万元
地区生产总值	344552万元
全口径财政收入	29535万元
公共财政预算收入	17418万元
粮食总产量	936.08吨
水果产量	526吨
水产品产量	1195吨
内资企业（不含港澳台资企业）	1636家
外资及港澳台资企业	17家
新增注册外资及港澳台资	324.09万美元
年内到账外资及港澳台资	0美元
个体工商户	5675户
中小学校	3所
医院（卫生院）	1所

（区统计局）

表25-12　2020年各村基本情况

村名	年末户籍人口（人）	集体经济总收入（万元）
迂里村	8853	1427
府巷村	5782	3962
福利村	7966	1680
邓尉村	3529	625
香雪村	7993	1098
冲山村	3042	1043
太湖渔港村	5009	1887

（光福镇）

匠1名，江苏省工艺美术大师8名、名人9名，市工艺美术大师12名，各级各类工艺美术师150名。先后获中国历史文化名镇、全国环境优美镇、国家卫生镇、中国花木之乡、中国工艺雕刻之乡等称号。2020年，新四军太湖游击队纪念馆获“第二批江苏省党史教育基地”称号。

【经济发展】 2020年，克服疫情带来的不利影响，全年实现地区生产总值34.46亿元，比上年增长1.7%；完成全社会固定资产投资4.66亿元，比上年增长16.9%；全口径财政收入2.95亿元，比上年下降13.86%；公共财政预算收入1.74亿元，比上年下降8.9%；实现工业投资2.33亿元，比上年增长88.8%；实现规模以上工业总产值44.07亿元，比上年增长7.1%。在全面做好疫情防控的同时，全力支持企业复工复产，苏州华正工业科技有限公司、苏州市吴中喷丝板有限公司产能比上年大幅度增长，实现疫情背景下的逆势上扬；龙头企业苏州不二工机有限公司、苏州安洁科技股份有限公司产值超10亿元，发展势头持续向好；苏州市吴中区伟良电子有限公司、苏州三屹晨光自动化科技有限公司等企业在各自领域影响力不断提升。

【集体经济】 2020年，集体经济规范发展。坚持以集团公司为引领，通过资源整合、镇村抱团等形式，将村（社区）闲余资金集中投建标准厂房，以载体项目带动集体经济发展；集体资产管理规范，开展“三资”管理专项治理，提高村级资产透明度。全面完成农村集体经济组织登记赋码发证，集体资产租金收缴3390万元，清缴欠租626万元。开展“万企联万村　共走振兴路”行动，村级集体总资产5.3亿元，村均稳定收入708万元。探索土地节约集约利用方式，整合低效工业用地，优化土地资源配置，实施完成“三优三保”拆旧复垦项目9.8公顷、占补平衡复垦项目11公顷。进一步加强农村、市镇建房管理，开展农村乱占耕地建房问题专项整治。2020年，农民人均纯收入4.2万元，比上年增长5%。

【转型升级】 产业升级步伐坚定。强化项目载体引导产业发展，实施集体资产腾退与企业自主更新“双驱动”，全年腾退租赁企业5家，回购企业3家，腾出有效面积1.5万平方米，为加快转型升级奠定基础。启动苏州市吴中喷丝板有限公司二期、苏州市都瑞电子有限公司、苏州市光福输送机械有限公司等存量工业用地更新，扩建厂房4.52万平方米，盘活土地2.33公顷。新增高新技术企业16家，争取政策性奖励经费1035万元。生态文旅发展坚实有力，全域旅游规划设计完成终稿，绘就旅游发展蓝图。香雪海景区扩容提升项目进场施工，联动西崦湖周边文旅资源，香雪海品牌提亮增色。冲山文旅项目形态、业态初显，漫山生态岛优势魅力彰显，鸟类图书馆、漫山会客厅、咖啡馆、漫山小院等空间载体相继落成，分散式乡村精品酒店集群投入试运营，码头、泄洪渠等基础设施升级完善，生态休闲、文化体验等多元业态不断丰富。以太美雪绿、吾山居等精品民宿为引领，打造环太湖民宿产业集群。

【生态环境】 生态建设亮点纷

呈。推进17个康居村庄建设，实施农村人居环境整治，开展乱堆乱放、违章搭建等专项整治，建设美丽庭院284个，完成乡村手绘2000余平方米，镇村环境优美宜居，香雪村获评市农村人居环境整治工作示范村，梅园社区5次跻身吴中区农村人居环境整治“红榜”。持续开展“厕所革命”，新建杨树街公厕并投入使用。完善垃圾分类转运处置体系，总投入1800余万元的分类垃圾处理中心一期项目主体建设有序推进。新增“三定一督”示范小区18个，安置小区、商业小区实现全覆盖。平台山获批市级湿地自然公园，全镇湿地保护率位列全区前茅。生态治理富有成效。2020年，开展春夏季臭氧污染及秋冬季PM2.5污染双百日攻坚行动，全镇优良天数达标率79.4%，比上年上升9.4%。强化固废危废环境隐患排查整治，实现固定污染源排污许可全覆盖。完成红浮山区域崩塌地质灾害应急治理。全面落实“断面长制”，加强水环境治理，全流域水质持续提升，善人桥国、省考断面水质月均值达标率100%。深化“河湖长制”，完成区级重要河湖“一事一办”任务清单5项，推进河湖2个违点水产码头整治，拆除违章建筑近1000平方米，新建水产市场主体结构完工。加强太湖“五位一体”精细化管理，扎实开展蓝藻防控，建设挡藻导流围隔3600余米，高峰期日均打捞600余吨。完成杂船整治741条。疏浚河道13条，建设生态河道3.55千米。

【民生保障】 富民强村步伐加快。高水平构建社会保险、社会救济“兜底保障”体系，惠及1497人次，发放尊老金、社会救助金等各类补贴1200余万元。2399名被征地农民纳入城保体系，完成企业职工养老保险省级统筹。惠民实事贴心推进。深化康养光福建设，健全养老服务体系，27户适老化家庭完成改造，西崦湖康养中心项目完成选址立项，村（社区）日间照料中心实现全覆盖。新党校、老年大学落成启用，文体中心、图书馆等公共文化服务设施完成改造升级，“清奇古怪”4株古柏生态修复和东崦草堂修缮启动，进一步满足群众精神文化需求。苏州香雪海小学附属幼儿园内装进场施工，完成163名学生积分入学工作，2020年中考再创佳绩。积极融入医疗保障长三角一体化，与上海市第十人民医院合作，推进二级医院建设，“健康光福”系列疾病免费筛查3.4万余人次。

【实事工程】 基础设施日臻完善。投入7000万元实施邓尉山路改造提升工程，敷设雨污水管网6000余米，新建弱电集约化管道2000余米。投入1400万元实施赵家河头等农村自来水管网改造工程，夯实用水保障。迂里路完成改造提升，实现通车。开展藏福西路、宝泉路两侧景观环境整治提升。建设米堆山森林防火通道2.6千米。科学规划邓尉山路、虎山桥、海天科技等地块停车空间，镇区新增停车泊位550余个。持续优化全镇公交线路，增设652路、653路站台5对。在塔山路等事故多发区增设中心隔离设施4300余米，在230省道沿线增设电子警察及测速装置，提升全镇交通安全水平。

【社会治理】 社会管理务实有效。推进平安光福建设，实施“天穹计划”，深化扫黑除恶专项斗争，严厉打击非法金融活动，持续推进“意识防”专项行动。安全生产事故起数、亡人数实现双下降，编制《光福镇突发事件应急预案》并组织演练。安全生产专项整治“一年小灶”圆满收官，深入实施安全生产专项整治三年行动，集中开展“百团进百万企业”学习宣讲、百日“亮剑”和打通“生命通道”消防专项整治行动，推动隐患整改落地见效。扎实开展“平安乡宴”行动。“331”专项整治增容扩面，出租房、“三合一”场所合规化改造率均达100%。办结联动中心各类工单2万件，结案率99.4%。完成第七次全国人口普查。完成征兵任务。

2020年10月11日，吴中区光福镇退捕渔民育婴师培训班在冲山村举办
光福镇 供稿

【太湖水域禁捕退捕】 根据江苏省委、省政府决策部署，苏州市委、市政府和吴中区委、区政府关于长江流域太湖水域禁捕退捕工作的要求，光福镇开展太湖水域渔民禁捕退捕工作，涉及有证渔民978户（太湖渔港709户、冲山269户），占吴中区太湖捕捞渔船的38.5%。光福镇从四个阶段层层落实禁捕退捕工作，按期完成光福镇长江流域太湖水域禁捕退捕目标任务。围绕“渔民生计得到有效保障”总体要求，采取社会保障工作与退捕工作同步筹划、同步实施、持续推进的办法，走村入户解读政策，确保退捕渔民100%参加社会保险。全面开展退捕渔民家庭就业情况调查，跟进组织就业创业培训、就业创业指导和职业介绍，成立劳务服务公司，积极开发企业型岗位和公益性岗位，定期举办退捕渔民专场招聘会，帮助退捕渔民稳定转产转业。

【重大活动】 2020年4月14日，苏州广电总台在光福镇香雪村举行农特产品销售基地授牌暨青年记者站挂牌仪式。6月9日，苏州文旅集团对口帮扶光福镇冲山村漫山岛签约仪式在漫山岛举行。10月30日，锦绣福地·匠心“守”艺2020年光福镇刺绣技能竞赛在光福镇新时代文明实践所举办。（肖 威）

金庭镇

【概况】 金庭镇地处苏州太湖东南部，距苏州古城区45千米，辖境包括中国内湖第一大岛——西山岛及周围26个太湖小岛，总面积84.22平方千米，其中西山岛面积79.82平方千米。2013年，实行“区政合一”管理体制，副处级建制。2020年7月30日，成立东园社区。截至2020年底，金庭镇下辖11个行政村和2个社区，户籍人口4.57万人，常住人口4.03万人。西山岛又称洞庭西山，盛产柑橘、青梅、杨梅、枇杷、银杏、板栗等花果。自古是旅游胜地，古人归纳出西山十景——消夏渔歌、毛公积雪、玄阳稻浪、角里梨云、西湖夕照、鸡笼梅雪、龙渚归帆、缥缈晴岚、林屋晚烟、石公秋月等。金庭镇有历史文化古迹100多处，其中，中国传统村落7处，省、市级文物保护单位29处，市级控制保护古村落7处，市级控制保护古建筑18处。另有明清建筑120多幢，面积约4万平方米。明月湾古村、东村古村为中国历史文化名村。金庭镇先后获国家风景名胜区、国家现代农业示范园区、国家森林公园、国家地质公园、全国环境优美乡镇、全国卫生乡镇、全国小城镇综合改革试点、江苏省历史文化名镇、江苏省文明乡镇、国家4A级景区等称号。

【经济发展】 2020年，实现地区生产总值26.03亿元，比上年增长4.4%；完成全社会固定资产投资2.83亿元，比上年下降43.7%；全口径财政收入1.18亿元，比上年下降16.08%；公共财政预算收入0.71亿元，比上

表25-13　2020年金庭镇基本情况

项目	数值
总面积	84.22 平方千米
耕地面积	836.4 公顷
年末户籍人口	45595 人
村委会	11 个
居委会	2 个
工业总产值	82012 万元
地区生产总值	260287 万元
全口径财政收入	11752 万元
公共财政预算收入	7145 万元
粮食总产量	2056 吨
水果产量	18220 吨
水产品产量	330 吨
内资企业（不含港澳台资企业）	880 家
外资及港澳台资企业	27 家
新增注册外资及港澳台资	0 美元
年内到账外资及港澳台资	150 万美元
个体工商户	4347 户
中小学校	2 所
医院（卫生院）	1 所

（区统计局）

表25-14　2020年各村基本情况

村名	年末户籍人口（人）	集体经济总收入（万元）
元山村	3974	520
蒋东村	4032	1068
庭山村	3781	622
林屋村	4558	924
秉常村	4344	610
石公村	3204	644
东蔡村	3594	476
缥缈村	3087	602
衙角里村	3806	517
堂里村	2975	623
东村村	3779	576

（金庭镇）

年下降14.88%。坚持疫情防控和经济社会发展两手抓，有序推进复工复产复市。贯彻落实“苏十条”“金九条”等，出台《集体经济组织减免资产出租租金指导意见》，减免租金126.52万元。精准制定企业复工方案，2月下旬，规模以上企业全部复工投产。旅游服务业有序复业，创新制定针对酒店及民宿住宿客人的景区门票免费政策，共惠及酒店及民宿302家、游客7.36万人次。

【集体经济】 2020年，进一步规范“三资”管理，建立村级资金审批监管平台，组织实施村级集体资产集中经营管理和第三方代理记账，集体资产进行线上交易198笔，交易总额7145.5万元，交易年租金579.1万元，比上年增长4.78%。镇村两级实现集体稳定性收入7177万元，比上年增长4.02%。镇级集体稳定性收入1734万元，比上年减少1.76%；村级集体稳定性收入5443万元，比上年增长6.01%；村均稳定收入453万元，农民人均纯收入27370元，比上年增长3%。

【旅游产业】 2020年，旅游产业提档升级。举办各类旅游节庆活动，主办第24届太湖西山梅花节、首届太湖西山稻香文化艺术节，协办“好物中国　心上吴中”太湖时令枇杷采摘季、“西山夜话”文化主题沙龙等旅游推介活动。旅游硬件设施不断提标，园林集团乡村振兴基金顺利签约，金庭镇游客服务中心搬迁项目加快推进，林屋洞及石公山游客中心改造升级、绿光农场改造提升二期、45千米省级登山健身步道、明月湾全国五星级乡村旅游示范点提升等项目建成投用。旅游配套项目有序推进，南峰五星级酒店进入内装阶段，废弃矿坑修复旅游综合开发项目取得突破，与上海创智空间投资管理集团签订合作框架协议，启动玫瑰园项目。金庭镇发展“生态农文旅”促进生态产品价值实现案例入选自然资源部生态产品价值实现典型案例。

【城乡一体】 2020年，推进美丽乡村建设，完成17个自然村项目建设，明月湾获评省级特色田园乡村，堂里村获评国家森林乡村。推进古村落污水全覆盖工程，完成后埠、东西蔡、角里、植里等古村落污水管网建设30千米。开展农村人居环境整治，运用“红黑榜”机制强化监督考核，整治乱堆乱放、乱拉乱挂、乱种乱养等累计5.44万处，清理沟渠水塘1200余处，修复基础设施670余处，农村环境面貌得到改善。

【生态建设】 2020年，树立生态涵养绿色发展优先思维，坚持走好高质量发展道路。生态涵养全力攻坚。38个涵养区重点项目建设全面实施，其中，35个项目顺利完成，3个项目加快招投标。突出打造涵养区精品亮点，石公半岛生态环境涵养项目加快施工建设，消夏湾湿地生态安全缓冲区项目列入省级试点，两处垂直流湿地施工建设加快推进。推进生态环境治理。推进“散乱污”专项整治关闭企业“回头看”，落实32家关闭企业长效监管，完成28个重点污防攻坚任务、9项重点污防工程。落实城乡有机废弃物处理利用项目，新建餐厨垃圾处理站。蓝天、碧水、净土三大保卫战胜利收官，空气质量优良天数超250天，全面核查147个太湖入河排污口，完成13家企业危险废物专项整治。太湖“五位一体”水环境综合治理持续深化，做好蓝藻防控，构筑拦截网5.9千米，打捞蓝藻6万吨。完成184户渔民长江流域太湖水域禁捕退捕工作。开展垃圾分类宣传活动，实现居民小区“三定一督”四分类垃圾收运全覆盖。

【民生保障】 2020年，进一步提升社会保障水平。落实积极就业政策，持续关注退捕渔民、高校毕业生、城乡困难人员等重点群体就业创业，新增就业岗位620个，开发公益性岗位115个，实现214名本地失业人员稳定就业。关心关注困难群体，发放走访慰问、各类生活及救助补贴1800余万元，挂牌7个慈善扶贫基地，规范救助对象动态管理制度，“一户一档”统一管理188人，4个残疾人之家通过考核。完善养老服务保障，提高5894名老人基础养老待遇，居家养老第三方服务增至1836人。

【社会事业】 2020年，教育事业蓬勃发展，九年一贯制学校开工建设，西山中学1名教师被命名为“苏州市学科带头人”，实现度假区范围内零的突破；西山中心小学获全国第六届小学生小古文读写大赛“金园奖”。提升医疗卫生服务水平，常态化引进市级重点医院专家坐诊，医院血透室项目建成投用，加快推进消防改造，完成石公社区卫生服务站提标升级。完成国家卫生镇复查验收，通过全国文明城市复检，成功创建5所省级标准化居民学校。古村落保护稳步实施，涵村明代店铺等15处文物古建筑保护修复工作加快推进，全镇8个古村落被认定为“第一批江苏省传统村落”。《金庭名镇志》《金庭镇传统村落志》分别通过国家级、省级终审，《石公村志》获得省地方志书质量评定优秀成果奖。

【实事工程】 2020年，进一步完善基础设施建设。推进东园公路、碧螺春街、银杏街3条镇区道路改建，完成全幅路面基础，人行道、停车位、照明系统等配套设施完成70%的工程量。阴山、横山连接线项目加快建设，工程进度过半。加快实施区域供水项目，32千米主管网

“好物中国　心上吴中”2020年太湖时令枇杷采摘季活动在观前街新艺广场举行

区委宣传部　供稿

全线贯通。森林防火基础设施项目完成13千米防火通道、27座蓄水池建设，加快建设3.4千米引水上山工程，加快推进防火指挥中心项目。加快实施鱼田花苑代建房项目，南地块地下部分完工。

【重大活动】 2020年1月18日，第24届苏州太湖西山梅花节在林屋洞景区开幕。5月13日，“好物中国　心上吴中”2020年太湖时令枇杷采摘季活动在观前街新艺广场举行。5月26日，在于镇江举办的江苏省第三届精品枇杷评比暨2020年江苏枇杷产业大会上，金庭镇选送的枇杷获2个金奖、5个银奖。8月20日，经升级改造，暴式昭纪念馆开馆。10月27日，自然资源部办公厅发布《生态产品价值实现典型案例》（第二批），向各地推荐10个生态产品价值实现典型案例，金庭镇上榜。

（周永芳）

长桥街道

【概况】 长桥街道位于苏州古城南部，是吴中区的政治、经济、文化和社会活动中心，总面积15.3平方千米。下辖20个社区，包括13个城市社区、7个涉农社区。截至2020年底，户籍人口80017人，常住人口18.07万人。2016年3月31日，吴中高新区挂牌成立，与长桥街道实行“区政合一”新体制。长桥街道历史悠久，文化底蕴深厚，是吴文化的发源地，拥有京杭大运河、宝带桥、五龙桥等著名物质文化遗产和“澹台灭明”“商圣范蠡”等精神文化瑰宝。区位优势明显，交通便捷，3条轨道交通交织运行，高架快速路环伺四周，东有澹台湖，西有石湖，运河文化带贯穿全域。2020年，吴中高新区完成地区生产总值147.4亿元，比上年增长3%；完成全社会固定资产投资18.44亿元，比上年下降13.4%；全口径财政收入32.72亿元，比上年增长1.5%；公共财政预算收入18.97亿元，比上年增长5.55%；服务业增加值112亿元，比上年增长3%；注册外资及港澳台资6231.28万美元，注册内资（不含港澳台资）145亿元；完成规模以上工业总产值92亿元。　（王哲维）

［详见度假区·开发区·高新区——江苏省吴中高新技术产业开发区（筹）］

郭巷街道

【概况】 郭巷街道隶属吴中经济技术开发区，东临独墅湖，南接吴江区，西衔京杭大运河，北连苏州工业园区，素有“姑苏南大门”的美誉。街道总面积54平方千米，下辖24个社区，其中11个农村社区、13个城市社区。截至2020年底，户籍人口76439人，常住人口22.6万人。现有58处楼盘，其中：安置楼盘23处，建筑面积297万平方米；商业楼盘35处，建筑面积776万平方米。辖区交通便利，苏嘉杭与绕城高速交会，东环路贯穿南北，东方大道辐射东西，轨道交通2号线、3号线横贯全境，轨道交通7号线、郭巷大桥改建工程开工建设，中环快速南线(尹山湖隧道)、独墅湖第二隧道加快建设，现代化立体交通体系逐步成型。

【经济发展】 2020年，实现地区生产总值173.25亿元，比上年增长7.6%；完成全社会固定资产投资12.71亿元，比上年增长494.2%；实现工业总产值408.74亿元，比上年增长9.8%；完成工业销售收入407.6亿元，比上年增长10.6%。截至2020年底，实有个体工商户9945户，注册内资(不含港澳台资)企业8957家，注册外资及港澳台资企业200家。

【集体经济】 2020年，累计完成集体资产交易131笔，交易资产面积10.78万平方米，交易金额4000余万元。街道集体资产增至10亿元，比上年度增长1.5倍；集体资产年租金收入5522万元，增长2758万元，比上年翻了一番。落实疫情期间惠企助企政策，全年共减免租金总额741万元，帮助集体资产租赁企业渡过难关。盘活集体资产项目，长申购物广场稳定运营，尹东公共服务中心竣工交付，国泰青年公寓和金丝港教育园完成拍地，独墅湖水乡邻里等待规划验收。探索集体资产发展思路，成立苏州市禾元物业服务有限公司，由尹山湖集团控股，提供专业物业服务。

【城乡一体】 2020年，城市化建设快速推进，完成各类签约227户，完成尹西三期安置房建设地块、轨道交通7号线站点(林家潭站、郭巷站、尹中路站)等共9个重点任务地块清零，完成南环桥市场整体签约及经营户补充协议签订工作，推进南环桥市场搬迁。解决久迁未居问题，全年累计完成54户120套10220平方米的分房工作，累计办结安置房不动产权证632本。

【实事工程】 2020年，完成13项年度实事项目建设工作，姜庄自建区综合改造、国泰新村改造等一批重点实事项目有序推进。完成吴淞江产业园复垦项目及郭新路、东安路、吴东路节点提升改造工程，对郭新东路及周边道路、姜庄工业园内雨污水管网进行清淤检测，推进姜庄工业园、郭新东路及周边道路管网排查及修复，完成新旧养护单位移交工作，辖区内雨污管网承载能力得到提升。尹山湖幼儿园独墅湾分园建成并投用，完成郭巷实验小学附属彩虹幼儿园临时搬迁工作，加快推进原址改建项目招标，民办万业湖墅金典幼儿园顺利转为吴中区第一家普惠性民办幼儿园，完成小学、中学积分入学622人。改造升级国泰卫生服务站，在斜港、湖滨等7个社区开展家庭医生工作室试点，推进尹山湖医院二期建设，不断完善“一体两翼多站”的卫生服务格局。

【民生保障】 2020年，以“保就业、稳就业、优就业”为工作目标，通过“线上+线下”模式，开展招聘活动4次，提供岗位1500余个；发挥创就业指导中心作用，举办各类培训18次，受益群众近800人；新增公积金开户57家，惠及2700余人，覆盖面71.3%。落实拥军优抚，向现役军人家属等发放慰问金17万元，向各类优抚对象发放抚恤金、生活补助和优待金共计500余万元。开展精准帮扶，发放各类社会救助金418万余元，惠及140人。崇尚养老敬老，老年人日间照料中心覆盖21个社区，爱心送餐覆盖11个涉农社区658名老人。丰富文化生活，推进文明城市创建常态化，开展“一季一节”活动，拍摄《战疫郭巷》宣传片，展示郭巷街道抗疫风采，培育文明新风尚。

【社会治理】 2020年，坚持人民利益高于一切，坚持“外防输入、内防扩散”，落实“群防群控、联防联控”，辖区输入并治愈病例1例。抓实安全生产工作，排查各类工贸企业、餐饮场所2000余家，关停隐患单位100余家，排查、整改完成群租房1.4

万余户。维护社会平安稳定，共查处治安、刑事等各类警情2.3万余起，比上年下降15.7%；开展“一盔一带”安全守护（2020年4月，由公安部在全国开展的一项安全守护行动。行动期间，公安交管部门将加强执法管理，依法查纠摩托车、电动自行车骑乘人员不佩戴安全头盔，汽车驾乘人员不使用安全带行为，助推养成安全习惯）等活动；共纠处各类交通违法行为7万余起，处理交通事故1.6万余起。依托三级网格，处理联动中心工单4万余件，办结率99.58%。做好不稳定因素排摸化解工作，受理各类信访投诉312件，处理建筑工地、企业劳资争议近1700起，涉及金额8000万余元。进一步深化执法改革，办理重大行政执法案件8起，一般程序行政处罚案件285件，处罚金额121万余元。营造法治文化氛围，针对《民法典》等重点法律法规开展普法宣传6次，街道、社区两级共接待法律援助、鉴定、咨询等750余次。

【生态环境】 践行“绿水青山就是金山银山”理念，落实河长制、断面长制，完成官浦港等4条河道疏浚。推进工业企业VOCs综合治理，完成加油站油气回收、燃气锅炉低氮改造、危废贮存规范化专项整治等重点工作任务。推进尹东六村东侧、八村幼儿园、黄潦泾小区3个地块土壤污染状况调查工作，对林通化工、思睿屹2个重点地块开展土壤污染风险管控和修复，全年取缔、整治“散乱污”企业20家，高标准完成吴淞江产业园47.67公顷土地复垦任务。推进生活垃圾分类减量，建成投运“三定一督”垃圾分类小区60个，完成生活垃圾等各类垃圾清运10万余吨，改建4座、新建2座2A级公厕。

【重大活动】 2020年5月22—24日，本色美术馆推出艺术市集，推动夜经济发展。8月26日，东环南延二期工程尹山湖立交及南湖路跨运河高架桥试通车。11月14日，玲珑、景韵、独墅湾社区党支部成立。11月21日，郭巷街道举行“GX新青年梦・巷”品牌发布会暨首届尹山湖青春梦想跑。（沈雯君）

横泾街道

【概况】 横泾街道位于苏州城南部，南临东太湖，北依尧峰山，总面积52.23平方千米。下辖5个行政村、5个社区。截至2020年底，户籍人口3.38万人，常住人口6.69万人。区位优势明显，生态环境优美，产业特色鲜明，物产资源丰富，是吴中区“生态文旅带”的重要一环，是吴中经济技术开发区“一核、一廊、一圈、一区”的重要组成部分。北部区域为二、三产业集聚区，中部区域为集镇商贸服务区，南部为田园风光休闲区，盛产太湖大闸蟹、茶叶、瓜果、水八仙、富硒大米等农产品，形成精密加工、机械制造、电子产品、针织服饰、研发和“互联网+”等产业格局。2020年，横泾街道围绕“农旅融合示范区、社会治理模范区、城乡一体先导区”建设目标，坚持疫情防控和经济发展两手抓、两手硬。

【经济发展】 2020年，实现地区生产总值42.9亿元，比上年增长12.36%；完成固定资产投资5.67亿元，比上年增长48.5%；全口径财政收入8.2亿元，比上年增长0.9%。全年引进项目504个，新增注册资本17.94亿元，总投资35.88亿元，其中53家企业注册资本超千万元。全面落实疫情防控责任，累计排查重点地区返吴人员2166人次，居家观察1800余人次，完成核酸检测1800余份。出台《关于横泾街道应对疫情鼓励镇级集体经济组织减免资产出租租金的实施意见》。开展农村集体经济组织登记赋码工作，完成新路村、新齐村、新湖村3个行政村股权固化改革，实现村（社区）股权固化全覆盖。常态化开展集体资产专项治理和租金“双清”行动，完成滨湖大厦产权转让。2020年，镇、村两级集体经济总收入2.77亿元，比上年增长53.9%；集体总资产13.7亿元，比上年增长3%；村均稳定收入645万元，比上年增长5%。

【农旅融合】 2020年，实施高标准农田建设项目2个，共计193.33公顷，水稻仓储加工中心建成投用，街道被评为吴中区现代农业发展先进单位。南部农旅总体规划方案编制完成，横港河路实现通车，新南大圩土地整治项目完成40%，义金烧酒坊开放营业并释放产业集聚效应，举办油菜花节、开镰节等农旅特色活动。深入实施农村人居环境整治，累计获得吴中区农村人居环境整治“红榜”6次，新齐村获评市级农村人居环境整治示范村，上林村、尧南社区被评为吴中区农村环境长效管理工作先进示范村（社区）。全年实施康居村庄建设项目7个，上林村被命名为江苏省第三批特色田园乡村，新路村获评第三批江苏省生态文明建设示范村。全面落实河长制改革任务，完成10条河道清淤整治。完成横泾街道区域长江流域太湖水域禁捕退捕工作，回收捕捞证423本。完成区生态文明建设十大工程下达的任务指标。

【民生事业】 全年清零4个拆迁项目，开发区重点任务完成31户农户、8家企业，总签约率66.1%。预拆迁任务完成278户，报名拆迁任务完成72户，市镇危房解困任务完成82户。全年共计拆除违建858起12793平方米，纠正违法用地16宗2.08公顷；制定并实施《横泾街道农村宅基地房屋翻建实施细则》。推进镇区道路改造提升二期、木东公路示范路建设，横泾中学改扩建一期基本完成，区域化养老服务中心启动实施，泾康社区获批成立，为民服务中心投入运行，村（社区）日间照料中心实现全覆盖。餐厨垃圾集中处置实现全覆盖，居住小区“三定一督”垃圾分类模式全面推广，大件垃圾分拣中心建成投用，街道被评为苏州市城市管理工作成绩突出单位，新齐村、新路村、泾峰社区被评为吴中区农村生活垃圾分类工作先进示范村（社区）。新时代文明实践站所全部建成，文明城市高分通过复查验收，上巷社区、泾苑社区等7个村（社区）被评为吴中区文明村（社区）。全年开展各类文化惠民活动30余场，街道文体中心被评为苏州市群众体育工作先进集体，横泾实验小学被评为江苏省艺术教育特色学校。工会、团工委、商会等团体组织积极投入抗疫行动，25个团队和个人获区级以上表彰；老干部支部被评为全区首批“六有一提升”示范支部。

【社会治理】 持续深化“党建引领社会治理网格化”工程，建成“笃学堂”阵地25个；开展“七进网格”活动，建立网格党建积分制度和家庭户积分制度，“党建引领小村化治理”项目被评为吴中区优秀基层党建项目，街道被评为苏州市先锋街道，上林村、尧南社区被评为吴中区农村幸福家园“共建、共治、共享”示范村（社区）。全年开展安全生产大检查6轮次，累计检查企业1819家次，发现问题隐患3816处，完成整改3510处，整改率95%。落实重大隐患挂牌督办制度，3个督办项目全部完成整改并销号。持续做好“331”“9+1”“263”等专项行动，完成天鹅荡路集宿楼标准化改造；街道被评为吴中区安全生产先进单位、“平安吴中”先进集体、“331”专项行动先进集体，尧南社区获评全国综合减灾示范社区，新湖村被评为江苏省团结管湖先进集体。创新建立“1+3+N”服务模式，全年联动中心共受理有效案件19170件，办结18797件，结案率98%，街道在全区联动考核中始终名列前茅。

【重大活动】 2020年8月，横泾街道上林村被正式命名为江苏省第三批特色田园乡村。11月8日，由苏州市住建局、吴中区人民政府主办的“太湖原乡保护与振兴高峰会”，在横泾东林

渡稻田中举行。峰会期间，横泾街道与北京道禾三代塾进行战略签约。（张晓莉）

越溪街道

【概况】 越溪街道位于吴中区西南部，东至友新高架，西至尧峰山，南临东太湖，北坐上方山，是吴中经济技术开发区区域中心、吴中区越溪城市副中心所在地。越溪街道总面积22.9平方千米，下辖10个社区、2个行政村。截至2020年底，户籍人口4.35万人，常住人口9.56万人。2020年8月，旺山景区获评江苏省级特色小镇。

【经济发展】 2020年，实现地区生产总值97.21亿元，比上年增长1.6%；完成全社会固定资产投资7.85亿元，比上年增长143.4%；公共财政预算收入1.25亿元，与上年接平；实现工业总产值108.26亿元，比上年增长93.67%。镇、村两级集体总资产23.94亿元，集体总收入2.28亿元，集体稳定收入1.77亿元，其中镇级稳定收入9566万元、村级稳定收入8115万元。全年已办外资及港澳台资项目18个，总投资47163.38万美元；已办内资（不含港澳台资）项目149个，总投资69.55亿元。全域旅游焕新添彩，建成投用景区小镇客厅（游客服务中心）和监控道闸等智能化系统，改建“旺山遇见卢浮宫”美食文创街区；张桥村完成特色田园乡村建设。

【转型升级】 着手启动越溪工业坊和张桥工业园存量更新，涉及土地约15.09公顷。越溪工业坊占地6.42公顷，原有厂房10栋，入驻企业9家，完成8栋厂房企业清租拆除，深化确定设计方案。张桥工业园占地8.67公顷，原有厂房、门面37家，根据旺山、张桥全域旅游总体规划，确定“体育康养小镇”定位，以“体育+文旅”为核心，着力打造集赛事、体育产业于一体的多元化体育文旅产业，现已与吴中集团签订意向合作协议。

2020年12月，改建投用“旺山遇见卢浮宫”美食文创街区

越溪街道　供稿

【城乡一体】 推进拆迁腾退，全年完成拆迁签约304户（农户291户、企业13户），清零7个地块（重点地块5个）。区级任务130户（重点18户）全部完成，开发区任务488户（重点38户）完成62.3%。城乡配套逐步完善，完成杨庄小区雨污水管网改造，加快舍郎小区综合提升工程；完成越城西路、南苏州生活广场综合改造；郎里河北侧闲置地块改造提升为街边公园，北溪江路获“市级城市管理示范路”称号；建成4个餐厨垃圾处理站点，完成29个垃圾分类“三定一督”小区，旺山、张桥荣获市级人居环境示范村称号。

【民生保障】 做好民生兜底保障，全年发放社会救助金201.1万元，8个社区日间照料中心开展社会化服务，“居家福”全年服务739户近1.5万人次。协调加快安置房建设，在建面积122.7万平方米，可提供安置房

7620套，其中木林花苑一期封顶。夯实群众安全底线，优化7个安全监管网络，完成三级挂牌督办问题3个，完成各类企业标准化建设173家，完成548家餐饮场所“瓶改管”“瓶改电”，完成禁捕退捕工作任务。

【实事工程】 2020年，推进重点项目和实事项目建设，投资1.07亿元按时保质完成29个民生实事项目，综合提升整体环境质量。在建项目扎实推进，滨溪邻里中心项目竣工并做好招商招租，商业及办公工程项目进场施工完成桩基，旺山综合服务中心和智能化改造项目投用。既定项目加快落地，越旺集团大楼项目确定“一村二楼宇”模式，确定设计方案。

【社会事业】 统筹推进社会事业，建成投用新苏附小教育集团溪秀实验小学，发挥集团办学优势；依托“教育吴中”品牌建设，江苏省外国语学校初中部与越溪中学整合办学资源，成立新校，提升整体教育质量；落实积分入学政策，全年申请办理积分入学人数299人，其中小学192人、中学107人。筹建街道文体中心，优化功能布局，活跃群众文化生活。坚持常态化精准防控，全面做好外防输入、内防反弹工作。

【重大活动】 2020年10月5日，“中国张桥·抖起来达人谷”在越溪张桥月季公园揭牌。10月6日，世骑家旺山国际马术中心在越溪旺山村启幕。12月28日，新苏附小教育集团溪秀实验小学开校。 （许志兰）

城南街道

【概况】 城南街道位于苏州南大门，东邻苏嘉杭高速，西至友新高架，北接吴中城区，南与吴江区接壤，总面积17.8平方千米。下辖15个社区，共18个自然村和71个居民小区。截至2020年底，户籍人口5.66万人，常住人口19.9万人。苏州吴中汽车客运站直达上海、郑州等外省区市和苏州各镇、区及街道，市区公交方便快捷，轨道交通2号线和4号线在辖区中心交叉通过。2020年，城南街道被江苏省第四次全国经济普查领导小组办公室评为江苏省第四次全国经济普查优秀集体。

【经济发展】 2020年，街道支持企业复工复产，出台《城南街道集体经济组织减免资产出租租金的实施意见》，减免租金138万元。经济运行总体平稳复苏，全年实现地区生产总值114.37亿元，比上年增长2.04%；完成固定资产投资23.19亿元，比上年增长130.6%；实现工业总产值322.77亿元，比上年增长6.06%。

【集体经济】 2020年，完善“三资”监管平台，提升集体资产运作管理水平。全镇集体经济总收入1.6亿元，比上年增长9.3%；集体稳定收入1.15亿元，比上年增长27.7%；村均稳定收入1071万元，比上年增长26.6%；集体总资产20.52亿元，比上年增长7.6%。推进城南科技产业园、宝仁产业园、宝韵铂宫、东湖大厦等集体资产项目建设。

【城乡一体】 2020年，实现区级拆迁任务100%清零，开发区任务共完成签约民房25户、企业23家，腾退土地资源约33.73公顷；安置房有序交付，完成兴昂花园二期分房625套。推进农村环境长效管理及农村人居环境整治，涉农社区环境面貌改观。推广垃圾分类，57个小区125个点位的垃圾分类“三定一督”投放屋全部建成投用。环境面貌不断改善，常态化开展文明城市创建，顺利通过国检。

【民生保障】 中小学、幼儿园数量与质量并进，完成1所普惠制幼儿园转化、1所省优幼儿园建设，邵昂路中小学、澄湖路中小学建设进度加快；社区医疗、服务资源逐步优化配齐，老年人送餐服务实现全覆盖。发放各类补助金、慰问金超过213

万元。推进宝南墓地搬迁。人文环境不断提升，吴文化博物馆建成开放，宝带桥—澹台湖景区列入大运河国家文化公园项目，文化旅游环境逐渐丰润；城南街道文联成立，第一届文联大会顺利召开，文艺创作环境健康向好发展；城南街道党群服务中心、新时代文明实践所建成投用，志愿服务环境逐渐形成。深入开展扫黑除恶斗争，整合1580路社会面监控资源接入“天眼”系统，2020年违法犯罪类警情比上年下降20.9%，盗窃类警情比上年下降49.9%；做好意识防、反邪教、禁毒等工作，落实各类重点人员管控。

【实事工程】 坚持以高质量项目为导向，围绕“中心城市核”和先进制造轴战略定位，完善东吴工业园存量更新规划，启动总投资18.3亿元的8个存量更新项目，完成亚青永葆项目，提增24.23公顷工业用地经济密度。推进排水达标区、道路提升、城南消防站等23个总投资1.3亿元的民生实事项目，城市功能不断完善。开展2020排水达标区工程，对6个小区进行雨污水管网改造。完成兴中路、双祺路提升改造工程。对路灯老旧灯头进行改造，共计更换LED灯头700余套。对桂苑小区开展功能性改造，修复吴中花园地下管网。修复钱家花园破损道路，提升小区环境。

【生态环境】 打好大气、水、土壤三大污染防治攻坚战，完成15家VOCs企业年度任务，3个加油站油气回收治理项目；进一步加强河道污染治理，完成碧波河、田郎港、金家村河、黄泥浜等4条河道清淤疏浚及商贸城雨污水管网改造项目。继续推进运河沿线及其支流黄泥浜、罗布箕河沿线工业企业排污排查治理，督促企业完成雨污水分流改造，实现达标排放；选取35家重点企业加装雨水观察井，便于日常检查中对企业雨污水排放进行监管。完成5家土壤重点监管企业土壤及地下水自行监测，完成6家关闭搬迁重点企业地块土壤污染防治任务，苏州晶瑞化学股份有限公司、苏州茂林化工有限公司2家企业完成拆除污染防治方案编制。完成74家企业公示牌制作，77家企业监控安装，收回承诺书81份。

【社会治理】 深化推进改革，完善职能建设，提高辖区综合治理能力和长效管理水平。物业管理改革试点初见成效，着力解决群众关切的环境卫生等物业管理纠纷。审批服务执法一体化平台建成投用，社会管理区块一体化改革落地，打造高效互通、联动协作的综合治理模式，城市综合环境得到改善。通过综合行政执法改革，整合基层执法力量，提高依法行政水平，规范城市管理工作开展。

【重大活动】 2020年4月10日，《城南街道社会管理区块一体化改革方案》落地，城南街道将作为开发区改革试点，全面推进社会管理区块一体化改革。试点范围包括城南街道全域约17.8平方千米。服务内容涵盖道路清扫保洁、附属设施保洁、生活垃圾清运、市政公厕管理、市政绿化养护、河道水域保洁、秩序维护管理等7项。6月24日，城南街道党群服务中心暨新时代文明实践所、老干部活动中心启用揭牌仪式举行。城南街道党群服务中心暨新时代文明实践所位于吴中区石湖东路58号，总面积960平方米，馆内整合红色V站、志愿者活动室、澹台讲堂等多个服务阵地。12月31日，城南街道东湖社区被江苏省爱国卫生运动委员会办公室评为省健康社区。

（王　睿　陆嘉昊）

香山街道

【概况】 香山街道位于吴中区西部，苏州太湖国家旅游度假区的核心区域，东靠胥口镇，西南临太湖，北与光福镇交界，总面积26平方千米。下辖8个社区和2个社区筹备组、4个行政村。截至2020年底，户籍人口2.66万人，常住人口4.5万人。

香山街道因吴王阖闾于此种香而得名,明故宫的设计建设者蒯祥所代表的苏派古建“香山帮”闻名海内外。辖区内拥有31.42千米太湖湖岸线,1个国家5A级景点、1个国家湿地公园、全国内湖第一桥太湖大桥、渔洋山风景区和1个国家级摄影创作基地、首个中国商旅文产业发展示范村以及蒯祥园、孙武演兵场等。

【经济发展】 2020年,实现地区生产总值21.23亿元,比上年增长1.01%;完成全社会固定资产投入14.56亿元,比上年下降10.95%;全口径财政收入14.79亿元,比上年增长70.05%;公共财政预算收入10.81亿元,比上年增长80.79%;实现工业总产值3.40亿元,其中规模以上工业总产值1.25亿元。制定《关于香山街道应对疫情鼓励农村集体经济组织减免资产出租租金的指导意见》,累计减免租金101万元,涉及租户143家。依托舟山核雕村、长沙农家乐等成熟旅游载体,引领带动服务产业规模质量全面提升。全年接待旅游人数174.85万人次,旅游收入26.54亿元,服务业增加值18.99亿元。全年完成集体总收入9011万元,村集体经济总收入4798万元;农民人均纯收入3.65万元,比上年增长2%。

【城乡一体】 2020年,加快城乡一体化进程,推进拆迁清障和安置分房工作。累计完成辖区住宅拆迁183户,企业回购29家,腾地133.33公顷,完成第三小学规划区、中央商贸区重点地块等14个地块的清零工作。先后组织开展23个批次的安置分房工作,分房2614户,办结产证5620套。开展美丽乡村建设,累计投入5300万元完成15个自然村的美丽乡村建设,投入500万元完成舟山村、香山村整村提升工程,逐步形成城市空间日益拓宽、乡村环境日益优化的发展新格局。

【生态文明】 2020年,以全国文明城市创建和市区两会环境秩序保障工作为契机,累计增划机动车和非机动车停车位1718个,修复更新基础设施237处,集中整治流动摊点、乱堆乱放、占道经营等问题,提升城市精细化管理水平。推进农村人居环境整治工作,引导居民提高卫生意识和文明素质。全年投入1342万元,累计清理农村垃圾1万余吨,清理水塘28处、沟渠21.5千米,清理违章搭建387处约1万平方米,修缮整治路面、墙面258处。严抓严管污染防治工作,对73家“散乱污”企业(作坊)落实日常入户巡查制度;对辖区57家木雕、砖雕等传统行业落实粉尘收集、日清管理等治理措施。全面落实太湖“五位一体”管理,强化周边河道清淤、太湖蓝藻、水草打捞及水源地保护工作。完成16个“三定一督”垃圾分类小区的建设。

【民生保障】 2020年,辖区4个劳务合作社实现收入2510万元,提供工作岗位约360个。实施就业扶持政策,援助辖区内失业人员实现就业96人,完成公益性岗位申报30个,申报青年见习基地1家、姑苏技能大师工作室1家、东吴技能大师工作室3家。引进培养高技能人才6人,专业技术人才20人。对困难群众做好兜底保障,全年累计发放失地补偿金、养老人员补贴770.5万元。为178名残疾人办理人身意外伤害险,发放居家托养护理补贴4.15万元,发放残疾人就业补助金10.6万元。为13名学生发放慈善助学款3.62万元,为969名老人发放尊老金55.86万元,为469名老人提供居家养老上门服务。共为低保、低保边缘、特困人员发放各类补助金69.5万元。共为无业重残、无业精神智力三四级残疾人员发放生活补助金和重症护理补贴52.59万元,发放临时救助金1.98万元。为10名困境儿童发放基本生活金约7万元。突出文体惠民,常年开展演出、书场、放映电影等各类文体活动合计120余场。疫情期间,严格做好“一人、一策、一到位”等防控措施,共排查2万余户,5万人次。

【实事工程】 2020年，推进污水管网改造、停车场改造、人居环境提升、村庄墙立面改造、大气监测站建设等47个总投资2034.15万元的民生实事项目。推进香山街道社区卫生服务中心建设，完成吴中区太湖湾伟才幼儿园新建工程，太湖度假区第三小学开工建设。贯彻乡村振兴战略，突出文化复兴和富民强村，推进以舟山核雕为核心，总投资1200万元的香山街道舟山村窑头（浜头）特色田园乡村建设项目，完成巷道改造提升，3个入口改造，北塘河及新开河驳岸改造及景观提升，体验式农田改造，古码头复原、古桥复原、宅前屋后整理。

【社会治理】 2020年，利用三级网格，推进社区治理纵深发展，共调解矛盾纠纷513件，调解成功率99%。集成指挥中心共受理工单1.5万余件，工单办结率98.59%。持续压紧压实安全生产“三个责任”，深入开展安全生产专项整治，检查企业583家次。安全生产行政执法事前处罚立案7件，罚款10.5万元。开展“安全生产月”“百团进百万企业”等系列宣传活动，参与人数500余人次。开展“331”联合行动61次，累计排查“九小场所”255家、出租房739处。全年开展消防安全培训和应急疏散演练6次。

【重大活动】 2020年3月10日，舟山村舟山入选第一批江苏省传统村落名录。7月28日，“丹青颂廉洁，翰墨扬清风”香山街道廉政书画展在苏州核雕艺术馆开幕。9月10日，吴中区“文化为民”活动——吴中青年越剧团专场演出在香山文体中心上演，越剧团送来传统越剧《追鱼》《书馆》《回娘家》《送凤冠》等片段。10月7日，香山街道长沙社区施家湾、南旺村入选江苏省级传统村落。12月21日，香山街道2020年家庭教育总结交流暨中陶家专委理事单位授牌仪式在香山花园社区服务中心会议室举行。（钟　冰）

太湖街道

【概况】 太湖新城（太湖街道）位于苏州南部，南临太湖水，背靠七子山，是苏州“一核四城”城市发展战略的重要组成部分。2013年11月，苏州太湖新城吴中管委会成立。2018年11月，太湖街道挂牌成立，与苏州太湖新城吴中管委会实行“区政合一”管理体制，下设融湾、颐湾2个社区。行政区域面积25.9平方千米，其中陆地面积16.8平方千米。东、南至吴中区行政区域边界，与吴江区松陵镇隔太湖相望；西至苏旺路，与横泾街道相接；北至沪常高速公路，与越溪街道接壤。截至2020年底，户籍人口1847人。太湖新城（太湖街道）先后获评智慧试点城市、地下综合管廊试点城市，以及省级建筑节能和绿色建筑示范区。2020年，太湖新城（太湖街道）获评国家级三星级绿色生态城区。

【项目建设】 2020年，列入区级重点项目7个，计划总投资213.8亿元，完成投资44.05亿

2020年8月26日，吴中太湖新城获江苏省首个国家级绿色生态城区规划设计三星级标识

太湖街道　供稿

元。全年完成3项法定规划、8项非法定规划,轨道交通线网实现全覆盖,城际铁路太湖新城站点完成布局。地下空间全面竣工,苏州湾中心广场、能源中心加快建设,20多千米综合管廊廊体全面具备入廊条件,成功创建全省唯一的国家级三星级绿色生态城区。融创、金融街、富景、绿城等100多栋商办、住宅高层建成,城市形态业态进一步丰富。

【招商引资】 2020年,举办太湖新城汽车创新产业线上招商推介会和北京营商环境推介会,全年共签约项目14个,总计投资额430亿元。全年完成土地上市14.27公顷。赛迪研究院苏州分院开园运营,中信泰富新经济科创湾总部项目、天鹅港商务中心项目开工;嘉盛总部、东山精密等总部项目,超五星级JW万豪、君悦等高端酒店以及苏州湾城市会客厅等项目签约入驻。召开企业座谈会,举办企业家月度沙龙,太湖街道商会成立。

【城市环境】 2020年,通过全国文明城市复评,文明城市创建成效多次走在全市前列。完成辖区6处自动监测站建设验收工作,智慧太湖新城河道水质监测管理系统、大气环境自动监测站投用。开展土壤污染防治和危废专项检查行动,累计现场检查96家次,完成整改48家,出具整改清单13份。开展规定污染源排污许可清理整顿和发证登记,累计完成登记192家。开展市容环境专项整治50余起,疏导流动摊点621处,规范店外占道经营40起,清理乱拉乱挂171起,清理乱涂乱画小广告1467起,清理道路两侧乱堆杂物170起,处置道板停车1979起,驱离道板绿化停车1431辆,教育纠正非机动车乱停乱放1589起。规范审批3处店牌店招,拆除公益广告牌(横幅)59处,共计439平方米,拆除户外广告(屋顶镂空字等户外广告)6处,共计720平方米。落实沿街商铺“门前三包”责任制,辖区内市容环卫责任书签订率100%、上墙率100%。

【社会事业】 2020年,全市重大医疗配套苏州太湖新城三甲医院开工,与复星集团儿童专科医院顺利签约,社区卫生服务中心投入运营。突显华东师范大学苏州湾实验小学品牌效应,推进集团化办学,推进吴郡小学开学前期工作,与国内高端初高中教育资源初步达成合作意向。举办首个A类全国OP帆船锦标赛,苏州湾马拉松暨全省大运河系列赛成为中国田协金牌赛事。文化新地标360剧场开工,举办“点亮苏州湾,活力yeah太湖”夜经济主题活动,以歌林公园、永旺梦乐城为代表的苏州湾夜经济商圈持续升温。城市社区“三定一督”垃圾分类实现小区全覆盖,人居环境不断改善。

【社会治理】 创新社会矛盾调处一体化运行体系,累计接待来访群众186批次,调处矛盾纠纷百余起,涉及相关人员逾千人。开展16个领域专项整治工作,共检查辖区企业922家次,整改隐患3218处;排查集体和个人产业园40处,查封违法违规土电梯67台。排查“9+1”场所106家,整改率100%。结合“春风行动”“百团进百万企业安全生产宣讲”“亮剑行动”等要求,对400家企业主要负责人和安全管理人员进行全员培训,累计培训1000余人次。

【重大活动】 2020年11月8—12日,2020全国OP帆船锦标赛在苏州湾水域举办,来自15个省区市的OP帆船代表队,共计134名参赛人员参加本次赛事。11月12日,“未来之城　活力湖区”——苏州吴中太湖新城(北京)营商环境推介会在北京金融街举行,12个项目签约,总投资约260亿元人民币。12月6日,汇川技术2020苏州湾马拉松赛在吴中太湖新城鸣枪开赛,4800人参加。(陆　菲)

林　场

【概况】 东吴国家森林公园管理中心（吴中区林场）场部位于苏州城西灵岩山南麓，东接木渎镇，南临胥口镇，北倚灵岩山风景名胜区。主要职责是开展国有林地管理、森林防火、国有生态公益林经营保护、病虫害测报防治等工作。截至2020年底，吴中区林场辖国有林地945.8公顷，主要分布在吴中区木渎、横泾、光福、越溪、香山等5个乡镇（街道）和苏州高新区的枫桥、东渚2个街道。其中，林业用地930公顷，占国有林地面积的98.33%，国家级及省级生态公益林面积886.67公顷；活立木总蓄积51553立方米，其中乔木林蓄积51553立方米，占比100%。

【林业生产】 2020年，坚持靶向施策提质增效，国有森林资源得到持续优化。以《吴中区林场森林经营方案（2018—2027年）》为林业管理指导，加强对国有公益林的管护工作。结合防火通道复绿，完成兔子坞、寒山岭等地珍贵树种造林和四旁植树8000株。推进“三化”工程，扩大人工培育珍贵树种紫楠在自然界的种植范围，增种紫楠2100株（大规格紫楠100株）；推进七子山211工地中幼林高标准抚育工作，完成全场范围内森林抚育66.67公顷，完成七子山生物防火隔离带管护，提升森林质量，增强生态功能。探索林下经济，积极实验种植林下中草药，完成兔子坞公益林下知母、桔梗等中草药种植14000株；苗圃林下中草药种植杭白菊、秋葵18000株；试验播种板蓝根、桔梗等中草药。积极探索森林草花地被种植，完成蓝花鼠尾草、混色虞美人等草花种植试验，为系统化提升森林景观打下基础。

【森林资源保护】 2020年，加大专业保护力度，生态底蕴更加厚重。根据《自然保护区管理条例》，加强对光福省级自然保护区（茅蓬坞）的管理，加强保护区日常巡查工作，常态化开展古树名木及后续资源的建档和跟踪保护，为古树名木及后续资源更新挂牌，完成54株古树名木及86株后续资源挂牌工作；对部分遭受有害生物危害，树势衰弱的古树名木及古树后续资源，通过招投标开展专业救治复壮工作，对5株古树名木及1株后续资源进行救治复壮。坚持科学育林理念，定期对多种林业有害生物进行跟踪测报，提前预防有害病虫爆发，在七子山等地松林内，利用生物技术“以虫治虫”，释放肿腿蜂、花绒寄甲、赤眼蜂等2600管，实现原生态的森林资源保护；聘请句容白蚁防治所进行白蚁防治，防治面积达200公顷；坚持以乡土树种为主，按照近自然模式选择和配置树种，开展森林抚育经营，不断优化森林结构，培育健康、稳定、高效的森林生态系统。

【森林防火】 2020年，持续加强森林防火综合防控体系建设。压实责任共护森林安全：严格落实森林防火责任制，签订各层级森林防火责任状，推进区级森林防火责任状要求；日常开展相对密集的防火、林政、安全巡查，累计综合巡查300余次800余人次，实现林地综合巡查无死角，力保国有林地安全。组织开展清明节森林防火义务巡查活动，加强森林防火宣传，重要节点、重要地段增加更新防火、安全、文保宣传内容20余幅。加强管理提升防火能力：抓好队伍建设，完善扑救队伍结构，强化业务、技能、管理体系三提升；加强物资储备，更新防火设备，新增消防运兵车；与花山、天池山等景区开展联合消防演练，定期实地开展山地越野训练，共计开展防火演练9次；坚持以赛代练方式，加强专业技能训练，参加全区森林消防技能比武竞赛，并获得团体一等奖。（张　猛）

编辑：任海令

文件选编

吴中区乡村振兴战略实施规划（2018—2022年）

吴委发〔2020〕13号印发

为贯彻落实《中共中央国务院关于实施乡村振兴战略的意见》（中发〔2018〕1号），根据国家《乡村振兴战略规划（2018—2022年）》（中发〔2018〕18号）、《江苏省乡村振兴战略实施规划（2018—2022年）》（苏发〔2018〕23号）、《苏州市乡村振兴战略实施规划（2018—2022）》（苏委发〔2019〕26号）和《中共苏州市委苏州市人民政府关于实施乡村振兴战略加快推进城乡融合发展的意见》（苏委发〔2018〕1号）的部署要求，编制《吴中区乡村振兴战略实施规划（2018—2022年）》。

一、总体要求

（一）指导思想

实施乡村振兴战略，是党的十九大作出的重大战略部署，是新时代“三农”工作的总抓手。要以习近平新时代中国特色社会主义思想为指导，认真领会实践习总书记关于“三农”工作的新理念新思想新战略，坚持加强党对农村工作的领导，坚持重中之重战略地位，坚持绿色生态和民生民本导向，坚持把农业农村优先发展落到实处，围绕“产业兴旺、生态宜居、乡风文明、治理有效、生活富裕”总要求，遵循乡村发展规律，不断深化农村改革，建立健全城乡融合发展体制机制和政策体系，以踏实行稳乡村振兴之路的吴中实践，为高水平全面建成小康社会提供有力的支撑和保障。

（二）基本原则

1.坚持党管农村工作。毫不动摇地坚持和加强党对农村工作的领导，健全党管农村工作领导体制机制，确保党在农村工作中始终总揽全局、协调各方，为乡村振兴提供坚强有力的政治保障。

2.坚持农业农村优先发展。把乡村振兴作为全区工作的重中之重，做到认识统一、步调一致，在干部配备上优先考虑，在要素配置上优先满足，在资金投入上优先保障，在公共服务上优先安排，确保农业农村优先发展。

3.坚持农民主体地位。充分尊重农民意愿，切实发挥农民在乡村振兴中的主体作用，始终维护农民群众根本利益，把实现农民共同富裕作为工作的出发点和落脚点，促进持续增收，不断提升农民的获得感、幸福感、安全感。

4.坚持体制机制创新。根据地处长三角城市群核心区的特点，加快探索形成经济较为发达地区城乡互补、产业融合、区域协同的新型城乡关系，促进城乡人才、资金和土地等生产要素合理配置，创新城乡融合发展的体制机制。

5.坚持人与自然和谐共生。牢固树立和践行“绿水青山就是金山银山”的理念，以绿色发展引领乡村振兴，保护生态，转变农业发展方式，加强农村人居环境整治，让生态宜居的美丽乡村成为吴中区发展的鲜明底色和靓丽名片。

6.坚持因地制宜。对标国内外先进城市，高水平推进乡村振兴。尊重吴中区农村地域特色，体现江南水乡农业景观、乡村风貌和吴地文化。注重规划先行、分类推进、精准施策，坚持循序渐进，合理设定阶段性目标任务。

（三）发展目标

在保持吴中区城乡一体化改革发展成果基础上，持续创新、勇于探索，以更大决心、更实举措推动农业全面升级、农村全面进步、农民全面发展，高水平推进农业农村现代化，力争继续成为苏州实施乡村振兴战略的领跑者。到2022年的工作目标是：全区粮食综合生产能力得到进一步提升，现代农业体系初步构建，农业绿色发展全面推进；农村一二三产业融合发展不断深化，乡村产业充分发展，农民收入水平进一步提高，脱贫攻坚成果得到巩固；人居环境质量有效提升，生态宜居的美丽乡村建设扎实推进，全区陆地林木覆盖率达到31%，自然湿地保护率达到60%。农村居民可支配收入明显提高，农村集体经济保持稳定增长。公共服务均等化水平明显提升，城乡一体的就业、社保、教育、医疗、卫生、文化、体育等基本公共服务体系持续完善，重大城乡基础设施和配套设施建设加快覆盖。

二、构建乡村发展新格局

（一）优化城乡空间布局

充分结合新一轮吴中城乡协调规划编制，推动多规融合，优化镇村布局。根据全区总量控制，存量、减量发展的原则，科学划定村庄开发边界，有效落实村庄建设用地规模和空间管控，实现以建设“减法”换生态“加法”和效益“加法”。编制实施“三优三保”专项规划，有序腾退整合闲置、低效建设用地，在国土资源管理“1+N”政策体系指导下，统筹资源配置。预计到2022年完成6000亩左右拆旧复垦任务。落实盘存配增、资金补助、有偿使用和有偿调剂制度，推行土地规划空间、耕地占补平衡、城乡建设用地增减挂钩等指标在区域内有偿调剂使用。盘活指标优先保障公共服务等乡村建设发展需求，切实改善农村居民居住条件和生态环境质量。在古村落保护规划的指导下，古村落属地政府要制定实施古村落保护三年实施计划，明确古村落保护年度重点项目，保护乡村生态空间，守住生态红线底线，切实保护生态空间。严格保护农村自然生态系统、山水林田湖草、重要水源涵养区、自然湿地和野生动植物资源。

（二）高质量推进特色小城镇和特色小镇建设

高标准推进特色小城镇建设，逐步将特色小城镇建设成为新型城镇化和乡村振兴的重要平台。着力发展优势主导产业，吸引人才、技术、资金等要素集聚，构建特色鲜明的产业形态；合理保护和利用各类文化遗存、传统街巷、自然基底、空间景观等特色资源，塑造特色风貌，提升特色小城镇的空间品质；因地制宜完善特色小城镇基础设施和公共服务设施建设，改善城镇整体功能，提高特色小城镇综合承载能力和对周边镇村的辐射带动能力；在发展理念、经济发展模式及规划建设管理、社会管理服务等方面不断探索创新，构建充满活力的体制机制。规范推进特色小镇建设，立足区位条件、资源禀赋、产业集聚和历史文化，以特色产业为核心，聚焦高端制造、新一代信息技术、创意创业、健康养老、现代农业、历史经典和旅游风情等产业，打造特色产业集群和知名品牌；坚持市场主导，多元化构建特色小镇建设主体；营造宜居宜业环境，提高人民群众获得感。除角直模具特色小镇外，到2022年再重点打造1个在全国具有较大影响力和竞争力的精品特色小镇。

（三）差异化推进乡村发展

把全区乡村地域划分为城乡融合发展区、乡村发展区和生态文化保护区。城镇化率较高、区位优势明显、经济基础好、集体经济实力强的区域为城乡融合发展区，是乡村振兴的排头兵，重点发挥其引领示范作用，加快发展现代都市农业，创新乡村发展形态，建设成为现代化的农村社区。生态文化保护区重点发展传统生态农业和生态旅游，打造特色优势产业，形成特色资源保护与村庄发展的良性互促机制。其余地区为乡村发展区，是乡村振兴的主战场。立足区内丰富的农业资源和良好的生产基础，发展特色优势产业，大幅提升产业融合发展水平，加强基础设施城乡一体和基本公共服务均等化建设，推动乡村全面振兴。

三、推进乡村产业融合发展

（一）构建现代农业产业体系

1.大力发展现代农业

坚持现代农业提质增效导向，充分发挥农业生产资源优势，不断调整农业生产结构。做强做优茶果产业，积极推进茶果标准园建设，突出推动洞庭山碧螺春茶原产地保护。优化种植业结构，大力发展优质水稻品种，推广稻渔共作、稻鸭共作等稻田综合种养模式，提高稻田综合效益。发展绿色蔬菜、精品蔬菜、特色蔬菜，突出打造一批特色“菜篮子”供应基地。科学发展生态畜牧业，加快生猪应急保供生产基地建设，合理推进生猪存量基地复养增栏。发展特色水产业，推动太湖大闸蟹、太湖青虾等生态循环养殖。切实加大湖羊、太湖鹅等地方特色优势品种保护，加快推进太湖中蜂保护区建设。到2022年，全区高标准农田比重达到80%，标准化池塘比例达到100%，落地2.6万亩粮食生产功能区，蔬菜种植面积稳定在5.5万亩，建成年出栏4万头的生猪应急保供生产基地。

2.保障农产品质量安全

强化标准引领作用，实施“标准化+现代农业”工程，深入推进农产品质量安全建设，加强产地环境监控，严格控制农业外源性污染。加强投入品监管，实施农药化肥、兽药使用减量行动，突出抓好病虫害绿色防控示范区建设。积极推动农产品产地准出和市场准入对接机制，健全农产品质量安全监管追溯系统，开展绿色农产品基地认证整区推进行动，全面提升农产品质量安全风险防控与应急处置能力。到2022年，建立洞庭山碧螺春茶“标准样”，规模以上农业生产主体可追溯率达90%以上。

实施农业品牌提升行动，打造一批有影响力的“吴”字号区域公用品牌和名特优农产品品牌。突出发展地理标志农产品，挖掘特色农产品资源，优化推动政府搭台、企业运作、家庭农场和农民专业合作社共同参与的农产品品牌开发模式，着力提升洞庭山碧螺春、吴中大米、太湖大闸蟹、湖羊、太湖鹅等吴中优势农产品品牌效应，增强全区现代农业产业市场竞争力。

3.大力发展开放型农业经济

强化落实农产品出口奖励政策，加大农产品对外营销促销公共服务，支持宠物饲料、蜂蜜、茶叶等领域扩大出口。强化农业产业招商引资，重点在农产品基地建设、产业配套服务领域等方面培育引进实力企业。支持外向型产品流通体系建设，推进南环桥农产品批发市场扩大建设，支持农产品冷链物流体系建设，加快实施“互联网+现代农业”和农村电子商务行动，加快制定支持电商发展、扩大农产品电子商务销售份额的措施办法。到2022年，全区超千万元的农村电商企业不少于10家，着力推动东山电商产业园提升发展。

4.培育新型农业经营主体

坚持统分结合的农村基本经营制度，放活生产经营权，推动小农户和现代农业发展有机衔接。大力发展家庭农场，开展合作社规范化建设和质量提升试点县建设，建立健全扶持新型农业经营主体发展的政策体系和管理制度。鼓励有条件的农民专业合作社向农业龙头企业转型发展，支持农业龙头企业上市，探索建立合作社退出机制。优化农业人才结构，大力培育现代青年农场主、农业职业经理人、新型农业经营主体、创业创新带头人；持续开展新型职业农民认定工作，推行分级认定标准，落实新型职业农民社会保险补贴政策，开展返乡下乡人员创业创新活动。

（二）加强现代农业园区建设

1.提升现代农业园区水平

以西山、太湖、澄湖三大农业园区为核心，突出整体观念，强化宏观引导，推动发展跨镇区的一二三产业融合发展示范园。突出市场在资源配置中的决定性作用，引进培育1~2个科技型涉农企业，通过技术注入优化产业结构，发展新产业、新业态。推动建立优化科研院所+农业园区合作共建机制，激发农业园区生产潜力。用好金融工具，整合涉农资金，将财政投入与信贷资金有机结合，创新园区投资、建设、运营方式，撬动更多金融和社会资本投入农业园区建设。到2022年，基本建成一个国家级农村产业融合发展示范园区，打造2~3个知名院所合作共建基地。

2.坚持科技农业提质导向

支持农业产业化龙头企业、高新技术企业、科技型企业牵头组建农业产业技术创新联合体，推进产学研融合创新。鼓励高校、科研院所建立一批专业化的技术转移机构和面向企业的技术服务网络，通过研发合作、技术转让、技术许可、作价投资等多种形式，实现科技成果市场价值。建立“专家+技术人员+种养大户”科技推广转化机制，着力健全区镇村三级农技服务网络，不断完善农业社会化服务体系建设。推进“互联网+农业”建设，着力构建完善农业信息进村入户服务平台。到2022年，推广一批现代绿色农业生产技术模式，水稻生产全程机械化水平达到90%，建成市级粮食全程机械化示范区，智慧农业发展取得实效。

3.推进绿色农业持续发展

坚持都市生态农业发展定位，更加突出农业绿色生态功能，提高农业可持续发展水平。开展耕地休耕轮作行动，持续推进农业投入品减量，推广农业清洁生产，减少化肥农药使用量。到2022年，主要农作物测土配方技术覆盖率达到90%以上，太湖一级保护区农药、化肥施用量较2015年消减20%，建立21个农药化肥减量示范点，全区农作物秸秆综合利用率、畜禽无害化处理及资源化利用率达到99%，农膜回收率、废弃农药包装物回收率达到90%以上。

（三）发展农村新兴产业

1.发展休闲农业和乡村旅游

以获评省级乡村旅游创新发展示范区为契机，加强农文旅深度融合。充分挖掘自然村落的潜力内涵，深入推进全域旅游建设，做优酒店会展和民宿服务体系。通过农家乐、特色民宿、采摘游等特色项目，鼓励集体经济组织积极参与。推进民宿备案登记和联合会办制度，解决民宿业发展中存在的安全问题，支持精品民宿发展，加大吴中旅游民宿品牌宣传，促进民宿业健康发展、品质提升。计划到2022年完成规范达标旅游民宿超过300家。推进省星级乡村旅游创建工作，丰富乡村旅游业态，计划到2022年省星级乡村旅游区达14家。

2.发展历史文化经典产业和康养产业

深入挖掘地域文化资源价值，注重对乡村山、水、聚落空间格局和人文生态的保护和利用，传承独具特色的太湖流域传统村落文脉。在保护传承的基础上，对农村非物质文化遗产、民间技艺、乡风民俗等进行创造性转化和创新性发展，切实把农村传统特色文化的历史基因保留下来，不断赋予新的时代内涵和表现形式。迎合逆城市化与就地城镇化对乡村康养功能持续提升的需求，充分利用苏州乡村环境、文化、基础设施和区位优势，发挥吴门医派作用，加快推进康养服务业供给侧结构性改革，鼓励发展康复医院、保健院、疗养院等医养服务业，探索"住、养、医、护、康"五位一体健康养生服务模式，着力构建乡村以养老居住、养老照护、老年休闲、森林体验康养为核心的养老服务产业体系。

四、打造生态美丽宜居的"苏式"乡村

牢固树立和践行"绿水青山就是金山银山"的理念，以乡村人居环境治理、实施美丽乡村和特色田园乡村建设行动为核心，加强生态修复和保护，建设独具江南水乡风貌、农民宜居、市民向往的"苏式"乡村。

（一）综合整治农村人居环境

深入推进"两减六治三提升"专项行动，加大农村"散乱污"企业整治力度，完善长效管理，强化督查督办，推动典型环境问题及时整改、村庄环境明显改善。开展村级工业集中区整治提升行动，优化乡村工业集中区布局，提升产业层次，淘汰规划水平低、产业层次低的工业集中区，全面推进工业企业入园入区。做好河道蓝线控制管理，保障全区河湖水系的完整性。实施骨干水系整治，抓好河道畅流工程建设，到2022年，打通断头河浜20条，改造束水河道5千米，拆除坝埂20个，新建桥（涵）6座，完成河道疏浚400条，建设生态河道20千米。切实强化全区河道河长制管理，提高河道长效管理整体水平和河道环境形象。继续实施农村村庄生活污水治理工程，计划治理村庄100个，受益户数约5000户。到2022年，农村地区生活污水治理率达到90%以上，太湖一级保护区、重点国考断面关联村庄生活污水治理率达到100%。加快建立分类投放、分类收集、分类运输、分类处理的农村生活垃圾处理系统。到2022年，实现农村生活垃圾分类全覆盖，进一步提升全区农村生活垃圾减量化、无害化、资源化、信息化管理水平。

（二）持续优化村居环境

1.推进美丽乡村建设

贯彻落实苏州市《农村人居环境整治三年行动方案》，完成市级交办的三星级康居乡村和康居特色村建设任务。在全区特色田园乡村建设试点中推行设计师驻村服务制度，引进优秀"规划师、建筑师、工程师"下乡服务，多种形式参与村庄规划和项目建设，发挥好"实施指导员""发展智囊团"的作用，提高村庄规划水准和建设质量，提升村庄整体风貌。科学谋划吴中区美丽乡村建设行动，努力完成10个左右美丽村庄和280个左右康居村庄的建设任务，强化规划引领、普惠均等，注重特色彰显、典型打造，到2022年，各地村庄基础设施配套全面完善，公共服务水平全面提升。

2.着力培育特色田园乡村

因地制宜挖掘乡村特色潜力，围绕特色定位导向，秉持产业融合理念，高标准编制村庄规划，保护彰显乡土田园风貌特色，发扬传承乡村历史、乡贤、器作等特色文化，培育发展特色产业，鼓励引导更多人才、资源、技术等要素向乡村集聚。同时，结合区域发展实际，积极培育乡村休闲、观光度假、农产品采摘、湖鲜品尝、运动休闲等多元要素相融合的乡村旅游业态，进一步提高旅游在提升农民就业、增收等方面的社会效益。着力促进农村一二三产业融合发展，吸引人气、繁荣村庄，实现乡村治理与经济发展良性互动，助推乡村内生持久发展活力。在首批三个省、市级试点的基础上，挑选20个自然资源有禀赋、特色产业有基础、历史文化有积淀的自然村，建立特色田园乡村资源储备库。到2022年，争取打造5个左右省级试点、8个左右市级试点，培育一批可复制、可推广的建设成果。

五、传承弘扬吴地乡村文化新风尚

以社会主义核心价值观为引领，以文化现代化为最终目标，传承发扬吴中区优秀传统文化，提升农村居民精神风貌，为实现乡村振兴提供强大的价值引导力、道德支撑力和文化凝聚力。

（一）开展农村精神文明建设

深入开展中国特色社会主义和“中国梦”宣传教育，宣传阐释社会主义核心价值观的丰富内涵和实践要求，落实《吴中区深化农村精神文明建设　提升农民精神风貌三年行动计划》，推动核心价值观融入各种公共空间和日常生活场景，公益广告占比达30%。传承发展提升农村优秀传统文化，推进农村移风易俗，倡导文明新风，培育文明乡风、良好家风、淳朴民风。加强公民道德建设，树立农民群众身边榜样，推动文明村（镇）、文明单位、最美家庭等群众性精神文明创建，推行村庄环境家庭轮值制，优化文明村（镇）创建标准，建立健全社区道德评议机制。新时代文明实践所、站实现全覆盖，并发挥主阵地作用，到2022年实现各类文明村镇占比达到60%以上，城乡社会文明程度测评指数达到并保持在90分以上。加快发展农村志愿服务，注册志愿者人数比例达到18%。

（二）传承优秀吴地文化

加强乡村物质文化遗产和非物质文化遗产保护，留住乡村历史风貌。到2022年古村落保护率维持在90%。支持甪直镇开展江南水乡古镇联合申遗，与浙江、上海协同保护江南水乡传统文化。通过“苏作工艺”传承创新培育“苏作工艺”创新人才，保护非物质文化遗产代表性项目，深化“苏作天工·根植吴中”品牌，办实苏作文创峰会。高标准做好吴文化博物馆布展，筹建孙子兵法博物馆，深化与故宫博物院苏作工艺合作，修缮紫金庵、保圣寺等重点文物保护单位，创建省级文物安全综合管理试验区。出版《木渎镇志》等名镇名村志。丰富苏绣缂丝、核雕玉雕、太湖礼物等特色文旅商品，实现活态保护、有效传承、创新发展的良性循环。支持开展“农民丰收节”、庙会、“文化走亲”等群众文艺展演活动，深入推进民俗民间文化振兴；支持农村地区优秀戏曲曲艺传承发展。建立水乡文化保护区，对孕育乡土文化的山水格局、人居聚落、耕作技艺等载体进行整体保护。

（三）丰富群众文化体育生活

组建区农民体育协会，力争每年参加一次以上省、市级农民体育比赛、组织一次以上区级农民单项体育竞赛活动，努力打造一项具有一定影响力的品牌赛事。建设“吴中文化云”公共文化数字化服务平台，完善信息发布、艺术欣赏（含视频点播）、艺术展览、网上培训、活动开展、咨询指导等功能，方便农村人口参与公共文化活动，享受公共文化服务，提高农民群体对公共文化服务的获得感。继续深入实施文化惠民工程。做强做优广场文艺“月月演”、文化“四送”工程、数字电影“周周映”、评弹书场“天天有”等品牌活动。扎实推进“书香吴中”建设，打造“太湖大讲堂”“阳光苗苗”“书香吴中”官网电台等全民阅读品牌，开展流动图书大篷车服务，不断推进农家书屋提升工程。

六、创新综合治理互动协作，探索实践乡村善治之路

（一）强化乡村基层党的领导

贯彻落实《中国共产党支部工作条例（试行）》《中国共产党农村基层组织工作条例》等制度，全面增强基层党组织政治功能和组织力。推进村党组织书记通过法定程序担任村民委员会主任，推行村“两委”班子成员交叉任职，村党的委员会、总支部委员会应分别设立纪委书记、纪检委员。推动村党组织带头人队伍整体优化提升，全面推行村党组织书记县级备案管理制度，健全完善村书记激励保障机制，大力实施“新时代新接力”农村基层党组织带头人培养计划，扎实开展“寻找老支书精神”活动，挖掘宣扬一批新时代农村基层党组织书记先进典型。实施发展党员“源泉工程”，注重从青年农民中发展党员。加强农村党员教育、管理、监督，教育引导广大党员自觉用习近平新时代中国特色社会主义思想武装头脑。

（二）推进农村社会综合治理

按照基层社会治理“一张网”要求，健全完善区、镇、村、片四级联动机制，进一步深化区社会综合治理网格化联动中心建设。完善农村基层群众自治制度，加强对民主法治示范村（社区）的动态管理，普遍开展以村民小组或自然村为基本单元的村民自治，逐步建立以村民议事会为主的协商议事平台，切实提高村务公开和村务监督水平。推进村社区“五位一体”综治中心建设，到2022年，村社区五星级“五位一体”综治中心占比达72%。深入推进“人民调解进网格”工作，健全基层预防和化解社会矛盾机制。完善“12348”热线平台，加强司法行政工作站、基层人民调解委员会建设。健全农村公共法律服务体系，落实村（社区）法律顾问“三个一”服务机制，加强对低收入农户、“五保”对象等困难人员的法律援助和公益法律服务。到2022年，全区村民委员会依法自治达标率达到100%。

（三）强化社区服务机构建设

社区配建综合服务设施平均面积达1000平方米以上，鼓励“一室多用、资源共享”。建设以居家为基础、社区为依托、机构为补充的医养结合养老服务体系，到2022年，城乡社区日间照料中心基本实现服务全覆盖，千名老人拥有各类床位数达到50张。落实村（社区）法律顾问“三个一”服务机制，健全“法润民生”法律服务微信群。探索社区“综合受理、一门服务、全科社工”和拆迁安置社区“多居一站”新模式，提倡社区事务全天办理、社区服务全年无休，实行错时上下班、全日值班、节假日轮休等服务政策，建立健全首问负责、一次告知、限时结办制度，推行上门办理、预约办理、自助办理、委托代办等服务。大力发展农村社区社会组织，提供必要的组织运作、活动场地。到2022年，多功能农村社区综合服务体建成率达到30%以上，城乡“全科社工”工作机制全覆盖。

七、保障和改善民生福祉

（一）帮扶农民实现就业创业

建设覆盖城乡的就业服务信息管理系统，完善15分钟农村公共就业创业服务圈功能，稳步提升农村居民公共就业服务水平，每年扶持农村劳动力自主创业人数不少于150人。深入开展创业培训“进高校、进社区、进乡村”活动，引导各地创建具有地方特色的农村创业孵化基地、创业园，推进省级创业型乡镇、村创建工作。到2022年，遴选50个大学生优秀创业项目，扶持200名农村劳动力自主创业。积极推进职业技能培训，每年开展1~2场“时代工匠”、乡土人才等传统技艺技能大赛评选，持续推进返乡创业，加快新型经营主体培育，打造一批有文化、善经营、会管理的职业农民，做大做强劳务合作社、家庭农场和合作农场。深化合作社创建和信用体系建设，培育一批大社强社，积极推动农业产业经营联合体发展。到2022年，市级以上农业龙头企业达到30家以上，培育认定新型职业农民375人。

（二）促进公共服务优化均等

加快公共服务均等提升。进一步完善农村基层医疗卫生体系，推进乡镇卫生院（社区卫生服务中心）新改扩建，以健康吴中“531”系列行动计划为抓手，围绕急病要急、慢病要准、无病要防的要求，强化农村基层医疗卫生服务机构向村民健康管理综合服务平台转型，满足农村基层群众基本健康服务需求。到2022年，乡镇卫生院和社区卫生服务站标准化建设率达95%以上，每万名农村居民拥有3名全科医生，乡村居民健康素养水平达25%以上，力争创省级健康镇村15个以上。全面提升基本公共教育均衡化，到2022年学前三年教育毛入学率、九年义务教育巩固率和高中阶段教育毛入学率均达到100%。充分依托镇（街道）社区教育中心和村（社区）居民学校，积极开展各类社区教育培训，加强家庭教育指导服务，到2022年，农村居民参加社区教育培训的比例达40%以上，新增家庭教育指导师200名，接受指导家长人数20万。落实《吴中区关于推进“10+X”特色文化村落标准化建设的实施意见》。到2022年，全区100%行政村（社区）建有符合10项标准及吴中特色的综合性文化服务中心，全面建成与城乡群众观影需求相对接的多层次电影公共服务体系，公益电影室内固定放映点建设实现镇（街道）全覆盖，固定放映点（室内或室外）建设实现村（社区）全覆盖。

（三）推进集体经济转型升级

1.因地制宜提升集体经济

围绕全区“一核一轴一带”生产力布局，根据区域产业发展定位，鼓励镇级集团公司和村际联合公司因地制宜探索新的发展模式。在中心城市核上，要聚焦科技服务、电子商务、大数据应用等新型服务业，盘活存量扩大增量，做优做精楼宇经济；在先进制造轴上，要聚焦机器人与智能制造、生物医药及大健康两大主导产业，以高端制造、创新研发为重点，依托工业园、创业园、仓储中心等载体，探索抱团发展、联合招商等模式；在生态文旅带上，要聚焦休闲农业、康体养生等旅游新业态，挖掘绿水青山、田园风光、乡土文化等资源禀赋优势，以股份合作构建农民共建共享的模式。引导形成委托经营机制，将村级经营性资产由分散经营管理模式转变为集中经营管理模式，设立镇级经营管理机构，负责开展资产租赁交易、资产租金收缴、资产维护修缮等工作，不断提高村级资产经营效益。到2022年，全区镇村两级净资产达200亿元，村均稳定收入突破1500万元。

2.深化集体产权制度改革

深化农村集体产权制度改革，根据市场经济运行规律，秉持集体经济组织属性，逐步建立符合新时代要求的农村集体经济运营机制。完善镇村两级集体资产清产核资工作，优化集体资产监管系统，全面实行线上交易，确保公开、公平、公正，促进集体经营收益良性增长，杜绝集体利益受到侵害。在符合条件、确有需要的板块开展“政经分开”试点，逐步建立现代企业经营管理制度，探索优化农村集体经济发展管理以及成本分担、成果分配新的机制。

3.加快挖掘存量资产潜力

梳理全区长期低效闲置集体资产，对于年久失修、功能低下的资产，鼓励在符合相关规定的前提下根据市场需求统筹进行翻修翻建，提升存量资产质量和效益。根据城乡规划和土地利用总体规划，继续鼓励各地利用存量建设用地落实“一村二楼宇”政策。职能部门应积极向上沟通对接，指导各地用足用好政策利好，推动更多项目完成“退二进三”，打造高品质、高收益载体。积极探索跨区域村际抱团建设，鼓励沿太湖薄弱村与区位较好、指标不足的村抱团合作，联合建设三产物业项目，合理配置产权收益，增强造血功能。

4.规范发展合作经济组织

推进农民合作社规范化建设，夯实发展基础，提高发展质量，到2022年，区级以上规范社占比超过60%。加强区级农民合作社联合会、镇级农民合作社综合服务体等农业服务合作组织建设，为合作社发展提供高效服务。对村集体牵头组建的各类合作经济组织要健全财务审计制度，强化民主管理、经营发展、收益分配等决策制度执行，社区股份合作社现金分红适度增长；各镇（街道）农工局（或经管办）每年排定一定数量的规模型集体合作经济组织进行审计，区审计部门按比例进行抽查；五年内实现审计全覆盖，对审计结果进行及时处置和合理运用。

（四）构建脱贫帮困长效机制

1.建立用好扶贫监管系统

按照“党政主导、部门协同、平台运作、责任到人、纪委监督”的总体要求，严格严谨运作“阳光扶贫·智慧e农”监管系统，突出精准要求，积极推动扶贫信息互联互通、扶贫资源有效整合、扶贫全程透明监管。定期组织开展入村走访、项目走访活动，督促督查项目进度、工程质量，了解专项资金使用情况。明确入户走访具体要求，落实入户定位签到，确保真走真访，实现应访尽访。按照为每个困难家庭制定一个精准帮扶脱贫方案；开展定期走访，每季度不少于一次；捐助一笔关爱金；帮助争取和落实一系列扶贫政策；建立一套贫困家庭基本档案等“五个一”要求，切实做到措施到位、服务到位、成效到位。按月动态调整困难家庭信息，及时上传上报帮扶责任人与困难家庭结对或解对信息。所有走访信息及时通过“阳光扶贫·智慧e农”App精准录入平台系统。运用“阳光扶贫·智慧e农”监管系统，对帮扶领域资金和绩效进行实时全程管控，打好精准脱贫攻坚战。

2.加大困难群体帮扶力度

全面提高农村困难居民救助水平，建立因病致贫的支出型贫困家庭生活救助制度，农村最低生活保障按每年不低于5%的标准增长，农村特困人员基本生活标准提高到农村低保标准的140%。鼓励有条件的村通过引入商业保险、互助合作等形式，进一步做好重病患者的医疗救助帮扶工作。实施苏州市大病保险和社会医疗救助制度，对年度内符合规定的自负、自费医疗费用达到一定金额的参保人员，大病保险分段按比例予以补助，对符合条件的社会医疗救助对象开展保费补助、实时救助与专项救助，切实缓解因病致贫、因病返贫家庭的生活困难。

3.开展新一轮薄弱村帮扶

创新区四套班子领导挂、机关部门帮、先锋村带、企业商会助的“四个一”挂钩帮扶机制，落实各项帮扶政策倾斜，重点扶持12个区级集体经济相对薄弱村，多层次、多渠道、多形式帮扶促进村级经济持续较快增长。区财政每年按照项目实施进度安排富民工业园建设资金，确保富民工业园工程按期建设，完成累计32.5万平方米富民载体建设任务。建立富民载体租金定期足额上缴机制，保障转移支付反哺能力。设立集体经济相对薄弱村帮扶转化专项资金3500万元。成立精准扶贫合作联社，强化并落实考核机制、激励机制，引导并积极推动相对薄弱村发展工作由“输血短期脱贫”向“造血持续发展”转化，激发相对薄弱村特别是党组织带头人内生动力，积极探索脱贫路径。在2019年底完成全区12个区级相对薄弱村脱贫任务的基础上，建立稳定的增收机制，村级稳定收入持续超过350万元或人均不低于1000元，村级公共服务有效提升，农村社会既稳定和谐又充满活力。

八、创新城乡融合发展机制

以实施农村土地综合改革、乡村人才振兴和工商资本下乡为重点，加快建立城乡融合发展的体制机制和政策体系，增强乡村振兴活力。

（一）创新人才支持政策

建立自主培养与人才引进相结合，学历教育、技能培训、实践锻炼等多种方式并举的人力资源开发机制，全面建立产业专技人才、乡村治理人才、乡土工艺人才、乡村文化人才、新型职业农民5支农村人才队伍。建立与高校、研究所等的联动机制，形成长期教育与短期培训相结合、专业理论学习与现场观摩相结合、本地农民培训与引进人才相结合的职业农民建设机制。实行分类指导与管理，强化中老龄农民管理与经营能力，提升青年农业从事者专业技能、经营管理的综合素质，鼓励引进人才到农村创新创业。建立有效激励机制，支持社会力量通过下乡担任志愿者、投资兴业、包村包项目、行医办学、捐资捐物、法律服务等方式支持乡村振兴事业。加强对下乡组织和人员的管理服务，使之成为乡村振兴的建设性力量。继续建设农村实用人才培训基地，开展乡土人才示范培训，结合产业特点和文化特色，扶持培育一批技艺精湛、扎根农村、热爱乡土的农业职业经理人、经纪人、乡村工匠、文化能人和非遗传承人。

（二）创新用地保障机制

以“多规合一”为原则，编制适应乡村产业融合发展需要的国土空间规划，统筹农业农村各项国土资源利用活动，优先安排农村基础设施和公共服务设施用地。做好农村产业园、科技园、创业园、田园综合体等合理用地需求安排。依托“三优三保”、城乡建设用地增减挂钩等政策平台，加快盘活农村低效、闲置建设用地，重点用于支持乡村新产业新业态和返乡下乡创业。不符合规划的低效建设用地，复垦后产生的各类涉土指标，优先用于本村“一村二楼宇”项目建设或其他集体经济发展用地需求。探索建立乡村用地指标优先保障制度，加快盘活农村闲置建设用地，原则上按不低于土地利用总体规划预留的规划空间指标，同比例配置“三优三保”、城乡建设用地增减挂钩计划指标用于支持农村一二三产业融合发展，区年度土地利用计划分配中优先安排乡村振兴用地，单列保障性安居工程用地、农民建房等用地计划，专项支持农业农村发展，原则上单列比例不低于5%。探索实行农文旅项目点状用地改革，在不涉及永久基本农田，不突破镇（街道）土地利用总体规划确定的规划建设用地总规模前提下，允许各地通过村土地利用规划，优化调整村庄用地布局，有效利用农村零星分散的存量建设用地。

（三）创新财政和金融支持政策

把“三农”作为财政优先保障领域，建立农业农村投入稳定增长机制，着力优化投入结构，创新使用方式，提升支农效能。设立农村集体合作经济发展专项资金，每年安排1500万元，用于农村集体经济组织、合作经济组织资金贷款贴息、担保费补贴以及项目投入奖补。健全生态补偿机制，进一步扩大生态补偿范围，加大高标准农田建设的支持力度。发挥规划统筹引领作用，探索实行“大专项+任务清单”管理方式，多层次、多形式推进涉农资金整合，加大对重点区域、重点产业和重点项目的投入力度。创新财政资金使用方式，推广补助改奖励、补助改贴息、补助改股份、补助改基金、补助改购买。健全完善支农资金管理制度，强化支农资金绩效评价，切实提高支农资金投入绩效。鼓励金融机构继续扎根农村地区，优化农村金融网点建设、加大普惠金融知识宣传教育、创新农村金融产品、提高农村科技金融服务。鼓励引导政策性、开发性、商业性金融机构参与农村基础设施、公共事业及产业发展等方面建设。推广“美丽乡村贷”“助农贷”“村村通”等支农金融产品，加快农村普惠金融综合服务点（助农点）建设，进一步改善农村地区的支付服务环境，构建支农、惠农、便农的“绿色通道”。深化发展三农保险，不断创新运用保险产品和服务。鼓励符合条件的小微企业发行绿色债券、双创债等。加强涉农重点企业上市培育工作，引导高成长、创新型农业企业到全国中小企业股份转让系统挂牌，拓宽农业和涉农企业直接融资渠道，引导农业企业通过期货市场进行农产品的套期保值。优先支持企业和社会组织采取购买服务、政府与社会资本合作等方式，参与农村公益性工程项目的建设、管护和运营。积极引导社会资本参与乡村振兴和农村产业融合发展，通过新建、重组、入股农业企业等方式进入“三农”领域。

九、保障措施

（一）强化组织领导

要坚持党管农村工作原则，建立实施乡村振兴战略领导责任制，落实党政一把手是第一责任人的要求，健全党委统一领导、政府负责、农村工作部门统筹协调的农村工作领导机制。区乡村振兴工作领导小组及其办公室负责研究处理实施乡村振兴战略的重大问题。要明确责任分工，加强沟通协调，掌握工作动态，指导整体推进，统筹战略纲要的实施，定期报告工作进展。各责任单位要认真对照任务分工，进一步细化指标体系，创新工作举措，明确专人负责。建立乡村振兴工作例会制度，定期开展交流、评估检查，确保各项任务顺利推进。

（二）加强组织建设

坚持党建引领乡村振兴，贯彻落实全国和省市区委农村基层党建工作座谈会精神，不断夯实党在农村执政基础。坚持以提升组织力为重点，突出政治功能，严肃政治生活，切实落实"三会一课"等组织生活制度。科学设置农村基层党组织，着力加强农村基层党组织领导班子建设，选优配强农村党组织带头人，深化"百名好书记"专项建设行动，推进"新时代新接力"，加快培养基层党组织书记后备人才梯队，积极探索"定制村官""新型职业农民"等培养方式，及时把理念新、懂经济、会管理、善开拓的致富能手、复员退伍军人、大学生村官等优秀分子，充实进村级领导班子。按照"六有五服务"目标要求，推进农村基层服务型党组织建设，继续落实好"四议两公开"，全面实行党务村务财务公开，明确公开内容和形式，推行党群议事会、民主恳谈会、听证会和民情沟通日等做法，稳步推进基层协商民主。大力推广"党建+产业""党建+人才""支部+合作社"等模式，继续选派机关优秀干部到村任第一书记，扎实推进经济薄弱村党组织帮扶转化。

（三）严格督查考核

各级党组织要明确落实乡村振兴战略农村基层党建职责任务，纪委要履行好监督责任，将全面从严治党的要求落实到农村基层。建立抓农村基层党建责任清单、问题清单、整改清单，层层压实固本强基政治责任，加大随访调研、随时抽查、随机督查力度，形成有考核、有督导、有落实的工作机制。充分发挥纪律监督、监察监督、派驻监督、巡察监督在乡村振兴工作中的作用，在推进乡村振兴工作中不履行或者不正确履行职责，导致重大失误，造成严重损失，产生恶劣影响的，严格按照有关规定实施责任追究。切实加大农村政策落实力度，对乡村振兴工作的资金使用情况及时组织专项督查，确保干部干净能做事、资金有效做成事。加强农村党风廉政建设，强化农村基层干部教育管理和监督，改进农村基层干部作风，以各级干部的优良作风形成实施乡村振兴战略的强大合力，确保吴中乡村振兴战略在更高坐标系中确立新标杆，以新气象、新机制、新举措决胜高水平全面建成小康社会。

新时代吴中产业工人队伍建设改革实施方案

吴委发〔2020〕15号印发

为贯彻落实中共中央、国务院《新时期产业工人队伍建设改革方案》（中发〔2017〕14号），中共江苏省委、江苏省人民政府《新时代江苏产业工人队伍建设改革实施方案》（苏发〔2018〕28号）和中共苏州市委、苏州市人民政府《新时代苏州产业工人队伍建设改革实施方案》（苏委发〔2019〕40号）精神，推进产业工人队伍建设改革工作，结合我区实际，制定如下实施方案。

一、总体要求

以习近平新时代中国特色

社会主义思想为指导，全面贯彻落实党的十九大以及十九届四中全会精神，坚持党对产业工人队伍建设改革的领导，按照政治上保证、制度上落实、素质上提高、权益上维护的总体思路，积极改革创新产业工人队伍建设体制机制、方式方法，充分调动广大产业工人的积极性、主动性、创造性，促进产业工人全面发展，团结动员全区广大产业工人为当好高质量发展“优等生”、绘就新时代最美太湖画卷，高水平全面建成小康社会，书写“强富美高”新江苏的吴中篇章更好地发挥主力军作用。

二、主要措施

（一）强化思想，引领产业工人争当吴中高质量发展时代先锋

1. 突出思想引领。用习近平新时代中国特色社会主义思想武装产业工人，实施新时代产业工人思想素质建设工程，增强“四个意识”、坚定“四个自信”、做到“两个维护”。培育和践行社会主义核心价值观，强化职业精神和职业素养教育，大力弘扬劳模精神、劳动精神、工匠精神。落实意识形态工作责任制，切实防范针对产业工人的意识形态渗透活动。建设面向产业工人的新媒体矩阵，加强网上教育引领。加强法治教育，推进信用管理，增强产业工人法律素养和诚信意识。

2. 推动党建创新。积极扩大基层党组织覆盖面，使符合建立党组织条件的企业做到应建尽建。加大在产业工人队伍中发展党员力度，深化“红色工匠”培育计划，注重把技术能手、青年专家、优秀工人吸收到党组织中来，提高工人党员比例。实施劳模支部“双创双提升”行动，在劳模创新工作室创建劳模党支部、党员先锋岗。加强产业工人党员日常教育管理，大力推进不忘初心、牢记使命的制度建设，推进“两学一做”学习教育常态化、制度化，认真落实“三会一课”等党的组织生活制度，在车间、班组、项目一线建立行动支部，充分发挥基层党组织的战斗堡垒作用和工人党员的先锋模范作用。

3. 加强制度建设。适当增加产业工人在党的代表大会代表和委员会委员、人民代表大会代表、政协委员、群团组织代表大会代表和委员会委员中的比例，推荐产业工人中的先进模范人物作为党的代表大会代表、人民代表大会代表、政协委员等的人选。增加产业工人特别是技术工人在各级各类劳动模范和先进典型等评选中的比例。制定和实施涉及产业工人切身利益的政策措施时，充分听取产业工人代表的意见建议。建立完善产业工人在群团组织挂职和兼职制度。健全协调劳动关系三方机制及政府和工会联席（联系）会议制度。落实以职工代表大会为基本形式的民主管理制度，进一步加强规范化建设。推进厂务公开、业务公开，坚持企业在重大决策上听取产业工人意见，涉及产业工人切身利益的重大问题必须经过职代会审议。完善职工董事制度、职工监事制度，鼓励产业工人代表有序有效参与公司治理。

（二）提升技能，造就知识型技能型创新型产业工人大军

4. 深化职业教育改革。充分利用辖区内现有职业学校、中等职业学校、省重点技师学院、高水平高等职业院校及应用型本科院校，结合产业实际和职工需求，加强职业教育规划和引导，不断提升职业教育质量和水平。推进现代职业教育体系建设，完善学历教育与培训并重的现代职业教育体系。探索职业教育多元办学，鼓励有条件的企业特别是大企业举办高质量职业教育，确保民办职业院校依法享受相关政策优惠。加强职业启蒙教育，组织基础教育学校与职业院校合作，开发和实施劳动技术课程与职业体验课程，培养中小学生职业认知和职业兴趣。打通高技能人才与职业学（院）校教师的互通“绿色通道”，按相关规定，经人力资源社会保障部门认定后，可由招聘学校自主考核入编。

5. 强化职业技能培训。加大政府、企业、社会等各类培训资源优化整合力度，形成以政

府补贴培训、企业自主培训、市场化培训为主要供给，以就业技能培训、岗位技能提升培训和创业创新培训为主要形式的产业工人终身教育培训体系。强化企业培养产业工人主体责任，鼓励企业建立培训中心和企业大学，符合条件的推荐列入国家、省、市、区高技能人才培训基地范围。鼓励名师带高徒，全面推行现代学徒制和企业新型学徒制，按规定落实培训补贴。实施东吴高技能人才计划，加快高技能人才队伍发展。完善考核机制，加大“吴中工匠”、劳模创新工作室、技能大师（名师）工作室、高技能人才公共实训基地等项目的培育力度，培养一批掌握关键技术的产业技能大师和历史经典工艺传承技能大师。深化“当好主人翁、建功新时代”等主题劳动技能竞赛，创新组织形式、效能评估、成果运用、激励保障等机制，优化培训、练兵、比武、晋级一体化的职业技能发展“绿色通道”。

6. 畅通职业晋升渠道。促进学历与非学历教育衔接互通，完善职业教育学历与职业资格（技能等级）“双证书”制度，建立职业资格与职称、学历比照认定制度。用好江苏终身学习学分银行，试行学分与职业资格（技能等级）互认转化。深化“一线职工上大学”等举措，助力产业工人学历提升。制定技能等级认定工作实施细则，构建职业资格评价、职业技能等级认定和专项职业能力考核相互衔接的多元评价体系。扩大企业、行业组织和社会组织对从业人员技能评价的自主权，加大对技术工人创新能力、现场解决问题能力和业绩贡献的评价比重，在高技能人才培养基地、区级行业协会、龙头企业中开展技能等级认定试点。推动在工程技术领域实现产业工人高技能人才与工程技术人才双向贯通。

7. 强化技能导向激励。贯彻落实提高技术工人待遇的政策，让技高者多得、多劳者多得。完善以政府奖励为主导、单位奖励为主体、社会奖励为补充的技能人才奖励制度。推动技术工人的创新成果按要素参与分配，制定技术改进和合理化建议奖励实施办法，骨干团队和主要发明人的收益不低于成果转化奖励金额的70%。引导企业建立技能水平与薪酬等级挂钩制度，实行协议工资、项目工资、股权制、年薪制、技能津贴等分配形式。命名产业工人科技创新成果，鼓励将职工“五小”（小发明、小创造、小革新、小设计、小建议）创新活动纳入企业创新体系。发挥各类政府性投资基金的导向作用，引导金融机构为产业工人创新提供金融服务，支持创新成果转化。建立一线优秀技术工人疗休养制度，定期组织开展疗休养活动。

（三）依法维权，保障广大产业工人共享改革发展成果

8. 切实维护合法权益。加强党组织引领，完善政府、工会、企业等共同参与的协商协调机制，积极营造和谐劳动关系。完善工资集体协商机制、正常增长机制和支付保障机制，健全面向一线产业工人、技术工人的分配制度。健全社会保险制度，实现产业工人应保尽保。鼓励有条件的企业为产业工人建立年金制度，发展商业养老保险。保障失业人员依法按时足额享受失业保险待遇。加强安全生产和职业健康管理，确保产业工人的生产安全和生命健康。规范劳务派遣用工，保障劳务派遣工合法权益。

9. 推动良性有序流动。促进产业工人稳定就业，实现与企业合作共赢。发挥政策导向作用，积极发展人力资源服务业。搭建供需对接平台，为用人单位和技能人才提供信息查询、人岗匹配服务，在支柱产业、重点领域，建立劳动力市场工资价位信息发布制度。优化人力资源服务体系，妥善做好社会保险关系转移接续，提高人力资源配置效率和服务质量。加强职业指导和就业服务工作，建立健全失业动态监测、企业用工需求调查、就业统计分析报告发布等制度，引导产业工人根据本区产业、行业发展需求合理有序流动。

10. 搭建网上服务平台。推动云计算、大数据、移动智能终端等信息网络技术在服务产业工人中的应用，建设全区产业工人实名制数据库，健全产业工人信息动态更新机制。加强工会系统统一规范、资源共享的互联网职工普惠服务载体建设，建设全区一体化的"智慧工会"网上工作平台，整合创新创业、维权服务、政策咨询、生活救助等资源，逐步形成线上受理、线下办理的网上网下深度融合互动格局。

11. 深入实施精准帮扶。健全党委领导、政府主导、部门负责、工会推动、社会参与的困难职工解困脱困工作机制，将困难产业工人帮扶工作纳入政府为民办实事项目，为困难产业工人提供就业支持、创业扶持、教育帮扶、医疗救助等。建立帮扶资金保障机制，拓宽筹措渠道，为困难产业工人帮扶工作提供有效支撑。借助信息化手段加强情况摸底，准确掌握困难产业工人生产生活状况，深入实施大病补助、特殊困难救助、医疗互助等措施，为遇到困难的产业工人提供帮助。

（四）落实保障，夯实产业工人队伍建设改革基础

12. 落实民主管理机制。落实工资支付有关规定，保障产业工人取得合理劳动报酬的权利。落实加强职业教育相关制度，保障产业工人接受教育和培训的权利。依照集体合同、企业民主管理的法律法规，落实产业工人与用人单位平等协商的权利。规范政府管理，加大劳动执法检查力度，督促企业提供技术技能培训，支持工会组织发挥监督作用。构建和谐劳动关系，健全劳动争议预防、预警、调处机制，督促企业依法履行社会责任。

13. 完善财政投入机制。健全和完善职业教育经费保障机制，持续加大职业教育专项经费投入力度。完善和落实职业培训和职业技能鉴定补贴政策，对通过初次职业技能鉴定并取得国家职业资格证书、技能等级证书或专项职业能力证书的，按规定给予职业技能鉴定补贴。对符合区紧缺职业（工种）目录，参加高级工、技师、高级技师培训并取得职业资格证书的，按照标准给予补贴。加大对各项投入和专项经费使用情况的绩效考评，充分发挥就业补助资金、失业保险基金、地方教育附加费等专项资金作用，提高资金使用效益。

14. 健全协同推进机制。发挥财政资金的引导作用，完善并落实企业、社会组织加大职业教育和培训投入政策措施。整合培训补贴资金，提高职业技能培训支出，确保地方教育附加费用于职业教育的比例不低于30%。鼓励企业加大职工教育投入，积极落实企业职工教育经费税前扣除政策，确保教育经费60%以上用于一线职工的技能培训。鼓励企业、社会组织和个人对职业培训提供资助和捐赠，符合规定的准予在企业和个人所得税前扣除。引导社会资本进入职业教育领域，落实各项优惠政策，支持各类办学主体通过独资、合资、合作等形式举办民办职业教育。

（五）凝心聚力，协同推进产业工人队伍建设

15. 加强统一领导。建立党委统一领导、党委政府有关职能部门齐抓共管、用人单位发挥主体作用、社会各方力量积极参与的产业工人队伍建设改革工作格局。坚持党管人才原则，把优秀产业工人人才纳入东吴人才建设总体范畴，把产业工人中的高技能人才、高素质创新人才放到与其他各类人才同等重要的位置，实行统一规划、统一培养、统一支持、统一使用，形成打基础、管长远的产业工人人才发展体制机制。

16. 优化公共服务。把产业工人队伍建设纳入全区经济社会发展规划。为广大产业工人提供优质、高效、便捷的基本公共卫生服务，扩大医疗救助覆盖面，提高大病救助水平。推动用人单位改善工作环境和作业条件，加大职业病危害源头防控力度，提高产业工人健康体检覆盖率。加快推进公共租赁房建设，支持有条件的地方

采取多种方式解决产业工人的住房困难。改善产业工人集聚的各类产业园区的交通状况。完善公共文体设施布局，推进产业园区和公共绿地健康步道、健身设施建设，将工人文化宫、职工文体中心等纳入政府公共文化服务体系，支持职工服务中心、职工读书站建设，为产业工人提供丰富的精神文化生活。

17. 营造社会氛围。宣传好产业工人的先进事迹和为吴中发展作出的重要贡献，推动劳模精神、劳动精神、工匠精神进企业、进机关、进校园、进乡镇、进社区、进网络，提高各行各业产业工人的职业荣誉感。加强围绕产业工人队伍建设的教学科研，开设相关课程，开展产业工人队伍建设调查研究，为党委政府决策提供有效服务。组织文艺工作者创、演、展更多反映产业工人时代风貌的优秀作品，培育更多职工文艺骨干，打造更多职工文化品牌，在全社会形成尊重劳动、尊重产业工人的氛围。

18. 深化改革创新。改进工会组织体制、运行机制、活动方式、工作方法，创新基层工会工作，加强非公有制企业和混合所有制企业工会工作，保持和增强工会组织的政治性、先进性、群众性。坚持大抓基层，将服务资源、力量配备向基层倾斜，加大工会经费项目化补助力度，完善非公企业工会主席津贴制度，推进工会干部双向交流，强化社会化工会工作者队伍建设。加大村级（区域）工联会的建设力度，发挥“小三级”工会中间层次工会作用，给予一定人力和经费的支持。不断加大工作力度，扩大工会组织有效覆盖，夯实基层工会工作基础。以转职能、转方式、转作风为重点推进各级工会组织建设，以强化服务指导为重点加强镇（区、街道）工会组织建设，以“模范职工之家”星级评定工作为标准提升基层工会引领服务产业工人的能力水平，把各级工会建设得更加充满活力、坚强有力。

三、组织实施

（一）强化党的领导，凝聚改革合力

坚持党委统一领导，落实完善新时代吴中产业工人队伍建设改革联席会议制度，加强对产业工人队伍建设改革的宏观指导、政策协调和组织推进，实现产业工人队伍建设与宏观政策、产业政策、就业政策、社会政策联动，打通部门界限，形成整体合力。全区各有关部门要结合实际，研究制定推进改革的实施细则和配套措施，重点在主导产业、支柱产业、战略性新兴产业和骨干企业中推进改革，注重发挥国有企业的带动作用。

（二）强化检查督导，压实各级责任

建立推进改革情况的监督检查和信息反馈机制，产业工人队伍建设改革工作纳入区委督察范围，对各项改革措施落实情况开展监督检查和绩效评估，督任务、督进度、督成效，察认识、察责任、察作风，确保各项改革措施落到实处。在各级党委、政府领导下，工会要发挥牵头作用，针对各镇（区、街道）、各产业的不同情况，加强分类指导服务，做到有序实施。

（三）强化宣传引导，营造良好氛围

坚持正确舆论导向，大力宣传产业工人在吴中经济社会发展中的重要作用和产业工人队伍建设改革的重大意义、目标任务、主要举措，宣传改革实施中的先进典型和经验成效，引导各类企业主动参与改革，动员产业工人积极投身改革，在全社会营造关心、支持、推动改革的良好氛围。

关于进一步加强安全生产工作的实施意见

吴委办〔2020〕25号印发

为深入学习贯彻习近平新时代中国特色社会主义思想，全面落实习近平总书记关于安全生产的重要论述和党中央、国务院，省委、省政府和市委、市政府关于安全生产的决策部署，深刻汲取响水“3·21”特别重大爆炸事故等教训，痛定思痛，举一反三，深入推进安全生产专项整治，进一步加强安全生产工作，现提出如下实施意见。

一、总体要求

坚持以习近平新时代中国特色社会主义思想为指导，全面贯彻落实党的十九大和十九届二中、三中、四中全会精神，自觉践行以人民为中心的发展思想，牢固树立安全发展理念，坚守发展决不能以牺牲安全为代价这条不可逾越的红线，坚持问题导向，坚持底线思维，坚持标本兼治，坚持系统推进，按照省委、省政府“3·21”特别重大爆炸事故警示教育大会上部署要求，以最坚决态度、最有力举措、最过硬作风，推进安全生产治理体系和治理能力现代化，全面落实安全生产措施，提升全社会安全意识，不断提升本质安全水平，持续压降事故总量，坚决防范遏制各类生产安全事故，确保全区安全生产形势稳定向好，为吴中区高质量发展走在前列提供安全保障。

二、全面开展安全隐患大排查大整治

（一）全面彻底排查隐患。坚持问题导向，各地、各有关部门和各类开发园区要对所有行业领域、所有生产经营单位、所有从业岗位开展拉网式排查。企业是隐患排查整治责任主体，要建立全员参与、全方位覆盖、全过程衔接的隐患排查机制，实现隐患排查常态化、制度化、规范化、专业化。各负有安全监管职责的部门要落实监管责任，持续加大隐患排查力度，通过明察暗访和定期、不定期检查，全面检查企业责任落实、隐患排查等情况，重点关注复产、复工、整改、关停、搬迁、变更过程中的风险，确保隐患排查横向到边、纵向到底、不留死角、杜绝盲区。

（二）狠抓问题隐患整治。坚持底线思维，建立隐患清单。对查出的隐患，应责令限期整改，能尽快整治的立即整治，整治需要时间的要严防死守，落实责任人、明确时间表，做到整改责任、措施、资金、时限、预案“五落实”。视隐患为事故，加大企业违法违规失信行为惩戒力度，按照有关规定将有严重违法违规失信行为的企业列入“黑名单”，实行动态管理。失信企业信息归集至区公共信用信息共享平台并依法依规公示。对不符合法律法规、国家标准和地方标准，存在重大安全隐患的企业加大整治淘汰力度；对不具备安全生产条件的剧毒、易燃易爆的生产企业一律依法关闭和吊销有关证照；对重大危险源与重要公共建筑安全距离不符合相关国家标准的企业一律依法关闭和吊销有关证照；对检查中发现存在严重违法生产经营建设行为的单位，经停产整顿仍未达到要求的，一律依法关闭和吊销有关证照；对有严重违法违规行为的有关单位和责任人，按照相关规定从重处罚；对违法行为涉嫌犯罪的，一律移送司法机关依法追究刑事责任。对重大事故隐患建立“一患一档”并挂牌督办，确保隐患见底、措施到底、整治彻底。

（三）实施动态排查整治。持续保持隐患整治高压态势，根据隐患整治和明察暗访情况，对隐患清单实施动态调整，形成清单管理、动态更新、闭环整改动态调整机制，确保老问题不放过，新问题不疏漏，所有问题由责任部门、属地或企业在限定时间内彻底解决。加强隐患监测预警，提升问题能发现能处理、早发现早处理能力，防止风险累积、酿成事故。

三、严格落实企业主体责任

（四）安全责任落实到位。划出三条红线，倒逼企业自觉承担安全生产主体责任。一是对发生重大生产安全事故的企业，依法实施停业整顿或关闭退出的红线；二是对有安全生产严重违法违规行为、严重失信行为的投资主体及管理者，依法实施市场禁入的红线；三是对违章指挥、违规作业和违反劳动纪律等行为导致生产安全事故的企业员工，实施全过程安全责任追溯的红线。实行安全生产承诺制度，将企业承诺及践诺情况记入企业信用档案，督促企业法定代表人和实际控制人履职尽责，全面落实安全生产责任和义务。

（五）安全投入落实到位。实施安全生产投入刚性约束，对生产经营单位的决策机构、主要负责人或者个人经营的投资人不依照《安全生产法》规定保证安全生产所必需的资金投入，致使生产经营单位不具备安全生产条件的，责令限期改正；逾期未改正的，责令生产经营单位停业整顿；导致发生生产安全事故的，依法追究法律责任。

（六）安全培训落实到位。企业所有人员必须经过安全生产培训合格，达不到上岗条件的不得上岗。高危企业法定代表人、实际控制人、安全管理人员和特种作业人员必须经过培训考核合格后持证上岗，发现代培代训的严肃查处。强制性要求企业对新上岗、转岗、复岗人员开展安全培训，特别在采用新工艺、新技术、新材料或使用新设备时对员工进行专门安全培训。加强企业转产、复工阶段针对性安全培训。对造成重大安全隐患、屡次造成较大安全隐患以及发生生产安全事故企业的法定代表人、分管负责人和安全管理人员实施强制性封闭培训。加强产业工人队伍建设，提升产业工人安全生产素质和事故防范技能。加强企业安全文化建设，形成全体员工自觉严格遵守安全生产规章制度的良好氛围。

（七）安全管理落实到位。指导企业完善安全生产管理制度，开展安全生产标准化建设，对不落实的企业依法依规进行处罚。在企业全面推行安全总监制度，从业人员在100人及以上或主营业务收入在2000万元及以上的建筑、交通运输、危险化学品、金属冶炼等行业，以及粉尘涉爆、涉氨制冷、船舶修造等重点领域的企业，必须配备安全总监，并经培训合格后上岗。

（八）应急救援落实到位。指导企业按规定制定生产安全事故应急救援预案并定期组织演练，完善重要岗位和重点部位应急处置方案，全面推行应急处置卡、固废危废处置等制度，配备必要的应急救援器材、设备和物资，保证正常运转，做好企业应急预案与政府应急救援预案有机衔接。

（九）安全生产能力评估落实到位。围绕安全、消防等重点工作，试点开展“安全+技能”等复合型培训，积极引导其参加职业技能评价。对企业生产设备、工艺流程、人员素质、内部管理等方面的本质安全水平，企业法定代表人和实际控制人、专业技术人员、操作工人的专业背景、知识结构和基本资质定期开展评估，评估不合格的企业要落实整改措施。其中，危险物品生产企业、建筑施工企业的专职安全管理人员要至少具备相关专业中专以上学历或者中级以上专业技术职称、高级工以上技能等级，或者具备注册安全工程师资格。

四、夯实安全生产基础

（十）提升全社会安全意识。深入贯彻落实习近平总书记关于安全生产和应急管理重要论述精神，树牢安全发展理念，推动安全责任落实，完善公民安全教育体系，坚持社会共治，坚持群众观点和群众路线，拓展人民群众参与公共安全治理的有效途径，加强公益宣传，普及安全知识，培育安全文化，从安全价值、安全伦理、安全认同、安全意愿、安全意识、安全知识与安全技能等方面，进一步增强公众风险防范、安全应急意识和自救互救能力，积极营造全社会关注、全民参与、人人讲安全、时时讲安全、处处讲安全的良好氛围，努力提高社会参与能力、全民安全素质和社会整体安全水平。

（十一）严格企业和项目准入。进一步推动行业安全生产标准化建设，助力高质量发展，从安全、环保、能耗等方面严格企业和项目准入审查，严把立项、规划、设计、审批、建设的安全关口，对不符合产业政策和规划布局、达不到安全标准的，一律不予立项、审批。按照强化监管与便民服务相结合原则，对与人民群众生命财产安全直接相关的行政许可事项，严格办理程序，规范工作流程，实施网上公开办理，接受社会监督。

（十二）淘汰高危落后产能。加快产业结构调整，减少高危险性、高敏感度的生产企业，推进涉及危险工艺技术的替代改造。依法依规加快不符合安全环保标准和法规要求的化工生产企业退出。大力压减粉尘涉爆企业，加快整合提升民爆生产企业，逐步减少民爆销售企业。

（十三）严格执行安全生产“三同时”制度。上项目、办企业、建园区，必须严格落实安全生产法律法规和标准规范，做到建设项目安全设施与主体工程同时设计、同时施工、同时投入生产和使用。金属冶炼建设项目或者用于生产、储存、装卸危险物品的建设项目，安全设施未经设计审查合格不得施工建设，未经验收合格不得投入生产和使用。对违反“三同时”规定的企业依法从严从重处罚，构成犯罪的，依法追究刑事责任。

（十四）完善安全生产经济政策。保障各级财政对安全生产所需经费投入，建立与经济社会发展水平相适应的安全生产专项资金，区级财政专项资金发挥引导作用，支持重点地区、重点行业、重点园区安全整治提升工作，强化审计监督和绩效评价。制定激励政策，加快安全生产技术研发、成果转化和示范应用。规范安全生产预防及应急专项资金的使用。全面落实企业依法参加工伤保险制度。全面推行安全生产责任保险制度，积极引入商业保险提升安全生产基础保障能力，推动建立政府、企业、保险机构和社会共同承担安全生产投入机制。

（十五）健全安全生产法规标准体系。完善安全生产行政执法与刑事司法衔接工作机制，依法惩治安全生产领域违法犯罪行为。完善地方安全生产法规制度，解决区域性安全生产突出问题。加强涉及高危行业领域安全准入标准和安全规程的制定修订。加强涉及安全生产相关法规规章一致性审查，增强安全生产法治建设的系统性、可操作性。鼓励依法成立的社会团体和企业制定更加严格的安全生产标准，积极借鉴实施国际先进标准。

（十六）强化对中介机构和专家的监督管理。安全生产中介机构要严格执行《安全评价检测检验机构管理办法》，对出具的报告结果承担法律责任。中介机构资质认可机关和监督管理等有关部门要全面加强监管，严厉打击弄虚作假、租借资质、违法挂靠等违法违规行为，要采取盲审、抽查等方式加强对中介机构服务质量的监督检查，推进中介机构诚信考核和黑名单制度落实，重点检查更改或简化安全评价及检测检验程序相关内容、应到现场而未到现场开展实地勘验、放松标准要求进行安全培训、出具虚假评价报告等行为。在事故调查处理中，对涉事的中介机构、评审专家以及评审活动的组织单位同步调查，对不按标准进行安全评价、检测检验、评审的，依法追究责任。

五、全面提升安全监管能力

（十七）提高从源头到终端的全过程监管能力。哪一段有问题，就在哪一段解决，切实消除安全监管盲区、死角和空白。建立安全监管和应急管理信息指挥中心，加快推进“互联网+安全监管+应急调度”，建立“线上”监管与“线下”现场执法协同机制。各类生产企业要建立安全生产监控系统，各重点行业领域主管部门、各类生产性园区（集中区）必须建立综合安全监管平台，且信息资源必须接入安全监管和应急管理信息指挥中心，整合企业、园区和监管部门信息资源，形成覆盖产业、安全和应急管理等方面一体化的综合监管信息平台。到2020年，化工生产企业建成集重大危险源监控信息、可燃有毒气体检测报警信息、企业安全风险分区信息、生产人员在岗在位信息以及企业生产全流程管理信息等于一体的信息管理系统。到2020年底前，化工园区（集中区）内企业安全监控信息全部接入园区信息管理平台，重大危险源在线监测率达100%，实现风险隐患“一表清、一网控、一体防”；园区外企业基本实现属地信息平台对接。

（十八）增强安全监管工作力量。严格执行开发区和镇（街道）基层安监能力建设标准。根据化工监管任务较重的区情实际，增强危险化学品安全执法力量，区本级建立不少于10人的危险化学品安全监管执法队伍，各类生产性园区（集中区）都应单独设立安全监管机构，专业监管人员配比不低于在职人员的75%。

（十九）高标准建设综合性消防救援队伍。结合我区灾害事故特点和消防救援任务需求，合理布局、规划建设一批专业消防救援队伍，按标准配齐人员装备，视情对高层建筑密集区配备相应的举高消防车等大型救火设备。在吴中化工集中区高标准建设综合性消防救援队伍。加强企业专职消防队伍建设，鼓励建设一批重点社会救援队伍，切实提高消防救援人员待遇和社会地位，增强消防员职业荣誉感，确保队伍稳定。

（二十）优化监管执法方式。全面实施安全生产“双随机”“四不两直”执法检查，同步开展“不打招呼、不听汇报、直奔基层、直插现场”明察暗访。区安全生产委员会及负有安全监管职责的区有关部门每年开展明察暗访不少于5次。对存在重大风险隐患、事故易发多发地区和企业开展联合执法、集中执法。实行执法行为全程记录，做到全程留痕、即时入库、结果公开、责任可溯。对领导干部或其他人员插手干预安全生产监管执法的，如实记录、留存材料。

（二十一）提高应急处置能力。按照江苏省应急平台体系建设规划与技术标准，重点建设好区级政府应急平台以及有关部门的专业应急平台。适应机构改革新情况和安全生产新形势新要求，组织修订各级各类突发事件应急预案，定期开展多部门、跨区域的实战演练。统筹安排应对突发事件所必需的设备和应急避难场所、应急通道等公共安全基础设施建设。加强应急物资储备管理，完善重要应急物资的监管、生产、储备、调拨和紧急配送体系。加强中毒应急体系能力建设，强化职业医疗防护实践培训。全面提升内河湖泊重大船舶交通事故险情和水体污染事故险情的应急处置能力。

六、完善安全生产工作体制机制

（二十二）健全安全生产巡查制度。区委、区政府对各镇（区、街道、场）党委、政府领导班子每届任期内实行安全生产巡查全覆盖，重点监督安全生产责任制落实情况，及时将巡查结果向被巡查地区党委、政府反馈，并要求在规定时间内整改到位。对巡查中发现的失职和违法违规行为，发现一起、查处一起，将处理结果通报全区。

（二十三）建立部门会商协同机制。区安全生产委员会办公室通过定期召开主任会议等形式，建立部门联动机制，将监管有效覆盖到安全生产隐患清单之外的盲区、安全监管职能交叉重叠的领域。各相关职能部门要主动作为，坚持齐抓共管，及时通报重要信息，坚决避免监管真空，确保及时发现和消除隐患。健全安全风险会商研判机制、防控协同机制和安全保障机制，消除监管死角和空白。

（二十四）落实安全生产警示约谈和信用监管制度。严格执行区安全生产委员会约谈制度，对一般性事故接连发生、安全风险隐患突出、事故影响较大的地区，按程序进行约谈并通报。对纳入“黑名单”管理的安全生产违法企业及其相关责任人，在投融资、政府采购、工程招投标、国有土地出让、授予荣誉、资质审核等方面依法从严审批核准，按照相关规定实施联合惩戒。

（二十五）强化安全生产社会共治。建立媒体曝光制度，聚焦安全生产突出问题和事故隐患，组织媒体跟随明察暗访、跟进整改督办、跟踪落实问效。建立安全生产人民监督员制度，鼓励社会各界、人大常委会、政协、群众团体、新闻媒体对重大安全风险隐患实施监督、提供线索。健全安全生产有奖举报制度，依法进行奖励，限期办理安全生产违法违规问题的举报投诉。加大安全生产公益宣传力度，在主流媒体及其网站、新闻客户端要开设公益宣传专栏，普及安全生产、消防常识、气象灾害防御知识和救援技能，做到电视天天见、广播天天听、“两微一端”天天有，切实保障公众知情权，接受公众广泛监督，进一步增强社会安全意识。

七、切实加强安全生产组织领导

（二十六）坚决扛起做好安全生产工作政治责任。深入学习贯彻习近平新时代中国特色社会主义思想，坚持新发展理念，把狠抓安全生产作为增强“四个意识”、做到“两个维护”政治要求，坚决把习近平总书记关于安全生产重要指示及党中央国务院部署落地生根。将习近平总书记关于安全生产的重要论述和安全监管专业知识作为各级党委（党组）理论学习中心组重要学习内容，列入党校、行政学院、党政领导干部培训班教学计划，举办领导干部安全生产专题研讨班，提升党政领导干部安全生产责任意识和履职能力。

（二十七）切实落实党政领导干部安全生产责任制。各级党政主要负责同志承担安全生产全面领导责任，党政班子其他成员承担直接领导责任，把党政同责、一岗双责、齐抓共管、失职追责的要求落到实处。各级安全生产委员会主任由政府主要负责同志担任，副主任由政府分管应急管理、工业、交通、城建等方面的分管负责同志共同担任。

（二十八）强化部门安全监管责任。加强各级安全生产委员会办公室建设，落实专岗专职，配齐配强人员，保障日常工作高效运转。各级安全生产委员会办公室要充分发挥综合协调、研究指导、督促检查作用，推动各地各有关部门履职尽责。负有安全监管职责的部门和负有安全管理责任的行业领域主管部门要按照“管行业必须管安全、管业务必须管安全、管生产经营必须管安全”要求，明确承担安全生产工作职责的机构和人员。负有安全监管职责的部门要依法依规履职尽责，强化监管执法；负有安全管理责任的行业领域主管部门，要通过加强行业规划、产业政策、法规标准、行政许可，指导做好安全生产工作；各级部门要主动为安全生产提供支持保障。根据安全生产工作需要和实际，设立由牵头部门主要负责同志担任主任的安全生产专业委员会。

（二十九）依法履行属地和行业监管职责。除法律法规规章及上级文件有明确规定要求外，区级各部门不得将本级属地和行业安全生产监管职责及事项下放或委托下一层级负责。对取消、下放和委托的行政许可事项中涉及安全生产的，必须依法依规加强事中事后监管。严格停产整改企业复产标准和验收程序。更大力度开展基层安全生产执法专项监察，持续保持“打非治违”高压态势，对阻碍安全生产执法的地方保护行为严肃问责。

（三十）严格落实安全生产“一票否决”制度。将安全生产工作纳入高质量发展年度考核指标体系和《吴中区推进党政领导干部能上能下实施细则》等规定情形，将安全生产履职情况作为党政领导班子和个人年度述职的必备内容。对发生较大以上生产安全事故或有重大社会影响的较大生产安全事故的地区、部门和单位，取消评先评优资格，被追究领导责任的党政主要领导和分管领导，暂缓提拔使用。

（三十一）以追责问责倒逼责任落实。严格执行《生产安全事故报告和调查处理条例》，按照规定组成事故调查组，查明事故原因和事故性质，认定事故责任，提出处理建议，总结事故教训，提出事故防范和整改措施。依照法律、行政法规规定的权限和程序，严肃追责问责。事故处理情况依法及时向社会公布，发挥事故警示教育作用。强化对事故暴露问题的整改督办，事故结案后一年内，要组织整改情况评估，对履职不力、整改措施和责任追究不落实的，依法依规、严肃追究有关单位和人员责任。

各地、各部门、各单位要充分认识安全生产工作的严峻性、复杂性、艰巨性、长期性，坚决杜绝形式主义、官僚主义，消除麻痹侥幸思想，克服懈怠松劲情绪，彻底解决安全生产工作中存在的不认真、不扎实、走形式、走过场等问题，以极端认真负责的态度和钉钉子的精神，聚焦突出问题，紧盯薄弱环节，综合施策，精准发力，确保各项措施和要求落到实处，促进安全生产形势稳定向好，为全区高质量发展提供坚实的安全保障。

吴中区探索率先基本实现农业农村现代化三年行动计划（2020—2022年）

吴委发〔2020〕32号印发

为深入贯彻落实习近平总书记对“三农”工作系列重要指示精神，落实落细《中国共产党农村工作条例》要求，按照《苏州市探索率先基本实现农业农村现代化三年行动计划（2020—2022年）》《苏州市率先基本实现农业农村现代化评价考核指标体系（2020—2022年）（试行）》《贯彻落实苏州市率先基本实现农业农村现代化目标任务工作清单》部署要求，围绕到2022年率先基本实现农业农村现代化的目标任务，全面加快全区农业农村现代化进程，特制定三年行动计划。

一、总体要求

（一）指导思想

以习近平新时代中国特色社会主义思想为指导，全面加强党对农村工作的领导，突出乡村振兴总抓手，坚持农业农村优先发展总方针，对标当好新时代高质量发展“优等生”要求，加快推进农业现代化、农村现代化、农民现代化和城乡融合发展，探索率先基本实现农业农村现代化的吴中实践。

（二）基本原则

——坚持优先发展。把落实农业农村优先发展作为做好“三农”工作的头等大事，完善顶层设计，出台配套政策，层层落实责任，在干部配备上优先考虑，在要素配置上优先满足，在资金投入上优先保障，在公共服务上优先安排。

——坚持规划引领。积极开展吴中区新一轮镇村布局规划和“十四五”规划编制工作，高标准编制“多规合一”实用性村庄规划，充分发挥规划的战略引领和刚性约束作用，推进率先基本实现农业农村现代化行动与各项规划有效衔接。

——坚持融合创新。把城乡融合发展作为推进农业农村现代化的重要路径，深化城乡经济社会发展联动改革创新，统筹推进农村经济建设、政治建设、文化建设、社会建设、生态文明建设和党的建设，着力破除户籍、土地、资本、公共服务等要素制约，加快健全完善城乡一体、融合发展的体制机制和政策体系。

——坚持农民主体。坚持以人民为中心，充分尊重农民意愿，切实发挥农民在乡村振兴中的主体作用，调动广大农民的积极性、主动性、创造性，把维护农民群众根本利益、促进农民共同富裕作为出发点和落脚点，促进农民持续增收，不断提升农民的获得感、幸福感、安全感。

二、行动目标

到2022年，基本实现农业农村现代化。基本形成现代农业蓬勃发展、优质高效、利益共享的产业兴旺新格局；基本形成特色凸显、农民乐居、市民乐享的生态宜居新风貌；基本形成家风良好、民风淳朴、村风文明的乡风文明新气象；基本形成党建引领、"三治"结合、和谐有序的治理有效新局面；基本形成农民收入持续增长、生活质量显著提升、美好愿望基本实现的生活富裕新态势。

以"三化一融"（农业现代化、农村现代化、农民现代化和城乡融合发展）为统领，全面推动"三高一美"（高标准农田、高标准蔬菜基地、高标准池塘和美丽生态牧场）、"三特一古"（特色精品乡村、特色康居乡村、特色宜居乡村和古村落）、"三提一保"（提高农民生活质量、提高农民文明素养、提高农民自治能力和保障农民弱势群体）取得明显成效。

到2022年，农业农村现代化考核指标值基本达到现代化水平；"三高一美"全面覆盖，"三特一古"全面实施，"三提一保"全面落实；城乡融合发展体制机制进一步完善，城乡居民生活水平差距进一步缩小，城乡基本公共服务均等化水平进一步提升；村均集体可支配收入达到1800万元，农村居民人均可支配收入达到4.25万元，城乡居民可支配收入差距缩小到1.95:1。

三、主要任务

（一）聚焦高效发展，率先基本实现农业现代化

1. "三高一美"建设行动。扎实推进高标准农田建设，2020年，新增高标准农田1.2万亩，实现高标准农田全覆盖，深入开展农田连片及闲置地整治，提升农业生产能力和整体风貌。加快高标准蔬菜基地建设，全区常年菜地最低保有量稳定在2万亩以上。在全省率先全面完成养殖池塘标准化改造的基础上，聚焦"五个三、五提升"，加快推进现代渔业高质量发展，力争到2020年底，渔业生产面积、总产量、产值分别实现7.4万亩、3.7万吨、6.6亿元。深化美丽生态牧场建设，进一步恢复生猪生产，保障市场供应，2020年建成1个生猪养殖基地，到2021年，全区生猪自给率达到30%。结合国际国内最新形势，把握好轮作休耕与粮食生产关系，提高粮食产能，到2022年，粮食产量稳定度达-2.4。（责任单位：区农业农村局、吴中资规分局，相关镇、街道）

2. 农业园区提档升级行动。做大做强做优国家、省、市级现代农业园区，探索区级现代农业园区创建，把各级现代农业园区打造成为农业科创基地和产业发展基地。引领农业科技创新，加大农业招商引资力度，吸引更多创新创业团队入驻，联合高校、科研院所等培育本土农业企业、农民合作社、家庭农场、种养大户等新型经营主体，着力培育农业产业化联合体。落实园区分级评价考核机制，优化整合园区生产、加工、物流、研发、示范、推广、服务等功能模块，实现农业多元化和全产业链发展。到2022年，入园企业超170家，全区农业园区面积占耕地面积比重超60%。（责任单位：区农业农村局、区科技局，相关

镇、街道）

3. 智慧农业建设行动。参与推进智慧农业国家级试点建设，加快建立涉农信息采集与共享工作机制、农业信息平台整体互联机制、数字技术与生产经营融合推进机制，到2022年，全区农业信息化覆盖率达73%，农业电子商务销售额达11亿元。以构建智慧农业农村基础信息库、智慧农业云平台为切入点，着力构建智慧农业生产经营体系、管理服务体系、决策应用体系和智慧农业示范园区，到2022年，全区建成1个以上智慧农业示范生产场景，培育1个以上智慧农业品牌和1~2个市级“智慧农村”示范村。（责任单位：区农业农村局、区商务局，相关镇、街道）

4. 农产品区域公用品牌建设行动。坚持质量兴农、品牌强农，依托全区优势和特色农产品，加大对东山湖羊、太湖翘嘴红鲌、太湖鹅等种质资源的保护，进一步加快资源整合和要素集中，强化提升洞庭山碧螺春、吴中水八仙、吴中大米、太湖蟹、东山白沙枇杷等现有品牌影响力和市场占有率。突出茶产业特点，推动精深加工，丰富产品形态，培育壮大碧螺红茶等一批特色鲜明、质量过硬、信誉可靠的“吴”字头精品特色农产品区域公用品牌。扎实开展绿色食品、有机农产品和地理标志农产品申报创建工作，健全农产品质量安全监管追溯体系，强化产品质量监管，全力保障“舌尖上的安全”。到2022年，绿色优质农产品比重超90%。（责任单位：区农业农村局、区市场监管局，相关镇、街道）

5. 生态循环农业发展行动。持续推行农药化肥减量使用、生态循环种养、农业废弃物回收清理等绿色农业生产方式，扩大农药零差率一体化配送覆盖面。到2022年，主要农作物测土配方施肥技术覆盖率达95%，粮油类农药配送率、果蔬类农药配送率分别超95%、90%。持续做好江苏吴中碧螺春茶果复合系统入围中国重要农业文化遗产“后半篇文章”，划定洞庭山碧螺春群体小叶种保护区，探索建立茶果间作模式下的配方施肥方案，实现化肥减量增效。严格畜禽养殖管理，做好新建畜禽养殖场粪污资源化利用。全面做好长江流域太湖水域禁捕退捕工作。加快环太湖流域国家有机废弃物资源化循环利用示范区建设，推进农业农村绿色高质量发展。（责任单位：区农业农村局、区发改委、区供销社，相关镇、街道）

6. 农村产业融合发展行动。以深化国家农村产业融合发展示范园建设为抓手，构建全区农业“6+1”产业特色农产品优势区。发展农产品加工业，创建农产品加工特色品牌，引导省市农业龙头企业到特色农产品优势区建立农产品精深加工基地，促进农业内部融合与产业链延伸。扶持农村三产协同发展，支持建设产地分拣包装、冷藏保鲜、仓储运输等设施，打造冷链物流基地、销售终端和营销品牌，实现农业产业集群集聚发展。到2022年，农业一产产值、加工产值、服务业产值结构更加优化，农产品加工业与农业总产值之比达到7.5∶1。大力发展共享农庄（乡村民宿），加强旅游民宿备案，推进乡村旅游精品线路建设，促进农业与文化、康养、旅游等产业深度融合，到2022年，建成市级共享农庄（乡村民宿）22个，各类休闲农业营业收入达7.5亿元。（责任单位：区农业农村局、区发改委、区文体旅局，相关镇、街道）

（二）聚焦绿色发展，率先基本实现农村现代化

7. 农村生态环境质量提升行动。巩固农村突出环境问题整治成效，加强农村工业企业污染防治，长效推进“散乱污”整治。深挖造林绿化潜力，到2022年，自然湿地保护率超64%。持续开展太湖“五位一体”综合长效管理，到2020年，水源地水质主要指标达Ⅲ类水标准，到2022年，吴中太湖水域水环境质量进一步提升。（责任单位：吴中生态环境局、吴中资规分局、区水务局，各镇、街道）

8. 生态涵养发展实验区建

设行动。按照涵养区生态保护优先的原则，推动出台《关于开展苏州生态涵养发展实验区建设的实施意见》，实施一批生态保育、治理类重点项目，构建“两山一水、蓝绿纵横”的生态空间格局。加强《苏州生态涵养发展实验区规划》与国土空间规划和各类产业规划、保护规划的衔接和协调，构建“1+1+N”的规划体系。科学制定生态涵养发展实验区评价指标体系，开展涵养区建设成效评估工作，推进各年度重点项目建设，打造金庭石公半岛生态环境涵养项目、东山渡口生态缓冲带项目、东太湖大堤湖滨湿地带和有机废弃物处理利用等示范项目，构建涵养区生态安全屏障体系，提升生态系统质量和稳定性，促进涵养区健康可持续发展。（责任单位：吴中生态环境局、吴中资规分局、区农业农村局、区水务局、区发改委，金庭镇、东山镇）

9.“三特一古”乡村建设行动。以新的苏州特色田园乡村建设分类体系为基础，统筹整合现有乡村建设项目，让广大农村真正成为安居乐业、寄托乡愁的美丽家园。到2022年，全区培育15个特色精品乡村，培育1个具有吴中特色的精品示范区；全区集聚提升类和特色保护类村庄基本建成特色康居乡村，建成2个特色康居示范区；全区城郊融合类和其他一般类村庄基本建成特色宜居乡村。加强古村落、传统村落保护，优先将符合条件的村庄选入特色精品乡村建设试点。开展农村文物古迹、传统村落、传统建筑、农业遗迹等保护行动。在特色精品乡村建设中积极推行设计师“驻村”服务制度，让专业设计师驻村指导，陪伴式、全过程参与村庄建设。（责任单位：区住建局、区委农办、区文体旅局，相关镇、街道）

10. 农村人居环境整治提升行动。充分发挥农村人居环境整治和长效管理“红黑榜”考核激励机制作用，确保到2020年，高水平完成农村人居环境整治三年行动任务，在全市考核排名中争先进位。完善村庄长效管护机制，确保农村面貌持续改善，引导农民群众树立共治、共建、共享理念，按照由小康阶段到基本现代化阶段变化的要求，推动农村人居环境整治进入品质建设阶段。进一步推进农村生活垃圾治理和收运体系改善提升，加强现有农村生活垃圾分类资源化处理站常态运行监管，做好设备处理站扩容提质增效等各项事宜，扩大收运范围、提高收运成效。完善落实河（湖）长制，大力开展生态美丽河湖建设，加快推进农村水利工程提档升级改造，完善农村生活污水治理长效管理机制，加强处理设施标准化运维服务能力。到2022年，创建生态美丽河湖118条，农村生活污水治理率达到93%。（责任单位：区委农办、区委组织部、区纪委监委、区水务局、区城管局、区卫健委，各镇、街道）

11. 乡村治理能力提升行动。切实加强基层党组织对乡村治理的全面领导，大力实施“新时代美美乡村新接力”农村党建专项治理提升计划。推进基层治理“先锋枢纽”体系建设，为基层党组织“赋能、聚能、释能”。持续深化“海棠花红”先锋阵地建设，大力推广“行动支部”工作法，鼓励镇、村两级党群服务中心与便民服务中心统筹建设使用。持续打造苏州乡村振兴学堂品牌，强化村书记队伍教育培养，落实村（社区）党组织书记县乡共管要求，在任前政治考察、班子分析研判、统一考核标准、强化激励保障等四方面下功夫。到2022年，全区村党组织书记兼任村委会主任的比例达到75%。积极构建自治、德治、法治相融合的农村社区精准治理模式，引入专业社会组织，打造“古樟议事”民主协商品牌。加强乡村法治宣传教育，完善乡村公共法律服务体系，鼓励法律服务主动向农村延伸。提升网格化联动机制建设，优化“党建引领、社会参与、乡村联动、多元共治、全科网格、责任到人、源头管事、就地了事”的吴中社会治理模式，逐步实现城乡社区网格化服务管理工作全覆盖。深入推进平安乡村建设，以“雪亮工程”为牵引深入推进“天穹计划”，升级农村技防人防物防建设，严厉打击农村黑恶势力，到2022年公众安全感达95%。（责任单位：区委组织部、区委政法委、区司法局、区民政局、区联动中心、吴中公安分局、度假区公安分局，各镇、街道）

（三）聚焦共享发展，率先基本实现农民现代化

12. 新时代文明实践提质行动。深入践行社会主义核心价值观，推进文明村镇建设，坚持教育引导、实践养成、制度保障“三管齐下”，到2022年，区级以上文明村占比达70%。全面推进新时代文明实践阵地建设，加强典型示范引导，打造一批优秀所、先进站、榜样点（岗）、示范户，营造和美民风。常态化推进移风易俗，倡导厚养薄葬、勤俭节约美德，普及科学知识，抵制邪教、非法宗教和歪理邪说，树立文明新风。持续开展最美家庭寻访，营造和睦家庭关系，传承孝老爱亲传统美德，培育健康家风。积极开展关爱农村空巢老人、困境儿童、残疾人、贫困户等志愿服务活动，推进农村志愿服务常态化开展，形成志愿和风。统筹抓好文明积分试点、星级文明户评定、村规民约执行等工作，全面推进新时代文明实践工作提质增效。（责任单位：区委宣传部、团区委、区妇联，各镇、街道）

13. 农村公共文化服务体系建设行动。加快构建农村公共文化服务体系，推进公共文化服务标准化、均等化、多样化，到2020年，农村综合性文化服务中心标准化建设实现全覆盖，真正打通公共文化“最后一公里”。推进公共数字文化建设，用好“文化云”“书香吴中”等设施载体，提升“建管用”水准，提高数字文化资源农村地区供给能力。进一步丰富农村文化活动，精准开展“三下乡”文艺演出、评弹巡演下基层、群众文艺培训、全民阅读等文化惠民活动。充分发挥吴中区博物馆传承弘扬吴地文化功能，做优苏州工匠园等优质非遗体验项目。（责任单位：区文体旅局，各镇、街道）

14. 乡村基础设施提档升级行动。系统谋划提升“四好农村路”建设水平，加强农村公路与国省干线公路互联互通，提升农村公路建设质量、通达深度、技术等级和安全保障水平，打造乡村道路品质工程。2020~2022年，对木渎穹灵路、光福迂里路等25条道路进行改建提升。试点安装A级景区蓝牙触电语音讲解系统，推行A级景区停车管理系统。推进智能化健身步道、标准体育运动公园建设，增建篮球场、足球场、多功能运动场等体育便民设施。（责任单位：区交通运输局、区文体旅局，各镇、街道）

15. 农民文化素质提升行动。鼓励接受高等教育、高等职业教育的高素质人员从事现代农业、乡村产业，依托苏州农业职业技术学院，组织已认定的新型职业农民报名参加全日制大专提升班，到2022年，45岁及以下已认定新型职业农民大专（含）以上学历人数占比达80%。加大农业学历教育和技术培训力度，鼓励城乡居民提升技能水平，畅通大学生创业与新型职业农民待遇衔接渠道，每年培训职业农民1000人次，加快培养一支有文化、懂技术、善经营、会管理的高素质农民队伍。（责任单位：区农业农村局、区人社局、区教育局，各镇、街道）

16. 农民创业就业扶持行动。建设覆盖城乡的公共就业创业服务信息管理系统，打造“15分钟公共就业服务网”，实现城乡居民就业创业服务均等化。每年开发不少于30个基层公共服务岗位，用于安排符合条件的低收入家庭、困难家庭和就业困难高校毕业生就业。建立健全农村创业培训体系，不断丰富创业培训内涵，实施开放式创业在线学习和SIYB创业培训课程部分线上自选自学，开展创业大讲堂、创业微课堂、就业创业能力提升培训等。全面落实社保补贴、开业补贴、租金补贴和贷款贴息等各类创业扶持政策，每年扶持农村劳动力自主创业

150人以上。（责任单位：区人社局，各镇、街道）

17.相对贫困长效帮扶行动。全面推进“五个一”精准帮扶机制，建立健全低保对象动态管理和精准识别长效机制，推动城乡低保制度和扶贫开发政策有效衔接，居民最低生活保障逐年增长。持续推进区重疾救助政策，通过阳光扶贫、政策兜底、就业指导等措施，全方位、多层次拓展与实践精准扶贫内涵，织紧织密社会保障网，切实改善低收入群体和因病致贫返贫困难家庭的生活质量。在31个市、区两级原集体经济相对薄弱村实现“三年脱贫任务两年提前完成”的基础上，完善脱贫攻坚长效机制，巩固提升脱贫成果，2021年开始启动第六轮集体经济相对薄弱村帮扶工作。（责任单位：区民政局、区委农办、区人社局，各镇、街道）

（四）健全体制机制，基本实现“四化同步”发展

18.农村改革提升行动。持续深化农村改革，大力推进体制机制创新，不断激发农业农村发展新活力。高质量完成农民合作社质量提升整区推进国家级试点，持续开展国家和省级示范社创建、区级规范社创建及区镇两级示范样板社提升，到2020年底，区级规范社超60%，农民合作社年报公示率超97%。及时总结试点成果，加快形成可复制推广的吴中经验。持续深化农村集体产权制度改革，积极扩展集体所有制经济有效实现路径，充分保障集体经济组织成员合法权益，不断优化农村基层治理机制，为丰富拓展率先基本实现农业农村现代化体制机制和政策体系提供理论基础和实践典型。（责任单位：区委农办，各镇、街道）

19.集体经济创新转型行动。全面有序开展农村集体经济组织登记赋码配套工作，确保正常开展经营管理活动。加强农村集体“三资”管理，规范农村集体资产线上交易，深入推进村级财务第三方代理记账，实现农村集体资产管理系统、村级集体资金监管平台和财务记账系统的深度融合。持续创新机制，强化村级集体资产委托镇级集中经营管理等资产运营新机制，通过市场化配置手段实现集体资产保值增值。鼓励各地以村村、镇村抱团等形式开发建设经营性项目，实现优势互补、互利共赢。支持具有经济实力又受限资源瓶颈的集体经济组织，开展跨区域收购项目载体，增加可持续收益。鼓励各地根据区域产业规划布局，对低效闲置集体资产进行改造升级，淘汰落后产业，合理设置载体业态，不断提高集体经济经营收益水平。对于低效存量建设用地，积极落实“一村二楼宇”政策，以较低成本优化资产结构、提升资源价值。到2022年，全区村均集体可支配收入超1800万元。（责任单位：区委农办，各镇、街道）

20.城乡优质公共服务均等化行动。强化农村基本公共卫生服务，加快启动区公共卫生中心项目建设，落实基层医疗卫生机构新改扩建工作，加强慢性病综合防控，推进农村地区精神卫生、职业病和重大传染病防治。建立专业人员在乡村基层定期服务激励机制、乡村医务人员定期到核心医院培训进修机制，鼓励优秀医务人员向农村基层流动。到2022年，乡村全科医生拥有量达标率达100%，乡村居民健康素养水平达到27%以上。持续推进基础教育高位均衡发展，鼓励优秀校长、优秀师资向农村学校流动。加大对农村义务教育学校教师投入力度，争取到2022年农村义务教育学校专任教师本科以上学历比例超95%。全面提升基本公共教育均衡化水平，到2022年，学前三年教育毛入园率、九年义务教育巩固率、高中阶段教育毛入学率均达到100%。充分考虑辖区内人口变动、房地产开发、积分入学政策等因素，加快农村基础教育学校建设，满足学生入学要求。加快城乡养老服务体系建设，构建以居家为基础、社区为依托、机构为补充的医养结合养老服务体系，推动养老服务设施向农村延伸，到2022年，农村养老服

务设施覆盖率达100%。(责任单位:区卫健委、区教育局、区民政局,各镇、街道)

21. 乡村人才队伍建设行动。优化东吴高层次人才计划,推进东吴现代农业人才计划、东吴高技能人才计划、东吴文旅人才计划的组织实施。落实姑苏乡土人才引育提升行动计划,选拔一批农业专业人才、能工巧匠人才、文化传承人才和乡村治理人才。注重青年乡村人才队伍培养,激发乡村的创造活力、挖掘文化特色。继续发展好雕刻、织绣、古建、制茶等各非遗品类人才,培育好民宿经营、特色种养殖等人才,发挥乡土人才"三带"作用,打造苏作特色工艺人才高地,支撑乡村特色工艺产业发展,保持在全省"三带"人才发展前列。继续办好苏作文创峰会等特色活动,不断提升吴中在长三角工艺人才中的影响力和首位度。落实大学生乡村汇聚行动工作要求,制定针对性举措,吸引高端人才和高校毕业生到农村创业创新,实施专业化青年人才定岗特选计划,促进"三农"人才向基层流动。(责任单位:区委组织部、区委宣传部、区科技局、区人社局、区农业农村局、区文体旅局、团区委、区文联,各镇、街道)

22. 土地资源优化配置行动。编制国土空间规划和"多规合一"实用性村庄规划,重点保障乡村产业发展用地,到2022年,实现村庄规划管理全覆盖。加大农业农村用地支持力度,制定土地利用年度计划时应安排至少5%新增建设用地指标,优先满足农村产业发展、基础设施和公共服务设施用地需求。将农业种植养殖配建的保鲜冷藏、晾晒存贮、农机库房、分拣包装、废弃物处理、管护看护房等辅助设施用地纳入农用地管理,根据生产实际合理确定辅助设施用地规模上限。农业设施用地可以使用耕地。完善农村集体经营性建设用地产权制度,在符合规划和用途管制的前提下,积极探索农村集体经营性建设用地出让、租赁、入股,实行与国有土地同等入市、同权同价,加快建立农村集体经营性建设用地产权流转和增值收益分配制度。结合全区产业用地保障和更新行动,有序推动镇村老旧低效工业集中区改造提升,实现集体发展载体空间拓展、资产增值。积极探索实行农文旅项目点状用地改革。制定全区农村宅基地改革和管理的指导意见,完善农村宅基地审批管理联席会议制度,优化相关镇(街道)农村宅基地审批流程,确保农村宅基地改革工作有序开展。(责任单位:吴中资规分局、区农业农村局,各镇、街道)

23. 财政金融支持行动。加大"三农"投入,建立农业农村投入稳定增长机制,确保财政支农总量资金只增不减。着力优化投入结构,创新使用方式,提升支农效能。科学整合各级、各类财政涉农资金,探索实行"大专项+任务清单"管理模式,多层次、多形式推进涉农资金整合,加大对集体经济相对薄弱村帮扶、现代农业产业发展等重点项目的投入力度,建立涉农资金统筹整合与预算管理相匹配的长效机制和以绩效评价结果为导向的资金分配机制。落实中央、省、市关于"调整完善土地出让收入使用范围、进一步提高农业农村投入比例"的相关意见。贯彻落实第四轮生态补偿政策,进一步健全生态补偿机制。用好"阳光惠农"监管系统,健全完善支农资金管理制度,强化支农资金绩效评价,切实提高支农资金投入绩效。大力发展农业保险,推进政策性农业保险增品、提标、扩面,支持保险机构创新地方特色险种。鼓励金融机构继续扎根农村地区,优化农村金融网点建设、加大普惠金融知识宣传教育、创新农村金融产品,加快农村普惠金融综合服务点(助农点)建设,进一步改善农村地区的支付服务环境,构建支农、惠农、便农的"绿色通道"。(责任单位:区财政局、区委农办、区地方金融监管局)

四、保障措施

1.强化党的领导。全面贯彻落实《中国共产党农村工作条例》，严格遵循党的农村工作基本原则，坚持党对农村工作的全面领导。健全区委全面负责、各镇（街道）党（工）委抓落实、各村（社区）党组织具体实施的农村工作领导机制。发挥农村工作领导小组牵头抓总、统筹协调、监督考核等作用，研究协调“三农”重大问题。推动全面从严治党向基层延伸，深入推进农村党风廉政建设，发挥“一人一委一网”基层监督体系作用，规范农村小微权力运行。（责任单位：区委农办、区委组织部、区纪委监委，各镇、街道）

2.强化示范引领。结合市、区领导挂钩联系乡村振兴工作制度，在产业发展、农村改革和乡村治理等方面先行先试、探索创新，以更高质量推进相关工作，积极探索具有吴中特色的工作经验，为全市基本实现农业农村现代化示范领航。统筹开展率先基本实现农业农村现代化市、区两级示范镇试点建设，充分发挥先进典型的示范引领作用。临湖镇要持续做好一二三产业、农文旅和农业农村农民融合发展三篇文章，努力打造苏州乡村振兴典范。甪直镇要充分依托苏州市现代农产品物流园、澄湖现代农业园、澄湖国际慢城等重大项目，以高质量发展为导向，建设高颜值的绿色田园乡村、高品质的农村宜居环境、高质量的现代农村经济。光福镇要按照“东片科技、中片工艺、西片生态”的产业布局，坚持“农业、生态、文化、旅游”四位一体融合发展，以东崦湖商贸中心为载体促进村级经济多种形式长远发展，筑牢乡村振兴战略根基。（责任单位：区委农办，各镇、街道）

3.强化监测考核。建立率先基本实现农业农村现代化实绩考核制度，制定年度考核实施方案，明确考核指标、评议评分细则等，采取工作实绩考评评分、日常监督和加减分项等定量测算与定性评价相结合的方式，对各地、各部门在产业振兴、人才振兴、文化振兴、生态振兴、组织振兴、城乡融合、推进保障等方面的工作实绩进行考核和确定等次。相关结果由区委、区政府在全区范围内进行通报，并与项目安排、评先评优等挂钩，同时作为选拔任用干部的重要参考。（责任单位：区委农办、区委组织部、区纪委监委，各镇、街道）

附件：略

吴中区公共视频共建共享管理指导意见

吴委办〔2020〕33号印发

为切实加强全区公共视频共建共享，进一步明确规范标准、健全工作体系、规范工作流程、落实工作责任，确保各项工作科学有序开展，结合吴中实际，特制定本指导意见。

一、指导思想

深入贯彻落实党的十九大和十九届四中全会精神，以及中央、省、市关于推进立体化现代化社会治安防控体系建设等系列部署要求，按照“建设集约化、联网规范化、应用智能化”原则，进一步加强和完善全区公共视频共建共享管理工作，提升视频监控在服务全区社会稳定、打击犯罪、治安防控、交通管理、城市治理等方面的能力和水平，为吴中高质量发展提供有力支撑。

二、工作目标

全区各地各部门要以“一张网”（政府视频专网）、“一朵云”（视频资源存储云）和“一个平台”（公共视频共享平台——“天眼”平台）为核心，全面开放共享视频监控资源，实现全区视频监控统筹建设、整合共享、实时可用、全程可控，全面提升吴中公共视频建设联网应用能力。

（一）统筹建设。及时调整区公共视频共享平台建设领导小组（领导小组调整通知见附件1），实体化运转区视频办，统筹协调开展全区视频监控的共建共享等工作。全区各级使用财政资金的视频监控建设项目，或相关建设项目中含有视频监控建设的，相关视频建设方案须提前报区视频办，由区视频办组织开展方案论证评审和技术标准审核。项目竣工试运行后，由区视频办组织专家进行项目验收，确保全区视频监控统一规划建设，统筹管理应用。

（二）整合共享。全区各地各部门所涉及的公共视频监控图像，原则上一律接入区公共视频共享平台（“天眼”平台）。区视频办在汇总整合的基础上，通过多元化、智能化应用系统进行分类共享，实现全区视频图像资源的深度应用。

（三）实时可用。对公安治安监控摄像机完好率达到95%以上，以及由相关部门单位建设的公共视频监控摄像机，且已联入区公共视频共享平台（“天眼”平台）、完好率达到90%以上的，实现视频图像信息全天候应用。

（四）全程可控。由区视频办牵头，建设公共视频共享平台（“天眼”平台）分层安全体系，实现统一授权、操控、浏览、使用，重要视频图像信息不失控，敏感视频图像信息防泄密。

三、建设标准

视频图像系统在满足《公共安全视频监控联网系统信息传输、交换、控制技术要求》《公共安全视频监控联网信息安全技术要求》《安全防范视频监控联网系统信息传输、交换、控制技术要求》和《视频图像文字标注规范》（GA/T 751）等相关规范要求的基础上，须符合吴中“天穹”计划建设要求，根据不同场景（行政中心区、商务区、住宅区、风景区等）在城市中的功能特性、防控对象特性以及实际的勘察结果，在对应场景内构建相应的公共安全视频前端设备。新建和已建的公共视频前端设备，在符合现有规定建设标准基础上，还须满足以下要求：

（一）在省市际卡口及通往域外国道、省道等道路节点交通枢纽、高速公路及市内高架路出入口部署车辆卡口及治安监控系统。其中，重点道路部署超级卡口系统，对所有经过车辆信息进行捕获并记录。

（二）在人群聚集公共场所、交通十字路口、车站广场、大型体育场馆、园区等开阔区域、人流密集等繁华地段的制高点部署高空瞭望或AR全景系统，实现超广范围全景监控。

（三）在公共安全复杂场所、党政机关、重点单位等区域外围、内部及人员通道、出入口分别部署治安监控、人像卡口以及超级卡口系统，提升各类治安场景及犯罪高发区域、重点公共区域的社会治安防控能力。

（四）在火车站、汽车站等交通枢纽的安检门出入口及行人通道、地铁站出入口、商场超市进出口、医护人员通道、KTV网吧等娱乐场所进门位置，部署人像卡口系统，提升重点区域服务管控能力。

（五）在乡镇街面、背街小巷、城市次干道等人车混合复杂场所部署全结构化智能监控，实现全结构化数据精准采集，满足多场景数据融合分析，实现全方位态势感知。

（六）在居民住宅小区，须按照“科技合围小区”建设布点要求，在主要出入口、通道、公共活动等区域部署人脸卡口、超级卡口及治安监控系统，实现小区全域实时监控。

吴中区内各类新建项目建成或现有监控设施改造完成后，由区视频办按照上述标准开展验收，其中居民小区新建及改造应按照吴中区“科技合围小区”标准由区视频办会同区住建局进行联合验收，合格后方可投入使用。

四、联网标准

（一）没有本地使用需求或直接提供给政府使用的视频监控图像资源，均须由所属单位部门领导填写视频专网设备入网申请表，经区公共视频共享平台建设领导小组审核后，接入区公共视频共享平台（“天眼”平台）。视频监控图像及图片数据存储至“天眼”视频资源存储云中。（视频专网设备入网申请表见附件2）

（二）有本地使用需求的视频监控图像资源，须做到普通高清监控视频流、人像抓拍的图片流、视频流以及车辆抓拍的图片流、视频流在区公共视频共享平台（“天眼”平台）中可视可用。

（三）视频监控图像保存时间不少于30日。其中，重点区域视频监控图像保存时间不少于90日，图片数据保存时间不少于半年。各地采集的人像及车辆图片须按照GAT1400标准和GB/T28181-2016上传至区公共视频共享平台（“天眼”平台）。

五、应用标准

（一）分级授权使用。所有用户在进行视频监控图像资源调阅操作前，均须由所属单位部门领导填写视频专网数据申请表，经区公共视频共享平台建设领导小组审核后，方可调阅权限内的视频监控图像资源。调阅期间产生的任何视频安全问题，由使用部门负责。（视频专网数据申请表见附件3）

（二）视频安全使用。视频监控图像资源调阅过程中，须遵循视频安全使用规定，运用透明水印技术对操作席终端显示及上墙显示的视频图像拍屏操作进行防护，实现信息追踪和事后追溯。水印中须包含当前登录的用户名信息、终端IP地址、终端MAC地址。

六、工作要求

（一）提高思想认识，强化组织领导。充分发挥吴中区公共安频共享平台建设领导小组及办公室职能作用，进一步统筹协调全区公共视频共享平台建设、资源整合和共享共用，为吴中社会治理现代化建设，提升社会治理精细化水平和能力提供有力支撑。

（二）明确工作要求，统一建设标准。各地各部门要以高标准、严要求细化完善全区公共视频共享平台（“天眼”平台）建设。按照“五个一律”要求，即启动建设一律经过技术评审、功能参数一律符合“天眼”标准、项目实施一律严格招标程序、建成使用一律开展项目验收、视频图像一律实现共享共用，打造吴中升级版“技防城”。

（三）推进资源汇聚，统一共享标准。各地各部门要在区视频办指导下合理制定与实际工作相符的视频图像信息资源整合接入方案，按照“共享三原则”，分类有序开展对接工作。一是原则上对所有政府部门按需共享。由使用单位提出申请，经区公共视频共享平台建设领导小组审核后授权使用。二是原则上对使用单位共享实时视频流。按视频资源权限分类（即实时图像浏览、摄像机控制、录像下载与回放三类），原则上提供实时图像浏览权限。在涉及公共安全等重大突发事件或使用单位有重要使用需求时，可向区视频办提出申请，经审核后对应开放摄像机控制、录像下载与回放等权限。三是原则上使用单位不再另建本地存储。“天眼”工程整体采用统一云存储，各地各部门可按需共享使用，调取应用，确因个性化应用需在本地存储应用的，须经区公共视频共享平台建设领导小组评审论证。

（四）加强项目管理，统一运维标准。各地各部门要严格落实视频监控系统属地管理职责，长效保持公共视频图像资源正常运行，并根据巡检结果进行视频图像的运维管理。要按照“谁建设，谁维护”的要求，保障前端视频监控的在线率和完好率。区视频办要对接入平台的视频图像整体运行质态进行定期通报，对不符合要求的视频资源，要及时督促相关单位进行整改。

（五）明确管理责任、统一应用标准。各地各部门要充分发挥主体职能作用，提升视频资源应用管理水平，实现视频资源安全深度共享。机制方面，视频资源使用单位应参照本指导意见，建立健全本单位视频资源管理机制，建立视频资源安全使用登记制度，规范标注前端摄像机点位地理信息，做好“一机一档”工作。使用单位主要负责人为视频建设维护管理第一责任人。安全方面，按照“谁使用，谁负责”原则，使用单位应承担使用主体安全责任，建立健全视频资源安全保障制度，强化账号、权限管理，规范用户账号使用，确保用户账号安全性。用户账号应实行专人专用，具体用户承担本账户登陆平台后的视频信息安全责任。视频图像信息仅限用于与各部门职责相关的公务用途。未经批准，用户不得对视频信息进行翻拍、翻录、截图、录像、拷屏、下载、存储、备份和传输等。应用方面，按照“先报备后应用”原则，各使用单位可按照相应的申请权限对平台进行调阅，通过吴中区公共视频共享平台（“天眼”平台）进行图像浏览、摄像机控制、录像下载与回放。共享的视频数据、图片数据到使用单位后，使用单位若需深度应用，应首先向区视频办报备，并提交技术方案，经论证后建设应用，并对应用效能负责。

附件：略

关于构建网格化社会治理矛盾纠纷多元化解机制的实施意见

吴委办〔2020〕41号印发

为认真贯彻落实习近平总书记“把非诉讼纠纷解决机制挺在前面”的要求，推进各类非诉调解力量纳入社会治理网格，依托“两网一线”架构，构建全区矛盾纠纷多元化解机制，维护社会平安稳定，现根据《民事诉讼法》《人民调解法》等法律法规以及《关于完善矛盾纠纷多元化解机制的意见》（中办发〔2015〕60号）《关于建立非诉讼纠纷解决综合平台的实施方案》（苏司通〔2019〕13号）《关于推进非诉讼纠纷解决机制建设的指导意见》（苏委办发〔2020〕1号）等文件精神，结合我区工作实际，制定本实施意见。

一、指导思想

坚持以习近平新时代中国特色社会主义思想为指导，贯彻党的十九届四中全会和中央政法工作会议精神，充分运用“大数据+网格化+铁脚板”工作机制，整合各种矛盾纠纷化解力量融入网格，构建“非诉调解先行、网格化解联动、司法确认断后”的多元解纷模式，实现矛盾纠纷即时发现、及时调处、就地化解，达到“双提升”“双下降”目标，即基层矛盾纠纷主动排查数提升、调解成功率提升，信访数下降、万人起诉率下降。

二、基本原则

（一）坚持以人为本，服务便民高效。坚持把依法维护群众合法权益作为矛盾纠纷多元化解工作的出发点和落脚点，引导群众优先选择非诉讼方式化解矛盾纠纷，为群众提供高效、便捷的矛盾纠纷化解服务。

（二）坚持“三治”融合，维护公平正义。遵守法律、法规和社会公序良俗，坚持在法治框架内化解纠纷，注重在纠纷化解过程中弘扬社会公德、职业道德、家庭美德、个人品德，提升全社会法治和道德水平。

（三）坚持调解优先，多方衔接联动。发挥非诉调解在化解矛盾纠纷中的基础性作用，引导和发动社会力量参与纠纷化解。完善人民调解、行政调解和司法调解衔接联动机制，形成多元化解矛盾纠纷的工作合力。

（四）坚持预防为主，及时化解矛盾。按照“属地管理、分级负责”“谁主管谁负责”原则，结合网格化社会治理要求，落实属地和部门责任，努力在主动排查、源头预防上下功夫，在抓早抓小抓苗头、及时就地化解上做文章，深入排查本地本部门信息，及时化解矛盾纠纷。

三、重点任务

（一）建好网上网下、衔接联动、全面覆盖的工作平台

1.完善实体平台

依托区、镇（街道）公共法律服务中心及社会矛盾纠纷调处服务中心、村（社区）司法行政工作站设立三级“非诉讼服务中心（站）”，通过就地吸纳、公开招聘、部门选配、派驻等方式，设置相应矛盾纠纷引导、分流、指派、化解岗位。

区法院诉讼服务中心设立“非诉讼服务分中心”，鼓励人民调解、律师、公证、仲裁等进驻建立调解工作室，对起诉至法院的纠纷中具有调解可能的，分流至“非诉讼服务分中心”进行化解，实现诉调无缝对接。

具有行政调解职能的部门按照《江苏省行政调解办法》（苏政发〔2019〕28号）要求，建立专业调解员名录，并根据工作需要聘请行政调解辅助人员、购买社会服务，确保行政调解工作正常开展。重点推动在公安、住建、资规、生态环境等部门建立行政调解组织和专门调解室。各职能部门深化与司法局的协作，推进医患、消保、家事、商会、劳动仲裁、校园纠纷等行业性专业性人民调解组织建设，发挥“专业纠纷专业调”作用。

2.畅通线上平台

用好矛盾纠纷受理端，依托“江苏微解纷”“12348中国法网”等平台，提供咨询、评估、受理调解、司法确认等在线服务，做到群众纠纷接诉即办。应用“人民调解小助手”App，做好纠纷案件信息采集登记、统计汇总、分析研判等任务。

用足矛盾纠纷采集端，完善吴中区全要素信息采集平台，推动网格成员定期走访、主动排查上传群众各类矛盾纠纷，开展化解工作。

用实矛盾纠纷流转端，在区社会综合治理联动中心指挥平台基础上增加非诉讼纠纷化解模块，将收集到的矛盾纠纷和苗头隐患（包括矛盾纠纷类警情），及时分流至各地各部门责任主体化解处理。

（二）建立纵横结合、分层过滤、下沉网格的工作机制

1.矛盾纠纷网格排查机制

充分发挥“大数据+网格化+铁脚板”工作优势，网格成员开展日常矛盾纠纷排查，将矛盾纠纷和不稳定隐患通过全要素信息采集平台及时分流处置，力争做到掌握情况全面、采取措施有力。

2.矛盾化解网格长负责机制

三级网格调解。落实网格成员矛盾纠纷源头化解责任，由三级网格长负责，对排查到的一般纠纷要直接受理解决，并及时将纠纷信息及调处情况录入全要素信息采集平台，努力做到“纠纷不出格”。化解中存在法律政策困惑的，可向网格“三官”或相关行政部门咨询。调解确有困难的，通过平台推送至相应的二级网格。

二级网格调解。网格上交的矛盾纠纷由村（社区）负责调处，并及时在平台反馈情况，鼓励支持“三官一律”、村民议事小组、乡贤组织等参与矛盾纠纷化解，努力做到“小事不出村”。调解确有困难的，通过平台推送至相应的一级网格处置。

一级网格调解。群体性、重大疑难复杂、涉及多村或多部门的纠纷，镇（街道）应高度重视、及时化解，存在法律或政策问题的，可由镇调处中心牵头，召集相关部门联合调处，努力做到“大事不出镇”。

3.矛盾纠纷横向吹哨报到机制

充分发挥社会综合治理联动中心指挥平台“吹哨报到”功能，将镇（街道）未能成功调处的纠纷、110接处警中心接报的非警务类警情及纠纷当事人自主通过平台反映的诉求，均纳入联动指挥平台系统流转，根据事件责任清单派遣处置。实行双推送、双闭环、双考核机制，按照“及时甄别、快速分流、有效处置”原则，突出“吹哨报到”实战应用，落实考核跟踪，紧盯责任落实，有效调度全区各地、各职能部门、各调解组织

力量下沉网格、进驻平台，共同做好纠纷调处工作。

4. “三官一律两员”进网格机制

推进法官、检察官、警官、律师、调解员、信访信息员进网格，进一步夯实基层矛盾纠纷化解力量。由法院选派网格法官与全区网格对接，开展普法宣传、纠纷化解和调解协议司法确认等工作，同时网格协助法院开展司法调查和送达等工作。由检察院选派网格检察官与全区网格对接，开展公益保护、未成年人保护。检察调查等工作。由公安机关协同推进“双网”融合，组织社区民警开展基础信息共采，矛盾纠纷共处，安全隐患共治，社区治安共管。由区司法局、律师协会加强律师调解员队伍建设，选聘政治素质强、职业素养高及群众工作经验丰富的律师参与调解工作。由信访局推动区、镇（街道）人民来访接待中心和信访接待窗口建设，提升纠纷排查上报、分流交办、督察督办能力，推动信访事项及时有效化解。

5.诉调对接工作机制

进一步优化民商事案件的调解前置程序，健全诉调对接体系。区法院对于适宜通过诉前调解化解的矛盾纠纷及时分流至吴中区诉前人民调解组织、特邀人民调解组织、律师调解工作室等进行化解；建立便捷、高效的司法确认机制，及时赋予调解协议强制执行力。区司法局要进一步加强诉前调解组织队伍建设，整合充实调解组织力量承接法院分流、转办案件调处工作，扩大诉调对接工作社会知晓率、接受度、参与度。区法院、区司法局等部门要不断探索、完善诉前纠纷分流、转办、协办等工作机制，有效提升诉前矛盾纠纷化解数量与质量，实现纠纷化解诉与非诉双向延伸。

6.联席会议机制

强化纠纷化解相关职能部门的协作配合，区级层面由区委政法委牵头，街镇层面由镇（街道）政法部门组织，每季度召开联席会议，交流矛盾态势，联动化解纠纷，确保人民调解、行政调解、司法调解联动工作规范化、制度化、长效化。

四、保障措施

（一）加强组织领导。为切实加强全区网格化社会治理矛盾纠纷多元化解工作，推动非诉讼纠纷解决机制建设，成立区级工作领导小组，由区委书记、区长任双组长，区委、区政府分管领导任副组长，区法院、区检察院、区委政法委、区教育局、区司法局、区财政局、区人社局、区住建局、区卫健委、区市场监管局、区信访局、区妇联、吴中公安分局、度假区公安分局、吴中交警大队、度假区交警大队、吴中资规分局、吴中生态环境局等相关职能部门及各镇（街道）负责人为成员，领导小组办公室设在区委政法委，区委政法委分管领导任主任，区法院、区检察院、区司法局、区信访局、吴中公安分局、度假区公安分局分管领导任副主任。各地各部门也应成立相应领导小组，定期听取汇报，及时研究解决问题，加强组织推动和督促落实。

（二）明确部门责任。区委政法委负责组织、协调、督查、考核，将网格化社会治理矛盾纠纷多元化解、非诉讼纠纷解决机制建设纳入高质量发展考核评价体系；区司法局负责“非诉讼服务中心”的设立，具体推进非诉讼纠纷解决机制建设；区法院加强对人民调解员等非诉讼纠纷解决人员的法律指导，推进诉调对接；其他具有矛盾纠纷化解职能的部门要主动履职尽责，加强纠纷化解组织建设及人员配备；区财政局负责财政保障，确保工作经费落实到位。

（三）强化考核激励。将网格化社会治理矛盾纠纷多元化解工作纳入全区高质量发展考核内容，明确考核评价指标体系，矛盾纠纷化解质量指标重点关注网格纠纷排查数、网格纠纷化解率等；效率指标主要通过联动指挥平台后台调取超时数据进行考核；效果指标重点关注万人起诉率、法院委派委托调解成功率等（见注释）。进一步完善对调解组织、调解人员工作的业绩评价，对化解数量、化解质量、工作作风及联动协作等方面给予综合考评，对矛盾纠纷化解工作成效突出的单位、团体和个人予以通报和奖励，对工作开展不力、贻误处置时机或激化矛盾并造成较大影响的严肃问责。

（四）注重宣传引导。加大网格化社会治理矛盾纠纷多元化解特别是非诉讼纠纷解决机制的宣传推介力度，充分运用传统媒体和新兴媒体，向广大群众宣传通过非诉讼化解方式的便利、快捷、高效等特点，引导群众将非诉讼方式作为纠纷化解的首选。各地各部门应结合工作进展情况，及时总结经验做法，全方位立体化打造覆盖全区的推广网，使多元解纷理念深入人心，汇聚网格化服务各方力量，形成共建共治共享的社会治理新格局。

注：1.网格纠纷排查数：镇（街道）、村（社区）通过网格等主动排查出的社会矛盾纠纷及苗头动向的数量。

2.网格纠纷化解率：镇（街道）、村（社区）对所辖网格内矛盾纠纷成功化解的数量占全部纠纷的比率。

3.万人起诉率：以镇（街道）辖区内常住人口和登记在册流动人口总数为基数，每万人中，法院受理的一审刑事、民商事、行政案件总数。

4.法院委派委托调解成功数：法院诉前委派或诉中委托各调解组织开展诉前调解的案件中，调解成功的案件数量。

关于开展党史、新中国史、改革开放史、社会主义发展史学习教育的实施方案

吴委发〔2020〕41号印发

为深入学习贯彻习近平总书记关于“引导广大党员、干部深入学习党史、新中国史、改革开放史”“要把学习贯彻党的创新理论作为思想武装的重中之重，同学习马克思主义基本原理贯通起来，同学习党史、新中国史、改革开放史、社会主义发展史结合起来”重要论述精神，落实市委《关于开展党史、新中国史、改革开放史、社会主义发展史学习教育的实施方案》，以党史、新中国史、改革开放史、社会主义发展史（以下简称“四史”）学习教育作为学好习近平新时代中国特色社会主义思想的重要抓手，推动全区党员、干部以史为鉴，不忘初心、牢记使命，为吴中高质量发展凝聚强大力量，区委决定在全区党员干部中开展“四史”学习教育。现制定如下实施方案。

一、总体要求

（一）重大意义

习近平总书记指出，历史是最好的教科书。吴中区具有光荣的革命传统，从中国共产党诞生到现在，红色基因在这片热土上已经传承了近百年。早在1925年5月，经中共上海地委兼江浙区执行委员会批准，吴中第一个中共党组织——苏州支部成立，中共候补党员陆秋心任书记，揭开了吴中人民革命斗争的新篇章。革命战争年代，吴中环太湖区域光福一带，曾是抗日战争时期太湖游击队坚守之地，活跃在冲山地区的太湖抗日游击队，谱写了“冲山之围”的芦荡传奇，弘扬了伟大的“新四军精神”，为中华民族的独立和解放作出了不可磨灭的历史贡献。新中国成立后，吴中人民继承优秀传统，弘扬革命精神，艰苦奋斗，砥砺前行，积极投身于社会主义建设事业。党的十一届三中全会后，吴中勇于改革创新，展现开

放胸怀，创造出众多全省率先、全国领先的改革发展成果。特别是撤市设区以来，吴中坚持“山水苏州、人文吴中”发展定位，保持“一张蓝图绘到底”战略定力，坚持生态优先、绿色发展之路，不断创造高质量发展新成就。这些丰富的红色资源既是吴中宝贵的精神财富，也是我们学好历史的生动教材。学好用好“四史”，深刻领会蕴含其中的马克思主义立场观点方法和中国特色社会主义的理论渊源、发展脉络、实践逻辑，是推进思想建党和理论强党、永葆党的先进性的重要举措，是坚持和发展中国特色社会主义、把党和国家各项事业继续推向前进的必修之课，是促进广大党员干部不忘初心、牢记使命的重要途径，能够教育引导全区党员干部进一步增强励精图治、奋发图强的历史使命感和责任感，在新时代担当新使命、展现新作为。

（二）指导思想

以习近平新时代中国特色社会主义思想为指导，树牢“四个意识”、坚定“四个自信”、坚决做到“两个维护”，把开展“四史”学习教育作为一项重要的政治任务抓好抓实，教育引导广大党员干部了解中国共产党创立、新中国成立以及改革开放以来的重大事件、重要会议、重要文件、重要人物，了解吴中的革命斗争史、社会主义建设史、改革开放史，了解习近平总书记对江苏、苏州工作的一系列重要讲话和指示批示精神，通过吴中视角来看我们党的光荣传统、宝贵经验和伟大成就，常怀忧党之心、为党之责、强党之志，冲刺高水平建成小康社会“最后一公里”，部署现代化试点“最先一公里”，为吴中当好高质量发展“优等生”、绘就新时代最美太湖画卷凝聚磅礴力量，在全面建设社会主义现代化国家、实现第二个百年奋斗目标进程中奋勇争先、走在前列。

（三）目标任务

通过学习“四史”，深刻认识红色政权来之不易、新中国来之不易、中国特色社会主义来之不易，深刻认识我们党先进的政治属性、崇高的政治理想、高尚的政治追求、纯洁的政治品质，以史为镜，进一步检视和校准坐标，做到不忘历史、不忘初心，知史爱党、知史爱国。

——永葆坚定信念。把学习“四史”作为坚持和发展中国特色社会主义、把党和国家各项事业继续推向前进的必修课，增强认识把握历史规律和历史趋势的能力，知其所来、明其所趋，继往开来、坚定前行，始终沿着习近平总书记为我们指引的方向，紧紧围绕“强富美高”目标要求，聚焦打造产业、生态、文化三大高地，努力在长三角率先形成新发展格局中找准吴中定位，展现吴中作为。

——永葆奋斗精神。清醒看到前进的道路上依然充满艰难险阻、依然要进行艰苦卓绝的伟大斗争，以史鉴今、以史为师，充分汲取历史智慧和经验，更加坚定地走好新时代长征路。牢牢抓住“一带一路”倡议、长江经济带发展、长三角一体化发展等国家战略给吴中带来的机遇，全力抢位、争位。

——永葆为民情怀。坚持以人民为中心，始终把实现好、维护好、发展好最广大人民根本利益作为一切工作的出发点和落脚点，紧紧依靠人民群众，充分激发人民群众中蕴藏的无穷智慧和力量。坚持以优化城市空间布局为基础，以改善生态环境为重点，持之以恒把民生工作抓紧抓好，将美丽吴中的发展愿景变成生动现实，让群众看到变化、得到实惠，筑牢党长期执政的群众根基。

——永葆担当本色。牢记习近平总书记对江苏、苏州的殷切嘱托，弘扬苏州“三大法宝”，进一步提振干事创业的精气神。在做好“六稳”“六保”工作基础上，根据形势变化校准方位、看清差距、明晰思路，奋力夺取疫情防控和经济社会发展双胜利，为全市贡献更多吴中实践和经验。

二、主要措施

（一）建立常态化学习机制，精心组织学习教育

1. 结合建立“不忘初心、牢

记使命”长效机制，组织引导党员干部把“四史”学习教育同学习习近平新时代中国特色社会主义思想、学习《习近平谈治国理政》第三卷结合起来，教育引导全区广大党员干部了解我们党创立以来、新中国成立以来以及改革开放以来的重大事件、重要会议、重要文件、重要人物，了解中国近代以来的斗争史、党创立以来的奋斗史、新中国成立以来以及改革开放以来的发展史，深入剖析从革命斗争到改革开放，以及新时代我们党自我革命、自我提高的精神密码，不断深化党员干部对“不忘初心、牢记使命”的认识和理解。

2.结合庆祝中国共产党成立100周年、新中国成立、改革开放纪念日等重要节点，组织开展专题学习。把学习“四史”作为党员干部日常教育培训的重要内容，加大年轻干部教育培训力度。组织党员干部认真学习《中国共产党历史》第一卷和第二卷、《中国共产党的九十年》《中华人民共和国简史（1949—2019）》《新中国70年》以及《中国共产党苏州历史》第一卷和第二卷等，积极引导和激励广大党员干部学史明志，为吴中高质量发展凝聚强大力量。

（二）完善“四史”教育内容，创新学习教育方式

3.打造系统性“四史”学习教育内容。把“四史”作为对党员干部理想信念教育、对党忠诚教育、爱国奋斗教育的重点，切实利用好苏州市制作的“四史”宣传片。区委组织部将“四史”教育纳入干部教育培训主体班次教学重点内容和党员干部各类教育培训班次课程。区委党校负责开发吴中“四史”教育系列课程体系，如马克思主义在吴中的传播、吴中革命史、吴中高质量发展历程等精品课程，讲好“吴中故事”。区委宣传部围绕健在的革命前辈和对吴中改革开放作出重要贡献的人物，牵头指导各地各部门利用直播、短视频等形式推出“吴中红色故事”，打造“四史”亲历者系列口述访谈专题等。

4.线上线下联动开展“四史”学习教育。利用移动App、“两微一端”“学习强国”等平台，引导党员干部上网学习“四史”。运用现代化信息技术，开发“3+N”教育模式，即一套“四史”教材、一个吴中“四史”系列课程、一次互动实训和N个红色教学点。推广运用微党课、主题演讲比赛、知识竞赛等群众喜闻乐见的教育形式，加深党员干部对红色文化的理解。聘请领导干部、先进典型及知名专家学者诠释和解读红色文化。区委宣传部、区委党校牵头成立“四史”学习教育宣讲团，组织宣讲队伍深入机关、企业、农村、社区开展巡讲，打通理论传播“最后一公里”。

（三）进一步开发吴中“四史”学习教育资源，系统利用红色资源特别是改革开放史资源

5.深入挖掘和开发吴中红色资源、改革开放史资源。改造升级吴中区烈士陵园烈士事迹陈列室。组织开展全区红色遗迹、遗址以及红色诗词楹联、红色歌谣、红色戏曲、红色故事等的搜集和整理。深入研究和系统整理吴中改革开放40多年的经验，客观、真实地展示吴中改革开放尤其是撤市设区20年以来的生动实践和丰硕成果，讲深讲透吴中在政治建设、经济建设、文化建设、社会建设、生态文明建设以及党的建设方面的大事、要事，引导党员干部从吴中高质量发展史中进一步汲取智慧和力量。区委宣传部、区文联、区档案馆、区公共文化中心、吴中博物馆等相关部门围绕“四史”进行吴中撤市设区20周年、城市记忆等主题的红色布展。区档案馆（区委党史工办）负责开展红色档案资源征集工作，形成系统性的文献手册、图书和影像资料。区文体旅游局负责打造“红色吴中记忆”等文化旅游品牌，加大对外宣传力度，推动形成学“四史”、知“四史”的浓厚氛围。

6.开展“四史”学习教育的理论研究。围绕学习贯彻习近平总书记关于“四史”的重要讲话和指示批示精神，组织开展“四史”学习教育理论研讨、征文、

论坛等活动，研究把握“四史”学习教育规律，为全区“四史”学习教育提供理论支持。加强对吴中高质量发展史的深入研究和理性思考，大力弘扬时不我待、只争朝夕的拼搏精神，引导各级聚焦吴中“三大高地”建设等重大战略重大任务，推出更多彰显时代特征、具有吴中特色、切实解决实际问题的改革举措。

7. 充分利用和共享红色教育平台资源。依托吴中现有的一批党性教育现场教学基地，用好新四军太湖游击队纪念馆、吴中区党建初心馆、吴中区烈士陵园、苏州全国劳模事迹馆、区委党校“两山”理论的吴中实践党性实训室、苏州乡村振兴学堂等平台阵地，开发红色线路语音导览系统，打造具有吴中专属红色印记的教育线路、教育基地。积极利用区新时代文明实践中心及各站点开展“四史”学习教育。借助苏州市党性教育基地联盟，用好跨区域干部教育线路，加强联动协作，把“四史”学习教育融入长三角一体化发展大局，推动“四史”教育资源互通共享。

（四）协同推动“四史”教育，切实提升学习教育实效

8. 根据不同对象特点开展“四史”学习教育。党员领导干部要带头加强“四史”学习，带头讲“四史”党课，成为学史知史、讲史用史的表率。把青年党员、青年干部作为“四史”学习教育的重点对象，以“四史”学习教育为契机，高度重视青年理论武装，进一步加强青年的思想政治工作。各民主党派基层组织、党外人士要结合“统一战线史”开展“四史”学习教育。离退休党员要发挥传帮带作用，通过口述历史等形式，让年轻一代传承党的红色基因和优良传统。党务干部要学深悟透，深刻理解把握历史经验、历史规律，注重创新实践，研究和掌握提高党员干部“四史”学习成效的工作方法。

9. 强化基层党组织政治功能，把“四史”学习教育贯穿组织生活始终。紧扣重大场合内容、重要时间节点，有序推进“四史”学习教育仪式化、制度化建设。坚持抓在经常、融入日常，以落实党委理论中心组学习制度、党支部“三会一课”和主题党日活动等为依托，通过专题讲座、报告会、专题展、学习论坛等形式，有组织、有计划地推动党员干部集中学习“四史”。党支部围绕“四史”学习教育内容开展至少4次主题党日活动，基层党组织书记必须参加1次“四史”学习教育集中培训。发放“四史”学习教育教材和读本，组织开展日常学习和专题测试，通过考学充分调动党员干部参与“四史”学习教育的积极性、主动性。

三、加强组织领导

（一）落实领导责任。全区“四史”学习教育活动在区委常委会领导下开展，成立区委“四史”学习教育领导小组，区委主要负责同志担任组长，领导小组下设办公室，负责日常工作。各地各单位既要抓自身，又要抓基层，集中精力、统筹安排，充分发挥承上启下的作用。各级党组织要成立“四史”学习教育领导小组及办公室，抓好组织实施。各级党组织书记要带头学、带头抓，切实履行第一责任人职责。领导机关、领导干部要抓好自身教育，作出表率，防止只抓下级、不抓自身。

（二）统筹谋划推进。要抓好具体谋划和推进落实，坚持科学统筹，既突出重点、形成声势，又把握节奏、保持力度。坚持正面宣教与研究思考相结合，深入研究把握“四史”学习教育规律。坚持集中学习与个人自学相结合，不断丰富学习内容、载体和形式，立时代潮头、发时代先声，把精神力量淬炼成发展动力，把信仰追求转化为发展成效，凝聚起砥砺奋进、走在前列的强大合力。

（三）营造浓厚氛围。持续加大“四史”学习教育的宣传力度，充分发挥各类媒体平台的作用，定期更新和推出丰富多样、通俗易懂的宣传内容，向广大党员、干部和群众宣传介绍吴中的党史故事、英雄故事、发展故事等。全区上下协同联动，为“四史”教育创造学习与实践相融合的良好环境，做到知行合一。

吴中区促进创业投资高质量发展的政策意见

吴政发〔2020〕8号印发

为进一步促进创业投资服务创新驱动发展战略，为科技创新提供持续推动力，根据国家、省、市关于推动创新创业的文件精神，结合吴中的实际，现就促进我区创业投资高质量发展提出如下意见：

一、指导思想

坚持以习近平新时代中国特色社会主义思想为指导，全面贯彻党的十九大和十九届二中、三中全会精神，坚持新发展理念，强化统筹协调，充分发挥财政资金的引导带动作用，以及市场在配置创新资源中的决定性作用，有序引导有条件的社会资本进入创业投资领域，加大对机器人与智能制造、生物医药及大健康主导产业以及战略性新兴产业、先导产业的投资力度，着力提升区内国资投资发展活力，进一步优化行业发展的政策和营商环境，促进创新链和资金链有机结合，为实业兴区和创新发展构建良好的投资服务生态体系。

二、工作举措

（一）加强对政府投资基金的统筹协调

建立政府投资基金发展的统筹协调机制，对各类基金的功能定位、区域布局及行业发展中的重大问题进行协调。加强创业投资和产业发展及政策监管之间的协调联动机制。对创业投资、天使投资与类金融机构实施差异化管理，在工商注册变更、银行托管等方面，出台更便捷的政策措施。［责任单位：区发改委、区财政局、区金融监管局、区行政审批局会同各镇（区）政府（管委会）］

（二）建立稳定的政府引导基金持续投入机制

逐步增加对创业投资引导基金、天使投资引导基金等的财政投入，进一步发挥财政资金的杠杆放大作用，在风险可控的前提下，引导带动各类社会资金开展创业投资，积极探索区域财政资金、国资收益和社会资金多渠道并举的滚动投入机制。（责任单位：区发改委、区财政局、区国资办、相关业务主管部门）

（三）建立完善国资创业投资企业市场化运作机制

切实按照创业投资行业特点，建立相应的国资管理和考核办法。持续完善国有创业投资企业法人治理结构，探索市场化，选聘具有专业化视野、拥有丰富经验的管理团队。探索开展国有创业投资企业市场化运作试点，实施有效的管理人员约束和激励机制。将投资效益与管理人员的约束和激励相结合，探索跟投、评估、事前约定股权退出等创新。鼓励具备条件的国有创业投资企业开展混合所有制试点。建立创新容错机制，对改革创新与科技投资未能实现预期目标，但依照国家、省、市有关决策规定实施，且勤勉尽责未谋取私利的，不作负面评价，并依法免除相关责任。（责任单位：区国资办、区发改委）

（四）加强创业投资与各类金融机构的联动

推动银行、保险、券商、各类基金、担保公司以及其他专业科技金融机构之间的联动衔接，形成全方位一体化的金融服务生态，积极开展投、贷、保联动等创新模式，充分发挥区转贷基金、增信基金、科贷通等功能作用，鼓励和支持相关科技金融产品创新，加大对创业投资企业参股中小科技企业的金融支持力度。鼓励银行业金融机构与创业投资企业合作，积极探索投贷联动业务。（责任单位：区金融监管局、区发改委、区财政局、区工信局、区科技局）

（五）鼓励重点产业领域并购

结合我区重点发展的产业领域转型升级实际需求，鼓励开展产业并购投资，推动各类产业并购基金充分发挥功能作用。支持区内银行业金融机构积极稳妥开展并购贷款业务。（责任单位：区发改委、区工信局、区科技局、区国资办、区商务局、区金融监管局）

（六）有序推动创业投资引进来和走出去

主动对接、联动长三角区域及国内外各类科创基金，在政府引导基金参股子基金注册和投资方面，实施更加灵活的政策。鼓励符合条件的创业投资企业赴港澳台及境外进行投资、积极招引国内及境外知名创业投资和私募股权投资企业入户，在企业落户注册、变更等方面给予快捷的服务，并按政策规定给予入户奖励。（责任单位：区发改委、区金融监管局、区行政审批局、区国资办）

（七）加快推进创业投资服务平台建设

推动创业投资助力区域产业发展，在资金链和产业链对接融合上形成合力。加快推进“创投吴中”服务平台建设，建立创业投资企业和项目资源库，加强工作对接服务，打通资金和产业项目的信息通道。鼓励创业投资企业投资区内企业，以及撮合产业链项目的对接合作和引入，对服务平台和创业投资企业按实际贡献给予一定的经费补贴和奖励。［责任单位：区发改委、区财政局、区科技局、区工信局、区金控集团和相关镇（区）］

（八）做好创业投资企业备案管理工作

对符合国家发改委等十部委印发的《创业投资企业管理办法》规定的，可按照相关规定向发展改革部门申请备案。经过备案并符合条件的创业投资企业，享受国家和本区税收、人才落户等支持政策，同时接受备案管理部门的监督。（责任单位：区发改委、区财政局、区税务局和有关部门）

（九）加强创业投资企业信用环境建设

进一步建立健全创业投资企业、创业投资有限公司、从业人员信用记录，实现创业投资领域信用信息全覆盖，推动创业投资领域信用信息纳入本区公共信用信息平台和全国信用信息共享平台，依法依规在“信用中国”网络和企业信用信息公示系统公示相关信息，配合上级有关部门，加快建立创业投资领域严重失信名单制度，按照有关法律法规和政策规定，实施守信联合激励和失信联合惩戒。推动信用信息在政府引导基金评审、相关优惠政策申请审核等环节中的运用。（责任单位：区发改委和区信用体系建设领导小组成员单位）

（十）加强创业投资行业自律和中介服务

针对本区创业投资企业的规模，在区金融行业联合会中增设创业投资行业界别组，搭建系统服务平台，做好行业发展和管理相关工作。加强行业界别组在政策对接、会员服务、信息咨询、数据统计、行业发展报告、人才培训等方面的能力建设。进一步加强中介服务机构在法律、财务、咨询、评估、托管、担保等方面的重要作用，支持中介服务机构为创业投资企业提供尽职调查、形势分析、项目评估、技术经纪、信息服务、财务及法律咨询等服务，支持有关部门通过政府购买服务等方式，聘请专业中介机构提供创业投资企业相关的审计、咨询、事中事后管理等各类服务，逐步健全中介机构服务体系建设。（责任单位：区金融监管局、区民政局、区发改委、区财政局）

三、奖励政策

（一）落户注册奖励

奖励对象为经备案的创业投资企业，和经区投融资服务企业商事注册会商机制同意落户的私募股权投资企业。创业投资企业以实缴注册资金3000万元为奖励起点；私募股权基金以实缴注册基金1亿元为奖励起点。

实缴注册资金3000万~3亿元按1‰，3亿~5亿元按1.2‰，5亿~10亿元按1.5‰，10亿元以上按2‰，最高500万元，分五年兑现。奖励的具体受益对象，管理人可以选择具体落户基金或落户基金的管理公司或其员工持股平台（管理团队）。

（二）地方贡献奖励

奖励对象同上。

企业按地方经济贡献前两年给予70%的奖励，后三年给予60%的奖励，个人按地方经济贡献的80%给予奖励。

（三）项目投资奖励

区内注册且经备案的创业投资和私募股权投资企业将募集资金投资于区内企业的，按实投资金的5‰给予奖励。

区外创业投资和私募股权投资企业投资区内企业的，按实投资金的3‰给予奖励。

上述均以实投资金300万元为起点实施奖励。

（四）招商引资奖励

创业投资和私募股权投资企业将被投项目、区外上市公司募投项目和其他优质产业项目引入吴中区落户，按项目投资额的5‰给予奖励，并自引入项目形成地方经济贡献五年内，按年度地方经济贡献的50%给予创业投资和私募股权投资企业奖励。

区内专业金融招商服务平台招引优质创业投资和私募股权投资企业落户我区，并提供全程服务，按经核实的实缴资金的1.8‰给予奖励。

四、有关事项

设立区创业投资高质量发展专项资金，所涉区级奖补资金在创业投资高质量发展专项资金中列支。涉及地方经济贡献奖励的，资金由区、镇两级按财政体制共同承担。奖励政策由区发改委、财政局负责解释。本意见自发布之日起施行，文件施行前本自然年度内相关工作参照本办法执行，有效期至2021年12月31日。

吴中区优化提升生产性服务业三年行动方案（2019—2021）

吴政办〔2020〕43号印发

一、总体要求

（一）指导思想

以习近平新时代中国特色社会主义思想为指导，认真贯彻落实《国务院关于加快发展生产性服务业促进产业结构调整升级的指导意见》（国发〔2014〕26号）、《江苏省政府关于加快发展生产性服务业促进产业结构调整升级的实施意见》（苏政发〔2015〕41号）和《关于优化提升苏州市生产性服务业的实施意见》（苏府办〔2019〕72号）文件精神，紧抓长三角一体化国家战略发展机遇，坚持市场主导与政府引导、创新驱动与高端控制、产业互动与融合集聚，加快生产性服务业创新发展，促进以产品为中心向服务增值延伸，实现与先进制造业在更高水平上有机融合，培育形成经济发展新动能，带动全区经济提质增效升级。

（二）总体目标

整体推进检验检测认证、商务服务、信息技术服务、研发设计、金融服务、知识产权服务、节能环保服务、现代供应链管理、人力资源服务等九大重点产业发展，聚焦检验检测、商务服务和信息技术服务业作为“2+1”重点发展方向，打造一批有重要影响力的标志性行业。到2021年，生产性服务业增加值年均增长8%以上，占全区服

表26-1 生产性服务业三年行动目标值

	指标	单位	基础值	目标值		
			2018年	2019年	2020年	2021年
1	生产性服务业增加值增速		8%	8.2%	8.4%	8.6%
2	检验检测认证服务业营收规模	亿元	8.9	9.7	10.7	11.8
3	商务服务业营收规模	亿元	57.7	63.4	69.8	76.7
4	信息技术服务业营收增速		—	2%	6%	10%

务业增加值的60%，初步构建起业态丰富、功能完善、高效运行、辐射力强的生产性服务业体系，打造立足苏州、服务长三角的生产性服务业基地。

二、重点任务

（一）“2+1”产业发展重点领域

以显著提升产业发展整体素质和产品附加值为重点，推动制造业关键领域和高端环节突破发展。到2021年，在重点领域培育发展10家在长三角区域具有影响力的大企业，20家以上具有核心竞争力的龙头骨干企业，50家具有创新活力的中小企业，企业数字化发展水平、创新能力、竞争力显著提升。

1.做大做强检验检测认证服务。全面提升检验检测供给质量，引进一批国内外知名检验检测品牌机构和认证机构，重点发展检验、检测、标准、计量、认证认可等第三方检验检测认证服务。进一步规范省级现代服务业集聚区暨吴中检验检测产业集聚区的管理水平，协调推进开发区、高新区、木渎镇加快集聚区规模效益提升，重点在生物医药、食品药品、新能源装备、机器人与智能装备、节能环保装备、丝绸服装等领域建设一批高水平的工业产品质量控制和技术评价实验室、产品质量监督检验中心，力争再新增一批省级以上检验检测与评定认证中心。在集聚区建立CMA、CNAS登记动态跟踪机制，建立检验检测服务年报、季报机制，加强全区检验检测服务业统计信息交流，确保集聚区检验检测服务收入排名前二十家龙头企业进入市级主管部门重点服务业监测样本库。鼓励和支持检验检测企业在优势领域中参与自主创新的产品认证、标准制定和高端检测服务，参与制定各类认证体系技术规范及合格评定技术要求，推进信测华东检测基地、电科院技改项目等一批平台建设，到2021年，基本形成适应我区经济高质量发展的检验检测认证服务规模，检验检测机构数量、从业人数、业务规模位居全市首位。（责任单位：市场监管局、发改委、统计局、各区镇）

2.提优发展商务服务。以丰富商务业态、提高发展质量和效益为导向，加大本土品牌培育力度，强化对专业市场的管理服务，研究建立各类市场运营状况和产出效益的跟踪分析机制，推动粮食批发市场、凯马汽车城、舟山核雕村等一批知名传统市场运营和产出效益提升，推进苏州市农产品物流园项目建设，不断提升市场形象。以吴中区楼宇经济信息监测平台为基础，加强对商务楼宇信息数据的监测分析，通过产业引导和政策支持，有效提升入驻企业质量及楼宇综合产出率。积极培育重点楼宇和功能性楼宇，打造一批定位准确、特色鲜明、错位发展的主题商务楼宇，全力建设苏州市商务服务最好、商务成本最低、商务环境最优的城区。积极发展总部管理、投资与资产管理等企业管理服务，以及园区、商业综合体管理等综合管理服务；加快发展会计、审计、法律、商业咨询、信用服务等专业服务，提升发展广告、安保、会展等产业，推动传统旅行社向综合性文旅企业转变，支持吴中高新区、太湖新城建设高端商务区、总部经济集聚区。到2021年，商务服务市场供给体系进一步完善，建成20栋高端商务楼宇，培育发展5~10家具有较高专业水平和影响力的商务咨询机构。（责任单位：发改委、商务局、文体旅游局、各区镇）

以打造本土平台、促进广泛应用为重点，全力引进和培育龙头型、品牌型电商企业，打造大宗商品、消费服务、跨境贸易等电商交易平台，发展壮大金枫电子商务产业园、太湖微谷电子商务产业园、苏州三人行创新行电商产业园、角直互联网产业园、东山电商园等一批主题载体。完善吴中综保区“境贸通”跨境电商综合服务平台，探索“保税备货进口”仓储运营模式，建设高水平现代物流基地，加快整合出口加工区商务楼宇，集聚知名电商企业。（责任单位：商务局、工信局、文体旅游局、农业农村局、海关、各区镇）

大力推进农村集体经济组织管理服务，以开展农民合作社质量提升整区推进国家级试点工作为契机，不断提升各类农民合作社经济实力、发展活力和带动能力。引导村级经营性资产由现在单独分散经营模式转变为集中经营管理模式，设立镇级经营管理机构，不断提高村级资产经营效益。鼓励沿太湖薄弱村与区位较好、指标不足的村抱团合作，联合建设三产物业项目，增强造血功能。加快挖掘存量资产潜力，继续鼓励各地利用存量建设用地落实“一村二楼宇”政策，将长期低效闲置集体资产打造成为高品质、高收益载体。到2021年，镇村两级集体总收入超40亿元，每年编排一定数量的规模型集体经济组织进行统计入库。（责任单位：农业农村局、统计局、各区镇）

3.大力发展信息技术服务。加快推进“互联网+制造业”融合发展，大力发展高端软件、大数据、移动互联网等信息服务业，提升发展数字设计创意业和动漫网络游戏业，加速人工智能、物联网、区块链等新技术的服务化应用。加快建设软件产业新高地，重点推进苏州（太湖）软件产业园建设，加快太湖新城云计算数据中心、角直科技园等一批项目建设，促进工业互联网、云计算、大数据在企业研发设计、生产制造、经营管理、销售服务等全流程和全产业链的综合集成应用，提升企业生产经营管理全过程的数字化水平，支持有条件的制造企业由提供设备向提供系统集成总承包服务、由提供产品向提供整体解决方案转变，力争培育和招引一批能够提供整体解决方案和快捷一站式服务的服务集成中心。在苏州市大数据综合实验区整体布局下，深挖吴中特色和吴中潜力，汇聚一批大数据采集、存储、处理、挖掘、应用、展示等创新型中小企业，培育大数据发展新模式、新业态。以华为、360、浪潮、腾讯等项目为引领，推动产业升级云、政务应用云、民生服务云三类云应用服务，提高信息技术咨询设计、运行维护、测试评估和信息安全服务水平，加快建设吴中数字政府和城市智慧化相关项目，加快发展远程教育、医疗等信息增值服务，提升“智慧吴中”信息化水平。（责任单位：工信局、发改委、大数据管理局、行政审批局、教育局、卫健委、各区镇）

（二）其他生产性服务业重点领域

1.积极发展研发设计服务。促进创意设计与实体经济深度融合，重点发展工业设计、时尚设计、城市设计等业态，推动传统设计向高端综合设计服务升级。以机器人、模具、核心零部件等优势行业为切入点，培育建设一批工业设计示范企业，鼓励重点骨干工业企业分离设立工业设计机构。依托大运河文化带，打造若干创意设计集聚平台。充分发挥西山中科大型实验动物供应基地引领作用，在长三角城市群积极拓展合作项目，在动物实验和医药研发领域建设研发飞地。全面提升研发设计服务竞争力，加快建设一批国家级、省级工程（技术）研究中心、工程实验室、重点实验室、企业技术中心，加快建设中国电子信息产业发展研究院（赛迪研究院）苏州分院、苏州中科苏驼光通信研究院、苏州智能制造研究院、中国农业大学有机循环研究院（苏州）等一批产学研合作项目，鼓励企业和社会资本建设面向中小制造企业提供技术集成、熟化和工程化试验服务的开放型中试基地。到2021年，力争规模

以上制造企业建有研发机构的比例达到35%。（责任单位：科技局、工信局、文体旅游局、各区镇）

2.发展优质金融服务。统筹整合金融资源，加大对实体经济的支持力度，强化对产业升级、企业自主创新和技术改造的金融支持。引导金融机构积极开发适合本地企业和本土需求的金融产品，推动业务和产品不断创新，鼓励金融机构综合运用投贷联动等方式为制造业转型升级、并购重组提供投融资服务，强化对全区重大基础设施、重点产业和重大项目的投融资支持。促进民间资本与创新链高效对接，加大对PE、VC、产业基金的招商力度，引导国发创投、吴中创投等投融资平台以科技型企业、创新性企业为主要服务对象，开发科技金融、供应链金融等创新金融产品和业务，支持特色产业发展。加快发展多层次资本市场，鼓励企业登陆资本市场，推动主导产业中的龙头骨干企业到主板、中小板、创业板和科创板上市，推动更多中小微企业在新三板挂牌，扩大直接融资规模。到2021年，全区金融机构和类金融机构的数量约90家，上市公司和新三板挂牌企业累计超过80家。（责任单位：金管局、发改委、财政局、金控集团）

3.鼓励发展节能环保技术服务。提升节能环保装备研发制造水平，提高产业系统集成和一体化服务能力，加强新技术、新产品、新模式推广应用，推动节能环保服务产业化、专业化、规模化发展。围绕污染防治攻坚战和绿色节能发展需求，大力发展清洁生产审核、绿色产品认证评估、环境投资及风险评估、环保产品检测等专业化节能环保服务，拓展节能环保设施融资、租赁业务。推行“一站式”合同能源、合同节水管理、环境污染第三方治理和环境综合治理托管服务，鼓励各类企业实施节能改造，引导节能服务公司为各类企业提供节能规划、诊断、融资、运营等专业化服务，探索排污权交易、碳排放交易、用能权交易、智慧用能和增值服务等新业态。积极引导、鼓励节能住宅小区建设，积极探索和运用新的建造模式，支持和鼓励混凝土生产企业向绿色建筑产业转型，加快推广装配式结构住房。鼓励引进、研究低碳建筑建造技术，探索建设绿色建筑技术中心，支持建材企业协同开展城市及产业废弃物资源化处理。建设再生资源回收体系和废弃物逆向物流交易服务，积极发展再制造专业技术服务，推动餐厨垃圾资源环境利用和无害化处理工程，提升七子山垃圾焚烧项目建设水平。（责任单位：工信局、住建局、环保局、发改委、市容市镇局、各区镇）

4.提升现代供应链管理水平。全面提升公路、航运物流通道能效，进一步加深与长三角各区域的无缝衔接和高效联运。研究苏州自贸区辐射利好，在产业模式、开发体制、监管流程、政府服务等方面探索创新，力争在拓展保税展示交易、维修业务、税收优惠、产品内销等政策上取得突破，强化海关特殊监管区功能整合和叠加功能，促进贸易便利化。大力发展综合物流、保税物流和第三方物流，鼓励统一配送和共同配送，优化物流企业供应链管理服务，推进第三方物流与制造业联动发展，努力降低物流成本。（责任单位：交运局、商务局、发改委、海关、开发区）

5.强化知识产权及技术转移服务。推进科技成果转移转化服务市场化、专业化发展，加快技术市场体系建设，大力培育科技中介服务机构，支持技术交易机构探索在线交易等模式创新，提升科技成果转化利用效率。培育发展知识产权代理服务、专利运营、法律咨询、分析评议、维权援助等，支持企事业单位或行业协会、社会团体组建产业知识产权联盟，加强创新成果知识产权保护。大力发展具有标准化与产业融合研究、国际标准化指导、标准实施效果评价、标准研制等功能的标准化服务机构，积极承办重大的国际、国内标准化活动和项目。扶持一批品牌培育和运营专业服务机构，开展品牌管理咨询、市场推广等服务，推动提升品牌服务水平，促进全区品牌企业发展壮大。鼓励社会力量投资建设科技企业孵化载体，引导现有众创空间、科技企业孵化器做好项目筛选、创客和企业培育服务，建立完善创客—初创—孵化—加速的全链条企业孵化生态链。加快建设国裕欧美同学会海创基地、中科院苏州纳米所国家双创示范吴中基地等一批创业创新孵化基地，培育一批创新型领军企业和科技小巨人。（责任单位：市场监管局、科技局、人社局、各区镇）

6.优化人力资源服务。围绕人才强区战略，提升发展人才招聘、劳务派遣，培育发展高级人才寻访、素质测评、薪酬管理、人力资源管理外包等新业态，加快建立与产业转型升级相适应的多层次人力资源服务体系。促进人力资源服务供求对接，引导人力资源服务业专业化、精细化发展，培育、引进一批高端猎头公司，发展一批具有国际竞争力的骨干企业，培育一批有市场、有特色、有潜力的专业化企业，开发一批能满足不同层次、不同群体需求的各类人力资源服务产品，提升劳动者素质和人力资源配置效率。积极融入长三角地区人力资源一体化协同发展，统筹利用高等院校、科研院所、职业院校、社会培训机构和企业等各种资源，围绕机器人与智能制造、生物医药等重点领域，建设一批专业化培训机构及实训基地，大力培育产业转型升级急需的创新型、复合型、应用型和技能型人才。（责任单位：人社局、人才办、各区镇）

（三）推动制造企业服务化

以拓展产品增值服务为核心，积极推动制造业与服务业互动融合、共生发展，不断催生生产性服务业新产业、新业态、新商业模式。

1.支持制造企业强化外部服务环节。鼓励制造企业增加产品服务环节投入，推动重点骨干企业全面发展个性化定制服务、全生命周期管理、网络精准营销和在线支持服务等新型制造模式。鼓励企业加强产品售后服务，支持装备制造企业积极运用云计算、物联网、大数据等信息技术发展远程检测诊断、运营维护、技术支持等维保服务。鼓励发展标准化、社会化售后服务，支持具备条件的工业企业内设维护维修机构向专业维护维修公司转变，培育一批第三方售后服务标杆企业。到2021年，重点工业企业外部服务环节投入占生产性服务投入比重有明显提高。（责任单位：工信局、发改委）

2.鼓励制造企业发展专业化生产性服务。鼓励优势制造企业“裂变”专业优势，通过业务流程再造，面向行业提供社会化、专业化服务。有条件的可设立独立的生产性服务法人机构，面向中小企业发展市场调研、产品设计、技术开发、节能环保、工程总包和系统控制等生产性服务。到2021年力争20%以上重点工业企业设立专业化生产性服务法人机构。大力推进专业服务领域龙头企业进入市级主管部门重点服务业监测样本库，力争入库企业产值年均增幅达10%以上，进一步提升专业服务龙头企业数量和规模占苏州大市服务经济规模比重。（责任单位：发改委、工信局、统计局、市场监管局、税务局）

三、保障措施

（一）强化组织保障

调整吴中区服务业发展领导小组，以生产性服务业为重点，建立横向联动、纵向贯通的管理体系，协同推动服务业特别是生产性服务业进一步发展。定期召开小组联席会议，研究全区服务业重要事项，明确发展方向，其中，区发改委负责日常协调工作，区科技局具体负责研发设计产业推进工作，区工信局具体负责信息技术服务、节能环保服务产业推进工作，区人社局具体负责人力资源服务业推进工作，区交运局具体负责现代供应链管理产业推进工作，区市场监管局具体负责检验检测认证、知识产权业推进工作，区地方金融监管局具体负责金融服务业推进工作，区发改委、商务局负责商务服务业推进工作。

（二）强化要素保障

1.土地保障。在用地指标日益趋紧的情况下，立足自身挖掘存量，有效腾挪空间，优化土地布局。合理安排生产性服务业项目用地，在符合土地利用总体规划和城镇建设规划的前提下，对生产性服务业项目建设用地优先安排。对经认定的生产性服务业项目，结合项目类型、控规要求等，实行差别化供地和产业引导政策。鼓励利用存量土地、房产通过低效建设用地再开发用于实施生产性服务业项目。

2.金融保障和财税支持。完善财税政策，加大财政对生产性服务业企业的激励扶持力度。保障重点领域资金需求，切实加大对符合我区产业发展方向项目的资金支持。支持各类金融机构发展面向小微企业的低门槛、微利化、个性化的金融服务。大力拓展直接融资渠道，推动企业对接资本市场，拓宽企业融资渠道。创造良好政策条件和发展环境，引导创投机构支持符合我区创新驱动发展方向企业，鼓励并购重组类私募股权投资机构参与我区上市公司及新三板挂牌企业并购重组和产业整合。

3.人才保障。全面贯彻落实“吴中人才新政20条”和《吴中现代服务业人才计划实施细则》，加快引进和培养一批吴中现代服务业高端人才。对高层次人才和创业团队以专利、技术、科研成果进行转化、创办企业的，给予创业资助及住房、教育等方面的优惠政策。加快培养服务业紧缺人才，鼓励高校、企业来我区合作开办人才实习、实训基地，加强岗位技能培训，全面推进职业资格证书制度和职业培训市场化，提高服务业人员的业务水平。

（三）加强统计监测

健全统计制度，区发改委、统计局组织各相关职能部门开展统计监测，根据统计部门规模以上服务业统计样本单位，构建科学的指标体系，明确各有关部门统计任务。各相关职能部门根据发展实际，提出产业发展的重要指标，动态跟踪监测内容的数据变化，建立生产性服务业年度、季度情况汇总机制，健全生产性服务业各业态统计监测和信息共享机制，及时准确反映全区生产性服务业现状和重点，为相关决策提供支撑。

（四）建立评价考核机制

全面统计生产性服务业九大领域相关数据，将生产性服务业发展纳入区级高质量绩效考核，对列入三年行动方案的重点任务及相关分解指标进行跟踪督查，分析存在问题并提出对策建议。

附件：略

表彰和奖励

关于表彰2019年度吴中区区级机关综合考核优胜单位的决定

吴委发〔2020〕8号印发

各镇、街道（场）党（工）委、政府（办事处），区级机关各部门、公司，度假区、开发区、高新区党工委、管委会及所辖各部门，农业园区、太湖新城：

2019年，区级机关各单位以习近平新时代中国特色社会主义思想为指导，认真贯彻党的十九大和十九届二中、三中、四中全会精神，深入开展“不忘初心、牢记使命”主题教育活动，不断加强机关高效履职、依法行政、创新创优能力建设和提升机关综合服务水平，在打造为民、务实、清廉的服务型机关等方面发挥了积极作用、取得了良好成效。根据2019年度区级机关单位综合考核结果，经研究，决定对区法院等20个综合考核优胜单位予以通报表彰。

希望受到表彰的单位珍惜荣誉、再接再厉，继续发挥模范带头作用。区级机关各单位全体干部职工要以先进为榜样，提振精神、克难奋进，只争朝夕、不负韶华，当好高质量发展“优等生”，为高水平全面建成小康社会、书写新时代“强富美高”新江苏的吴中篇章努力奋斗。

附件

2019年度吴中区区级机关综合考核优胜单位名单

（共20个）

区法院　区检察院　区科技局　区农业农村局　吴中资规分局
区委党校　区文联　区人社局　区住建局
区财政局　区民政局　区卫健委　区统计局
区工信局　区司法局　区发改委　区税务局
区教育局　区市场监管局　吴中公安分局

中共苏州市吴中区委员会
苏州市吴中区人民政府
2020年3月4日

关于对2019年度为全区经济社会发展作出突出贡献的单位和个人给予表彰的决定

吴委发〔2020〕6号印发

各镇、街道（场）党（工）委、政府（办事处），区级机关各部门、公司，度假区、开发区、高新区党工委、管委会及所辖各部门、农业园区：

2019年，全区上下坚持以习近平新时代中国特色社会主义思想为指导，扎实推进“不忘初心、牢记使命”主题教育，突出高质量发展总导向，坚持稳中求进工作总基调，全面做好“六个年”工作，全区经济社会继续保持平稳健康发展态势。在此过程中，涌现出了一大批先进单位和先进个人。为表彰先进、树立典型，经研究，决定对在2019年度科技创新、工业转型等12个方面作出突出贡献的单位和个人予以表彰。

希望受表彰的先进单位和个人立足新起点，再创新业绩，全区上下要学习先进、赶超先进、凝心聚力、开拓创新，当好高质量发展“优等生”，绘就新时代最美太湖画卷，为高水平全面建成小康社会，书写新时代“强富美高”新江苏的吴中篇章努力奋斗！

附件：

吴中区2019年度综合表彰名单

一、杰出贡献

1. 吴中区2019年度实体经济“百强”

惠氏制药有限公司

江苏吴中集团有限公司

苏州赛腾精密电子股份有限公司

苏州东瑞制药有限公司

科沃斯机器人股份有限公司

苏州汇川技术有限公司

江苏吴中实业股份有限公司

苏州安洁科技股份有限公司

光大环保能源（苏州）有限公司

苏州市烟草公司吴中分公司

日立电线（苏州）有限公司

柳道万和（苏州）热流道系统有限公司

苏州嘉盛集团有限公司

欣日兴精密电子（苏州）有限公司

琦伟（苏州）纺织有限公司

苏州药明康德新药开发有限公司

浪潮金融信息技术有限公司

苏州电器科学研究院股份有限公司

嘉彰科技（苏州）有限公司

俐马（苏州）织染有限公司

苏州佳值电子工业有限公司

苏州绕城高速公路有限公司

苏州市吴中区燃气有限公司

苏州万祥科技股份有限公司

苏州弗莱恩集团有限公司

汤始建华建材（苏州）有限公司

苏州天山新材料技术有限公司

苏州天烨集团有限公司

苏州林华医疗器械销售有限公司

苏州斯莱克精密设备股份有限公司

苏州市南环桥市场发展股份有限公司

汉科五角机械电子（苏州）有限公司

苏州华成集团有限公司

苏州丰茂科技有限公司

可祺时装（苏州）有限公司

苏州贯石发展股份有限公司

苏州瑞可达连接系统股份有限公司

凯博易控车辆科技（苏州）股份有限公司

苏州顺龙建设集团有限公司

苏州硕诺尔自动化设备有限公司

苏州市天贸建材有限公司

苏州维信电子有限公司

苏州国发创业投资有限公司

苏州金螳螂幕墙有限公司

苏州伟创电气科技股份有限公司

苏州天立达胶粘制品有限公司

苏州园林营造产业股份有限公司

苏州常隆雷克萨斯汽车销售服务有限公司

苏州益邦电子材料有限公司

苏州高峰淀粉科技有限公司

苏州市永创金属科技有限公司

苏州市建筑科学研究院集团股份有限公司

苏州优德通力科技有限公司

苏州瑞延电子科技有限公司

苏州杰锐思智能科技股份有限公司

苏州思美特表面材料科技有限公司

苏州安派建材有限公司

苏州新大陆精密科技有限公司

苏州天马医药集团天吉生物制药有限公司

苏州中油穹隆加油站管理有限公司

耐克森（苏州）线缆系统有限公司

禾海（苏州）新型建材有限公司

苏州瑞红电子化学品有限公司

苏州苏能集团有限公司新吴城工程分公司

苏州市吴中区天然乳化剂有限公司

适新科技（苏州）有限公司

琪俐（苏州）纺织有限公司

苏州海星汽车销售服务有限公司

苏州伊韵时装有限公司

苏州大荣电子有限公司

苏州固丰混凝土有限公司

苏州万盛塑胶科技股份有限公司

苏州石川制铁有限公司

苏州弘慈血液病医院有限公司

苏州宝信汽车销售服务有限公司

苏州市味知香食品股份有限公司

AW（苏州）汽车零部件有限公司

苏州苏嘉杭中油石油销售有限公司

苏州利星汽车服务有限公司

苏州市德力商品混凝土有限公司

苏州国宇碳纤维科技有限公司

苏州英维特精密机械有限公司

三洋能源（苏州）有限公司

苏州市信天游光电材料有限公司

苏州朗高电机有限公司

苏州绿的谐波传动科技股份有限公司

苏州健生源医药连锁有限公司

苏州凯尔博精密机械有限公司

苏州诚镓精密制造有限公司

苏州华造建筑设计有限公司

苏州三鑫时代新材料股份有限公司

藤兴工业有限公司

苏州远大企业有限公司

苏州东山精密制造股份有限公司

苏州中晟环境修复股份有限公司

江苏迈信林航空科技股份有限公司

苏州市新广益电子有限公司

又进无尘科技（苏州）有限公司

苏州宇邦新型材料股份有限公司

苏州市吴中区固体废弃物处理有限公司

2. 获评苏州市2019年度工业企业“亩产英雄百强”企业

苏州诶茵诶美容仪器设备有限公司

苏州茂特斯自动化设备有限公司

惠氏制药有限公司

苏州赛腾精密电子股份有限公司

苏州硕诺尔自动化设备有限公司

苏州市运泰利自动化设备有限公司

苏州豪运精密模具有限公司

二、科技创新

1. 吴中区2019年度地标型科技企业

苏州汇川技术有限公司

科沃斯机器人股份有限公司

苏州东山精密制造股份有限公司

苏州电器科学研究院股份有限公司

苏州赛腾精密电子股份有限公司

苏州安洁科技股份有限公司

浪潮金融信息技术有限公司

苏州金螳螂幕墙有限公司

凯博易控车辆科技（苏州）股份有限公司

江苏吴中实业股份有限公司

苏州斯莱克精密设备股份有限公司

苏州晶瑞化学股份有限公司

苏州绿的谐波传动科技股份有限公司

江苏迈信林航空科技股份有限公司

苏州市建筑科学研究院集团股份有限公司

2. 吴中区2019年度高成长科技企业

苏州伟创电气科技股份有限公司

苏州杰锐思智能科技股份有限公司

苏州万祥科技股份有限公司

苏州优德通力科技有限公司

苏州韩博厨房电器科技有限公司

苏州环球科技股份有限公司

江苏经纬轨道交通设备有限公司

苏州东瑞制药有限公司

苏州三基铸造装备股份有限公司

苏州精濑光电有限公司

苏州银禧科技有限公司

苏州天山新材料技术有限公司

苏州瑞可达连接系统股份有限公司

苏州宇邦新型材料股份有限公司

苏州新智机电工业有限公司

航天工程装备（苏州）有限公司

苏州莱恩精工合金股份有限公司

苏州天马医药集团天吉生物制药有限公司

苏州双祺自动化设备有限公司

苏州苏驼通信科技股份有限公司

苏州瑞红电子化学品有限公司

苏州好特斯模具有限公司

苏州新业电子股份有限公司

苏州金记食品有限公司

苏州创峰光电科技有限公司

苏州市燃气设备阀门制造有限公司

苏州新大陆精密科技有限公司

科沃斯家用机器人有限公司

苏州德创测控科技有限公司

苏州竞立制氢设备有限公司

3. 吴中区2019年度潜力型科技企业

苏州天脉导热科技股份有限公司

苏州威斯东山电子技术有限公司

苏州瑞得恩光能科技有限公司

苏州氢洁电源科技有限公司

江苏盖睿健康科技有限公司

苏州天瞳威视电子科技有限公司

苏州路熙光电科技有限公司

苏州永沁泉智能设备有限公司

威斯泰（苏州）智能科技有限公司

追创科技（苏州）有限公司

苏州科宁多元醇有限公司

苏州苏瑞膜纳米科技有限公司

苏州市倍咏医疗科技有限公司

安洁无线科技（苏州）有限公司

江苏阳铭互联智能系统有限公司

江苏中有信科技有限公司

苏州普耀光电材料有限公司

苏州威百斯特智能科技有限公司

苏州泰斯特测控科技有限公司

苏州华正工业科技有限公司

4. 吴中区2019年度优秀科技创新平台

赛迪工业和信息化研究院集团（苏州）有限公司

苏州药明康德新药开发有限公司

中农新科（苏州）有机循环研究院有限公司

苏州智能制造研究院有限公司

苏州协同创新智能制造装备有限公司

苏州市吴中科技创业园管理有限公司

苏州吴中武珞科技园管理有限公司

苏州国辰生物科技股份有限公司

三、工业转型

1. 吴中区2019年度制造业转型升级先进企业

（1）智能制造标杆企业

伟创力电脑（苏州）有限公司

亚东工业（苏州）有限公司

凯博易控车辆科技（苏州）股份有限公司

苏州维信电子有限公司

苏州东山精密制造股份有限公司

三洋能源（苏州）有限公司

琪俐（苏州）纺织有限公司

适新科技（苏州）有限公司

苏州飞华铝制工业有限公司

琦伟（苏州）纺织有限公司

苏州宝丽洁医疗科技有限公司

（2）技术创新引领企业

苏州三基铸造装备股份有限公司

苏州赛腾精密电子股份有限公司

科沃斯机器人股份有限公司

苏州精濑光电有限公司

凯博易控车辆科技（苏州）股份有限公司

苏州伟创电气科技股份有限公司

苏州万祥科技股份有限公司

苏州杰锐思自动化设备有限公司

浪潮金融信息技术有限公司

苏州凯尔博精密机械有限公司

悦虎电路（苏州）有限公司

苏州好特斯模具有限公司

苏州绿的谐波传动科技股份有限公司

苏州新智机电工业有限公司

苏州韩博厨房电器科技有限公司

苏州优德通力科技有限公司

苏州达翔新材料有限公司

苏州市吴中区伟良电子有限公司

苏州苏驼通信科技股份有限公司

（3）专精特新示范企业

苏州绿的谐波传动科技股份有限公司

苏州瑞红电子化学品有限公司

苏州凯尔博精密机械有限公司

科沃斯机器人股份有限公司

苏州市君悦新材料科技股份有限公司

苏州晶瑞化学股份有限公司

苏州飞华铝制工业有限公司

苏州金记食品有限公司

苏州宇邦新型材料股份有限公司

苏州瑞可达连接系统股份有限公司

苏州少士电子科技有限责任公司

苏州斯莱克精密设备股份有限公司

（4）民营壮大示范企业

苏州汇川技术有限公司

苏州东山精密制造股份有限公司

科沃斯机器人股份有限公司

苏州兴瑞贵金属材料有限公司

苏州金螳螂幕墙有限公司

苏州市华统食品有限公司

苏州万丽织造有限公司

苏州安洁科技股份有限公司

（5）工业互联典型企业

赛迪工业和信息化研究院集团（苏州）有限公司

苏州瑞可达连接系统股份有限公司

江苏盖睿健康科技有限公司

伟创力电脑（苏州）有限公司

苏州协同创新智能制造装备有限公司

江苏荣辉信息科技有限公司

苏州浪潮云计算有限公司

2. 吴中区2019年度节能减排先进企业

赫比（苏州）通讯科技有限公司

亚东工业（苏州）有限公司

汤始建华建材（苏州）有限公司

苏州吴中城区污水处理有限公司

苏州维信电子有限公司

苏州净瑞环保科技有限公司

苏州市锦新医用塑料容器厂

苏州中央可锻有限公司

光大环保能源（苏州）有限公司

远纺织染（苏州）有限公司

四、金融服务

1. 吴中区2019年度金融贡献奖

（1）一等奖：农业银行吴中支行　苏州银行苏州分行　建设银行吴中支行

（2）二等奖：中国银行吴中支行　浦发银行吴中支行　工商银行吴中支行

（3）三等奖：中信银行（吴中、木渎）支行　宁波银行（吴中、东吴）支行　交通银行吴中支行

2. 吴中区2019年度金融支持实体经济奖

（1）一等奖：农业银行吴中支行　浦发银行吴中支行

（2）二等奖：建设银行吴中支行　宁波银行（吴中、东吴）支行

（3）三等奖：苏州银行苏州分行　民生银行吴中支行

3. 吴中区2019年度金融创新奖

浦发银行吴中支行

苏州吴中珠江村镇银行

太平洋财产保险吴中支公司

4. 吴中区2019年度资本市场贡献奖

苏州东山精密制造股份有限公司

苏州晶瑞化学股份有限公司

苏州市建筑科学研究院集团股份有限公司

苏州市吴中国裕资产经营有限公司

苏州市吴中金融控股集团有限公司

苏州太湖旅游发展集团有限公司

江苏省吴中经济技术发展集团有限公司

东吴证券吴中区中心营业部

苏州市木渎城乡投资开发有限公司

江苏九龙珠品牌管理股份有限公司

个人：

苏州市吴中金融控股集团有限公司董事长李文龙

苏州太湖旅游服务股份有限公司董事长周菊坤

苏州东山精密制造股份有限公司董事长袁永刚

江苏九龙珠品牌管理股份有限公司董事长谭智文

五、行业引领

1. 吴中区2019年度优秀生产性服务业企业

苏州电器科学研究院股份有限公司

苏州市南环桥市场发展股份有限公司

苏州药明检验检测有限责任公司

苏州西山中科药物研究开发有限公司

苏州市信测标准技术服务有限公司

2. 吴中区2019年度优秀房地产企业

路劲地产集团有限公司苏州公司

旭辉控股（集团）有限公司

龙湖地产有限公司

建发房地产集团有限公司

保利（苏州）置业有限公司

苏南阳光城置业（苏州）有限公司

金融街（上海）投资有限公司

佳兆业集团苏南地产公司

北京首都开发股份有限公

司苏州城市公司

苏州鲁能置业有限公司

江苏吴中地产集团有限公司

新力地产集团有限公司沪苏鲁区域公司

苏州富景房地产开发有限公司

苏州腾茂置业有限公司

江苏象屿房地产开发有限公司

3. 吴中区2019年度优秀建筑物管企业

苏州嘉盛建设工程有限公司

南方雄狮创建集团股份有限公司

苏州金螳螂幕墙有限公司

苏州昆仑绿建木结构科技股份有限公司

苏州园林营造产业股份有限公司

苏州思成古建园林工程有限公司

江苏吴中建设集团有限公司

苏州顺龙建设集团有限公司

永旺永乐（江苏）物业服务有限公司

苏州惠民物业管理有限公司

南京仁恒物业管理有限公司苏州分公司

苏州市天翔物业管理有限公司

4. 吴中区2019年度优秀外资及港澳台资企业（除房地产开发）

惠氏制药有限公司

苏州维信电子有限公司

AW（苏州）汽车零部件有限公司

科沃斯机器人股份有限公司

光大环保能源（苏州）有限公司

柳道万和（苏州）热流道系统有限公司

适新科技（苏州）有限公司

苏州东瑞制药有限公司

亚东工业（苏州）有限公司

日立电线（苏州）有限公司

5. 获评苏州市2019年度“见证·苏州　卓越外企人士”

眭金国（中国）

庄建华（中国）

盐谷外司（日本）

苏俞（中国）

张璐（中国）

刘鑫灿（中国台湾）

邱士楷（中国台湾）

陈绍军（中国）

6. 吴中区2019年度优秀对外贸易企业

伟创力电脑（苏州）有限公司

惠氏制药有限公司

亚东工业（苏州）有限公司

苏州东山精密制造股份有限公司

苏州维信电子有限公司

远纺织染（苏州）有限公司

科沃斯机器人股份有限公司

苏州不二工机有限公司

苏州万丽织造有限公司

三洋能源（苏州）有限公司

7. 吴中区2019年度优秀商贸流通企业

沃尔玛（江苏）商业零售有限公司苏州木渎山姆会员商店

永旺梦乐城（苏州）商业管理有限公司

苏州小灵猫信息科技有限公司

苏州东投电商产业园管理有限公司

苏州东山茶厂股份有限公司

苏州华成集团有限公司

苏州宝信汽车销售服务有限公司

苏州永保汽车销售服务有限公司

苏州正阳资产管理有限公司（木渎大运城购物中心）

苏州吴中万达广场商业管理有限公司

8. 吴中区2019年度优秀文体旅游企业

苏州市方正印业有限公司

苏州紫焰网络科技有限公司

苏州广电影视娱乐投资有限公司

小灵猫信息科技有限公司

苏州天奥体育科技有限公司

苏州太湖旅游发展集团有限公司

苏州角直旅游发展有限公司

苏州太湖旅业发展有限公司

苏州太湖新天地文化旅游发展有限公司

苏州原创读行学堂文化旅游发展股份有限公司

9. 吴中区2019年度优秀餐饮酒店企业

苏州东山宾馆有限责任公司

苏州太湖国际会议中心管理有限公司

苏州澹台湖大酒店

苏州皇家金煦酒店有限公司

苏州吴中白金汉爵大酒店有限公司

环秀晓筑养生度假村

苏州苏苑饭店有限公司

苏州太湖山水文化旅游发展有限公司

苏州石湖金陵花园酒店

苏州太湖高尔夫酒店

六、质量标准

1. 吴中区2019年度质量工作示范单位

苏州东山茶厂股份有限公司

苏州电器科学研究院股份有限公司

苏州金记食品有限公司

苏州日中天铝业有限公司

苏州市天翔物业管理有限公司

苏州市建设工程质量检测中心有限公司

苏州市好得睐食品科技有限责任公司

苏州迅威光电科技有限公司

苏州韩博厨房电器科技有限公司

苏州市凌云工艺扇厂

2. 吴中区2019年度标准化工作示范单位

科沃斯机器人股份有限公司

苏州绿的谐波传动科技股份有限公司

苏州昆仑绿建木结构科技股份有限公司

苏州赛宝校准技术服务有限公司

添可智能科技有限公司

3. 吴中区2019年度知识产权工作示范单位

苏州飞华铝制工业有限公司

苏州斯莱克精密设备股份有限公司

科沃斯机器人股份有限公司

苏州优德通力科技有限公司

苏州汇川技术有限公司

苏州凯尔博精密机械有限公司

苏州先锋物流装备科技有限公司

4. 获评江苏省2019年度安全生产二级标准化企业

奥科宁克车轮产品（苏州）有限公司

对松堂电子（苏州）有限公司

上海烟草集团苏州中华园大饭店有限责任公司

苏州美林农林水产有限公司

苏州天平大酒店

八幡机械（苏州）有限公司

苏州市天烨机械工程有限公司

苏州金禾新材料股份有限公司

苏州市天隆链条有限公司

航天工程装备（苏州）有限公司

苏州特福佳实验室系统工程有限公司

卡尔冈炭素（苏州）有限公司

日益和化工（苏州）有限公司

苏州晶瑞化学股份有限公司

苏州东瑞医药科技有限公司

苏州市三新包装材料科技有限公司

苏州金宏气体股份有限公司吴中分公司

中国石化销售有限公司江苏苏州石油分公司通桥油库

苏州燃料有限公司淞港油库

七、质效提升

1. 吴中区2019年度财政贡献先进单位

开发区　角直镇　木渎镇

2. 吴中区2019年度投融资管理先进单位

（1）镇（区）：开发区　高新区　度假区

（2）区属公司：苏州市吴中交通投资建设有限公司

苏州市吴中城市建设投资发展有限公司

3. 吴中区2019年度国有经济做强做优先进单位

苏州市吴中金融控股集团有限公司

苏州市吴中国裕资产经营有限公司

苏州市吴中农业发展集团有限公司

苏州吴中国太发展有限公司（开发区）

苏州太湖旅业发展有限公司（度假区）

苏州市吴中城区建设发展有限公司（高新区）

八、产业促进

1. 吴中区2019年度招商引资先进单位

开发区　高新区　甪直镇

木渎镇　胥口镇　度假区

2. 吴中区2019年度重大项目推进先进单位

开发区　甪直镇　木渎镇

3. 吴中区2019年度现代服务业高质量发展先进单位

开发区　木渎镇　甪直镇

度假区　高新区

4. 吴中区2019年度生态文明建设先进单位

越溪街道　东山镇

胥口镇　农业农村局

自然资源和规划局吴中分局

城市管理局

九、专项攻坚

1. 吴中区2019年度污染防治攻坚战先进集体、先进个人

（1）先进集体

甪直镇　城南街道

金庭镇　区工信局

区水务局

吴中生态环境局

（2）先进个人

吴　春　陈　江　苑东旭

高　林　杨佳艺　蒯　楠

柳树明　陈柳舒云

黄　峰　陆　奇　戴　彧

王　杰　张　军　陈佳奇

钱舒祺　郁承荣　徐　俊

王　强　胡春毅　张　亮

陈　华　廉　武　宋秋鹏

董文钢　叶建良

2. 吴中区2019年度“331”专项行动先进集体

（1）先进集体

区联动中心

木渎镇331专班

吴中高新区331专班

横泾街道331专班

胥口镇派出所

度假区住建局

（2）先进个人

郑拥政　周建强　夏敏杰

王忠炎　方　芳　王文清

李纪扬　陆庆兴　吴心言

袁伟华

3. 吴中区2019年度“动迁安置”工作先进单位

胥口镇　甪直镇

郭巷街道　高新区

城南街道

苏州天鸿伟业置地有限公司

吴中区城区建设发展有限公司

苏州市惠民置业投资有限公司

甪直集团有限公司

苏州太湖城市投资发展有限公司

4. 吴中区2019年度“平安稳定”先进集体和先进个人

（1）先进集体

开发区　高新区　木渎镇

胥口镇　东山镇　临湖镇

光福镇　金庭镇

越溪街道　香山街道

区教育局　区司法局

区市场监管局

区信访局

区金融监管局

区联动中心　区扫黑办

吴中公安分局

吴中消防救援大队

度假区公安分局

（2）先进个人

徐建林　孔凡莘　李　明

陈文龙　沈李超　汤婷婷

傅　磊　康健博　陆　佳

裴　飞　谢　峰　庄小娟

吴　彬　徐子伟　赵芙蓉

江　伟　黄云新　谢金球

黄其龙　吕　峰

5. 吴中区2019年度安全生产先进单位和先进个人

（1）先进单位

吴中高新区　金庭镇

横泾街道　城南街道

光福镇　区工信局

区市场监管局

吴中消防救援大队

度假区消防救援大队

吴中资规分局

（2）先进个人

赵瑞军　朱　喆　孔建强

王寿根　李超军　仲益民

徐晓光　谢　洁　傅卫东

刘智毅　张惠红　沈建康

洪建华　李文华　郁建兴

王兆勇　肖秀光　夏敏杰

张凌云　蒋　磊

十、乡村振兴

1. 吴中区2019年度农村集体经济发展先进单位

（1）年度村级收支盈余超千万元（前十名）

长桥街道龙桥社区

长桥街道先锋社区
木渎镇西跨塘村
木渎镇姑苏村
木渎镇金山村
角直镇淞南村
木渎镇灵岩村
木渎镇天平村
木渎镇香溪社区
角直镇甫里社区

（2）农村集体“三资”管理先进单位

角直镇　城南街道
胥口镇新峰村
越溪街道旺山村
苏州市吴中农村产权交易中心

（3）第五轮集体经济相对薄弱村帮扶转化先进单位

光福镇　郭巷街道
吴中高新区　区慈善总会
东山镇双湾村
金庭镇东蔡村

2. 吴中区2019年度现代农业发展先进单位

角直镇　东山镇　临湖镇
横泾街道　财政局
农业农村局　供销社
气象局
金庭镇农村工作局
农发集团
中农大有机循环研究院有限公司
苏州金记食品有限公司
苏州市东山御封茶厂
吴侬茶叶专业合作社有限公司
花语吴娘园艺专业合作社
天王坞茶果专业合作社

3. 吴中区2019年度农村合作经济改革与发展先进单位名单

香山街道
区行政审批局
度假区经发局
木渎镇西跨塘村
木渎镇香溪社区
苏州市尹山湖联合投资发展有限公司
苏州临湖农业专业合作社联合社
苏州市香雪养蜂专业合作社
苏州市东山农夫碧螺春茶叶专业合作社
苏州市吴中区香山街道墅里劳务专业合作社

4. 美丽镇村建设先进单位

木渎镇　区住建局
角直镇瑶盛村
东山镇杨湾村
临湖镇灵湖村

十一、人才集聚

1. 吴中区2019年度高技能人才标兵

钟玲铁　张子阳　徐峻育
钟锦德　马永春　朱汉举
盛　春　蔡霞明　陆小琴

2. 吴中区2019年度高层次人才（团队）标兵

杨豪放　钟列平　娄豫皖
曹　笈　王若瑜　贺　永
刘　剑　褚文强团队
俞　浩　孙　科
唐利里团队

十二、精神文明

1. 吴中区2019年度社会主义精神文明建设新人

突破壁垒，将中国制造推向世界——王书海（度假区）

有情怀敢担当的智能制造追梦人——占俊峰（开发区）

不懈坚守的最美城市劳动者——袁程华（吴中高新区）

身残志坚，无悔奉献——翁巧荣（角直镇）

笑对磨难，为爱坚守——韩志萍（东山镇）

风雨无阻摆渡近三十载的“船老大”——沈敏菊（光福镇）

乘风破浪，永不言弃——蒋元生（郭巷街道）

以爱之名，为病妻撑起生命的晴空——李福林（横泾街道）

陪伴领航，筑梦守望——张华（区教育局）

无私捐款15万为祖国庆生的耄耋老人——朱秀源（区卫健委）

2. 吴中区2019年度社会主义精神文明建设新事

“初心馆”投入使用，主题教育添新基地（区委组织部、光福镇）

提“四力”厉兵秣马，强“内功”勇夺第一（区委宣传部）

晚晴如歌夕阳红，再现余热展风华（区委老干部局）

“指尖上的吴中”亮相澳门国际文化艺术品博览会（吴中高新区）

苏港澳大学生微电影讲述

木渎故事（木渎镇）

牢记历史，砥砺前行——东山奋进馆开馆（东山镇）

“幸福28·志愿千万家”引领临湖新时代文明实践（临湖镇）

关爱捐遗志愿者，倡导文明新风尚（区卫健委）

“礼让斑马线，文明吴中行”专项行动提升文明城市管理精细度[吴中公安分局（交警大队）]

“看见吴中”公益项目获省志交会金奖（江苏吴中集团有限公司）

3. 吴中区2019年度“吴中好人”

德技双馨的妙手中医——华春妹（开发区）

为病重婆婆撑起一片晴空的孝顺儿媳——向燕清（开发区）

呕心沥血谱生物医药华章——耿信笃（吴中高新区）

无偿献血铺就爱心之路——沈建新（吴中高新区）

“劳模”志愿者服务身边“你我他”——王万书（吴中高新区）

勇于担当，“一网吴前”——张海燕（木渎镇）

二十年如一日坚守大山的守望者——杨东茂（木渎镇）

情系乡土，扶贫帮困的致富能手——俞大弟（角直镇）

情牵淞南，扎根农业——顾建新（角直镇）

“创二代”再创辉煌——蒋冰清（胥口镇）

扶贫助学，为山区学子筑梦的无私厂长——郁建新（胥口镇）

退休不褪志，一腔热忱为公益的乡村教师——周志成（东山镇）

髓缘点亮生命火种——沃甜甜（临湖镇）

执着坚守，勇于创新的新时代工匠——施永祥（临湖镇）

危急关头挺身而出的公交司机——陈和才（临湖镇）

护梅十三载，只为那一缕清香——朱贤平（光福镇）

致力推广亲子阅读的故事妈妈——陈杰（郭巷街道）

致富不忘众乡亲，带动村民奔小康——徐大男（越溪街道）

只送不卖，用传统手艺点染现代生活——蒋华芳（越溪街道）

献血扶贫，帮困敬老的幼儿教师——方颂（城南街道）

情系孤老，播种希望的爱心院长——雷玲（城南街道）

铁面无私，踏实敬业的人民法官——史华松（区法院）

谱写城市文明乐章的暖心司机——沈杰（区交运局）

坚守孤岛50年的乡村医生——黄惠雄（区卫健委）

造出治创伤“神器”的“发明家”医生——翟延荣（区卫健委）

坚守匠心的核雕大师——许忠英（区妇联）

壮大企业不忘回馈社会的创业巾帼——许伟娟（区工商联）

技高不藏艺，助残惠他人的核雕大师——须培金（区工商联）

扎根基层为百姓的“吴中通”——关伟（吴中资源规划分局）

播撒光明，点亮希望——郑红（江苏吴中集团有限公司）

中共苏州市吴中区委员会
苏州市吴中区人民政府
2020年2月28日

关于2019年度“平安吴中”和“法治吴中”建设先进集体、先进个人的通报

吴委发〔2020〕21号印发

各镇、街道(场)党(工)委、政府(办事处),区级机关各部门、公司,度假区、开发区、高新区党工委、管委会及所辖各部门,农业园区、太湖新城:

2019年,全区政法系统在区委、区政府的正确领导下,坚持以习近平新时代中国特色社会主义思想为指导,全面贯彻党的十九大和十九届二中、三中、四中全会精神,围绕中心,服务大局,深入推进“平安吴中”“法治吴中”和过硬政法队伍建设,纵深推进扫黑除恶专项斗争,着力营造安全的政治环境、稳定的社会环境、公正的法治环境和优质的服务环境,为全区经济社会高质量发展作出了积极贡献。在此过程中,涌现了一大批先进集体和先进个人。为进一步树立典型、对标先进,经区委、区政府研究,决定授予高新区(长桥街道)等20个镇(区、街道)、单位为“平安吴中”建设先进集体,柯德银等20名同志为“平安吴中”建设先进个人;决定授予越溪街道等20个镇(区、街道)、单位为“法治吴中”建设先进集体,潘林等20名同志为“法治吴中”建设先进个人。

希望先进集体和先进个人立足新起点、争创新优势,再接再厉、再创佳绩。各地各部门要以先进为榜样,紧紧围绕区委、区政府中心工作,以推进市域社会治理现代化试点为抓手,不忘初心、牢记使命,开拓创新、锐意进取,推动“平安吴中”“法治吴中”建设迈上新台阶,为“当好高质量发展‘优等生’,绘出新时代最美太湖画卷”作出新的更大的贡献。

附件1

2019年度全区“平安吴中”建设先进集体和先进个人名单

一、“平安吴中”建设先进集体(20个)

度假区　开发区
高新区(长桥街道)
西山农业园区(金庭镇)
郭巷街道　横泾街道
城南街道　太湖街道
木渎镇　甪直镇
东山镇　区委政法委
区教育局　区交通运输局
区卫健委
区退役军人事务局
区信访局　区联动中心
吴中公安分局
度假区公安分局

二、“平安吴中”建设先进个人(20人)

柯德银　周英进　朱　佳
刘　俊　芮雪平　姜春燕
梁　琪　乔　治　薛刚刚
王拥护　吴　宁　谢金球
周伟建　钱晓伟　赵红卫
徐　超　黄　勇　徐卫民
仲文友　洪小河

附件2

2019年度全区“法治吴中”建设先进集体和先进个人名单

一、“法治吴中”建设先进集体（20个）

越溪街道　香山街道
木渎镇　甪直镇
胥口镇　临湖镇
光福镇　区人大办
区法院　区检察院
区委宣传部　区委编办
区委党校　团区委
区民政局　区人社局
区司法局　区城管局
区文体旅游局
区市场监管局

二、“法治吴中”建设先进个人（20人）

潘　林　翁淑茹　许赵敏
范金元　李　岩　杨莉萍
阚　晶　沈文跃　洛　奕
沈建荣　郁兴明　吕文冲
王　强　曾正男　张　凌
伍金玥　艾云松　徐作为
于世强　陆费红

中共苏州市吴中区委员会
苏州市吴中区人民政府
2020年5月8日

关于2019年度人民武装工作先进单位和先进个人的通报

吴委发〔2020〕17号印发

各镇、街道（场）党（工）委、政府（办事处）及所属人武部，区级机关各部门、公司，度假区、开发区、高新区党工委、管委会及所属人武部，农业园区、太湖新城：

2019年，全区武装工作在区委、区政府正确领导下，在全区人民的支持和广大专武干部、民兵共同努力下，圆满完成了各项工作任务，涌现出一批先进单位和个人。为弘扬先进，树立典型，推动全区武装工作再上新台阶，决定对以下先进单位和个人予以通报。

一、武装工作先进单位（7个）

开发区、高新区、木渎镇、甪直镇、东山镇、郭巷街道、越溪街道

二、党管武装好书记（5人）

姚东、邹文明、张建明、徐晨阳、顾文明

三、武委会好主任（10人）

王岳、郁文明、陆胜兰、陈德明、徐成、华利民、陆为民、丁晓娟、张建新、陆治平

四、优秀专武干部（16人）

徐晓三、吴永贵、吴春荣、王菊明、刘文华、叶龙、李东毅、杨晓洲、徐全福、刘大俊、仲文友、吴艳红、顾康伟、沈晓明、古光明、张新华

五、先进民兵营（13个）

高新区龙西社区民兵营
木渎镇香溪社区民兵营
甪直镇澄湖村民兵营
胥口镇马舍村民兵营
东山镇三山村民兵营
临湖镇采莲村民兵营
光福镇福利村民兵营
金庭镇堂里村民兵营
郭巷街道姜家社区民兵营
横泾街道尧南社区民兵营
越溪街道溪上社区民兵营
城南街道红庄社区民兵营
香山街道香山村民兵营

六、先进应急分队（5个）

高新区民兵应急分队
甪直镇民兵应急分队
金庭镇民兵应急分队

光福镇民兵应急分队

越溪街道民兵应急分队

希望以上单位和个人谦虚谨慎、戒骄戒躁、再接再厉，争取在今后工作中再立新功。全区专武干部和民兵要以先进为榜样，牢记职责、扎实工作、勇于奉献，努力开创吴中武装工作新局面。

中共苏州市吴中区委员会
苏州市吴中区人民政府
苏州市吴中区人民武装部
2020年4月8日

关于命名2020年吴中区“优秀基层党建项目”“优秀行动支部”和表彰“优秀共产党员”的决定

吴委发〔2020〕29号印发

各镇、街道（场）党（工）委，区级机关各部门、公司，度假区、开发区、高新区党工委及所辖各部门、农业园区、太湖新城：

近年来，全区各级党组织和广大党员干部坚持以习近平新时代中国特色社会主义思想为指导，紧紧围绕“五优五美”工作目标，在统筹推进疫情防控和经济社会发展工作中，不忘初心、牢记使命，锐意进取，砥砺前行，为推进经济社会高质量发展提供了坚强的组织保证。

为选树典型、鼓励先进，提振干事创业精气神，激励广大党员干部展现新担当、实现新作为，营造良好的比学赶超氛围，在庆祝建党99周年之际，经区委常委会会议研究，决定命名“党建引领战‘疫’后旅游产业复苏”等20个项目为区优秀基层党建项目，吴中经济技术开发区经济发展局（助力复工复产）党支部等20个党组织为区优秀行动支部，表彰丁洁等20名同志为区优秀共产党员。

希望受命名和表彰的基层党建项目、行动支部和个人聚焦中心、服务大局，立足新起点、攀登新高度、实现新跨越。全区各级党组织和广大党员干部要以先进典型为榜样，更加紧密地团结在以习近平同志为核心的党中央周围，增强“四个意识”，坚定“四个自信”，做到“两个维护”，坚持履职尽责，敢于担当作为，为夺取双胜利、争当“优等生”，绘就新时代最美太湖画卷作出应有贡献！

附件

2020年吴中区“优秀基层党建项目”“优秀行动支部”和“优秀共产党员”名单

一、优秀基层党建项目名单

度假区党工委：党建引领战“疫”后旅游产业复苏

开发区党工委：构建综保区—吴淞江产业园大党建格局

高新区党工委：深化党建群建社建“三建共建”

甪直镇党委：百人攻坚·治理先锋

临湖镇党委：“进百家门、听百家言、解百家忧”行动

金庭镇党委：推广党员干部“三进三服务”工作法

郭巷街道湖景花园社区党支部：“红管家”党建为民服务

横泾街道党工委：党建引领“小村化”治理实践

太湖街道党工委：建设者新家园党建阵地

香山街道舟山花园社区党支部：“鲜藕沁香”党建工作法

区委老干部局机关党支部：打造“晚晴启航”党建品牌

区国资党委：党建裕才

区工商联机关党支部：党建引领抱团联建

区侨联党支部：海棠花红·侨心向党

区民政局党总支：画好党建引领同心圆织密脱贫攻坚兜底网

区司法局党总支：党建引领优服务党员律师再出发

区交通运输局党委：苏州市环太湖党建文化路示范工程（吴中区段）

区卫生和健康委员会党委：党建引领“一院一品”建设

苏州市公安局吴中分局党委：质量型党支部建设

苏州市自然资源和规划局吴中分局党委：推进“五型”党组织建设

二、优秀行动支部名单

吴中经济技术开发区经济发展局（助力复工复产）党支部

木渎文化旅游集团有限公司行政（“渎川文麓”）党支部

东山镇吴巷村吴巷山（“四边四清”）党支部

越溪街道教育园社区（“知行”志愿）党支部

城南街道东湖社区中村（鸿“湖”疫情防控）党支部

区检察院第三（生态检察）党支部

区发展和改革委员会机关第三（稳粮保供）党支部

区委教育工委（教育援疆）党支部

区工业和信息化局墙改（复工“护航手”）党支部

区人社局人力资源管理服务中心（就业省心）党支部

区住房和城乡建设局保障物业党支部

区城市管理局机关（垃圾分类）党支部

区农业农村局人居环境整治党支部

区应急管理局机关（安监卫士）党支部

区审计局乡镇审计服务中心（廉审先锋）党支部

区市场监督管理局机关第三（“食安护蕾”）党支部

区地方金融监督管理局（金融助企）党支部

江苏省吴中中等专业学校精密制造系（“梦溪”先锋）党支部

苏州市现代农产品物流集团有限公司（物流园攻坚）党支部

苏州市南环桥市场发展股份有限公司综合（“菜篮子”保供）党支部

三、优秀共产党员名单（按姓氏笔画排序）

丁　洁　太湖街道颐湾社区党支部书记

丁玲娟　区统计局综合统计科副科长

史华松　区法院民事审判第一庭副庭长

成效柱　区纪委监委党风政风监督室副主任

朱铁军　吴中越溪商务中心管理有限公司副总经理

刘　军　苏州市雍景山庄酒店有限公司总经理

刘　愉　吴中公安分局南区派出所二级警长

李生平　吴中生态环境局水污染防治科科长

吴伊人　区委宣传部理论科科员

吴佳骏　区财政局财政投资评审中心综合科科长

沈　莹　胥口镇文卫办主任

周文婷　长桥街道长蠡社区党委副书记

周黎峰　吴中区永诚物业有限公司总经理

查建华　光福镇信访办主任

姜　维　区行政审批局市场准入审批科综窗组组长

袁卫东　江苏吴中医药集团有限公司苏州制药厂副厂长

徐彬祥　区水务局堤闸管理所副所长

黄建军　区退役军人事务局军队离退休干部休养所科员

戚建锋　金庭镇石公村党总支书记

彭　达　区人武部保障科科员

中共苏州市吴中区委员会

2020年6月23日

关于给予2017—2019年度连续三年考核优秀的公务员记三等功的决定

吴委发〔2020〕35号印发

各镇、街道（场）党（工）委，区级机关各部门、公司，度假区、开发区、高新区党工委及所辖各部门、农业园区、太湖新城：

按照《公务员奖励规定（试行）》（中组发〔2008〕2号）《苏州市公务员考核实施细则》（苏组通〔2008〕47号）等有关文件精神，决定对2017—2019年度连续三年考核优秀的许文龙等43名同志记三等功一次。

希望受记三等功奖励人员珍惜荣誉、戒骄戒躁、再接再厉，在今后的工作中取得更大的成绩。全区广大公务员要向先进看齐，向优秀学习，立足岗位做表率，担当作为勇争先，深入开展“弘扬三大法宝再创火红年代”主题实践活动，为全区坚决夺取双胜利当好“优等生”作出新的贡献。

表26-2 记三等功人员名单

序号	姓名	单位及职务
1	许文龙	区政协党组成员、四级调研员
2	李钟钦	区纪委监委办公室主任
3	成　燕	区委巡察办巡察二科科长
4	周　宏	区人民法院行政庭副庭长
5	朱　姝	区人民法院机关党委专职副书记
6	华益峰	区人民法院一级法官
7	瞿忠奎	区人民法院三级法官
8	吴明燕	区人民法院三级法官
9	张晓江	区人民检察院副检察长、党组副书记（正科职）
10	薛　啸	区人民检察院办公室主任
11	刘　庆	区人民检察院第一检察部副主任
12	毛宽桥	区人民检察院第五检察部副主任
13	商晶晶	区人民检察院政治部副主任
14	尹恒群	区政府办公室综合二科科长
15	曹继华	区委统战部四级调研员（原主任科员）
16	祁翠华	区机构编制委员会办公室综合科科长
17	叶　青	区残联副理事长、党组成员
18	王建瑾	区发展和改革委员会原二级主任科员
19	陆为民	区教育局局长、区委教育工委书记
20	翁晓磊	区科技局办公室主任
21	李培英	区财政局原一级主任科员
22	杜　杰	区财政局经济建设科科长

续表

序号	姓名	单位及职务
23	沈文超	区财政稽查监察大队副大队长
24	戴益梅	区非税收入管理办公室一级科员
25	高小新	开发区财政分局综合管理科科长
26	钱明娟	区社会保险基金管理中心财务统计科科长
27	陈　贤	区城市管理行政执法队办公室主任
28	曹黎明	区安全生产监察大队一级科员
29	戴向文	区行政审批局副股职干部
30	郁俊杰	区市场监督管理局总工程师
31	潘文艳	区市场监督管理局财务科科长
32	李学兰	区市场监督管理局市场主体监管科科长
33	樊海燕	区市场监督管理局办公室副主任
34	何　聪	区委党校研究室主任
35	张　陈	区接待办公室主任
36	陈秋明	太湖街道（太湖新城）党工委委员、纪工委书记、二级主任科员
37	陈菊林	甪直镇党委副书记、镇长
38	祝多男	甪直镇政法和社会事业局副局长
39	韩发有	甪直镇组织人事和社会保障局副局长、组织干事
40	张建明	光福镇党委书记
41	杨　吉	光福镇动迁安置办公室主任
42	李　丹	吴中自然资源规划分局开发区中心所副所长
43	宋子旺	吴中生态环境执法局中队长

中共苏州市吴中区委员会

2020年8月21日

关于授予周孝清、芮华娟同志“吴中区新冠肺炎疫情防控工作先进个人”称号的决定

吴委发〔2020〕10号印发

各镇、街道（场）党（工）委、政府（办事处），区级机关各部门、公司，度假区、开发区、高新区党工委、管委会及所辖各部门、农业园区、太湖新城：

新冠肺炎疫情发生以来，区委、区政府坚决贯彻落实习近平总书记重要讲话指示精神和党中央国务院、省委省政府、市委市政府决策部署，发动和组织全区各级各部门及广大干部群众紧急行动起来，有力有序开展疫情防控各项工作，涌现出一大批先进人物和典型模范，为有效防控疫情作出了重要贡献。周孝清、芮华娟同志就是其中的优秀代表。

周孝清，男，1966年11月生，苏州市中西医结合医院副主任医师，肺病感染科副主任。周孝清同志2003年在华山医院进修期间经历了SARS病毒的防治工作，熟悉新发传染病的应对策略。在2020年1月16日参加此次抗疫防控紧急会议后，他第一时间组建科室新冠领导小组，全面应对疫情。自1月21日起，周孝清所在科室被改为隔离病区，并于次日接诊高度疑似患者，高度紧张的工作状态一直持续到现在。其间，共收入高度可疑病人71人，其中1例核酸检测阳性转五院。

芮华娟，女，1985年4月生，苏州瑞华骨科医院中级检验师，检验科主任。芮华娟同志在得知医院正在筹建隔离病区，下一步将收治疑似患者后，主动放弃休息，将10岁的女儿托付给在南京的老父亲照顾，立即投身到疫情防控工作之中。白天忙于发热门诊患者标本检验和隔离病房患者采样，及时将信息上报医院和相关部门，晚上还利用休息时间对科室人员进行新冠知识及防护培训。通过她扎实的业务能力，不仅保障了隔离病房的采样工作，也得到了上级部门的认可。

周孝清同志、芮华娟同志作为医务工作者，用实际行动诠释了新时代医务工作者救死扶伤的使命担当，是全区新冠肺炎疫情防控工作中的先进典型代表，是全区广大党员干部群众学习的榜样和标杆。为表彰先进、树立典范、弘扬正气，激励全区广大党员干部群众见贤思齐、矢志奉献，区委、区政府决定，授予周孝清、芮华娟同志“吴中区新冠肺炎疫情防控工作先进个人”称号，予以通报表彰。

区委、区政府号召，全区广大党员干部群众向周孝清、芮华娟同志学习，坚持以习近平新时代中国特色社会主义思想为指导，不断增强“四个意识”、坚定“四个自信”、做到“两个维护”，全面贯彻坚定信心、同舟共济、科学防治、精准施策的疫情防控工作总要求，再接再厉、英勇斗争，以更加坚定的信心、更加顽强的意志、更加果断的措施，坚决打赢疫情防控的人民战争、总体战、阻击战，奋力夺取疫情防控和实现经济社会发展目标双胜利，为推动吴中高质量发展走在时代前列贡献新的更大力量！

中共苏州市吴中区委员会

苏州市吴中区人民政府

2020年3月6日

吴中区机构设置和领导人名单
（2020 年底）

【中共苏州市吴中区第四届委员会】

书　记　陈　嵘(女)
副书记　李朝阳　顾晓东
常　委　方伟军　荣德明
　　　　冯建荣　顾玉琪
　　　　孙　健　尤建丰
　　　　方习亮　张华谦

【中共苏州市吴中区纪律检查委员会、苏州市吴中区监察委员会】

书记、主任　方伟军
副书记、副主任　史才林　张　彧
纪委常委　李见明　吴　荣
　　　　　吴　春　王　君
监委委员　吴　荣　王　君
　　　　　杨　隽(女)　李钟钦

【区委工作部门】

区委办公室（机要局、保密局、密码管理局、档案局）

主　任　史拥军
副主任　张杰峰　许震巍
　　　　徐永俊
机要局长、保密局长　张杰峰
档案局副局长　倪方敏

组织部（"两新"工委、机关党工委、党建办、公务员局、考核办）

部　长　张华谦
副部长　殷　虹(女)　郁振红
　　　　顾志平
"两新"工委书记　郁振红

宣传部（新闻办、文明办、新闻出版局、网信办、社科联）

部　长　尤建丰
常务副部长　程　飞(女)
副部长　席与翀　顾国培
文明办主任　孔岳荣
文明办副主任　徐明雪(女)
网信办主任　顾国培
网信办副主任　刘薇洁(女)
社科联主席　席与翀

统一战线工作部（台办、民族宗教局、侨办）

部　长　尤建丰
常务副部长　吴金凤(女)
副部长　周一风　周　韵(女)
民宗局局长　周一风
民宗局副局长　岳　峰
台办主任　周　韵(女)
侨办副主任　朱咏梅(女)

政法委员会

书　记　冯建荣
常务副书记　陈志新
副书记　吴鼎明(兼)
　　　　龚　艳(女)

研究室

主　任　沈志华
副主任　张纯纯

机构编制委员会办公室

主　任　华利民
副主任　奕国栋　周志坚

老干部局（离退休干部工委）

副局长　顾向明(女)　陈卫华
离退休干部工委书记　顾向明(女,兼)

国资党委

书　记　周雪明
委　员　周菊坤　林水元
　　　　李文龙　李水明
　　　　朱振冲　沈博名
　　　　巴　盛

【区委直属事业单位】

党校（行政学校）

校　长　顾晓东(兼)
常务副校长　周福勇
副校长　盛国健　张伟炜(女)
行政学校校长　周福勇

接待办公室

主　任　张　陈
副主任　尹国辉　钱　铃(女)

档案馆

馆　长　董天翼(女)
副馆长　翁建明　曹　炯(女)
　　　　李　健(女)

【区机关党组、党委】

人大常委会党组

书　记　张炳华
副书记　顾建列
党组成员　陆增林　罗家荣
　　　　　李向上　戴晓东

政府党组

书　记　李朝阳
副书记　荣德明
党组成员　王晓东　吴鼎明
　　　　　姚　东　刘叶明
　　　　　陆为民

政协党组

书　记　张建祥

副书记　冯建荣　尤建丰(兼)　莫玉林

党组成员　王卫星　姚瑞元　王显军　许晓峰

法院党组

书　记　张峥嵘

副书记　张永平(女)

党组成员　孙宝华　辛　欣(女)　徐国聪　肖仁刚

检察院党组

书　记　陈　飞

副书记　张晓江

党组成员　张淮宾　王　虹(女)　黄　芹(女)

总工会党组

书　记　郑　刚

副书记　陈琴明

党组成员　陆葆兰(女)　顾雯雯(女)　叶亚林

妇女联合会党组

书　记　顾娟英(女)

党组成员　张　蕾(女)　浦益峰(女)

科学技术协会党组

书　记　顾彩琴(女)

党组成员　俞　菊(女)　陈春华(女)

工商业联合会党组

书　记　周一风

党组成员　吴逸凯　徐菊秋(女)

残疾人联合会党组

书　记　秦　刚

党组成员　金　丹(女)　赵钰明

科技局党组

书　记　沈玉宝

党组成员　钱卫芳(女)　秦　铮

民政局党组

书　记　张建琳(女)

副书记　顾龙官

党组成员　钱　刚　胡立才　颜　文

司法局党组

书　记　肖冬梅(女)

党组成员　戴晓民　王永春　朱君贤　孙梓钧

财政局党组

书　记　周雪明

党组成员　顾进方　朱炜烨

城市管理局党组

书　记　薛　华

党组成员　黄新东　冯　鑫　施　斌

商务局党组

书　记　朱　涛

党组成员　朱　亮　姚　靓(女)　陆　凯

文化体育和旅游局党组

书　记　唐峥嵘

党组成员　姚继元　陆　燕(女)　吕晓红(女)　张金华　胡智慧

退役军人事务局党组

书　记　毛曦雪

党组成员　王丽琴(女)　庄学峰

应急管理局党组

书　记　顾丽明

党组成员　钱　军　蒋　辉　罗茂法　王　飞(兼)

审计局党组

书　记　姚善生

党组成员　荣伟铭　朱　伟

行政审批局党组

书　记　沈　斌

党组成员　徐明东　高　瑾(女)　王华娟(女)　李　峰

统计局党组

书　记　毛　刚

党组成员　盛新根　张　燕(女)

信访局党组

书　记　周　敏

党组成员　朱慧杰　俞　超

地方金融监督管理局党组

书　记　吴　婧(女)

党组成员　尹旭青(女)　吴闽芳(女)

档案馆党组

书　记　董天翼(女)

党组成员　翁建明　曹　炯(女)　李　健(女)

供销合作社党组

书　记　徐　宏(女)

党组成员　顾霞勤(女)　金　琦(女)

发展和改革委员会党委

书　记　沈娟鹃(女)

副书记　尤林明

党委委员　缪晓峰　胡　刚　陈方忠　张凌云(女)

教育工委

书　记　沈志枫

工委委员　程朝阳　陈　洁(女)　孟晓庆　徐晓军(兼)

工业和信息化局党委

书　记　顾洪建

党委委员　李　思　蒋　勇　陈莉莉(女)

人力资源和社会保障局党委

书　记　徐晨阳

党委委员　袁建东　顾利青　朱晓东

住房和城乡建设局党委

书　记　汪庆丰

副书记　陆文洪　矫文忠
党委委员　庄勤华（女）　马群勇
　徐冬明

交通运输局党委

书　记　张建明
党委委员　李忠军　管永洪
　赵瑞军　唐晓风
　陈鹤峰

水务局党委

书　记　孙新元
党委委员　周　军　陈卫春
　顾　波　马安沧

农业农村局党委

书　记　朱继伟
党委委员　顾焕忠　洪涛生
　张建刚　蔡惠荣
　胡　伟　沈永成
　宋　炜

卫生健康委员会党委

书　记　陆治平
党委委员　马小红（女）　赵燕萍（女）
　李耀峰　刘玉鹏

市场监督管理局党委

书　记　茅崧崧
副书记　屠怡文
党委委员　邱建军　王金剑
　王志松　朱　艳（女）
　谢　丹（女）

机关事务管理中心党委

书　记　沈亚民
党委委员　胡俊青　夏培明
　方　艳（女）

苏州市公安局吴中分局党委

书　记　吴鼎明
副书记　吴　成
党委委员　李秋才　李玉琪
　王荣华　臧政刚
　王　磊　郭　宝
　田　伟　曾洪生
　俞祥根　邵　峰
　陈　勇

苏州市吴中国裕资产经营有限公司党委

书　记　朱振冲
副书记　周明华
党委委员　孙延敏　钱庆强
　谢少杰
纪委书记　谢少杰

【纪委工作部门】

办公室

主　任　李钟钦

第一纪检监察室

主　任　陈永刚

第二纪检监察室

主　任　张　明

第三纪检监察室

主　任　张国基

第四纪检监察室

主　任　杨　宏（女）

第五纪检监察室

主　任　张国玲（女）

第六纪检监察室

主　任　吴　春

第七纪检监察室

主　任　吴　荣

纪检监察干部管理监督室

主　任　林　华（女）

案件审理室

主　任　徐　剑（女）

党风政风监督室

主　任　林　佳

案件监督管理室

主　任　战立伟

【派驻纪检组】

派驻区委办公室纪检监察组

组　长　卢叶青（女）

派驻区政府办公室纪检监察组

组　长　周金明

派驻区委组织部纪检监察组

组　长　徐　磊

派驻区委宣传部纪检监察组

组　长　王　涛（女）

派驻区委政法委纪检监察组

组　长　陆惠忠

派驻区发改委纪检监察组

组　长　陈方忠

派驻区教育局纪检监察组

组　长　陈　洁（女）

派驻区住建局纪检监察组

组　长　徐冬明

派驻区交通运输局纪检监察组

组　长　陈鹤峰

派驻区农业农村局纪检监察组

组　长　顾焕忠

派驻区卫健委纪检监察组

组　长　赵燕萍（女）

【巡察办】

主　任　李见明
副主任　杨　磊　虞　卢

【巡察组】

专职组长　曹　勇　陆建伟
　吴　荣
专职副组长　王根友　葛　炜
　徐蔚钰（女）　周国强
　董静平

【苏州市吴中区第四届人民代表大会常务委员会】

主　任　张炳华

副主任　顾建列　赵建明

　　　　陆增林　罗家荣

委　员（按姓氏笔画为序）

　　　　石耀栋　庄建华(女)

　　　　李向上　吴小翔

　　　　沈　曦(女)　陆建明

　　　　陈　旻　陈哲敏

　　　　周晓红(女)　周菊坤

　　　　郑　刚　郑伟宏

　　　　郑志勤　顾娟英(女)

　　　　钱家荣　徐远志

　　　　唐　顺　曹雪琴(女)

　　　　盛解元　蒋　超

　　　　韩　江　戴晓东

【区人大常委会工作部门】

人大办公室

主　任　戴晓东

副主任　李　莉(女)　谭文江

研究室主任　戴晓东

社会建设委员会

主任委员　黄文伟

副主任委员　孙　国

人事代表联络工作委员会

主　任　周晓红(女)

副主任　郑伟宏

监察和司法工作委员会

主　任　徐远志

副主任　王佩佩(女)

财政经济工作委员会

主　任　沈　曦(女)

城建环保工作委员会

主　任　陈哲敏

副主任　石耀栋

教科文卫工作委员会

主　任　唐　顺

副主任　蒋　超

外事民宗侨台工作委员会

主　任　唐　顺(兼)

农业农村工作委员会

主　任　曹雪琴(女)

副主任　叶　青(女)

【苏州市吴中区人民政府】

区　长　李朝阳

副区长　荣德明　周黎敏(女)

　　　　王晓东　吴鼎明

　　　　姚　东　刘叶明

【区政府工作部门】

政府办公室（外事办、大数据管理局）

主　任　陆为民

副主任　陆　一　王　钦

　　　　厉　艺　周英进

　　　　周　敏(兼)

外事办主任　陆为民

大数据管理局副局长　许翼翼(女)

发展和改革委员会（粮食和物资储备局、长三角地区合作与发展办公室）

主　任　沈娟鹃(女)

副主任　尤林明　缪晓峰

　　　　胡　刚　张凌云(女)

总工程师　周　季(女)

长三角地区合作与发展办公室副主任　马志逾

粮食和物资储备局局长

　　　　沈娟鹃(女)

教育局

局　长　沈志枫

副局长　徐伟英(女)　程朝阳

教育督导室副主任　孟晓庆

科学技术局

局　长　沈玉宝

副局长　钱卫芳(女)　秦　铮

　　　　解　冰(女)

工业和信息化局

局　长　顾洪建

副局长　李　思　蒋　勇

　　　　陈莉莉(女)

民政局

局　长　张建琳(女)

副局长　钱　刚　胡立才

　　　　颜　文

司法局

局　长　肖冬梅(女)

副局长　蒋吉伟　戴晓民

　　　　王永春

法治办副主任　朱君贤

政治处主任　孙梓钧

财政局（国有资产监督管理办公室）

局　长　朱筱菁(女)

副局长　周雪明　顾进方

　　　　朱炜烨

国有资产监督管理办公室主任

　　　　朱筱菁(女,兼)

国有资产监督管理办公室副主任

　　　　周雪明

度假区分局局长　柳春红(女)

度假区分局副局长　袁　俊

开发区分局局长　王继红

开发区分局副局长　朱方勇

高新区财政和资产管理局局长

　　　　张正才

高新区财政和资产管理局副局长

　　　　沈　彬

西山农业园区财政和资产管理局

局长　徐全林

木渎镇财政和资产管理局局长

任　怡（女）

角直分局局长　陶致一（女）

胥口分局局长　陆健勇

东山分局局长　周宗信

临湖分局局长　叶葆青（女）

光福分局局长　何建金

人力资源和社会保障局

局　长　徐晨阳

副局长　袁建东　顾利青

朱晓东　徐琴华（女）

住房和城乡建设局（人防办）

局　长　汪庆丰

副局长　陆文洪　矫文忠

屈洪飞　庄勤华（女）

马群勇

人防办主任　陆文洪

开发区房管分局局长　钱国平

城市管理局（综合行政执法局）

局　长　薛　华

副局长　黄新东　王汉中

冯　鑫　施　斌

交通运输局

局　长　张建明

副局长　李忠军　管永洪

赵瑞军　唐晓风

度假区分局局长　张　荣

开发区分局局长　舒晓枫

水务局

局　长　孙新元

副局长　周　军　陈卫春

顾　波　马安沧

农业农村局（扶贫工作办公室）

局　长　朱继伟

副局长　洪涛生　张建刚

蔡惠荣　沈永成

宋　炜

农办副主任　胡　伟

扶贫办副主任　杨　青（女）

商务局

局　长　朱　涛

副局长　朱　亮　姚　靓（女）

陆　凯

文化体育和旅游局（文物局）

局　长　唐峥嵘

副局长　姚继元　王伟男

韩　蓓（女）　陆　燕（女）

吕晓红（女）　张金华

胡智慧

文物局局长　唐峥嵘

卫生健康委员会

主　任　陆治平

副主任　徐炜琴（女）　马小红（女）

李耀峰　刘玉鹏

退役军人事务局

局　长　毛曦雪

副局长　王丽琴（女）　庄学峰

应急管理局

局　长　顾丽明

副局长　钱　军　蒋　辉

罗茂法

安委办专职副主任　张　欢（女）

审计局

局　长　姚善生

副局长　荣伟铭　朱　伟

郑　蓉（女）

总审计师　熊运忠

行政审批局（政务服务管理办公室）

局　长　沈　斌

副局长　徐明东　高　瑾（女）

王华娟（女）　李　峰

总工程师　朱培忠

市场监督管理局（知识产权局）

局　长　茅崧崧

副局长　屠怡文　邱建军

王金剑　王志松

朱　艳（女）　谢　丹（女）

食品安全总监　张　栋

总工程师　郁俊杰

度假区分局局长　吴小兵

度假区分局副局长　庄惠生

卢雪芳（女）

黄小明（女）

开发区分局局长　黄钟卫

木渎分局局长　李　勇

胥口分局局长　陈晓斌

东山分局局长　沈泽锋

临湖分局局长　孙晓波

郭巷分局局长　徐玉男

统计局

局　长　毛　刚

副局长　盛新根　张　燕（女）

信访局

局　长　周　敏

副局长　朱慧杰　俞　超

信访督查专员　范文娟（女）

地方金融监督管理局（金融办）

局　长　吴　婧（女）

副局长　尹旭青（女）　吴闻芳（女）

【区政府直属事业单位】

机关事务管理中心

主　任　沈亚民

副主任　胡俊青　夏培明

方　艳（女）

供销合作社

主　任　徐　宏（女）

副主任　金　琦（女）

监事会主任　顾霞勤(女)

江苏省吴中中等专业学校（吴中开放大学）

校　长　徐晓军

副校长　杨　兵　汤晓敏(女)　付欣友(女)　项爱康　戴　钧

联动中心

主　任　吴　彬

副主任　沈小明　朱　婷(女)　丁文伟

公共文化中心

主　任　李　青

副主任　朱丽芳(女)　张翼华(女)

【政协苏州市吴中区第四届委员会】

主　席　张建祥

副主席　莫玉林　王卫星　姚瑞元　朱筱菁(女)　宋晓华

秘书长　许晓峰

常务委员（按姓氏笔画为序）

卫宏远　马惠民　王伟男　王显军　王衍兵　心　培　卢月龙　朱俊明　任建兴　庄　梅(女)　许文龙　许松涛　苏　伟　李　卫(女)　李福林　吴金风(女)　吴金秀(女)　宋银林　张　旺　张　蕾(女)　陆费红　郁振红　金建生　周凤祥　屈洪飞　封　骅　项　淳　柳荣伟　钦瑞良　俞　峰　姚建萍(女)　夏　靖　顾云涛　顾春晓(女)　顾炯文(女)　徐伟英(女)　唐华琴(女)　黄丹荔(女)　黄伟良　曹　富　蒋云泉　蒋红萍(女)　程　飞(女)　谢诗意　解　冰(女)

【区政协工作部门】

政协办公室

主　任　许晓峰

副主任　魏苏涛(女)　吴晓琳(女)

研究室主任　许晓峰(兼)

经济科技和农业农村委员会

主　任　章为民

副主任　沈玉宝(兼)　朱继伟(兼)

提案委员会

主　任　周凤祥

副主任　黄文伟(兼)　宋银林(兼)

城乡建设委员会

主　任　李福林

副主任　管永洪(兼)　马群勇(兼)

文化文史委员会

主　任　李　东

副主任　姚继元(兼)　周菊坤(兼)　施晓平(兼)

社会事业委员会

主　任　金建生

副主任　金玉明(兼)　徐伟英(女,兼)　陆费红(兼)

港澳台侨民族宗教委员会

主　任　丁晓娟(女)

副主任　顾炯文(女,兼)　顾志男(兼)　周　韵(女,兼)

【苏州市吴中区人民法院】

院　长　张峥嵘

副院长　张永平(女)　孙宝华　辛　欣(女)　徐国聪

政治处主任　孙宝华

执行局局长　肖仁刚

【苏州市吴中区人民检察院】

检察长　陈　飞

副检察长　张晓江　张淮宾　王　虹(女)

政治处主任　黄　芹(女)

【民主党派】

民革吴中区基层委员会

主　委　徐伟英(女)

副主委　浦红生　陆胜其

民盟吴中区基层委员会

主　委　赵建明

副主委　张文华　宋银林　王汉中

民建吴中区基层委员会

主　委　钦瑞良

副主委　施星蕙(女)　高建林　张　萃(女)

民进吴中区委

主　委　周黎敏(女)

副主委　李　卫(女)　金玉明　苏　伟　庄　梅(女)

农工党吴中区基层委员会

主　委　王伟男

副主委　高海岗　张敏芳(女)

致公党吴中区基层委员会

主　委　杨静漪(女)

副主委　汪利明　王衍兵

九三学社吴中区基层委员会

主　委　韩　蓓(女)

副主委 陆费红 朱永平

吴中区无党派知识分子联谊会

会 长 马惠民

副会长 朱筱菁(女) 朱培方 徐炜琴(女) 屈洪飞

【人民团体】

总工会

主 席 郑 刚

副主席 陈琴明 陆葆兰(女) 顾雯雯(女) 叶亚林

兼职副主席 袁建东 顾建龙

共青团吴中区委员会

书 记 陈 旻

副书记 向 兢(女)

兼职副书记 魏忠杰

妇女联合会

主 席 顾娟英(女)

副主席 张 蕾(女) 浦益峰(女)

兼职副主席 张 姝(女) 陆葆兰(女)

科学技术协会

主 席 顾彩琴(女)

副主席 俞 菊(女) 陈春华(女)

兼职副主席 钱卫芳(女) 徐伟英(女) 吕 莉(女)

工商业联合会

主 席 宋银林

副主席 周一风 吴逸凯 徐菊秋(女)

兼职副主席 李 思 蔡 梁 蒋元生 胡德霖 顾轶群(女) 赵 明 李君图 王春生 蒋云泉 何宜祥 沈伟元 庄建华(女) 张 成

文学艺术界联合会

主 席 马唯杰

副主席 凌 奕 吴建卫 李学毅(女)

兼职副主席 姜兴龙 蒯惠忠 叶志明

归国华侨联合会

主 席 尤 歆(女)

副主席 李 亮

兼职副主席 李君图

残疾人联合会

理事长 秦 刚

副理事长 金 丹(女) 赵钰明

红十字会

会 长 周黎敏(女,兼)

常务副会长 徐菊芳(女)

兼职副会长 程 飞(女) 陆为民 龚 艳(女) 朱筱菁(女) 陆治平 张 陈

【其他单位】

法院审委会

专职委员 吕晓东 杜荣尚

法院派出法庭

度假区庭长 王东海

开发区庭长 何亚平

木渎庭长 徐 澄

角直庭长 王丽芳(女)

检察院检委会

专职委员 罗 娜(女) 王 伟

检察院派驻检察室

木渎镇主任 蒋向东

财政支付中心

主 任 徐 酉

投资评审中心

主 任 袁 伟

社会保险基金管理中心

主 任 郑琪磊

人力资源管理服务中心（人才服务中心）

主 任 徐琴华(女)

劳动监察大队

大队长 薛俊赟

城管执法大队

大队长 陆 峰

交通运输执法大队

大队长 王建国

港航发展中心

主 任 刘晓峰

公路发展中心

主 任 钱 勇

乡镇交通运输综合管理所

所 长 沈苏磊

农业综合行政执法大队

大队长 唐冰炎

文化市场综合执法大队

大队长 叶秉华

卫生监督所

所 长 殷华芬(女)

疾控中心

主 任 周支军

安全生产监察大队

大队长 傅卫东

经济责任审计中心

主 任 王松艳(女)

便民服务中心

主 任 高建伟

市场监管执法大队

大队长 吴敏彦(女)

行政中心管委会

主 任 钟解文

【苏州太湖国家旅游度假区】

党工委副书记 孙 健
党工委委员 王晓岚(女) 包勤康 张剑清 王 岳 秦晓良
管委会副主任 孙 健 王晓岚(女) 包勤康 张剑清 王 岳 秦晓良

【度假区工作部门】

纪工委(监工委)
副书记、副主任 陶俊峰
专职委员 谢卫平 沈 飞

党政办公室(政法办公室)
主 任 孔建强
副主任 王月新 钱才忠 杨 光
政法办公室主任 孔建强(兼)

组织人事和劳动社保局
局 长 姚胜武
副局长 王利华 徐浩然

安全生产监督和环境保护局
局 长 王罕红
副局长 徐晓光 姚 杰

招商局
局 长 鲍丽君(女)
副局长 张 妍(女) 李勐超

住房和城乡建设局
局 长 庄春华
副局长 王 明 朱晓强 周 林

经济发展局(农业发展局、农村工作办公室)
局 长 赵立新
副局长 袁小洪 查文鳌
农办主任 赵立新(兼)

社会事业局
局 长 朱伟荣
副局长 王 炯 赵 静(女)

文体旅游发展局
局 长 戴小林
副局长 赵伟东 梁正梅(女)

太湖科技产业园管理局
局 长 唐锦华
副局长 张 伟 周春良

人武办
主 任 许文清
副主任 钱才忠(兼)

总工会
副主席 屠静艳(女)

审计分局
局 长 袁 伟

房管中心
主 任 周 林(兼)

【吴中经济技术开发区】

党工委书记 陈 嵘(女)
副书记 李朝阳 顾玉琪
党工委委员 张 健 郁克铭 陆志伟 沈文群(女) 顾 强 张建新
管委会主任 李朝阳
管委会副主任 顾玉琪 郁克铭 陆志伟 沈文群(女) 顾 强 张建新

【开发区工作部门】

纪工委(监工委)
书记、主任 张 健
副书记、副主任 陆菊泉
专职委员 俞 越

党政办公室
主 任 黄国锋
副主任 吴晓红(女) 王龙杰 范 程

政法办公室(综治办、城管办)
主 任 汪武平
副主任 金 律 朱正超 马亮明

安全生产监督管理和环境保护局
局 长 仲益明
副局长 沈雪官 钱舒祺

招商局(东太湖科技金融城管理局)
局 长 姚 静(女)
副局长 马立恒 夏 倩(女) 陈太和

经济发展局(科技局)
局 长 石燕华(女)
副局长 潘 虹(女) 唐喜闻

社会事业局
局 长 陈 燕(女)
副局长 沈 军 邱春华

建设局
局 长 徐 勇
副局长 苏明华 沈稼兴

组织人事和劳动社保局
局 长 贺 悦
副局长 顾蔚雯(女) 刘燕婷(女) 曹嘉明

行政审批局
局 长 周丽强
副局长 钱 锦(女) 薛小叶(女) 胡 宇(女)

吴中综合保税区管理局
局 长 朱振华
副局长 唐 苏(女) 韩立波 范 洁(女)

化工集中区管理办公室

主　任　朱文明

副主任　褚晓悦

总工会

副主席　李　慧(女)

机关党委

书　记　秦水英(女)

“两新”党委

副书记　舒　心

审计分局

局　长　张伟平

【吴中高新技术产业开发区（筹）（长桥街道）】

党工委书记　顾　强

党工委副书记　徐　敏

党工委委员　杨　霞(女)　张继华　张正才　祝才千(女)　周云明　柳建刚　金春林　蒋国栋(挂)

管委会（办事处）主任　徐　敏

管委会（办事处）副主任　张继华　夏　巍(女)　沈玉宝(兼)

纪工委书记　周云明

专职委员　马文兰(女)

长桥街道人大工委

主　任　黄　东

副主任　周钰华(女)

长桥街道政协工委

主　任　杨　霞(女,兼)

【高新区工作部门】

党政办公室（宣传办公室）

主　任　柳建刚

副主任　周琬虹(女)　孙瑜清　屠雅萍(女)

组织人事和劳动社保局

局　长　祝才千(女)

副局长　沈新华　沈晓斌　张国珍(女)

建设局

副局长　张维明　许宏男　许　涛

经济发展局（招商局）

局　长　方　针

副局长　陆梅华(女)　马宏伟

社会事业局

局　长　夏　巍(女)

副局长　汪成洁(女)　刘　颖(女)　王雷军

科技局

局　长　朱建岗

副局长　钱　华　马海雄

综合执法局（安全生产监督管理局）

局　长　金春林

副局长　王　勇　潘志伟　梅晓东

政法办公室（社会治安综合治理办公室）

主　任　朱玉岗

副主任　李　晴(女)　钱　元

财政和资产管理局

局　长　张正才

副局长　沈　彬　田为栋

市政公用局

局　长　张维明(兼)

机关党委

书　记　董春华

副书记　范建华

人武办

主　任　王　强

总工会

主　席　余文兰(女)

副主席　刘　臻(女)

“两新”党委

书　记　沈新华(兼)

副书记　徐旻霞(女)

【西山国家现代农业示范园区】

党工委书记　谈建强

党工委副书记　王寅平

党工委委员　陆　军　王光玉　李东毅　顾春明　周永珍(女)　王　涛(挂)

管委会副主任　谈建强　王寅平　陆　军　张新庆　宋金元

纪工委书记　王光玉

纪工委副书记　顾显东

【金庭镇】

党委书记　谈建强

党委副书记　王寅平

党委委员　陆　军　王光玉　李东毅　顾春明　周永珍(女)　王　涛(挂)

镇　长　王寅平

副镇长　陆　军　张新庆　宋金元　黄仲芳　冯幸思(女)

人大主席团主席　顾建国

人大主席团副主席　顾春明(兼)

纪委书记　王光玉

纪委副书记　顾显东

人武部部长　李东毅

工会主席　黄海斌

【西山农业园区工作部门】

党政办公室

主　任　周　佳

经济和旅游发展局

局　长　府　强

建设和环境保护局

局　长　蒋金伟

社会事业局

局　长　朱卫金

农村工作局

局　长　郑志勤

政法和社会管理办公室（安监办）

主　任　黄仲芳

财政和资产管理局

局　长　徐全林

党工委副书记　张　明　李　娟(女)

党工委委员　陈德宇　俞高妹(女)　张晓清　陆凌啸　冯　都　苏煜敏(挂)

办事处主任　张　明

办事处副主任　陈德宇　沈培元　姚逸青(女)　席月心

人大工委主任　沈惠男

政协工委主任　李　娟(女,兼)

纪工委书记　俞高妹(女)

纪工委副书记　金华红

人武部部长　冯　都

工会主席　王建生

党工委副书记　徐　成　沈　敏

党工委委员　吾为人　胡伟新　蔡文娟(女)　孙　丹　张俊峰　陆丽娜(女)　陈　俊(挂)

办事处主任　徐　成

办事处副主任　胡伟新　胡　青(女)　张金生　陆治春

人大工委主任　莫玉方

人大工委副主任　蔡文娟(女,兼)

政协工委主任　沈　敏(兼)

纪工委书记　吾为人

人武部部长　胡伟新

工会主席　徐志华

【街道、镇、场】

郭巷街道

党工委书记　姜　昊

党工委副书记　陈德明　金剑锋

党工委委员　张勇坚(女)　姚子元　胡　莹(女)　朱绪宝　沈大鹏　孙　强　沈和平　赵富强(挂)

办事处主任　陈德明

办事处副主任　吴建国　张婷婷(女)

人大工委主任　褚会男

人大工委副主任　胡　莹(女,兼)

政协工委主任　金剑锋(兼)

纪工委书记　朱绪宝

人武部部长　沈和平

工会主席　沈和平

横泾街道

党工委书记　沈雪华

越溪街道

党工委书记　徐学明

党工委副书记　华　伟　仇玫行(女)

党工委委员　赵伟政　周健华　仲文友　张华明　阙小芳　张宇松(挂)

办事处主任　华　伟

办事处副主任　袁栋华　吴静波(女)　毛永清　郁建兴

人大工委主任　周进瑞

人大工委副主任　张华明(兼)

政协工委主任　仇玫行(女,兼)

纪工委书记　周健华

人武部部长　仲文友

工会主席　顾建锋

城南街道

党工委书记　朱华平

太湖新城（太湖街道）

党工委书记　居海荣

党工委副书记　管炳锋　张洪良

党工委委员　陈秋明　张新华　陈　静(女)　秦　强(挂)

管委会（办事处）主任　管炳锋

管委会（办事处）副主任　林毅君　周　璐(女)

人大工委主任　许　玲(女)

政协工委主任　张洪良(兼)

纪工委书记　陈秋明

人武部部长　张新华

工会主席　林毅君

香山街道

党工委书记　顾文明

党工委副书记　王华刚　朱秋耀

党工委委员　虞晓东　柳青华　谢祥伦　乐继荣

谢诗意 王 伟
徐 昀(挂)
办事处主任 王华刚
办事处副主任 柳青华 王兆勇
顾卫列 蒯 宙
张 茔(女)
毛绚澜(女)
人大工委主任 戚 敏
人大工委副主任 乐继荣(兼)
政协工委主任 朱秋耀(兼)
人武部部长 谢祥伦
工会主席 高 峰

【木渎镇】

党委书记 周学斌
党委副书记 郁文明 王 军
周金林
党委委员 陈小兴 冯 印(女)
许 军 钱 军
张伟忠 王 华
蒋 吉 俞祥根(挂)
镇 长 郁文明
副镇长 陈小兴 赵丽君(女)
周志锋 戴水清
孙德群(女) 朱华新
董启铭(挂)
人大主席团主席 陆建明
人大主席团副主席 王建平
政协工委主任 王 军(兼)
纪委书记 冯 印(女)
纪委副书记 陈 琪
人武部部长 钱 军

【木渎镇工作部门】

党政办公室
主 任 徐 华
组织人事和社会保障局
局 长 岑宇岚(女)
政法和社会管理办公室（司法所）
主 任 柳亚民
经济发展和改革局
局 长 邱徐吉
财政和资产管理局
局 长 任 怡(女)
建设和环境保护局（招投标中心）
局 长 郁红方
农村工作局
局 长 俞剑英
社会事业局
局 长 徐 岚(女)
行政审批局
局 长 陈 亮

甪直镇

党委书记 姚 东
党委副书记 陈菊林 王 民
王晓刚
党委委员 顾汉明 严 鸣
张惠红 张春茂
陈东海 邹文伟(挂)
镇 长 陈菊林
副镇长 朱学新 王国正
李 霁(女) 瞿 震
张 明 顾晓亮(挂)
人大主席团主席 许文龙
政协工委主任 王 民(兼)
纪委书记 严 鸣
纪委副书记 彭苏华(女)
总工会主席 石旭明

胥口镇

党委书记 徐卫东
党委副书记 许 丹 王 京
党委委员 叶 龙 沈建康
周晓峰 曹君彦
高建华 骆霄寅
陈 磊(挂)
镇 长 许 丹
副镇长 顾建国 张 雄
左慧敏(女) 邱少春
李 宏 马庆卫
人大主席团主席 韩 江
人大主席团副主席 曹君彦(兼)
政协工委主任 王 京(兼)
纪委书记 周晓峰
人武部部长 叶 龙

东山镇

党委书记 徐雪棣
党委副书记 王雪峰 万 礼
党委委员 杨忠星 张 炜
华 伟 洪建华
汤晓亮 邱其华
郭晓清 潘 玮(挂)
镇 长 王雪峰
副镇长 杨忠星 顾华军
马群霞(女) 尹 珺(女)
陈 锋 周建忠
胡 翔
人大主席团主席 汤卓献
人大主席团副主席 郭晓清(兼)
政协工委主任 万 礼(兼)
纪委书记 汤晓亮
纪委副书记 钱文竺(女)
人武部部长 华 伟
工会主席 薛文明

临湖镇

党委书记 邹文明
党委副书记 李 臻(女)

张 岚(女)
党委委员 李文华 吾永康
陈志强 唐 奕
王 巍(挂)
镇 长 李 臻(女)
副镇长 李文华 叶晓敏
柳 珏(女) 许根寿
张 春
人大主席团主席 仉 勇
纪委书记 陈志强
纪委副书记 袁 伟
工会主席 沈卫东

光福镇
党委书记 陆胜兰
党委副书记 李 群(女) 宋 阳
党委委员 麻琪彬 樊建明
徐华军 徐海忠
浦孝东 吴亚奇
吾建刚(挂)
镇 长 李 群(女)
副镇长 徐华军 范佳尔(女)
王宇翔 俞文娟(女)
人大主席团主席 浦志华
人大主席团副主席 樊建明(兼)
政协工委主任 宋 阳(兼)
纪委书记 麻琪彬
纪委副书记 钱建良
人武部部长 徐海忠
工会主席 柴彩兴

东吴国家森林公园管理中心（林场）
书 记 周晓春
委 员 陈勤华 王小军
主任（场长） 周晓春
副主任（副场长） 陈勤华
王小军

【公司】

苏州市吴中城市建设投资发展有限公司
董事长 李水明
总经理 潘东华
副总经理 王荣清 杨玉香(女)

苏州市吴中国裕资产经营有限公司
董事长 朱振冲
总经理 周明华
副总经理 孙延敏 钱庆强
吴 昊

苏州市吴中交通投资建设有限公司
董事长 沈博名
总经理 彭 力
副总经理 周洪泉 龙文博
全之勇

苏州市吴中金融控股有限公司
董事长 李文龙
总经理 张 军
副总经理 杨冬琴(女) 秦海翔
徐 栋

苏州市吴中农业发展集团有限公司
董事长 林水元
总经理 龚建新
副总经理 陈 强 顾 峰
朱文杰 李 燕(女)

苏州太湖旅游发展集团公司
董事长 周菊坤
总经理 王晓华
副总经理 张奇川 邵志佳
陆 一 潘秀芬(女)

江苏吴中经济技术发展总公司
董事长 江福根
总经理 江福根
副总经理 李 强 冯爱忠
沈荣华

苏州吴中东太湖建设发展股份有限公司
董事长 张少怡
总经理 李 强

苏州吴中国太发展有限公司
董事长 张少怡
总经理 张 艳(女)
副总经理 尤培泉 唐 琼(女)

苏州太湖旅业发展有限公司
董事长 殷 磊
总经理 沈敏华

苏州太湖城市投资发展有限公司
董事长 张培根
总经理 王剑钦

苏州吴中城区建设发展有限公司
董事长 钱卫方
总经理 钱卫方
副总经理 马文忠

【垂直管理单位】

苏州海关驻吴中办事处
主 任 孙 威
副主任 姚琦华 王 颉

苏州市吴中区税务局
局 长 唐 磊
副局长 孙 军 舒建红
戴伟忠 朱向阳
张俊列 杨保红
纪检组长 叶仲春

苏州市公安局吴中分局
局 长 吴鼎明
政 委 吴 成

副局长　李玉琪　臧政刚
郭　宝　陈　勇
田　伟

苏州市公安局度假区分局

局　长　钟　诚
政　委　施庆华
副局长　李玉良　许永良

吴中消防大队

队　长　王　飞
教导员　茅　茅
副队长　吴　宁　俞　刚

苏州市自然资源和规划局吴中分局

局　长　张春明
副局长　顾卫东　金雪明
冯富荣　苏伟强
马勇华　凌　峰
任　华　吴翔峰
副书记　殷　华
开发区中心所所长　朱志清

生态环境保护局

局　长　过钦军
副局长　杨飞镛　顾春茂
王成明　赵红卫

生态环境综合行政执法局

局　长　过钦军
副局长　姜晓林

气象局

局　长　蒯志敏
副局长　谢　洁（女）
纪检组长　陈洪良

编辑：洪　蕾

索　引

说　明

一、本索引采用内容分析法编制，设条目索引和表格索引两个分目，按索引款目首字的汉语拼音字母（同音字按声调）顺序排列，同音同调的按第二个字母的音序排列，依次类推。

二、标引词后的阿拉伯数字表示内容所在的页码，数字后面的a、b、c分别表示从左至右第一、二、三栏。

三、空一字起排的款目为上一主题的“附见”。

四、特载、专记、媒体聚焦、大事记、附录未做索引。

五、为便于读者检索，在苏州吴中的企事业和在吴中发生的事件名称前的“苏州”“吴中”四字，除非产生歧义，均已省略。

条目索引

A

B

C

D

E

F

G

H

J

K

L

M

N

O

P

Q

R

S

T

W

X

Y

Z

表格索引

C

D

G

H

J

K

L

吴中区城区图

审图号：图苏E审（2021）76号

吴中区地图
无锡市
乌龟山
苏州太湖湿地公园
万佛石塔
小连山
猪头咀
老虎咀
冲山岛
冲山
太湖渔港
永慧寺
香雪海
香雪
司徒庙
石嵝
邓尉山
光福镇
光福风景区
潭山
光福塔
迂里
福溪
西崦湖
东崦湖
福利
府巷
S230
苏州太湖国家旅游度假区
舟山花园
郁舍
野里
渔洋山
小横山
相桥
漫山岛
北山村
西头
太
湖
柱石
凤凰台
长沙岛
长沙
S607
太湖大桥
绍山
阴山岛
横山岛
大干山
千年古樟
小干山
叶山岛
小庭山
老鼠山
十二生肖石
渡渚山
东村古村
东村
扇子山
西山国家现代农业示范园区
庭山
堂里
堂里古村
西山风景区
东河
金庭镇
元山
蒋东
小浮子
余山岛
幢里湖
东园
古樟园
太湖赏梅游
元咀头
禹王庙
衙甪里
乡林场
缥缈峰
笠帽峰
大昆山
小峰顶
包山寺
林屋
西山国家森林公园
林屋洞
罗汉寺
芥舟园
春熙堂
秉常
杨公庄
东蔡
爱日堂
缥缈
莫厘峰
启园
雨花胜境